KB185825

역주

규장각본 춘추좌씨전

2

譯注
규장각본 춘추좌씨전❷

초판 인쇄 2025년 1월 6일
초판 발행 2025년 1월 20일

공 역 자 | 김경태 · 박찬규 · 윤종배
펴 낸 이 | 하운근
펴 낸 곳 | 學古房

주 소 | 경기도 고양시 덕양구 통일로 140 삼송테크노밸리 A동 B224
전 화 | (02)353-9908 편집부(02)356-9903
팩 스 | (02)6959-8234
홈페이지 | http : //hakgobang.co.kr/
전자우편 | hakgobang@naver.com
등록번호 | 제311-1994-000001호

ISBN 979-11-6995-572-0 94140
979-11-6995-570-6 (세트)

값 : 65,000원

사단법인 유도회
번역총서

역주 규장각본 춘추좌씨전 春秋左氏傳 2

김경태 · 박찬규 · 윤종배 공역

學古房

머리말

'무정세월약류파(無情歲月若流波)'라는 말이 있듯이 2002년 2월 지산(地山) 장재한(張在釬) 선생님의 지도하에 정조(正祖) 때 규장각(奎章閣)에서 간행한 《춘추좌씨전(春秋左氏傳)》 번역을 시작한 지 어언 23년의 세월이 흘렀다, 지산 선생님과의 인연은 이보다 훨씬 전인 1990년대 초 유도회(儒道會) 한문연수원(漢文硏修院) 장학생반 시절 선생님께서 《서경(書經)》을 강의하실 때부터였다. 그때부터 선생님의 깊고 넓은 한학의 세계를 접하면서 마음속 깊이 존경심을 품게 되었다. 그리하여 유도회 3년 과정을 수료하고 나서 선생님의 서실(書室)인 렬양서숙(洌陽書塾)에서 《주역(周易)》을 심도있게 공부하게 되었고, 그 뒤 다음 강독을 무엇으로 할 것인가를 론의할 때 선생님께서 문체가 압축되어 있으면서도 인간의 삶을 다양하게 반영하고 있는 《춘추좌씨전》을 추천하셨다. 그리고 이왕에 한다면 번역을 하기로 하였다. 아울러 《춘추좌씨전》의 기사에 대한 려동래(呂東萊)의 날카로운 품평이 일품인 《동래박의(東萊博議)》 번역까지 병행하기로 하였다.

《춘추(春秋)》는 공자(孔子)가 주(周)나라 시대인 B.C.722년에서 B.C.481년까지 242년간의 로(魯)나라를 중심으로 한 중국 여러 나라에서 일어난 사건을 편년체의 형식으로 기록한 력사서(歷史書)이다. 《좌씨전(左氏傳)》은 좌구명(左丘明)이 공자에게서 전수받은 《춘추》라는 경(經)에 나타난 개별 사건에 대하여 그 구체적인 사실(事實)을 서술함으로써 《춘추》에 대한 리해를 도운 글이다. 동시에 《좌씨전》은 경문(經文)에 의거하여 정치와 인간의 삶에 대한 리치(理致)를 드러낸 것으로 《춘추》와는 독립된 성격을 지닌 별도의 저술이기도 하다. 이 때문에 기존에 간행된 《춘추좌씨전》은 《춘추》라는 경문(經文)과 《좌씨전》이라는 전문(傳文)이 독립되어 있어 《춘추좌씨전》을 읽는 사람들이 경문을 소홀히 하고 전문만을 주로 읽는 폐단이 있었다.

그러나 《규장각본 춘추좌씨전》은 경문과 전문을 분리하지 않고 경문을 대자(大字)로 넣고 그에 해당하는 전문을 경문 아래에 중자(中字)로 넣어 경문과 전문이 바로 이어지도록 하였다. 동시에 《춘추좌씨전》 풀이의 전범(典範)으로 여겨지는 진(晉)나라 두예(杜預)의

《춘주좌씨경전집해(春秋左氏經傳集解)》를 규장각 편찬자들의 견해에 따라 가감하여 해당 경문과 전문 아래에 소자(小字)로 넣어 주해(注解)를 달았다. 그리고 편년체로 구성되어 있는 《춘추좌씨전》의 특성상 동일한 사건이 년도를 달리하여 분리되어 있는 경우 규장각본에서는 한 사건으로 묶어 같은 해에 기술함으로써 내용의 통일을 기하였다. 이는 《춘추좌씨전》의 전체 의미를 한눈에 알아볼 수 있도록 구성한 가히 혁명적 판본이라 할 수 있다. 그러므로 번역팀에서는 《규장각본 춘추좌씨전》을 번역의 저본(底本)으로 삼되, 규장각본 판본의 의도를 살리기 위하여 경문의 글자는 글상자 속에 대자(大字)로 넣었고, 전문의 글자는 중자(中字)로, 주해는 소자(小字)로 처리하여 경문과 전문과 주해를 쉽게 구분할 수 있게 하였다.

처음 번역에 참여한 사람은 김경태, 김명숙, 김한기, 박찬규, 변은숙, 신창호, 윤종배, 이정희, 이희평, 차진만, 최윤정, 홍성훈 등이었다. 그러다가 2014년 초벌 번역이 마무리되었을 때 남은 번역자는 김경태, 김한기, 박찬규, 윤종배, 홍성훈 다섯 사람이었다. 초벌 번역이 끝날 무렵 지산 선생님의 건강이 악화되어 번역을 끝까지 지도해 주시지 못하고 다섯 사람만으로 마무리할 수밖에 없었던 점은 지금까지 아쉬움으로 남는다. 초벌 번역이 끝나고 1차 교열작업에 참여한 사람은 김경태, 박찬규, 윤종배 세 사람이었고 이 세 사람은 4차 교열작업이 끝날 때까지 변함없는 구성원이었다. 이에 《규장각본 춘추좌씨전》 번역서는 김경태, 박찬규, 윤종배 세 사람의 이름으로 출간하게 되었다. 그동안 번역에 참여한 분들의 량해를 구한다.

교열작업은 구성원의 시간 및 력량 관계상 《동래박의》는 후일을 기약하고 《춘추좌씨전》만을 진행하기로 하였다. 교열을 시작했을 때는 그 작업이 쉽게 끝나리라고 생각했지만 이 일은 번역보다 더 지난함을 실감하게 되었다. 례컨대 한자의 원뜻이 혼란해짐을 방지하기 위하여 '두음법칙'을 적용하지 않기로 오랜 론의 끝에 결정하였고, 번역은 원의를 훼손하지 않고 강독에 유용하도록 가급적 직역 위주로 하기로 하였다. 또 인명과 지명의 경우 원음을 찾기 위하여 많은 자료를 검토하기도 하였다. 그리고 한 단어 한 문장을 두고 적합한 표현을 찾기 위해 몇 시간의 토론을 벌이기도 하였고, 해석상의 이견이 생길 때는 얼굴을 붉히면서까지 몇 주간에 걸쳐 격렬한 론쟁을 벌이기도 하였다. 이러한 과정을 거쳐 어렵사리 1차 교열작업을 마쳤으나 많은 부분에 미진함을 느껴 곧 2차, 그리고 3차 교열작업에 들어갔다. 이어 체제 통일 등의 리유로 4차 교열작업이 끝나기까지 무려 20여년의 세월이 흘렀다. 비록 천학비재(淺學菲才)를 무릅쓰고 추진한 번역작업이었지만 토론과 론쟁 과정에서 좀 더 정확한 해석을 도출하기 위하여 고금의 많은 주해서를 참고하게 되었다. 이로 인해 시간이 많이 지연되기도 하였으나 결과적으로 《춘추좌씨전》에 대한 리해를 더욱 깊게 하는 계기가 되었다고 생각한다.

한편 이 책이 완성되기까지 여러가지 예상치 못했던 일들이 생기기도 하였다, 2018년에 사단법인 유도회 한문연수원장으로 계시던 지산 선생님께서 타계하셨고, 번역팀 가운데 직장문제 및 가족의 입원으로 2년 가까이 번역작업이 중단되었다. 또 코로나펜데믹 사태로 1년여 기간이 중단되기도 하였던 것이다. 이제 이 책을 출간하면서 번역에 오류가 없지는 않은지, 또 후학들에게 《춘추좌씨전》에 대한 제대로 된 길잡이가 될 수 있을지 염려됨을 부인할 수 없다. 또한 지산 선생님의 학덕에 루(累)가 되지는 않을지 우려가 앞선다. 따라서 앞으로도 사계(斯界)의 의견을 수렴하면서 수정작업이 계속될 것임을 약속드린다. 그리고 번역에 직접 참여하지는 않았으나 처음 번역을 시작하면서부터 초벌 번역이 끝날 때까지 한 번의 결석도 없이 수업에 참여하였고, 그 후로도 우리 번역팀에게 많은 격려와 지원을 아끼지 않은 한국 서예계의 거목이신 하석(何石) 박원규(朴元圭) 선생님의 큰 도움에 대하여 이 자리를 빌려 감사드린다.

2025년 1월

사단법인 유도회《규장각본 춘추좌씨전》번역팀 일동

일러두기

1 이 책은 사단법인 유도회(儒道會) 번역총서 《역주(譯注) 규장각본(奎章閣本) 춘추좌씨전(春秋左氏傳)》이다.

2 이 책의 번역 저본(底本)은 조선 정조(正祖) 때 규장각(奎章閣)에서 간행한 《춘추좌씨전(春秋左氏傳)》이다.

3 이 책의 리해에 도움이 되도록 저본에 수록된 두예(杜預)의 춘추좌씨전서(春秋左氏傳序) 및 후서(後序), 범례(凡例), 춘추기년도(春秋紀年圖), 춘추지도(春秋地圖), 춘추세계도(春秋世系圖), 춘추국명보(春秋國名譜), 춘추좌씨전후기(春秋左氏傳後記) 등을 번역하여 실었고 규장각본 간행에 참여한 명단도 첨부하였다.

4 저본에 수록되어 있는 류례(類例) 및 인명보(人名譜)는 번다하고 《춘추좌씨전(春秋左氏傳)》의 리해에 큰 도움이 되지 않으므로 제외하였다.

5 이 책에서 《춘추(春秋)》의 경(經)은 '경문', 좌씨(左氏)의 전(傳)은 '전문'이라 칭한다.

6 경문과 전문, 그리고 주해(注解)는 완역하여 원문과 함께 실었다.

7 전문의 단락은 내용을 고려하여 번역자의 판단에 따라 구분하였다.

8 번역은 원의를 훼손하지 않고, 강독에 유용하도록 가급적 직역 위주로 하였다.

9 독자의 리해를 돕기 위하여 설명이 필요하다고 생각되는 부분은 력대 주해가(注解家)들의 견해를 참고하여 각주를 달아 처리하였다.

10 이 책의 주해에 인용된 력대 주해가들은 별도로 정리하여 수록하였다.

11 이 책의 강독에 도움이 되도록 로(魯)나라 각 공(公)의 말미에 년표를 작성하여 수록하였다. 이 년표는 기본적으로 규장각본 《춘추좌씨전(春秋左氏傳)》의 춘추기년도(春秋紀年圖)를 기준으로 하였고, 고증이 어려운 년차(年次)는 여백으로 남겨 두었다.

12 번역문의 매 단락에서 의미상 필요한 한자는 괄호 처리하여 한글과 병기하였다.

13 이 책의 번역문에서는 한자의 원뜻이 혼란해지지 않도록 두음법칙을 적용하지 않고 한자 원래의 음대로 표기하였다.

14 인명과 지명의 경우 한자 원음표기에 철저를 기하였다.

15 규장각본 판본의 의도를 살리기 위하여 경문의 글자는 글상자 속에 대자(大字)로 넣었고, 전문의 글자는 중자(中字)로, 주해는 소자(小字) 아래첨자로 처리하여 경문과 전문과 주해를 쉽게 구분할 수 있게 하였다.

16 이 책에 사용된 부호는 다음과 같다.

《 》: 책이름

〈 〉: 편(篇)이름

[ ]: 풀이된 단어나 단락의 원래 한자

( ): 한자음

【 】: 간지와 서기 년도

: : 동의어 병기

· : 단어나 단락의 병렬

○ : 《규장각본(奎章閣本) 춘추좌씨전(春秋左氏傳)》에서 전문만 있고 경문이 없는 기사의 단락 구분 표시

총목차

목차

선공(宣公)[1] 원년 【癸丑 B.C.608】

元年 春 王正月 公卽位

원년 봄 왕정월에 선공(宣公)이 즉위하였다.

書卽位 著自立之罪

경문에 즉위라고 기록한 것은 스스로 임금이 된 죄[2]를 드러낸 것이다.

公子遂如齊逆女 三月 遂以夫人婦姜至自齊

공자 수(遂)가 제(齊)나라에 가서 녀자를 맞이하였다. 3월에 수가 부인(夫人) 부강(婦姜)을 모시고 제나라에서 돌아왔다.

不稱姜氏 譏喪娶也

강씨(姜氏)라고 칭하지 않은 것은 상중에 아내를 맞이한 것을 비난한 것이다.

元年 春 王正月 公子遂如齊逆女 尊君命也 **諸侯之卿出入 稱名氏 所以尊君命** **三月 遂以夫人婦姜至自齊 尊夫人也** **劉敞曰 左氏謂遂 不稱族 尊夫人 非也 一事而再見 故卒名之**

원년 봄 왕정월에 공자 수(遂)가 제(齊)나라에 가서 녀자[3]를 맞이하였다고 하였으니, 임금의 명을 높인 것이다. 제후(諸侯)의 경(卿)이 나가고 들어 올 때 이름과 씨를 칭하는 것은[4] 임금의 명을 높이기 때문이다. 3월에 수가 부인(夫人) 부강(婦姜)을 모시고 제나라에서 돌아왔다고 하였으니, 부인을 높인 것이다.[5] 류창(劉敞)이 말하기를 "좌씨(左氏)가 수(遂)라고 이르고 족(族)을 칭하지 않은

---

1) 선공(宣公) : 로(魯)나라 20대 임금. 이름은 왜(倭)이고 일명은 접(接)이며, 또 위(委)로도 되어 있다. 문공(文公)의 아들이고 어머니는 경영(敬嬴)이다. 주광왕(周匡王) 5년에 즉위하였다. 시법(諡法)에 묻기를 좋아하고 두루 통달한 것[善問周達]을 선(宣)이라 한다.

2) 스스로~죄 : 태자 악(惡)을 시해한 모의에 참여하여 임금이 된 것을 말한다.

3) 녀자 : 선공(宣公)의 부인(夫人)이 될 녀자이다.

4) 제후(諸侯)의~것은 : 수(遂)는 나라에서 씨(氏)를 내려주지 않았기 때문에 공자라고 하여 공족(公族)임을 드러내어 씨를 대신한 것이다.

것[6]이 부인(夫人)을 높인 것이라고 한 것은 잘못이다. 한 가지 일을 두 번 보였기 때문에 뒤의 것[卒]은 이름만을 쓴 것이다."라고 하였다.

夏 季孫行父如齊
여름에 계손행보(季孫行父)가 제(齊)나라에 갔다.

夏 季文子如齊 納賂以請會 **宣公簒立 未列於會 故以賂請之**

여름에 계문자(季文子 : 季孫行父)가 제(齊)나라에 갔으니, 뢰물을 바쳐 회합을 청하기 위해서였다. 선공(宣公)이 찬탈하여 임금 자리에 올라 회합에 끼지 못하였기 때문에 뢰물을 바치고 회합을 청한 것이다.

晉放其大夫胥甲父于衛
진(晉)나라가 그 대부 서갑보(胥甲父)를 위(衛)나라로 추방하였다.

放 逐也

방(放)은 추방함이다.

晉人討不用命者 放胥甲父于衛 **文十二年 戰河曲 不肯薄秦於險** **而立胥克** **克 甲之子** **先辛奔齊** **辛 甲之屬大夫**

진인(晉人)이 명을 따르지 않은 자를 토죄하여 서갑보(胥甲父)를 위(衛)나라로 추방하고 문공(文公) 12년에 하곡(河曲)에서 싸울 때 진(秦)나라 군대를 험한 곳으로 몰아붙이려 하지 않았기 때문이다. 서극(胥克)을 세우니 극(克)은 갑(甲 : 胥甲父)의 아들이다. 선신(先辛)이 제(齊)나라로 망명하였다. 신(辛)은 갑(甲)의 속대부(屬大夫)이다.

---

5) 부인을~것이다 : 수(遂)라고 이름만 말하고 공자라고 칭하지 않음으로써 공자 수를 낮추고 상대적으로 부인(夫人) 부강(婦姜)을 높인 것이라는 말이다.

6) 족(族)을~것 : 공자라고 칭하지 않은 것이다.

公會齊侯于平州 公子遂如齊

선공(宣公)이 제후(齊侯)와 평주(平州)에서 회합하였다. 공자 수(遂)가 제(齊)나라에 갔다.

平州 齊地

평주(平州)는 제(齊)나라 땅이다.

會于平州 以定公位 東門襄仲如齊拜成

평주(平州)에서 회합하여 선공(宣公)의 지위를 안정시켰다.[7] 동문양중(東門襄仲 : 遂)[8]이 제(齊)나라에 가서 회합이 성사된 것에 대하여 배사하였다.

六月 齊人取濟西田

6월에 제인(齊人)이 제수(濟水)의 서쪽 전지를 취하였다.

六月 齊人取濟西之田 爲立公故 以賂齊也 濟西 故曹地 晉文以分魯

6월에 제인(齊人)이 제수(濟水)의 서쪽 전지를 취하였으니, 선공(宣公)을 세워주었기 때문에 그 땅을 제(齊)나라에 뇌물로 바친 것이다. 제수(濟水)의 서쪽은 옛 조(曹)나라 땅인데 진문공(晉文公)이 로(魯)나라에 나누어 준 것이다.[9]

秋 邾子來朝

가을에 주자(邾子)가 와서 조견하였다.

---

7) 평주(平州)에서~안정시켰다 : 찬탈하여 임금이 된 자라 하더라도 제후(諸侯)가 이미 그와 회합하였으면 다시 그를 토죄할 수 없고, 신하가 그를 죽이면 임금을 시해한 것과 같다. 그러므로 선공(宣公)이 제후(齊侯)와 회합하자 임금의 지위가 안정된 것이다.

8) 동문양중(東門襄仲 : 遂) : 동문(東門)은 양중(襄仲)이 거처하는 곳이다. 양중은 사족(賜族 : 나라에서 씨를 내려준 종족)이 아니기 때문에 살던 곳인 동문을 씨(氏)로 삼았다.

9) 제수(濟水)의~것이다 : 이 일은 희공(僖公) 31년에 있었다.

楚子鄭人侵陳 遂侵宋 晉趙盾帥師救陳 宋公陳侯衛侯曹伯會晉師于棐林 伐鄭

초자(楚子)와 정인(鄭人)이 진(陳)나라를 침범하고 드디어 송(宋)나라를 침범하였다. 진(晉)나라 조돈(趙盾)이 군대를 거느리고 진(陳)나라를 구원하였다. 송공(宋公)·진후(陳侯)·위후(衛侯)·조백(曹伯)이 비림(棐林)에서 진(晉)나라 군대와 회합하여 정(鄭)나라를 쳤다.

傳言救陳宋 經無宋字 蓋闕 棐林 鄭地 大夫而用諸侯之師始此

전문에는 진(陳)나라와 송(宋)나라를 구원하였다고 말하였는데, 경문에 송(宋)이라는 글자가 없는 것은 아마도 궐문(闕文)인 듯하다. 비림(棐林)은 정(鄭)나라 땅이다. 대부로서 제후들의 군대를 부린 것은 이로부터 시작되었다.

宋人之弑昭公也 晉荀林父以諸侯之師伐宋 宋及晉平 宋文公受盟于晉 又會諸侯于扈 將爲魯討齊 皆取賂而還 鄭穆公曰 晉不足與也 遂受盟于楚 陳共公之卒 楚人不禮焉 陳靈公受盟于晉 秋 楚子侵陳 遂侵宋 晉趙盾帥師救陳宋 會于棐林 以伐鄭也 楚蔿賈救鄭 遇于北林 北林 在鄭北 囚晉解揚 晉人乃還

송인(宋人)이 송소공(宋昭公)을 시해하였을 때[10] 진(晉)나라 순림보(荀林父)가 제후들의 군대를 거느리고 송(宋)나라를 치니, 송나라는 진(晉)나라와 화평을 맺고 송문공(宋文公)은 진(晉)나라와의 맹약을 받아들였다. 또 진(晉)나라가 호(扈) 땅에서 제후들과 회합하여 장차 로(魯)나라를 위하여 제(齊)나라를 토벌하려 하였다가 모두 뇌물을 받고 돌아갔다.[11] 그때 정목공(鄭穆公)이 말하기를 "진(晉)나라는 함께하기 힘들다."라 하고는 마침내 초(楚)나라와의 맹약을 받아들였다. 진공공(陳共公)이 졸하였을 때 초인(楚人)이 례를 표하지 않자, 진령공(陳靈公)이 진(晉)나라와의 맹약을 받아들였다. 가을에 초자(楚子)가 진(陳)나라를 침범하고 드디어 송나라를 침범하였다. 이에 진(晉)나라 조돈(趙盾)이 군대를 거느리고 진(陳)나라와 송나라를 구원하고서, 비림(棐林)에서 제후들과 회합하여 정(鄭)나라를 쳤다. 그러자 초나라의 위가(蔿賈)가 정나라를 구원하러 오다가 북림(北林)에서 진(晉)나라 군대

10) 송인(宋人)이~때 : 문공(文公) 16년에 있었다.

11) 모두~돌아갔다 : 호(扈) 땅의 회합은 문공(文公) 15년과 17년에 있었는데, 제(齊)나라의 뢰물을 받은 것은 15년의 회합이었다.

와 마주쳐 북림(北林)은 정(鄭)나라 북쪽에 있다. 진(晉)나라 해양(解揚)을 잡으니 진인(晉人)이 바로 돌아갔다.

冬 晉趙穿帥師侵崇 겨울이다. 진(晉)나라 조천(趙穿)이 군대를 거느리고 숭(崇)나라를 침범하였다.

崇 公作柳

숭(崇)은 《공양전(公羊傳)》에는 류(柳)로 되어 있다.

晉欲求成於秦 趙穿曰 我侵崇 秦急崇 必救之 崇 秦與國 吾以求成焉 冬 趙穿侵崇 秦弗與成

진(晉)나라가 진(秦)나라와 화친을 구하려 하니, 조천(趙穿)이 말하기를 "우리가 숭(崇)나라를 침범하면 진(秦)나라는 숭나라를 위급하게 여겨 반드시 구원할 것이니, 숭(崇)나라는 진(秦)나라의 동맹국이다. 우리는 이때 진(秦)나라에 화친을 구하면 될 것입니다."라고 하였다. 겨울에 조천이 숭나라를 침범하였으나 진(秦)나라가 화친에 응하지 않았다.

晉人宋人伐鄭 진인(晉人)과 송인(宋人)이 정(鄭)나라를 쳤다.

晉人伐鄭 以報北林之役 於是晉侯侈 趙宣子爲政 驟諫而不入 故不競於楚

진인(晉人)이 정(鄭)나라를 쳐서 북림(北林)의 싸움에 대하여 보복하였다.[12] 이때 진후(晉侯)가 사치하였는데 조선자(趙宣子 : 趙盾)가 집정이 되어 자주 간하였지만 받아들이지 않았다. 그러므로 초(楚)나라와 경쟁하지 못하였다.

---

12) 북림(北林)의~보복하였다 : 올가을 진(晉)나라 해양(解揚)이 초(楚)나라에 사로잡힌 원한을 보복한 것이다.

선공(宣公) 2년 【甲寅 B.C.607】

二年 春 王二月 壬子 宋華元帥師及鄭公子歸生帥師戰于大棘 宋師敗績 獲宋華元

2년 봄 왕2월 임자일에 송(宋)나라 화원(華元)이 거느린 군대가 정(鄭)나라 공자 귀생(歸生)이 거느린 군대와 대극(大棘)에서 싸웠는데, 송나라 군대가 크게 패하여 정나라는 송나라 화원을 사로잡았다.

大棘 宋地 戰皆書大夫帥師 自此始

대극(大棘)은 송(宋)나라 땅이다. 싸움에서 대부가 군대를 거느린 것을 모두 경문에 기록한 것은 이로부터 시작되었다.

二年 春 鄭公子歸生受命于楚伐宋 宋華元樂呂御之 二月 壬子 戰于大棘 宋師敗績 囚華元 獲樂呂 樂呂 司寇 獲不書 非元帥也 **及甲車四百六十乘 俘二百五十人 馘百人 狂狡輅鄭人 鄭人入于井** 輅 音迓 迎也 狂狡 宋大夫 **倒戟而出之 獲狂狡** 狂狡自倒其戟 反爲鄭人所獲

2년 봄에 정(鄭)나라 공자 귀생(歸生)이 초(楚)나라의 명을 받고 송(宋)나라를 치니, 송나라 화원(華元)과 악려(樂呂)가 이를 막았다. 2월 임자일에 대극(大棘)에서 싸워 송나라 군대가 크게 패하여 정나라는 화원(華元)을 잡아 가두고, 악려(樂呂)와 악려(樂呂)는 사구(司寇)이다. 악려를 잡은 사실을 경문에 기록하지 않은 것은 원수(元帥)가 아니기 때문이다. 갑거(甲車)[13] 4백 60승(乘) 및 포로 2백 50인을 획득하고, 귀를 벤 것이 1백 인이었다. 광교(狂狡)가 정인(鄭人)을 맞아 싸울 때 정인이 우물 속에 빠지자 아(輅)는 음이 아(迓)이니 맞이함이다. 광교(狂狡)는 송(宋)나라 대부이다. 창을 거꾸로 하여 꺼내주었는데 정인이 그를 사로잡았다. 광교(狂狡)가 스스로 창을 거꾸로 하여 꺼내주었다가 도리어 정인(鄭人)에게 잡힌 것이다.

君子曰 失禮違命 宜其爲禽也 戎昭果毅以聽之之謂禮 戎 軍制也 **殺敵爲果 致果爲毅**

13) 갑거(甲車) : 병거(兵車). 말에 갑옷을 입혔기 때문에 갑거(甲車)라 한 것이다.

易之 戮也 反易其道 必受戮也

군자는 말한다. "례를 잃고 명을 어겼으니, 그가 사로잡힌 것은 당연하다. 군대의 법제[戎]에는 과감함[果]과 굳셈[毅]을 분명하게 하여 그것을 따르는 것을 례라 한다. 융(戎)은 군대의 법제이다. 적을 죽이는 것이 과(果)이고 과를 다하는 것이 의(毅)이니, 이를 어기면 형륙(刑戮)을 받는다." 그 도(道)를 어기면 반드시 형륙(刑戮)을 받는다는 것이다.

將戰 華元殺羊食士 其御羊斟不與 及戰 曰 疇昔之羊 子爲政 今日之事 我爲政 與入鄭師 故敗

싸우려 할 때 화원(華元)이 양을 잡아 병사들을 먹였는데, 그의 어자 양짐(羊斟)에게는 주지 않았다. 싸움이 시작되자 양짐이 말하기를 "지난번 양은 그대가 주관하였지만 오늘의 일은 내가 주관하게 되었소."라 하고는 화원을 태운 채 정(鄭)나라 군대 속으로 들어갔다. 이 때문에 패한 것이다.

君子謂 羊斟非人也 以其私憾 敗國殄民 於是刑孰大焉 詩所謂人之無良者 其羊斟之謂乎 殘民以逞

군자는 이른다. "양짐(羊斟)은 사람도 아니다. 그는 개인적인 불만으로 나라를 패하게 하고 백성을 죽게 하였다. 이에 형벌 받을 일이 이보다 큰 것이 무엇이겠는가. 《시(詩)》에 이른바 '사람으로서 선량하지 못한 자'[14]라고 한 것은 바로 양짐을 두고 이른 것이다. 백성을 죽여서 자신의 분풀이를 하다니."

宋人以兵車百乘文馬百駟 馬之毛色有文采者 **以贖華元于鄭 半入 華元逃歸 立于門外 告而入 見叔牂 曰 子之馬然也** 叔牂 羊斟 **對曰 非馬也 其人也 旣合而來奔** 合猶答也

송인(宋人)이 병거 1백 승(乘)과 문마(文馬) 1백 사(駟)를 가지고 문마(文馬)는 말의 털색이 문채가 있는 것이다. 정(鄭)나라에 화원(華元)의 몸값을 치르기로 하였다. 몸값의 절반이 정나라로 들어갔을 때 화원이 도망쳐 돌아와 송(宋)나라 성문 밖에 서서 통고하고 들어오다가 숙장(叔牂)을 만나 말하기를 "그대의 말[馬] 때문에 그렇게 된 것인가?"라고 하니, 숙장(叔牂)은 양짐(羊斟)이다. 대답하기를 "말이 아니라 말을 부린 사람이 그랬던 것이오."라고 하였다.

---

14) 사람으로서~자 : 《시경(詩經)》 〈용풍(鄘風)〉 순지분분(鶉之奔奔).

대답하고[合] 나서 로(魯)나라로 망명왔다. 합(合)은 대답함[答]과 같다.

宋城 華元爲植 巡功 植 音值 爲將領主帥 巡察功役 **城者謳曰 睅其目 皤其腹 棄甲而復** 睅 音旱 出目 皤 大腹 **于思于思 棄甲復來** 思 音腮 于思 多鬚之貌 **使其驂乘謂之曰 牛則有皮 犀兕尙多 棄甲則那** 那 何也 言雖棄何害 **役人曰 從其有皮 丹漆若何** 言無丹漆亦不能成甲 豈可棄之 **華元曰 去之 夫其口衆我寡** 夫謂役人

송(宋)나라가 성을 쌓을 때 화원(華元)이 주관하는 장수[植]가 되어 공사를 순찰하였다. 치(植)는 음이 치(值)이니 일을 주관하는 장수가 되어 공역을 순찰한 것이다. 이때 성 쌓는 사람들이 노래하기를 "퉁방울눈[睅]에 불룩한 배[皤]여, 갑옷을 버리고 돌아왔다네. 한(睅)은 음이 한(旱)이니 눈이 튀어나온 것이다. 파(皤)는 불룩한 배이다. 털보여[于思] 털보여, 갑옷을 버리고 돌아왔다네."라고 하였다. 시(思)는 음이 시(腮)이다. 우시(于思)는 수염이 많은 모양이다. 그러자 화원이 참승(驂乘)[15]을 보내어 그들에게 이르기를 "소에는 가죽이 있고, 무소와 외뿔소가 여전히 많은데 갑옷을 버렸다고 무슨[那] 문제이겠는가."라고 하였다. 나(那)는 무엇이니 비록 버렸더라도 무슨 해가 되겠느냐는 말이다. 그러자 성 쌓는 사람들이 말하기를 "비록 갑옷 만들 가죽이야 있다 한들 주홍색 칠을 어떻게 하겠는가."라고 하니, 주홍색 칠이 없으면 또한 갑옷을 완성할 수 없는 것이니 어찌 버릴 수 있겠느냐는 말이다.[16] 화원이 말하기를 "가자. 저들[夫]의 입은 많지만 우리는 적다."라고 하였다. 부(夫)는 성 쌓는 사람들을 이른다.

> 秦師伐晉 夏 晉人宋人衛人陳人侵鄭
>
> 진(秦)나라 군대가 진(晉)나라를 쳤다. 여름에 진인(晉人)·송인(宋人)·위인(衛人)·진인(陳人)이 정(鄭)나라를 침범하였다.

秦師伐晉 以報崇也 遂圍焦 夏 晉趙盾救焦 遂自陰地 及諸侯之師侵鄭 陰地 晉地 **以報大棘之役 楚鬪椒救鄭 曰 能欲諸侯 而惡其難乎 遂次于鄭 以待晉師 趙盾曰 彼宗競于楚 殆將斃矣 姑益其疾 乃去之**

---

15) 참승(驂乘) : 병거(兵車)를 몰 때 주장(主將)은 왼쪽에 타고 어자는 가운데에 자리하며 호위하는 사람[陪乘]은 오른쪽에 타는데, 배승(陪乘)이 바로 참승(驂乘)이다.

16) 주홍색~말이다 : 주홍색 칠을 한 갑옷은 귀한 것이므로 버려서는 안 된다는 말이다.

진(秦)나라 군대가 진(晉)나라를 쳐서 진(晉)나라가 숭(崇)나라를 쳤던 일[17]에 대하여 보복하였다. 드디어 초(焦)[18] 땅을 포위하였는데 여름에 진(晉)나라 조돈(趙盾)이 초 땅을 구원하고, 곧이어 음지(陰地)로부터 나와서 제후들의 군대와 함께 정(鄭)나라를 침범하여 음지(陰地)는 진(晉)나라 땅이다. 대극(大棘)의 싸움[19]에 대해 보복하였다. 초(楚)나라 투초(鬪椒)가 정나라를 구원하며 말하기를 "제후들을 구원하고자 하면서 어찌 어려움을 꺼리겠는가."라 하고는 드디어 정나라로 가서 주둔하고 진(晉)나라 군대를 기다렸다. 조돈이 말하기를 "저 종족[20]은 초나라에서 세력다툼을 하고 있으니 얼마 지나지 않아 패망할 것이다. 잠시 그 병폐가 커지기를 기다릴 것이다."라 하고는 떠났다.

秋 九月 乙丑 晉趙盾弒其君夷皐 가을 9월 을축일에 진(晉)나라 조돈(趙盾)이 그 임금 이고(夷皐)를 시해하였다.

皐 公作獆

고(皐)는 《공양전(公羊傳)》에는 고(獆)로 되어 있다.

晉靈公不君 厚斂以彫牆 彫 畫也 **從臺上彈人 而觀其辟丸也 宰夫胹熊蹯不熟 殺之** 胹 音而 煮也 **寘諸畚 使婦人載以過朝** 畚 音本 筥屬 **趙盾士季見其手 問其故 而患之** 見宰夫手露於畚外

진령공(晉靈公 : 夷皐)이 임금답지 못하여 무거운 세금을 걷어서 담장을 장식하고[彫], 조(彫)는 장식함이다. 루대 위에서 사람들에게 탄환을 쏘고서 그것을 피하는 것을 구경하였다. 재부(宰夫)[21]가 곰 발바닥을 삶은[胹] 것이 제대로 익지 않자, 그를 죽여 이(胹)는 음이 이(而)이니 삶음이다. 삼태기[畚]에 담아 부인(婦人)들을 시켜 들것에 싣고 조정을 지나가게 하였다.[22] 본(畚)은 음이 본(本)이니 광주리 종류이다. 조돈(趙盾)과 사계(士季)가 죽은 사람의 손을 보고 그

---

17) 진(晉)나라가~일 : 지난해에 있었다. 당시 숭(崇)나라는 진(秦)나라의 동맹국이었다.
18) 초(焦) : 희공(僖公) 30년 9월조 전문주에 초(焦)는 진(晉)나라 하수 밖 읍이라 하였다.
19) 대극(大棘)의 싸움 : 올봄 2월에 있었다.
20) 저 종족 : 초(楚)나라 약오씨(若敖氏)의 종족. 곧 투초(鬪椒)의 종족이다.
21) 재부(宰夫) : 대궐의 음식에 관한 일을 맡아보던 관리. 주부(廚夫)라고도 한다.
22) 삼태기[畚]에~하였다 : 남들이 모르게 하려고 부인(婦人)들을 시킨 것이다.

연고를 묻고서 근심하였다. 재부(宰夫)의 손이 광주리 밖으로 나온 것을 본 것이다.

將諫 士季曰 諫而不入 則莫之繼也 會請先 不入 則子繼之 三進 及溜 而後視之 三進 三伏 公知欲諫 故佯不視 溜 屋霤 卽中堂也 **曰 吾知所過矣 將改之 稽首而對曰 人誰無過 過而能改 善莫大焉 詩曰 靡不有初 鮮克有終 夫如是 則能補過者鮮矣 君能有終 則社稷之固也 豈唯羣臣賴之 又曰 袞職有闕 惟中山甫補之 能補過也 君能補過 袞不廢矣** 常服袞也 **猶不改**

이들이 진령공(晉靈公)에게 간하려 할 때 사계(士季)가 말하기를 "우리 둘이 함께 간하였다가 받아들여지지 않으면 뒤를 이어 간할 자가 없소. 나 회(會 : 士季)가 먼저 간할 것이니 만약 받아들여지지 않으면 그대가 뒤를 이어 간하시오."라고 하였다. 이에 사계가 세 번 나아가 옥류(屋霤 : 溜)에 이른 뒤에야 진령공을 만나볼 수 있었다. 세 번 나아갔다는 것은 세 번 엎드렸다는 것이다. 진령공(晉靈公)이 간하고자 하려는 뜻을 알았기 때문에 핑계를 대어 만나지 않으려고 한 것이다. 류(溜)는 옥류(屋霤)이니 곧 중당(中堂)이다. 진령공이 말하기를 "나의 잘못을 알겠으니 장차 고치겠다."라고 하였다. 그러자 사계가 머리를 조아리며 대답하기를 "사람이 누가 잘못이 없겠습니까마는 잘못을 하고 고친다면 이보다 더 큰 선함이 없습니다. 《시(詩)》에 이르기를 '처음에는 선하지 않은 이가 없으나 선으로 마치는 이가 드무네.'[23]라고 하였으니, 이와 같이 한다면 허물을 보완할 수 있는 자가 드물 것입니다. 임금님께서 끝까지 선을 행하신다면 사직은 견고해질 것이니 어찌 뭇 신하만이 힘입는 것이겠습니까. 《시》에 또 이르기를 '곤직(袞職)[24]에 결함이 있거든 중산보(仲山甫)가 보완하네.'[25]라고 하였으니, 이는 허물을 잘 보완하였다는 것입니다. 임금님께서 허물을 보완하신다면 곤직이 폐해지지 않을 것입니다."라고 하였다. 항상 곤복(袞服)을 입을 수 있다는 것이다. 그런데도 여전히 고치지 않았다.

宣子驟諫 驟 數也 **公患之 使鉏麑賊之** 麑 音猊 鉏麑 晉力士 **晨往 寢門闢矣 盛服將朝 尙早 坐而假寐 麑退 歎而言曰 不忘恭敬 民之主也 賊民之主 不忠 棄君之命 不信 有一於此 不如死也 觸槐而死**

선자(宣子 : 趙盾)가 자주[驟] 간하니 취(驟)는 자주이다. 진령공(晉靈公)이 우환으로 여겨 서

---

23) 처음에는~드무네 : 《시경(詩經)》 〈대아(大雅)〉 탕(蕩).

24) 곤직(袞職) : 임금의 직책.

25) 곤직(袞職)에~보완하네 : 《시경(詩經)》 〈대아(大雅)〉 증민(烝民).

예(鉏麑)를 시켜 죽이도록 하였다. 예(麑)는 음이 예(猊)이다. 서예(鉏麑)는 진(晉)나라 력사(力士)이다. 서예가 새벽에 조돈(趙盾)의 집에 가니 침실 문이 열려 있고 조돈은 조복(朝服)을 차려입고 조정에 나아가려 하였다. 아직 이른 시각이어서 앉은 채 잠시 눈을 붙이고 있었다. 서예가 물러 나와 감탄하며 말하기를 "공경함을 잊지 않으니 백성의 주인될 만한 자이다. 백성의 주인될 만한 사람을 죽이는 것은 충성이 아니며 임금의 명을 버리는 것은 신의가 아니다. 둘 가운데 하나라도 있으면 죽는 것만 같지 못하다."라 하고는 홰나무를 들이받고 죽었다.

秋 九月 晉侯飮趙盾酒 伏甲 將攻之 其右提彌明知之 右 車右 **趨登 曰 臣侍君宴 過三爵 非禮也 遂扶以下 公嗾夫獒焉 明搏而殺之** 獒 猛犬 **盾曰 棄人用犬 雖猛何爲 鬪且出 提彌明死之**

가을 9월에 진후(晉侯)가 조돈(趙盾)에게 술을 대접할 때 갑사를 숨겨서 공격하려 하였다. 조돈의 거우[右]인 시미명(提彌明)이 이를 알아채고 우(右)는 거우(車右)이다. 술자리에 올라가 말하기를 "신하가 임금을 모시고 연회할 때 석 잔 이상의 술을 마시는 것은 례가 아닙니다."라 하고는 드디어 부축하여 내려왔다. 이에 진령공(晉靈公)이 맹견[獒]을 풀어 물게 하자, 명(明)이 맨손으로 쳐 죽였다. 오(獒)는 맹견(猛犬)이다. 돈(盾)이 말하기를 "사람을 버려두고 개를 썼으니 비록 사납다 해도 무엇을 할 수 있겠는가."라 하고 싸우면서 빠져나왔다. 그러나 시미명은 이 싸움에서 죽었다.

初 宣子田於首山 舍于翳桑 田 獵也 翳桑 桑之多蔭翳者 首山 晉地 **見靈輒餓 問其病** 靈輒 晉人 **曰 不食三日矣 食之 舍其半 問之 曰 宦三年矣** 學仕宦 **未知母之存否 今近焉 請以遺之 使盡之 而爲之簞食與肉 寘諸橐以與之 旣而與爲公介** 靈輒爲公甲士 **倒戟以禦公徒而免之 問何故 對曰 翳桑之餓人也 問其名居 不告而退 遂自亡也**

이보다 앞서 선자(宣子)가 수산(首山)에서 사냥할[田] 때 예상(翳桑)에서 머물렀다. 전(田)은 사냥함이다. 예상(翳桑)은 뽕나무의 그늘이 많은 것이다. 수산(首山)은 진(晉)나라 땅이다. 그때 령첩(靈輒)의 굶주린 기색을 보고 무슨 병이 있느냐고 물으니, 령첩(靈輒)은 진(晋)나라 사람이다. 대답하기를 "먹지 못한 지 사흘이 되었습니다."라고 하였다. 선자가 음식을 그에게 먹이니 절반을 남기기에 그 까닭을 물었다. 대답하기를 "벼슬공부 3년 동안 벼슬살이 공부를 한 것이다. 어머니가 잘 계시는지 모르고 있다가 지금 집 가까이에 이르렀으니 이 음식을 어머니에게 드리려고 합니다."라고 하였다. 선자가 남긴 음식을 다 먹게 하고 그를 위하여 밥과 고기를 대그릇에 담아 전대에 넣어 그에게 주었다. 얼마 뒤에 령첩은 진령공(晉靈公)의 갑사(甲士)에 참여하였는데 령첩(靈輒)이 령공(靈公)의 갑사(甲士)가 된 것이다. 이때 창을 거꾸로 하여[26] 진령공의 무리를 막아 선자를 죽음에서 구해주었다. 선자가 자신을 구해준 연고를 물으니, 대답하기를 "예상에서 굶주렸던 사람입니다."라고 하였다. 그 이름과 사는 곳을 물었으나 고하지 않고 물러가서는 드디어 스스로 도망하였다.

乙丑 趙穿攻靈公於桃園 攻 一作弒 宣子未出山而復 晉竟之山 盾出奔 聞公弒而還 大史書曰 趙盾弒其君 以示於朝 宣子曰 不然 對曰 子爲正卿 亡不越竟 反不討賊 非子而誰 宣子曰 嗚呼 我之懷矣 自詒伊慼 其我之謂矣 逸詩 言人多所懷戀 則自遺憂

을축일에 조천(趙穿)이 도원(桃園)에서 령공(靈公)을 시해하니[攻] 공(攻)은 다른 본(本)에는 시(弒)로 되어 있다. 선자(宣子)가 아직 산을 넘지 않고 있다가 돌아왔다. 진(晉)나라 국경에 있는 산이다. 돈(盾 : 宣子)이 망명나가다가 진령공(晉靈公)이 시해되었다는 소식을 듣고 돌아온 것이다. 태사(大史)가 기록하기를 '조돈(趙盾)이 그 임금을 시해하였다.'라 하고 조정에 그 내용을 보였다. 선자가 말하기를 "그렇지 않다."라고 하자, 태사가 대답하기를 "그대는 정경(正卿)으로 망명나가다가 국경을 넘지 않았고, 돌아와서도 적도(賊徒)를 토죄하지 않았으니 그대가 아니면 누구란 말이오."라고 하였다. 선자가 말하기를 "아. '내가 나라를 생각하다가 스스로 근심을 끼치도다.'[27]라는 말이 있으니, 나를 두고 이른 것이로다."라고 하였다. 일시(逸詩)이다. 사람이 생각하여 미련이 많으면 스스로 근심을 끼치게 된다는 말이다.[28]

孔子曰 董狐古之良史也 書法不隱 趙宣子 古之良大夫也 爲法受惡 惜也 越竟乃免 朱子曰 左氏識卑 苟如傳說 專是回避 占便宜者 得計 聖人作春秋而亂臣賊子懼 豈反爲之解免 劉敞曰 此非夫子之言

공자(孔子)는 말하였다. "동호(董狐)는 옛날의 훌륭한 사관으로 법도대로 기록하여 숨기지 않았고, 조선자(趙宣子)는 옛날의 어진 대부로 법도를 위하여 악명을 받아들였다. 애석하도다. 국경을 넘어갔더라면 악명을 면할 수 있었을 것이다." 주자(朱子)가 말하기를 "좌씨(左氏)의 식견은 비루하다.[29] 진실로 전문의 설명과 같다면 오로지 이는 책임을 회피하는 것으로 편의를 도모하는 자가

---

26) 창을~하여 : 조선자(趙宣子) 쪽으로 겨누었던 창을 돌려 진령공(晉靈公) 쪽으로 겨눈 것이다.

27) 내가~끼치도다 : 십삼경주소본(十三經注疏本)에는 이 대목의 앞에 '詩曰'이 있다.

28) 사람이~말이다 : 망명을 즉시 결행하지 않고 국경에서 머뭇거리다가 이런 비난을 받게 되었다는 말이다.

29) 좌씨(左氏)의~비루하다 : 주자(朱子)는 '애석하도다. 국경을 넘어갔더라면 악명을 면할 수 있었을 것이다.'라는 구절을 좌씨(左氏)의 말로 본 것이다.

계책을 얻게 될 것이다. 성인(聖人)께서 《춘추(春秋)》를 지으시자 란신적자(亂臣賊子)들이 두려워하였는데 어찌 도리어 그들을 위하여 해명하고 모면하게 하였겠는가."라고 하였다. 류창(劉敞)이 말하기를 "이는 부자(夫子)의 말씀이 아니다."라고 하였다.[30]

宣子使趙穿逆公子黑臀于周而立之 黑臀 晉文公子 **壬申 朝于武宮**

선자(宣子)가 조천(趙穿)을 보내어 공자 흑둔(黑臀)을 주(周)나라에 가서 맞이해 오게 하여 그를 임금의 자리에 세웠다. 흑둔(黑臀)은 진문공(晉文公)의 아들이다. 임신일에 무궁(武宮)[31]에 조알(朝謁)하였다.

冬 十月 乙亥 天王崩

겨울 10월 을해일에 천왕이 붕하였다.

○初 麗姬之亂 詛無畜羣公子 自是晉無公族 廢公族之官 **及成公卽位 乃宦卿之適子而爲之田 以爲公族** 宦 仕也 爲置田邑以爲公族大夫 **又宦其餘子 亦爲餘子** 餘子 適子之母弟 治餘子之政 **其庶子爲公行** 庶子 妾子也 掌率公戎行 **晉於是有公族餘子公行** 皆官名 **趙盾請以括爲公族 曰 君姬氏之愛子也** 趙姬 文公女 **微君姬氏 則臣狄人也 公許之** 盾 狄外孫 **冬 趙盾爲旄車之族** 旄車 公行之官 盾子當爲公族 辟屛季更掌旄車 **使屛季以其故族爲公族大夫** 盾以其故官屬與屛季 使爲衰之適

○이보다 앞서 려희(麗姬)의 란[32] 때 뭇 공자를 기르지 않겠다고 맹세하였다[詛]. 이때부터 진(晉)나라에는 공족(公族)이 없었다. 공족(公族)의 관직을 폐기한 것이다. 진성공(晉成公 : 黑臀)이 즉위함에 이르러서 경(卿)의 적자(適子)에게 벼슬을 주고[宦] 전지도 주어 공족으로 삼고, 환(宦)은 벼슬함이다. 그들을 위하여 전읍(田邑)을 두어 공족대부(公族大夫)로 삼은 것이다. 또 그 여자(餘子)에게 벼슬을 주어 또한 여자로 삼고, 여자(餘子)는 적자(適子)의 동모제로 여자들에 관한 정사를 다스렸다. 그 서자(庶子)를 공항(公行)으로 삼았다. 서자(庶子)는 첩의 아들이다. 공(公)의 병거의 항렬

---

30) 류창(劉敞)이~하였다 : 류창(劉敞)은 위 문장 전체를 공자의 말로 보지 않은 것이다.

31) 무궁(武宮) : 진무공(晉武公)의 사당.

32) 려희(麗姬)의 란 : 진헌공(晉獻公)의 애첩인 려희(麗姬)가 그의 소생인 해제(奚齊)를 태자로 삼기 위하여 태자인 신생(申生)을 죽이고 공자인 중이(重耳)와 이오(夷吾)를 내쫓은 일이다. 희공(僖公) 5년에 있었다.

(行列)을 맡아 통솔하였다. 진나라는 이에 공족·여자·공항이 있게 되었다. 모두 벼슬 이름이다. 조돈(趙盾)이 조괄(趙括)[33]을 공족으로 삼기를 청하며 말하기를 "군희씨(君姬氏)께서 사랑한 아들로 군희씨(君姬氏)는 조희(趙姬)이니 문공(文公)의 딸이다. 군희씨가 아니었다면 신은 적인(狄人)이 되었을 것입니다."[34]라고 하자, 진성공이 허낙하였다. 조돈(趙盾)은 적(狄)의 외손이다. 겨울에 조돈은 모거족(旄車族)이 되고 모거(旄車)는 공항(公行)의 관직이다. 조돈(趙盾)의 아들이 마땅히 공족이 되어야 하지만 병계(屛季 : 趙括)가 다시 모거를 관장하는 것을 피한 것이다.[35] 병계(屛季)로 하여금 그의 옛 족인(族人)을 거느리고서 공족대부가 되게 하였다. 조돈(趙盾)은 자기의 옛 관속을 병계(屛季)에게 주어 그를 조최(趙衰)의 적자가 되게 한 것이다.

선공(宣公) 3년 【乙卯 B.C.606】

> 三年 春 王正月 郊牛之口傷 改卜牛 牛死 乃不郊 猶三望
>
> 3년 봄 왕정월에 교제(郊祭)에 올릴 소의 입에 상처가 생겨 점쳐서 다른 소로 바꾸었는데 그 소도 죽었다. 이에 교제를 지내지 않고 오히려 삼망제(三望祭)를 지냈다.

此因事之變 以明魯郊之非禮 且天王未葬 復有忘哀從吉之罪

이는 일의 변괴(變怪)로 인하여 로(魯)나라에서 교제(郊祭)를 지내는 것이 례가 아니고 또 천왕을 장사지내지도 않았는데 다시 슬픔을 잊고 길례(吉禮)를 따른 죄가 있음을 밝힌 것이다.

---

33) 조괄(趙括) : 조돈(趙盾)의 이모제(異母弟). 조희(趙姬)의 아들 병계(屛季)이다.

34) 군희씨가~것입니다 : 조희(趙姬)가 적(狄) 땅에 있던 조돈(趙盾)을 조최(趙衰)에게 청하여 귀국시키고 조씨(趙氏)의 적자로 삼게 하였다. 이 일은 희공(僖公) 24년에 있었다.

35) 조돈(趙盾)의~것이다 : 공족(公族)은 수레를 탈 때 반드시 모(旄)를 세우는데 이를 일러 모거(旄車)라 한다. 그런데 모거를 관장한다는 것은 공족보다 아래의 지위로서 경대부의 여자(餘子)들이 주로 담당한다. 조돈(趙盾)은 병계(屛季)를 공족으로 삼아주고자 하였으므로 자신의 아들에게 모거를 관장하는 직책을 맡게 함으로써 병계가 그 직책을 피하고 공족이 되도록 한 것이다.

三年 春 不郊 而望 皆非禮也 望 郊之屬也 不郊 亦無望可也

3년 봄에 교제(郊祭)를 지내지 않고 망제(望祭)를 지냈으니, 모두 례가 아니다. 망제는 교제에 딸린 것으로 교제를 지내지 않으면 망제도 지내지 않는 것이 옳다.

葬匡王

광왕(匡王)의 장례를 지냈다.

楚子伐陸渾之戎

초자(楚子)가 륙혼(陸渾)의 융(戎)을 쳤다.

陸渾之戎 公作賁渾戎 後同 穀無之字

륙혼지융(陸渾之戎)은《공양전(公羊傳)》에는 분혼융(賁渾戎)으로 되어 있고, 이후에도 이와 같다.《곡량전(穀梁傳)》에는 지(之)라는 글자가 없다.

楚子伐陸渾之戎 遂至於雒 觀兵于周疆 定王使王孫滿勞楚子 楚子問鼎之大小輕重焉 示欲偪周取天下 **對曰 在德不在鼎 昔夏之方有德也 遠方圖物** 畫山川奇異之物而獻之 **貢金九牧 鑄鼎象物 百物而爲之備 使民知神姦** 圖鬼神百物之形 使民逆備之 **故民入川澤山林 不逢不若** 若 順也 **螭魅罔兩** 罔兩 水神 **莫能逢之 用能協于上下 以承天休 桀有昏德 鼎遷于商 載祀六百** 載祀 皆年 **商紂暴虐 鼎遷于周 德之休明 雖小 重也** 不可遷 **其姦回昏亂 雖大 輕也** 言可移 **天祚明德 有所底止 成王定鼎于郟鄏** 卽王城 **卜世三十 卜年七百 天所命也 周德雖衰 天命未改 鼎之輕重 未可問也**

초자(楚子 : 莊王)가 륙혼(陸渾)[36]의 융(戎)을 치고 드디어 락수(雒水)에 이르러 주(周)나라 강역 안에서 관병(觀兵)하였다.[37] 이에 정왕(定王)이 왕손만(王孫滿)을 보내어 초자를 위무하였다. 이때 초자가 정(鼎)의 크기와 무게에 대하여 왕손만에게 물었다. 주(周)나라를

36) 륙혼(陸渾) : 융족(戎族)의 일종.

37) 주(周)나라~관병(觀兵)하였다 : 천자에게 무력시위를 한 것이다.

핍박하여 천하를 취하려는 뜻을 보인 것이다. 만(滿)이 다음과 같이 대답하였다. "왕자(王者)가 되는 것은 덕에 달려 있는 것이지 정에 있는 것이 아닙니다. 옛날 하(夏)나라가 바야흐로 덕이 있을 때 먼 지방에서는 도물(圖物)을 바치니 산천의 기이한 물건을 그려 바친 것이다. 구목(九牧)[38] 들에게서 쇠붙이를 공납 받아 정을 주조하고 물상을 새겨 넣어 온갖 물상이 거기에 갖추어져서 백성으로 하여금 신간(神姦)[39]을 알게 하였기 때문에 귀신과 온갖 물상을 그려 넣어 백성에게 미리 대비하게 한 것이다. 백성이 천택과 산림에 들어가도 순하지[若] 않은 것을 만나지 않았고 약(若)은 순함이다. 리매(螭魅)[40]나 망량(罔兩)도 망량(罔兩)은 수신(水神)이다. 만나지 않을 수 있었습니다. 그리하여 위아래에서 화합할 수 있어서 하늘의 복을 받았던 것입니다. 그러나 걸(桀)이 혼덕(昏德)[41]이 있자 정이 상(商)나라로 옮겨져 햇수[載祀]가 6백 년이 지났고, 재(載)와 사(祀)는 모두 해[年]이다. 상나라 주(紂)가 포학하자 정이 주(周)나라로 다시 옮겨졌습니다. 따라서 천자의 덕이 아름답고 밝으면 정이 비록 작더라도 무거우며 옮길 수 없다는 것이다. 간사하고 어지러우면 비록 크더라도 가벼운 것입니다. 옮길 수 있다는 말이다. 하늘이 밝은 덕을 지닌 자에게 복을 내림에 정은 머무는 곳이 있습니다. 성왕(成王)이 겹욕(郟鄏)에 정을 안치하고 겹욕(郟鄏)은 곧 왕성(王城)이다. 력수(曆數)를 점치니 30세(世) 7백 년 동안 지속된다고 나왔으니 이는 하늘이 명한 것입니다. 주나라 덕이 비록 쇠퇴하였으나 천명이 아직 바뀌지 않았으니 정의 무게를 물어서는 안 됩니다."

夏 楚人侵鄭

여름에 초인(楚人)이 정(鄭)나라를 침범하였다.

晉侯伐鄭及郔 鄭及晉平 士會入盟 郔 音延 鄭地 夏 楚人侵鄭 鄭卽晉故也

진후(晉侯 : 成公)가 정(鄭)나라를 쳐서 연(郔) 땅까지 이르렀다. 정나라가 진(晉)나라와 화평하니, 사회(士會)가 정나라에 들어가 맹약하였다. 연(郔)은 음이 연(延)이니 정(鄭)나라 땅이다. 여름에 초인(楚人)이 정나라를 침범하였으니, 정나라가 진나라에 붙었기 때문이었다.

---

38) 구목(九牧) : 구주(九州)의 목백(牧伯).

39) 신간(神姦) : 사람을 해치는 귀신과 괴이한 동물들.

40) 리매(螭魅) : 사람을 해친다는 산속의 괴물.

41) 혼덕(昏德) : 악덕(惡德).

秋 赤狄侵齊

가을에 적적(赤狄)이 제(齊)나라를 침범하였다.

赤狄 狄之別鍾 始見經

적적(赤狄)은 적(狄)의 별종인데 처음으로 경문에 보였다.

宋師圍曹

송(宋)나라 군대가 조(曹)나라를 포위하였다.

宋文公卽位三年 殺母弟須及昭公子 武氏之謀也 事在文十八年 **使戴桓之族攻武氏於司馬子伯之館 盡逐武穆之族 武穆之族以曹師伐宋 秋 宋師圍曹 報武氏之亂也**

송문공(宋文公)[42]이 즉위한 지 3년에 동모제 수(須)와 소공(昭公)의 아들을 죽였으니, 무씨(武氏)[43]의 계획 때문이었다.[44] 이 일은 문공(文公) 18년에 있었다. 그리고 대공(戴公)[45]과 환공(桓公)[46]의 족인(族人)을 시켜 무씨를 사마(司馬) 자백(子伯)의 관사에서 공격하게 하고 무공(武公)[47]과 목공(穆公)[48]의 족인[49]을 모두 축출하니, 무공과 목공의 족인이 조(曹)나라 군대를 이끌고 송(宋)나라를 쳤다. 가을에 송나라 군대가 조나라를 포위하였으니, 무씨의 란에 대하여 보복하기 위해서였다.

42) 송문공(宋文公) : 송소공(宋昭公)의 서제(庶弟).
43) 무씨(武氏) : 송무공(宋武公)의 후손.
44) 무씨(武氏)의~때문이었다 : 송문공(宋文公)이 소공(昭公)을 시해하였기 때문에 송(宋)나라 무씨(武氏)의 종족이 소공의 아들과 문공(文公)의 동모제인 사성(司城) 수(須)를 받들고 란을 일으키려 한 계획을 말한다.
45) 대공(戴公) : 송문공(宋文公)의 7대조.
46) 환공(桓公) : 송문공(宋文公)의 증조.
47) 무공(武公) : 송문공(宋文公)의 6대조.
48) 목공(穆公) : 송문공(宋文公)의 5대조.
49) 무공(武公)과~족인 : 무씨(武氏)의 당여이다.

冬 十月 丙戌 鄭伯蘭卒
겨울 10월 병술일에 정백(鄭伯) 란(蘭)이 졸하였다.

冬 鄭穆公卒 初 鄭文公有賤妾曰燕姞 姞 南燕姓 **夢天使與己蘭 曰 余爲伯儵 余而祖也** 伯儵 南燕祖 **以是爲而子** 以蘭爲女子名 **以蘭有國香 人服媚之如是 旣而文公見之 與之蘭而御之 辭曰 妾不才 幸而有子 將不信 敢徵蘭乎** 計所賜蘭 爲懷子月數 **公曰 諾 生穆公 名之曰蘭**

겨울에 정목공(鄭穆公 : 蘭)이 졸하였다. 이보다 앞서 정문공(鄭文公)이 천첩을 두었는데 연길(燕姞)이었다. 길(姞)은 남연(南燕)의 성(姓)이다. 연길이 꿈을 꾸니 천사(天使)가 자기에게 란(蘭)을 주며 말하기를 "나는 백조(伯儵)이니 나는 너의 조상이다. 백조(伯儵)는 남연(南燕)의 조상이다. 이 란을 너의 아들로 삼으리라. 란(蘭)을 너의 아들 이름으로 삼는다는 것이다. 란은 나라에서 가장 향기로운 것이니, 사람들이 너의 아들을 따르며 사랑하기를 란을 대하는 것같이 할 것이다."라고 하였다. 이윽고 정문공이 연길을 보고 그녀에게 란을 주며 시침을 들게 하니, 연길이 사양하며 말하기를 "첩이 재주가 없어서 총애를 받아 아들을 두더라도 사람들은 임금님의 아들이라고 믿지 않으려 할 것이니, 감히 란으로 그 증거를 삼고자 합니다."라고 하였다. 란(蘭)을 준 날을 계산하여 아들을 회임한 달수로 삼겠다는 것이다. 정문공이 대답하기를 "좋다." 라고 하였다. 그녀가 목공(穆公)을 낳으니 이름을 란이라 하였다.

文公報鄭子之妃曰陳嬀 鄭子 文公叔父子儀 淫季父之妻曰報 **生子華子臧 子臧得罪而出** 出奔宋 **誘子華而殺之南里** 在僖十六年 南里 鄭地 **使盜殺子臧於陳宋之間** 在僖二十四年 **又娶于江 生公子士 朝于楚** 從鄭伯朝于楚 **楚人酖之 及葉而死** 葉 楚地 **又娶于蘇 生子瑕子俞彌 俞彌早卒 洩駕惡瑕 文公亦惡之 故不立也 公逐羣公子 公子蘭奔晉 從晉文公伐鄭** 在僖三十年 **石癸** 鄭大夫 **曰 吾聞姬姞耦 其子孫必蕃** 姞姓宜爲姬配耦 **姞 吉人也 后稷之元妃也 今公子蘭 姞甥也 天或啓之 必將爲君 其後必蕃 先納之 可以亢寵** 亢極也 **與孔將鉏侯宣多納之 盟于大宮而立之 以與晉平 穆公有疾 曰 蘭死 吾其死乎 吾所以生也 刈蘭而卒**

정문공(鄭文公)이 정자(鄭子)의 비(妃)와 간음하였는데[報] 그녀는 진규(陳嬀)이다. 정자(鄭子)는 정문공(鄭文公)의 숙부(叔父)인 자의(子儀)이다. 숙부[季父]의 처와 간음하는 것을 보(報)라고 한다. 그녀가 자화(子華)와 자장(子臧)을 낳았는데 자장이 죄를 짓고 망명나갔다. 송(宋)나라로 망명나간 것이다. 문공(文公)은 자화를 유인하여 남리(南里)에서 죽이고 희공(僖公) 16년에 있었다. 남리(南里)는 정(鄭)나라 땅이다. 도적을 시켜 자장을 진(陳)나라와 송(宋)나라의 국경에서 죽였다. 희공(僖公) 24년에 있었다. 문공은 또 강(江)나라에서 아내를 맞이하여 공자 사(士)를 낳았다. 사가 초(楚)나라에 가서 조견하였는데 정백(鄭伯)을 따라 초(楚)나라에 가서 조견한 것이다. 초인(楚人)이 그에게 짐독(鴆毒)을 먹이니 섭(葉) 땅에 이르러 죽었다. 섭(葉)은 초(楚)나라 땅이다. 문공은 또 소(蘇)나라에서 아내를 맞이하여 자하(子瑕)와 자유미(子俞彌)를 낳았다. 유미(俞彌)는 일찍 졸하였고, 설가(洩駕)[50]가 하(瑕)를 미워하고 문공 또한 그를 미워하였기 때문에 태자로 세우지 않았다. 문공이 뭇 공자를 축출하자, 공자 란(蘭)은 진(晉)나라로 망명하였다가 진문공(晉文公)이 정(鄭)나라를 칠 때 따라갔다. 희공(僖公) 30년에 있었다. 석계(石癸)가 정(鄭)나라 대부이다. 말하기를 "내가 들으니 희성(姬姓)과 길성(姞姓)이 짝이 되면 그 자손은 반드시 번창한다고 한다. 길성(姞姓)은 마땅히 희성(姬姓)의 짝이 되어야 한다는 것이다. 길(姞)은 길(吉)한 사람이라는 뜻이니 후직(后稷)의 원비(元妃)가 길성이었다. 지금 공자 란이 길성의 외생(外甥 : 外孫)이다. 하늘이 혹 그의 앞길을 열어주면 반드시 임금이 될 것이고 그 후손은 반드시 번창할 것이다. 먼저 그를 맞아들인다면 우리는 지극한[亢] 총애를 받을 수 있을 것이다."라고 하였다. 항(亢)은 지극함이다. 그리하여 공장서(孔將鉏)·후선다(侯宣多)와 함께 란을 맞아들여 태궁(大宮)[51]에서 맹약하고 그를 임금으로 세우고 진(晉)나라와 화평하였다. 목공[穆公 : 蘭]이 병들자 말하기를 "란이 죽으면 나도 죽을 것이다. 나는 란에 의해 태어난 사람이다."라고 하더니, 란을 베어내자[52] 목공이 졸하였다.

葬鄭穆公

정(鄭)나라 목공(穆公)의 장례를 지냈다.

穆 公作繆

목(穆)은《공양전(公羊傳)》에는 목(繆)으로 되어 있다.

---

50) 설가(洩駕) : 정(鄭)나라 대부.

51) 태궁(大宮) : 정(鄭)나라 시조묘(始祖廟)를 이른다.

52) 란을 베어내자 : 란(蘭)이 시들자 베어낸 것이다. 이에 대하여 정목공(鄭穆公)이 자기의 생사를 시험하기 위해 란을 베었다고 보는 설도 있다.

선공(宣公) 4년 【丙辰 B.C.605】

四年 春 王正月 公及齊侯平莒及郯 莒人不肯 公伐莒 取向

4년 봄 왕정월이다. 선공(宣公)이 제후(齊侯)와 함께 거(莒)나라와 담(郯)나라를 화평시키려 하였다. 거인(莒人)이 응하지 않으니 선공이 거나라를 쳐서 상(向) 땅을 취하였다.

四年 春 公及齊侯平莒及郯 莒人不肯 公伐莒 取向 非禮也 平國以禮 不以亂 伐而不治 亂也 以亂平亂 何治之有 無治 何以行禮

4년 봄에 선공(宣公)이 제후(齊侯)와 함께 거(莒)나라와 담(郯)나라를 화평시키려 하였다. 거인(莒人)이 응하지 않자 선공이 거나라를 쳐서 상(向) 땅을 취하였으니, 례에 맞는 일이 아니었다. 나라를 화평시킴에는 례로써 해야 하고 란(亂)으로써 하지 않아야 한다. 다른 나라를 쳐서 다스려지지 않게 하는 것이 란이다. 란으로써 란을 화평시키려 한다면 어떻게 다스려짐이 있겠으며, 다스려짐이 없다면 어떻게 례를 행할 수 있겠는가.[53)]

秦伯稻卒

진백(秦伯) 도(稻 : 共公)가 졸하였다.

夏 六月 乙酉 鄭公子歸生弑其君夷

여름 6월 을유일에 정(鄭)나라 공자 귀생(歸生)이 그 임금 이(夷)를 시해하였다.

楚人獻黿於鄭靈公 公子宋與子家將見 宋 子公也 **子公之食指動** 第二指也 **以示子家曰 他日我如此 必嘗異味 及入 宰夫將解黿 相視而笑 公問之 子家以告 及食大夫黿**

53) 다른~있겠는가 : 먼저 례로써 거(莒)나라를 안정시키지 않고 무력으로 토벌한 선공(宣公)을 책망한 것이다.

召子公而弗與也 欲使指動無效 **子公怒 染指於鼎 嘗之而出 公怒 欲殺子公 子公與子家謀先** 先公爲難 **子家曰 畜老 猶憚殺之 而況君乎 反譖子家 子家懼而從之 夏 弑靈公 書曰 鄭公子歸生弑其君夷 權不足也** 言權不足以禦亂

초인(楚人)이 큰 자라를 정령공(鄭靈公 : 夷)에게 바쳤다. 공자 송(宋)이 자가(子家 : 歸生)와 함께 임금을 뵈려 할 때 송(宋)은 자공(子公)이다. 자공(子公)의 식지(食指)가 움직였다. 식지(食指)는 둘째손가락이다. 이를 자가에게 보이면서 말하기를 “다른 날에 내가 이런 일이 있으면 반드시 별미를 맛보았었소.”라고 하였다. 그들이 궁에 들어가니, 재부(宰夫 : 요리사)가 큰 자라를 해체하려고 하거늘 그들은 서로 마주 보고 웃었다. 령공(靈公)이 웃는 까닭을 물으니, 자가가 그 연유를 고하였다. 령공이 대부들에게 그 자라고기를 먹일 때 자공을 부르기는 하였지만 주지는 않았다. 손가락이 움직인 것을 효험이 없게 하고자 한 것이다. 그러자 자공은 노하여 자라고기를 삶은 솥에 손가락을 담그었다가 그 손가락을 맛보면서 나갔다. 령공이 노하여 자공을 죽이려 하니, 자공은 자가와 함께 먼저 령공을 죽일 것을 모의하였다. 정령공(鄭靈公)보다 먼저 화난을 일으키려 한 것이다. 자가가 말하기를 “가축도 늙으면 오히려 죽이기를 꺼리는데 하물며 임금을 죽일 수가 있겠소.”라고 하였다. 이에 자공이 도리어 자가를 참소하거늘 자가는 두려워 그의 뜻을 따라 여름에 령공을 시해하였다. 경문에 정(鄭)나라 공자 귀생(歸生)이 그 임금 이(夷)를 시해하였다고 기록하였으니, 자가의 권력이 자공에 비해 부족하였음을 밝힌 것이다.[54] 권력이 란을 막기에 부족하였다는 말이다.

君子曰 仁而不武 無能達也 不能自通仁道 **凡弑君 稱君 君無道也 稱臣 臣之罪也** 稱君謂唯書君名 而稱國以弑 稱臣謂書弑者之名 趙汸曰 旣云懼而從之 是與謀也 權不足乃俚俗之言 君雖無道 豈臣子所當較 臣旣弑君 亦豈有無罪者 傳說皆謬

군자는 말한다. “어질기만 하고 용감하지 못하면 그 어짊을 통달시키지 못한다. 스스로 인도(仁道)를 통달시키지 못한다는 것이다. 무릇 임금을 시해하였을 때 경문에 임금을 칭한 것은 그 임금이 무도하였기 때문이고, 신하를 칭한 것은 신하에게 죄가 있다는 것이다.” 임금을 칭하였다는 것은 오직 경문에 임금의 이름을 기록하여 나라가 그를 시해하였다고 칭한 것을 이르고, 신하를 칭하였다는 것은 경문에 시해한 자의 이름을 기록한 것을 이른다.[55] 조방(趙汸)이 말하기를 “이미 두려워서 따랐다고

54) 자가의~것이다 : 경문은 불의에 굴복함으로써 결국 불의가 이루어지게 한 자가(子家)의 죄가 불의를 계획한 자공(子公)의 죄보다 더 큼을 드러낸 것이니, 전문의 설은 공자(孔子)의 본의가 아니다.

55) 신하를~이른다 : 시해한 자의 이름을 기록하여 후세에 보임으로써 끝내 용서할 수 없는 불의임을 밝힌 것이다.

한다면 이는 모의에 참여한 것이고, 권력이 부족해서라는 것은 바로 세속에서 하는 말이다. 임금이 비록 무도하나 어찌 신하된 자가 임금의 무도함을 따질 수 있으며, 신하가 이미 임금을 시해하였으니 또한 어찌 죄 없는 자가 있겠는가. 전문의 설이 모두 잘못이다."라고 하였다.

鄭人立子良 子良 穆公庶子去疾 **辭曰 以賢則去疾不足 以順則公子堅長 乃立襄公** 襄公堅也 **襄公將去穆氏** 逐羣兄弟 **而舍子良 子良不可曰 穆氏宜存 則固願也 若將亡之 則亦皆亡 去疾何爲** 何爲獨留 **乃舍之 皆爲大夫**

정인(鄭人)이 자량(子良)을 임금으로 세우려 하자, 자량(子良)은 정목공(鄭穆公)의 서자(庶子)인 거질(去疾)이다. 자량은 사양하며 말하기를 "어진 것으로 말하자면 나 거질(去疾)이 부족하고, 순서로 말하자면 공자 견(堅)이 나보다 연장자이다."라고 하였다. 이에 양공(襄公)을 임금으로 세웠다. 양공(襄公)은 견(堅)이다. 양공이 목씨(穆氏)를 다 제거하고[56] 여러 형제를 축출하려는 것이다. 자량만을 남겨두려고 하니, 자량이 안 된다고 하며 말하기를 "목씨 일족이 온전히 보존되는 것은 제가 진실로 원하는 일입니다. 만약에 그들을 멸망시키려 하신다면 또한 모두 없애야 할 텐데, 그렇다면 저 거질은 어찌하실 것입니까?"라고 하였다. 어찌 혼자만 남아 있게 하느냐는 것이다. 이에 목씨를 그대로 두어 모두 대부로 삼았다.

赤狄侵齊

적적(赤狄)이 제(齊)나라를 침범하였다.

秋 公如齊 公至自齊

가을이다. 선공(宣公)이 제(齊)나라에 갔다. 선공이 제나라에서 돌아왔다.

○初 楚司馬子良生子越椒 子文曰 必殺之 子文 子良之兄 **是子也 熊虎之狀而豺狼之聲 弗殺 必滅若敖氏矣 諺曰 狼子野心 是乃狼也 其可畜乎 子良不可 子文以爲大**

56) 목씨(穆氏)를~제거하고 : 목씨(穆氏)는 정목공(鄭穆公)의 여러 아들이고 정양공(鄭襄公)의 형제들이다. 목씨가 자공(子公)의 란(亂)에 동조하였기 때문에 정양공은 이들을 제거하여 자공의 란을 다스리고자 한 것이다. 『사기(史記)』「정세가(鄭世家)」에는 목씨는 자공의 족가(族家)라 하였다.

慼 及將死 聚其族曰 椒也知政 乃速行矣 無及於難 且泣曰 鬼猶求食 若敖氏之鬼不其餒而

○이보다 앞서 초(楚)나라 사마(司馬) 자량(子良)이 자월초(子越椒)를 낳았을 때 자문(子文)이 말하기를 "반드시 죽여야 한다. 자문(子文)은 자량(子良)의 형이다. 이 아이는 곰과 범의 생김새이고 승냥이와 이리의 소리를 내니, 죽이지 않으면 반드시 우리 약오씨(若敖氏)를 멸망시킬 것이다. 속언에 '이리 새끼는 늘 들판을 그리워하는 마음을 가진다.'[57]고 하였다. 이 아이가 바로 이리이니 어찌 기를 수 있겠는가."라고 하였다. 자량이 거절하니 자문이 크게 걱정하였다. 자문이 죽을 때 종족을 모아놓고 말하기를 "초(椒)가 국정을 맡거든 빨리 떠나서 화난에 미치지 않게 하라."라 하고, 또 눈물을 흘리며 말하기를 "귀신도 오히려 먹을 것을 구하는데 약오씨의 귀신들이 어찌 굶주리지 않겠는가."[58]라고 하였다.

及令尹子文卒 鬪般爲令尹 般 子文之子 子揚 **子越爲司馬 蔿賈爲工正 譖子揚而殺之 子越爲令尹 己爲司馬 子越又惡之** 惡賈 **乃以若敖氏之族 圄伯嬴於轑陽而殺之** 圄 囚也 伯嬴 蔿賈也 轑 音遼 轑陽 楚邑 **遂處烝野 將攻王 王以三王之子爲質焉 弗受** 烝野 楚邑 三王 文成穆 **師于漳澨** 澨 水邊 **秋 七月 戊戌 楚子與若敖氏戰于皐滸** 皐滸 楚地 **伯棼射王 汰輈 及鼓跗 著於丁寧** 汰 過也 輈 車轅 跗 所以架鼓 丁寧 鉦也 **又射 汰輈 以貫笠轂** 兵車無蓋 尊者則邊人執笠 依轂而立 **師懼 退 王使巡師曰 吾先君文王克息 獲三矢焉 伯棼竊其二 盡於是矣 鼓而進之 遂滅若敖氏**

령윤(令尹) 자문(子文)이 졸하자 투반(鬪般)이 령윤이 되고, 반(般)은 자문(子文)의 아들인 자양(子揚)이다. 자월(子越 : 子越椒)이 사마(司馬)가 되었다. 위가(蔿賈)가 공정(工正)이 되었는데 자양(子揚)을 참소하여 죽이자, 자월은 령윤이 되고 자신은 사마가 되었다.[59] 자월이 또 그를 미워하여 위가(蔿賈)를 미워한 것이다. 이에 자신의 종족인 약오씨(若敖氏)의 일족을 이끌고 백영(伯嬴)을 료양(轑陽)에 가두었다가[圄] 죽였다. 어(圄)는 가둠이다. 백영(伯嬴)은 위가(蔿賈)이다. 료(轑)는 음이 료(遼)이다. 료양(轑陽)은 초(楚)나라 읍이다. 드디어 증야(烝野)에 머물면서 초왕(楚王 : 莊王)을 공격하려 하였다. 초왕이 세 왕의 아들을 인질로 보내려 하였으나 받아들이지

57) 이리~가진다 : 이리 새끼는 본심이 산야에 있어서 길들일 수 없고, 기르면 사람을 해친다는 말이다.

58) 약오씨의~않겠는가 : 약오씨가 멸망하여 조상의 제사도 지내지 못한다는 말이다.

59) 위가(蔿賈)가~되었다 : 위가(蔿賈)가 자월(子越 : 鬪越椒)을 위하여 자양(子揚)을 참소하여 자월을 령윤(令尹)이 되게 하고 자기가 자월의 자리를 차지한 것이다.

앉자, 증야(烝野)는 초(楚)나라 읍이다. 세 왕은 초문왕(楚文王)·초성왕(楚成王)·초목왕(楚穆王)이다. 초왕은 장수(漳水) 가[澨]에 군대를 주둔시켰다. 서(澨)는 물가이다. 가을 7월 무술일에 초자(楚子)가 약오씨와 고호(皐滸)에서 싸웠다. 고호(皐滸)는 초(楚)나라 땅이다. 백분(伯棼 : 子越)이 왕을 활로 쏘았는데, 화살이 끌채[輈]를 지나[汏] 북을 거는 틀[跗]에 이르러 징[丁寧]을 맞혔다. 견(汏)은 지남이다. 주(輈)는 수레 끌채이다. 부(跗)는 북을 거는 곳이다. 정녕(丁寧)은 징이다. 또 쏘자 끌채를 지나 립곡(笠轂)[60]을 꿰뚫으니 병거는 덮개가 없어서 높은 자는 주변 사람이 삿갓을 잡고 곡(轂)에 의지해 서 있는다. 군사들이 무서워 뒤로 물러났다. 그러자 초왕이 사람을 시켜 진영을 돌게 하며 말하기를 "내 선군인 문왕(文王)께서 식(息)나라를 이기고서 화살 세 개를 얻었는데, 백분이 두 개를 훔쳐서 여기에 다 써버렸다."라 하고, 북을 치며 진격하여 드디어 약오씨를 멸하였다.

初 若敖娶於䢵 䢵 音云 國名 **生鬬伯比 若敖卒 從其母畜於䢵 淫於䢵子之女 生子文焉 䢵夫人使棄諸夢中** 夢 澤名 **虎乳之 䢵子田 見之 懼而歸 夫人以告 遂使收之 楚人謂乳穀 謂虎於菟 故命之曰鬬穀於菟 以其女妻伯比 實爲令尹子文 其孫箴尹克黃** 箴尹 官名 克黃 子揚之子 **使於齊 還及宋 聞亂 其人曰 不可以入矣 箴尹曰 棄君之命 獨誰受之 君天也 天可逃乎 遂歸 復命 而自拘於司敗 王思子文之治楚國也 曰 子文無後 何以勸善 使復其所 改命曰生** 易其名也

이보다 앞서 약오(若敖)가 운(䢵)나라에서 아내를 맞이하여 운(䢵)은 음이 운(云)이고 나라 이름이다. 투백비(鬬伯比)를 낳았다. 약오가 졸하자 투백비는 어머니를 따라 운나라에서 자랐는데, 운자(䢵子)의 딸과 간통하여 자문(子文)을 낳았다. 운부인(䢵夫人)이 사람을 시켜 몽택(夢澤) 중에 버리게 하자, 몽(夢)은 늪 이름이다. 범이 젖을 먹여 주었다. 운자가 사냥 나갔다가 그것을 보고 두려워 돌아오자, 부인(夫人)이 사실대로 고하였다.[61] 운자는 드디어 사람을 보내어 거두어 기르게 하였다. 초인(楚人)은 젖을 누(穀)라 하고 범을 오도(於菟)라 하였으므로 이름을 투누오도(鬬穀於菟)라 하였다. 그리고 그의 딸을 백비(伯比)에게 시집보냈으니, 이 아이[鬬穀於菟]가 바로 령윤(令尹) 자문이다. 그의 손자 잠윤(箴尹) 극황(克黃)이 잠윤(箴尹)은 벼슬 이름이다. 극황(克黃)은 자양(子揚)의 아들이다. 제(齊)나라에 사신을 갔다가 돌아오는 길에 송(宋)나라에 이르러 반란 소식을 들었다. 그 종자(從子)가 말하기를 "들어가시면 안

60) 립곡(笠轂) : 추위와 더위를 막기 위하여 병거 위에서 들고 있는 삿갓. 일설에는 더위와 비를 막기 위하여 수레 가운데에 막대기를 세워 설치한 삿갓으로 주변 사람이 잡고 있는 것은 아니라고 하였다.

61) 부인(夫人)이~고하였다 : 딸이 사통하여 낳은 아이라고 고한 것이다.

됩니다."라고 하니, 잠윤이 말하기를 "임금의 명을 저버리면 누가 나를 받아주겠는가. 임금은 하늘이다. 하늘을 피할 수 있겠는가."라 하고는 드디어 돌아와서 복명하고 스스로 사패(司敗)[62]에게 가서 구금되었다. 초왕(楚王)은 자문이 초(楚)나라를 다스렸던 공을 생각하여 "자문이 후사가 없다면 무엇으로 선을 권장하겠는가."라 하고는 다시 그[克黃]의 원래 자리에 복귀시키고 이름을 고쳐서 생(生)이라 하였다. 그 이름을 고친 것이다.

冬 楚子伐鄭

겨울에 초자(楚子)가 정(鄭)나라를 쳤다.

冬 楚子伐鄭 鄭未服也

겨울에 초자(楚子)가 정(鄭)나라를 쳤으니, 정나라가 복종하지 않았기 때문이다.

선공(宣公) 5년 【丁巳 B.C.604】

五年 春 公如齊 夏 公至自齊

5년 봄에 선공(宣公)이 제(齊)나라에 갔다. 여름에 선공이 제나라에서 돌아왔다.

五年 春 公如齊 高固使齊侯止公 請叔姬焉 高固 齊大夫 **夏 公至自齊 書 過也** 公見止許昏於鄰國之臣 累其先君 故書以示過

5년 봄에 선공(宣公)이 제(齊)나라에 갔는데, 고고(高固)가 제후(齊侯 : 惠公)에게 선공을 억류하게 하고 선공에게 숙희(叔姬)를 아내로 줄 것을 요청하였다. 고고(高固)는 제(齊)나라 대부이다. 여름에 선공이 제나라에서 돌아왔다고 하였으니, 경문에 이를 기록한 것은 선공에게

---

62) 사패(司敗) : 진(陳)나라와 초(楚)나라에서 형벌을 맡던 벼슬.

허물이 있었기 때문이다. 선공(宣公)이 억류를 당하고 이웃나라 신하에게 혼인을 허낙하여 선군에게 루를 끼쳤으므로 경문에 기록하여 허물을 드러낸 것이다.

秋 九月 齊高固來逆叔姬

가을 9월에 제(齊)나라 고고(高固)가 와서 숙희(叔姬)를 맞이하였다.

來逆下 公穀有子字

래역(來逆) 다음에 《공양전(公羊傳)》과 《곡량전(穀梁傳)》에는 자(子)자가 있다.

秋 九月 齊高固來逆女 自爲也 故書曰 逆叔姬 卿自逆也 不書女 歸降於諸侯

가을 9월에 제(齊)나라 고고(高固)가 와서 녀자를 맞이하였으니, 스스로 한 것이다.[63] 그러므로 경문에 숙희(叔姬)를 맞이하였다고 기록하여 경(卿)이 스스로 아내를 맞이한 것을 나타낸 것이다. 경문에 녀(女)라고 기록하지 않은 것은 제후보다 낮은 데로 시집갔기 때문이다.[64]

叔孫得臣卒

숙손득신(叔孫得臣)이 졸하였다.

冬 齊高固及子叔姬來

겨울에 제(齊)나라 고고(高固)와 자숙희(子叔姬)가 왔다.

冬來 反馬也 禮 送女留其送馬 三月廟見 遣使反馬

---

63) 스스로~것이다 : 천자(天子)나 제후(諸侯)가 다른 나라에서 아내를 맞이할 때는 자기 나라 신하가 가서 맞이하는 것이 례인데, 고고(高固)는 경(卿)이므로 자신이 직접 와서 아내를 맞이한 것이다.

64) 녀(女)라고~때문이다 : 로(魯)나라 임금의 딸이 제후(諸侯)에게 시집갈 경우에는 녀(女)로 기록하고 대부(大夫)에게 시집갈 경우에는 자(字)를 기록하여 존비(尊卑)를 구별한다. 여기서 자(字)인 숙희(叔姬)라고 기록한 것은 제후(諸侯)에게 시집가지 못한 것을 의미한다.

겨울에 왔으니, 말을 반환하기 위해서였다. 례(禮)에 딸을 시집보내면 출가할 때 타고 간 말을 부가(夫家)에 남겨두었다가 3개월 만에 사당에 알현하고 사람을 보내 말을 반환한다.[65]

楚人伐鄭

초인(楚人)이 정(鄭)나라를 쳤다.

楚子伐鄭 陳及楚平 晉荀林父救鄭伐陳

초자(楚子)가 정(鄭)나라를 칠 때 진(陳)나라가 초(楚)나라와 화평하였다. 진(晉)나라 순림보(荀林父)가 정나라를 구원하기 위하여 진(陳)나라를 쳤다.

선공(宣公) 6년【戊午 B.C.603】

六年 春 晉趙盾衛孫免侵陳

6년 봄에 진(晉)나라 조돈(趙盾)과 위(衛)나라 손면(孫免)이 진(陳)나라를 침범하였다.

孫免 衛大夫

손면(孫免)은 위(衛)나라 대부이다.

---

65) 례(禮)에~반환한다 : 천자(天子)로부터 대부(大夫)에 이르기까지는 반마(反馬)의 례가 있다. 딸이 출가할 때 타고 간 말을 친가(親家)로 돌려보내지 않고 3개월 동안 부가(夫家)에 머물게 하는데, 이는 버림을 당해 친가로 돌아갈 수 있을 경우를 대비한 것으로 부가에서 행동을 삼가한다는 뜻을 겸손하게 보인 것이다. 출가한 지 3개월 뒤 사당에 알현한 후 사자(使者)를 통해 말을 돌려보내는 것은 부부 사이의 정리가 굳어져 이제는 친가로 돌아갈 일이 없다는 뜻을 보인 것이다. 그런데 고고(高固)가 숙희(叔姬)와 함께 직접 와서 반환한 것은 례에 어긋나기 때문에 경문에 이를 기록하여 나무라는 뜻을 보인 것이다.

六年 春 晉衛侵陳 陳卽楚故也

6년 봄에 진(晉)나라와 위(衛)나라가 진(陳)나라를 침범하였으니, 진(陳)나라가 초(楚)나라에 붙었기 때문이다.

夏 四月

여름 4월이다.

秋

가을이다.

赤狄伐晉 圍懷及邢丘 **懷邢丘 晉地** **晉侯欲伐之 中行桓子曰 使疾其民** **驕則數戰 爲民所疾** **以盈其貫 將可殪也** **以繩穿物曰貫** **周書曰 殪戎殷 此類之謂也** **爲十五年晉滅狄傳**

적적(赤狄)이 진(晉)나라를 쳐서 회(懷) 땅과 형구(邢丘)를 포위하였다. 회(懷)와 형구(邢丘)는 진(晉)나라 땅이다. 진후(晉侯 : 成公)가 적적을 치고자 하니, 중항환자(中行桓子 : 荀林父)가 말하기를 "적적으로 하여금 그들의 백성을 괴롭게 하여 교만하면 자주 싸움을 일으키니 백성이 괴롭게 여기는 것이다. 그 악이 가득 차게 하면[貫][66] 저들을 섬멸할 수 있습니다. 끈으로 물건을 꿰는 것을 관(貫)이라 한다. 〈주서(周書)〉에 '큰 은(殷)나라를 섬멸하였다.'[67]라는 것이 이와 같은 것을 이른 것입니다."라고 하였다. 15년에 진(晉)나라가 적(狄)을 멸하는 전(傳)의 배경이 된다.

八月 螽

8월에 메뚜기의 피해가 있었다.

---

66) 악(惡)이~하면[貫] : 여기서 관(貫)은 '악(惡)의 열매를 끈 하나로 가득 꿸 수 있을 정도로 많다.'는 의미이다. 《서경(書經)》 〈주서(周書)〉 태서(泰誓)에 '상(商)의 죄가 가득 찼다[商罪貫盈].'는 구절이 있다.

67) 큰~섬멸하였다 : 《서경(書經)》 〈주서(周書)〉 강고(康誥). '하늘이 문왕(文王)에게 크게 명을 내려 큰 은(殷)나라를 섬멸하였다[天乃大命文王 殪戎殷].'라고 하였다.

冬 十月

겨울 10월이다.

○夏 定王使子服求后于齊 子服 周大夫 **冬 召桓公逆王后于齊** 召桓公 王卿士

○여름에 정왕(定王)이 자복(子服)을 보내어 제(齊)나라에서 왕후(王后)를 구하게 하였다. 자복(子服)은 주(周)나라 대부이다. 겨울에 소환공(召桓公)이 제나라에서 왕후를 맞이하였다. 소환공(召桓公)은 왕의 경사(卿士)이다.

○楚人伐鄭 取成而還

○초인(楚人)이 정(鄭)나라를 쳐서 화친을 맺고 돌아갔다.

○鄭公子曼滿與王子伯廖語 欲爲卿 二子 鄭大夫 **伯廖告人曰 無德而貪 其在周易豊䷶** 離下震上 **之離䷝** 易雖不筮 必論其變 豊上六曰 三歲不覿 凶 **弗過之矣** 不過三年 **間一歲 鄭人殺之**

○정(鄭)나라 공자 만만(曼滿)이 왕자 백료(伯廖)와 말할 때 경(卿)이 되고 싶다고 하였다. 두 사람은 정(鄭)나라 대부이다. 백료가 어떤 사람에게 말하기를 "덕이 없으면서 욕심이 많다. 이는 《주역(周易)》의 풍괘(豊卦)䷶가 리(離)가 하괘이고 진(震)이 상괘이다. 리괘(離卦)䷝로 변하는 괘에 있으니, 《주역(周易)》은 비록 시초점을 치지 않더라도 반드시 그 변화를 론할 수 있다. 풍괘(豊卦) 상륙(上六)에 이르기를 '3년이 되어도 볼 수 없으니 흉하다.'라고 하였다. 이를 넘기지 못할 것이다."라고 하였는데 3년을 넘기지 못한다는 것이다. 한 해를 거른 뒤에 정인(鄭人)이 그를 죽였다.

선공(宣公) 7년 【己未 B.C.602】

七年 春 衛侯使孫良夫來盟

7년 봄에 위후(衛侯)가 손량부(孫良夫)를 보내와서 맹약하였다.

孫良夫 衛大夫

손량부(孫良夫)는 위(衛)나라 대부이다.

七年 春 衛孫桓子來盟 始通 且謀會晉也 公卽位 始修好

7년 봄에 위(衛)나라 손환자(孫桓子 : 孫良夫)가 와서 맹약하였으니, 처음으로 통교한 것이며 또 진(晉)나라와 회합할 일을 모의하기 위해서였다. 선공(宣公)이 즉위하여 처음으로 우호를 다진 것이다.

夏 公會齊侯伐萊

여름에 선공(宣公)이 제후(齊侯)와 회합하여 래(萊)나라를 쳤다.

萊 國名 子爵

래(萊)는 나라 이름이며 자작(子爵)이다.

夏 公會齊侯伐萊 不與謀也 凡師出 與謀曰及 不與謀曰會

여름에 선공(宣公)이 제후(齊侯)와 회합하여 래(萊)나라를 쳤으니, 모의에 참여하지 않은 것이다. 무릇 군대가 출동할 때 모의에 참여하였으면 급(及)이라 하고, 모의에 참여하지 않았으면 회(會)라고 한다.[68]

68) 무릇~한다 : 이러한 기술 방침에 따라 위 경문은 기록되었다. 즉 선공(宣公)이 제후(齊侯)와 사전에 모의하여 군대를 동원한 것이 아니라, 제후의 명에 따라 부득이 군대를 동원하였기 때문에 회(會)라고 하여 회합하고 군대를 동원한 것처럼 경문을 만든 것이다. 이는 로(魯)나라의 자존심을 세우기 위한 방편적 기술이다.

秋 公至自伐萊

가을에 선공(宣公)이 래(萊)나라를 친 일에서 돌아왔다.

○赤狄侵晉 取向陰之禾

○적적(赤狄)이 진(晉)나라를 침범하여 상음(向陰)의 벼를 취하였다.

大旱

크게 가뭄이 들었다.

冬 公會晉侯宋公衛侯鄭伯曹伯于黑壤

겨울에 선공(宣公)이 진후(晉侯)·송공(宋公)·위후(衛侯)·정백(鄭伯)·조백(曹伯)과 흑양(黑壤)에서 회합하였다.

鄭及晉平 公子宋之謀也 故相鄭伯以會 冬 盟于黑壤 王叔桓公臨之 以謀不睦 王叔桓公 周卿士 謀諸侯不睦於晉霸者 **晉侯之立也 公不朝焉 又不使大夫聘 晉人止公于會 盟于黃父** 黃父卽黑壤 **公不與盟 以賂免 故黑壤之盟不書 諱之也**

정(鄭)나라가 진(晉)나라와 화평하였으니, 공자 송(宋 : 子公)이 도모한 것이었다. 그러므로 그가 정백(鄭伯 : 襄公)을 도와 회합에 참가하였다. 겨울에 흑양(黑壤)에서 맹약할 때 왕숙환공(王叔桓公)이 참석하여 화목하게 지내지 않는 나라에 대하여 모의하였다. 왕숙환공(王叔桓公)은 주(周)나라 경사(卿士)이다. 패자(霸者)인 진(晉)나라와 화목하지 않은 제후들에 대하여 모의한 것이다. 진후(晉侯 : 成公)가 즉위하였을 때[69] 선공(宣公)이 조견하지 않았고 또 대부를 보내어 빙문하지도 않았다. 그러므로 진인(晉人)이 회합에서 선공을 억류하였다. 이에 황보(黃父)에서 맹약할 때 황보(黃父)는 바로 흑양(黑壤)이다. 선공이 맹약에 참여하지 못하였고, 뇌물을 주어 억류에서 풀려났다. 그러므로 흑양에서 맹약한 사실을 경문에 기록하지 않았으니,[70] 이는 억

69) 진후(晉侯 : 成公)가~때 : 선공(宣公) 2년에 있었다.

류당한 사실을 숨긴 것이다.

선공(宣公) 8년 【庚申 B.C.601】

八年 春 公至自會

8년 봄에 선공(宣公)이 회합에서 돌아왔다.

夏 六月 公子遂如齊 至黃乃復

여름 6월에 공자 수(遂)가 제(齊)나라로 가다가 황(黃) 땅에 이르러 돌아왔다.

蓋有疾而還 非禮也

병이 들어 돌아온 듯하니 례가 아니었다.71)

辛巳 有事于大廟 仲遂卒于垂 壬午 猶繹 萬入去籥

신사일에 태묘(大廟)에 제사를 지냈다. 중수(仲遂)가 수(垂) 땅에서 졸하였는데도 임오일에 여전히 역제(繹祭)를 지냈다. 만무(萬舞)를 추었으나 약(籥)은 버리고 쓰지 않았다.

遂不言公子 因上省文 垂 齊地 繹 祭之明日以賓尸也 萬 舞也 以其無聲 故入用籥管也 以其有聲 故不作禮卿卒不繹

---

70) 맹약한~않았으니 : 경문에 '회합하였다'라고만 기록한 것을 말한다.

71) 병이~아니었다 : 대부가 사신의 일로 나갔으면 비록 도중에 죽더라도 부사가 그 시신을 렴습(殮襲)하여 빙문국으로 가지고 가서 사신의 임무를 완수하는 것이 례이다.

수(遂)를 공자라고 말하지 않은 것은 앞에서 기록하였기 때문에 글을 생략한 것이다. 수(垂)는 제(齊)나라 땅이다. 역(繹 : 繹祭)은 제사를 지낸 다음 날 시동(尸童)을 대접하는 것이다. 만(萬)은 춤이니 그것은 소리가 없기 때문에 피리[籥管]를 도입해 사용한다. 그런데 음악 소리가 있기 때문에 그 례를 쓰지 않은 것이다.[72] 경(卿)이 졸하면 역제(繹祭)를 행하지 않는다.

有事于大廟 襄仲卒而繹 非禮也

태묘(大廟)에 제사를 지내고 양중(襄仲 : 仲遂)이 졸하였는데도 역제(繹祭)를 지냈으니, 례가 아니었다.

戊子 夫人嬴氏薨 무자일에 부인(夫人) 영씨(嬴氏)가 훙하였다.

嬴 公穀作熊 ○宣公母也

영(嬴)은 《공양전(公羊傳)》과 《곡량전(穀梁傳)》에는 웅(熊)으로 되어 있다. ○선공(宣公)의 어머니이다.

晉師白狄伐秦 진(晉)나라 군대와 백적(白狄)이 진(秦)나라를 쳤다.

白狄始見經

백적(白狄)이 처음으로 경문에 보였다.

春 白狄及晉平 夏 會晉伐秦 晉人獲秦諜 殺諸絳市 六日而蘇 蓋記異也

봄에 백적(白狄)이 진(晉)나라와 화평하였다. 여름에 진(晉)나라와 회합하여 진(秦)나라를 쳤다. 진인(晉人)이 진(秦)나라 첩자를 잡아 강도(絳都)의 저자에서 죽였는데 6일 만에 다시 살아났다. 기이한 일을 기록한 듯하다.

72) 음악~것이다 : 음악 소리가 있으면 대부의 죽음을 기리는 례가 아니기 때문이다.

楚人滅舒蓼

초인(楚人)이 서료(舒蓼)를 멸하였다.

蓼 公作鄝

료(蓼)는 《공양전(公羊傳)》에는 료(鄝)로 되어 있다.

楚爲衆舒叛 故伐舒蓼滅之 楚子疆之 正其界也 **及滑汭** 滑 水名 **盟吳越而還**

초(楚)나라가 여러 서(舒)[73]가 반란을 일으키므로 서료(舒蓼)[74]를 쳐서 멸하였다. 초자(楚子)가 국경을 바로잡아 경계를 바르게 한 것이다. 활예(滑汭)[75]까지 이르고 활(滑)은 물 이름이다. 오(吳)나라·월(越)나라와 맹약하고 돌아갔다.

秋 七月 甲子 日有食之 既

가을 7월 갑자일에 개기일식이 있었다.

晉胥克有蠱疾 惑以喪志 **郤缺爲政 秋 廢胥克 使趙朔佐下軍** 朔 盾之子 爲成十七年 胥童怨郤氏張本

진(晉)나라 서극(胥克)은 고질(蠱疾)이 있었는데 정신이 미혹되어 심지(心志)를 잃은 것이다. 당시 극결(郤缺)이 집정이었다. 가을에 서극을 폐하고 조삭(趙朔)으로 하여금 하군의 부장을 맡게 하였다. 삭(朔)은 돈(盾)의 아들이다. 성공(成公) 17년에 서동(胥童 : 胥克의 아들)이 극씨(郤氏)를 원망하는 장본이 된다.

冬 十月 乙丑 葬我小君敬嬴 雨不克葬 庚寅 日中而克葬

겨울 10월 을축일에 우리 소군(小君) 경영(敬嬴)의 장례를 지낼 때 비가 와서

73) 여러 서(舒) : 서(舒)는 흩어져 사는 부락(部落)이다.

74) 서료(舒蓼) : 여러 서(舒) 중의 하나이다. 일설에는 서(舒)나라와 료(蓼)나라로 보기도 한다.

75) 활예(滑汭) : 활수(滑水)가 강수(江水)로 들어가는 곳.

지내지 못하고, 경인일 한낮이 되어서야 장례를 지냈다.

敬嬴 公穀作頃熊

경영(敬嬴)은 《공양전(公羊傳)》과 《곡량전(穀梁傳)》에는 경웅(頃熊)으로 되어 있다.

冬 葬敬嬴 旱 無麻 始用葛茀 茀 所以引柩 雨不克葬 禮也 禮 卜葬 先遠日 辟不懷也 避不念親而早葬 家鉉翁曰 左氏以翼日葬爲得禮 然國君之葬 宜無不備雨 不克葬 謂之無貶 不可也

겨울에 경영(敬嬴)의 장례를 지내려 할 때 가뭄으로 삼이 없으니 비로소 칡 끈[茀]을 사용하였다. 불(茀)은 널을 끄는 끈이다. 비가 와서 장례를 지내지 않았으니, 례에 맞는 일이었다. 《례기(禮記)》에 '장례 지내는 날을 점칠 때 먼 날을 먼저 택한다.'[76]고 하였으니, 이는 고인을 생각하지 않는다는 혐의를 피하기 위해서이다. 어버이를 생각하지 않고 일찍 장례를 지냈다는 혐의를 피하는 것이다. 가현옹(家鉉翁)이 말하기를 "좌씨(左氏)는 날을 미루어 장례 지낸 것이 례에 맞다고 하였다. 그러나 나라 임금의 장례를 지낼 때는 마땅히 비를 대비하지 않을 수 없다. 그런데 비가 왔다고 장례를 지내지 않은 것을 폄하하지 않았으니 이는 옳지 않다."라고 하였다.

城平陽

평양(平陽)에 성을 쌓았다.

城平陽 書時也

평양(平陽)에 성을 쌓았다고 하였으니, 경문에 때에 맞았음을 기록한 것이다.

楚師伐陳

초(楚)나라 군대가 진(陳)나라를 쳤다.

陳及晉平 楚師伐陳 取成而還

76) 장례 지내는~택한다 : 《례기(禮記)》 〈곡례상(曲禮上)〉. 먼 날[遠日]이란 례법에 정한 기일 안에 지내되 가능한 장례 날을 멀리 잡는 것을 말한다.

진(陳)나라가 진(晉)나라와 화평하자 초(楚)나라 군대가 진(陳)나라를 쳐서 화친을 맺고 돌아갔다.

선공(宣公) 9년 【辛酉 B.C.600】

九年 春 王正月 公如齊 公至自齊

9년 봄 왕정월에 선공(宣公)이 제(齊)나라에 갔다. 선공이 제나라에서 돌아왔다.

夏 仲孫蔑如京師

여름에 중손멸(仲孫蔑)이 경사(京師)에 갔다.

九年 春 王使來徵聘 夏 孟獻子聘于周 王以爲有禮 厚賄之

9년 봄에 왕의 사신이 와서 빙문할 것을 요구하였다. 여름에 맹헌자(孟獻子 : 仲孫蔑)가 주(周)나라에 빙문하니, 왕은 맹헌자가 례를 갖추었다고 여겨 후하게 례물을 내렸다.

齊侯伐萊

제후(齊侯)가 래(萊)나라를 쳤다.

秋 取根牟

가을에 근모(根牟)를 취하였다.

根牟 東夷國

근모(根牟)는 동이(東夷)의 나라이다.

秋 取根牟 言易也

가을에 근모(根牟)를 취하였다고 하였으니, 일이 쉬었음을 말한 것이다.

八月 滕子卒

8월에 등자(滕子)가 졸하였다.

滕昭公卒

등소공(滕昭公)이 졸하였다.

九月 晉侯宋公衛侯鄭伯曹伯會于扈 晉荀林父帥師伐陳 辛酉 晉侯黑臀卒于扈

9월에 진후(晉侯)·송공(宋公)·위후(衛侯)·정백(鄭伯)·조백(曹伯)이 호(扈) 땅에서 회합하였다. 진(晉)나라 순림보(荀林父)가 군대를 거느리고 진(陳)나라를 쳤다. 신유일에 진후(晉侯) 흑둔(黑臀)이 호 땅에서 졸하였다.

扈 鄭地 晉侯卒於竟外 故書地

호(扈)는 정(鄭)나라 땅이다. 진후(晉侯)가 국경 밖에서 졸하였기 때문에 경문에 죽은 곳을 기록한 것이다.

會于扈 討不睦也 謀齊陳 **陳侯不會 晉荀林父以諸侯之師伐陳** 不書諸侯師 林父帥之 無將帥 **晉侯卒于扈 乃還**

호(扈) 땅에서 회합하였으니, 진(晉)나라와 화목하지 않는 나라를 토죄하기 위해서였다. 제(齊)나라와 진(陳)나라를 토죄할 것을 모의한 것이다. 진후(陳侯)가 회합에 참여하지 않았으므로 진(晉)나라 순림보(荀林父)가 제후들의 군대를 거느리고 진(陳)나라를 쳤다. 제후들의 군대라고 경문에 기록하지 않은 것은 림보(林父)가 군대를 통솔하였고 제후들의 군대에 장수가 없었기 때문이다. 이때 진후(晉侯 : 黑臀)가 호 땅에서 졸하자 제후들의 군대가 돌아갔다.

冬 十月 癸酉 衛侯鄭卒

겨울 10월 계유일에 위후(衛侯) 정(鄭 : 成公)이 졸하였다.

宋人圍滕

송인(宋人)이 등(滕)나라를 포위하였다.

冬 宋人圍滕 因其喪也

겨울에 송인(宋人)이 등(滕)나라를 포위하였으니, 등나라가 상을 당한 틈을 탄 것이다.

楚子伐鄭 晉郤缺帥師救鄭

초자(楚子)가 정(鄭)나라를 쳤다. 진(晉)나라 극결(郤缺)이 군대를 거느리고 정나라를 구원하였다.

楚子爲厲之役故 伐鄭 六年 楚伐鄭 取成於厲 旣成 鄭伯逃歸 事見十二年 **晉郤缺救鄭 鄭伯敗楚師于柳棼** 柳棼 鄭地 **國人皆喜 唯子良憂曰 是國之災也 吾死無日矣**

초자(楚子 : 莊王)가 려(厲) 땅의 싸움을 리유로 정(鄭)나라를 치니 6년에 초(楚)나라가 정(鄭)나라를 쳐서 려(厲) 땅에서 화친을 맺었는데 화친을 맺고 나자 정백(鄭伯 : 襄公)이 도망하여 돌아갔다. 이 일은 12년에 보인다. 진(晉)나라 극결(郤缺)이 정나라를 구원하였다. 정백(鄭伯)이 초(楚)나라 군대를 류분(柳棼)에서 패배시키니 류분(柳棼)은 정(鄭)나라 땅이다. 국인이 모두 기뻐하였지만 자량(子良)만은 걱정하여 말하기를 "이는 나라의 재앙이 될 일이니, 우리가 죽을 날이 얼마 남지 않았구나."라고 하였다.

陳殺其大夫洩冶

진(陳)나라가 그 대부 설야(洩冶)를 죽였다.

洩 公穀作泄

설(洩)은 《공양전(公羊傳)》과 《곡량전(穀梁傳)》에는 설(泄)로 되어 있다.

陳靈公與孔寧儀行父通於夏姬 皆衷其衵服 以戲于朝 二子 陳卿 夏姬 鄭穆公女 陳大夫御叔妻 衷 懷也 衵服 近身衣 **洩冶諫曰 公卿宣淫 民無效焉** 宣 示也 **且聞不令** 令 美也 **君其納之** 納藏衵服 **公曰 吾能改矣 公告二子 二子請殺之 公弗禁 遂殺洩冶**

진령공(陳靈公)이 공녕(孔寧)과 의행보(儀行父)와 함께 하희(夏姬)와 통정하여 모두 하희의 속옷[衵服]을 안에 입고[衷] 조정에서 희롱하고 있었다. 공녕(孔寧)과 의행보(儀行父) 두 사람은 진(陳)나라 경(卿)이다. 하희(夏姬)는 정목공(鄭穆公)의 딸이고 진(陳)나라 대부 하어숙(夏御叔)의 처이다. 충(衷)은 안에 입음이다. 일복(衵服)은 살갗에 가까이 있는 옷이다. 설야(洩冶)가 간하기를 "공경(公卿)이 음란한 짓을 보이니[宣] 백성이 본받을 것이 없을 것입니다. 선(宣)은 보여줌이다. 또 좋지[令] 않은 소문이 날 것이니 령(令)은 좋음이다. 임금께서 그 속옷을 거두어 주십시오."라고 하였다. 속옷을 거두어 감추라는 것이다. 진령공이 말하기를 "내가 행실을 고치겠다."라고 하였다. 진령공이 두 사람에게 그 일을 말하니 두 사람은 설야를 죽이자고 청하였다. 진령공이 그들을 금하지 않으니 드디어 설야를 죽였다.

孔子曰 詩云 民之多辟 無自立辟 其洩冶之謂乎 上辟邪也 下辟法也 黃仲炎曰 此非孔子之言 孔子以比干爲仁 必不以洩冶爲非

공자(孔子)는 말하였다. "《시(詩)》에 이르기를 '백성이 사악함[辟]이 많으면 스스로 법[辟]을 세우지 말라.'[77]고 하였으니, 이는 설야(洩冶)를 두고 이른 것이로다." 앞의 벽(辟)은 사악함이고 뒤의 벽(辟)은 법이다. 황중염(黃仲炎)이 말하기를 "이것은 공자(孔子)의 말이 아니다. 공자는 비간(比干)을 어질다고 여겼으니 반드시 설야(洩冶)를 잘못되었다고 여기지 않았을 것이다."[78]라고 하였다.

---

77) 백성이~말라 : 《시경(詩經)》 〈대아(大雅)〉 판(板).

78) 이것은~것이다 : 《공자가어(孔子家語)》 〈자로초견(子路初見)〉편에 의하면 공자(孔子)는 비간(比干)이 주(紂)의 친척으로 숙부여서 종묘를 보호해야 한다는 마음으로 간하여 주가 뉘우치고 깨닫기를 바랐으니 그 근본 뜻과 마음은 인(仁)에 있었던 것이고, 설야(洩冶)는 진령공(陳靈公)의 친척이 아닌 대부의 지위에 있었을 뿐으로 다만 총애를 념두에 두고 떠나지 않은 채 어지러운 조정에 벼슬한 것이며 구차하게 자기 한 몸으로 나라의 음란과 혼미함을 바로잡으려 한 것이니 그의 죽음은 무익한 것이라고 하였다. 이를 따른다면 전문의 이 대목은 공자의 말로 보아야 한다. 따라서 공자의 말이 아니라는 황중염(黃仲炎)의 설은 잘못된 것이 된다.

선공(宣公) 10년 【壬戌 B.C.599】

十年 春 公如齊 公至自齊 齊人歸我濟西田

10년 봄에 선공(宣公)이 제(齊)나라에 갔다. 선공이 제나라에서 돌아왔다. 제인(齊人)이 우리에게 제수(濟水) 서쪽 전지를 돌려주었다.

十年 春 公如齊 齊侯以我服故 歸濟西之田

10년 봄에 선공(宣公)이 제(齊)나라에 갔다. 제후(齊侯)는 우리가 제나라에 복종한다고 여겨[79] 제수(濟水) 서쪽 전지[80]를 돌려주었다.

夏 四月 丙辰 日有食之

여름 4월 병진일에 일식이 있었다.

己巳 齊侯元卒 齊崔氏出奔衛

기사일에 제후(齊侯) 원(元)이 졸하였다. 제(齊)나라 최씨(崔氏)가 위(衛)나라로 망명나갔다.

夏 齊惠公卒 崔杼有寵於惠公 高國畏其偪也 高國二家 齊正卿 **公卒而逐之 奔衛 書曰 崔氏 非其罪也 且告以族 不以名** 書氏以族 奔也 **凡諸侯之大夫違** 違 奔放也 **告於諸侯曰 某氏之守臣某** 上某氏者姓 下某名 **失守宗廟 敢告 所有玉帛之使者則告** 有聘禮交好之國則告 **不然則否**

여름에 제혜공(齊惠公 : 元)이 졸하였다. 최저(崔杼)가 혜공(惠公)에게 총애를 받으니 고

79) 제후(齊侯)는~여겨 : 선공(宣公)이 해마다 제(齊)나라에 조견하였기 때문이다.

80) 제수(濟水)~전지 : 선공(宣公) 원년에 선공의 즉위를 인정해 달라고 제(齊)나라에 뇌물로 주었던 땅이다.

씨(高氏)와 국씨(國氏)는 최저가 핍박할까 두려워하였다. 고씨(高氏)와 국씨(國氏) 두 집안은 제(齊)나라의 정경(正卿)이다. 혜공이 졸하자 최저를 몰아내니 그는 위(衛)나라로 망명하였다. 경문에 최씨(崔氏)라고 기록한 것은 그의 죄가 아님을 말한 것이고 또 그의 족(族)만을 알려오고 이름은 알려오지 않았기 때문이다. 경문에 족(族)으로써 씨(氏)를 기록한 것은 망명하였기 때문이다.[81] 무릇 제후(諸侯)의 대부가 쫓겨나 망명할[違] 때는 위(違)는 쫓겨나 망명함이다. 다른 나라 제후에게 알리기를 '모씨(某氏)인 수신(守臣) 모(某)는 앞의 모씨(某氏)는 성(姓)이고 뒤의 모(某)는 이름이다. 우리 종묘를 지키는 데 잘못이 있어서 이에 감히 고합니다.'라고 한다. 옥백(玉帛)을 가지고 서로 사자(使者)를 보낸 나라에는 알려주고, 빙문의 례를 행하여 우호를 맺은 나라에게는 알려 준다. 그렇지 않은 나라에는 알리지 않는다.

公如齊

선공(宣公)이 제(齊)나라에 갔다.

公如齊 奔喪 親奔喪 非禮也

선공(宣公)이 제(齊)나라에 갔으니, 분상(奔喪)[82]한 것이었다. 임금이 몸소 분상(奔喪)하였으니 례가 아니었다.

五月 公至自齊

5월에 선공(宣公)이 제(齊)나라에서 돌아왔다.

---

81) 경문에~때문이다 : 제후(諸侯)의 대부가 망명하면 그 나라는 대부의 씨(氏)와 이름으로 다른 나라에 통고한다. 그런데 최저(崔杼)의 성(姓)은 강(姜)이고 족(族)은 최(崔)인데 경문에 씨(氏)라고 하였다. 제(齊)나라에서도 최저가 망명한 것은 그의 죄가 아님을 알았기 때문에 족을 써서 통고하였고 또 이름은 통고하지 않은 것이다. 공자(孔子)도 제나라에서 통고해 온 내용을 경문에 그대로 기록함으로써 최저에게 죄가 없음을 보인 것이다.

82) 분상(奔喪) : 본래 의미는 외지에서 부모·임금·존장(尊長)의 상(喪)을 듣고 급히 간다는 것이지만 여기서는 정식으로 부고를 받지 않고 문상 간 것을 이른다.

癸巳 陳夏徵舒弑其君平國

계사일에 진(陳)나라 하징서(夏徵舒)가 그 임금 평국(平國)을 시해하였다.

徵舒 陳大夫

징서(徵舒)는 진(陳)나라 대부이다.

陳靈公與孔寧儀行父飮酒于夏氏 公謂行父曰 徵舒似女 對曰 亦似君 徵舒病之 公出 自其廐射而殺之 二子奔楚

진령공(陳靈公 : 平國)이 공녕(孔寧)과 의행보(儀行父)와 함께 하씨(夏氏)의 집에서 술을 마셨다. 진령공이 행보(行父)에게 말하기를 "징서(徵舒)가 당신을 닮았구려."라고 하니, 대답하기를 "그는 임금님을 닮기도 하였습니다."라고 하였다. 이 때문에 징서는 마음이 괴로웠다.[83] 진령공이 자리에서 나오자 마구간에서 활을 쏘아 죽이니, 두 사람은 초(楚)나라로 망명하였다.

六月 宋師伐滕

6월에 송(宋)나라 군대가 등(滕)나라를 쳤다.

滕人恃晉而不事宋 六月 宋師伐滕

등인(滕人)이 진(晉)나라를 믿고 송(宋)나라를 섬기지 않으니, 6월에 송나라 군대가 등(滕)나라를 쳤다.

公孫歸父如齊 葬齊惠公

공손귀보(公孫歸父)가 제(齊)나라에 가서 제나라 혜공(惠公)의 장례를 지냈다.

歸父 襄仲之子

---

83) 징서는~괴로웠다 : 하징서(夏徵舒)는 진령공(陳靈公)과 공녕(孔寧) 및 의행보(儀行父)가 함께 통정한 하희(夏姬)의 아들이기 때문이다.

귀보(歸父)는 양중(襄仲)의 아들이다.

晉人宋人衛人曹人伐鄭
진인(晉人)·송인(宋人)·위인(衛人)·조인(曹人)이 정(鄭)나라를 쳤다.

鄭及楚平 諸侯之師伐鄭 取成而還

정(鄭)나라가 초(楚)나라와 화평하니, 제후들의 군대가 정나라를 쳐서 화친을 맺고 돌아갔다.

秋 天王使王季子來聘
가을에 천왕이 왕계자(王季子)를 보내와서 빙문하였다.

王季子 王母弟 字季子 食采於劉 王聘止此

왕계자(王季子)는 왕의 동모제이고 자(字)는 계자(季子)이며 류(劉) 땅에 식읍이 있었다. 왕의 빙문은 여기에서 그친다.

秋 劉康公來報聘 **報孟獻子之聘**

가을에 류강공(劉康公 : 王季子)이 와서 우리가 빙문한 일에 대하여 보답하였다. 맹헌자(孟獻子)가 빙문한 일[84]에 보답한 것이다.

公孫歸父帥師伐邾取繹
공손귀보(公孫歸父)가 군대를 거느리고 주(邾)나라를 쳐서 역(繹) 땅을 취하였다.

繹 公作蘱

역(繹)은 《공양전(公羊傳)》에는 류(蘱)로 되어 있다.

---

84) 맹헌자(孟獻子)가~일 : 지난해에 있었다.

師伐邾取繹

로(魯)나라 군대가 주(邾)나라를 쳐서 역(繹) 땅을 취하였다.

大水

큰물이 졌다.

季孫行父如齊

계손행보(季孫行父)가 제(齊)나라에 갔다.

季文子初聘于齊

계문자(季文子 : 季孫行父)가 처음으로 제(齊)나라를 빙문하였다.

冬 公孫歸父如齊

겨울에 공손귀보(公孫歸父)가 제(齊)나라에 갔다.

冬 子家如齊 伐邾故也 魯侵小 畏齊 往謝

겨울에 자가(子家 : 公孫歸父)가 제(齊)나라에 갔으니, 주(邾)나라를 쳤기 때문이다. 로(魯)나라가 작은 나라를 침범하였으므로 제(齊)나라를 두려워하여 가서 사죄한 것이다.

齊侯使國佐來聘

제후(齊侯)가 국좌(國佐)를 보내와서 빙문하였다.

惠公卒 未踰年而以君命遣使 書曰齊侯 著其惡也 國佐 齊大夫

제혜공(齊惠公)이 졸하였는데 해도 넘기지 않아서 임금의 명으로 사신을 보낸 것이다. 경문에 제후(齊侯)라고 기록한 것은 그[齊頃公]의 악을 드러낸 것이다. 국좌(國佐)는 제(齊)나라 대부이다.

國武子來報聘 **報文子也**

국무자(國武子 : 國佐)가 와서 우리가 빙문한 일에 대하여 보답하였다. 계문자(季文子)의 빙문에 대하여 보답한 것이다.

饑

기근이 들었다.

五穀不成曰饑 書饑始此

오곡(五穀)이 익지 않은 것을 기(饑)라고 한다. 경문에 기(饑)라고 기록한 것은 여기에서 시작한다.

楚子伐鄭

초자(楚子)가 정(鄭)나라를 쳤다.

楚子伐鄭 晉士會救鄭 逐楚師于潁北 **潁 水名** **諸侯之師戍鄭**

초자(楚子)가 정(鄭)나라를 치니, 진(晉)나라 사회(士會)가 정나라를 구원하여 초(楚)나라 군대를 영수(潁水) 북쪽으로 내쫓고 영(潁)은 물 이름이다. 제후들의 군대가 정나라를 지켰다.

○鄭子家卒 鄭人討幽公之亂 斲子家之棺 而逐其族 **斲薄其棺 不從卿禮** **改葬幽公 謚之曰靈**

○정(鄭)나라 자가(子家 : 歸生)가 졸하자 정인(鄭人)이 유공(幽公 : 靈公)의 란[85]을 토죄하여 자가의 관(棺)을 깎아내고 그 종족을 내쫓았으며 그 관(棺)을 얇게 깎아내었으니[86] 경(卿)의 례를 따르지 않은 것이다. 유공을 개장(改葬)하고[87] 시호를 령(靈)이라고 하였다.

---

85) 유공(幽公 : 靈公)의 란 : 선공(宣公) 4년에 자가(子家)가 유공(幽公)을 죽인 란.

86) 그 관(棺)을~깎아내었으니 : 신분에 따라 관(棺)의 두께가 다른데 자가(子家)의 관을 얇게 깎아내어 경(卿)의 례를 따르지 않게 한 것이다. 또는 관을 쪼개어 시체를 꺼내 놓는 것이라는 설도 있다.

87) 유공을 개장(改葬)하고 : 유공(幽公)을 례에 맞지 않게 장사지냈기 때문에 례를 갖추어 다시 장사지낸 것이다.

선공(宣公) 11년 【癸亥 B.C.598】

十有一年 春 王正月

11년 봄 왕정월이다.

夏 楚子陳侯鄭伯盟于辰陵

여름에 초자(楚子)·진후(陳侯)·정백(鄭伯)이 신릉(辰陵)에서 맹약하였다.

辰 穀作夷 ○辰陵 陳地

신(辰)은 《곡량전(穀梁傳)》에는 이(夷)로 되어 있다. ○신릉(辰陵)은 진(陳)나라 땅이다.

十一年 春 楚子伐鄭 及櫟 子良曰 晉楚不務德而兵爭 與其來者可也 晉楚無信 我焉得有信 乃從楚 夏 楚盟于辰陵 陳鄭服也 楚左尹子重侵宋 子重 公子嬰齊 莊王弟 王待諸郔 郔 楚地

11년 봄에 초자(楚子 : 莊王)가 정(鄭)나라를 쳐서 력(櫟) 땅에 이르자, 자량(子良)[88]이 말하기를 "진(晉)나라와 초(楚)나라가 덕을 힘쓰지 않고 무력으로 다투고 있다. 그러니 쳐들어오는 자의 편을 들어주는 것이 좋다. 진나라와 초나라는 신의가 없는데 우리가 어찌 신의를 지킬 필요가 있겠는가."라 하고 초나라를 따랐다. 여름에 초나라가 신릉(辰陵)에서 맹약하였으니, 진(陳)나라와 정나라가 복종하였기 때문이다. 초나라 좌윤(左尹)인 자중(子重)이 송(宋)나라를 침범할 때 자중(子重)은 공자 영제(嬰齊)이고 장왕(莊王)의 아우이다. 초왕(楚王)은 연(郔) 땅에서 대기하고 있었다.[89] 연(郔)은 초(楚)나라 땅이다.

○令尹蔿艾獵城沂 艾獵 孫叔敖 沂 楚邑 使封人慮事 封人 主築城者 慮事 謀慮計功 以授司徒 司徒掌役 量功命日 命作日數 分財用 財用 築作具 平板榦 榦 楨也 稱畚築 量輕重 畚 盛土器

---

88) 자량(子良) : 정목공(鄭穆公)의 서자인 거질(去疾).

89) 초왕(楚王)은~있었다 : 도움이 필요할 때 지원하기 위해 대기하고 있었던 것이다.

程土物 爲作程限 **議遠邇** 均勞逸 **略基趾** 趾 城足 略 行也 **具餱糧 度有司 事三旬而成 不愆于素** 不過所慮之期

○령윤(令尹) 위애렵(蔿艾獵)이 기(沂) 땅에 성을 쌓았는데, 애렵(艾獵)은 손숙오(孫叔敖)이다. 기(沂)는 초(楚)나라 읍이다. 그는 봉인(封人)으로 하여금 공사를 계획하여[慮事] 봉인(封人)은 성을 쌓는 일을 주관하는 자이다. 려사(慮事)는 헤아려 일을 계획하는 것이다. 사도(司徒)에게 제출하도록 하였다. 사도(司徒)는 일을 관장한다. 령윤은 일[功]을 헤아려 기간을 명하고, 작업하는 날수를 명한 것이다. 재용(財用)을 분배하고, 재용(財用)은 성을 쌓는 도구이다. 축판(築板)과 기둥[幹]을 고르게 하고, 간(幹)은 기둥이다. 삼태기[畚]와 흙 다지는 공이[築]를 알맞게 하였으며, 가볍고 무거움을 헤아린 것이다. 분(畚)은 흙을 담는 용기이다. 흙과 재목[物]을 가늠하였으며, 규정된 한도를 마련한 것이다. 거리의 멀고 가까움을 헤아렸고, 힘들고 쉬운 정도를 균등하게 한 것이다. 성의 기단[趾]을 쌓을 터를 돌아다니며 살폈고[略], 지(趾)는 성의 기단 부분이다. 략(略)은 돌아봄이다. 후량(餱糧)[90]을 갖추었으며, 담당 관리의 능력을 헤아렸다. 공사가 30일 만에 완성되었는데 본래 예정한대로 차질이 없었다. 계획하였던 기한을 넘기지 않은 것이다.

公孫歸父會齊人伐莒

공손귀보(公孫歸父)가 제인(齊人)과 회합하여 거(莒)나라를 쳤다.

秋 晉侯會狄于欑函

가을에 진후(晉侯)가 찬함(欑函)에서 적(狄)과 회합하였다.

欑函 狄地

찬함(欑函)은 적(狄)의 땅이다.

晉郤成子求成于衆狄 衆狄疾赤狄之役 遂服于晉 赤狄 潞氏最强 故服役衆狄 **秋 會于欑函 衆狄服也 是行也 諸大夫欲召狄 郤成子曰 吾聞之 非德 莫如勤 非勤 何以求人**

---

90) 후량(餱糧) : 건량(乾糧). 곧 마른 식량.

能勤 有繼 其從之也 勤則功繼之 言往而會狄 **詩曰 文王旣勤止 文王猶勤 況寡德乎**

진(晉)나라 극성자(郤成子 : 郤缺)가 여러 적(狄)[91]에게 화친을 맺을 것을 요구하였다. 여러 적은 적적(赤狄)에게 부림을 받는 것을 괴롭게 여겨 드디어 진(晉)나라에 복종하였다. 적적(赤狄)은 로씨(潞氏)인데 적(狄) 가운데 가장 강하였기 때문에 여러 적을 복종시켜 부린 것이다. 가을에 찬함(欑函)에서 회합하였으니, 여러 적이 복종하였기 때문이다. 이번 행차에 대부들이 적을 부르려고 하자,[92] 극성자가 말하기를 "내가 들으니 덕(德)이 아니면 부지런한 것보다 더 좋은 것은 없다고 하오. 부지런히 힘쓰지 않고 어떻게 다른 사람의 마음을 얻을 수 있겠소. 부지런히 힘쓰면 공(功)이 이어질 것이니 그들을 좇아야 할 것이오. 부지런히 힘쓰면 공(功)이 이어질 것이니 가서 적(狄)과 회합해야 한다는 말이다. 《시(詩)》에 이르기를 '문왕(文王)은 부지런히 힘쓰셨네.'[93]라고 하였소. 문왕과 같은 분도 오히려 부지런히 힘쓰셨는데 하물며 덕이 적은 자에 있어서이겠소."라고 하였다.

冬 十月 楚人殺陳夏徵舒 丁亥 楚子入陳 納公孫寧儀行父于陳

겨울 10월에 초인(楚人)이 진(陳)나라 하징서(夏徵舒)를 죽였다. 정해일에 초자(楚子)가 진나라로 쳐들어가 공손녕(公孫寧)과 의행보(儀行父)를 진나라에 들여보냈다.

寧 公作甯 ○殺徵舒 不言楚子而稱人 討賊辭也 楚入國書爵始此

녕(寧)은 《공양전(公羊傳)》에는 녕(甯)으로 되어 있다. ○징서(徵舒)를 죽인 것을 초자(楚子)라고 말하지 않고 초인(楚人)이라고 칭한 것은 적도(賊徒)를 토죄하였다는 말이다. 초(楚)나라가 다른 나라로 쳐들어갈 때 작위를 경문에 기록한 것은 이로부터 비롯하였다.

冬 楚子爲陳夏氏亂故 伐陳 謂陳人 無動 將討於少西氏 少西 徵舒之祖 子夏之名 **遂入陳 殺夏徵舒 轘諸栗門** 栗門 陳城門 **因縣陳** 滅陳爲縣 **陳侯在晉** 靈公子成公午 **申叔時使於齊 反 復命而退** 申叔時 楚大夫 **王使讓之曰 夏徵舒爲不道 弑其君 寡人以諸侯討**

91) 여러 적(狄) : 적(狄)은 중국 변경에 거주하는 문화적으로 이질적인 종족(種族) 집단이다.

92) 대부들이~하자 : 진(晉)나라 대부들이 진후(晉侯)를 회합에 가게 하지 않고 적(狄)을 국도로 불러들여 회합하려 한 것이다.

93) 문왕(文王)은~힘쓰셨네 : 《시경(詩經)》 〈주송(周頌)〉 뢰(賚).

而戮之 諸侯縣公皆慶寡人 楚縣大夫皆僭稱公 **女獨不慶寡人 何故 對曰 猶可辭乎 王曰 可哉**

겨울에 초자(楚子)가 진(陳)나라 하씨(夏氏)의 란을 리유로 진(陳)나라를 칠 때 진인(陳人)에게 이르기를 "동요하지 말라. 소서씨(少西氏)를 토죄하려는 것뿐이다."라고 하였다. 소서(少西)는 하징서(夏徵舒)의 할아버지 자하(子夏)의 이름이다. 드디어 진(陳)나라에 쳐들어가서 하징서(夏徵舒)를 죽여 률문(栗門)에서 환형(轘刑)[94]에 처하고, 률문(栗門)은 진(陳)나라 성문이다. 이어서 진(陳)나라를 현(縣)으로 삼았다. 진(陳)나라를 멸하여 현(縣)으로 삼은 것이다. 그때 진후(陳侯)는 진(晉)나라에 있었다. 진령공(陳靈公)의 아들인 진성공(陳成公) 오(午)이다. 신숙시(申叔時)가 제(齊)나라에 사신으로 갔다가 돌아와서 복명만 하고 물러나니, 신숙시(申叔時)는 초(楚)나라 대부이다. 초왕(楚王)이 사람을 시켜 책망하여 말하기를 "하징서가 부도하여 그 임금을 시해하였기 때문에 과인이 제후들을 거느리고 가서 그를 토죄하여 죽였다. 제후들과 현공(縣公)들이 모두 과인에게 경하하였는데 초(楚)나라 현대부(縣大夫)들을 모두 공(公)이라고 참칭한 것이다. 그대만 홀로 과인에게 경하하지 않으니 무슨 까닭인가?"라고 하였다. 신숙시가 대답하기를 "그러시다면 말씀드려도 되겠습니까?"라고 하니, 왕이 말하기를 "해도 좋다."라고 하였다.

曰 夏徵舒弑其君 其罪大矣 討而戮之 君之義也 抑人亦有言曰 牽牛以蹊人之田 而奪之牛 牽牛以蹊者 信有罪矣 而奪之牛 罰已重矣 諸侯之從也 曰討有罪也 今縣陳貪其富也 以討召諸侯 而以貪歸之 無乃不可乎 王曰 善哉 吾未之聞也 反之可乎 對曰 可哉 吾儕小人所謂取諸其懷而與之也 叔時謙言小人 謂譬如取人物於其懷而還之 **乃復封陳 鄉取一人焉以歸 謂之夏州** 州 鄉屬 示討夏氏所獲也 **故書曰楚子入陳 納公孫寧儀行父于陳 書有禮也** 陸淳曰 討徵舒正也 納亂臣邪也 啖助曰 左氏云書有禮 若以納亂臣爲有禮 孰爲非禮

그러자 신숙시(申叔時)가 말하기를 "하징서(夏徵舒)가 그 임금을 시해한 것은 그 죄가 큰 것이니 토죄하여 죽인 것은 임금님의 의로운 일입니다. 그런데 사람들이 또 하는 말이 있으니, '소를 끌고 남의 밭을 질러간다고 해서 그 소를 빼앗는다.'라고 하는데, 소를 끌고 남의 밭을 질러간 자에게 실로 죄가 있기는 하지만 그 소를 빼앗는 것은 처벌이 너무 무겁습니다. 제후들이 우리를 따른 것은 '죄가 있는 자를 토죄한다.'라고 말씀하셨기 때문입니

94) 환형(轘刑) : 몸을 수레에 묶어 찢는 형벌.

다. 그런데 지금 진(陳)나라를 현(縣)으로 삼은 것은 부(富)를 탐한 것입니다. 죄 있는 자를 토죄한다는 명분으로 제후들을 소집하고는 부를 탐하는 것으로 귀결되니 안 되지 않겠습니까."라고 하였다. 초왕(楚王)이 말하기를 "훌륭하다. 내 아직 이러한 말을 듣지 못하였다. 돌려주면 되겠는가?"라고 하니, 대답하기를 "좋습니다. 그렇게 하시는 것은 저 같은 소인배들이 이른바 '남의 품속에서 취한 것을 돌려준다.'라는 것입니다."라고 하였다. 숙시(叔時)가 겸손하게 소인이라고 말한 것이다. 남의 품에서 취한 물건을 돌려준다는 것으로 비유하여 말한 것이다. 이에 진(陳)나라를 다시 봉해주고, 고을에서 한 사람씩 뽑아서 초나라로 데리고 돌아가 모여 살게 하고 하주(夏州)라고 하였다. 주(州)는 향(鄕) 따위이니 하씨(夏氏)를 토죄하고 얻은 것임을 보인 것이다. 그러므로 경문에 초자(楚子)가 진나라로 쳐들어가 공손녕(公孫寧)과 의행보(儀行父)를 진나라에 들여보냈다고 하였으니, 례가 있음을 기록한 것이다. 륙순(陸淳)이 말하기를 "징서(徵舒)를 토죄한 것은 바른 것이고, 란신(亂臣)[95]을 들여보낸 것은 사악한 것이다."라고 하였다. 담조(啖助)가 말하기를 "좌씨(左氏)가 '례가 있음을 기록한 것이다.'라고 하였으니, 만약 란신을 들여보낸 것을 례가 있다고 한다면 무엇인들 례가 아니겠는가."라고 하였다.

선공(宣公) 12년【甲子 B.C.597】

十有二年 春 葬陳靈公

12년 봄에 진(陳)나라 령공(靈公)의 장례를 지냈다.

賊討國復 二十一月然後得葬

적도(賊徒)를 토벌하고 나라를 회복하느라 21개월 뒤에야 장례를 지낼 수 있었다.

楚子圍鄭

초자(楚子)가 정(鄭)나라를 포위하였다.

---

95) 란신(亂臣) : 공손녕(公孫寧)과 의행보(儀行父)를 이른다.

厲之役 鄭伯逃歸 自是楚未得志焉 鄭旣受盟于辰陵 又徼事于晉 十二年 春 楚子圍鄭 旬有七日 鄭人卜行成 不吉 卜臨于大宮 臨 哭也 **且巷出車 吉** 出車於巷 示將見遷 **國人大臨 守陴者皆哭** 陴 城上僻倪 皆哭 所以告楚窮也 **楚子退師 鄭人修城 進復圍之 三月克之** 圍城九十日

려(厲) 땅의 싸움에서 정백(鄭伯)이 도망하여 돌아가니,96) 이때부터 초(楚)나라가 뜻을 얻지 못하였다. 정(鄭)나라가 이미 신릉(辰陵)에서 초나라의 맹약을 받아들이고97) 또 진(晉)나라 섬기기를 구하였다. 12년 봄에 초자(楚子 : 莊王)가 정나라를 포위한 지 17일이 되자, 정인(鄭人)이 화친할 것을 점쳤으나 불길하다고 나왔다. 태궁(大宮)98)에서 곡하고[臨] 림(臨)은 곡함이다. 또 거리로 수레를 출동시킬 것을 점치니 길하다고 나왔다. 거리로 수레를 출동시킨다는 것은 장차 옮기려는 뜻을 보인 것이다. 국인이 크게 곡하고 성가퀴[陴]를 지키던 자들도 모두 곡하니 비(陴)는 성가퀴이다. 모두 곡한 것은 초(楚)나라에 궁핍함을 알리고자 한 것이다. 초자가 군대를 물렸다.99) 정인이 성을 수리하자100) 초자가 다시 진격하여 포위하고 3개월 만에 함락시켰다. 90일 동안 성을 포위한 것이다.

入自皇門 至于逵路 鄭伯肉袒牽羊以逆 示服爲臣僕 **曰 孤不天 不能事君 使君懷怒以及敝邑 孤之罪也 敢不唯命是聽 其俘諸江南以實海濱 亦唯命 其翦以賜諸侯 使臣妾之 亦唯命** 翦 削也 **若惠顧前好 徼福於厲宣桓武 不泯其社稷** 周厲王宣王 鄭所自出 鄭桓公武公 始封賢君 **使改事君 夷於九縣** 楚滅九國以爲縣 願得比之 **君之惠也 孤之願也 非所敢望也 敢布腹心 君實圖之 左右曰 不可許也 得國無赦 王曰 其君能下人 必能信用其民矣 庸可幾乎** 幾與冀同 謂豈可冀幸而取國 **退三十里 而許之平 潘尫入盟 子良出質**

황문(皇門)으로 들어가 사방으로 통하는 큰길에 이르자 정백(鄭伯)이 육단(肉袒)101)을 하

96) 려(厲)~돌아가니 : 선공(宣公) 6년 겨울조 전문에는 '초인(楚人)이 정(鄭)나라를 쳐서 화친을 맺고 돌아갔다[楚人伐鄭 取成而還].'라고만 기록되어 있고, 선공 9년 겨울조 전문주에는 선공 '6년에 초(楚)나라가 정(鄭)나라를 쳐서 려(厲) 땅에서 화친을 맺었는데 화친을 맺고 나자 정백(鄭伯)이 도망하여 돌아갔다.'라고 기록되어 있다.

97) 정(鄭)나라가~받아들이고 : 지난해 여름에 있었다.

98) 태궁(大宮) : 정(鄭)나라 시조묘(始祖廟)를 이른다.

99) 초자가~물렸다 : 초자(楚子)가 군대를 물리고 정(鄭)나라의 항복을 기다린 것이다.

100) 성을 수리하자 : 항복하지 않을 뜻을 보인 것이다.

고 양(羊)을 끌고 맞이하며 복종하여 신복(臣僕)이 되겠다는 뜻을 보인 것이다. 말하기를 "저는 하늘의 도움을 받지 못하여 임금님을 섬기지 못하였습니다. 그리하여 임금님으로 하여금 노여움을 품게 하여 폐읍(敝邑)에 이르게 하였으니 이는 저의 죄입니다. 그러니 감히 명을 따르지 않을 수 있겠습니까. 우리 백성을 강남(江南)으로 포로로 데려가 바닷가를 채운다 하더라도 명을 따를 것이며, 우리나라 땅을 깎아[翦] 제후들에게 내리시고 우리 백성을 신첩(臣妾)으로 삼는다 하더라도 명을 따를 것입니다. 전(翦)은 깎음이다. 만약 은혜롭게도 이전의 우호를 돌아봐 주시어 려왕(厲王)·선왕(宣王)·환공(桓公)·무공(武公)에게 복을 구하여 사직을 멸하지 않게 해주시고 주(周)나라 려왕(厲王)과 선왕(宣王)은 정(鄭)나라가 나온 조상이고, 정환공(鄭桓公)과 정무공(鄭武公)은 처음 정나라에 봉해진 어진 임금이다. 정(鄭)나라로 하여금 지난날의 잘못을 고쳐 임금님을 섬기기를 9현(縣)과 대등하게 해주시면 초(楚)나라가 9국(國)을 멸하여 현(縣)으로 삼았으므로 그들과 대등하게 해주기를 원한 것이다. 이는 임금님의 은혜이며 저의 소원입니다만 감히 그것을 바랄 처지는 못 됩니다. 감히 저의 속마음을 다 말씀드렸으니 임금님께서 의도하시는 대로 하십시오."라고 하였다. 이에 초왕(楚王)의 신하들이 말하기를 "허낙해서는 안 됩니다. 나라를 얻고 나서 용서하는 일은 없습니다."라고 하였다. 초왕이 말하기를 "정나라 임금은 남에게 자신을 낮추니 반드시 믿음으로 그 백성을 부릴 것이다. 그러니 어찌 얻기를 바랄[幾] 수 있겠는가."라 하고 기(幾)는 기(冀)와 같으니, 어찌 요행으로 나라를 차지할 수 있기를 바라겠는가라고 이른 것이다. 30리 밖으로 군대를 물리고 화평을 허낙하였다. 이에 초나라 반왕(潘尫)이 정나라에 들어가 맹약하고 정나라 자량(子良)은 나와서 인질이 되었다.

> **夏 六月 乙卯 晉荀林父帥師及楚子戰于邲 晉師敗績**
>
> 여름 6월 을묘일에 진(晉)나라 순림보(荀林父)가 군대를 거느리고 초자(楚子)와 필(邲) 땅에서 싸웠는데 진나라 군대가 크게 패하였다.

邲 音弼 鄭地

필(邲)은 음이 필(弼)이니 정(鄭)나라 땅이다.

夏 六月 晉師救鄭 荀林父將中軍 先縠佐之 先縠 先軫之後 **士會將上軍 郤克佐之** 郤缺

---

101) 육단(肉袒) : 항복하거나 사죄의 표시로 윗옷의 오른쪽을 벗어 상체의 일부를 드러내는 것.

之子 **趙朔將下軍 欒書佐之** 欒盾之子 **趙括趙嬰齊爲中軍大夫** 嬰齊 趙盾異母弟 **鞏朔韓穿爲上軍大夫 荀首趙同爲下軍大夫** 荀首 林父弟 趙同 趙嬰兄 **韓厥爲司馬** 韓萬玄孫

여름 6월에 진(晉)나라 군대가 정(鄭)나라를 구원할 때 순림보(荀林父)가 중군을 거느리고 선곡(先穀)이 부장이 되었으며, 선곡(先穀)은 선진(先軫)의 후손이다. 사회(士會)가 상군을 거느리고 극극(郤克)이 부장이 되었으며, 극결(郤缺)의 아들이다. 조삭(趙朔)이 하군을 거느리고 란서(欒書)가 부장이 되었으며, 란돈(欒盾)의 아들이다. 조괄(趙括)과 조영제(趙嬰齊)가 중군대부가 되고, 영제(嬰齊)는 조돈(趙盾)의 이모제(異母弟)이다. 공삭(鞏朔)과 한천(韓穿)이 상군대부가 되었으며, 순수(荀首)와 조동(趙同)이 하군대부가 되고, 순수(荀首)는 림보(林父)의 아우이고, 조동(趙同)은 조영(趙嬰)의 형이다. 한궐(韓厥)이 사마(司馬)가 되었다. 한만(韓萬)의 현손(玄孫)이다.

及河 聞鄭旣及楚平 桓子欲還曰 無及於鄭而勦民 焉用之 桓子 林父 勦 勞也 **楚歸而動不後** 動兵伐鄭 未晩 **隨武子曰 善** 武子 士會 **會聞用師 觀釁而動 德刑政事典禮不易 不可敵也 不爲是征** 言征伐爲有罪 不爲有禮 **楚軍討鄭 怒其貳而哀其卑 叛而伐之 服而舍之 德刑成矣 伐叛 刑也 柔服 德也 二者立矣 昔歲入陳 今玆入鄭 民不罷勞 君無怨讟 政有經矣 荊尸而擧** 楚武王 始爲此陳 **商農工賈不敗其業 而卒乘輯睦 事不奸矣 蔿敖爲宰 擇楚國之令典** 宰 令尹 蔿敖 孫叔敖 **軍行 右轅 左追蓐** 在車右者 挾轅爲戰備 在左者 追求草蓐爲宿備 **前茅慮無** 慮無 如今斥候 備慮有無也 茅 明也 或曰 時楚以茅爲旌識 **中權 後勁** 中軍制謀 精兵爲殿 **百官象物而動 軍政不戒而備** 物猶類也 **能用典矣 其君之擧也 內姓選於親 外姓選於舊 擧不失德 賞不失勞 老有加惠 旅有施舍** 旅客來者 施之以惠舍 不勞役 **君子小人 物有服章 貴有常尊 賤有等威 禮不逆矣 德立刑行 政成事時 典從禮順 若之何敵之 見可而進 知難而退 軍之善政也 兼弱攻昧 武之善經也 子姑整軍而經武乎 猶有弱而昧者 何必楚 仲虺有言曰 取亂侮亡 兼弱也** 仲虺 湯左相 薛之祖奚仲之後 **汋曰 於鑠王師 遵養時晦** 汋 周頌篇名 今作酌 鑠 美也 言武王能遵天之道 須暗昧者惡積而後取之 **耆昧也** 耆 音旨 致也 致討於昧 **武曰 無競惟烈 撫弱耆昧 以務烈所** 句 **可也**

진(晉)나라 군대가 하수(河水)에 이르러 정(鄭)나라가 이미 초(楚)나라와 화평하였다는 소식을 듣고, 환자(桓子)가 되돌아가고자 하면서 말하기를 "정나라를 미처 구원하지 못하고 우리 백성만 수고롭게[勦] 하는 것이 무슨 소용이 있겠는가. 환자(桓子)는 림보(林父)이다. 초(勦)는 수고로움이다. 초나라가 돌아간 뒤에 움직여도 늦지 않다."라고 하였다. 군사를 움직여 정(鄭)나라를 쳐도 늦지 않다는 것이다. 이에 수무자(隨武子)가 다음과 같이 말하였다. "좋은 말씀입니다.

무자(武子)는 사회(士會)[102]이다. 저 회(會)는 군대를 쓸 때는 틈을 보아 움직인다고 들었습니다. 덕·형벌·정령·직무·법·례의가 상도(常道)를 어기지 않는 나라는 대적할 수 없고 정벌을 행하지 않는 것입니다. 정벌을 행하는 것이 죄가 되고 행하지 않는 것이 례가 된다는 말이다. 초나라 군대가 정나라를 토벌한 것은 두마음을 가진 데 대하여 노한 것이지만 정나라 임금이 자신을 낮춘 점을 가엾게 여겼습니다. 배반하였으므로 쳤고 복종하였으므로 용서하였으니 덕과 형벌이 이루어진 것입니다. 배반한 자를 치는 것은 형벌을 행하는 것이고 복종한 자를 회유하는 것은 덕을 베푸는 것이니, 이 두 가지가 확립된 것입니다. 지난해 진(陳)나라로 쳐들어갔고 올해 정나라로 쳐들어갔는데도 백성이 수고롭게 여기지 않고 임금이 원망과 비방을 받지 않으니, 정령에 떳떳함이 있는 것입니다. 형시(荊尸)의 진법(陳法)을 만들어 거행함에 초무왕(楚武王)이 처음 이 진법을 만들었다. 상(商)·농(農)·공(工)·고(賈)가 그들의 본업을 폐하지 않고 보병[卒]과 거병[乘]이 화목하여 서로의 직무를 범하지 않고 있습니다. 위오(蔿敖)가 재상[宰]이 되어 초나라의 훌륭한 법을 채택하여 재(宰)는 령윤(令尹)이다. 위오(蔿敖)는 손숙오(孫叔敖)이다. 군대가 출동할 때 우군은 수레끌채 옆을 따르고 좌군은 깔고 잘 풀을 구하며, 수레의 오른쪽에 있는 자는 끌채 옆에서 싸움에 대비하고 왼쪽에 있는 자는 깔고 잘 풀을 구하여 숙박에 대비한다. 전군은 변고가 없음[慮無]을 밝히며[茅], 려무(慮無)는 지금의 척후(斥候)와 같은 것으로 변고(變故)의 유무(有無)에 대비하는 것이다. 모(茅)는 밝힘이다. 혹자는 당시 초나라는 띠풀로 깃발을 만들었다고 하였다. 중군은 전략을 세우고 후군은 굳건하게 지키며, 중군은 전략을 꾸미며 정예병을 후군으로 삼는다. 백관은 상징하는 물건에 따라[象物][103] 움직이고 군정(軍政)이 경계를 하지 않아도 완비되니, 물(物)은 따위[類]와 같다. 법을 잘 운용한 것입니다. 그 임금이 인재를 들어 쓸 때 내성(內姓 : 同姓) 중에서는 가까운 이를 선발하고, 외성(外姓 : 異性) 중에서는 오래 전부터 알고 지내는 이를 선발하여 들어 씀에 덕이 있는 자를 잃지 않았으며, 상을 내릴 때는 공로가 있는 자를 빠뜨리지 않았고, 늙은이에게는 은혜를 더해주며 나그네에게는 머물 곳을 베풀어 줍니다. 나그네로 온 자는 머물 곳을 베풀어 주고 로역(勞役)을 시키지 않는 것이다. 그리고 군자와 소인은 각각 착용하는 물건에 복식과 장식의 구별이 있게 하여 귀한 자는 항상 존엄함이 있고 천한 자도 등위(等威)[104]가 있어 례에 어긋남이 없습니다. 덕이 확립되고 형벌이 시행되며, 정령이 이루어

102) 사회(士會) : 수회(隨會). 수계(隨季)·범무자(范武子)라고도 한다.

103) 상징하는~따라[象物] : 상(象)은 각각의 일의 종류를 상징하는 의복과 정기(旌旗)이고, 물(物)은 따위[類]이니 각자가 맡은 일의 종류이다. 즉 백관은 각자의 일의 종류를 상징하는 의복을 입고 또 그러한 깃발이 있는 곳을 따라 자신의 직분을 다한다는 의미이다.

104) 등위(等威) : 신분에 상응하는 위의(威儀).

지고 직무의 처리가 때에 맞으며, 법을 따르고 례에 순서가 있으니 어떻게 대적할 수 있겠습니까. 가능성을 보고 나아가고 어려움을 알아서 물러나는 것은 군대를 잘 다스리는 일이며, 약한 자를 겸병하고 혼란에 빠진 자를 공격하는 것은 무(武)를 잘 경영하는 것입니다. 그대는 우선 군대를 정비하고 무를 경영하십시오. 오히려 약하고 혼란에 빠진 나라가 있는데 하필 초나라를 치려 하십니까. 중훼(仲虺)의 말에 '어지러운 나라를 취하고 망하려는 나라를 업신여긴다.'라고 하였으니, 이는 약한 나라를 겸병한다는 것입니다. 중훼(仲虺)는 탕(湯)임금 때 좌상(左相)으로 설(薛)나라의 조상인 해중(奚仲)의 후손이다. 작(汋)에 '아 아름다운[鑠] 왕의 군대여. 도를 따라 힘을 길러 우매한 자들을 때에 미쳐 쳤도다.'라고 하였으니, 작(汋)은 《시(詩)》〈주송(周頌)〉의 편 이름으로 지금은 작(酌)으로 되어 있다. 삭(鑠)은 아름다움이다. 무왕(武王)은 하늘의 도를 따라 암매(暗昧)한 자들의 악행이 쌓이기를 기다린 뒤에야 취하였다는 말이다. 우매한 자를 토벌함에 이른[耆] 것입니다. 지(耆)는 음이 지(旨)이니 이르름이다. 우매함에 빠진 자를 토벌하는 데에 이르게 되었다는 것이다. 무(武)[105]에 '더 강함이 없는 공렬(功烈)이시다.'라고 하였으니, 약한 자를 어루만지시고 우매한 자를 토벌하여 공렬을 이루기를 힘쓰는 것이 구두(句讀)이다. 좋습니다."

彘子曰 不可 彘子 先縠 **晉所以霸 師武臣力也 今失諸侯 不可謂力 有敵而不從 不可謂武 由我失霸 不如死 且成師以出 聞敵彊而退 非夫也** 非丈夫 **命爲軍帥 而卒以非夫 唯羣子能 我弗爲也 以中軍佐濟** 濟 渡河

그때 체자(彘子)가 말하기를 "안 됩니다. 체자(彘子)는 선곡(先縠)이다. 우리 진(晉)나라가 패자(霸者)가 된 것은 군대가 씩씩하고 신하들이 노력하였기 때문입니다. 지금 제후들을 잃는다면 노력하였다고 할 수 없고, 적을 두고도 따라 싸우지 않는다면 씩씩하다고 할 수도 없습니다. 우리로 말미암아 패자의 지위를 잃게 되면 죽는 것만 같지 못합니다. 또 군대를 일으켜 출정하고서 적이 강하다는 소문을 듣고 물러나는 것은 장부가 아닙니다. 장부가 아니라는 것이다. 명을 받아 장수가 되었다가 장부답지 않게 마치는 것은 여러분은 할 수 있겠지만 저는 할 수가 없습니다."라 하고, 중군 부장으로서 군대를 거느리고 하수를 건너갔다[濟]. 제(濟)는 하수(河水)를 건넌 것이다.

知莊子曰 此師殆哉 莊子 荀首 **周易有之 在師䷆** 坎下坤上 **之臨䷒** 兌下坤上 **曰 師出以律 否臧 凶** 此師卦初六爻辭 律 法 否 不也 **執事順成爲臧 逆爲否 衆散爲弱** 坎爲衆 今變爲兌 兌

---

105) 무(武) : 《시경(詩經)》〈주송(周頌)〉의 편 이름.

柔弱 川壅爲澤 坎爲川 兌爲澤 **有律以如己也** 將帥貴法律者 能使其下如己之志 所謂順成而臧 **故曰律 否臧 且律竭也** 否臧則律且竭而敗矣 **盈而以竭 夭且不整 所以凶也** 夭 屈也 言法律如水之壅 而盈則必竭 屈而不伸 散而不整 故爲凶 **不行之謂臨** 水變爲澤 澤不行之物 **有帥而不從 臨孰甚焉 此之謂矣 果遇 必敗** 遇 遇敵也 **彘子尸之** 主此禍 **雖免而歸 必有大咎**

지장자(知莊子)가 다음과 같이 말하였다. "이 군대는 위태로울 것이다.[106] 장자(莊子)는 순수(荀首)이다. 《주역(周易)》에 사괘(師卦)☷가 감(坎)이 하괘이고 곤(坤)이 상괘이다. 림괘(臨卦)☷로 변하는 효사(爻辭)에 태(兌)가 하괘이고 곤(坤)이 상괘이다. 이르기를 '군대가 출동할 때는 군률[律]로써 해야 하니, 잘하지[臧] 못한다면[否] 흉하니라.'라고 하였다. 이는 사괘(師卦) 초륙(初六) 효사(爻辭)이다. 률(律)은 법(法)이고 부(否)는 못함이다. 일을 집행함에 순리대로 이루는 것을 장(臧)이라 하고 순리를 어기는 것을 부(否)라고 한다. 무리가 흩어지는 것을 약(弱)이라 하고 감(坎)은 무리인데 지금 태(兌)로 변하였으니 태(兌)는 유약함이다. 시냇물이 막히는 것을 택(澤)이라 하니, 감(坎)은 시냇물이고 태(兌)는 연못[澤]이다. 장수는 군률을 두어 군대를 자신의 의지대로 움직이는 것이다. 장수가 법률을 귀하게 여김은 그 아래 사람을 자기의 뜻과 같이 부릴 수 있게 하는 것이니, 이른바 순리대로 이루어 좋게 된다는 것이다. 그러므로 군률로써 해야 한다고 하였으니, 잘하지 못한다면 또한 군률이 고갈되는 것이다. 잘하지 못한다면 군률이 고갈되어 패하게 되는 것이다. 물이 가득 찼어도 물줄기가 고갈되고, 군률이 굴절되어[夭] 정돈되지 못하니 흉한 것이다. 요(夭)는 굴절됨이니 법률이 마치 물이 막힌 것 같아서 가득 차더라도 반드시 마르게 되고, 구부러져 펴지지 않고 흩어져서 정돈되지 않기 때문에 흉하다는 말이다. 흐르지 않는 것을 림(臨)이라 하는데, 물이 변하여 못이 되니 못은 흐르지 않는 물건이다. 장수가 있는데도 그의 명령을 따르지 않으니 림(臨)으로서 무엇이 이보다 심하겠는가. 바로 이 경우를 두고 하는 말이니 과연 적군을 만난다면[遇] 반드시 패할 것이다. 우(遇)는 적을 만나는 것이다. 체자(彘子)가 주관하니 이 화난을 주관한다는 것이다. 비록 죽음을 면하고 돌아오더라도 반드시 큰 재앙이 있을 것이다."

韓獻子謂桓子 獻子 韓厥 **曰 彘子以偏師陷 子罪大矣 子爲元帥 師不用命 誰之罪也 失屬亡師 爲罪已重 不如進也** 失屬謂不救鄭 亡師謂亡彘子 **事之不捷 惡有所分 與其專罪 六人同之 不猶愈乎 師遂濟**

한헌자(韓獻子)가 환자(桓子 : 荀林父)에게 헌자(獻子)는 한궐(韓厥)이다. 말하기를 "체자(彘子)

---

106) 이 군대는~것이다 : 체자(彘子)가 명령을 어기고 군대를 출동시킨 것을 보고 반드시 위태로움이 있을 것이라고 한 것이다.

가 적은 군대를 거느리고 가서 어려움에 빠지면 그대의 죄가 큰 것입니다. 그대는 원수(元帥)이니 군대가 명령을 따르지 않는 것은 누구의 죄이겠습니까. 속국(屬國)을 잃고 군대도 잃는다면 죄가 매우 중한 것이니 진격하는 것만 같지 못합니다. 속국(屬國)을 잃는다는 것은 정(鄭)나라를 구원하지 못함을 이른 것이고, 군대도 잃는다는 것은 체자(彘子)를 잃게 됨을 이른 것이다. 싸움에서 이기지 못하더라도 죄[惡]는 나누어질 수 있습니다. 원수께서 죄를 전담하기보다는 여섯 사람이 함께하는 것이 오히려 낫지 않겠습니까."[107]라고 하였다. 이에 진(晉)나라 군대가 드디어 하수(河水)를 건넜다.

楚子北師次於郔 沈尹將中軍 沈 或作寢 縣名 **子重將左 子反將右 將飮馬於河而歸** 子反 公子側 **聞晉師旣濟 王欲還 嬖人伍參欲戰** 參 音驂 參 伍奢祖父 **令尹孫叔敖弗欲曰 昔歲入陳 今玆入鄭 不無事矣 戰而不捷 參之肉其足食乎 參曰 若事之捷 孫叔爲無謀矣 不捷 參之肉將在晉軍 可得食乎 令尹南轅反旆** 廻車南鄕

초자(楚子)가 북쪽으로 군대를 이동시켜 연(郔) 땅에 주둔하였다. 심윤(沈尹)이 중군을 거느리고, 심(沈)은 혹 침(寢)으로 되어 있으니 현(縣) 이름이다. 자중(子重)이 좌군을 거느리고, 자반(子反)이 우군을 거느렸는데 하수(河水)에서 말에게 물을 먹이고 돌아가려 하였다. 자반(子反)은 공자 측(側)이다. 이때 진(晉)나라 군대가 이미 하수를 건넜다는 소식을 듣고 초왕(楚王)은 돌아가고자 하였는데 총애하는 신하 오참(伍參)이 싸우려고 하자, 참(參)은 음이 참(驂)이니 참(參)은 오사(伍奢)의 조부이다. 령윤(令尹) 손숙오(孫叔敖)는 싸우려 하지 않으며 말하기를 "지난해 진(陳)나라로 쳐들어갔고, 올해 정(鄭)나라로 쳐들어갔으니 싸우지 않은 해가 없었다. 싸웠다가 이기지 못하면 너 참(參)의 살코기를 먹는다고 만족하겠는가."라고 하였다. 참이 말하기를 "만일 이번 싸움에 이기면 손숙(孫叔) 그대에게 좋은 계책이 없었다는 것이 되고, 이기지 못한다면 저 참의 몸뚱이는 진나라 군영에 있게 될 것인데 먹을 수가 있겠습니까."라고 하였다. 그러나 령윤은 수레를 남쪽으로 향하게 하고 군기(軍旗)도 돌렸다. 수레를 돌려 남쪽으로 향한 것이다.[108]

伍參言於王曰 晉之從政者新 未能行令 言晉林父新將中軍 **其佐先縠剛愎不仁 未肯用**

---

107) 여섯~않겠습니까 : 3군(軍)이 모두 패하게 되면 여섯 명의 경(卿)이 죄를 함께 짓게 되는 것이니 원수가 혼자 책임지지 않아도 된다는 말이다.

108) 수레를~것이다 : 싸우지 않고 회군하려 한 것이다.

命 其三帥者 專行不獲 欲專其所行而不得 **聽而無上 衆誰適從 此行也 晉師必敗 且君而逃臣 若社稷何** 言楚王以君而逃晉諸臣 **王病之 告令尹 改乘轅而北之 次于管以待之 晉師在敖鄗之間** 管 鄭地 敖鄗 二山名

이때 오참(伍參)이 초왕(楚王)에게 말하기를 "진(晉)나라에서 군정(軍政)에 종사하는 자가 신참이니, 아직 명령이 시행되지 못하고 있습니다. 진(晉)나라 림보(林父)가 새로 중군을 거느리고 있다는 말이다. 그의 부장인 선곡(先縠)은 성품이 강하며 사납고 어질지 못하여 윗사람의 명령을 기꺼이 따르려 하지 않습니다. 3군(軍)의 장수가 전권을 행사하려 해도 하지 못하고, 자기가 행하는 것을 독단하고자 하여도 할 수 없다는 것이다. 명령을 들으려 해도 따라야 할 윗사람이 없으니[109] 군사들이 그 누구를 따를 것입니까. 이번 싸움에서는 진나라 군대가 반드시 패할 것입니다. 또 임금으로서 남의 나라 신하로부터 도망가신다면 우리 사직의 명예는 어찌하시려는 것입니까."라고 하였다. 초왕(楚王)이 임금으로서 진(晉)나라의 여러 신하로부터 도망한다는 말이다. 초왕이 근심하여 령윤(令尹)에게 고하여 타고 있던 수레를 돌리어 북쪽으로 향하게 하고 관(管) 땅에 주둔하여 진나라 군대를 기다렸고, 진나라 군대는 오산(敖山)과 호산(鄗山) 사이에 진을 치고 있었다. 관(管)은 정(鄭)나라 땅이다. 오(敖)와 호(鄗)는 두 산 이름이다.

鄭皇戌使如晉師曰 鄭之從楚 社稷之故也 未有貳心 楚師驟勝而驕 其師老矣 而不設備 子擊之 鄭師爲承 楚師必敗 彘子曰 敗楚服鄭 於此在矣 必許之

정(鄭)나라 황술(皇戌)이 사신으로 진(晉)나라 진영에 가서 말하기를 "정나라가 초(楚)나라를 따르는 것은 사직을 보존하려는 까닭이고, 진나라에 대해서 두마음을 가지고 있는 것은 아닙니다. 초나라 군대는 자주 승리하여 교만해졌고 그 군대는 지쳐 있으며 아무런 방비를 하고 있지 않습니다. 그러니 그대가 초나라 군대를 치고 우리 정나라가 그 뒤를 따라 공격하면 초나라 군대는 반드시 패할 것입니다."라고 하였다. 체자(彘子)가 말하기를 "초나라를 패배시키고 정나라를 복종시키는 것은 이번의 일에 달려 있으니 반드시 이를 허낙하십시오."라고 하였다.

欒武子曰 武子 欒書 **楚自克庸以來** 在文十六年 **其君無日不討國人而訓之** 討 治也 **于民生之不易 禍至之無日 戒懼之不可以怠** 于 曰也 下同 **在軍 無日不討軍實而申儆之** 軍

109) 명령을~없으니 : 윗자리에 있는 사람이 명령체계를 갖추지 못하여 군사들이 따라야 할 바를 알지 못한다는 말이다.

實 軍器 于勝之不可保 紂之百克而卒無後 訓之以若敖蚡冒篳路藍縷以啓山林 篳路柴車 藍縷 敝衣 言此二君勤儉以啓土 箴之曰 民生在勤 勤則不匱 不可謂驕 先大夫子犯有言曰 師直爲壯 曲爲老 我則不德 而徼怨于楚 我曲楚直 不可謂老 其君之戎分爲二廣 楚之親兵 廣有一卒 卒偏之兩 十五乘爲一廣 司馬法 百人爲卒 二十五人爲兩 車十五乘爲大偏 今廣十五乘 亦用舊偏法 復以二十五人爲承副 右廣初駕 數及日中 左則受之 以至于昏 內官序當其夜 內官 近官 序 次也 若今宿直遞持更也 以待不虞 不可謂無備 子良 鄭之良也 師叔 楚之崇也 師叔 爲楚人所崇貴 師叔入盟 子良在楚 楚鄭親矣 來勸我戰 我克則來 不克遂往 以我卜也 鄭不可從

이에 란무자(欒武子)가 다음과 같이 말하였다. 무자(武子)는 란서(欒書)이다. "초(楚)나라가 용(庸)나라를 쳐서 이긴 이래로 문공(文公) 16년에 있었다. 그 임금은 국인을 잘 다스리며[討] 훈계하지 않는 날이 없으면서 토(討)는 다스림이다. 말하기를[于] '백성을 잘살게 하는 것은 쉽지 않고 화가 닥칠 날은 정해져 있지 않으니, 삼가고 두려워하는 마음을 게을리해서는 안 된다.'라고 하였습니다. 우(于)는 말하는 것이니[110] 이후에도 이와 같다. 군대에 있어서는 군실(軍實)을 점검하고 거듭 경계하지 않는 날이 없으면서 군실(軍實)은 군기(軍器)이다. 말하기를 '승리는 보장할 수 없는 것이니, 주(紂)는 백 번 승리했으면서도 결국은 후손이 끊어지고 말았다.'라고 하면서 약오(若敖)와 분모(蚡冒)[111]가 필로(篳路)를 타고 람루(藍縷)를 입고서 산림을 개척하였던 일을 가지고 훈계하였습니다. 필로(篳路)는 땔감을 싣는 수레이고 람루(藍縷)는 해진 옷이니, 이 두 임금이 근검(勤儉)으로 땅을 개척하였다는 말이다. 그리고 잠언을 지어 경계하여 말하기를 '백성의 삶은 부지런함에 달려 있으니 부지런하면 궁핍하게 되지 않는다.'라고 하였으니, 초나라가 교만하다고 말할 수는 없습니다. 그리고 우리의 선대부 자범(子犯)이 말하기를 '군대가 바른 도로 행하면 씩씩하고, 굽은 도로 행하면 지친다.'라고 하였습니다. 우리는 이런 덕을 행하지 않으면서 초나라와 원한 맺기를 구한다면 우리는 굽은 도로 행하고 초나라는 바른 도로 행하는 것이니, 그들이 지쳤다고 말할 수는 없습니다. 초나라 임금의 친위부대[戎]는 두 광(廣)으로 나뉘었는데 융(戎)은 초왕(楚王)의 친병(親兵)이다. 광(廣)에는 한 졸(卒)이 소속되어 있고, 졸에는 편(偏)의 량(兩)이 있습니다.[112] 15승(乘)이 1광(廣)이다. 사마법(司馬法)에는 100인(人)이 졸(卒)이고 25인이 량(兩)이며 병거 15승이 대편(大偏)[113]이라고 되어 있다. 지금 광이 15승인 것은 또한 옛날의

---

110) 우(于)는~것이니 : 우(于)는 우(吁)의 뜻이니 탄식하여 말하는 것이다.

111) 약오(若敖)와 분모(蚡冒) : 모두 초(楚)나라의 선대 임금이다.

112) 졸에는~있습니다 : 졸(卒)은 두 편(偏)으로 되어 있고, 편은 두 량(兩)으로 되어 있다는 말이다.

편법[114](偏法)을 사용한 것이며, 다시 25인으로 승부(承副)[115]를 삼은 것이다. 그 가운데 우광(右廣)의 부대가 먼저 병거를 타고 초왕을 수위(守衛)하다가 시간을 헤아려 정오가 되면 좌광(左廣)이 이어받아 해질 때까지 수위하고, 내관(內官)이 차례대로[序] 밤의 수위를 담당하여 내관(內官)은 측근 관원이다. 서(序)는 차례이니, 지금 숙직하면서 번갈아 밤시간[更]을 지키는 것과 같다. 뜻하지 않는 일에 대기하고 있으니 대비가 없다고 할 수 없습니다. 그리고 자량(子良)은 정(鄭)나라의 어진 사람이고, 사숙(師叔 : 潘尫)은 초나라가 존숭하는 사람입니다. 사숙(師叔)은 초인(楚人)이 높이고 귀히 여기는 사람이다. 사숙이 정나라로 들어가서 맹약을 하였고, 자량은 인질로서 초나라에 가 있으니 초나라와 정나라는 친한 사이입니다. 이제 사신이 와서 우리에게 싸울 것을 권하고 있는데, 우리가 이기면 우리 편으로 올 것이지만 이기지 못하면 정나라는 마침내 초나라 편으로 갈 것입니다. 그들은 우리를 가지고 점치고 있는 것이니,[116] 정나라의 말은 따를 수 없습니다."

趙括趙同曰 率師以來 唯敵是求 克敵得屬 又何俟 必從彘子 **得屬 服鄭** **知季曰 原屛咎之徒也** **知季 莊子 原 趙同 屛 趙括 徒 黨也** **趙莊子曰 欒伯善哉** **莊子 趙朔 欒伯 武子** **實其言 必長晉國** **實 猶充也**

조괄(趙括)과 조동(趙同)이 말하기를 "군대를 거느리고 왔으니 오직 적과 싸우기를 구할 뿐입니다. 적을 이기고 속국을 얻는다면 또 무엇을 기다리겠습니까. 반드시 체자(彘子)의 말을 따라야 합니다."라고 하였다. 속국(屬國)을 얻는다는 것은 정(鄭)나라를 복종시키는 것이다. 이에 지계(知季)가 말하기를 "원(原)과 병(屛)은 재앙을 일으키는 무리[徒]이다."[117]라고 하였고, 지계(知季)는 장자(莊子 : 荀首)이다. 원(原)은 조동(趙同)이고 병(屛)은 조괄(趙括)이다. 도(徒)는 무리이다. 조장자(趙莊子)가 말하기를 "란백(欒伯)은 훌륭한 인물이다. 조장자(趙莊子)는 조삭(趙朔)이고 란백(欒伯)은 무자(武子)이다. 그의 말을 충실히[實] 따른다면 반드시 진(晉)나라는 길이 유지될 것이다."라고 하였다. 실(實)은 충실함[充]과 같다.

---

113) 대편(大偏) : 두 편(偏)이다.

114) 옛날의 편법(偏法) : 곧 사마법(司馬法)이다.

115) 승부(承副) : 예비부대로 보는 설도 있다.

116) 그들은~것이니 : 정(鄭)나라가 진(晉)나라의 승패에 따라 거취를 결정할 것이라는 말이다.

117) 원(原)과~무리[徒]이다 : 앞서 체자(彘子)는 중군의 부장으로서 그 장수인 순림보(荀林父)의 뜻을 어기고 독단적으로 하수(河水)를 건넜다. 이에 지계(知季 : 知莊子)가 그 군대는 위태로울 것이고 비록 죽음을 면하고 돌아온다 할지라도 반드시 큰 재앙이 있을 것이라고 말한 바 있다. 이에 원(原)과 병(屛)이 체자의 말에 동조하였기 때문에 이들이 재앙을 일으키는 무리라고 한 것이다.

楚少宰如晉師 少宰 官名 **曰 寡君少遭閔凶 不能文 聞二先君之出入此行也** 二先君 楚成王穆王 **將鄭是訓定 豈敢求罪于晉 二三子無淹久 隨季對曰 昔平王命我先君文侯曰 與鄭夾輔周室 毋廢王命 今鄭不率 寡君使羣臣問諸鄭 豈敢辱候人** 候人 謂伺候望敵者 **敢拜君命之辱 彘子以爲諂 使趙括從而更之曰 行人失辭 寡君使羣臣遷大國之迹於鄭** 言楚君至鄭 晉君使羣臣遷其迹而去之 **曰無辟敵 羣臣無所逃命**

초(楚)나라 소재(少宰)가 진(晉)나라 진영에 가서 소재(少宰)는 벼슬 이름이다. 말하기를 "과군은 어려서 부모를 잃어[閔凶] 글을 잘하지 못합니다.[118] 제가 듣건대 우리 두 선대 임금께서 이 길로 왕래하신 것은 두 선대 임금은 초성왕(楚成王)과 초목왕(楚穆王)이다. 정(鄭)나라를 가르치어 안정시키기 위해서였다고 합니다. 어찌 감히 진나라에 죄를 지으려고 하였던 것이겠습니까. 그러니 여러분은 오래 머물지 말아 주십시오."라고 하였다. 수계(隨季)가 대답하기를 "옛날 주평왕(周平王)께서 우리 선군인 문후(文侯)께 명하여 말씀하시기를 '정나라와 함께 주(周)나라 왕실을 도와 왕명을 폐함이 없게 하라.'고 하였습니다. 지금 정나라가 왕명을 따르지 않아 과군이 뭇 신하를 보내어 정나라에 그 연유를 묻게 한 것이지 어찌 감히 후인(候人)을 수고롭게 하려는 것이겠습니까. 후인(候人)은 적의 동태를 엿보고 살피는 자를 이른다.[119] 감히 그대 임금님의 명을 받아들이겠습니다."라고 하였다. 체자(彘子)는 수계가 아첨한다고 여기고 조괄(趙括)을 보내어 따라가서 고쳐 말하게 하기를 "우리 행인(行人)이 말을 잘못하였습니다. 과군은 뭇 신하를 시켜 대국[楚]의 족적을 정나라에서 옮기도록 하였으며 초(楚)나라 임금이 정(鄭)나라에 이르자 진(晉)나라 임금이 뭇 신하를 시켜 그 족적을 옮겨 떠나가게 하도록 하였다는 말이다. '적을 피하지 말라.'고 하였으니, 뭇 신하는 그 명을 피할 수 없습니다."라고 하였다.

楚子又使求成于晉 晉人許之 盟有日矣 楚許伯御樂伯 攝叔爲右 以致晉師 單車挑戰 **許伯曰 吾聞致師者 御靡旌摩壘而還** 靡旌 驅疾也 摩 近也 **樂伯曰 吾聞致師者 左射以菆** 菆 音鄒 矢之善者 左 軍左也 **代御執轡 御下 兩馬掉鞅而還** 車旋則掉兩馬之鞅 以示閒暇 **攝叔曰 吾聞致師者 右入壘 折馘** 折馘 斷耳 **執俘而還 皆行其所聞而復 晉人逐之 左右角之** 張兩角 從旁夾攻之 **樂伯左射馬而右射人 角不能進 矢一而已 麋興於前 射麋麗龜** 麗 著也 龜 背之隆高 當心者 **晉鮑癸當其後 使攝叔奉麋獻焉曰 以歲之非時 獻禽之未至 敢膳諸從者 鮑癸止之曰 其左善射 其右有辭 君子也 旣免** 止不復逐

---

118) 글을~못합니다 : 외교적 문사(文辭)에 능하지 못하다는 것이다.

119) 후인(候人)은~이른다 : 여기서의 후인(候人)은 초(楚)나라 소재(少宰)를 가리킨다.

초자(楚子)가 또 사신을 보내어 진(晉)나라에 화친을 구하게 하니, 진인(晉人)이 허낙하여 맹약할 날을 정하였다. 그런데 초나라 허백(許伯)이 악백(樂伯)의 어자가 되고, 섭숙(攝叔)이 거우가 되어 진나라 군대에 도전하였다. 병거 하나로 도전한 것이다. 허백이 말하기를 "내가 듣기로는 적에게 도전하는 자는 깃발이 쓰러질 듯이[靡旌] 병거를 몰아 적의 보루에 가까이 접근하였다가[摩] 돌아오는 것이라 하였소."라고 하였다. 미정(靡旌)은 빠르게 모는 것이다. 마(摩)는 가까이함이다. 악백이 말하기를 "내가 듣기로는 적에게 도전하는 자는 거좌[左]가 화살[菆]로 쏘고, 추(菆)는 음이 추(鄒)이니 화살 가운데 좋은 것이다. 좌(左)는 거좌(車左)[120]이다. 어자를 대신하여 고삐를 잡고 있으면 어자는 내려가 량마(兩馬)[121]의 가슴걸이를 바로잡고 돌아온다고 하였소."라고 하였다. 병거를 돌려서 량마(兩馬)의 가슴걸이를 바로잡음으로써 여유로움을 보이는 것이다. 섭숙이 말하기를 "내가 듣기로는 적에게 도전하는 자는 거우가 적의 보루로 들어가 귀를 베고[折馘], 절괵(折馘)은 귀를 벰이다. 포로를 잡아 돌아온다고 하였소."라고 하였다. 모두 들은 바대로 행하고 돌아가는데 진인이 그들을 뒤쫓아 좌우로 협공을 하였다. 두 개의 뿔처럼 벌려 량 옆에서 협공한 것이다. 악백이 왼쪽으로는 말을 쏘고 오른쪽으로는 사람을 쏘니 좌우의 협공이 더 좁혀지지 못하였다. 화살 하나만이 남았는데, 그때 큰 사슴 한 마리가 앞에서 튀어나오자 사슴을 쏘아 등[龜]을 맞추었다[麗]. 려(麗)는 맞춤이다. 귀(龜)는 등에 높게 튀어나온 부분으로 심장 부위에 해당한다. 그때 진(晉)나라 포계(鮑癸)가 바로 뒤에 있었는데 악백이 섭숙을 시켜 사슴을 바치게 하며 말하기를 "지금은 사냥할 철이 아니라서 바칠 짐승이 이르지 않았기에 지금 잡은 이 사슴을 감히 종자에게 반찬거리로 드립니다."라고 하였다. 포계가 쫓기를 멈추며 말하기를 "거좌는 활을 잘 쏘고 거우는 말을 잘하니 군자로구나."라고 하였다. 이에 세 사람은 포로가 되는 것을 면하였다. 추격을 멈추고 다시 뒤쫓지 않은 것이다.

晉魏錡求公族未得 錡 魏犫子 欲爲公族大夫 **而怒 欲敗晉師 請致師 弗許 請使 許之 遂往 請戰而還 楚潘黨逐之 及熒澤** 熒澤 鄭地 **見六麋 射一麋以顧獻 曰 子有軍事 獸人無乃不給於鮮 敢獻於從者** 新殺爲鮮 **叔黨命去之** 叔黨 潘黨 潘尫之子 命勿復逐 **趙旃求卿未得** 旃 趙穿子 **且怒於失楚之致師者 請挑戰 弗許 請召盟 許之 與魏錡皆命而往**

진(晉)나라 위기(魏錡)가 공족(公族)의 지위를 구하였으나 얻지 못하자, 기(錡)는 위주(魏犫)

120) 거좌(車左) : 전문주에는 '군좌(軍左)'로 되어 있으나 십삼경주소본(十三經注疏本)에는 '거좌(車左)'로 되어 있어 이를 따랐다.

121) 량마(兩馬) : 두 복마(服馬)와 두 참마(驂馬).

의 아들인데 공족대부(公族大夫)가 되고자 한 것이다. 노하여 진나라 군대를 패하게 하려고 하였다. 이에 초(楚)나라에 도전할 것을 청하였으나 허낙받지 못하자, 사신으로 가기를 청하여 허낙을 받아 드디어 초나라에 가서 싸울 것을 청하고 돌아왔다. 초나라 반당(潘黨)이 뒤쫓아 형택(熒澤)에 이르렀을 때 형택(熒澤)은 정(鄭)나라 땅이다. 위기가 큰 사슴 여섯 마리를 보고 그 가운데 한 마리를 쏘아 잡아서 뒤로 돌아 반당에게 바치면서 말하기를 "그대는 군사의 일에 종사하고 있기에 수인(獸人)[122)]이 신선한 고기[鮮]를 공급해 주지 못하지 않습니까. 내가 감히 그대의 종자(從者)에게 드리겠소."라고 하자, 새로 죽인 것을 선(鮮)이라 한다. 숙당(叔黨)이 그를 가게 하라고 명하였다. 숙당(叔黨)은 반당(潘黨)이니 반왕(潘尪)의 아들이다. 다시 쫓지 말라고 명한 것이다. 조전(趙旃)이 경(卿)이 되기를 구하였으나 되지 못하고, 전(旃)은 조천(趙穿)의 아들이다. 또 초나라의 도전자들을 놓친 것에 노하여 초나라에 도전할 것을 청하였으나 허낙받지 못하였다. 이에 초나라를 맹약에 불러오겠다고 청하거늘 허낙하니, 조전은 위기와 함께 명을 받아 초나라 진영에 갔다.

郤獻子曰 二憾往矣 獻子 郤克 **弗備 必敗 彘子曰 鄭人勸戰 弗敢從也 楚人求成 弗能好也 師無成命 多備何爲 士季曰 備之善 若二子怒楚 楚人乘我 喪師無日矣 不如備之 楚之無惡 除備而盟 何損於好 若以惡來 有備不敗 且雖諸侯相見 軍衛不徹警也 彘子不可 士季使鞏朔韓穿帥七覆于敖前** 帥 將也 設伏兵七處於敖山前 **故上軍不敗 趙嬰齊使其徒先具舟于河 故敗而先濟**

극헌자(郤獻子)가 말하기를 "불만을 품은 두 사람이 갔으니 헌자(獻子)는 극극(郤克)이다. 대비하지 않으면 반드시 패하게 될 것이다."라고 하니, 체자(彘子)가 말하기를 "정인(鄭人)이 싸우기를 권해도 감히 따르지 않았고 초인(楚人)이 화친을 구해도 우호를 맺지 않았으니, 이는 군대에 확정된 명령이 없는 것입니다. 대비를 많이 한다고 해서 무엇을 하겠습니까."라고 하였다. 사계(士季)가 말하기를 "대비하는 것이 좋다. 만약 두 사람이 초(楚)나라를 노하게 하여 초인이 우리를 습격한다면 군대를 잃는 것은 멀지 않을 것이니 대비하는 것만 같지 못하다. 초나라가 악의가 없다면 대비했던 것을 풀고 맹약을 해도 우호에 무슨 해가 되겠는가. 만약 악의를 품고 오더라도 대비가 있다면 패하지 않을 것이다. 또 비록 제후들이 서로 만날 때도 군대의 호위를 거두지 않는 것은 만일의 사태를 경계하기 위한 것이다."라고 하였다. 체자가 반대하였으나 사계는 공삭(鞏朔)과 한천(韓穿)에게 오산(敖山) 앞 일

---

122) 수인(獸人) : 사냥과 짐승 공납을 담당하였던 관리.

곱 곳의 매복병을 통솔하게[帥] 하였다. 솔(帥)은 통솔함이다. 복병을 오산(敖山) 앞 일곱 곳에 설치하게 한 것이다. 그러므로 상군(上軍)은 패하지 않았고, 조영제(趙嬰齊)도 그 무리를 시켜 먼저 하수(河水)에 배를 갖추어 놓게 하였으므로 패하였어도 하수를 먼저 건넜다.

潘黨旣逐魏錡 趙旃夜至於楚軍 二人俱行 趙旃後至 **席於軍門之外 使其徒入之** 布席坐示無所畏也 **楚子爲乘廣三十乘 分爲左右** 乘廣 兵車名 **右廣雞鳴而駕 日中而說** 說 音稅 舍也 **左則受之 日入而說 許偃御右廣 養由基爲右 彭名御左廣 屈蕩爲右** 楚王更迭載之 故各有御右 **乙卯 王乘左廣以逐趙旃 趙旃棄車而走林** 走入林中 **屈蕩搏之 得其甲裳 晉人懼二子之怒楚師也 使軘車逆之** 軘 音豚 軘車 兵車名 **潘黨望其塵 使騁而告曰 晉師至矣 楚人亦懼王之入晉軍也 遂出陳 孫叔曰 進之 寧我薄人 無人薄我 詩云 元戎十乘 以先啓行 先人也 軍志曰 先人有奪人之心 薄之也 遂疾進師 車馳卒奔 乘晉軍 桓子不知所爲 鼓於軍中曰 先濟者有賞 中軍下軍爭舟 舟中之指可掬也** 兩手曰掬

반당(潘黨)이 이미 위기(魏錡)를 쫓아버리고 나서 조전(趙旃)이 밤에 초(楚)나라 진영에 이르러 두 사람이 함께 갔으나 조전(趙旃)이 뒤에 이르렀다. 군문(軍門) 밖에 자리를 깔고 앉아 부하를 시켜 군문 안으로 쳐들어가게 하였다. 자리를 깔고 앉은 것은 두려워할 것이 없음을 보인 것이다. 초자(楚子)는 승광(乘廣) 30승(乘)을 만들어 좌우로 나누고, 승광(乘廣)은 병거 이름이다. 우광(右廣)은 닭이 울면 멍에를 메웠다가[123] 한낮이 되면 멍에를 풀고[說], 세(說)는 음이 세(稅)이니 풀어 줌이다. 좌광(左廣)이 이를 이어받아 해가 지면 멍에를 풀게 하였다. 허언(許偃)이 우광의 어자가 되고 양유기(養由基)가 거우가 되었으며, 팽명(彭名)이 좌광의 어자가 되고 굴탕(屈蕩)이 거우가 되었다. 초왕(楚王)이 번갈아 탔기 때문에 각각 어자와 거우가 있는 것이다. 을묘일에 초왕(楚王)이 좌광을 타고 조전을 추격하니, 조전이 병거를 버리고 숲으로 도망갔다. 도망하여 숲속으로 들어간 것이다. 굴탕이 그와 싸우다가 그 갑옷의 아랫도리를 로획하였다. 진인(晉人)은 두 사람이 초나라 군대를 노하게 한 것을 걱정하여 돈거(軘車)로 그들을 맞이하게 하였다. 돈(軘)은 음이 돈(豚)이다. 돈거(軘車)는 병거 이름이다. 반당이 그 먼지를 보고 말을 달려 알리게 하기를 "진(晉)나라 군대가 온다."라고 하자, 초인(楚人)도 왕이 진나라 진영에 빠져들까 두려워 드디어 진영을 나섰다. 손숙(孫叔)이 말하기를 "진격하라. 우리가 남을 핍박할지

123) 멍에를 메웠다가 : 출동 준비를 갖춘 것이다.

언정 남이 우리를 핍박하게 해서는 안 된다. 《시(詩)》에 이르기를 '큰 융거(戎車) 10승(乘)으로 앞에서 길을 여네.'[124]라고 하였으니, 이는 남보다 앞서야 한다는 것이다. 《군지(軍志)》에 '남보다 먼저 남의 싸울 마음을 빼앗는다.'라고 하니, 이것이 바로 핍박하는 것이다."라 하고는 드디어 급히 군대를 진격시켜 수레가 치달리고 병졸들이 달려가 진군을 습격하였다. 진나라 환자(桓子)가 어찌할 바를 모르고 군중에서 북을 치며 말하기를 "먼저 하수(河水)를 건너는 자에게 상을 내리겠다."라고 하니, 중군(中軍)과 하군(下軍)이 배에 오르기를 다투어 배 안에 끊어진 손가락이 량손으로 움킬[掬] 정도가 되었다.[125] 량손으로 움켜쥐는 것을 국(掬)이라고 한다.

晉師右移 上軍未動 中軍下軍在上軍之右者皆移 **工尹齊將右拒卒以逐下軍** 工尹齊 楚大夫 **楚子使唐狡與蔡鳩居告唐惠侯** 二子 楚大夫 唐 屬楚小國 **曰 不穀不德而貪 以遇大敵 不穀之罪也 然楚不克 君之羞也 敢藉君靈 以濟楚師 使潘黨率游闕四十乘** 游車 補闕者 **從唐侯以爲左拒 以從上軍 駒伯曰 待諸乎** 駒伯 郤克 **隨季曰 楚師方壯 若萃於我 吾師必盡 不如收而去之 分謗生民 不亦可乎** 同奔爲分謗 不戰爲生民 **殿其卒而退 不敗**

진(晉)나라 군대는 오른쪽으로 이동하였으나 상군은 움직이지 않았다. 중군과 하군으로서 상군의 오른쪽에 있던 자들은 모두 이동하였다. 공윤(工尹) 제(齊)는 우거(右拒)[126]의 병졸을 거느리고 진나라 하군을 뒤쫓았다. 공윤(工尹) 제(齊)는 초(楚)나라 대부이다. 초자(楚子)는 당교(唐狡)와 채구거(蔡鳩居)를 시켜 당혜후(唐惠侯)에게 말하기를 두 사람은 초(楚)나라 대부이다. 당(唐)은 초나라에 속한 작은 나라이다. "내가 덕이 없는데도 욕심을 부려 큰 적을 만났으니, 이는 나의 죄이다. 그러나 초(楚)나라가 이기지 못한다면 당신의 수치이기도 하니, 감히 당신의 위세를 빌려 우리 초나라 군대를 구하고자 한다."라고 하였다. 그리고 반당(潘黨)을 시켜 유궐(游闕)[127] 40승(乘)을 거느리게 하여, 유거(游車)이니 빠진 곳을 보충하는 병거이다. 당후(唐侯)에게 소속시켜 좌거(左拒)가 되게 하고는 진나라 상군을 뒤쫓게 하였다. 진나라 구백(駒伯)이 말하기를 "기다릴 것입니까?"라고 하니, 구백(駒伯)은 극극(郤克)이다. 수계(隨季)가 말하기를 "초나라 군대가 지금 왕성하여 만약 우리에게 몰려들면 우리 군대는 반드시 전멸될 것이니, 수습하

124) 큰 융거(戎車)~여네 : 《시경(詩經)》 〈소아(小雅)〉 륙월(六月).

125) 배 안에~되었다 : 배 안으로 오르려 한 진(晉)나라 군사들의 손가락이 많이 잘렸다는 것이다.

126) 우거(右拒) : 군대의 진영 이름이다.

127) 유궐(游闕) : 보충용으로 예비해 둔 유거(游車). 3군(軍)에 소속되지 않는 예비 병거이다.

여 물러나는 것만 같지 못하다. 비방을 나누어 듣고 백성을 살리는 것이 또한 좋지 않겠는가."라 하고, 함께 달아나서 비방을 나누어 듣고, 싸우지 않음으로써 백성을 살린다는 것이다. 상군의 병졸들을 후군으로 삼고 퇴각하여 패하지 않았다.

王見右廣 將從之乘 屈蕩戶之曰 君以此始 亦必以終 戶 止也 古人以守戶之人 謂之戶者 取其能止人也 **自是楚之乘廣先左 晉人或以廣隊不能進** 以廣車爲隊 車重不能進 **楚人惎之脫扃** 惎 敎也 扃 車上兵闌 **少進 馬還 又惎之拔旆投衡 乃出** 還 便旋不進 拔旆投衡上 使不帆風差輕 **顧曰 吾不如大國之數奔也 趙旃以其良馬二濟其兄與叔父 以他馬反 遇敵不能去 棄車而走林 逢大夫與其二子乘** 逢大夫 晉人 **謂其二子無顧** 不欲見趙旃 **顧曰 趙傁在後** 傁 老稱也 **怒之 使下 指木曰 尸女於是 授趙旃綏 以免** 綏 轡也 **明日以表尸之** 表所指木取其尸 **皆重獲在木下** 兄弟累尸而死

초왕(楚王)이 우광(右廣)을 보고 그 병거로 바꿔 타려고 하자, 굴탕(屈蕩)이 만류하며[戶] 말하기를 "임금님께서는 이 좌광(左廣)으로 싸움을 시작하셨으니 또한 반드시 이 병거로 싸움을 끝내셔야 합니다."[128]라고 하였다. 호(戶)는 만류함이다. 옛사람들은 문을 지키는 사람을 호자(戶者)라고 하였는데 이는 사람들의 출입을 막는다는 뜻을 취한 것이다. 이로부터 초(楚)나라의 승광(乘廣)은 좌광이 우위를 차지하였다.[129] 진인(晉人) 중의 어떤 광거(廣車)[130]가 구덩이에 빠져 전진하지 못하자 광거(廣車)가 빠졌는데 수레가 무거워 나아갈 수 없게 된 것이다. 초인(楚人)이 경(扃)을 제거하라고 가르쳐[惎] 주었다. 기(惎)는 가르침이다. 경(扃)은 수레 위에 있는 무기를 꽂아두는 란간이다. 그러자 조금 나아가는 듯하다가 말이 제자리걸음[還]을 하자 또 초인이 기를 뽑아 가로대 위로 던져놓으라고 가르쳐주어 빠져나오게 되었다. 환(還)은 제자리걸음을 하며 나아가지 못하는 것이다. 기를 뽑아 가로대 위로 던져놓아 깃발에 바람이 맞지 않게 하여 수레를 가볍게 한 것이다. 이에 진인이 돌아보며 말하기를 "우리는 대국처럼 자주 달아나 보지 못하였기 때문이오."[131]라고 하였다. 조전(趙旃)은 그의 좋은 말 두 마리가 끄는 수레로 그의 형과 숙부를 구제하고, 자신은 다른 말이 끄는 수레로 돌아가다가 적을 만나 더 이상 나아가지 못하자 수레를 버리고 숲속으로 달아났다. 그때 봉대부(逢大夫)가 그 두 아들과 함께 수레를 타고 가면서 봉대부(逢大夫)

128) 임금님께서는~합니다 : 중간에 수레를 바꾸어 타면 군사들이 혼란을 일으킬까 우려한 것이다.

129) 이로부터~차지하였다 : 좌광(左廣)을 타고 출전하여 승리하였기 때문이다.

130) 광거(廣車) : 병거의 일종.

131) 우리는~때문이오 : 우리 군대는 패주에 익숙하지 않아 패주하는 데 있어서 대국인 초(楚)나라만 못하다고 하여 초인(楚人)을 조롱한 말이다.

는 진인(晉人)이다. 두 아들에게 뒤돌아보지 말라고 하였다. 조전(趙旃)을 보지 않으려고 한 것이다. 그러나 두 아들이 돌아보며 말하기를 "조전 어른[傻]께서 뒤에 계십니다."라고 하였다. 수(傻)는 어른을 칭하는 말이다. 봉대부가 노하여 두 아들을 내리게 하고 나무를 가리키며 말하기를 "너희의 시신을 여기에서 찾을 것이다."라 하고 조전에게 고삐[綏]를 던져 구해주어 조전이 화를 면하였다. 수(綏)는 고삐이다. 다음날 나무를 표지로 삼아 시신을 찾으니 가리킨 나무를 표지로 삼아 그 시신을 찾은 것이다. 나무 아래에 시신이 포개져 있었다. 형제의 시신이 포개져 죽어 있었던 것이다.

楚熊負羈囚知罃 知莊子以其族反之 負羈 楚大夫 知罃 知莊子之子 族 家兵 反 還戰 **厨武子御** 武子 魏錡 **下軍之士多從之 每射 抽矢菆 納諸厨子之房** 抽 擢也 菆 好箭 房 箭舍 **厨子怒曰 非子之求而蒲之愛** 蒲 楊柳 可以爲箭 **董澤之蒲 可勝既乎** 董澤 澤名 **知季曰 不以人子 吾子其可得乎** 言必取他人子以博易之 **吾不可以苟射故也 射連尹襄老 獲之 遂載其尸 射公子穀臣 囚之 以二者還** 穀臣 楚王子 **及昏 楚師軍於邲 晉之餘師不能軍 宵濟 亦終夜有聲** 言其軍囂 無復部伍

초(楚)나라 웅부기(熊負羈)가 지앵(知罃)을 사로잡아 가두자, 지장자(知莊子)가 그 가병[族]을 이끌고 지앵을 돌아오게 하려고 싸웠다[反]. 부기(負羈)는 초(楚)나라 대부이다. 지앵(知罃)은 지장자(知莊子)의 아들이다. 족(族)은 가병(家兵)이다. 반(反)은 돌아오게 하려고 싸우는 것이다. 그때 주무자(厨武子)가 어자였는데 무자(武子)는 위기(魏錡)이다. 하군의 병사들이 그 수레를 많이 따랐다. 지장자는 매번 활을 쏠 때면 좋은 화살[菆]을 뽑아[抽] 주자(厨子 : 厨武子)의 화살통[房]에 넣으니, 추(抽)는 뽑음이다. 추(菆)는 좋은 화살이다. 방(房)은 화살통이다. 주자가 노하여 말하기를 "아들을 구하려 하지 않고 버드나무[蒲]를 아끼려 하십니까. 포(蒲)는 버드나무이니 화살을 만들 수 있다. 동택(董澤)의 버드나무를 어찌 다 쓸 수 있겠습니까."라고 하였다. 동택(董澤)은 늪 이름이다. 지계(知季 : 知莊子)가 말하기를 "남의 아들을 잡지 못하면 내 아들을 돌려받을 수 있겠는가. 반드시 다른 사람의 아들을 잡아서 바꾸겠다는 말이다. 그래서 내가 함부로 쏘지 않은 까닭이다."라고 하였다. 련윤(連尹)인 양로(襄老)를 쏘아 죽여 드디어 그 시신을 수레에 싣고, 공자 곡신(穀臣)을 쏘아 사로잡아 두 사람을 거두어 돌아왔다. 곡신(穀臣)은 초(楚)나라 왕자이다. 저녁이 되자 초나라 군대는 필(邲) 땅에 진을 쳤으나 진(晉)나라의 패잔병들은 진을 치지 못하고 밤에 하수(河水)를 건너느라 또한 밤새도록 시끄러웠다. 그 군사들이 시끄럽게 떠들고 대오를 다시 갖추지 못하였다는 말이다.

丙辰 楚重至於邲 重 輜重也 **遂次于衡雍 潘黨曰 君盍築武軍** 築軍營以章武功 **而收晉尸以爲京觀** 積尸封土謂之京觀 **臣聞克敵必示子孫 以無忘武功 楚子曰 非爾所知也 夫文止戈爲武 武王克商 作頌曰 載戢干戈 載櫜弓矢** 戢 藏也 櫜 韜也 **我求懿德 肆于時夏 允王保之** 肆 遂也 夏 大也 **又作武 其卒章曰 耆定爾功** 耆 致也 **其三曰 鋪時繹思 我徂惟求定** 其三章 今周頌賚篇 鋪 布也 繹 陳也 時 是也 思 辭也 言武王能布政陳敎 使天下歸往求安定 **其六曰 綏萬邦 屢豐年** 其六章 今周頌桓篇 **夫武 禁暴戢兵保大定功安民和衆豐財者也 故使子孫無忘其章** 著之篇章 **今我使二國暴骨 暴矣** 上暴 音瀑 **觀兵以威諸侯 兵不戢矣 暴而不戢 安能保大 猶有晉在 焉得定功 所違民欲猶多 民何安焉 無德而强爭諸侯 何以和衆 利人之幾** 幾 危也 **而安人之亂 以爲己榮 何以豐財 武有七德 我無一焉 何以示子孫 其爲先君宮 告成事而已** 祀先君 告戰勝 **武非吾功也 古者明王伐不敬 取其鯨鯢而封之 以爲大戮 於是乎有京觀 以懲淫慝** 鯨鯢 大魚 以喩不義之人 **今罪無所** 罪無所犯 **而民皆盡忠以死君命 又可以爲京觀乎 祀于河 作先君宮 告成事而還**

병진일에 초(楚)나라 치중[重][132]이 필(邲) 땅에 이르니 중(重)은 치중(輜重)이다. 초나라 군대는 드디어 형옹(衡雍)에 주둔하였다. 반당(潘黨)이 말하기를 "임금님께서는 어찌 무군(武軍)[133]을 축조하고 군영을 축조하여 무공을 드러냄이다. 진(晉)나라 군사들의 시신을 수습하여 경관(京觀)[134]을 만들지 않으십니까. 시신을 쌓아 흙으로 봉분을 만드는 것을 경관(京觀)이라고 한다. 신이 듣건대 적을 이기면 반드시 자손에게 보여서 무공(武功)을 잊지 않게 한다고 합니다."라고 하였다. 이에 초자(楚子)가 말하기를 "이는 네가 알 수 있는 바가 아니다. 무릇 글자로 보면 지(止)자와 과(戈)자가 합쳐진 것이 무(武)이다. 무왕(武王)이 상(商)나라를 이기고 송(頌)을 짓기를 '방패와 창을 거두어들이고[戢] 활과 화살을 활집에 넣었도다[櫜]. 집(戢)은 거두어들임이다. 고(櫜)는 활집에 넣음이다. 내가 아름다운 덕이 있는 사람을 구하여 드디어[肆] 이에 크게[夏] 되니 진실로 왕업을 보전하게 되었도다.'[135]라고 하였다. 사(肆)는 드디어이고 하(夏)는 큼이다. 또 무(武)를 지어 그 마지막 장에 '그 공을 세움에 이르렀네[耆].'[136]라 하였고, 기(耆)는

132) 치중[重] : 군수품을 실은 수레.

133) 무군(武軍) : 무군(武軍)에는 두 가지가 있다. 하나는 무력을 과시하기 위하여 군영에 높이 쌓은 보루이다. 다른 하나는 전공을 드러내기 위하여 적의 시신을 거두어 흙을 덮어 높이 쌓아 올린 보루를 이른다. 여기서는 전자를 가리킨다.

134) 경관(京觀) : 전공(戰功)을 드러내기 위하여 적의 시신을 거두어 흙을 덮어 만든 무덤.

135) 방패와~되었도다 : 《시경(詩經)》 〈주송(周頌)〉 시매(時邁).

136) 그 공(功)을~이르렀네[耆] : 《시경(詩經)》 〈주송(周頌)〉 무(武).

이르름이다. 그 셋째 장에 '이[時] 문왕(文王)의 덕을 펴고[鋪] 베풀어[繹] 내 가서 오직 안정을 구하네.'라고 하였으며, 그 셋째 장(章)은 지금의 〈주송(周頌)〉 뢰(賚)편이다. 포(鋪)는 폄이고 역(繹)은 베풂이며 시(時)는 이것이고 사(思)는 어조사이다. 무왕(武王)이 정치를 펴고 교화를 펼쳐 천하로 하여금 돌아가 안정을 구하게 하였다는 말이다. 그 여섯째 장에 '만방(萬邦)을 편안하게 하니 거듭 풍년이 들도다.'라고 하였다. 그 여섯째 장(章)은 지금의 〈주송(周頌)〉 환(桓)편이다. 대저 무(武)라는 것은 포악한 행위를 금하고 병기를 거두어들이며 대명(大名 : 天命)을 보존하고 공을 세우고 백성을 편안하게 하고 뭇사람을 화합하게 하며 재물을 풍부하게 하는 것이다. 그러므로 자손으로 하여금 드러난 공을 잊지 않도록 하는 것이다. 이런 의미가 편(篇)과 장(章)에 드러나 있다. 그러나 지금 나는 두 나라 사람들의 뼈를 드러나게[暴] 하였으니 이는 포악[暴]을 행한 것이고, 앞의 폭(暴)자는 음이 폭(瀑)이다. 무력을 과시하여 제후들을 위협하였으니 이는 병기를 거두어들이지 않은 것이다. 포악한 행위를 하고 병기를 거두어들이지 않았는데 어찌 대명을 보존한다고 할 수 있겠는가. 그리고 여전히 진나라가 존재하고 있으니 어떻게 공을 세운 것이며, 백성이 원하는 것을 어김이 여전히 많으니 백성을 어찌 편안하게 한 것이며, 덕도 없으면서 억지로 제후들과 다투었으니 어찌 뭇사람을 화합하게 한 것이며, 다른 사람들의 위태로움[幾]을 리익으로 여기고 기(幾)는 위태로움이다. 다른 사람들의 어지러움을 편안하게 여겨 자신의 영예로 삼았으니 어찌 재물을 풍부하게 한 것이겠는가. 이같이 무(武)에는 일곱 가지 덕이 있는데 나는 그 가운데 한 가지도 없으니 무엇으로 자손들에게 보이겠는가. 다만 선군의 사당을 지어 일을 이루었음을 아뢸 뿐이다. 선군에게 제사 지내어 싸움에 이겼음을 고하는 것이다. 이번의 무(武)는 나의 공이 아니다. 옛날의 밝은 왕은 불경(不敬)한 나라를 쳐서 그 불의한 자[鯨鯢]를 죽여 봉분을 만들어 악을 크게 섬멸한 표시로 삼았다. 그러므로 경관을 두어 지나치게 사특한 자들을 징계하였다. 경예(鯨鯢)는 큰 물고기이니 의롭지 않은 사람을 비유한 것이다. 지금 진나라는 아무런 죄가 없고 죄를 범한 것이 없다는 것이다 백성은 모두 충성을 다하여 그 임금의 명에 죽었으니 또 경관을 만들 수 있겠는가."라 하고, 하수(河水)에 제사 지내고 선군의 사당을 지어 싸움에 이긴 일을 아뢰고 돌아갔다.

是役也 鄭石制實入楚師 石制 鄭大夫 **將以分鄭而立公子魚臣 辛未 鄭殺僕叔及子服**
僕叔 魚臣 子服 石制

이번 싸움은 정(鄭)나라 석제(石制)가 실로 초(楚)나라 군대를 불러들여 석제(石制)는 정(鄭)나라 대부이다. 정나라를 나누어 공자 어신(魚臣)을 세우고자 하였기 때문이었다.[137] 그러므

137) 이번~때문이었다 : 석제(石制)가 정(鄭)나라 국토를 나누어 그 반을 초(楚)나라에 뢰물로 주고 공자 어신

로 신미일에 정나라가 복숙(僕叔)과 자복(子服)을 죽였다. 복숙(僕叔)은 어신(魚臣)이고 자복(子服)은 석제(石制)이다.

君子曰 史佚所謂毋怙亂者 謂是類也 詩曰 亂離瘼矣 爰其適歸 歸於怙亂者也夫 恃亂則禍歸之

군자는 말한다. "주(周)나라 사관(史官)인 사일(史佚)이 이른바 '남의 란을 나의 기회로 믿지 말라.'고 한 것이 이러한 류를 이른 것이다. 《시(詩)》에 이르기를 '란리에 병드니 어디로 돌아갈고.'[138]라고 하였으니, 이는 남의 혼란을 나의 기회로 믿는 자에게로 죄가 돌아간다는 것이다." 남의 혼란을 나의 기회로 믿게 되면 화가 돌아오게 된다는 것이다.

鄭伯許男如楚 爲十四年晉伐鄭傳

정백(鄭伯)과 허남(許男)이 초(楚)나라에 갔다. 14년에 진(晉)나라가 정(鄭)나라를 치는 전(傳)의 배경이 된다.

秋 七月

가을 7월이다.

○秋 晉師歸 桓子請死 晉侯欲許之 士貞子諫曰 不可 貞子 士渥濁 城濮之役 晉師三日穀 文公猶有憂色 左右曰 有喜而憂 如有憂而喜乎 公曰 得臣猶在 憂未歇也 困獸猶鬬 況國相乎 及楚殺子玉 公喜而後可知也 曰 莫余毒也已 是晉再克而楚再敗也 楚是以再世不競 成王穆王 今天或者大警晉也 而又殺林父以重楚勝 其無乃久不競乎 林父之事君也 進思盡忠 退思補過 社稷之衛也 若之何殺之 夫其敗也 如日月之食焉 何損於明 晉侯使復其位

○가을에 진(晉)나라 군대가 돌아가서 환자(桓子)가 죽기를 청하니, 진후(晉侯)가 이를 허낙하고자 하였다. 사정자(士貞子)가 간하여 말하기를 "옳지 않습니다. 정자(貞子)는 사악탁

(魚臣)을 임금으로 세우고자 한 것이다.

138) 란리에~돌아갈고 : 《시경(詩經)》〈소아(小雅)〉 사월(四月).

(士渥濁)이다. 성복(城濮)의 싸움[139]에서 우리 진나라 군대가 초(楚)나라의 곡식을 사흘 동안이나 차지하여 먹었는데도 문공(文公)께서는 오히려 근심하는 기색이 있었습니다. 좌우의 신하들이 '기쁜 일이 있는데도 근심하시니 만약 근심할 일이 있으시면 기뻐하시겠습니까.' 라고 하니, 문공께서 말씀하시기를 '득신(得臣 : 成得臣)이 여전히 살아 있으니 근심이 아직 끝나지 않았다. 곤경에 처하면 짐승도 오히려 싸우려 드는데 하물며 한 나라의 재상이겠는가.'라고 하셨습니다. 초나라가 자옥(子玉 : 得臣)을 죽였을 때 문공께서 기뻐하셨음은 뒤에서도 알 수 있는 것으로[140] 그때 문공께서는 '나를 해칠 자가 없어졌도다.'라고 하셨습니다. 이는 우리 진나라가 두 번 이긴 것이 되고 초나라는 두 번 패한 것이 됩니다.[141] 이로써 초나라는 두 세대에 걸쳐 다른 나라와 다투지를 못하였습니다. 성왕(成王)과 목왕(穆王) 때이다. 지금 하늘이 혹 우리 진나라를 크게 경계시키고 있는데 또 림보(林父 : 桓子)를 죽여서 거듭 초나라가 이기게 한다면 오래도록 다른 나라와 다투지 못하게 되지 않겠습니까. 림보가 임금님을 섬김에 있어 나아가서는 충성을 다할 것을 생각하였고 물러나서는 잘못을 보완할 것을 생각하였으니[142] 사직을 지키는 신하입니다. 어찌하여 죽이려 하십니까. 무릇 그가 싸움에서 패한 것은 일식과 월식과 같으니 본래의 밝음에야 무슨 손상이 있겠습니까."라고 하였다. 이에 진후는 그의 지위를 회복시켜 주었다.

冬 十有二月 戊寅 楚子滅蕭

겨울 12월 무인일에 초자(楚子)가 소(蕭)나라를 멸하였다.

蕭 宋附庸國

소(蕭)나라는 송(宋)나라의 부용국(附庸國)이다.

冬 楚子伐蕭 宋華椒以蔡人救蕭 蕭人囚熊相宜僚及公子丙 王曰 勿殺 吾退 蕭人殺

---

139) 성복(城濮)의 싸움 : 희공(僖公) 28년에 있었다.

140) 뒤에서도~것으로 : 뒷모습에도 그 기뻐하는 마음이 나타나 있다는 의미이다.

141) 이는~됩니다 : 진(晉)나라가 성복(城濮)의 싸움에서 승리한 것이 한 번 이긴 것이고, 득신(得臣)을 죽게 한 것이 두 번 이긴 것이다. 이는 초(楚)나라 처지에서는 두 번 패한 것이라는 말이다.

142) 나아가서는~생각하였으니 : 나아간다는 것[進]은 벼슬하는 것이고, 물러난다는 것[退]은 사직(辭職)하는 것이다.

之 王怒 遂圍蕭 蕭潰 申公巫臣曰 師人多寒 王巡三軍 拊而勉之 三軍之士皆如挾纊 纊 綿也 **遂傅於蕭 還無社與司馬卯言 號申叔展** 還 音旋 還無社 蕭大夫 司馬卯申叔展 皆楚大夫 無社素識叔展 故因卯呼之 **叔展曰 有麥麴乎 曰無 有山鞠窮乎 曰無** 鞠 音芎 麥麴鞠窮所以禦濕 欲使無社逃泥水中 無社不解 故曰無 軍中不敢正言 故謬語 **河魚腹疾奈何** 叔展言無禦濕藥將病 **曰 目於眢井而拯之** 眢 音宛 無社意解 欲入井 故使叔展視虛井而求拯己 **若爲茅絰 哭井則己** 叔展又教 結茅以表井 須哭乃應以爲信 己 叔展自謂也 **明日 蕭潰 申叔視其井 則茅絰存焉 號而出之** 號 哭也

겨울에 초자(楚子)가 소(蕭)나라를 치니, 송(宋)나라 화초(華椒)가 채인(蔡人)을 거느리고 소나라를 구원하였다. 소인(蕭人)이 초(楚)나라의 웅상의료(熊相宜僚)와 공자 병(丙)을 잡아 가두자, 초왕(楚王)이 말하기를 "그들을 죽이지 말라. 내가 물러가리라."라고 하였으나 소인이 그들을 죽였다. 이에 초왕이 노하여 마침내 소나라를 포위하니 소나라 백성이 흩어졌다. 이보다 앞서 초나라 신공무신(申公巫臣)이 말하기를 "군사들이 추위에 떠는 자가 많습니다."라고 하자, 초왕이 3군(軍)을 순시하여 병사들의 어깨를 두드리며 격려하니 3군의 병사들이 모두 솜옷[纊]을 껴입은 것과 같이 여겼다. 광(纊)은 솜옷이다. 드디어 소나라 도성에 접근할 때 소나라 대부 선무사(還無社)가 초나라 대부 사마묘(司馬卯)에게 말하여 초나라 대부 신숙전(申叔展)을 소리쳐 부르게 하였다. 선(還)은 음이 선(旋)이다. 선무사(還無社)는 소(蕭)나라 대부이다. 사마묘(司馬卯)와 신숙전(申叔展)은 모두 초(楚)나라 대부이다. 무사(無社)는 평소에 숙전(叔展)을 알고 지냈기 때문에 사마묘를 통하여 숙전을 부른 것이다. 숙전(叔展)이 "맥국(麥麴)은 있소?"라고 하니, 선무사가 "없소."라고 대답하였다. 숙전이 "산궁궁(山鞠窮)은 있소?"라고 하니, 선무사가 "없소."라고 대답하였다. 궁(鞠)은 음이 궁(芎)이다. 맥국(麥麴)과 궁궁(鞠窮)은 습기를 막는 것이다. 무사(無社)를 진흙탕 속에서 도망시키고자 하였는데 무사는 깨닫지 못하였으므로 '없소'라고 한 것이다. 군영 안에서는 감히 바로 말할 수 없으므로 돌려서 말한 것이다. 숙전이 "하수(河水)의 물고기가 배에 병이 나면 어찌하겠소?"[143]라고 하니, 숙전(叔展)이 습기를 막을 약재가 없으면 장차 병이 날 것이라고 말한 것이다. 선무사가 "물이 마른[眢] 우물을 보면 건져내시오."라고 하였다. 원(眢)은 음이 원(宛)이다. 무사(無社)가 그 뜻을 알고 우물에 들어가고자 한 것이다. 그리하여 숙전(叔展)이 빈 우물 속을 보고 자기를 구하도록 한 것이다. 숙전이 말하기를 "그렇다면 당신은 띠풀로 수질(首絰)을 만드시오. 우물을 향하여 곡을 하면 나인 줄 아시오."라고 하였다. 숙전(叔展)이 또 가르치기를 띠풀을 엮어서 우물을 표시해두면 반드시 곡으로 응대하여 신호로 삼겠다는 것이다. 기(己)는 숙전이 자신을 이른 것이다. 다음 날에 소나라가

143) 하수(河水)의~어찌하겠소 : 물고기가 상하는 것은 배부터 시작하니, 소(蕭)나라가 내란이 있어서 망하게 될 것을 비유한 것이다.

망하였다. 그때 신숙(申叔 : 叔展)이 그 우물을 찾아보니 띠풀로 만든 수질이 있어 곡을 하고 선무사를 끌어냈다. 호(號)는 곡함이다.

晉人宋人衛人曹人同盟于淸丘

진인(晉人)·송인(宋人)·위인(衛人)·조인(曹人)이 청구(淸丘)에서 동맹하였다.

淸丘 衛地 此大夫同盟之始

청구(淸丘)는 위(衛)나라 땅이다. 이는 대부가 동맹한 시초이다.

晉原穀宋華椒衛孔達曹人同盟于淸丘 原穀 先穀 曰 恤病 討貳 於是卿不書 不實其言也 晉衛背盟 故大夫稱人

진(晉)나라 원곡(原穀)·송(宋)나라 화초(華椒)·위(衛)나라 공달(孔達)·조인(曹人)이 청구(淸丘)에서 동맹하며 원곡(原穀)은 선곡(先穀)이다. 말하기를 "고통받는 나라를 도와주고 두마음을 품은 나라를 토벌한다."라고 하였다. 여기에서 경(卿)의 이름을 경문에 기록하지 않은 것은 동맹한 말을 실천하지 않았기 때문이다.[144] 진(晉)나라와 위(衛)나라가 맹약을 어겼으므로 대부를 인(人)이라고 칭한 것이다.

宋師伐陳 衛人救陳

송(宋)나라 군대가 진(陳)나라를 치니 위인(衛人)이 진나라를 구원하였다.

宋爲盟故 伐陳 陳貳於楚故 衛人救之 孔達曰 先君有約言焉 若大國討 我則死之 約 音要 衛成公與陳共公有舊好 故孔達欲背盟救陳而以死謝晉

송(宋)나라가 맹약하였기 때문에 진(陳)나라를 치니 진(陳)나라가 초(楚)나라에 붙었기 때문이다.

144) 동맹한~때문이다 : 동맹한 뒤에 송(宋)나라가 두마음을 품은 진(陳)나라를 쳤는데 위(衛)나라가 도리어 진나라를 구원한 일과 다음해에 초(楚)나라가 송나라를 쳤는데도 진(晉)나라가 송나라를 구원하지 않은 일을 말한다.

위인(衛人)이 진나라를 구원하였다. 위(衛)나라 공달(孔達)이 말하기를 "우리 선군께서 진나라와 약속한[約] 말이 있어서 구원하는 것이다. 만약 대국이 이 일을 토죄한다면 내가 그 죄를 쓰고 죽으리라."라고 하였다. 요(約)는 음이 요(要)이다. 위성공(衛成公)과 진공공(陳共公)은 오랜 우호가 있었다. 그러므로 공달(孔達)은 맹약을 어겨서 진(陳)나라를 구원하고, 죽음으로써 진(晉)나라에 사죄하고자 한 것이다.

선공(宣公) 13년【乙丑 B.C.596】

十有三年 春 齊師伐莒 13년 봄에 제(齊)나라 군대가 거(莒)나라를 쳤다.

莒 公作衛

거(莒)는 《공양전(公羊傳)》에는 위(衛)로 되어 있다.

十三年 春 齊師伐莒 莒恃晉而不事齊故也

13년 봄에 제(齊)나라 군대가 거(莒)나라를 쳤으니, 거나라가 진(晉)나라를 믿고 제나라를 섬기지 않았기 때문이다.

夏 楚子伐宋 여름에 초자(楚子)가 송(宋)나라를 쳤다.

夏 楚子伐宋 以其救蕭也

여름에 초자(楚子)가 송(宋)나라를 쳤으니, 송나라가 소(蕭)나라를 구원하였기 때문이다.

君子曰 淸丘之盟 唯宋可以免焉 **宋討陳貳 今宋見伐 晉衛背盟不恤 而經同貶宋大夫 傳言宋無罪**

군자는 말한다. "청구(淸丘)의 맹약은 오직 송나라만이 비난을 면할 수 있다." 송(宋)나라가 두마음을 품은 진(陳)나라를 토벌하였다가 지금 송나라가 초(楚)나라의 토벌을 받는데도 진(晉)나라와 위(衛)나라가 맹약을 배반하고 송나라를 구휼하지 않았다. 그런데 경문에서는 송나라 대부를 함께 폄하하였기 때문에[145] 전문에서 송나라는 죄가 없다고 말한 것이다.

秋 螽

가을에 메뚜기의 피해가 있었다.

冬 晉殺其大夫先縠

겨울에 진(晉)나라가 그 대부 선곡(先縠)을 죽였다.

縠 穀作穀

곡(縠)은 《곡량전(穀梁傳)》에는 곡(穀)으로 되어 있다.

秋 赤狄伐晉 及淸 先縠召之也 召狄欲爲變 淸 一名淸原 **冬 晉人討邲之敗與淸之師 歸罪於先縠而殺之 盡滅其族**

가을에 적적(赤狄)이 진(晉)나라를 쳐서 청(淸) 땅까지 이르렀으니, 이는 선곡(先縠 : 彘子)이 불러들인 것이다. 적(狄)을 불러들여 변란(變亂)을 일으키고자 한 것이다. 청(淸)은 또 다른 이름이 청원(淸原)이다. 겨울에 진인(晉人)이 필(邲) 땅의 패전과 청 땅의 싸움[師]을 토죄하여 선곡에게 죄를 돌려 죽이고 그 일족을 모두 멸하였다.

君子曰 惡之來也 己則取之 其先縠之謂乎

군자는 말한다. "악(惡)이 오게 된 것은 자기가 취한 것이니, 선곡(先縠)을 두고 이르는 말이다."

---

145) 경문에서는~때문에 : 지난해 겨울조 경문에 '晉人宋人衛人曹人同盟于淸丘'라 하여 송(宋)을 진(晉)·위(衛)·조(曹)와 함께 인(人)으로 표현한 것을 말한다. 그것은 송나라가 맹약을 어기는 나라들과 동맹을 맺은 잘못이 있기 때문이다.

선공(宣公) 14년【丙寅 B.C.595】

十有四年 春 衛殺其大夫孔達
14년 봄에 위(衛)나라가 그 대부 공달(孔達)을 죽였다.

孔達自殺而稱國以殺 其君意也
공달(孔達)이 자살하였는데 위(衛)나라가 죽였다고 칭한 것은 그 임금의 뜻이었기 때문이다.

清丘之盟 晉以衛之救陳也 討焉 尋清丘之盟以責衛 **使人弗去曰 罪無所歸 將加而師 孔達曰 苟利社稷 請以我說 罪我之由 我則爲政而亢 大國之討 將以誰任 我則死之 十四年 春 孔達縊而死 衛人以說于晉而免 遂告于諸侯曰 寡君有不令之臣達 構我敝邑于大國 既伏其罪矣 敢告 衛人以爲成勞 復室其子 使復其位** 以有平國功 故以女妻之 襲父祿位

청구(淸丘)의 맹약[146]에 따라 진(晉)나라는 위(衛)나라가 진(陳)나라를 구원한 일을 가지고 토죄하였다. 청구(淸丘)의 맹약을 거듭하는 뜻으로 위(衛)나라에게 책임을 물은 것이다. 진(晉)나라 사자가 떠나지 않고 말하기를 "죄를 책임질 사람이 없다면 장차 군대를 동원하여 공격하겠소."라고 하였다. 공달(孔達)이 말하기를 "진실로 사직에 리롭다면 나의 목숨을 가지고 저들에게 해명하십시오. 죄는 나로 말미암은 것입니다. 내가 집정이 되어 진(晉)나라에 대항하였으니 대국의 토죄를 누가 책임지겠습니까. 내가 죽겠습니다."라고 하였다. 14년 봄에 공달이 목을 매어 죽으니, 위인(衛人)이 그 일을 가지고 진(晉)나라에 해명하여 화를 면하고 드디어 제후들에게 고하기를 "과군에게 좋지 못한 신하 공달이 있어서 우리나라를 대국과 불화하게 일을 만들었는데, 그는 이미 그 죄에 대한 벌을 받았습니다. 이에 감히 고합니다."라고 하였다. 위인은 그가 공로를 이루었다고 생각하여 다시 그 아들에게 공실의 딸을 아내로 삼아주고 또 공달의 지위를 잇도록 하였다. 나라를 안정시킨 공이 있으므로 공녀(公女)를 공달(孔達)의 아들에게 시집보내고 공달의 록위(祿位)를 계승하게 한 것이다.

146) 청구(淸丘)의 맹약: 선공(宣公) 12년에 있었다.

夏 五月 壬申 曹伯壽卒

여름 5월 임신일에 조백(曹伯) 수(壽)가 졸하였다.

晉侯伐鄭

진후(晉侯)가 정(鄭)나라를 쳤다.

夏 晉侯伐鄭 爲邲故也 告于諸侯 蒐焉而還 中行桓子之謀也 曰 示之以整 使謀而來 使鄭自謀而來服晉 鄭人懼 使子張代子良于楚 子張 穆公孫 鄭伯如楚 謀晉故也 鄭以子良爲有禮 故召之

여름에 진후(晉侯)가 정(鄭)나라를 쳤으니, 필(邲) 땅의 싸움 때문이었다.[147] 진후는 이 일을 제후들에게 알리고 정나라에서 군대를 검열하고서 돌아갔으니, 중항환자(中行桓子 : 荀林父)의 책략이었다. 그가 말하기를 "정나라에 우리의 군사들이 정비되었음을 보여주어 그들이 잘 생각하여 귀래하도록 해야 한다."라고 하였다. 정(鄭)나라가 스스로 생각하여 진(晉)나라에 와서 복종하도록 한 것이다. 정인(鄭人)이 두려워하여 자장(子張)을 자량(子良) 대신에 초(楚)나라에 인질로 보내고[148] 자장(子張)은 정목공(鄭穆公)의 손자이다. 정백(鄭伯)도 직접 초나라에 갔으니, 이는 진(晉)나라에 대한 대책을 도모하기 위해서였다. 정나라는 자량이 례가 있다[149]고 여겼으므로 그를 불러들인 것이다.

秋 九月 楚子圍宋

가을 9월에 초자(楚子)가 송(宋)나라를 포위하였다.

楚子使申舟聘于齊 曰 無假道于宋 申舟 無畏 亦使公子馮聘于晉 不假道于鄭 申舟以

---

147) 진후(晉侯)가~때문이었다 : 선공(宣公) 12년 여름에 진(晉)나라가 초(楚)나라에게 필(邲) 땅에서 크게 패하자 정(鄭)나라가 초나라에 붙었기 때문이다.

148) 자장(子張)을~보내고 : 선공(宣公) 12년에 초(楚)나라에 인질로 간 자량(子良)을 대신한 것이다.

149) 자량이~있다 : 선공(宣公) 4년 여름에 자량(子良)이 임금의 자리를 양보한 일이 있었다.

孟諸之役惡宋 在文十年 **曰 鄭昭宋聾** 昭 明也 聾 闇也 **晉使不害 我則必死 王曰 殺女我伐之 見犀而行** 犀 申舟子 以子託王 示必死 **及宋 宋人止之 華元曰 過我而不假道 鄙我也 鄙我 亡也** 鄙我猶言輕我 **殺其使者 必伐我 伐我 亦亡也 亡一也 乃殺之 楚子聞之 投袂而起 屨及於窒皇 劒及於寢門之外 車及于蒲胥之市** 窒皇 寢門闕 蒲胥 楚市名 及 追及也 言興師之速 **秋 九月 楚子圍宋**

초자(楚子)가 신주(申舟)를 보내어 제(齊)나라를 빙문하게 하면서 말하기를 "송(宋)나라에 길을 빌리기를 청하지 말라."라고 하였다. 신주(申舟)는 무외(無畏)이다. 또한 공자 빙(馮)을 보내어 진(晉)나라를 빙문하게 하면서 정(鄭)나라에 길을 빌리기를 청하지 않게 하였다. 신주는 맹저(孟諸)에서의 일[150]로 송나라에 미움을 받고 있었다. 문공(文公) 10년에 있었다. 그가 말하기를 "정나라는 사리에 밝고[昭] 송나라는 어두우니[聾] 소(昭)는 밝음이고 롱(聾)은 어두움이다. 진나라로 가는 사신은 해를 입지 않을 것이지만 저는 반드시 죽게 될 것입니다."라고 하였다. 그러자 초왕(楚王)이 "너를 죽인다면 내가 송나라를 칠 것이다."라고 하였다. 신주는 그의 아들 서(犀)를 초왕에게 알현시키고 떠났다. 서(犀)는 신주(申舟)의 아들이다. 아들을 왕에게 부탁한 것은 그가 반드시 죽게 될 것임을 보인 것이다. 그가 송나라에 이르자 송인(宋人)이 그를 억류하였다. 송나라 화원(華元)이 말하기를 "우리나라를 지나면서 우리에게 길을 빌린다고 청하지 않는 것은 우리나라를 자신들의 변방으로 여긴 것이다. 우리를 자신들의 변방으로 여기는 것은 우리나라가 망한 것과 같다. 우리나라를 자신들의 변방으로 여긴다는 것은 우리를 경시하는 것과 같다는 말이다. 우리가 초나라의 사신을 죽이면 초나라는 반드시 우리나라를 칠 것인데 우리나라를 치면 우리나라는 또한 망할 것이니, 망하는 점에 있어서는 마찬가지이다."라 하고는 그를 죽였다. 초자가 이 소식을 듣고는 소매를 떨치고 일어나 절황(窒皇)에 이르러 신을 신고, 침문(寢門) 밖에 이르러 칼을 차고, 포서(蒲胥)의 저자에 이르러[及] 수레를 탔다. 절황(窒皇)은 침전의 문(門)이다. 포서(蒲胥)는 초(楚)나라 저자의 이름이다. 급(及)은 뒤미치는 것이니 군대를 일으킴의 신속함을 말한 것이다. 가을 9월에 초자가 송나라를 포위하였다.

---

150) 맹저(孟諸)에서의 일 : 문공(文公) 10년에 초장왕(楚莊王)이 정(鄭)나라 임금과 함께 송(宋)나라의 맹저(孟諸)에서 사냥을 하였는데, 그때 송나라 임금이 초왕의 명령을 그대로 리행하지 않자 신주(申舟 : 無畏)가 송나라 임금의 시종하는 자를 매질하여 송나라 임금에게 모욕을 준 일을 이른다.

葬曹文公

조(曹)나라 문공(文公)의 장례를 지냈다.

冬 公孫歸父會齊侯于穀

겨울에 공손귀보(公孫歸父)가 곡(穀) 땅에서 제후(齊侯)와 회합하였다.

冬 公孫歸父會齊侯于穀 見晏桓子 與之言魯樂 桓子告高宣子 桓子 晏嬰父 宣子 高固 歸父言魯國可樂 **曰 子家其亡乎 懷於魯矣 懷必貪 貪必謀人 謀人 人亦謀己 一國謀之 何以不亡** 爲十八年歸父奔齊傳

겨울에 공손귀보(公孫歸父)가 곡(穀) 땅에서 제후(齊侯)와 회합하였다. 이때 제(齊)나라 안환자(晏桓子)를 만나 그에게 로(魯)나라에 사는 즐거움에 대하여 말하였다. 환자(桓子)가 고선자(高宣子)에게 고하여 환자(桓子)는 안영(晏嬰)의 아버지이다. 선자(宣子)는 고고(高固)이다. 귀보(歸父)가 로(魯)나라는 즐길만한 나라라고 말한 것이다. 말하기를 "자가(子家 : 公孫歸父)는 그 몸을 망칠 것이다. 로나라에서 즐길 것을 생각하니 즐길 것을 생각하면 탐욕을 부리게 되고, 탐욕을 부리면 반드시 남의 것을 얻기를 도모하며, 남의 것을 얻기를 도모하면 남도 나의 것을 얻기를 도모할 것이다. 그러면 온 나라가 그의 것을 도모하려 할 것이니 어찌 망하지 않겠는가."라고 하였다. 18년에 귀보(歸父)가 제(齊)나라로 망명하는 전(傳)의 배경이 된다.

선공(宣公) 15년【丁卯 B.C.594】

十有五年 春 公孫歸父會楚子于宋

15년 봄에 공손귀보(公孫歸父)가 초자(楚子)와 송(宋)나라에서 회합하였다.

魯大夫始特會楚

로(魯)나라 대부가 처음으로 초(楚)나라와 단독으로 회합하였다.

孟獻子言於公曰 臣聞小國之免於大國也 聘而獻物 於是有庭實旅百 朝而獻功 獻其治國若征伐之功於牧伯 **於是有容貌采章嘉淑 而有加貨** 若大國有嘉慶之事 則又加貨物 **謀其不免也 誅而薦賄 則無及也 今楚在宋 君其圖之 公說 十五年 春 公孫歸父會楚子于宋**

맹헌자(孟獻子)가 선공(宣公)에게 말하기를 "신이 듣기로는 '소국이 대국에게 화를 면하려면 빙문하여 례물을 바쳐야 하니 이때 온갖 례물을 늘어놓아 궁궐의 뜰을 가득 채워야 하고, 조회하여 이룬 공을 보고해야 하니 나라를 다스린 것과 다른 나라를 정벌한 공과 같은 것을 목백(牧伯)에게 보고하는 것이다. 이때 용모(容貌)·채장(采章)·가숙(嘉淑)을 갖추고 재화도 더해야[加貨]한다.'[151]고 합니다. 만약 대국에 경사가 있으면 재화와 물건을 더해주는 것이다. 이는 용서받기 어려운 죄를 모면하기 위한 계책입니다. 그런데 대국의 책망[誅]을 받고서 이런 물건을 바치는 것은 아무 소용이 없습니다. 지금 초(楚)나라 임금이 송(宋)나라를 치기 위하여 와 있으니 임금님께서는 이를 헤아리십시오."라고 하였다. 이 말을 듣고 선공은 기뻐하였다. 15년 봄에 공손귀보(公孫歸父)가 초자(楚子)와 송나라에서 회합하였다.

夏 五月 宋人及楚人平

여름 5월에 송인(宋人)과 초인(楚人)이 화평하였다.

華元子反貶稱人 平者在下也

화원(華元)[152]과 자반(子反)[153]을 폄하하여 인(人)이라고 칭한 것은 화평을 주재한 이들의 신분이 낮았기 때문이다.[154]

---

151) 용모(容貌)~더해야[加貨]한다 : 용모(容貌)는 주옥(珠玉)과 가죽끈(皮組) 등으로 얼굴을 장식하는 것이고, 채장(采章)은 우모(羽毛)와 단칠(丹漆) 등으로 수레와 의복을 장식하는 것이고, 가숙(嘉淑)은 아름다운 말로 칭찬하는 것이고, 가화(加貨)는 폐백을 더하는 것이다.

152) 화원(華元) : 송(宋)나라 대부.

153) 자반(子反) : 초(楚)나라 공자 측(側). 반(反)은 그의 자(字)이고 당시 사마(司馬)의 벼슬에 있었다.

154) 화평을~때문이다 : 나라 사이의 화평은 제후들의 일인데 대부들이 주재하였다는 말이다.

宋人使樂嬰齊告急于晉 晉侯欲救之 伯宗曰 不可 伯宗 晉大夫 **古人有言曰 雖鞭之長不及馬腹 天方授楚 未可與爭 雖晉之彊 能違天乎 諺曰 高下在心** 度時制宜 **川澤納汙 山藪藏疾** 山有林藪 毒害者居之 **瑾瑜匿瑕 國君含垢** 忍垢恥 **天之道也 君其待之** 待楚衰 **乃止**

송인(宋人)이 악영제(樂嬰齊)를 보내어 위급한 사정을 진(晉)나라에 고하니, 진후(晉侯)가 구원하고자 하였다. 그러자 백종(伯宗)이 말하기를 "옳지 않습니다. 백종(伯宗)은 진(晉)나라 대부이다. 옛사람의 말에 '비록 채찍이 길더라도 말의 아랫배까지는 미치지 못한다.'고 하였으니, 하늘이 바야흐로 초(楚)나라를 돕고 있는데 그들과 다툴 수는 없습니다. 비록 우리 진나라가 강성하지만 하늘의 뜻을 어길 수 있겠습니까. 속언에도 '몸가짐을 높이고 낮춤은 마음에 달렸다.'고 하였습니다. 때를 헤아려 알맞게 처신한다는 것이다. 천택(川澤)은 더러운 것을 받아들이고 산의 숲은 독충도 품고 있으며, 산에는 숲이 있어서 독해충도 살고 있다는 것이다. 근유(瑾瑜)[155]도 흠을 숨기고 있으니 나라의 임금이 한 때의 수치를 받아들이는 것은 더럽고 치욕스러움을 참는 것이다. 하늘의 도입니다. 임금님께서는 때를 기다리십시오."라고 하였다. 초(楚)나라가 쇠약해지는 것을 기다리라는 것이다. 이에 진후는 송(宋)나라 구원하는 것을 그만두었다.

使解揚如宋 使無降楚 曰 晉師悉起 將至矣 鄭人囚而獻諸楚 楚子厚賂之 使反其言 反言晉不救 **不許 三而許之 登諸樓車 使呼宋人而告之** 樓車 車上望櫓 **遂致其君命 楚子將殺之 使與之言曰 爾旣許不穀 而反之 何故 非我無信 女則棄之 速卽爾刑 對曰 臣聞之 君能制命爲義 臣能承命爲信 信載義而行之爲利 謀不失利 以衛社稷 民之主也 義無二信 信無二命 君之賂臣 不知命也 受命以出 有死無實 又可賂乎 臣之許君 以成命也 死而成命 臣之祿也 寡君有信臣 下臣獲考** 考 成也 **死又何求 楚子舍之以歸**

진후(晉侯)는 해양(解揚)을 보내어 송(宋)나라에 가서 초(楚)나라에 항복하지 말기를 권하며 "진(晉)나라 군대가 전부 출동하였으니 곧 이르게 될 것이다."라고 말하게 하였다. 그런데 정인(鄭人)이 그를 붙잡아서 초나라에 바쳤다. 초자(楚子)가 해양에게 많은 뇌물을 주어 그 말을 반대로 하게 하였으나 진(晉)나라가 송(宋)나라를 구원할 수 없다고 반대로 말하게 한 것이다. 그는 받아들이지 않다가 세 번을 설득하자 허낙하였다. 이에 그를 루거(樓車)에 오르

155) 근유(瑾瑜) : 아름다운 옥.

게 하여 송인(宋人)에게 소리쳐 말하게 하였더니 루거(樓車)는 수레 위에 설치한 망로(望櫓)[156]이다. 드디어 그는 진후가 명한대로 말하였다. 초자가 그를 죽이려고 하면서 사람을 시켜 그에게 말하기를 "너는 이미 내[不穀]에게 허낙하고는 반대로 말하였으니 어째서인가? 내가 신의가 없는 것이 아니라 네가 신의를 저버린 것이다. 속히 너의 형벌을 받아라."라고 하였다. 이에 해양이 대답하기를 "신이 듣기로는 임금이 올바른 명을 내리는 것을 의(義)라고 하고, 신하가 그 명을 제대로 받드는 것을 신(信)이라고 하며, 신하가 신을 지니고 의를 받들어 행하는 것을 리(利)라고 하니, 리를 잃지 않도록 도모하여 사직을 지켜내는 자가 백성의 주인입니다. 의에는 두 가지 신이 없으며 신에는 두 가지 명을 받음이 없습니다. 임금님께서 신에게 뇌물을 주신 것은 올바른 명을 알지 못한 것입니다. 임금의 명을 받아서 출국하였다면 죽더라도 명을 실추시키지 말아야 하거늘 또 뇌물을 받을 수 있겠습니까. 신이 임금님의 요청을 허낙한 것은 우리 임금의 명을 이루기 위해서입니다. 죽더라도 우리 임금의 명을 이룰 수 있다면 이는 신의 복[祿]입니다. 과군은 신의를 지키는 신하가 많이 있는데 저 같은 비천한 신하가 명을 이룰[考] 수 있었으니 고(考)는 이룸이다. 죽는다 하더라도 또 무엇을 바라겠습니까."라고 하였다. 이에 초자가 그를 놓아주어 돌아가게 하였다.

夏 五月 楚師將去宋 申犀稽首於王之馬前 曰 無畏知死 而不敢廢王命 君前臣名 故名其父 **王棄言焉 王不能答 申叔時僕** 僕 御也 **曰 築室 反耕者 宋必聽命 從之** 築室於宋 分兵歸田 示無去志 **宋人懼 使華元夜入楚師 登子反之牀 起之** 乘其不虞 劫之與盟 **曰 寡君使元以病告 曰 敝邑易子而食 析骸以爨 雖然 城下之盟 有以國斃 不能從也 去我三十里 唯命是聽 子反懼 與之盟 而告王 退三十里 宋及楚平 華元爲質 盟曰 我無爾詐 爾無我虞**

여름 5월에 초(楚)나라 군대가 송(宋)나라에서 떠나려 할 때, 신서(申犀)가 초왕(楚王)의 말 앞에서 머리를 조아리고 말하기를 "신의 아버지 무외(無畏)는 죽을 줄 알면서도 감히 왕명을 저버리지 않았는데 임금 앞에서는 신하는 이름을 사용하여 호칭하므로 그 아버지의 이름을 부른 것이다. 왕께서는 앞서 하신 말씀을 버리려 하십니까."[157]하니, 초왕이 대답을 하지 못하였다. 신숙시(申叔時)가 그때 초왕의 수레를 몰고[僕] 있었는데 복(僕)은 수레를 몲이다. 말하기를

---

156) 망로(望櫓) : 망루(望樓).

157) 앞서~하십니까 : 지난해 9월에 송(宋)나라가 무외(無畏)를 죽이면 송나라를 치겠다고 하였는데 이제 송나라를 항복시키지 못하고 떠나느냐는 말이다.

"이곳에 집을 짓고 일부의 군사를 돌려 경작을 하고 있으면 송나라가 반드시 명을 들을 것입니다."라고 하니, 초왕이 그의 말을 따랐다. 송(宋)나라 땅에 집을 짓고 군사를 나누어 그곳 밭에서 농사를 짓게 한 것은 송나라 땅에서 물러날 뜻이 없음을 보인 것이다. 송인(宋人)이 두려워하여 화원(華元)을 밤에 초(楚)나라 진영에 잠입하게 하였는데 그가 자반(子反)의 침상에 올라가 깨워 일으키며 뜻밖의 기회를 틈타 겁박하여 맹약하게 한 것이다. 말하기를 "과군이 나 화원을 보내 우리의 괴로운 사정을 고하게 하기를 '우리나라에서는 자식을 바꾸어 잡아먹고 뼈를 쪼개어 밥을 짓고 있는 형편이다. 그러나 성하지맹(城下之盟)[158]은 나라가 망하는 한이 있어도 따를 수 없다. 우리 도성에서 30리를 물러나 준다면 명대로 따르겠다.'고 하였소."라고 하였다. 자반이 두려워서 그와 맹약하고 초왕에게 고하여 30리를 물러났다. 이에 송나라와 초나라는 화평하고서 화원은 인질이 되었다. 맹약에 '우리가 당신을 속이지 않을 것이니 당신도 우리를 속이지[虞] 말라.'고 하였다.

六月 癸卯 晉師滅赤狄潞氏 以潞子嬰兒歸 6월 계묘일에 진(晉)나라 군대가 적적(赤狄)인 로씨(潞氏)를 멸하고 로자(潞子) 영아(嬰兒)를 데리고 돌아갔다.

潞氏 子爵 赤狄別種 林父稱師貶滅國也

로씨(潞氏)는 자작(子爵)으로 적적(赤狄)의 별종이다. 림보(林父 : 荀林父)를 사(師)라고 칭한 것은 나라를 멸한 행위를 폄하한 것이다.

潞子嬰兒之夫人 晉景公之姊也 酆舒爲政而殺之 又傷潞子之目 酆舒 潞相 **晉侯將伐之 諸大夫皆曰 不可 酆舒有三儁才 不如待後之人 伯宗曰 必伐之 狄有五罪 儁才雖多 何補焉 不祀 一也 耆酒 二也** 耆 同嗜 **棄仲章而奪黎氏地 三也** 仲章 潞賢人 黎氏 黎侯國 **虐我伯姬 四也 傷其君目 五也 怙其儁才 而不以茂德 玆益罪也 後之人 或者將敬奉德義以事神人 而申固其命 若之何待之 不討有罪 曰 將待後 後有辭而討焉 毋乃不可乎 夫恃才與衆 亡之道也 商紂由之 故滅 天反時爲災** 寒暑易節 **地反物爲妖**

158) 성하지맹(城下之盟) : 성 밑까지 적군이 쳐들어와 부득이 항복하고 체결하는 맹약. 대단히 굴욕적인 강화이다.

羣物失性 民反德爲亂 亂則妖災生 故文 反正爲乏 文 字也 反正爲乏字 **盡在狄矣 晉侯從之 六月 癸卯 晉荀林父敗赤狄于曲梁 辛亥 滅潞** 曲梁 晉地 書癸卯 從赴 **酆舒奔衛 衛人歸諸晉 晉人殺之**

로자(潞子) 영아(嬰兒)의 부인(夫人)은 진경공(晉景公)의 누이이다. 그런데 풍서(酆舒)가 집정이 되어 로부인(潞夫人)을 죽이고 또 로자(潞子)의 눈을 상해하였다. 풍서(酆舒)는 로(潞)나라 재상이다. 진후(晉侯)가 로(潞)나라를 치려고 하자, 여러 대부가 모두 말하기를 "옳지 않습니다. 풍서는 세 가지 뛰어난 재주를 가지고 있으니 후임자를 기다리는 것만 같지 못합니다."[159]라고 하였다. 이에 백종(伯宗)이 다음과 같이 말하였다. "반드시 치십시오. 적(狄 : 酆舒)에게는 다섯 가지 죄가 있으니, 뛰어난 재주가 많다지만 무슨 도움이 되겠습니까. 조상의 제사를 지내지 않는 것이 첫 번째 죄이고, 술을 지나치게 즐기는[耆] 것이 두 번째 죄이고, 기(耆)는 즐김[嗜]과 같다. 중장(仲章) 같은 이를 버리고 려씨(黎氏)의 땅을 빼앗은 것이 세 번째 죄이고, 중장(仲章)은 로(潞)나라의 현인이다. 려씨(黎氏)는 려후(黎侯)의 나라이다. 우리 백희(伯姬 : 潞夫人)를 학살한 것이 네 번째 죄이고, 그 임금의 눈을 상해한 것이 다섯 번째 죄입니다. 게다가 자신의 뛰어난 재주를 믿고 덕치에 힘쓰지 않아 죄를 더하고 있습니다. 그 후임자가 혹 덕(德)과 의(義)를 공경하고 받들어 귀신과 사람을 잘 섬겨 그 명을 펼치고 공고히 한다면 어떻게 후일을 기약할 수 있겠습니까. 죄가 있는 이를 토벌하지 않고서 후임자를 기다리자고 하다가 후임자가 명분있는 말을 하게 될 때 토벌한다면 안 되지 않습니까. 대저 재주와 무리를 믿는 것은 나라를 망치는 길입니다. 상(商)나라의 주(紂)가 이로 인하여 멸망하였습니다. 하늘이 때를 어기면 재앙이 생기고, 추위와 더위의 절후가 바뀜이다. 땅이 물성을 어기면 요얼(妖孽)이 생기며, 여러 물상(物象)이 그 본성을 잃음이다. 백성이 덕을 어기면 화란(禍亂)이 생깁니다. 그리고 화란이 생기면 요얼과 재앙이 생깁니다. 그러므로 글자[文]에 정(正)자를 뒤집으면 핍(乏)자가 되는 것입니다. 문(文)은 글자이다. 정(正)자를 뒤집으면 핍(乏)자가 된다.[160] 이러한 죄악이 다 적에게 갖추어져 있습니다." 이에 진후가 그 말을 따랐다. 그리하여 6월 계묘일에 진(晉)나라 순림보(荀林父)가 적적(赤狄)을 곡량(曲梁)에서 패배시키고, 신해일에 로나라를 멸하였다. 곡량(曲梁)은 진(晉)나라 땅이다. 경문에 계묘라고 기록한 것은 알려온 날을 따른 것이다. 풍서는 위(衛)나라로 망명하였으나 위인(衛人)이 진나라로 돌려보내니 진인(晉

---

159) 후임자를～못합니다 : 풍서(酆舒)의 뒤를 이어 재능이 없는 집정자가 나오기를 기다려 치는 것이 낫다는 의미이다.

160) 문(文)은～된다 : 금문(金文)이나 소전(小篆)에서 핍(乏)자는 정(正)자의 반대 모양으로 되어 있다. 《설문해자(說文解字)》에서도 전문의 이 대목을 인용하여 핍(乏)자를 해설하였다.

人)이 그를 죽였다.

晉侯賞桓子狄臣千室 千家 **亦賞士伯以瓜衍之縣** 士伯 士貞子 **曰 吾獲狄土 子之功也 微子 吾喪伯氏矣** 伯 桓子字 **羊舌職說是賞也** 職 叔向父 **曰 周書所謂庸庸祗祗者 謂此物也夫** 庸 用也 祗 敬也 物 事也 **士伯庸中行伯 君信之 亦庸士伯 此之謂明德矣 文王所以造周 不是過也 故詩曰 陳錫載周 能施也** 言文王布陣大利 以賜天下 行之周徧 **率是道也 其何不濟 晉侯使趙同獻狄俘于周 不敬 劉康公曰 不及十年 原叔必有大咎** 原叔 趙同 **天奪之魄矣** 爲成八年晉殺趙同傳

진후(晉侯)가 환자(桓子 : 荀林父)에게 적신(狄臣)[161] 1천 실(室)을 상으로 주고 1천 가(家)이다. 또한 사백(士伯)에게는 과연(瓜衍)의 고을을 상으로 주며 사백(士伯)은 사정자(士貞子)이다. 말하기를 "내가 적(狄)의 땅을 얻은 것은 그대의 공이다. 그대가 아니었다면 나는 백씨(伯氏 : 荀林父)를 잃었을 것이다."[162]라고 하였다. 백(伯)은 환자(桓子)의 자(字)이다. 양설직(羊舌職)이 이 상을 내린 것을 기뻐하며 직(職)은 숙향(叔向)의 아버지이다. 말하기를 "〈주서(周書)〉에 '등용해야[庸] 할 사람을 등용하고 공경해야[祗] 할 사람을 공경한다.'[163]라고 한 것은 이런 일[物]을 두고 말한 것이다. 용(庸)은 등용함이다. 지(祗)는 공경함이다. 물(物)은 일이다. 사백이 중항백(中行伯 : 荀林父)을 등용해야 한다고 함에 임금님께서 이를 믿고 또 사백도 등용하였으니, 이를 일러 밝은 덕이라고 한다. 문왕(文王)께서 주(周)나라를 창건한 것도 이에 지나지 않았다. 그러므로 《시(詩)》에 이르기를 '큰 리로움을 두루 베풀어 주었네.'[164]라고 하였는데, 이는 널리 리로움을 베푼 것이다. 문왕(文王)이 큰 리로움을 널리 펴서 천하에 주어 두루 행하였다는 말이다. 이 도를 따른다면 그 무엇이든 이루지 못하겠는가."라고 하였다. 진후가 조동(趙同)을 보내어 포로가 된 적인(狄人)을 주(周)나라에 바치게 하였는데 그의 태도가 공경하지 못하였다. 류강공(劉康公)이 말하기를 "10년이 못 되어 원숙(原叔)에게 반드시 큰 화가 있을 것이다. 원숙(原叔)은 조동(趙同)이다. 하늘이 그의 넋을 앗아갔기 때문이다."[165]라고 하였다.

---

161) 적신(狄臣) : 노예로 삼은 적인(狄人)이다.

162) 내가~것이다 : 필(邲) 땅에서 초(楚)나라와의 싸움에서 지고 순림보(荀林父)가 책임지고 죽겠다고 했을 때 진경공(晉景公)이 죽음을 허낙하려 했으나 사백(士伯)이 말렸던 일을 두고 말한다. 이 일은 선공(宣公) 12년에 있었다.

163) 등용해야[庸]~공경한다 : 《서경(書經)》〈주서(周書)〉 강고(康誥).

164) 큰~주었네 : 《시경(詩經)》〈대아(大雅)〉 문왕(文王).

165) 하늘이~때문이다 : 조동(趙同)이 례법에 어긋난 행위를 하는 것을 이와 같이 표현한 것이다.

성공(成公) 8년에 진(晉)나라가 조동(趙同)을 죽이는 전(傳)의 배경이 된다.

秦人伐晉

진인(秦人)이 진(晉)나라를 쳤다.

秋 七月 秦桓公伐晉 次于輔氏 壬午 晉侯治兵于稷 以略狄土 立黎侯而還 及雒 輔氏稷雒皆晉地 魏顆敗秦師于輔氏 獲杜回 秦之力人也 初 魏武子有嬖妾 無子 武子疾 命顆曰 必嫁是 武子 顆之父 疾病 則曰 必以爲殉 及卒 顆嫁之 曰 疾病則亂 吾從其治也 及輔氏之役 顆見老人結草以亢杜回 亢 禦也 杜回躓而顚 故獲之 夜夢之曰 余 而所嫁婦人之父也 爾用而先人之治命 余是以報 李廉曰 此傳本是此經之傳 左氏序於王札子殺召伯毛伯之後 經傳月日先後者甚多

가을 7월에 진환공(秦桓公)이 진(晉)나라를 치기 위하여 보씨(輔氏)에 머물렀다. 임오일에 진후(晉侯)가 직(稷) 땅에서 군사를 정돈하여 적(狄)의 땅을 공략하고 려후(黎侯)를 세우고 돌아와 락(雒) 땅에 이르렀다. 보씨(輔氏)·직(稷)·락(雒)은 모두 진(晉)나라 땅이다. 위과(魏顆)는 진(秦)나라 군대를 보씨에서 패배시키고 두회(杜回)를 잡았는데 두회는 진(秦)나라 력사(力士)였다. 이보다 앞서 위무자(魏武子)에게 사랑하는 첩이 있었는데 자식이 없었다. 무자(武子)가 병들자 과(顆)에게 명하기를 "반드시 이 사람을 개가(改嫁)시키도록 하라."고 하였는데, 무자(武子)는 과(顆)의 아버지이다. 병이 위중해서는 "반드시 순장시켜라."고 하였다. 무자가 졸하자 과가 개가시키면서 말하기를 "병이 위중하면 정신이 혼란하게 되니, 나는 치명(治命)[166]을 따르는 것이다."라고 하였다. 보씨의 싸움에서 과는 어떤 로인(老人)이 풀을 묶어 두회를 막는[亢] 것을 보았는데 항(亢)은 막음이다. 두회가 걸려 넘어졌기 때문에 잡을 수 있었다. 그날 밤 꿈에 로인이 나타나 말하기를 "나는 그대가 개가시킨 부인(婦人)의 아비입니다. 그대가 그대 선인의 치명을 따랐기 때문에 내가 보답한 것입니다."라고 하였다. 리렴(李廉)이 말하기를 "이 전문은 본래 이 경문에 해당하는 전문이다. 좌씨(左氏)는 이 전문을 '왕찰자(王札子)가 소백(召伯)과 모백(毛伯)을 죽였다.'라고 한 경문 뒤에 두었다. 경문과 전문에 월(月)과 일(日)이 바뀐 경우가 매우 많다."라고 하였다.

166) 치명(治命) : 정신이 맑을 때 내린 명.

王札子殺召伯毛伯

왕찰자(王札子)가 소백(召伯)과 모백(毛伯)을 죽였다.

專殺 故書以誅其惡 王札子 王子札也 蓋經文倒札字

제멋대로 죽였기 때문에 경문에 기록하여 그의 악행을 벌준 것이다. 왕찰자(王札子)는 왕자찰(王子札)인데 아마도 경문은 찰(札)자가 도치된 듯하다.

王孫蘇與召氏毛氏爭政 三人 皆王卿士 **使王子捷殺召戴公及毛伯衛** 王子捷 卽王札子 **卒立召襄** 襄 召戴公之子

왕손소(王孫蘇)가 소씨(召氏)·모씨(毛氏)와 집정이 되기를 다투었는데 세 사람은 모두 왕의 경사(卿士)이다. 왕자 첩(捷)을 시켜 소대공(召戴公 : 召伯)과 모백(毛伯) 위(衛)를 죽이고 왕자 첩(捷)은 왕찰자(王札子)이다. 마침내 소양(召襄)을 집정으로 세웠다. 양(襄)은 소대공(召戴公)의 아들이다.

秋 螽

가을에 메뚜기의 피해가 있었다.

仲孫蔑會齊高固于無婁

중손멸(仲孫蔑)이 제(齊)나라 고고(高固)와 무루(無婁)에서 회합하였다.

無 公作牟 ○無婁 杞地 時爲莒邑

무(無)는 《공양전(公羊傳)》에는 모(牟)로 되어 있다. ○무루(無婁)는 기(杞)나라 땅인데 당시에는 거(莒)나라 읍이었다.

初稅畝

처음으로 묘(畝)에 대한 세금을 거두었다.

公田之法 十取其一 今又履其餘畝 復十收其一 而遂以爲常 故曰初

공전(公田)의 법은 10분의 1을 취하는데, 지금 또 공전 외의 나머지 묘(畝)를 측량하여 다시 10분의 1을 거두고 드디어 상법(常法)으로 삼았기 때문에 처음[初]이라고 한 것이다.

初稅畝 非禮也 穀出不過藉 以豊財也 藉 借也 周法 民耕百畝 公田十畝 借民力而治之 所以足百姓

처음으로 묘(畝)에 대한 세금을 거두었으니, 례가 아니었다. 세곡(稅穀)의 공출(貢出)은 공전(公田 : 藉)[167]에서 거두는 것에 지나지 않으니, 이는 백성의 재물을 풍족하게 하기 위해서였다. 자(藉)는 빌림이다. 주(周)나라의 법에 백성은 각각 1백 묘(畝)의 전지를 경작하고, 공전(公田) 10묘[168]는 백성의 힘을 빌려 경작하니, 이는 백성의 재물을 풍족하게 하기 위해서이다.

冬 蝝生 饑 겨울에 메뚜기새끼들이 생겨 기근이 들었다.

蝝 音緣 螽子也

연(蝝)은 음이 연(緣)이니 메뚜기새끼이다.

冬 蝝生 饑 幸之也 劉敞曰 杜云幸 其冬生 不爲物害 經之書之 固爲其害也 傳以爲不害 何其戾也

겨울에 메뚜기새끼들이 생겨 기근이 들었다고 하였으니, 그나마 다행으로 여긴 것이다. 류창(劉敞)이 말하기를 "두예(杜預)가 '전문에 다행이라는 것은 겨울에 생겨나 곡물에 해가 되지 않아서이다.'라고 하였다. 그러나 경문에 이러한 사실을 기록한 것은 해가 되었기 때문인데 전문에 해가 되지 않았다고 하였으니, 어찌 이렇게도 어긋나는가."[169]라고 하였다.

---

167) 공전(公田 : 藉) : 공전(公田)은 백성의 힘을 빌려 경작하기 때문에 자(藉)라고 한다.

168) 공전(公田) 10묘 : 정전법(井田法)에 의하면 한 정전(井田)에서 공전(公田)은 1백 묘이지만 그 가운데 20묘는 려막(廬幕)으로 사용하고 나머지 80묘를 8가구가 대신 경작하기 때문에 공전 10묘라고 한 것이다.

169) 두예(杜預)가~어긋나는가 : 류창(劉敞)의 이 말은 십삼경주소본(十三經注疏本) 두예주(杜預注)에 대하여 한 것이다.

선공(宣公) 16년【戊辰 B.C.593】

十有六年 春 王正月 晉人滅赤狄甲氏及留吁

16년 봄 왕정월에 진인(晉人)이 적적(赤狄)인 갑씨(甲氏)와 류우(留吁)를 멸하였다.

甲氏留吁 赤狄別種 士會稱人 貶其用武滅國

갑씨(甲氏)와 류우(留吁)는 적적(赤狄)의 별종이다. 사회(士會)를 인(人)이라고 칭한 것은 무력으로 나라를 멸한 것을 폄하한 것이다.[170]

十六年 春 晉士會帥師滅赤狄甲氏及留吁鐸辰 鐸辰不書 留吁之屬 **三月 獻狄俘** 獻于王也 **晉侯請于王 戊申 以黻冕命士會將中軍 且爲大傅** 大傅 孤卿 **於是晉國之盜逃奔于秦 羊舌職曰 吾聞之 禹稱善人** 稱 擧也 **不善人遠 此之謂也夫 詩曰 戰戰兢兢 如臨深淵 如履薄冰 善人在上也** 言善人居位 則無不戒懼 **善人在上 則國無幸民 諺曰 民之多幸 國之不幸也 是無善人之謂也**

16년 봄에 진(晉)나라 사회(士會)가 군대를 거느리고 적적(赤狄)인 갑씨(甲氏)와 류우(留吁) 그리고 탁신(鐸辰)를 멸하였다. 탁신(鐸辰)을 경문에 기록하지 않은 것은 류우(留吁)에 속하였기 때문이다. 3월에 포로가 된 적인(狄人)을 바치고 왕에게 바친 것이다. 진후(晉侯)가 사회에게 벼슬을 내려줄 것을 왕에게 청하니,[171] 무신일에 불면(黻冕)[172]을 내리면서 사회가 중군을 거느리도록 명하고 또 태부(大傅)로 삼았다. 태부(大傅)는 고경(孤卿)[173]이다. 이에 진(晉)나라의 도적들이 진(秦)나라로 도망갔다. 양설직(羊舌職)이 말하기를 "내가 듣건대 우(禹)임금이 선한 사람을 등용함[稱]에 칭(稱)은 등용함이다. 선하지 않은 사람들이 멀어졌다고 하는데 이런 경우를 두고 하는 말이로다. 《시(詩)》에 '두려워하고 조심하기를 깊은 연못에 림하듯이 하며 엷은

170) 사회(士會)를~것이다 : 십삼경주소본(十三經注疏本)에는 사회(士會)를 인(人)으로 칭한 것은 알려 온 데에 따른 것이라고 하였다.

171) 진후(晉侯)가~청하니 : 사회(士會)를 주왕(周王)이 임명한 제후국의 경(卿)인 명경(命卿)으로 삼아주기를 청한 것이다.

172) 불면(黻冕) : 경(卿)의 례복(禮服)과 례관(禮冠).

173) 고경(孤卿) : 6경(卿) 중의 우두머리로 국정을 맡아 다스리는 벼슬.

얼음을 밟는 듯이 한다.'[174]라고 하였으니, 이는 선한 사람이 위에 있기 때문이다. 선한 사람이 윗자리에 있으면 경계하고 두려워하지 않음이 없다는 말이다. 선한 사람이 윗자리에 있게 되면 나라 안에는 요행을 바라는 백성이 없게 된다. 속언에 '백성 가운데 요행을 바라는 사람이 많은 것이 나라의 불행이다.'라고 하였으니, 이는 나라에 선한 사람이 없음을 이른 것이다."라고 하였다.

夏 成周宣榭火
여름에 성주(成周)의 선사(宣榭)가 불탔다.

榭 公作謝 火 公穀作災 ○成周 洛陽 宣榭 宣王講武屋 興王之迹泯 故重之而書

사(榭)는 《공양전(公羊傳)》에는 사(謝)로 되어 있다. 화(火)는 《공양전》과 《곡량전(穀梁傳)》에는 재(災)로 되어 있다. ○성주(成周)는 락양(洛陽)이다. 선사(宣榭)는 선왕(宣王)이 무예를 익히던 집이다. 왕업을 일으킨 자취가 사라졌기 때문에 중요시하여 경문에 기록한 것이다.

夏 成周宣榭火 人火之也 凡火 人火曰火 天火曰災

여름에 성주(成周)의 선사(宣榭)가 불탔으니, 사람이 불을 낸 것이다. 무릇 불이 난 것에 대하여 사람이 불을 낸 것을 화(火)라 하고, 자연적으로 불이 난 것을 재(災)라고 한다.

秋 郯伯姬來歸
가을에 담(郯)나라 백희(伯姬)가 돌아왔다.

秋 郯伯姬來歸 出也 **內女見出則書 大其事也**

가을에 담(郯)나라로 시집간 백희(伯姬)가 돌아왔으니, 쫓겨난 것이다. 로(魯)나라 공실의 녀자[內女]가 쫓겨나면 경문에 기록하니, 이는 그 일을 크게 여긴 것이다.

174) 두려워하고~한다 : 《시경(詩經)》 〈소아(小雅)〉 소민(小旻).

冬

겨울이다.

爲毛召之難故 王室復亂 王孫蘇奔晉 晉人復之

모소(毛召)의 환난[175] 때문에 왕실이 다시 어지럽게 되었다. 왕손소(王孫蘇)가 진(晉)나라로 망명하였는데 진인(晉人)이 원래의 지위로 회복시켰다.

冬 晉侯使士會平王室 定王享之 原襄公相禮 原襄公 周大夫 **殽烝** 升殽於俎 **武子私問其故** 享當體薦而殽烝 故怪問之 **王聞之 召武子曰 季氏 而弗聞乎** 季 士會字 **王享有體薦** 享則薦其體 所以示共儉 **宴有折俎** 解折其物 升之於俎 使皆可食以示慈惠 **公當享 卿當宴 王室之禮也** 公謂諸侯 **武子歸而講求典禮 以脩晉國之法**

겨울에 진후(晉侯)가 사회(士會)를 보내어 왕실을 화평하게 하였다. 정왕(定王)이 그에게 향례(享禮)를 베풀어 줄 때[176] 원양공(原襄公)이 그 례를 도와 원양공(原襄公)은 주(周)나라 대부이다. 효증(殽烝)[177]으로 대접하였다. 조(俎)[178]에 썬 고기[殽]를 올려놓은 것이다. 무자(武子 : 士會)가 사사로이 그 리유를 물으니, 향례를 베풀 때 체천(體薦)[179]으로 해야 하는데 효증(殽烝)으로 하였기 때문에 괴이하게 여겨 물은 것이다. 왕이 듣고는 무자를 불러 말하기를 "계씨(季氏)야, 너는 듣지 못하였는가. 계(季)는 사회(士會)의 자(字)이다. 왕이 향례를 베풀 때는 체천(體薦)으로 하고, 향례(享禮)를 베풀 때는 희생물을 통째로 올리는데 이는 삼가고 검소함을 보이는 것이다. 연례(宴禮)[180]를 베풀 때는 절조(折俎)로 하는데 희생물을 해체하고 썰어서 조(俎)에 담아 올려 모두 먹을 수 있게 함으로써 자애로운 은혜를 보이는 것이다. 공(公)에게는 향례를 베풀어 주고 경(卿)에게는 연례를 베풀어 주는 것이 왕실의 례이다."라고 하였다. 공(公)은 제후(諸侯)를 이른다. 무자가 돌아가 전례(典禮)를

---

175) 모소(毛召)의 환난 : 왕손소(王孫蘇)가 소씨(召氏)·모씨(毛氏)와 정권을 다툴 때 왕자 첩(揵)을 시켜 소대공(召戴公)과 모백(毛伯) 위(衛)를 죽이고 소대공의 아들 소양(召襄)을 집정으로 세운 일을 말한다. 지난해 가을조 참조.

176) 향례(享禮)를~때 : 향례(享禮)는 천자가 제후(諸侯)에게 베푸는 잔치인데, 사회(士會)가 진후(晉侯)의 사신으로 왔기 때문에 진후를 대접하는 례인 향례를 쓴 것이다.

177) 효증(殽烝) : 쪄서 썬 고기.

178) 조(俎) : 고기를 얹어 놓는 도마 모양의 그릇.

179) 체천(體薦) : 썰지 않고 통째로 올린 고기.

180) 연례(宴禮) : 천자가 제후(諸侯)의 경(卿)에게 베푸는 잔치.

강구하여 진(晉)나라의 법을 정비하였다.

大有年

크게 풍년이 들었다.

선공(宣公) 17년【己巳 B.C.592】

十有七年 春 王正月 庚子 許男錫我卒

17년 봄 왕정월 경자일에 허남(許男) 석아(錫我)가 졸하였다.

丁未 蔡侯申卒

정미일에 채후(蔡侯) 신(申)이 졸하였다.

夏 葬許昭公

여름에 허(許)나라 소공(昭公)의 장례를 지냈다.

葬蔡文公

채(蔡)나라 문공(文公)의 장례를 지냈다.

六月 癸卯 日有食之

6월 계묘일에 일식이 있었다.

己未 公會晉侯衛侯曹伯邾子 同盟于斷道 秋 公至自會

기미일에 선공(宣公)이 진후(晉侯)·위후(衛侯)·조백(曹伯)·주자(邾子)와 회합하여 단도(斷道)에서 동맹하였다. 가을에 선공이 회합에서 돌아왔다.

斷道 晉地

단도(斷道)는 진(晉)나라 땅이다.

春 晉侯使郤克徵會于齊 欲爲斷道會 **齊頃公帷婦人使觀之** 穀梁謂婦人乃蕭同叔子 頃公之母 **郤子登 婦人笑於房** 跛而登階 故笑之 **獻子怒 出而誓曰 所不此報 無能涉河 獻子先歸 使欒京廬待命于齊 曰 不得齊事 無復命矣** 欒京廬 郤克之介 **郤子至 請伐齊 晉侯弗許 請以其私屬 又弗許** 私屬 家衆也 爲成二年戰于鞌傳 **齊侯使高固晏弱蔡朝南郭偃會** 晏弱 桓子 **及斂盂 高固逃歸** 聞郤克怒故 **夏 會于斷道 討貳也 盟于卷楚** 卷楚卽斷道 **辭齊人** 使勿與盟 **晉人執晏弱于野王 執蔡朝于原 執南郭偃于溫** 野王 晉地

봄에 진후(晉侯)가 극극(郤克)을 보내어 제(齊)나라에게 회합에 참가할 것을 요구하였다. 단도(斷道)의 회합에 참가시키고자 한 것이다. 그때 제경공(齊頃公)이 부인(婦人)을 휘장으로 가리고 극극을 엿보게 하였다. 《곡량전(穀梁傳)》에는 부인(婦人)은 바로 소동숙자(蕭同叔子)로 경공(頃公)의 어머니라고 하였다. 극자(郤子 : 郤克)가 계단을 오를 때 부인이 방(房)에서 웃었다. 다리를 절룩이며 계단을 올랐기 때문에 웃은 것이다. 헌자(獻子 : 郤克)가 노하여 나가면서 맹세하기를 "맹세코 이 모욕에 보복하지 않는다면 하수(河水)를 건너오는 일이 없을 것이다."라고 하였다. 헌자가 먼저 돌아가면서 란경려(欒京廬)를 시켜 제나라에서 명을 기다리게 하며 말하기를 "제나라를 회합에 부르는 일을 성공시키지 못하면 돌아와 임금에게 복명하지 말라."[181]고 하였다. 란경려(欒京廬)는 극극(郤克)의 부사(副使)이다. 극자가 진(晉)나라로 돌아가 제나라를 칠 것을 청하였지만 진후가 허낙하지 않으니, 그의 사속(私屬)만을 이끌고 칠 것을 청하였지만 또

181) 제(齊)나라를~말라 : 제후(齊侯)를 회합에 불러내어 그 치욕을 갚고자 한 것이다.

허낙하지 않았다. 사속(私屬)은 가병(家兵)이다. 성공(成公) 2년에 안(鞌) 땅에서 싸우는 전(傳)의 배경이 된다. 제후(齊侯)가 고고(高固)·안약(晏弱)·채조(蔡朝)·남곽언(南郭偃)을 시켜 회합에 참여하게 하였는데 안약(晏弱)은 환자(桓子)이다. 렴우(斂盂)에 이르러 고고는 도망하여 돌아갔다. 극극(郤克)이 노하였다는 소식을 들었기 때문이다. 여름에 단도(斷道)에서 회합하였으니, 두마음을 가진 나라를 토벌하기 위해서였다. 권초(卷楚)에서 맹약할 때 권초(卷楚)는 곧 단도(斷道)이다. 제인(齊人)의 참여를 사절하고 맹약에 참여하지 못하게 한 것이다. 진인(晉人)은 안약을 야왕(野王)에서 잡았고, 채조를 원(原) 땅에서 잡았으며, 남곽언을 온(溫) 땅에서 잡았다. 야왕(野王)은 진(晉)나라 땅이다.

苗賁皇使 見晏桓子 賁皇 楚鬪椒子 奔晉 食邑于苗地 因使而見晏弱 **歸 言於晉侯曰 夫晏子何罪 昔者諸侯事吾先君 皆如不逮 擧言羣臣不信 諸侯皆有貳志** 今則皆言晉羣臣待人不信 **齊君恐不得禮** 不見禮待 **故不出 而使四子來 左右或沮之 曰 君不出 必執吾使 故高子及斂盂而逃 夫三子者曰 若絶君好 寧歸死焉 爲是犯難而來 吾若善逆彼 以懷來者 吾又執之 以信齊沮 吾不旣過矣乎 過而不改 而又久之 以成其悔 何利之有焉 使反者得辭** 反者 高固 **而害來者 以懼諸侯 將焉用之 晉人緩之 逸 秋 八月 晉師還** 君行師從 故盟歸稱師還

묘분황(苗賁皇)이 사신 가는 길에 안환자(晏桓子 : 晏弱)를 만나보고 분황(賁皇)은 초(楚)나라 투초(鬪椒)의 아들로 진(晉)나라에 망명하여 묘(苗) 땅을 식읍으로 받았다. 사신 간 일로 인하여 안약(晏弱)을 만난 것이다. 돌아가 진후(晉侯)에게 말하기를 "안자(晏子 : 晏弱)가 무슨 죄가 있습니까. 옛날에 제후들이 우리 선군(先君 : 晉文公)을 섬길 때 모두 자신들의 정성이 미치지 못할 것처럼 여겼습니다. 그런데 뭇 신하를 믿지 못하겠다고 함께 말하며 제후들 모두 두마음을 가지고 있습니다. 지금은 모든 제후들이 진(晉)나라의 뭇 신하가 사람을 대우하는 것을 믿을 수 없다고 말한다는 것이다. 제(齊)나라 임금은 례를 얻지 못할까 걱정하여 례우(禮遇)를 받지 못한다는 것이다. 회합에 나오지 않고 네 신하를 시켜서 오게 하였습니다. 그때 그 측근 가운데 어떤 이가 만류하며 말하기를 '임금님께서 가시지 않으면 진(晉)나라는 반드시 우리의 사신을 잡아둘 것입니다.'라고 하였습니다. 그래서 고자(高子 : 高固)는 렴우(斂盂)까지 왔다가 도망하였습니다. 그런데 다른 세 사람은 말하기를 '우리가 도망가는 것이 만약 진나라 임금과의 우호를 끊는 것이라면 차라리 가서 죽어야겠다.'라 하고는 이 때문에 어려움을 무릅쓰고 온 것입니다. 우리가 응당[若] 저들을 좋게 맞이하여 우리에게 온 자를 회유했어야 합니다. 그런데 우리는 그들을 잡아두어 제나라가 사신 보내는 것을 만류한 것이 옳다고 믿게 하였으니, 우리가 이미 잘못한 것이 아닙니까. 잘못이 있는데도 고치지 않고 또 그들을 오랫동안 잡아두어 제나라 사람들이 사신 보낸 일을 후회하게 한다면 우리에게 무슨 리익이 있겠습니까. 지금 우리는 오다가 돌아간 사람에게 변명할 구실을 얻게 하고, 돌아간 사람은 고고(高固)이다. 온 자들을 해쳐서 제후들을 두렵게 하고 있으니 장차 이들을 잡아 어디에 쓰시려는 것입니까."라고 하였다. 이에 진인(晉人)이 잡아둔 자들의 감시를 느슨하게 하여 도망가게 하였다. 가을 8월에 진나라 군대가 돌아갔다[師還]. 임금의 행차에는 군대가 따르므로 맹약하고 돌아가는 것을 '군대가 돌아간다[師還].'라고 칭한다.

范武子將老 士會初受隨 後更受范 **召文子曰 燮乎 吾聞之 喜怒以類者鮮** 文子 士會子 燮其名 **易者實多** 易 遷怒也 **詩曰 君子如怒 亂庶遄沮 君子如祉 亂庶遄已 君子之喜怒以已亂也 弗已者 必益之 郤子其或者欲已亂於齊乎 不然 余懼其益之也 余將老 使郤子逞其志 庶有豸乎** 豸 音阤 解也 欲使郤子從政 快志以止亂 **爾從二三子 唯敬 乃請老 郤獻子爲政**

범무자(范武子 : 士會)가 치사(致仕)하려 할 때 사회(士會)가 처음에는 수(隨) 땅을 받고 뒤에 다시 범(范) 땅을 받았다. 아들 문자(文子)를 불러 말하기를 "섭(燮)아, 내가 듣건대 기뻐하고 노하기를 사리에 맞게 하는 사람은 드물고, 문자(文子)는 사회(士會)의 아들이고 섭(燮)은 그의 이름이다. 이와 반대로[易] 하는 사람이 실로 많다고 한다. 역(易)은 노여움을 남에게 옮기는 것이다. 《시(詩)》에 이르기를 '군자가 노해야 할 일에 노한다면 세상의 어지러움은 아마도 곧 그칠 것이고, 군자가 기뻐할 일에 기뻐하면 세상의 어지러움은 아마도 곧 그칠 것이다.'[182]라고 하였으니, 군자가 기뻐하고 노하는 것은 세상의 어지러움을 그치게 하는 것이다. 어지러움을 그치게 하지 못하는 자는 반드시 어지러움을 더할 것이니, 극자(郤子)는 혹 제(齊)나라에 대한 어지러움을 그치게 하려는 것인가?[183] 그렇지 않다면 나는 그가 어지러움을 더할까 두렵다.[184] 이에 내가 치사하여 극자에게 그의 뜻을 펼 수 있도록 한다면 거의 어지러움이 풀릴[豸] 수 있을 것이다. 치(豸)는 음이 치(阤)이니 풂이다. 극자(郤子)에게 정치를 행하게 하여 뜻을 시원하게 풀어서 제(齊)나라에 대한 어지러움을 그치게 하고자 한 것이다. 너는 여러 대부를 따라 다만 일을 공경히

182) 군자가 노해야~것이다 : 《시경(詩經)》〈소아(小雅)〉 교언(巧言).

183) 제(齊)나라에~것인가 : 제(齊)나라를 쳐서 제나라에 대한 그의 분노를 그치게 하고자 할 것이라는 말이다.

184) 그렇지~두렵다 : 만약 극자(郤子)로 하여금 제(齊)나라에 보복하려는 마음을 풀지 못하게 한다면 그가 노여움을 옮겨 진(晉)나라를 해쳐서 어지러움을 더할까 두렵다는 말이다.

처리하여라."라고 하였다. 이에 치사를 청하니 극헌자(郤獻子 : 郤子)가 집정이 되었다.

冬 十有一月 壬午 公弟叔肹卒 겨울 11월 임오일에 선공(宣公)의 아우 숙힐(叔肹)이 졸하였다.

冬 公弟叔肹卒 公母弟也 凡大子之母弟 公在曰公子 不在曰弟 以兄爲尊 **凡稱弟 皆母弟也**

겨울에 선공(宣公)의 아우 숙힐(叔肹)이 졸하였으니, 선공의 동모제이다. 무릇 태자의 동모제는 공(公)[185]이 살아있을 때는 공자(公子)라 하고 공이 죽은 뒤에는 제(弟)라고 한다. 형(兄)으로 인해서 존귀하게 된 것이다.[186] 무릇 제라고 칭한 경우는 모두 동모제이다.

선공(宣公) 18년【庚午 B.C.591】

十有八年 春 晉侯衛世子臧伐齊 18년 봄에 진후(晉侯)와 위(衛)나라 세자(世子) 장(臧)이 제(齊)나라를 쳤다.

十八年 春 晉侯衛大子臧伐齊 至于陽穀 齊侯會晉侯盟于繒 以公子彊爲質于晉 晉師還 蔡朝南郭偃逃歸

18년 봄에 진후(晉侯)와 위(衛)나라 태자 장(臧)이 제(齊)나라를 쳐서 양곡(陽穀)에 이르렀다. 그러자 제후(齊侯)는 진후와 회합하여 증(繒) 땅에서 맹약하고 공자 강(彊)을 진(晉)나라에 인질이 되게 하니, 진나라 군대가 돌아갔다. 채조(蔡朝)와 남곽언(南郭偃)이 도망쳐

185) 공(公) : 이때의 공(公)은 선공(先公)이다.

186) 형(兄)으로~것이다 : 경문에 제(弟)라고 기록한 것은 그의 형이 임금 자리에 있었기 때문이다.

돌아갔다.[187)]

公伐杞

선공(宣公)이 기(杞)나라를 쳤다.

夏 四月

여름 4월이다.

○夏 公使如楚乞師 欲以伐齊 **公不事齊 齊與晉盟 故懼而乞師于楚 不書 微者行**

○여름에 선공(宣公)이 사신을 초(楚)나라에 보내어 군대를 청해 제(齊)나라를 치려 하였다. 선공(宣公)이 제(齊)나라를 섬기지 않았는데 제나라가 진(晉)나라와 맹약하였다. 그러므로 두려워 초(楚)나라에 군대를 청한 것이다. 이 일을 경문에 기록하지 않은 것은 미천한 자가 갔기 때문이다.

秋 七月 邾人戕鄫子于鄫

가을 7월에 주인(邾人)이 증자(鄫子)를 증(鄫)나라에서 죽였다.

秋 邾人戕鄫子于鄫 凡自虐其君曰弑 自外曰戕

가을에 주인(邾人)이 증자(鄫子)를 증(鄫)나라에서 죽였다[戕]. 무릇 자기 나라의 임금을 학살(虐殺)하는 것을 시(弑)라 하고, 다른 나라 사람이 들어와 죽이는 것을 장(戕)이라 한다.

甲戌 楚子旅卒

갑술일에 초자(楚子) 려(旅)가 졸하였다.

---

187) 채조(蔡朝)와~돌아갔다 : 진(晉)나라의 회합에 참여하였던 채조(蔡朝)와 남곽언(南郭偃)이 진나라에 잡혔다가 도망친 일을 말한다. 선공(宣公) 17년조 참조.

旅 穀作呂 ○楚始書卒

려(旅)는 《곡량전(穀梁傳)》에는 려(呂)로 되어 있다. ○초(楚)나라에 대하여 처음으로 경문에 졸이라고 기록하였다.

楚莊王卒 楚師不出 旣而用晉師 **成二年戰于鞌** **楚於是乎有蜀之役** **在成二年冬 蜀 魯地**

초장왕(楚莊王 : 旅)이 졸하여 초(楚)나라 군대가 출정하지 못하였다. 얼마 뒤 로(魯)나라는 진(晉)나라 군대를 리용하였다. 성공(成公) 2년 안(鞌) 땅에서 싸우는 일이다. 초나라는 이에 촉(蜀) 땅의 싸움을 일으켰다. 이 일은 성공(成公) 2년 겨울에 있다. 촉(蜀)은 로(魯)나라 땅이다.

公孫歸父如晉

공손귀보(公孫歸父)가 진(晉)나라에 갔다.

公孫歸父以襄仲之立公也 有寵 欲去三桓 以張公室 與公謀而聘于晉 欲以晉人去之

공손귀보(公孫歸父)는 그의 아버지 양중(襄仲)이 선공(宣公)을 세운 일[188]로 총애를 받았다. 그는 삼환(三桓)[189]을 제거하여 공실의 세력을 넓히려고 하였다. 이에 선공과 모의하여 진(晉)나라를 빙문하였으니, 이는 진인(晉人)의 힘을 리용하여 삼환을 제거하고자 한 것이다.

冬 十月 壬戌 公薨于路寢

겨울 10월 임술일에 선공(宣公)이 로침(路寢)에서 훙하였다.

冬 公薨 季文子言於朝曰 使我殺適立庶 以失大援者 仲也夫 **適謂子惡 庶謂宣公 仲 襄仲 大援 齊晉也 文子怨歸父欲去三桓 借此爲罪** **臧宣叔怒曰 當其時不能治也 後之人何罪 子欲**

188) 양중(襄仲)이~일 : 문공(文公) 18년 겨울조 참조.

189) 삼환(三桓) : 로(魯)나라의 맹손씨(孟孫氏)·숙손씨(叔孫氏)·계손씨(季孫氏)를 말한다. 모두 환공(桓公)에서 나왔기 때문에 삼환(三桓)이라고 한다.

去之 許請去之 宣叔 文仲子 許 其名 **遂逐東門氏**

겨울에 선공(宣公)이 훙하였다. 계문자(季文子)가 조정에서 말하기를 "우리로 하여금 적자를 죽이고 서자를 세워서 큰 원조를 잃게 한 자는 중(仲)이다."라고 하였다. 적자는 자악(子惡)을 이르고 서자는 선공(宣公)을 이른다. 중(仲)은 양중(襄仲)이다. 큰 원조는 제(齊)나라와 진(晉)나라의 도움이다. 문자(文子)는 귀보(歸父)가 삼환(三桓)을 제거하려는 것을 원망하여 양중의 죄를 빌려 귀보의 죄로 삼으려 한 것이다. 이에 장선숙(臧宣叔)이 노하며 말하기를 "그 당시에 중을 다스리지 못하고서 그 후손들에게 무슨 죄를 줄 수 있겠소. 그런데도 당신이 그들을 제거하고자 한다면 나 허(許)가 그들을 제거하겠소."라 하고, 선숙(宣叔)은 문중(文仲)의 아들이다. 허(許)는 그의 이름이다. 드디어 동문씨(東門氏)를 축출하였다.[190]

> 歸父還自晉 至笙 遂奔齊
>
> 귀보(歸父)가 진(晉)나라에서 돌아오다가 생(笙) 땅에 이르러 드디어 제(齊)나라로 망명하였다.

笙 公穀作檉 ○笙 魯境

생(笙)은 《공양전(公羊傳)》과 《곡량전(穀梁傳)》에 정(檉)으로 되어 있다. ○생(笙)은 로(魯)나라 국경이다.

子家還 及笙 壇帷 復命於介 爲壇張帷 將去 使副介反命 **旣復命 袒括髮** 以麻約髮 **卽位哭三踊而出** 依在國喪禮 設哭位 公薨故 **遂奔齊 書曰 歸父還自晉 善之也**

자가(子家 : 公孫歸父)가 돌아오다가 생(笙) 땅에 이르러 단(壇)과 휘장을 설치하고서 부사(副使)에게 복명하였다.[191] 단(壇)을 만들고 휘장을 설치하게 한 것이다. 떠나려 할 때 부사에게 돌아가 복명하게 한 것이다. 복명하고 나서 왼쪽 어깨를 드러내고 머리를 묶어 삼끈으로 머리를 묶은 것이다. 자리로 나아가 곡을 하고 세 번 발을 구르고 나왔다. 나라에 있을 때의 상례(喪禮)에 의거하여 곡하는 자리를 설치한 것은 선공(宣公)이 훙하였기 때문이다. 그리고 드디어 제(齊)나라로 망명하였다. 경문에 '귀보(歸父)가 진(晉)나라에서 돌아오다가'라고 기록한 것은 그의 행위를 좋게 여긴

---

190) 동문씨(東門氏)를 축출하였다 : 양중(襄仲)의 후손[東門氏]을 죽이거나 벌하는 대신에 그들을 로(魯)나라에서 추방한 것이다. 양중이 동문(東門)에 살았기 때문에 동문씨(東門氏)라고 한다.

191) 부사(副使)에게 복명하였다 : 부사(副使)에게 복명하기를 임금에게 하듯이 하고, 부사로 하여금 그대로 전하게 한 것이다.

것이다.[192)]

192) 경문에~것이다 : 사신으로 갔던 대부의 귀환을 경문에 기록하지 않는 것이 상례인데, 지금 귀보(歸父)의 귀환과 망명을 기록한 것은 그가 례를 다하고 물러난 것을 좋게 여겼다는 것이다.

魯宣公

B.C. \ 국명	魯	周	蔡	曹	衛	滕	晉	吳	鄭	燕	齊	秦	楚	宋	杞	陳	薛	邾	莒	許	越
608	宣公 1	匡王 5	文侯 4	文公 10	成公 27		靈公 13		穆公 20	桓公 10	惠公 1	共公 1	莊王 6	文公 3	桓公 29	靈公 6		定公 6	渠丘公 1	昭公 14	
607	2	6	5	11	28		14		21	11	2	2	7	4	30	7		7	2	15	
606	3	定王 1	6	12	29		成公 1		22	12	3	3	8	5	31	8		8	3	16	
605	4	2	7	13	30		2		靈公 1	13	4	4	9	6	32	9		9	4	17	
604	5	3	8	14	31		3		襄公 1	14	5	桓公 1	10	7	33	10		10	5	18	
603	6	4	9	15	32		4		2	15	6	2	11	8	34	11		11	6	19	
602	7	5	10	16	33		5		3	16	7	3	12	9	35	12		12	7	20	
601	8	6	11	17	34		6		4	宣公 1	8	4	13	10	36	13		13	8	21	
600	9	7	12	18	35		7		5	2	9	5	14	11	37	14		14	9	22	
599	10	8	13	19	穆公 1	文公 1	景公 1		6	3	10	6	15	12	38	15		15	10	23	
598	11	9	14	20	2	2	2		7	4	頃公 1	7	16	13	39	成公 1		16	11	24	
597	12	10	15	21	3	3	3		8	5	2	8	17	14	40	2		17	12	25	
596	13	11	16	22	4	4	4		9	6	3	9	18	15	41	3		18	13	26	
595	14	12	17	23	5	5	5		10	7	4	10	19	16	42	4		19	14	27	
594	15	13	18	宣公 1	6	6	6		11	8	5	11	20	17	43	5		20	15	28	
593	16	14	19	2	7	7	7		12	9	6	12	21	18	44	6		21	16	29	
592	17	15	20	3	8	8	8		13	10	7	13	22	19	45	7		22	17	30	
591	18	16	景侯 1	4	9	9	9		14	11	8	14	23	20	46	8		23	18	靈公 1	

성공(成公)[1] 원년 【辛未 B.C.590】

元年 春 王正月 公卽位

원년 봄 왕정월에 성공(成公)이 즉위하였다.

書卽位者 言猶受國於先君也 襄昭哀書卽位倣此

경문에 즉위라고 기록한 것은 선군에게 나라를 물려받은 것과 같다는 말이다. 양공(襄公)·소공(昭公)·애공(哀公)을 경문에 즉위라고 기록한 것도 이와 같다.

二月 辛酉 葬我君宣公

2월 신유일에 우리 임금 선공(宣公)의 장례를 지냈다.

無冰

얼음이 얼지 않았다.

周二月 今之十二月

주(周)나라 2월은 지금의 12월이다.

三月 作丘甲

3월에 구갑법(丘甲法)을 제정하였다.

爲齊難故 作丘甲 **周禮四邑爲丘 丘十六井 四丘爲甸 甸六十四井 出長轂一乘 戎馬四匹 牛十二頭 甲**

1) 성공(成公) : 로(魯)나라 21대 임금. 이름은 흑굉(黑肱)이고 선공(宣公)의 아들이다. 주정왕(周定王) 17년에 즉위하였다. 시법(謚法)에 백성을 편안하게 하고 정치를 확립시킨 것[安民立政]을 성(成)이라 한다.

士三人 步卒七十二人 此甸所賦 今使丘出之 譏重斂 故書

제(齊)나라가 쳐들어오는 환난 때문에 구갑법(丘甲法)[2]을 만들었다. 《주례(周禮)》에 '4읍(邑)이 구(丘)가 된다.'고 하였으니, 1구는 16정(井)이고 4구가 1전(甸)이니 1전은 64정으로 장곡(長轂)[3] 1승(乘)·융마(戎馬) 4필(匹)·소 12두(頭)·갑사(甲士) 3인(人)·보졸(步卒) 72인을 내었다. 이는 1전에서 내던 부세(賦稅)인데 지금 1구에서 내게 하였으므로 무겁게 거두는 것을 비난하여 경문에 기록한 것이다.

夏 臧孫許及晉侯盟于赤棘 여름에 장손허(臧孫許)가 진후(晉侯)와 적극(赤棘)에서 맹약하였다.

赤棘 晉地

적극(赤棘)은 진(晉)나라 땅이다.

聞齊將出楚師 將以伐魯 **夏 盟于赤棘** 與盟 懼齊楚

로(魯)나라는 제(齊)나라가 초(楚)나라 군대를 출동시키려 한다는 소문을 듣고 로(魯)나라를 치려 한다는 것이다. 여름에 적극(赤棘)에서 맹약하였다. 로(魯)나라가 진(晉)나라와 맹약한 것은 제(齊)나라와 초(楚)나라를 두려워하였기 때문이다.

秋 王師敗績于茅戎 가을에 왕의 군대가 모융(茅戎)에게 크게 패하였다.

茅 公穀作貿 ○茅戎 戎別也 王者至尊 故不言戰 以自敗爲文

모(茅)는 《공양전(公羊傳)》과 《곡량전(穀梁傳)》에는 무(貿)로 되어 있다. ○모융(茅戎)은 융(戎)의 별종이다. 왕자(王者)는 지극히 존귀하기 때문에 싸웠다고 말하지 않고 스스로 패하였다고 글을 만든 것이다.

春 晉侯使瑕嘉平戎于王 瑕嘉 詹嘉 **單襄公如晉拜成** 單襄公 王卿士 **劉康公徼戎 將遂伐**

---

2) 구갑법(丘甲法) : 64정(井)에 해당하는 행정단위인 전(甸)에서 냈던 부세를 16정(井)으로 이루어진 구(丘)에서 내도록 고친 제도를 말한다.

3) 장곡(長轂) : 바퀴통[轂]이 긴 병거.

之 叔服曰 背盟而欺大國 此必敗 背盟不祥 欺大國不義 神人弗助 將何以勝 不聽 遂伐茅戎 三月 癸未 敗績于徐吾氏 徐吾氏 茅戎之別也 **秋 王人來告敗** 書秋 從告

봄에 진후(晉侯)가 하가(瑕嘉)를 보내어 융(戎)을 왕에게 화평시켰는데, 하가(瑕嘉)는 첨가(詹嘉)이다. 선양공(單襄公)이 진(晉)나라에 가서 화평을 이루어 준 것에 대하여 배사하였다. 선양공(單襄公)은 왕의 경사(卿士)이다. 류강공(劉康公)[4]이 융의 동정을 엿보고서 드디어 그들을 치려 하자,[5] 숙복(叔服)이 말하기를 "이는 맹약을 배반하고 대국[晉]을 속이는 것이니, 반드시 패할 것입니다. 맹약을 배반하는 것은 상서롭지 못한 일이고, 대국을 속이는 것은 의롭지 못한 일이어서 신과 사람이 모두 돕지 않을 것이니 장차 어떻게 이기겠습니까."라고 하였다. 그러나 류강공은 듣지 않고 드디어 모융(茅戎)을 쳤는데 3월 계미일에 서오씨(徐吾氏)에게 크게 패하였다. 서오씨(徐吾氏)는 모융(茅戎)의 별종이다. 가을에 왕인(王人)이 패하였음을 알려왔다. 경문에 가을이라고 기록한 것은 알려온 때를 따른 것이다.

冬 十月 겨울 10월이다.

○冬 臧宣叔令脩賦繕完 脩車馬 治城郭 **具守備 曰 齊楚結好 我新與晉盟 晉楚爭盟 齊師必至 雖晉人伐齊 楚必救之 是齊楚同我也** 共伐我也 **知難而有備 乃可以逞**

○겨울에 장선숙(臧宣叔 : 臧孫許)이 군대를 정비하고 성곽을 보수하여 거마를 정비하고 성곽을 보수하는 것이다. 수비를 갖추도록 하면서 말하기를 "제(齊)나라와 초(楚)나라가 우호를 맺었고 우리는 새로 진(晉)나라와 맹약하였다. 진나라와 초나라는 맹주의 자리를 놓고 다투고 있고 제나라 군대는 반드시 우리나라로 쳐들어올 것이다. 그러면 비록 진인(晉人)이 제나라를 치더라도 초나라는 반드시 제나라를 구원할 것이니, 이는 제나라와 초나라가 함께 우리를 치는 격이다. 함께 우리를 친다는 것이다. 환난을 미리 알고 대비하여야 환난을 풀 수 있다."라고 하였다.

4) 류강공(劉康公) : 주정왕(周定王)의 동모제. 류(劉) 땅을 채지(采地)로 받았다.

5) 융(戎)의~하자 : 융(戎)이 화평을 맺고 돌아가자 류강공(劉康公)은 융이 방비하지 않는 틈을 타서 치려 한 것이다.

성공(成公) 2년【壬申 B.C.589】

二年 春 齊侯伐我北鄙

2년 봄에 제후(齊侯)가 우리나라 북쪽 변방을 쳤다.

二年 春 齊侯伐我北鄙 圍龍 龍 魯邑 **頃公之嬖人盧蒲就魁門焉** 盧蒲 氏 就魁 名 **龍人囚之 齊侯曰 勿殺 吾與而盟 無入而封** 封 竟也 **不聽 殺而膊諸城上** 膊 音搏 磔也 **齊侯親鼓 士陵城 三日 取龍 遂南侵 及巢丘** 巢丘 魯地

2년 봄에 제후(齊侯)가 우리나라 북쪽 변방을 쳐서 룡(龍) 땅을 포위하였다. 룡(龍)은 로(魯)나라 읍이다. 제경공(齊頃公)의 총애하는 신하인 로포취괴(盧蒲就魁)가 성문을 공격하였는데, 로포(盧蒲)는 씨(氏)이고 취괴(就魁)는 이름이다. 룡인(龍人)이 그를 잡아 가두었다. 제후가 말하기를 "그를 죽이지 말라. 내가 그대들과 맹약하고 그대들의 지경[封]에 들어가지 않겠다."라고 하였으나 봉(封)은 지경이다. 룡인은 그 말을 듣지 않고 죽여서 성 위에 찢어[膊] 놓았다. 박(膊)은 음이 박(搏)이니 시신을 찢는 것이다. 그러자 제후가 몸소 북을 두드리니, 군사들이 성을 넘어 3일 만에 룡 땅을 취하고 드디어 남쪽으로 침범하여 소구(巢丘)까지 이르렀다. 소구(巢丘)는 로(魯)나라 땅이다.

夏 四月 丙戌 衛孫良夫帥師及齊師戰于新築 衛師敗績

여름 4월 병술일에 위(衛)나라 손량부(孫良夫)가 군대를 거느리고 제(齊)나라 군대와 신축(新築)에서 싸웠는데 위나라 군대가 크게 패하였다.

新築 衛地

신축(新築)은 위(衛)나라 땅이다.

衛侯使孫良夫石稷寗相向禽將侵齊 與齊師遇 石稷 石碏四世孫 寗相 寗兪子 **石子欲還 孫子曰 不可 以師伐人 遇其師而還 將謂君何 若知不能 則如無出 今旣遇矣 不如戰也 夏 有** 闕文 失新築戰事 **石成子曰 師敗矣 子不少須 衆懼盡** 成子 石稷也 衛師已敗 孫良

夫復欲戰 故成子欲使須救 子喪師徒 何以復命 皆不對 又曰 子 國卿也 隕子 辱矣 隕 見禽獲 子以衆退 我此乃止 止 禦齊師 且告車來甚衆 以救至 告軍中 齊師乃止 次于鞫居 鞫居衛地 新築人仲叔于奚救孫桓子 桓子是以免 于奚 守新築大夫

위후(衛侯)가 손량부(孫良夫)·석직(石稷)·녕상(甯相)·상금장(向禽將) 등을 시켜 제(齊)나라를 침범하게 하였는데 도중에 제나라 군대와 만났다.[6] 석직(石稷)은 석작(石碏)의 4세손이다. 녕상(甯相)은 녕유(甯兪)의 아들이다. 석자(石子 : 石稷)가 돌아가려고 하니, 손자(孫子 : 孫良夫)가 말하기를 "안 된다. 군대를 이끌고 적을 치러 나섰다가 그 군대를 만나 돌아간다면 장차 임금님께 무어라 아뢰겠는가. 만약 대적할 수 없다는 것을 알았다면 나오지 않은 것이 나았을 것이다. 지금 이미 적을 만났으니 싸우는 것보다 나은 것이 없다."라고 하였다. 여름에 일이 있었다. 궐문(闕文)이니, 신축(新築)의 싸움에 관한 기록이 없어진 것이다. 석성자(石成子)가 말하기를 "우리 군대가 패하였습니다. 그런데도 그대가 잠시 기다리려 하지 않으니 군대가 전멸될까 두렵습니다. 성자(成子)는 석직(石稷)이다. 위(衛)나라 군대가 이미 패하였는데도 손량부(孫良夫)가 다시 싸우고자 하였기 때문에 성자가 손량부로 하여금 구원병을 기다리게 하고자 한 것이다. 그대가 군사를 다 잃는다면 무어라고 복명하겠습니까."라고 하니, 모두 대답하지 못하였다. 또 말하기를 "그대는 나라의 경(卿)입니다. 그대가 사로잡히는[隕] 것은 치욕입니다. 운(隕)은 사로잡힘이다. 그대는 무리를 이끌고 퇴각하십시오. 제가 여기에 남아서 막겠습니다[止]."라고 하였다. 지(止)는 제(齊)나라 군대를 막는다는 것이다. 또 구원하는 병거가 매우 많이 오고 있다고 알리니, 구원하는 병거가 오고 있다고 군중(軍中)에 알린 것이다. 제나라 군대가 곧 멈추고 국거(鞫居)에 주둔하였다. 국거(鞫居)는 위(衛)나라 땅이다. 이에 신축인(新築人) 중숙우해(仲叔于奚)가 손환자(孫桓子 : 孫良夫)를 구원하니, 이로써 환자(桓子)가 위험에서 벗어났다. 우해(于奚)는 신축(新築)을 지키는 대부이다.

旣 衛人賞之以邑 辭 請曲縣 諸侯軒縣三面 其形曲 故謂之曲縣 繁纓以朝 許之 繁 音槃 繁纓馬飾 皆諸侯之服

뒤에 위인(衛人)이 중숙우해(仲叔于奚)에게 상으로 읍을 주었는데 사양하고, 곡현(曲縣)과 제후(諸侯)는 헌현(軒縣) 3면(面)[7]인데, 그 형태가 곡척(曲尺)과 같기 때문에 곡현(曲縣)이라고 한다. 반영

6) 도중에~만났다 : 로(魯)나라를 치고 돌아가는 제(齊)나라 군대를 만난 것이다.

7) 헌현(軒縣) 3면(面) : 제후(諸侯)의 악(樂)은 종(鐘)과 경(磬) 따위의 악기를 건물 내의 동쪽·서쪽·북쪽 3면에 걸어두는 것으로, 곡현(曲縣)이라고도 한다. 천자(天子)의 악은 4면에 걸어두니 이를 궁현(宮縣)이라고 한다.

(繁纓)을 하고 조회에 참석할 수 있기를 청하니 허낙하였다. 반(繁)은 음이 반(槃)이다. 반(繁)과 영(纓)은 말장식으로 모두 제후(諸侯)의 복식(服飾)[8]이다.

仲尼聞之 曰 惜也 不如多與之邑 唯器與名 不可以假人 器 車服 名 爵號 君之所司也 名以出信 信以守器 器以藏禮 禮以行義 義以生利 利以平民 政之大節也 若以假人 與人政也 政亡 則國家從之 弗可止也已

중니(仲尼)가 이를 듣고 말하였다. "애석하구나. 그에게 읍을 많이 주는 것만 같지 못하다. 기물[器]과 작호[名]는 다른 사람에게 빌려줄 수 있는 것이 아니며 기(器)는 수레 복식이고 명(名)은 작호이다. 임금이 주관하는 것이다. 작호로써 위신을 내고 위신으로써 기물의 권위를 지키며, 기물로써 례(禮)를 간수하고 례로써 의(義)를 행하며, 의로써 리(利)를 생성하고 리로써 백성을 평안하게 하는 것이니 이것은 정치의 큰 틀이다. 만약 이러한 것을 남에게 빌려준다면 그것은 정치를 남에게 넘겨주는 것이다. 정치가 망하면 국가도 그에 따라 망하는 것은 멈추게 할 수 없는 것이다."

六月 癸酉 季孫行父臧孫許叔孫僑如公孫嬰齊帥師 會晉郤克衛孫良夫曹公子首 及齊侯戰于鞌 齊師敗績

6월 계유일에 계손행보(季孫行父)·장손허(臧孫許)·숙손교여(叔孫僑如)·공손영제(公孫嬰齊)가 군대를 거느리고 진(晉)나라 극극(郤克)·위(衛)나라 손량부(孫良夫)·조(曹)나라 공자 수(首)와 회합하여 제후(齊侯)와 안(鞌) 땅에서 싸웠는데 제(齊)나라 군대가 크게 패하였다.

首 公穀作手 ○鞌 齊地 嬰齊 叔肹子

수(首)는 《공양전(公羊傳)》과 《곡량전(穀梁傳)》에는 수(手)로 되어 있다. ○안(鞌)은 제(齊)나라 땅이다. 영제(嬰齊)는 숙힐(叔肹)의 아들이다.

孫桓子還於新築 不入 不入國 遂如晉乞師 臧宣叔亦如晉乞師 皆主郤獻子 晉侯許之

8) 복식(服飾) : 의복(衣服)과 장식(裝飾).

七百乘 郤子曰 此城濮之賦也 有先君之明與先大夫之肅 故捷 先君 文公 先大夫 先軫狐偃欒枝之輩 **克於先大夫 無能爲役 請八百乘 許之** 六萬人 **郤克將中軍 士燮佐上軍 欒書將下軍 韓厥爲司馬 以救魯衛 臧宣叔逆晉師 且道之 季文子帥師會之 及衛地 韓獻子將斬人 郤獻子馳 將救之 至則旣斬之矣 郤子使速以徇 告其僕曰 吾以分謗也**

위(衛)나라 손환자(孫桓子 : 孫良夫)가 신축(新築)의 싸움에서 돌아와 들어가지 않고 국도로 들어가지 않은 것이다. 드디어 진(晉)나라에 가서 군대를 청하였다. 그때 로(魯)나라 장선숙(臧宣叔 : 臧孫許)도 진나라에 가서 군대를 청하였는데, 그들은 모두 진나라의 극헌자(郤獻子 : 郤克)를 주인으로 삼았다.[9] 진후(晉侯)가 병거 7백 승(乘)을 내줄 것을 허낙하니, 극자(郤子 : 郤獻子)가 말하기를 "그 정도는 성복(城濮)의 싸움에 동원된 군대 수입니다. 그때는 선군의 총명함과 선대부들의 엄정한 통솔이 있었기 때문에 승리한 것입니다. 선군은 문공(文公)이고, 선대부는 선진(先軫)·호언(狐偃)·란지(欒枝) 등의 무리이다. 저 극(克)은 선대부들에 비하여 그들의 심부름꾼도 될 수 없습니다. 그러니 8백 승의 병거를 청합니다."라고 하였다. 이에 허낙하였다. 6만 인이다. 극극(郤克)은 중군을 거느렸고, 사섭(士燮)은 상군의 부장이었으며, 란서(欒書)는 하군을 거느렸고, 한궐(韓厥)은 사마가 되어 로나라와 위나라를 구원하였다. 장선숙은 진나라 군대를 맞이하고 또 길 안내를 하였으며, 계문자(季文子)는 군대를 거느리고 진나라 군대와 회합하였다. 위나라 땅에 이르러 한헌자(韓獻子 : 韓厥)가 사람을 죽이려 하였을 때 극헌자가 달려가 그 사람을 구하려 하였는데 이르고 보니 이미 죽인 뒤였다. 극자가 죽은 시체를 속히 군사들에게 두루 보이게 하고 그 어자[僕]에게 말하기를 "나는 이렇게 하여 비방을 나누고자 함이다."[10]라고 하였다.

師從齊師于莘 莘 齊地 **六月 壬申 師至于靡笄之下** 靡笄 山名 **齊侯使請戰 曰 子以君師辱於敝邑 不腆敝賦 詰朝請見 對曰 晉與魯衛 兄弟也 來告曰 大國朝夕釋憾於敝邑之地** 大國謂齊 敝邑 魯衛自稱 **寡君不忍 使羣臣請於大國 無令輿師淹於君地 能進不能退 君無所辱命 齊侯曰 大夫之許 寡人之願也 若其不許 亦將見也 齊高固入晉師 桀石以投人** 桀 擔也 **禽之而乘其車 繫桑本焉 以徇齊壘** 以桑樹繫車 欲自異 **曰 欲勇者賈余餘勇** 賈 買也 言己勇有餘 欲賣之

9) 주인으로 삼았다 : 주인으로 삼아 일을 도모한 것이다.

10) 나는~함이다 : 이는 잘못 처형하였다는 비방을 한궐(韓厥) 혼자 듣게 하지 않으려 한다는 말이다.

제후들의 군대는 제(齊)나라 군대를 신(莘) 땅까지 좇아 신(莘)은 제(齊)나라 땅이다. 6월 임신일에 미계(靡笄) 밑에까지 이르렀다. 미계(靡笄)는 산 이름이다. 이에 제후(齊侯)가 사람을 보내어 싸움을 청하여 말하기를 "그대가 임금의 군대를 거느리고 수고롭게 우리나라까지 왔으니, 보잘것없는 우리 군대지만 래일 새벽에 만나기를 청하노라."라고 하였다. 극극(郤克)이 대답하기를 "우리 진(晉)나라는 로(魯)나라·위(衛)나라와 형제의 사이입니다. 그런데 저들 두 나라가 와서 고하기를 '대국이 곧[朝夕] 우리[弊邑] 땅에 와 원한을 풀려고 합니다.'라고 하였습니다. 대국은 제(齊)나라를 이른다. 폐읍(敝邑)은 로(魯)나라와 위(衛)나라가 스스로를 일컬은 것이다. 그래서 과군이 참지 못하고 뭇 신하를 시켜 대국에 청하여 우리 군대를 임금님의 땅에 오래 머물게 하지 말라고 하였습니다.[11] 우리 군대는 나아갈 줄만 알지 물러날 줄 모르니 임금님께서 수고로이 싸우자는 명을 내리실 필요는 없습니다."라고 하였다. 이에 제후가 말하기를 "대부가 허낙한 것은 과인이 원하던 것이다. 만약 허낙하지 않았더라도 또한 만나보려 하였다."라고 하였다. 제나라 고고(高固)가 진나라 군대에 돌진하여 돌을 들어[桀] 사람에게 던져 걸(桀)은 듦이다. 그를 포로로 잡아 그의 수레에 태우고, 뽕나무를 뿌리째 뽑아 수레에 매달고는 제나라 보루를 돌아다니며 뽑은 뽕나무를 수레에 매어 스스로 용맹이 남다름을 보이고자 한 것이다. 말하기를 "용맹하고자 하는 자는 나의 넘치는 용맹을 사라[賈]."고 하였다. 고(賈)는 사는 것이다. 자기의 용맹이 넘쳐 남에게 팔고자 한다는 말이다.

癸酉 師陳于鞌 邴夏御齊侯 逢丑父爲右 晉解張御郤克 鄭丘緩爲右 齊侯曰 余姑翦滅此而朝食 不介馬而馳之 郤克傷於矢 流血及屨 未絶鼓音 曰 余病矣 張侯曰 自始合 而矢貫余手及肘 余折以御 左輪朱殷 豈敢言病 吾子忍之 張侯 解張也 朱 血色 殷音韞 赤黑爲殷 緩曰 自始合 苟有險 余必下推車 子豈識之 然子病矣 張侯曰 師之耳目在吾旗鼓 進退從之 此車一人殿之 可以集事 殿 鎭也 若之何其以病 敗君之大事也 擐甲執兵 固卽死也 擐 貫也 卽 就也 病未及死 吾子勉之 左并轡 右援枹而鼓 枹 鼓槌 郤克聞其言 執轡擊鼓 馬逸不能止 師從之 齊師敗績 逐之 三周華不注 華不注 山名

계유일에 량측의 군대가 안(鞌) 땅에 진을 쳤다. 병하(邴夏)가 제후(齊侯)의 병거를 몰고 봉축보(逢丑父)가 거우가 되었다. 진(晉)나라 해장(解張)이 극극(郤克)의 병거를 몰고 정구완(鄭丘緩)이 거우가 되었다. 제후가 말하기를 "내가 우선 이 적들을 섬멸시키고 아침을 먹겠다."라고 하며 말에 갑옷도 입히지 않고 달려 나갔다. 극극이 화살에 상처를 입어 피가

11) 우리~하였습니다: 속히 싸워 승부를 보라는 말이다.

흘러 신발에까지 미쳤으나 북소리가 끊이지 않게 북을 치다가 "내가 괴롭다."라고 하였다. 이에 장후(張侯)가 말하기를 "싸움이 시작되면서 화살이 내 손을 관통하여 팔꿈치에 이르렀습니다. 그래도 나는 화살을 꺾어버리고 계속 수레를 몰아 왼쪽 바퀴까지 검붉은 핏빛[朱殷]으로 물들었지만 어찌 감히 괴롭다고 말하였습니까. 그러니 장군께서도 참으십시오."라고 하였다. 장후(張侯)는 해장(解張)이다. 주(朱)는 핏빛이다. 안(殷)은 음이 안(黫)인데 검붉은 색을 안(殷)이라고 한다. 완(緩)이 말하기를 "싸움이 시작되면서 길이 험하면 나는 반드시 내려가 병거를 밀었지만 장군께서는 어찌 그런 사정을 알 수 있었겠습니까.[12] 그러니 그대께서는 참으로 괴로우신 모양입니다."라고 하였다. 장후가 말하기를 "군사들의 이목이 우리의 깃발과 북소리에 집중하면서 진퇴를 거기에 따르고 있습니다. 그러니 이 병거에 탄 한 사람[13]이 심신을 진정시킨다면[殿] 일을 이룰 수 있거늘 전(殿)은 진정시킴이다. 어찌하여 몸이 괴롭다고 임금님의 대사를 망치려 하십니까. 갑옷을 입고[擐] 무기를 잡은 것은 진실로 죽기를 무릅쓴[即] 것입니다. 환(擐)은 옷을 꿰어 입음이다. 즉(即)은 나아감이다. 괴로워도 죽을 정도는 아니니 그대께서는 힘을 내십시오."라고 하였다. 그러자 극극은 왼손으로 고삐를 한꺼번에 쥐고 오른손으로는 북채[枹]를 잡고 쳤다. 부(枹)는 북채이다. 극극(郤克)이 그 말을 듣고 고삐를 잡고 북을 친 것이다.[14] 그러자 말이 달려 그치게 할 수 없었고[15] 군대도 따라 진격하니 제(齊)나라 군대가 크게 패하였다. 진(晉)나라 군사들은 도망치는 제나라 군사들을 추격하여 화불주산(華不注山)을 세 겹으로 에워쌌다.[16] 화불주(華不注)는 산 이름이다.

韓厥夢子輿謂己曰 且辟左右 子輿 韓厥父 **故中御而從齊侯 邴夏曰 射其御者 君子也 公曰 謂之君子而射之 非禮也 射其左 越于車下** 越 隊也 **射其右 斃于車中 綦毋張喪車 從韓厥 曰 請寓乘** 綦毋張 晉大夫 **從左右 皆肘之 使立於後** 以左右皆死 不欲使立其處 **韓厥俛 定其右** 俛 俯也 右被射 仆車中 故俯安隱之

한궐(韓厥)은 자여(子輿)가 자신에게 '병거의 왼쪽이나 오른쪽 자리는 피하라.'고 말하는

---

12) 싸움이~있었겠습니까 : 극극(郤克)은 자기 상처의 괴로움으로 정구완(鄭丘緩)이 뛰어내려 병거를 민 것조차 모르고 있었다는 말이다.

13) 병거에~사람 : 중군원수(中軍元帥)인 극극(郤克)을 말한다.

14) 극극(郤克)이~것이다 : 고삐를 잡고 북을 친 것은 극극(郤克)이 아니라 어자(御者)인 장후(張侯)의 행위로 보는 설도 있다.

15) 말이~없었고 : 여섯 고삐를 한 손으로 잡았기 때문에 제대로 말을 몰 수 없어 말이 달리는 대로 맡겨두고 싸움을 수행하였음을 말한다.

16) 화불주산(華不注山)을~에워쌌다 : 화불주산(華不注山)을 세 바퀴 돌았다고 보는 설도 있다.

꿈을 꾸었다. 자여(子輿)는 한궐(韓厥)의 아버지이다. 그래서 그는 병거의 가운데에서 말을 몰며 제후(齊侯)를 추격하였다. 병하(邴夏)가 제후에게 말하기를 "병거를 모는 사람을 쏘십시오. 그에겐 군자의 풍모가 있습니다."[17]라고 하였다. 제후가 말하기를 "군자의 풍모가 있다고 하여 그를 쏜다면 례가 아니다."[18]라고 하면서 거좌를 향하여 쏘았다. 거좌가 수레 아래로 떨어지자[越] 월(越)은 떨어짐이다. 거우를 쏘니 병거 안에서 죽었다. 이때 기무장(綦毋張)이 자신의 병거를 잃고 한궐을 따라와 말하기를 "당신의 병거를 타게 해 주십시오."라고 하였다. 기무장(綦毋張)은 진(晉)나라 대부이다. 그가 병거의 왼쪽이나 오른쪽에 자리하려 하자 한궐이 모두 팔꿈치로 밀어 그의 뒤에 서게 하고 거좌와 거우가 모두 죽어 그 자리에 세우지 않으려 한 것이다.[19] 한궐이 몸을 굽혀[俛] 거우의 몸을 바르게 앉혔다. 면(俛)은 굽힘이다. 거우가 화살에 맞아 병거 가운데 넘어져 있으므로 몸을 굽혀 그 시신을 편안한 자세로 기대게 한 것이다.

逢丑父與公易位 居公處 **將及華泉 驂絓於木而止 丑父寢於轏中** 轏 音棧 臥車也 **蛇出於其下 以肱擊之 傷而匿之 故不能推車而及** 爲韓厥所及 **韓厥執縶馬前** 縶 馬絆也 **再拜稽首 奉觴加璧以進** 進觴璧 以示敬 **曰 寡君使羣臣爲魯衛請 曰 無令輿師陷入君地 下臣不幸 屬當戎行 無所逃隱 且懼奔辟而忝兩君 臣辱戎士 敢告不敏 攝官承乏** 言欲以己不敏 攝承齊空乏 從君俱還 **丑父使公下 如華泉取飮 鄭周父御佐車 宛茷爲右 載齊侯以免** 佐車 副車

봉축보(逢丑父)는 제경공(齊頃公)과 자리를 바꾸었는데 제경공(齊頃公)의 자리에 자리 잡은 것이다. 화천(華泉)에 당도할 즈음에 참마(驂馬)가 나무에 걸려 멈추었다. 축보(丑父)는 전날 밤 잔거(轏車)에서 잤는데 잔(轏)의 음은 잔(棧)이니 누울 수 있는 수레이다. 뱀이 수레 아래에서 나오자 팔로 치다가 팔을 다쳤지만 그것을 감추고 있었다. 그래서 내려가 수레를 밀지 못하여 한궐(韓厥)에게 따라 잡히게 되었다. 한궐(韓厥)에게 따라 잡힌 것이다. 한궐이 말 앞에서 말굴레[縶]를 잡고서 집(縶)은 말굴레이다. 재배하고 머리를 조아리고 술잔을 받들고 구슬을 올린 뒤 나아가 술잔과 구슬을 올려 경의를 표한 것이다. 말하기를 "과군이 뭇 신하에게 로(魯)나라와 위(衛)나라를 위하여 청하기를 '많은 군사들로 하여금 임금님의 땅에 깊이 들어가지 말게 하라.'고 하였습

17) 병거를~있습니다 : 여기서의 군자는 병거의 주장(主將)을 의미한다. 즉 한궐(韓厥)이 어자의 역할을 하고 있지만 그가 병거의 주장다운 풍모가 있으므로 그를 쏘라는 것이다.

18) 군자의~아니다 : 싸움에서 주공격 목표는 주장(主將)이므로 어자를 쏘는 것은 싸움에 림하는 례가 아니라는 것이다.

19) 거좌와~것이다 : 거좌와 거우의 자리가 위험하므로 그곳에 서지 않게 한 것이다.

니다. 그런데 하신(下臣)이 불행히도 마침 융행(戎行)[20]을 만나 도망하여 숨을 곳이 없고, 또 도망하여 피한다면 이는 량쪽 임금님을 욕되게 하는 것이 될까 두렵습니다. 신은 욕되이 융사(戎士)가 되었으니, 불민하지만 감히 임금님의 관원을 대신하여 빠진 자리를 받들기를 고합니다."라고 하였다. 자기가 불민하지만 제(齊)나라 신하가 없는 자리를 대신하여 제후(齊侯)를 시종하여[21] 함께 돌아가겠는 말이다. 이에 축보가 제경공을 병거에서 내리게 하여 화천으로 가서 마실 물을 떠오게 하였다.[22] 그러자 정주보(鄭周父)가 좌거(佐車)를 몰고 완패(宛茷)가 거우가 되어 제후(齊侯)를 태우고 달아나 화를 면하였다. 좌거(佐車)는 보조 병거이다.

韓厥獻丑父 郤獻子將戮之 呼曰 自今無有代其君任患者 有一於此 將爲戮乎 郤子曰 人不難以死免其君 我戮之不祥 赦之 以勸事君者 乃免之

한궐(韓厥)이 축보(丑父)를 바치니, 극헌자(郤獻子)가 그를 죽이려 하였다. 그러자 축보가 소리쳐 말하기를 "지금 그 임금을 대신하여 환난을 책임지는 자가 없었고, 오직 나 한 사람만이 있는데 죽이려 하십니까?"라고 하였다. 극자(郤子 : 郤獻子)가 말하기를 "이 사람은 목숨을 바쳐 그 임금을 환난에서 모면하게 하는 일을 어렵지 않게 여겼는데, 내가 그를 죽이는 것은 상서롭지 못하다. 놓아주어 임금 섬기는 일을 권면하게 하리라."하고 죽음을 면하게 하였다.

齊侯免 求丑父 三入三出 重其代己 三入晉軍求之 **每出 齊師以帥退 入于狄卒** 齊師因敗 有退心 故齊侯常輕出 以帥厲退者 狄卒 狄人從晉者 **狄卒皆抽戈楯冒之 以入于衛師 衛師免之** 狄衛畏齊强 不敢害 **遂自徐關入 齊侯見保者** 保守城邑者 **曰 勉之 齊師敗矣 辟女子** 使辟君也 **女子曰 君免乎 曰 免矣 曰 銳司徒免乎 曰 免矣** 銳司徒 主銳兵者 **曰 苟君與吾父免矣 可若何** 言餘人不可復如何 **乃奔** 走辟君 **齊侯以爲有禮 旣而問之 辟司徒之妻也** 辟 音壁 辟司徒 主壘壁者 **予之石窌** 窌 音溜 石窌 邑名

제후(齊侯)는 화를 면하고 나서 축보(丑父)를 구하기 위하여 세 차례나 진(晉)나라 진영에 들어갔다가 나왔다. 자기를 대신한 것을 중히 여겨 세 차례나 진(晉)나라 진영에 들어가 그를 구하고자 한 것이다. 제(齊)나라 진영에서 출동할 때마다 퇴각하려는 군사를 이끌고[23] 적졸(狄卒)들

---

20) 융행(戎行) : 여기서는 제(齊)나라 임금의 병거를 말한다.

21) 제후(齊侯)를 시종하여 : 제후(齊侯)를 포로로 잡겠다는 말이다.

22) 이에~하였다 : 제후(齊侯)로 가장한 봉축보(逢丑父)가 제후에게 물을 떠오게 하여 도망치게 한 것이다.

속으로 들어갔는데, 제(齊)나라 군사들은 패배하였기 때문에 퇴각하려는 마음이 있었다. 그리하여 제후(齊侯)가 항상 경무장으로 출동하여서 퇴각하려는 마음이 있는 군사들을 격려하여 이끌고 간 것이다. 적졸(狄卒)은 적인(狄人)으로 진(晉)나라를 따르는 자들이다. 그때 적졸들은 모두 방패와 창을 들고 제후를 가려주어 위(衛)나라 군대 속으로 들어가게 하였고, 위나라 군사들도 그를 해치지 않아서 적(狄)과 위(衛)나라가 제(齊)나라의 강함을 두려워하여 감히 해치지 못한 것이다. 마침내 서관(徐關)으로부터 도성으로 들어갈 수 있었다. 제후가 지키는 자를 보고 성읍(城邑)을 지키는 자이다. 말하기를 "힘쓸지어다. 제나라 군대가 패하였다."라고 하였다. 길에 서 있는 녀자에게 피하도록 하였는데, 임금을 피하게 한 것이다. 녀자가 말하기를 "우리 임금님께서는 화를 면하셨습니까?"라고 하니, 제후가 말하기를 "면하였다."라고 하였다. 다시 녀자가 말하기를 "예사도(銳司徒)도 화를 면하였습니까?"라고 하니, 제후가 말하기를 "면하였다."라고 하였다. 예사도(銳司徒)는 예리한 병기를 담당한 자이다. 녀자가 말하기를 "임금님과 우리 아버지가 면하였다면 다른 사람이야 어쩔 수 있겠습니까."라 하고는 나머지 다른 사람들은 다시 어떻게 할 수 없다는 말이다. 곧바로 피하였다. 달려서 임금을 피한 것이다. 제후가 례가 있다고 여겨[24] 얼마 뒤에 녀자를 수소문하니 그는 벽사도(辟司徒)의 처였다. 벽(辟)은 음이 벽(壁)이다. 벽사도(辟司徒)는 보루를 주관하는 자이다. 그래서 석류(石窌)를 주었다. 류(窌)는 음이 류(溜)이다. 석류(石窌)는 읍 이름이다.

晉師從齊師 入自丘輿 擊馬陘 丘輿馬陘皆齊邑 **齊侯使賓媚人賂以紀甗玉磬與地** 媚人國佐也 甗 玉甑 滅紀所得 賂以甗磬及魯衛侵地 **不可 則聽客之所爲** 聽晉人之所欲 **賓媚人致賂 晉人不可 曰 必以蕭同叔子爲質** 同叔 蕭君字 齊侯外祖父 子 女也 **而使齊之封內盡東其畝 對曰 蕭同叔子非他 寡君之母也 若以匹敵 則亦晉君之母也 吾子布大命於諸侯而曰 必質其母以爲信 其若王命何** 言違王命 **且是以不孝令也 詩曰 孝子不匱 永錫爾類 若以不孝令於諸侯 其無乃非德類也乎** 言不以孝德賜同類 **先王疆理天下 物土之宜** 播殖之物 各從土宜 **而布其利 故詩曰 我疆我理 南東其畝 今吾子疆理諸侯 而曰 盡東其畝而已 唯吾子戎車是利** 晉伐齊 易於循壟東行 **無顧土宜 其無乃非先王之命也乎 反**

---

23) 제(齊)나라~이끌고 : 전문주에서 두예(杜預)는 '출(出)'을 제(齊)나라 진영에서 나간 것으로 말하고 있다. 그러나 '삼입삼출(三入三出)'은 적진으로 들어갔다가 적진에서 나온다는 의미이다. 따라서 '매출(每出)'은 제나라 진영에서 나간 것이 아니라 '적진에서 빠져나올 때마다'의 의미이다. 그렇다면 '제사이솔퇴(齊師以帥退)'는 적진으로 들어간 제나라 군대가 적진에 뒤쳐져 있던 제나라 군사들을 데리고 나온 것으로 보는 것이 타당하다.

24) 례가~여겨 : 임금의 안위를 먼저 묻고 뒤에 아버지의 안위를 물었기 때문이다.

先王則不義 何以爲盟主 其晉實有闕 四王之王也 禹湯文武 **樹德而濟同欲焉 五伯之霸也** 夏伯昆吾 商伯大彭豕韋 周伯齊桓晉文 **勤而撫之 以役王命 今吾子求合諸侯 以逞無疆之欲** 疆 竟也 **詩曰 布政優優 百祿是遒 子實不優 而棄百祿 諸侯何害焉** 言不能爲諸侯害 **不然 寡君之命使臣則有辭矣 曰 子以君師辱於敝邑 不腆敝賦 以犒從者** 戰而曰犒 爲孫辭 **畏君之震 師徒撓敗** 震 威也 撓 曲也 **吾子惠徼齊國之福 不泯其社稷 使繼舊好 唯是先君之敝器土地不敢愛 子又不許 請收合餘燼 背城借一** 欲借一戰 **敝邑之幸亦云從也** 言幸而得勝 尙當從命 **況其不幸 敢不唯命是聽**

진(晉)나라 군대가 제(齊)나라 군대를 뒤쫓아 구여(丘輿)로부터 들어가 마형(馬陘)을 쳤다. 구여(丘輿)와 마형(馬陘)은 모두 제(齊)나라 읍이다. 제후(齊侯)가 빈미인(賓媚人)을 보내어 기(紀)나라 시루[甗]와 옥경(玉磬)과 땅을 뢰물로 주고 미인(媚人)은 국좌(國佐)이다. 시루[甗]는 옥증(玉甑)이니 기(紀)나라를 멸하고 얻은 것이다. 시루와 옥경과 로(魯)나라와 위(衛)나라를 침범하여 얻은 땅을 뢰물로 주려는 것이다. 여의치 않으면 저들이 원하는 대로 들어주게 하였다. 진인(晉人)이 원하는 대로 들어주게 한 것이다. 빈미인이 뢰물을 바쳤는데 진인(晉人)이 안 된다고 하면서 말하기를 "반드시 소동숙자(蕭同叔子)를 인질로 보내고[25] 동숙(同叔)은 소(蕭)나라 임금의 자(字)이고 제후(齊侯)의 외조부이다. 자(子)는 딸이다. 제나라 령토 내 전답의 이랑을 다 동쪽으로 향하게 하시오."라고 하였다. 이에 빈미인이 다음과 같이 대답하였다. "소동숙자는 다른 사람이 아니라 과군의 어머니입니다. 만약 진나라에서 필적할 만한 분이라면 또한 진나라 임금님의 어머니입니다. 그대들이 제후들에게 대명(大命)을 펴시면서 '반드시 그 임금의 어머니를 인질로 삼아 믿음을 보이라.'고 하시면 왕명을 어찌하려는 것입니까. 왕명을 어기게 된다는 말이다. 또 이는 불효하라고 명하시는 것입니다. 《시(詩)》에 '효자는 효심이 끊임없어 길이 너의 동류에게 복을 내리리로다.'[26]라고 하였으니, 만약 제후들에게 불효하라고 명하신다면 덕을 행하지 않는 무리가 아니겠습니까. 효와 덕으로 같은 무리에게 베풀지 않는다는 말이다. 선왕께서 천하의 땅에 경계를 짓고 다스릴 때 토질의 적합함에 따라 식물을 심어 씨앗을 뿌리거나 심는 식물을 각각 토질의 적합함에 따르게 한 것이다. 그 리익을 폈습니다. 그러므로 《시》에 '내가 경계를 짓고 내가 땅을 다스릴 때 이랑을 남쪽으로 하고 동쪽으로 하도다.'[27]라고 하였습니다. 지금 그대들이 제후들의 땅을 경계짓고 다스림에 '전답의 이랑을 다 동쪽으로 향하게 하라.'하니, 이는 그대들의 융

---

25) 반드시~보내고 : 소동숙자(蕭同叔子)는 제경공(齊頃公)의 모친이다. 선공(宣公) 17년 진(晉)나라 극극(郤克)이 제(齊)나라에 사신 갔을 때 소동숙자에게 당한 모욕을 갚기 위하여 그녀를 인질로 삼고자 한 것이다.

26) 효자는~내리리로다 : 《시경(詩經)》 〈대아(大雅)〉 기취(旣醉).

27) 내가~하도다 : 《시경(詩經)》 〈소아(小雅)〉 신남산(信南山).

거(戎車)를 출정시키는데 편리하고자 하는 것으로 진(晉)나라가 제(齊)나라를 칠 때 밭두둑을 따라 동쪽으로 행하기에 용이하게 한 것이다. 토질의 적합함을 고려하지 않은 것이니 선왕께서 명하신 것이 아니지 않습니까. 선왕께서 행하신 도를 어긴다면 의롭지 못한 것이니, 어떻게 맹주가 될 수 있겠습니까. 진나라는 진실로 맹주의 자격이 결여된 것입니다. 네 왕들이 천하의 왕 노릇 할 때는 우왕(禹王)·탕왕(湯王)·문왕(文王)·무왕(武王)이다. 덕을 세워 천하 사람들이 함께 원하는 바를 이루어 주었으며, 다섯 패자들이 우두머리 노릇 할 때는 하(夏)나라 때의 패자 곤오(昆吾)와 상(商)나라 때의 패자 대팽(大彭)·시위(豕韋)와 주(周)나라 때의 패자 제환공(齊桓公)·진문공(晉文公)이다. 부지런히 힘쓰고 제후들을 위무하여 왕명을 잘 복역하였습니다. 그런데 지금 그대들은 제후들을 회합시키기를 구하면서 끝[疆]없는 욕심을 채우고 있습니다. 강(疆)은 경계이다.《시》에 '정사를 펴기를 너그럽고 너그럽게 하니 온갖 복록이 이에 모이도다.'[28]라고 하였는데 그대들은 실로 너그럽지 못하여 모든 복을 버리고 있습니다. 그러면 제후 가운데 누가 해를 입겠습니까. 제후들에게는 해가 되지 않는다는 말이다.[29] 그대들이 그렇게 여기지 않으면 과군이 사신인 저에게 전하도록 명한 말이 있었습니다. 그 말에 '그대들이 그대 임금의 군대를 거느리고 수고로이 우리나라에 왔기에 보잘것없는 우리 군대로 싸움에 종사하는 그대 군사들을 호궤하였으나[犒] 싸우면서 호(犒)라고 하였으니 이는 겸손하게 표현한 말이다. 진나라 임금의 위력[震]을 두려워하여 우리 군사들이 꺾여[撓] 패하였다. 진(震)은 위력이다. 요(撓)는 꺾임이다. 그대들이 은혜를 베풀어 우리 제나라가 복을 맞이하게 하여 사직을 없애지 않고 옛날의 우호를 잇게 하면 선군께서 남기신 변변치 못한 기물과 토지를 감히 아끼지 않고 주겠지만 그대들이 이를 허낙하지 않는다면 남은 군사를 수습하여 성을 등지고 한 번 싸울 것이다. 한 번 싸우고자 한다는 것이다. 우리나라가 요행히 이기더라도 또한 명을 따를 것인데 요행히 이기더라도 오히려 하명하는 바를 따르겠다는 말이다. 하물며 불행히 패하는 경우에야 감히 명을 듣지 않을 수 있겠는가.'라고 하였습니다."

魯衛諫曰 齊疾我矣 諫郤克也 **其死亡者 皆親暱也 子若不許 讎我必甚 唯子則又何求 子得其國寶** 謂甗磬 **我亦得地** 齊歸所侵 **而紓於難 其榮多矣 齊晉亦唯天所授 豈必晉** 豈必晉國可以勝齊 **晉人許之 對曰 羣臣帥賦輿** 賦輿猶兵車 **以爲魯衛請 若苟有以藉口而復於寡君 君之惠也 敢不唯命是聽**

---

28) 정사를~모이도다 :《시경(詩經)》〈상송(商頌)〉 장발(長發).

29) 제후들에게는~말이다 : 다른 제후들에게는 해가 되지 않고 진(晉)나라 제후에게만 해가 돌아간다는 말이다.

로(魯)나라와 위(衛)나라가 간하기를 "제(齊)나라는 우리를 미워하고 있습니다. 극극(郤克)에게 간한 것이다. 이는 죽은 이들이 모두 제후(齊侯)와 친근한 자들이기 때문입니다. 그대들이 만약 제나라의 요청을 허낙하지 않는다면 우리를 원수처럼 여김이 반드시 심할 것입니다. 그대들은 또 무엇을 구하려 하십니까. 그대들은 그 나라의 보배를 얻고 시루[甗]와 옥경[磬]을 이른다. 우리도 또한 땅을 얻고 제(齊)나라가 침범한 땅을 돌려준 것이다. 환난에서 풀리게 되니, 그 영광스러움이 많은 것입니다. 제나라와 진(晉)나라 또한 모두 하늘이 명을 부여한 나라인데 어찌 반드시 진나라가 이긴다고만 생각하십니까."라고 하였다. 어찌 반드시 진(晉)나라가 제(齊)나라를 이길 수 있다고 생각하느냐는 것이다. 이에 진인(晉人)이 제나라의 요청을 허낙하고서 대답하기를 "뭇 신하가 부여(賦輿)를 이끌고 온 것은 부여(賦輿)는 병거[兵車]와 같다. 로나라와 위나라의 요청이 있었기 때문이오. 만약 실로 합당한 구실이 있어 과군에게 복명할 수 있다면 이는 제나라 임금님의 은혜 때문이오. 그러니 감히 명을 듣지 않을 수 있겠소."라고 하였다.

秋 七月 齊侯使國佐如師 己酉 及國佐盟于袁婁 가을 7월에 제후(齊侯)가 국좌(國佐)를 제후들의 군영에 보내었다. 기유일에 국좌와 원루(袁婁)에서 맹약하였다.

袁 穀作爰 ○袁婁 地名

원(袁)은 《곡량전(穀梁傳)》에는 원(爰)으로 되어 있다. ○원루(袁婁)는 땅 이름이다.

禽鄭自師逆公 禽鄭 魯大夫 **秋 七月 晉師及齊國佐盟于爰婁 使齊人歸我汶陽之田 公會晉師于上鄍** 上鄍 齊地 **賜三帥先路三命之服** 三帥 郤克士燮欒書 先路卽革路木路 已受王賜改而易新 幷此車所建所服之物 **司馬司空輿帥候正亞旅 皆受一命之服** 晉司馬司空皆大夫 輿帥主兵車 候正主斥候 亞旅亦大夫也

금정(禽鄭)이 군영에서 와 성공(成公)을 맞이하였다.[30] 금정(禽鄭)은 로(魯)나라 대부이다. 가을 7월에 진(晉)나라 군대가 제(齊)나라 국좌(國佐)와 원루(爰婁)에서 맹약하고 제인(齊人)으

30) 금정(禽鄭)이~맞이하였다 : 싸움에 참가하였던 금정(禽鄭)이 로(魯)나라로 돌아와 성공(成公)을 맞이하여 제후들의 군영으로 모셔가 회합에 참가하도록 한 것이다.

로 하여금 우리 문양(汶陽)의 전지를 돌려주게 하였다. 성공이 진나라 군대와 상명(上鄍)에서 회합하여 상명(上鄍)은 제(齊)나라 땅이다. 세 장수에게 선로(先路)[31]와 3명(命)[32]의 복(服)[33]을 하사하였다. 세 장수는 극극(郤克)·사섭(士燮)·란서(欒書)이다. 선로(先路)는 곧 혁로(革路)와 목로(木路)이니, 이 세 장수는 이미 왕이 하사한 것을 받았는데 지금 성공(成公)이 고쳐서 새로운 것으로 바꾸어 주고[34] 아울러 수레에 세우는 것과 장식하는 물건도 준 것이다. 사마(司馬)·사공(司空)·여수(輿帥)·후정(候正)·아려(亞旅)는 모두 1명(命)[35]의 복을 받았다. 진(晉)나라 사마(司馬)와 사공(司空)은 모두 대부이다. 여수(輿帥)는 병거를 관장하고 후정(候正)은 척후(斥候)를 관장한다. 아려(亞旅)도 대부이다.

晉師歸 范文子後入 武子曰 無爲吾望爾也乎 對曰 師有功 國人喜以逆之 先入 必屬耳目焉 是代帥受名也 故不敢 武子曰 吾知免矣 郤伯見 公曰 子之力也夫 對曰 君之訓也 二三子之力也 臣何力之有焉 **郤伯 郤克** **范叔見 勞之如郤伯 對曰 庚所命也 克之制也 燮何力之有焉** **庚 荀庚 林父子 將上軍 時不出 文子以佐代行 故稱帥以讓** **欒伯見 公亦如之 對曰 燮之詔也 士用命也 書何力之有焉** **欒書下軍帥 故推功上軍**

진(晉)나라 군대가 돌아갈 때 범문자(范文子 : 士燮)는 뒤에 도성으로 들어갔다. 그의 아버지 무자(武子 : 士會)가 말하기를 "내가 너를 기다리고 있다는 것을 생각하지 않았느냐?"라고 하니, 대답하기를 "우리 군대가 공을 세워서 국인이 기뻐하며 맞이하는데, 제가 먼저 들어가면 반드시 많은 사람의 이목이 집중될 것입니다. 이는 원수(元帥)를 대신하여 명성을 얻게 되는 것입니다. 그래서 감히 일찍 들어오지 못하였습니다."라고 하였다. 무자가 말하기를 "나는 우리 집안이 화를 면할 것을 알겠구나."라고 하였다. 극백(郤伯)이 진경공(晉景公)을 조견하니, 진경공이 말하기를 "이번 승리는 그대의 힘 때문이다."라고 하였다. 극백이 대답하기를 "그것은 임금님의 가르침 때문이고 여러 사람의 힘 때문입니다. 신에게 무슨 힘이 있었겠습니까."라고 하였다. 극백(郤伯)은 극극(郤克)이다. 범숙(范叔 : 范文子)이 조견하니, 진경공이 극백에게 한 말과 같이 그를 위로해 주었다. 이에 범숙이 대답하기를 "경(庚)이

31) 선로(先路) : 제후(諸侯)의 경(卿)이 타는 수레.
32) 3명(命) : 주대(周代) 관계(官階)의 하나. 공(公)·후(侯)·백(伯)의 경(卿)이 해당한다.
33) 복(服) : 관작을 임명할 때 하사하는 기물(器物)과 의복(衣服).
34) 선로(先路)는~주고 : 왕이 하사한 것과 같은 것을 내려줄 수 없기 때문에 수레의 형식을 바꾸어 준 것이다.
35) 1명(命) : 주대(周代) 관계(官階)의 가장 낮은 단계. 공(公)·후(侯)·백(伯)의 사(士)와 자(子)·남(男)의 대부(大夫)가 해당한다.

명령한 것이고 극(克)이 통제한 때문입니다. 저 섭(燮)에게 무슨 힘이 있었겠습니까."라고 하였다. 경(庚)은 순경(荀庚)이니 림보(林父)의 아들로 상군을 거느렸으나 당시에 출전하지 않고, 문자(文子)가 상군의 부장으로서 대행한 것이다. 그러므로 장수를 일컬어 사양한 것이다. 란백(欒伯 : 欒書)이 조견하니, 진경공이 또한 같은 말로 위로하였다. 이에 란백이 대답하기를 "섭의 가르침 때문이고 군사들이 명령을 잘 따랐기 때문입니다. 저 서(書)에게 무슨 힘이 있었겠습니까."라고 하였다. 란서(欒書)는 하군의 장수이기 때문에 상군에게 공을 미룬 것이다.

晉侯使鞏朔獻齊捷于周 王弗見 使單襄公辭焉 曰 蠻夷戎狄 不式王命 式 用也 **淫湎毁常 王命伐之 則有獻捷 王親受而勞之 所以懲不敬 勸有功也 兄弟甥舅 侵敗王略** 略 經略法度 **王命伐之 告事而已 不獻其功 所以敬親暱 禁淫慝也 今叔父克遂 有功于齊 而不使命卿鎭撫王室 所使來撫余一人 而鞏伯實來 未有職司於王室** 鞏朔 上軍大夫 非命卿 **又奸先王之禮** 謂獻齊捷 **余雖欲於鞏伯** 欲受其獻 **其敢廢舊典 以忝叔父 夫齊甥舅之國也 而大師之後也 寧不亦淫從其欲 以怒叔父 抑豈不可諫誨 士莊伯不能對** 莊伯 鞏朔 **王使委於三吏** 委 屬也 三吏 三公也 **禮之如侯伯克敵使大夫告慶之禮 降於卿禮一等 王以鞏伯宴 而私賄之 使相告之曰 非禮也 勿籍** 相 相禮者 籍 書也

진후(晉侯)가 공삭(鞏朔)을 보내어 제(齊)나라를 쳐서 얻은 전리품을 주(周)나라에 바치게 하였다. 왕[定王]은 그를 만나보지 않고 선양공(單襄公)을 시켜 사양하기를 "만(蠻)·이(夷)·융(戎)·적(狄)이 왕명을 쓰지[式] 않고 식(式)은 씀이다. 주색에 빠져 상도(常道)를 훼손시킬 경우에 왕이 토벌하라고 명하면 전리품을 바치는 법이 있다. 그때 왕이 그 전리품을 친히 받고 위로하니, 이는 왕에 대한 불경함을 응징하고 공이 있는 자를 권면하기 위한 것이다. 형제의 나라[36]나 생구(甥舅)의 나라[37]가 왕의 법도[略]를 침범하고 무너뜨릴 경우에 략(略)은 천하를 경영하여 다스리는 법도이다. 왕이 토벌하라고 명하면 그때는 그 결과를 보고할 뿐 그 공을 바치지 않으니, 이는 왕실과 친한 제후들을 공경하고 음란하고 사특한 짓을 금하기 위한 것이다. 이제 숙부(叔父)가 싸워 이겨서 제나라에서 공이 있으나 명경(命卿)[38]을 보내어 왕실을 위무하게 하지 않고, 나 한 사람을 위무하러 사신을 오게 하여 공백(鞏伯)이 오기는 하였지만 그는 왕실에 대한 직함이 없고 공삭(鞏朔 : 鞏伯)은 상군대부(上軍大夫)이니 천자

---

36) 형제(兄弟)의 나라 : 동성(同姓)의 제후국을 말한다.

37) 생구(甥舅)의 나라 : 이성(異姓)의 나라로서 혼인 관계를 맺은 제후국을 말한다.

38) 명경(命卿) : 주왕(周王)이 임명한 제후국의 경(卿).

가 명한 경(卿)이 아니다. 또 선왕께서 제정한 례를 범하였다. 제(齊)나라에서 얻은 전리품을 바친 것을 이른다. 나는 비록 공백이 가지고 온 것을 받고 싶다 할지라도 그가 바친 것을 받고자 함이다. 어찌 감히 예로부터 내려온 법도를 폐하여서 숙부를 욕되게 할 수 있겠는가. 제나라는 생구의 나라이고 태사(大師)[39]의 후예인데 어찌면 제나라가 또한 지나치게 그 욕심을 좇아 숙부를 노하게 한 것이 아니겠는가마는 그래도 어찌 타일러 가르칠 수 없었겠는가."라고 하였다. 이 말에 대하여 사장백(士莊伯)은 아무런 대답도 못하였다. 장백(莊伯)은 공삭(鞏朔)이다. 왕은 3리(吏)에게 그에 대한 접대를 맡기니[委], 위(委)는 맡김이다. 3리(吏)는 3공(公)이다. 3리는 공삭에게 후백(侯伯)이 적을 쳐서 이기고 대부를 보내어 왕에게 그 경사를 고하였을 때에 베풀어 주는 례우와 같이하여 경(卿)에게 베푸는 례보다 한 등급 내려서 례우하였다. 그리고 왕은 공백에게 연회를 베풀고 사사로이 선물을 주고서는 상(相)을 시켜 말하게 하기를 "이 일은 례가 아니니 기록해[籍] 두지 말라."고 하였다. 상(相)은 례를 돕는 자이다. 적(籍)은 기록함이다.

八月 壬午 宋公鮑卒 8월 임오일에 송공(宋公) 포(鮑)가 졸하였다.

八月 宋文公卒

8월에 송문공(宋文公 : 鮑)이 졸하였다.

庚寅 衛侯速卒 경인일에 위후(衛侯) 속(速)이 졸하였다.

速 公作遬

속(速)은 《공양전(公羊傳)》에는 속(遬)으로 되어 있다.

九月 衛穆公卒 庚寅 九月七日 **晉三子自役吊焉 哭於大門之外** 郤克士燮欒書自鞌還 過衛 因吊之 未復命 故不敢成禮 **衛人逆之 婦人哭於門內** 喪位 婦人哭於堂 賓在門外 故移在門內 **送亦**

39) 태사(大師) : 제(齊)나라 시조 태공망(太公望)을 이른다.

如之 遂常以葬 **至葬行此禮**

9월에 위목공(衛穆公 : 速)이 졸하였다. 경인일은 9월 7일이다. 진(晉)나라의 세 사람이 싸움에서 돌아가는 길에 조문을 하면서 빈소가 있는 곳의 대문 밖에서 곡하였다. 극극(郤克)·사섭(士燮)·란서(欒書)가 안(鞌) 땅의 싸움에서 돌아가는 길에 위(衛)나라를 지나다가 조문한 것이다. 아직 복명(復命)하지 못하였기 때문에 감히 례를 갖추지 못한 것이다. 위인(衛人)이 그들을 대문 밖에서 맞이하고 부인(婦人)들은 대문 안에서 곡하였다. 상주(喪主)의 자리는 부인(婦人)의 경우에 당(堂)에서 곡을 해야 하는데 빈객이 문밖에 있기 때문에 문안으로 옮긴 것이다.[40] 그들을 전송할 때에도 또한 그렇게 하여 이 례식은 드디어 장사지낼 때까지 상례(常禮)로 삼았다. 장사지낼 때까지 이 례를 행한 것이다.

取汶陽田

문양(汶陽)의 전지를 취하였다.

○楚之討陳夏氏也 莊王欲納夏姬 申公巫臣曰 不可 君召諸侯 以討罪也 今納夏姬 貪其色也 貪色爲淫 淫爲大罰 周書曰 明德愼罰 文王所以造周也 明德 務崇之之謂也 愼罰 務去之之謂也 若興諸侯 以取大罰 非愼之也 君其圖之 王乃止 子反欲取之 巫臣曰 是不祥人也 是夭子蠻 **子蠻 鄭靈公 夏姬之兄 殺死無後** **殺御叔** **御叔 夏姬之夫 亦早死** **弑靈侯** **陳靈公** **戮夏南** **夏姬子徵舒** **出孔儀** **孔寧儀行父** **喪陳國 何不祥如是 人生實難 其有不獲死乎** **言死易得 無爲取夏姬以速之** **天下多美婦人 何必是 子反乃止**

○초(楚)나라가 진(陳)나라 하씨(夏氏)를 토죄하였을 때[41] 장왕(莊王)이 하희(夏姬)를 아내로 들이려 하자, 신공무신(申公巫臣)이 말하기를 "옳지 않습니다. 임금님께서 제후들을 소집한 것은 죄인을 토죄하기 위해서인데 이제 하희를 들이신다면 녀색을 탐하는 것이 됩니다. 녀색을 탐하는 것은 음란함이고 음란함은 큰 벌을 받게 됩니다. 〈주서(周書)〉에 이르기를 '덕을 밝히고 벌을 삼갔다.'[42]라고 하였는데, 그것이 문왕(文王)께서 주(周)나라를 세

---

40) 상주(喪主)의~것이다 : 남자 상주는 빈객을 맞이하기 위하여 당(堂)에서 내려가 대문 밖에 곡위(哭位)를 설치하였으므로 녀자 상주도 당에서 내려가 대문 안에 곡위를 설치한 것이다.

41) 초(楚)나라가~때 : 진령공(陳靈公)이 공녕(孔寧)·의행보(儀行父)와 함께 하징서(夏徵舒)의 어머니 하희(夏姬)를 간통하자 하징서가 진령공을 죽였다. 그러자 초(楚)나라가 하징서를 토죄한 것이다. 이 일은 선공(宣公) 11년에 있었다.

42) 덕을~삼갔다 : 《서경(書經)》 〈주서(周書)〉 강고(康誥).

울 수 있었던 까닭입니다. 덕을 밝힌다는 것은 덕을 숭상하기를 힘쓰는 것을 이른 것이고, 벌을 삼간다는 것은 벌 받을 일을 제거하기를 힘쓴다는 것을 이른 것입니다. 만약 제후들의 군대를 일으켜 놓고 크게 벌 받을 일을 취한다면 신중하지 못한 것입니다. 임금님께서는 이를 헤아리십시오."라고 하니, 왕이 그만두었다. 그러자 자반(子反)이 하희를 차지하려 하였는데, 무신(巫臣)이 말하기를 "이 녀자는 상서롭지 못한 사람입니다. 이 녀자는 자만(子蠻)을 일찍 죽게 하였고, 자만(子蠻)은 정령공(鄭靈公)으로 하희(夏姬)의 오라비였는데,[43] 살해당하여 죽었고[44] 후사가 없었다. 어숙(御叔)을 죽게 하였으며, 어숙(御叔 : 夏御叔)은 하희(夏姬)의 남편인데 또한 일찍 죽었다. 령후(靈侯)를 시해당하게 하였고, 진령공(陳靈公)이다. 하남(夏南)을 죽게 하였으며, 하희(夏姬)의 아들인 징서(徵舒)이다. 공녕(孔寧)과 의행보(儀行父)를 나라 밖으로 달아나게 하였고, 공녕(孔寧)과 의행보(儀行父)이다. 진(陳)나라를 망하게 하였으니 어떤 상서롭지 못함이 이와 같겠습니까. 사람은 산다는 것이 실로 어려운데 아마도 제명대로 죽을 수 없을 것입니다. 죽음은 쉽게 얻을 수 있는 것이니, 하희(夏姬)를 차지함으로써 죽음을 불러들이지 말라는 말이다. 천하에 아름다운 부인(婦人)이 많은데 하필 이 녀자입니까."라고 하니, 자반이 그만두었다.

王以予連尹襄老 襄老死於邲 不獲其尸 其子黑要烝焉 黑要 襄老子 **巫臣使道焉 曰 歸吾聘女** 道夏姬使歸鄭 **又使自鄭召之 曰 尸可得也** 襄老尸 **必來逆之 姬以告王 王問諸屈巫** 屈巫 巫臣 **對曰 其信 知罃之父 成公之嬖也 而中行伯之季弟也 新佐中軍 而善鄭皇戌 甚愛此子** 愛知罃也 **其必因鄭而歸王子與襄老之尸以求之** 王子 楚公子穀臣 求易知罃于楚 **鄭人懼於邲之役而欲求媚於晉 其必許之 王遣夏姬歸 將行 謂送者曰 不得尸 吾不反矣**

초왕(楚王)이 하희(夏姬)를 련윤(連尹)인 양로(襄老)에게 주었는데 양로가 필(邲) 땅에서 죽어[45] 그 시신을 찾지 못하였다. 그런데 그 아들인 흑요(黑要)가 하희와 간통하였다. 흑요(黑要)는 양로(襄老)의 아들이다. 그러자 무신(巫臣)이 사람을 보내어 하희에게 말하기를 "돌아가

43) 자만(子蠻)은~오라비였는데 : 소공(昭公) 28년조에 의하면 하희(夏姬) 오라비의 자(字)는 자맥(子貉)이니, 자만(子蠻)은 하희의 오라비인 정령공(鄭靈公)이 아니라 하희가 하어숙(夏御叔)과 혼인하기 전의 첫 남편으로 보는 설도 있다.

44) 살해당하여 죽었고 : 정령공(鄭靈公)이 초(楚)나라에서 바친 큰 자라로 국을 끓였다. 대부 자가(子家)와 자공(子公)이 입조하여 자공이 맛을 보려고 했지만 정령공이 주지 않자 자공이 화가 나서 손가락을 솥에 넣어 맛을 보고는 나갔다. 화가 난 정령공이 자공을 죽이려 하자 일을 벌이기도 전에 자공과 자가에 의해 살해당하였다. 선공(宣公) 4년조 참조.

45) 양로가~죽어 : 선공(宣公) 12년에 있었던 정(鄭)나라 필(邲) 땅의 싸움에서 죽은 것이다.

있으면 내가 당신을 아내로 맞이하겠소."라 하고, 하희(夏姬)에게 말하여 친정인 정(鄭)나라로 돌아가도록 한 것이다. 또 정(鄭)나라에서 하희를 부르도록 하면서 "시신을 찾을 수 있으니 양로(襄老)의 시신이다. 반드시 와서 맞이하시오."라고 말하게 하였다. 하희가 이 일을 초왕에게 고하니, 초왕이 굴무(屈巫)에게 묻자 굴무(屈巫)는 무신(巫臣)이다. 대답하기를 "그것은 믿을 만합니다. 지앵(知罃)의 아버지[46]는 진성공(晉成公)의 총애를 받고 있고 중항백(中行伯)[47]의 막내 동생입니다. 그는 새로 중군의 부장이 되었는데, 정나라 황술(皇戌)과 친하며 이 아들을 매우 사랑합니다. 지앵(知罃)을 사랑함이다. 그는 반드시 정나라를 통하여 왕자(王子)와 양로의 시신을 돌려주고 그 아들을 구해내려고 할 것입니다.[48] 왕자(王子)는 초(楚)나라 공자 곡신(穀臣)이다. 초나라에 지앵(知罃)과 바꿀 것을 요구한다는 것이다. 정인(鄭人)은 필 땅의 싸움을 두려워하여[49] 진(晉)나라에 잘 보이려고 할 것이니 그것을 반드시 허낙할 것입니다."라고 하니, 왕은 하희를 돌아가도록 하였다. 하희는 출발하면서 보내주는 사람에게 말하기를 "양로의 시신을 얻지 못하면 나는 돌아오지 않을 것이다."[50]라고 하였다.

巫臣聘諸鄭 鄭伯許之 及共王卽位 將爲陽橋之役 陽橋 魯地 楚伐魯至陽橋 在此年冬 **使屈巫聘於齊 且告師期 巫臣盡室以行 申叔跪從其父 將適郢 遇之** 叔跪 申叔時子 **曰 異哉 夫子有三軍之懼 而又有桑中之喜 宜將竊妻以逃者也** 桑中 衛風淫奔之詩 **及鄭 使介反幣 而以夏姬行** 介 副也 **將奔齊 齊師新敗 曰 吾不處不勝之國 遂奔晉 而因郤至** 至 郤克族子 **以臣於晉 晉人使爲邢大夫** 邢 晉邑 **子反請以重幣錮之** 禁錮勿令仕 **王曰 止 其自爲謀也 則過矣 其爲吾先君謀也 則忠 忠 社稷之固也 所蓋多矣** 忠足蓋罪 **且彼若能利國家 雖重幣 晉將可乎 若無益於晉 晉將棄之 何勞錮焉** 爲七年楚滅巫臣族張本

무신(巫臣)이 정(鄭)나라에 하희(夏姬)를 맞이하겠다고 하자, 정백(鄭伯)이 허낙하였다. 초공왕(楚共王)이 즉위하자 양교(陽橋)의 싸움을 하려고 하여 양교(陽橋)는 로(魯)나라 땅이다. 초(楚)나라가 로나라를 치려고 양교(陽橋)에 이르렀다. 이 일은 이 해 겨울에 있게 된다. 굴무(屈巫 : 巫臣)를

---

46) 지앵(知罃)의 아버지 : 진(晉)나라 순수(荀首). 지계(知季) 또는 지장자(知莊子)라고도 한다.

47) 중항백(中行伯) : 순언(荀偃). 곧 순림보(荀林父)를 이른다.

48) 그는~것입니다 : 필(邲) 땅의 싸움에서 초인(楚人)이 지앵(知罃)을 포로로 잡아갔기 때문이다.

49) 정인(鄭人)은~두려워하여 : 필(邲) 땅의 싸움에서 초(楚)나라에 붙었던 정(鄭)나라가 이후에 진(晉)나라의 보복을 두려워한 것이다.

50) 양로의~것이다 : 하희(夏姬)가 무신(巫臣)의 말에 따라 정(鄭)나라로 돌아가 무신이 와서 자기를 아내로 맞이하기를 기다린 것이니, 양로(襄老)의 시신을 찾으면 초(楚)나라로 돌아오겠다는 말은 구실일 뿐이다.

보내어 제(齊)나라를 빙문하고 또 출군할 시기를 알리게 하였다. 이때 무신은 가족과 가산을 다 가지고 떠났다. 신숙궤(申叔跪)가 그 아버지를 따라 영(郢) 땅으로 가려는 길에 그를 만나자 숙궤(叔跪)는 신숙시(申叔時)의 아들이다. 말하기를 "이상하다. 저분은 3군(軍)의 일에 대한 두려움[51]을 갖고 있어야 하는데 또 상중(桑中)의 기쁨도 갖고 있으니, 마땅히 남의 처를 빼앗아 도망칠 것 같다."라고 하였다. 상중(桑中)은 〈위풍(衛風)〉[52]의 음란한 시이다. 무신은 정나라에 도착하자 부사[介]를 시켜 례물을 초(楚)나라로 돌려보내게 하고 하희를 데리고 떠났다. 개(介)는 부사(副使)이다. 제나라로 망명하려 하다가 제나라 군대가 막 패하자 말하기를 "나는 이기지 못한 나라에 살지 않겠다."라 하고 드디어 진(晉)나라로 망명하고 극지(郤至)를 통하여 지(至)는 극극(郤克)의 친족 자제이다. 진나라의 신하가 되니, 진인(晉人)이 그를 형(邢) 땅의 대부로 삼았다. 형(邢)은 진(晉)나라 읍이다. 그러자 자반(子反)이 진나라에 많은 례물을 보내어 그 조치를 막자고 요청하니, 벼슬을 못하도록 막자는 것이다. 초왕(楚王)이 말하기를 "그만두어라. 그 자신이 꾸민 계책은 잘못된 것이지만 그가 우리 선군을 위하여 꾸민 계책[53]은 충성스러운 것이다. 충성은 사직을 굳건히 해주는 것이니 덮어줄 것이 많다. 충성이 충분히 죄를 덮는다는 것이다. 또 그가 만약 진나라에 리익이 된다면 비록 례물이 많다고 한들 진나라가 들어주겠는가. 만약 진나라에 리익이 없다면 진나라는 그를 버릴 것이니 어찌 수고로이 막을 것인가."라고 하였다. 7년에 초(楚)나라가 무신(巫臣) 일족을 멸하는 장본이 된다.

冬 楚師鄭師侵衛

겨울에 초(楚)나라 군대와 정(鄭)나라 군대가 위(衛)나라를 침범하였다.

宣公使求好于楚 莊王卒 宣公薨 不克作好 公卽位 受盟于晉 會晉伐齊 衛人不行使于楚 而亦受盟于晉 從於伐齊 故楚令尹子重爲陽橋之役以救齊 將起師 子重曰 君弱 共王卽位二年 蓋年十二三 **羣臣不如先大夫 師衆而後可 詩曰 濟濟多士 文王以寧 夫文王猶用衆 況吾儕乎 且先君莊王屬之曰 無德以及遠方 莫如惠恤其民而善用之 乃大戶** 閱民戶口 **已責** 棄逋責 **逮鰥** 施及老鰥 **救乏 赦罪 悉師 王卒盡行 彭名御戎 蔡景**

51) 3군(軍)의~두려움 : 3군(軍)을 출동시키는 임무에 대한 두려움이다.

52) 〈위풍(衛風)〉 : 《시경(詩經)》 〈용풍(鄘風)〉의 잘못이다.

53) 우리~계책 : 무신(巫臣)이 초장왕(楚莊王)에게 하희(夏姬)를 받아들이지 말라고 간한 일이다.

公爲左 許靈公爲右 雖無楚王 王戎車亦行 故 令二君當左右之位 **二君弱 皆强冠之**

이보다 앞서 선공(宣公)이 사자를 보내어 초(楚)나라에 우호를 구하였으나 초장왕(楚莊王)이 졸하고 선공도 훙하여 우호를 이루지 못하였다. 성공(成公)이 즉위하여 진(晉)나라에게 맹약을 받고서는 진나라와 회합하여 제(齊)나라를 쳤다.[54] 위인(衛人)도 초나라에 사신을 보내지 않고 또한 진나라에게 맹약을 받고서는 제나라를 치는 일을 따랐다. 그리하여 초나라 령윤(令尹) 자중(子重)이 양교(陽橋)의 싸움을 일으켜 제나라를 구원하였다. 초나라가 군대를 일으키려 할 때 자중이 말하기를 "우리 임금님은 어리시고 초공왕(楚共王)이 즉위한 지 2년째이니 나이가 12~13세 정도였다. 뭇 신하는 선대부들과 같지 못하니 군대가 많아진 뒤에야 가능할 것이다. 《시(詩)》에 이르기를 '훌륭하고 훌륭한 많은 선비여. 이에 문왕(文王)이 편안할 수 있으셨네.'[55]라고 하였으니, 문왕께서도 오히려 많은 사람을 쓰셨는데 우리 같은 무리야 더 말할 것이 있겠는가. 또 선군이신 장왕(莊王)께서 부탁하여 말씀하시기를 '덕으로써 먼 곳까지 미칠 수 없다면 백성에게 혜택과 구휼을 베풀어서 그들을 잘 쓰는 것 만한 것이 없다.'라고 하셨다."라 하였다. 이에 크게 호구조사를 하여 백성의 호구(戶口)를 조사함이다. 밀린 조세를 면해주고, 밀린 조세를 폐함이다. 홀아비에게 혜택을 주고 늙은 홀아비에게까지 혜택을 줌이다. 가난한 이를 구원하며, 죄수를 사면하여 모두 군대에 편입시키고 왕의 친위병까지 다 출동시켰다. 팽명(彭名)이 융거를 몰고, 채경공(蔡景公)이 거좌가 되었으며, 허령공(許靈公)이 거우가 되었다. 비록 초왕(楚王)이 없더라도 왕의 융거가 또한 출진하였기 때문에 두 임금으로 하여금 좌우의 자리를 맡게 한 것이다. 두 임금은 어렸는데 모두 억지로 관례를 치렀다.[56]

冬 楚師侵衛 遂侵我師于蜀 公賂之而退 故不書侵 **使臧孫往** 臧孫 宣叔也 **辭曰 楚遠而久 固將退矣 無功而受名 臣不敢 楚侵及陽橋 孟孫請往賂之** 孟孫 獻子也 **以執斲執鍼織紝** 執斲 匠人 執鍼 女工 織紝 織繒布者 **皆百人 公衡爲質** 公衡 成公子 **以請盟 楚人許平**

겨울에 초(楚)나라 군대가 위(衛)나라를 침범하고, 드디어 촉(蜀) 땅에서 우리 군대를 침범하였다. 성공(成公)이 뇌물을 주자 물러갔기 때문에 경문에 침범하였다고 기록하지 않은 것이다. 그때 성공(成公)이 장손(臧孫)을 시켜 초군(楚軍)을 찾아가게 하니, 장손(臧孫)은 선숙(宣叔)이다. 사양하며 말하기를 "초군은 멀리서 왔고 또 나온 지 오래되었으니 반드시 물러갈 것입니다. 공도

---

54) 성공(成公)이~쳤다 : 안(鞌) 땅의 싸움이다.

55) 훌륭하고~있으셨네 : 《시경(詩經)》 〈대아(大雅)〉 문왕(文王).

56) 두 임금은~치렀다 : 억지로 관례를 치러 성인이 되게 하여 두 임금을 싸움에 동원한 것이다.

없으면서 명성을 얻는 일을 신은 감히 할 수 없습니다."라고 하였다. 초군이 침범하여 양교(陽橋)에 이르니, 맹손(孟孫)이 가서 뢰물을 주겠다고 청하고 맹손(孟孫)은 헌자(獻子)이다. 집착(執斲)·집침(執鍼)·직임(織紝) 집착(執斲)은 장인(匠人)이고, 집침(執鍼)은 녀공(女工)이며, 직임(織紝)은 비단을 짜는 사람이다. 모두 백 명과 공형(公衡)을 인질로 하여 공형(公衡)은 성공(成公)의 아들이다. 맹약을 청하니 초인(楚人)이 화평을 허낙하였다.

十有一月 公會楚公子嬰齊于蜀 丙申 公及楚人秦人宋人陳人衛人鄭人齊人曹人邾人薛人鄫人盟于蜀

11월에 성공(成公)이 초(楚)나라 공자 영제(嬰齊)와 촉(蜀) 땅에서 회합하였다. 병신일에 성공이 초인(楚人)·진인(秦人)·송인(宋人)·진인(陳人)·위인(衛人)·정인(鄭人)·제인(齊人)·조인(曹人)·주인(邾人)·설인(薛人)·증인(鄫人)과 촉 땅에서 맹약하였다.

楚書公子 自嬰齊始 楚始與中國準

초(楚)나라에 대하여 경문에 공자라고 기록한 것은 영제(嬰齊)로부터 시작되었으니, 초나라가 처음으로 중국에 준하는 대우를 받은 것이다.

十一月 公及楚公子嬰齊蔡侯許男秦右大夫說宋華元陳公孫寧衛孫良夫鄭公子去疾及齊國之大夫盟于蜀 齊大夫不書其名 非卿也 **卿不書 匱盟也 於是乎畏晉而竊與楚盟 故曰匱盟** 匱 乏也 **蔡侯許男不書 乘楚車也 謂之失位** 卿不書 則稱人 諸侯不書 皆不見經君臣之別

11월에 성공(成公)이 초(楚)나라 공자 영제(嬰齊)·채후(蔡侯)·허남(許南)·진(秦)나라 우대부(右大夫) 열(說)·송(宋)나라 화원(華元)·진(陳)나라 공손녕(公孫寧)·위(衛)나라 손량부(孫良夫)·정(鄭)나라 공자 거질(去疾) 및 제(齊)나라 대부와 촉(蜀) 땅에서 맹약하였다. 전문에 제(齊)나라 대부의 이름을 기록하지 않은 것은 경(卿)이 아니었기 때문이다. 경문에 경의 이름을 기록하지 않은 것은 궤맹(匱盟)[57]이었기 때문이다. 이때 진(晉)나라를 두려워하여 몰래 초나

57) 궤맹(匱盟) : 남몰래 행하여 실천에 대한 성의가 결핍된 맹약.

라와 맹약하였기 때문에 궤맹이라 한 것이다. 궤(匱)는 성의가 부족함이다. 경문에 채후와 허남을 기록하지 않은 것은 초나라 병거를 탔기 때문이니, 이를 일러 제자리를 잃었다고 하는 것이다. 경문에서 경(卿)의 이름을 기록하지 않을 경우에는 인(人)이라고 칭하고 제후(諸侯)를 기록하지 않을 경우에는 모두 경문에 보이지 않게 하니,[58] 이는 임금과 신하를 구별하기 위함이다.

君子曰 位其不可不愼也乎 蔡許之君 一失其位 不得列於諸侯 況其下乎 詩曰 不解于位 民之攸塈 塈 息也 **其是之謂矣**

군자는 말한다. "제자리는 삼가 지키지 않으면 안 된다. 채(蔡)나라와 허(許)나라의 임금이 한 번 그 자리를 잃자 제후의 반렬에 들 수가 없었는데 하물며 그 아래에 있는 자이겠는가. 《시(詩)》에 이르기를 '제자리 지키기에 게으르지 않으면 백성이 쉴[塈] 수 있는 것이다.'[59]라고 하였으니, 기(塈)는 쉼이다. 이런 경우를 두고 한 말이다."

楚師及宋 公衡逃歸 臧宣叔曰 衡父不忍數年之不宴 宴 樂也 **以棄魯國 國將若之何誰居 後之人必有任是夫 國棄矣** 居 音基 語辭 言後人必有當此患 **是行也 晉辟楚 畏其衆也**

초(楚)나라 군대가 돌아가는 길에 송(宋)나라에 이르자 공형(公衡)이 도망쳐 돌아왔다. 장선숙(臧宣叔)이 말하기를 "형보(衡父 : 公衡)가 몇 년 동안의 안락하지[宴] 못함을 참지 못하고 연(宴)은 안락함이다. 자기 나라인 로(魯)나라를 버렸으니, 이 나라를 장차 어찌할꼬. 누군가[誰居] 뒷사람이 반드시 이 일을 떠맡아야 할 것이니, 그가 나라를 저버렸기 때문이다."라고 하였다. 기(居)는 음이 기(基)이니 어조사이다. 뒷사람들이 반드시 이에 관련된 환난을 감당해야 할 것이라는 말이다. 이번 군행(軍行)에 진(晉)나라는 초나라를 피하였으니, 이는 초나라의 무리가 많은 것을 두려워하였기 때문이었다.

君子曰 衆之不可以已也 大夫爲政 猶以衆克 況明君而善用其衆乎 大誓所謂商兆民離 周十人同者 衆也 大誓 今周書泰書

---

58) 경문에서~하니 : 궤맹(匱盟)일 경우 경(卿)은 이름을 기록하지 않고 인(人)이라 하고, 제후(諸侯)는 아예 기록하지 않아 보이지 않게 한다는 것이다.

59) 제자리~것이다 : 《시경(詩經)》 〈대아(大雅)〉 가락(假樂). 윗자리에 있는 이가 부지런히 그 자리를 바르게 지키면 백성이 쉴 수 있다는 말이다.

군자는 말한다. "사람이 많은 것은 어찌할 수 없도다. 대부가 집정이 되어 오히려 많은 무리를 거느림으로써 성공하였는데[60] 하물며 밝은 임금이 무리를 잘 운용함에 있어서이겠는가. 태서(大誓)[61]에 이른바 '상(商)나라 무리가 많았지만 백성이 떨어져 나갔고, 주(周)나라는 10인이 한마음이었다.'라고 한 것은 무리가 이루어진 것이다." 태서(大誓)는 지금의 〈주서(周書)〉 태서(泰誓)이다.

성공(成公) 3년【癸酉 B.C.588】

三年 春 王正月 公會晉侯宋公衛侯曹伯伐鄭

3년 봄 왕정월에 성공(成公)이 진후(晉侯)·송공(宋公)·위후(衛侯)·조백(曹伯)과 회합하여 정(鄭)나라를 쳤다.

宋衛未葬 而稱爵以接鄰國 非禮也

송(宋)나라와 위(衛)나라가 아직 임금의 장례를 지내지도 않았는데 작위를 칭하여 이웃나라와 만났으니 례가 아니었다.

三年 春 諸侯伐鄭 次于伯牛 討邲之役也 伯牛 鄭地 **遂東侵鄭 鄭公子偃帥師禦之** 偃 穆公子 **使東鄙覆諸鄤 敗諸丘輿** 覆 伏兵也 鄤丘輿皆鄭地 **皇戌如楚獻捷**

3년 봄에 제후들이 정(鄭)나라를 치기 위하여 백우(伯牛)에 주둔하였으니, 이는 필(邲) 땅의 싸움에 대해 토죄하기 위해서였다.[62] 백우(伯牛)는 정(鄭)나라 땅이다. 드디어 제후들이 동쪽으로 가서 정나라를 침범하니, 정나라 공자 언(偃)이 군대를 거느리고 방어하였다. 언(偃)은

60) 대부가~성공하였는데 : 초(楚)나라 령윤(令尹) 자중(子重)이 많은 군사를 동원하여 양교(陽橋)의 싸움에서 이긴 것을 말한다.

61) 태서(大誓) : 《서경(書經)》 〈주서(周書)〉의 편 이름. 태서(泰誓)라고도 쓴다.

62) 필(邲)~위해서였다 : 선공(宣公) 12년 필(邲) 땅의 싸움에서 정(鄭)나라가 진(晉)나라를 배반하고 초(楚)나라 편이 되었던 것을 토죄하기 위해서였다.

목공(穆公)의 아들이다. 이때 그는 동쪽 변방군을 만(鄤) 땅에 매복시켰다가[覆] 제후들의 군대를 구여(丘輿)에서 패배시켰고, 복(覆)은 병사를 숨김이다. 만(鄤)과 구여(丘輿)는 모두 정(鄭)나라 땅이다. 정나라 황술(皇戌)은 초(楚)나라에 가서 로획물을 바쳤다.

辛亥 葬衛穆公 신해일에 위(衛)나라 목공(穆公)의 장례를 지냈다.

穆 公作繆

목(穆)은 《공양전(公羊傳)》에는 목(繆)으로 되어 있다.

二月 公至自伐鄭 2월에 성공(成公)이 정(鄭)나라를 치는 일에서 돌아왔다.

甲子 新宮災 三日哭 갑자일에 신궁(新宮)이 불타니 3일 동안 곡하였다.

宣公神主新入廟 故曰新宮 三日哭 禮也

선공(宣公)의 신주가 새로 사당에 들어갔기 때문에 신궁(新宮)이라 한 것이다. 3일 동안 곡하였으니 례에 맞는 일이었다.

乙亥 葬宋文公 을해일에 송(宋)나라 문공(文公)의 장례를 지냈다.

始厚葬 用蜃炭 益車馬 始用殉 **燒蛤爲炭以瘞壙 多埋車馬 用人從葬** **重器備** **重猶多也** **椁有四阿 棺有翰檜** **四阿 四注椁也 翰 旁飾 檜 上飾 皆王禮**

처음으로 장례를 후하게 지냈으니, 조개를 태워 만든 가루를 쓰고 거마의 수를 더하고 비로소 순장(殉葬)을 썼으며[63] 조개를 태워 가루로 만들어 광중(壙中)에 묻고 거마를 많이 묻었으며 사람도 따라 매장한 것이다. 많은[重] 기물을 묻고 중(重)은 많음[多]과 같다. 곽(椁)에는 사아(四阿)가 있고 관(棺)에는 한(翰)과 회(檜)가 있었다. 사아(四阿)는 사주곽(四注椁)[64]이고 한(翰)은 옆 장식이고 회(檜)는 윗 장식이니, 모두 왕만이 쓸 수 있는 장례법이다.

君子謂 華元樂擧 於是乎不臣 樂擧 宋卿 臣治煩去惑者也 是以伏死而爭 今二子者 君生則縱其惑 謂文十八年 殺母弟須 死又益其侈 是棄君於惡也 何臣之爲

군자는 이른다. "화원(華元)과 악거(樂擧)는 이 일에 있어서 신하 노릇을 못하였다. 악거(樂擧)는 송(宋)나라 경(卿)이다. 신하란 임금이 번잡한 일을 하는 것을 다스리고 미혹한 행위를 못하게 하는 자이다. 이 때문에 신하는 죽기를 무릅쓰고 간쟁해야 하는데, 지금 이 두 사람은 임금이 살아있을 때에는 미혹된 행위를 마음대로 하게 하였고 문공(文公) 18년에 동모제 수(須)를 죽인 일을 이른다. 죽어서는 또 사치를 더해주었다.[65] 이는 임금을 사악함에 버려두는 것이니, 어찌 신하라 하겠는가."

夏 公如晉 여름에 성공(成公)이 진(晉)나라에 갔다.

夏 公如晉 拜汶陽之田

여름에 성공(成公)이 진(晉)나라에 갔으니, 문양(汶陽)의 전지를 돌려받게 해준 일[66]에 배사한 것이다.

---

63) 비로소~썼으며 : 십삼경주소본(十三經注疏本)에 인용된 정현(鄭玄)의 견해에 따르면, 이때부터 송(宋)나라 임금의 장례에 항상 순장(殉葬)을 썼기 때문에 이로부터 순장이 시작되었다고 한 것이다.

64) 사주곽(四注椁) : 외곽(外椁) 네 변에 처마를 둔 것으로 왕이 사용하는 묘제(墓制)이다.

65) 죽어서는~더해주었다 : 제후(諸侯)에게 왕의 장례법을 쓴 것을 이른다.

66) 문양(汶陽)의~일 : 지난해에 진(晉)나라가 제(齊)나라로 하여금 로(魯)나라에 문양(汶陽)의 전지를 돌려주게 한 일이다.

鄭公子去疾帥師伐許

정(鄭)나라 공자 거질(去疾)이 군대를 거느리고 허(許)나라를 쳤다.

許恃楚而不事鄭 鄭子良伐許

허(許)나라가 초(楚)나라의 위세를 믿고 정(鄭)나라를 섬기지 않으니, 정나라 자량(子良 : 去疾)이 허나라를 쳤다.

公至自晉

성공(成公)이 진(晉)나라에서 돌아왔다.

秋 叔孫僑如帥師圍棘

가을에 숙손교여(叔孫僑如)가 군대를 거느리고 극(棘) 땅을 포위하였다.

棘 汶陽田之邑

극(棘)은 문양(汶陽)의 전지에 속해 있는 읍이다.

秋 叔孫僑如圍棘 取汶陽之田 棘不服 故圍之

가을에 숙손교여(叔孫僑如)가 극(棘) 땅을 포위하였다. 문양(汶陽)의 전지를 취하였는데 극 땅 사람들이 복종하지 않으므로 포위한 것이다.

大雩

크게 기우제를 지냈다.

晉郤克衛孫良夫伐廧咎如

진(晉)나라 극극(郤克)과 위(衛)나라 손량부(孫良夫)가 장고여(廧咎如)를 쳤다.

廧 公作將 穀作牆

장(廧)은 《공양전(公羊傳)》에는 장(將)으로 되어 있고 《곡량전(穀梁傳)》에는 장(牆)으로 되어 있다.

晉郤克衛孫良夫伐廧咎如 討赤狄之餘焉 潞氏餘民 **廧咎如潰 上失民也**

진(晉)나라 극극(郤克)과 위(衛)나라 손량부(孫良夫)가 장고여(廧咎如)[67]를 쳤으니, 적적(赤狄)의 남은 무리를 토벌하기 위해서였다. 로씨(潞氏)의 남은 백성이다.[68] 장고여의 백성이 흩어졌으니 윗사람이 민심을 잃었기 때문이었다.

冬 十有一月 晉侯使荀庚來聘 衛侯使孫良夫來聘 丙午 及荀庚盟 丁未 及孫良夫盟

겨울 11월에 진후(晉侯)가 순경(荀庚)을 보내와서 빙문하였고, 위후(衛侯)가 손량부(孫良夫)를 보내와서 빙문하였다. 병오일에 순경과 맹약하였고, 정미일에 손량부와 맹약하였다.

晉始來聘 聘而遂盟 於是始

진(晉)나라가 처음으로 와서 빙문하였다. 빙문하고 드디어 맹약한 것이 이로부터 비롯되었다.

冬 十一月 晉侯使荀庚來聘 且尋盟 尋元年赤棘盟 **衛侯使孫良夫來聘 且尋盟** 尋宣七年盟 **公問諸臧宣叔曰 中行伯之於晉也** 中行伯 荀庚 林父子孫 襲將中行者 皆曰中行伯 **其位在三** 下卿 **孫子之於衛也 位爲上卿 將誰先 對曰 次國之上卿 當大國之中 中當其下 下當其上大夫** 降一等 **小國之上卿 當大國之下卿 中當其上大夫 下當其下大夫** 降大國二等 **上下如是 古之制也** 古制 公爲大國 侯伯爲次國 子男爲小國 **衛在晉 不得爲次國** 春秋時 以

---

67) 장고여(廧咎如) : 적적(赤狄)의 별종이다.

68) 로씨(潞氏)의~백성이다 : 선공(宣公) 15년에 진(晉)나라가 적적(赤狄)의 로씨(潞氏)를 격멸하니 로씨의 남은 백성이 장고여(廧咎如)로 들어간 것이다.

强弱爲大小 故衛雖侯爵 猶爲小國 晉爲盟主 其將先之 二人位敵 以盟主 故先晉 丙午 盟晉 丁未 盟衛 禮也

겨울 11월에 진후(晉侯)가 순경(荀庚)을 보내와서 빙문하고 또 이전의 맹약을 거듭하였으며, 원년에 맺은 적극(赤棘)의 맹약을 거듭한 것이다. 위후(衛侯)가 손량부(孫良夫)를 보내와서 빙문하고 또 이전의 맹약을 거듭하였다. 선공(宣公) 7년에 맺은 맹약을 거듭한 것이다. 성공(成公)이 장선숙(臧宣叔)에게 묻기를 "중항백(中行伯)은 진(晉)나라에서 중항백(中行伯)은 순경(荀庚)이니 림보(林父)의 자손이다.[69] 대대로 중항(中行)[70]의 군대를 통솔하는 자를 모두 중항백이라고 한다. 그 지위가 세 번째이고 하경(下卿)이다. 손자(孫子 : 孫良夫)는 위(衛)나라에서 그 지위가 상경(上卿)이니, 누구를 먼저 대해야 하는가?"라고 하니, 대답하기를 "차국(次國)의 상경은 대국의 중경(中卿)에 해당하고, 차국의 중경은 대국의 하경(下卿)에 해당하고, 차국의 하경은 대국의 상대부(上大夫)에 해당하며, 한 등급씩 내린다. 소국의 상경은 대국의 하경에 해당하고, 소국의 중경은 대국의 상대부에 해당하고, 소국의 하경은 대국의 하대부(下大夫)에 해당합니다. 대국보다 두 등급을 내린다. 상하가 이와 같은 것이 옛날의 제도입니다. 옛날 제도에 공(公)이 대국(大國)이고, 후(侯)와 백(伯)이 차국(次國)이며, 자(子)와 남(男)이 소국(小國)이다. 위나라는 진나라에 견주어 볼 때 차국도 되지 못하며, 춘추(春秋)시대에는 그 나라의 힘이 강하냐 약하냐에 따라 대국과 소국으로 구분하였기 때문에 위(衛)나라가 비록 후작(侯爵)이지만 오히려 소국이다. 진나라는 맹주이니 먼저 대해야 할 것입니다."라고 하였다. 두 사람의 지위는 대등하지만 진(晉)나라가 맹주이므로 진나라 사신을 먼저 대해야 한다는 것이다. 그러므로 병오일에 진나라와 맹약하고 정미일에 위나라와 맹약하였으니, 례에 맞는 일이었다.

鄭伐許

정(鄭)나라가 허(許)나라를 쳤다.

○十二月 甲戌 晉作六軍 爲六軍 僭王也 韓厥趙括鞏朔韓穿荀騅趙旃皆爲卿 賞鞌之

69) 림보(林父)의 자손이다 : 순경(荀庚)은 순림보(荀林父)의 아들인데 자손이라고 한 것은 순림보의 자손이 대대로 중항백(中行伯)을 력임하였기 때문에 이른 말이다.

70) 중항(中行) : 진(晉)나라는 군대 편제로 3군(軍)과 3항(行)을 두었는데, 3군은 상군·중군·하군이며, 3항은 중항(中行)·우항(右行)·좌항(左行)이다.

功也 韓厥爲新中軍 趙括佐之 鞏朔爲新上軍 韓穿佐之 荀騅爲新下軍 趙旃佐之 **齊侯朝于晉 將授玉 郤克趨進曰 此行也 君爲婦人之笑辱也 寡君未之敢任 晉侯享齊侯 齊侯視韓厥 韓厥曰 君知厥也乎 齊侯曰 服改矣** 戎朝異服也 言服改 明識其人 **韓厥登 擧爵曰 臣之不敢愛死 爲兩君之在此堂也** 言致死力於行陳 爲欲齊晉和好

○12월 갑술일에 진(晉)나라가 6군(軍)으로 만들었다. 6군(軍)으로 만든 것은 왕의 제도를 참람하게 사용한 것이다. 한궐(韓厥)·조괄(趙括)·공삭(鞏朔)·한천(韓穿)·순추(荀騅)·조전(趙旃)이 모두 경(卿)이 되었으니, 안(鞌) 땅에서의 공을 포상한 것이다. 한궐(韓厥)이 신중군(新中軍)을 맡았고 조괄(趙括)이 그의 부장이 되었으며, 공삭(鞏朔)이 신상군(新上軍)을 맡았고 한천(韓穿)이 그의 부장이 되었으며, 순추(荀騅)가 신하군(新下軍)를 맡았고 조전(趙旃)이 그의 부장이 되었다. 제후(齊侯)가 진나라에 조견하여 옥을 바치려 하였는데, 극극(郤克)이 종종걸음으로 나아가 말하기를 "이번에 행차하신 것은 임금님께서 아녀자로 하여금 웃으면서 신을 모욕하게 한 일[71]을 사과하기 위한 것입니다. 따라서 과군이 감당할 일이 아닙니다."[72]라고 하였다. 진후(晉侯)가 제후에게 향연을 베풀어 줄 때 제후가 한궐을 눈여겨보니, 한궐이 말하기를 "임금님께서는 저 궐(厥)을 아십니까?"라고 하였다. 이에 제후가 말하기를 "복장이 바뀐 것 같다."라고 하였다. 융복(戎服)과 조복(朝服)은 다르다. 복장이 바뀌었으나 그 사람은 명확하게 알 수 있다는 말이다. 한궐이 당상에 올라가 술잔을 올리며 말하기를 "신이 감히 목숨을 아끼지 않은 것은[73] 두 임금님께서 이 자리에서 만나게 해드리기 위해서입니다."라고 하였다. 군진(軍陣)에서 죽을힘을 다하였다는 것은 제(齊)나라와 진(晉)나라가 우호를 맺게 하기 위한 것이라는 말이다.

○晉人歸楚公子穀臣與連尹襄老之尸于楚 以求知罃 於是荀首佐中軍矣 故楚人許之 王送知罃 曰 子其怨我乎 對曰 二國治戎 臣不才 不勝其任 以爲俘馘 執事不以釁鼓 使歸卽戮 君之惠也 臣實不才 又誰敢怨 王曰 然則德我乎 對曰 二國圖其社稷 而求紓其民 各懲其忿 以相宥也 兩釋纍囚 以成其好 二國有好 臣不與及 其誰敢德 王曰 子歸 何以報我 對曰 臣不任受怨 君亦不任受德 無怨無德 不知所報 王

---

71) 아녀자로~일 : 진(晉)나라 극극(郤克)이 제(齊)나라에 갔을 때 제경공(齊頃公)이 그 어머니로 하여금 휘장 뒤에서 극극을 보게 하였는데, 극극이 다리를 절룩이며 계단을 올라오는 모습을 보고 제경공의 어머니가 웃은 일을 말한다. 선공(宣公) 17년조 참조.

72) 과군이~아닙니다 : 제(齊)나라 임금이 진(晉)나라 임금에게 사과할 문제가 아니라 극극(郤克) 자기에게 사과해야 한다는 것이다.

73) 신이~것은 : 성공(成公) 2년 안(鞌) 땅의 싸움에서 한궐(韓厥)이 제(齊)나라 임금을 추격한 일을 말한다.

曰 雖然必告不穀 對曰 以君之靈 纍臣得歸骨於晉 寡君之以爲戮 死且不朽 若從君之惠而免之 以賜君之外臣首 稱於異國君曰 外臣 **首其請於寡君 而以戮於宗 亦死且不朽 若不獲命** 君不許戮 **而使嗣宗職 次及於事 而帥偏師 以脩封疆 雖遇執事** 遇楚將帥 **其弗敢違 其竭力致死 無有二心 以盡臣禮 所以報也 王曰 晉未可與爭 重爲之禮而歸之**

○진인(晉人)이 초(楚)나라 공자 곡신(穀臣)[74]과 련윤(連尹)인 양로(襄老)의 시신을 초나라에 돌려주기로 하고 지앵(知罃)[75]을 보내줄 것을 요구하였다. 그때 순수(荀首)[76]가 진(晉)나라 중군의 부장이었기 때문에 초인(楚人)이 허낙하였다. 초왕(楚王 : 共王)이 지앵을 보내며 말하기를 "그대는 나를 원망하는가?"라고 하니, 지앵이 대답하기를 "두 나라가 싸움을 함에 신이 재주가 없어 그 임무를 감당하지 못하고 포로가 되었습니다. 그런데도 집사가 저의 피로 북을 칠하지 않고 우리나라로 돌려보내어 죽음을 받게 하시니, 이는 임금님의 은혜입니다. 신은 실로 재주가 없으니 또 누구를 감히 원망하겠습니까."라고 하였다. 초왕이 말하기를 "그렇다면 나에게 은덕을 입었다고 여기는가?"라고 하니, 지앵이 대답하기를 "두 나라가 사직의 보존을 도모하고 그 백성을 편안하게 하고자 각기 분함을 억누르고 서로 용서하여 두 나라가 포로를 석방하여 우호를 이루려 합니다. 이는 두 나라 사이에 우호를 맺는 것이니 신이 관여할 일은 아닙니다. 그러니 그 누구에게 감히 은덕을 입었다고 여기겠습니까."라고 하였다. 초왕이 말하기를 "그대가 돌아가면 무엇으로 나에게 보답하겠는가?"라고 하니, 지앵이 대답하기를 "신은 원망 받을 일이 없고, 임금님께서도 또한 은덕을 받을 일이 없습니다.[77] 원망도 없고 은덕도 없으니 보답할 바를 알지 못하겠습니다."라고 하였다. 초왕이 말하기를 "비록 그렇다고 하나 그대의 생각을 반드시 나에게 고해보라."라고 하니, 지앵이 대답하기를 "임금님의 덕택으로 잡혀있는 신이 몸[骨]을 진나라로 되돌릴 수 있게 되었으니, 과군이 신이 죽음을 당해야 한다고 여긴다면 신은 죽더라도 임금님의 덕은 없어지지 않을 것입니다. 만약 임금님께서 베푸신 은혜를 좇아 저의 죽음을 면하게 하여

---

74) 곡신(穀臣) : 선공(宣公) 12년에 있었던 필(邲) 땅의 싸움에서 진(晉)나라의 포로가 되었던 초(楚)나라 공자.

75) 지앵(知罃) : 선공(宣公) 12년에 있었던 필(邲) 땅의 싸움에서 초(楚)나라의 포로가 되었던 진(晉)나라 장수.

76) 순수(荀首) : 지앵(知罃)의 아버지. 지계(知季) 또는 지장자(知莊子)라고도 한다.

77) 신은~없습니다 : 신은 원망한 일이 없으니 원망 받을 일이 없고, 임금님도 덕을 베푼 일이 없으므로 은덕을 받을 일이 없다는 것이다.

임금님의 외신(外臣)인 수(首 : 荀首)에게 저의 몸을 내리시고 다른 나라 임금에게 일컬을 때 외신(外臣)이라고 한다. 수가 과군에게 청하여 조상의 사당에서 저를 죽인다면 또한 죽더라도 임금님의 덕은 없어지지 않을 것입니다. 만약 과군이 죽임을 명하지 않고 임금이 죽임을 허낙하지 않는다는 것이다. 신에게 종직(宗職)[78]을 잇게 하며, 나아가 군사(軍事)에 관여하여 일부의 군대를 거느리고 변방을 지키게 된다면 비록 임금님의 집사를 만나더라도 초(楚)나라 장수를 만난다는 것이다. 감히 피하지 않고 힘을 다하여 목숨을 바쳐 두마음을 품지 않고 신하의 례를 다하는 것이 임금님의 은혜에 보답하는 것입니다."라고 하였다. 초왕이 말하기를 "진나라는 상대하여 싸울 수가 없다."라 하고, 극진히 례우하여 지앵을 돌려보냈다.

荀罃之在楚也 鄭賈人有將寘諸褚中以出 褚 絮也 **旣謀之 未行 而楚人歸之 賈人如晉 荀罃善視之 如實出己 賈人曰 吾無其功 敢有其實乎 吾小人 不可以厚誣君子** 不可以虛謀受實惠 **遂適齊**

순앵(荀罃 : 知罃)이 초(楚)나라에 잡혀있었을 때 정(鄭)나라 장사꾼이 솜[衹]에 숨겨 탈출시키려고 하였다. 저(褚)는 솜이다. 이미 계획은 세웠으나 아직 실행하지 못하였는데 초인(楚人)이 순앵을 돌려보냈다. 그 뒤 장사꾼이 진(晉)나라에 갔는데 순앵이 그를 잘 대우하기를 마치 실제로 자기를 탈출시킨 것처럼 대해 주었다. 장사꾼이 말하기를 "저는 아무런 공이 없으니 감히 실제로 있었던 것처럼 대우를 받을 수 있겠습니까. 저는 소인인지라 거듭 군자를 속일 수 없습니다."라 하고 헛된 도모로 실질적인 은혜를 받을 수 없다는 것이다. 드디어 제(齊)나라로 갔다.

성공(成公) 4년【甲戌 B.C.587】

四年 春 宋公使華元來聘 4년 봄에 송공(宋公)이 화원(華元)을 보내와서 빙문하였다.

78) 종직(宗職) : 조상 대대로 내려오는 직위.

四年 春 宋華元來聘 通嗣君也 **宋共公卽位**

4년 봄에 송(宋)나라 화원(華元)이 와서 빙문하였으니, 새 임금의 승계를 통고하기 위해서였다. 송공공(宋共公)이 즉위한 것이다.

三月 壬申 鄭伯堅卒 3월 임신일에 정백(鄭伯) 견(堅)이 졸하였다.

杞伯來朝 기백(杞伯)이 와서 조견하였다.

杞伯來朝 歸叔姬故也 **將出叔姬 先修禮朝魯**

기백(杞伯)이 와서 조견하였으니, 숙희(叔姬)를 돌려보내기 위해서였다. 숙희(叔姬)를 내보내기 위하여 먼저 례를 갖추어 로(魯)나라에 조견한 것이다.

夏 四月 甲寅 臧孫許卒 여름 4월 갑인일에 장손허(臧孫許)가 졸하였다.

公如晉 성공(成公)이 진(晉)나라에 갔다.

夏 公如晉 晉侯見公 不敬 季文子曰 晉侯必不免 **言將不能壽終** **詩曰 敬之敬之 天惟顯思 命不易哉 夫晉侯之命在諸侯矣 可不敬乎**

여름에 성공(成公)이 진(晉)나라에 갔는데, 진후(晉侯)가 성공을 만날 때 공경하지 않았다. 계문자(季文子)가 말하기를 "진후는 반드시 화를 면하지 못할 것이다. 제명대로 죽지 못할 것이라는 말이다. 《시(詩)》에 이르기를 '공경하고 공경할지어다. 하늘은 밝은지라, 그 명(命)을 지키기 쉽지 않느니라.'[79]라고 하였으니, 진후의 명은 제후들에게 달려 있거늘 공경하지 않아서 되겠는가."라고 하였다.

葬鄭襄公 정(鄭)나라 양공(襄公)의 장례를 지냈다.

秋 公至自晉 가을에 성공(成公)이 진(晉)나라에서 돌아왔다.

秋 公至自晉 欲求成于楚而叛晉 季文子曰 不可 晉雖無道 未可叛也 國大臣睦 而邇於我 諸侯聽焉 未可以貳 史佚之志有之曰 非我族類 其心必異 楚雖大 非吾族也 其肯字我乎 公乃止

가을에 성공(成公)이 진(晉)나라에서 돌아와 초(楚)나라에 화친을 구하고 진나라를 배반하고자 하였다. 계문자(季文子)가 말하기를 "안 됩니다. 진나라가 비록 무도하지만 아직 배반해서는 안 됩니다. 진나라는 크고 신하들도 화목하며, 우리나라와 가깝고 제후들은 진나라의 명을 듣고 있으니 아직 두마음을 가져서는 안 됩니다. 사일(史佚)[80]의 기록에 '우리의 족류(族類 : 同姓)가 아니면 그 마음은 반드시 다르다.'라고 하였습니다. 초나라가 비록 크지만 우리의 족류가 아니니, 어찌 우리를 기꺼이 사랑하겠습니까."라고 하였다. 성공이 이에 그만두었다.

冬 城鄆 겨울에 운(鄆) 땅에 성을 쌓았다.

79) 공경하고~않느니라 : 《시경(詩經)》 〈주송(周頌)〉 경지(敬之).

80) 사일(史佚) : 주무왕(周武王) 때의 태사(大史).

公欲叛晉 故城而爲備

성공(成公)이 진(晉)나라를 배반하고자 하였으므로 성을 쌓아 방비한 것이다.

鄭伯伐許

정백(鄭伯)이 허(許)나라를 쳤다.

稱鄭伯 見其不復爲喪 以吉禮從戎

정백(鄭伯)이라고 칭한 것은 거듭 상례(喪禮)를 행하지 않고 길례(吉禮)[81]로써 싸움에 나선 뜻을 보인 것이다.[82]

冬 十一月 鄭公孫申帥師疆許田 前年鄭伐許 侵其田 今正其界 **許人敗諸展陂 鄭伯伐許 取鉏任泠敦之田** 展陂鉏任泠敦皆許地 **晉欒書將中軍 荀首佐之 士燮佐上軍 以救許伐鄭 取氾祭** 氾祭 鄭地 **楚子反救鄭 鄭伯與許男訟焉 皇戌攝鄭伯之辭** 代之對 **子反不能決也 曰 君若辱在寡君 寡君與其二三臣共聽兩君之所欲 成其可知也 不然 側不足以知二國之成**

겨울 11월에 정(鄭)나라 공손신(公孫申)이 군대를 거느리고 허(許)나라의 전지를 구획하였는데 지난해 정(鄭)나라가 허(許)나라를 쳐서 그 전지를 침범하였는데 지금 그 경계를 정하려 한 것이다. 허인(許人)이 전피(展陂)에서 패배시켰다. 그러자 정백(鄭伯)이 허나라를 쳐서 서임(鉏任)과 령돈(泠敦)의 전지를 취하였다. 전피(展陂)·서임(鉏任)·령돈(泠敦)은 모두 허(許)나라 땅이다. 그러자 진(晉)나라 란서(欒書)가 중군을 거느리고 순수(荀首)가 그의 부장이 되었으며 사섭(士燮)이 상군의 부장이 되어 허나라를 구원하기 위하여 정나라를 쳐서 사(氾) 땅과 채(祭) 땅을 취하였다. 사(氾)와 채(祭)는 정(鄭)나라 땅이다. 이에 초(楚)나라 자반(子反)이 정나라를 구원하니, 정백과 허남(許男)이 자반에게 소송을 제기하였다. 황술(皇戌)이 정백의 말을 대변하자 정백(鄭伯)을 대신하여 대답한 것이다. 자반이 판결을 내리지 못하고 말하기를 "두 분 임금님께서 만약 수고롭지만 과군이 있는 곳에서라면 과군이 몇몇 신하들과 함께 두 임금님께서 원하는 바

81) 길례(吉禮) : 3년상을 치르고 난 뒤의 제례(祭禮). 여기서는 상복(喪服)을 입지 않고 길복(吉服) 차림으로 싸움에 나섰다는 의미이다.

82) 정백(鄭伯)이라고~것이다 : 지난해에 정백(鄭伯)이 허(許)나라를 쳤고, 지금 다시 허나라를 쳤기 때문에 시호를 칭하지 않고 정백이라 하여 폄하한 것이다.

를 들어보고 제대로 판결하여[成] 주리라는 것을 알 수 있습니다. 그렇게 하지 않는다면 나 측(側)은 두 나라에 대한 판결을 어떻게 해야 할지 모르겠습니다."[83]라고 하였다.

성공(成公) 5년【乙亥 B.C.586】

五年 春 王正月 杞叔姬來歸

5년 봄 왕정월에 기(杞)나라 숙희(叔姬)가 돌아왔다.

出也

쫓겨난 것이다.

○晉趙嬰通于趙莊姬 嬰卽趙嬰齊 莊姬 趙朔妻 晉成公女 **五年 春 原屏放諸齊** 放趙嬰也 原同屏季 嬰之兄 **嬰曰 我在 故欒氏不作 我亡 吾二昆其憂哉 且人各有能有不能** 言己雖淫能護趙氏 **舍我何害 弗聽 嬰夢天使謂己 祭余 余福女 使問諸士貞伯 貞伯曰 不識也 旣而告其人** 自告從人 **曰 神 福仁而禍淫 淫而無罰 福也 祭其得亡乎 祭之之明日而亡** 爲八年晉殺趙同趙括傳

○진(晉)나라 조영(趙嬰)[84]이 조장희(趙莊姬)와 간통을 하자 영(嬰)은 조영제(趙嬰齊)이다. 장희(莊姬)는 조삭(趙朔)의 처이고 진성공(晉成公)의 딸이다. 5년 봄에 원동(原同)과 병계(屛季)가 제(齊)나라로 쫓아내었다. 조영(趙嬰)을 쫓아낸 것이다. 원동(原同)과 병계(屛季)는 영(嬰)의 형이다. 그때 영(嬰)이 말하기를 "내가 나라 안에 있기 때문에 란씨(欒氏)가 란을 일으키지 못하는 것입니다. 내가 망명하면 두 형님이 걱정입니다. 또 사람은 각기 할 수 있는 일과 잘할 수 없는 일이 있는데, 자신이 비록 음란한 짓을 하였지만 조씨(趙氏)를 보호할 수 있다는 말이다. 나를 그대로 둔다고 하여 무슨 해가 되겠습니까."라고 하였으나 들어주지 않았다. 영이 꿈을 꾸니, 천사(天

83) 두 분 임금님께서~모르겠습니다 : 다음해에 허(許)나라가 초(楚)나라에 정(鄭)나라를 고소하는 장본이 된다.
84) 조영(趙嬰) : 조돈(趙盾)의 아우이고 조삭(趙朔)의 숙부이다.

使)가 영에게 이르기를 '나에게 제사를 올리면 내가 너에게 복을 주리라.'고 하였다. 영이 사람을 시켜 사정백(士貞伯)에게 물어보게 하였더니, 정백(貞伯)은 "모르겠다."라고 하였다. 조금 뒤에 정백이 그 사람에게 말하기를 스스로 종인(從人)[85]에게 고한 것이다. "신은 어진 사람에게 복을 주고 음란한 사람에게 화를 준다. 음란한 짓을 하고서도 벌을 받지 않는 것이 복이다. 그가 신에게 제사 지내면 무사히 망명할 수 있을 것이다."[86]라고 하였다. 영은 신에게 제사 지낸 다음 날 망명하였다. 8년에 진(晉)나라가 조동(趙同 : 原同)과 조괄(趙括 : 屛季)을 죽이는 전(傳)의 배경이 된다.

仲孫蔑如宋 중손멸(仲孫蔑)이 송(宋)나라에 갔다.

孟獻子如宋 報華元也

맹헌자(孟獻子 : 仲孫蔑)가 송(宋)나라에 갔으니, 화원(華元)의 빙문에 보답한 것이다.

夏 叔孫僑如會晉荀首于穀 여름에 숙손교여(叔孫僑如)가 진(晉)나라 순수(荀首)와 곡(穀) 땅에서 회합하였다.

首 公作秀

수(首)는 《공양전(公羊傳)》에는 수(秀)로 되어 있다.

夏 晉荀首如齊逆女 故宣伯餫諸穀 **野饋曰餫**

여름에 진(晉)나라 순수(荀首)가 제(齊)나라에 가서 진후(晉侯)의 부인(夫人)이 될 녀인을 맞이하였다. 그러므로 로(魯)나라 선백(宣伯 : 叔孫僑如)이 곡(穀) 땅에서 음식을 접대하였다[餫]. 야외로 음식을 보내주는 것을 운(餫)이라 한다.

---

85) 종인(從人) : 조영(趙嬰)이 보낸 심부름꾼이다.

86) 신에게~것이다 : 망명할 수 있는 것을 복으로 여긴 것이다.

梁山崩 　량산(梁山)이 무너졌다.

梁山 晉山名

량산(梁山)은 진(晉)나라 산 이름이다.

梁山崩 晉侯以傳召伯宗 傳 驛也 **伯宗辟重 曰 辟傳** 上辟 音僻 下辟 音避 重 重載之車 **重人曰 待我 不如捷之速也** 捷 邪出也 **問其所 曰 絳人也 問絳事焉 曰 梁山崩 將召伯宗謀之 問將若之何 曰 山有朽壤而崩 可若何 國主山川 故山崩川竭 君爲之不擧 降服** 損盛服 **乘縵** 車無文 **徹樂 出次** 舍於郊 **祝幣** 陳玉帛 **史辭** 自罪責 **以禮焉** 禮山川 **其如此而已 雖伯宗若之何 伯宗請見之** 見之晉君 **不可 遂以告 而從之** 從重人言

량산(梁山)이 무너지자 진후(晉侯)가 전거(傳車 : 傳)를 보내어 백종(伯宗)을 불렀다. 전(傳)은 역참의 수레이다. 백종이 짐수레[重]를 비키게[辟] 하면서 말하기를 "전거를 피하라[辟]."라고 하니, 앞의 벽(辟)은 음이 벽(僻)이고, 뒤의 피(辟)는 음이 피(避)이다. 중(重)은 무거운 짐을 싣는 수레이다. 짐수레꾼[重人]이 말하기를 "내가 비키기를 기다리는 것보다 옆으로 가는 것[捷]이 빠를 것입니다."라고 하였다. 첩(捷)은 옆으로 가는 것이다. 백종이 그의 사는 곳을 물으니 "강(絳)[87] 땅에 사는 사람입니다."라고 하였다. 백종이 그에게 강 땅의 일을 물으니, 그가 말하기를 "량산이 무너져 임금님께서 백종을 불러 이 일에 대해 의론하려 한다고 합니다."라고 하였다. 백종이 이 일에 대해서 어찌하면 되겠느냐고 물으니, 대답하기를 "산에 썩은 흙이 있어서 무너졌는데 그것을 어찌할 수 있겠습니까. 나라는 산천을 잘 보존하는 일을 주관합니다. 그러므로 산이 무너지고 내가 마르게 되면 임금은 성찬을 들지 않고 화려한 옷을 입지 않으며, 성복(盛服)을 하지 않는 것이다. 꾸미지 않은 수레를 타고 수레를 꾸미지 않는 것이다. 음악을 거두고 궁에서 나가 지내며, 교외에 머무는 것이다. 축관(祝官)은 산천의 신에게 폐백을 드리고 옥백(玉帛)을 베푸는 것이다. 사관(史官)은 글을 지어 스스로 죄를 지었다고 책망하는 것이다. 례를 올리는 것입니다. 산천의 신에게 례를 올리는 것이다. 이와 같이 할 따름이니 비록 백종이라 하더라도 어찌할 수 있겠습니까."라고 하였다. 백종이 그에게 뵙기를 청하였는데 진(晉)나라 임금을 뵙게 한 것이다. 듣지 않았다. 마침내 짐수레꾼이 한 말을 임금에게 고하니 그 말을 따랐다. 짐수레꾼의 말을 따른 것이다.

---

87) 강(絳) : 진(晉)나라 국도.

秋 大水

가을에 큰물이 졌다.

○許靈公愬鄭伯于楚 六月 鄭悼公如楚訟 不勝 楚人執皇戌及子國 子國 鄭穆公子 **故鄭伯歸 使公子偃請成于晉 秋 八月 鄭伯及晉趙同盟于垂棘**

○허령공(許靈公)이 정백(鄭伯)을 초(楚)나라에 고소하였다. 6월에 정도공(鄭悼公)이 초나라에 가서 송사하였으나 이기지 못하니, 초인(楚人)은 정(鄭)나라 황술(皇戌)과 자국(子國)을 붙잡았다. 자국(子國)은 정목공(鄭穆公)의 아들이다. 그러므로 정백은 초나라에서 돌아가 공자 언(偃)을 보내어 진(晉)나라에 화친을 청하였다. 가을 8월에 정백이 진나라 조동(趙同)과 수극(垂棘)에서 맹약하였다.

冬 十有一月 己酉 天王崩

겨울 11월 기유일에 천왕이 붕하였다.

十一月 己酉 定王崩

11월 기유일에 정왕(定王)이 붕하였다.

十有二月 己丑 公會晉侯齊侯宋公衛侯鄭伯曹伯邾子杞伯 同盟于蟲牢

12월 기축일에 성공(成公)이 진후(晉侯)·제후(齊侯)·송공(宋公)·위후(衛侯)·정백(鄭伯)·조백(曹伯)·주자(邾子)·기백(杞伯)과 회합하여 충뢰(蟲牢)에서 동맹하였다.

蟲牢 鄭地

충뢰(蟲牢)는 정(鄭)나라 땅이다.

宋公子圍龜爲質于楚而歸 圍龜 文公子 **華元享之 請鼓譟以出 鼓譟以復入曰 習攻華氏 宋公殺之** 宣十五年 宋楚平 華元使圍龜代己爲質 故怨而欲攻華氏 **冬 同盟于蟲牢 鄭服也 諸侯謀復會 宋公使向爲人 辭以子靈之難** 子靈卽圍龜

송(宋)나라 공자 위구(圍龜)가 초(楚)나라에 인질이 되었다가 돌아오니, 위구(圍龜)는 문공(文公)의 아들이다. 화원(華元)이 그에게 향연을 베풀어 주었다. 그때 공자 위구는 북을 치고 고함을 치며 나갔다가 북을 치고 고함을 치며 다시 들어오게 해달라고 요청하며 말하기를 "화씨(華氏)를 치기 위한 련습입니다."라고 하였다. 그러자 송공(宋公 : 共公)은 공자 위구를 죽였다. 선공(宣公) 15년 송(宋)나라와 초(楚)나라가 화평을 맺자 화원(華元)이 위구(圍龜)로 하여금 자기를 대신하여 인질이 되게 하였다. 그러므로 이를 원망하여 화씨(華氏)를 치고자 한 것이다. 겨울에 충뢰(蟲牢)에서 동맹하였으니, 정(鄭)나라가 진(晉)나라에 복종하였기 때문이다. 제후들이 다시 회합할 것을 모의하자, 송공은 상위인(向爲人)을 보내어 자령(子靈)의 환난을 구실삼아 사절하였다. 자령(子靈)은 곧 위구(圍龜)이다.

성공(成公) 6년【丙子 B.C.585】

六年 春 王正月 公至自會

6년 봄 왕정월에 성공(成公)이 회합에서 돌아왔다.

○六年 春 鄭伯如晉拜成 子游相 子游 公子偃 **授玉于東楹之東** 禮授玉兩楹之間 鄭伯行疾故東過 **士貞伯曰 鄭伯其死乎 自棄也已 視流而行速 不安其位 宜不能久**

○6년 봄에 정백(鄭伯)이 진(晉)나라에 가서 화친을 맺은 것에 대하여 배사하였다. 자유(子游)가 상(相)[88]이었는데, 자유(子游)는 공자 언(偃)이다. 정백이 동쪽 기둥의 동쪽에서 옥을 바쳤다. 례법에 옥은 동쪽과 서쪽 두 기둥 사이에서 바치는 것인데 정백(鄭伯)이 걸음을 빨리하였기 때문에

88) 상(相) : 임금을 도와 례를 집행하는 사람.

동쪽 기둥을 지나간 것이다. 사정백(士貞伯)이 말하기를 "정백은 아마도 죽을 것이다. 스스로 지위를 버렸도다. 시선이 불안정하고 걸음이 빠르며 제 자리에 안착하지 못하였으니, 마땅히 오래 살지 못할 것이다."라고 하였다.

二月 辛巳 立武宮

2월 신사일에 무궁(武宮)을 세웠다.

二月 季文子以鞌之功立武宮 非禮也 聽於人以救其難 不可以立武 立武由己 非由人也 **公羊傳 武宮 武公之宮 劉敞曰 左氏以武宮爲武軍 誤 葉夢得曰 春秋諸侯出師有私禱其先 功成立宮者 豈鞌之戰行父亦私請武公歟**

2월에 계문자(季文子)가 안(鞌) 땅의 전공(戰功)[89]으로 무궁(武宮)[90]을 세웠으니, 례가 아니었다. 남[晉]을 의지하여 환난을 구하였으니 무궁을 세울 수는 없는 것이다. 무궁을 세우는 것은 자기 힘으로 전공을 이루었을 때이고, 남의 힘으로 전공을 이루었을 때 세울 수 있는 것이 아니다. 《공양전(公羊傳)》에는 무궁(武宮)은 무공(武公)[91]의 궁(宮 : 사당)으로 되어 있다. 류창(劉敞)이 말하기를 "좌씨(左氏)가 무궁(武宮)을 무군(武軍)으로 본 것은 잘못이다."라고 하였다. 섭몽득(葉夢得)은 말하기를 "춘추시대에 제후들이 군대를 동원할 때에는 사사로이 그 선조에게 빌고 공이 이루어지면 사당을 세우는 일이 있었다. 아마도 안(鞌) 땅의 싸움에서 행보(行父 : 季文子)도 사사로이 무공(武公)에게 청한 듯하다."라고 하였다.

取鄟

전(鄟)나라를 취하였다.

鄟 音專 小國

---

89) 안(鞌)~전공(戰功) : 성공(成公) 2년에 제(齊)나라 안(鞌) 땅에서 진(晉)나라가 로(魯)나라·위(衛)나라·조(曹)나라 군대와 회합하여 제나라 군대와 싸워 이긴 공을 말한다.

90) 무궁(武宮) : 전공을 드러내기 위하여 적의 시신을 거두어 흙을 덮어 높이 쌓아 올린 보루. 무군(武軍)이라고도 한다.

91) 무공(武公) : 성공(成公)의 8대조.

전(鄟)은 음이 전(專)이니 소국이다.

取鄟 言易也

전(鄟)나라를 취하였다는 것은 쉽게 얻었음을 말한 것이다.

衛孫良夫帥師侵宋

위(衛)나라 손량부(孫良夫)가 군대를 거느리고 송(宋)나라를 침범하였다.

三月 晉伯宗夏陽說衛孫良夫甯相鄭人伊雒之戎陸渾蠻氏侵宋 夏陽說 晉大夫 蠻氏 戎別種也 經唯書孫良夫 獨衛告也 **以其辭會也 師于鍼** 鍼 衛地 **衛人不保** 不守備 **說欲襲衛 曰 雖不可入 多俘而歸 有罪不及死 伯宗曰 不可 衛唯信晉 故師在其郊而不設備 若襲之是棄信也 雖多衛俘 而晉無信 何以求諸侯 乃止 師還 衛人登陴** 聞說謀故

3월에 진(晉)나라 백종(伯宗)과 하양열(夏陽說)·위(衛)나라 손량부(孫良夫)와 녕상(甯相)·정인(鄭人)·이락(伊雒)의 융(戎)인 륙혼(陸渾)과 만씨(蠻氏)가 송(宋)나라를 침범하였으니, 하양열(夏陽說)은 진(晉)나라 대부이다. 만씨(蠻氏)는 융(戎)의 별종이다. 경문에 오직 손량부(孫良夫)만 기록한 것은 위(衛)나라만 알려왔기 때문이다. 송나라가 회합을 사절하였기 때문이었다.[92] 군대가 겸(鍼) 땅에 주둔하였을 때[93] 겸(鍼)은 위(衛)나라 땅이다. 위인(衛人)은 지키지 않았다. 수비하지 않은 것이다. 열(說)이 위나라를 습격하자고 하며 말하기를 "위나라 도성으로 쳐들어갈 수는 없지만 많은 포로를 잡아 돌아간다면 죄가 있더라도 죽지는 않을 것이오."라고 하였다. 백종이 말하기를 "안 되오. 위나라는 오직 우리 진나라만 믿고 있기 때문에 군대가 그 교외에 있으면서 방비를 세우지 않고 있는 것이오. 만약 습격한다면 이는 신의를 버리는 것이오. 비록 위나라 포로를 많이 잡는다 해도 진나라가 신의가 없게 되니, 무엇으로 제후들의 복종을 구하겠소."라 하니, 이에 중지하였다. 군대가 돌아갈 때에야 위인이 성가퀴에 올라가 수비하였다. 열(說)의 모의를 들었기 때문이다.

92) 송나라가~때문이었다 : 지난해에 송(宋)나라가 충뢰(蟲牢)에서는 동맹하였으나 그 뒤의 회합은 사절하였다.

93) 군대가~때 : 제후들의 군대가 송(宋)나라를 침범하였으나 별 성과 없이 철군할 때 진(晉)나라 군대가 겸(鍼) 땅에 주둔한 것이다.

夏

여름이다.

晉人謀去故絳 晉復命新田爲絳 故謂此故絳 **諸大夫皆曰 必居郇瑕氏之地** 郇瑕 古國名 **沃饒而近鹽** 鹽 鹽也 河東有鹽池 **國利君樂 不可失也 韓獻子將新中軍 且爲僕大夫** 兼大僕 **公揖而入 獻子從公 立於寢庭** 路寢之庭 **謂獻子曰 何如 對曰 不可 郇瑕氏土薄水淺 其惡易覯** 言垢穢易見 **易覯則民愁 民愁則墊隘** 墊隘 羸困也 **於是乎有沈溺重膇之疾** 膇 音錘 沈溺 濕疾 重膇 足腫 **不如新田 土厚水深 居之不疾 有汾澮以流其惡** 汾澮皆水名 **且民從教 十世之利也 夫山澤林鹽 國之寶也 國饒 則民驕佚 近寶 公室乃貧 不可謂樂** 近寶則民不務本 **公說 從之 夏 四月 丁丑 晉遷于新田**

진인(晉人)이 고강(故絳)을 떠날 것을 모의하였다. 진(晉)나라가 신전(新田)을 다시 강(絳)이라고 하였기 때문에 이곳을 고강(故絳)이라고 이른 것이다. 여러 대부가 모두 말하기를 "반드시 순하씨(郇瑕氏)의 땅으로 가야 합니다. 순(郇)과 하(瑕)는 옛 나라 이름이다. 그곳은 땅이 기름져 풍요롭고 소금[鹽]이 가까이 있어서 고(鹽)는 소금이다. 하동(河東)에 염지(鹽池)가 있다. 나라는 리롭고 임금은 안락할 것이니, 그곳을 잃으면 안 됩니다."라고 하였다. 그때 한헌자(韓獻子)는 신중군(新中軍)의 장수였고 또 복대부(僕大夫)였다. 태복(大僕)[94]을 겸한 것이다. 진경공(晉景公)이 읍하고 안으로 들어가자 헌자(獻子)가 진경공을 따라 들어갔다. 진경공이 침정(寢庭)에 서 있다가 로침(路寢)의 뜰이다. 헌자에게 말하기를 "대부들의 의견이 어떠한가?"라고 하였다. 헌자가 대답하기를 "옳지 않습니다. 순하씨는 땅이 척박하고 물이 얕아서 더러운 것들이 쉽게 보입니다.[95] 더러운 것들이 쉽게 보인다는 말이다. 더러운 것들이 쉽게 보이면 백성이 우울해지고, 백성이 우울해지면 피로하게[墊隘] 됩니다. 점애(墊隘)는 힘들고 고달파함이다. 그리하여 침닉(沈溺)이나 중추(重膇) 같은 병이 생길 것이니, 추(膇)는 음이 추(錘)이다. 침닉(沈溺)은 습기로 인한 병이다. 중추(重膇)는 발이 붓는 병이다. 신전(新田)으로 옮기는 것만 같지 못합니다. 신전은 땅이 비옥하고 물이 깊어서 거주함에 질병이 없을 것이고 분수(汾水)와 회수(澮水)가 있어서 더러운 것을 흘려보내며, 분(汾)과 회(澮)는 모두 물 이름이다. 또 백성은 가르침을 잘 따를 것이니 10세(世)의 리득이 있을 것입니다. 산과 못과 숲과 소금은 나라의 보물이지만 나라가 풍요로우

94) 태복(大僕) : 왕명의 전달과 왕의 출입 때 시종을 맡은 벼슬.

95) 더러운~보입니다 : 오물들이 쉽게 쌓인다고 보는 설도 있다.

면 백성이 교만하고 게으르게 되며, 보물이 가까이 있으면 공실은 빈곤하게 되니 임금님께서 즐겁다고 이를 수 없습니다."라고 하였다. 보물이 가까이 있으면 백성이 본업에 힘쓰지 않는다는 것이다. 진경공이 기뻐하여 이를 따랐다. 여름 4월 정축일에 진(晉)나라가 신전으로 옮겼다.

六月 邾子來朝

6월에 주자(邾子)가 와서 조견하였다.

公孫嬰齊如晉

공손영제(公孫嬰齊)가 진(晉)나라에 갔다.

子叔聲伯如晉 命伐宋

자숙성백(子叔聲伯 : 公孫嬰齊)이 진(晉)나라에 가니, 진나라가 송(宋)나라 칠 것을 명하였다.

壬申 鄭伯費卒

임신일에 정백(鄭伯) 비(費)가 졸하였다.

六月 鄭悼公卒

6월에 정도공(鄭悼公 : 費)이 졸하였다.

秋 仲孫蔑叔孫僑如帥師侵宋

가을에 중손멸(仲孫蔑)과 숙손교여(叔孫僑如)가 군대를 거느리고 송(宋)나라를 침범하였다.

秋 孟獻子叔孫宣伯侵宋 晉命也

가을에 맹헌자(孟獻子 : 仲孫蔑)와 숙손선백(叔孫宣伯 : 叔孫僑如)이 송(宋)나라를 침범하였으니, 진(晉)나라가 명하였기 때문이다.

楚公子嬰齊帥師伐鄭 초(楚)나라 공자 영제(嬰齊)가 군대를 거느리고 정(鄭)나라를 쳤다.

楚始書大夫將

초(楚)나라에 대하여 처음으로 경문에 대부가 군대를 거느린 것을 기록하였다.

楚子重伐鄭 鄭從晉故也

초(楚)나라 자중(子重 : 嬰齊)이 정(鄭)나라를 쳤으니, 정나라가 진(晉)나라를 따랐기 때문이다.

冬 季孫行父如晉 겨울에 계손행보(季孫行父)가 진(晉)나라에 갔다.

冬 季文子如晉 賀遷也

겨울에 계문자(季文子 : 季孫行父)가 진(晉)나라에 갔으니, 도읍을 옮긴 것을 하례하기 위해서였다.

晉欒書帥師救鄭 진(晉)나라 란서(欒書)가 군대를 거느리고 정(鄭)나라를 구원하였다.

救 公作侵

구(救)는 《공양전(公羊傳)》에는 침(侵)으로 되어 있다.

晉欒書救鄭 與楚師遇於繞角 繞角 鄭地 **楚師還 晉師遂侵蔡 楚公子申公子成以申息之師救蔡 禦諸桑隧** 桑隧 蔡地 **趙同趙括欲戰 請於武子 武子將許之 知莊子范文子韓獻子諫曰 不可 吾來救鄭 楚師去我 吾遂至於此 是遷戮也** 遷怒戮蔡 **戮而不已 又怒楚師 戰必不克 雖克 不令** 令 善也 **成師以出 而敗楚之二縣 何榮之有焉** 六軍悉出 故曰成師 **若不能敗 爲辱已甚 不如還也 乃遂還 於是軍帥之欲戰者衆 或謂欒武子曰 聖人與衆同欲 是以濟事 子盍從衆 子爲大政 將酌於民者也** 酌取民心以爲政 **子之佐十一人** 六軍卿佐 **其不欲戰者 三人而已 欲戰者可謂衆矣 商書曰 三人占 從二人 衆故也** 今周書洪範 **武子曰 善鈞從衆 夫善 衆之主也 三卿爲主 可謂衆矣 從之 不亦可乎**

진(晉)나라 란서(欒書)가 정(鄭)나라를 구원하러 가서 초(楚)나라 군대와 요각(繞角)에서 만났다. 요각(繞角)은 정(鄭)나라 땅이다. 초나라 군대가 돌아가니 진나라 군대가 드디어 채(蔡)나라를 침범하였다. 그러자 초나라 공자 신(申)과 공자 성(成)이 신(申) 땅과 식(息) 땅의 군대를 거느리고 채나라를 구원하여 상수(桑隧)에서 방어하였다. 상수(桑隧)는 채(蔡)나라 땅이다. 이때 진나라 조동(趙同)과 조괄(趙括)이 싸우고자 하여 무자(武子 : 欒書)에게 요청하니, 무자가 허낙하고자 하였다. 이에 지장자(知莊子)·범문자(范文子)·한헌자(韓獻子)가 간하기를 "안 됩니다. 우리가 정나라를 구원하러 오자 초나라 군대가 우리를 떠났는데 우리는 드디어 여기까지 쳐들어왔으니, 이는 살륙의 대상을 옮긴 것입니다. 노기(怒氣)를 옮겨 채(蔡)나라를 살륙하는 것이다. 살륙을 그치지 않고 또 초나라 군대를 노하게 하면 싸워서 반드시 이길 수 없고, 비록 이긴다 하더라도 좋은[令] 일은 아닙니다. 령(令)은 좋음이다. 대군[成師]을 거느리고 나와서 초나라 두 현(縣)을 패배시킨다 하더라도 무슨 영광이 있겠습니까. 6군(軍)이 모두 출동하였기 때문에 성사(成師)라고 한 것이다. 만약 패배시키지 못하면 욕됨이 매우 심할 것이니, 돌아가는 것만 같지 못합니다."라고 하니, 이에 드디어 돌아갔다. 이때 군대의 장수 중에는 싸우고자 하는 자들이 많았다. 어떤 이가 란무자(欒武子)에게 말하기를 "성인(聖人)은 여러 사람과 원하는 것을 같이 하고 이로써 일을 이루는 것인데, 당신은 어찌 많은 사람을 따르지 않습니까. 당신은 대정(大政)[96]이니 백성의 마음을 참작해야 할 분입니다. 민심을 참작해 취하여 정치를 해야 한다는 것이다. 당신을 보좌하는 이는 11명인데 6군(軍)의 경(卿)과 좌(佐)[97]이다. 싸우기를 원하지 않는 사람은 세 사람뿐이니, 싸우고자 하는 사람이 많다고 할 수 있습니다. 〈상서(商書)〉에 이르기를 '세 사람이 점을 치면 두 사람의 의견을 따른다.'고 하였으니, 이는 많은

96) 대정(大政) : 집정대신(執政大臣).

97) 경(卿)과 좌(佐) : 경(卿)은 6군(軍)의 장수(將帥)이고 좌(佐)는 6군의 부장(副將)이다.

사람의 의견이기 때문입니다."라고 하였다. 지금의 〈주서(周書)〉 홍범(洪範)이다. 그러자 무자가 말하기를 "선(善)이 같은 경우에 무리[衆]를 따르는 것이다.[98] 선이란 무리의 주장(主張)이다. 세 경(卿)[99]이 주장하고 있으니 무리라고 이를만하다. 그러니 그들을 따르는 것이 또한 옳지 않겠는가."라고 하였다.

성공(成公) 7년 【丁丑 B.C.584】

七年 春 王正月 鼷鼠食郊牛角 改卜牛 鼷鼠又食其角 乃免牛

7년 봄 왕정월에 생쥐[鼷鼠]가 교제(郊祭)[100]에 희생으로 쓸 소의 뿔을 갉아먹었다. 점을 쳐 다른 소로 바꾸었는데 생쥐가 또 그 뿔도 갉아먹었다. 이에 소를 놓아주었다.

鼷 音兮 鼷鼠 草鼠 免 放也

혜(鼷)는 음이 혜(兮)이다. 혜서(鼷鼠)[101]는 초서(草鼠)이다. 면(免)은 놓아줌이다.

吳伐郯

오(吳)나라가 담(郯)나라를 쳤다.

郯 音談 吳始見經

담(郯)은 음이 담(談)이다. 오(吳)나라가 처음으로 경문에 보였다.

---

98) 선(善)이~것이다 : 량쪽 의견이 모두 좋은 경우에 많은 무리를 따른다는 말이다.

99) 세 경(卿) : 지장자(知莊子)·범문자(范文子)·한헌자(韓獻子)이다.

100) 교제(郊祭) : 천지에 지내는 제사. 주성왕(周成王)은 주공(周公)이 주(周)나라 건국에 공이 많다고 하여 주공을 로(魯)나라에 봉해주고 또 교제(郊祭)를 지낼 수 있게 하였다.

101) 혜서(鼷鼠) : 작은 쥐의 일종.

七年 春 吳伐郯 郯成 季文子曰 中國不振旅 蠻夷入伐 而莫之或恤 無吊者也夫 言中國不能相愍恤 **詩曰 不吊昊天 亂靡有定 其此之謂乎 有上不吊 其誰不受亂** 上謂霸主 **吾亡無日矣**

7년 봄에 오(吳)나라가 담(郯)나라를 치니, 담나라가 오나라와 화친하였다. 계문자(季文子)가 말하기를 "중국이 군대를 정비하지 않아서 만이(蠻夷)가 쳐들어왔는데도 구휼하는 이가 없고 가엾게 여기는 사람도 없도다. 중국이 서로 가엾게 여기지 않아 구휼하지 않는다는 말이다. 《시(詩)》에 이르기를 '하늘이 우리를 가엾게 여기지 않아 란이 평정되지 않는도다.'[102]라고 하였는데 바로 이런 경우를 두고 한 말이로다. 위에 있는 사람이 이런 상황을 가엾게 여기지 않는데 그 누가 란을 맞지 않겠는가. 위에 있는 사람이란 패주(霸主)를 이른다. 우리 중국이 망할 날이 얼마 남지 않았구나."라고 하였다.

君子曰 知懼如是 斯不亡矣

군자는 말한다. "이와 같이 두려워할 줄 안다면 망하지 않을 것이다."

夏 五月 曹伯來朝

여름 5월에 조백(曹伯)이 와서 조견하였다.

夏 曹宣公來朝

여름에 조선공(曹宣公)이 와서 조견하였다.

不郊猶三望

교제(郊祭)를 지내지 않고 오히려 삼망제(三望祭)[103]는 지냈다.

---

102) 하늘이~않는도다 : 《시경(詩經)》 〈소아(小雅)〉 절남산(節南山).

103) 삼망제(三望祭) : 희공(僖公) 31년 여름 4월조에 '망(望)은 교제의 작은 부분이니 교제를 지내지 않으면 망제(望祭)도 지내지 않아야 한다.'고 하였다. 그런데 지금 경문에 로(魯)나라가 교제를 지내지 않고 오히려 삼망제(三望祭)는 지냈다고 하였으니, 이는 례가 아니라는 것이다.

秋　楚公子嬰齊帥師伐鄭　公會晉侯齊侯宋公衛侯曹伯莒子邾子杞伯救鄭　八月　戊辰　同盟于馬陵

가을에 초(楚)나라 공자 영제(嬰齊)가 군대를 거느리고 정(鄭)나라를 쳤다. 성공(成公)이 진후(晉侯)·제후(齊侯)·송공(宋公)·위후(衛侯)·조백(曹伯)·거자(莒子)·주자(邾子)·기백(杞伯)과 회합하여 정(鄭)나라를 구원하였다. 8월 무진일에 마릉(馬陵)에서 동맹하였다.

馬陵 衛地

마릉(馬陵)은 위(衛)나라 땅이다.

鄭子良相成公以如晉 見 且拜師 謝前年救鄭之師 **秋 楚子重伐鄭 師于氾 諸侯救鄭 鄭共仲侯羽軍楚師** 二子 鄭大夫 軍 攻也 **囚鄖公鍾儀 獻諸晉** 鍾儀 楚鄖縣大夫 **八月 同盟于馬陵 尋蟲牢之盟 且莒服故也** 莒本屬齊 齊服 故莒從之 **晉人以鍾儀歸 囚諸軍府** 軍藏府也

정(鄭)나라 자량(子良)이 정성공(鄭成公)의 상(相)이 되어 진(晉)나라에 가서 조견하고 또 군대를 내어 도와준 데 대하여 배사하였다. 지난해 정(鄭)나라를 구원해 주기 위하여 군대를 동원해 준 것에 배사한 것이다. 가을에 초(楚)나라 자중(子重 : 嬰齊)이 정나라를 쳐서 범(氾) 땅에 주둔하니, 제후들이 정나라를 구원하였다. 정나라 공중(共仲)과 후우(侯羽)가 초나라 군대를 공격하여[軍] 두 사람은 정(鄭)나라 대부이다. 군(軍)은 공격함이다. 운공(鄖公)인 종의(鍾儀)를 잡아 진나라에 바쳤다. 종의(鍾儀)는 초(楚)나라 운현대부(鄖縣大夫)이다. 8월에 마릉(馬陵)에서 동맹하였으니, 충뢰(蟲牢)의 맹약[104]을 거듭한 것이고 또 거(莒)나라가 진나라에 복종하였기 때문이다. 거(莒)나라는 본래 제(齊)나라에 속해 있었는데 제나라가 진(晉)나라에 복종하였기 때문에 거나라도 이를 따른 것이다. 진인(晉人)이 종의를 데리고 돌아가 군부(軍府)에 가두었다. 군부(軍府)는 군수품을 저장하는 창고이다.

公至自會

성공(成公)이 회합에서 돌아왔다.

---

104) 충뢰(蟲牢)의 맹약 : 성공(成公) 5년에 있었다.

吳入州來

오(吳)나라가 주래(州來)로 쳐들어갔다.

州來 楚邑

주래(州來)는 초(楚)나라 읍이다.

楚圍宋之役 在宣十四年 **師還 子重請取於申呂以爲賞田 王許之** 申呂 楚二邑 請分田以自賞 **申公巫臣曰 不可 此申呂所以邑也 是以爲賦 以御北方 若取之 是無申呂也 晉鄭必至于漢 王乃止 子重是以怨巫臣 子反欲取夏姬 巫臣止之 遂取以行 子反亦怨之**

초(楚)나라가 송(宋)나라를 포위한 싸움에서 선공(宣公) 14년에 있었다. 군대가 돌아오자 자중(子重 : 嬰齊)이 신(申) 땅과 려(呂) 땅을 떼어 상전(賞田)으로 줄 것을 청하니, 초왕(楚王 : 莊王)이 허낙하였다. 신(申)과 려(呂)는 초(楚)나라의 두 읍인데 그 전지를 나누어 자기에게 상으로 주기를 청한 것이다. 그러자 신공무신(申公巫臣)이 말하기를 "옳지 않습니다. 이 신과 려는 읍으로 삼은 곳입니다. 이 때문에 두 읍에서 부세를 거두어 북방을 방어하고 있습니다. 만약 그 땅을 자중이 차지하게 된다면 이는 신 땅과 려 땅을 없애는 것이 되니, 진(晉)나라와 정(鄭)나라가 반드시 한수(漢水)까지 밀고 올 것입니다."라고 하였다. 그러자 초왕이 이를 중지하니, 자중이 이 때문에 무신(巫臣)을 원망하게 되었다. 그리고 자반(子反)이 하희(夏姬)를 차지하려 했을 때 무신이 이를 저지시키고 드디어 자신이 하희를 차지하여 다른 나라로 가 버리니,[105] 자반 또한 무신을 원망하게 되었다.

及共王卽位 子重子反殺巫臣之族子閻子蕩及淸尹弗忌及襄老之子黑要 以夏姬故 并怨黑要 **而分其室 子重取子閻之室 使沈尹與王子罷分子蕩之室** 罷 音皮 **子反取黑要與淸尹之室 巫臣自晉遺二子書 曰 爾以讒慝貪惏事君 而多殺不辜 余必使爾罷於奔命以死**

초공왕(楚共王)이 즉위하자,[106] 자중(子重)과 자반(子反)이 무신(巫臣)의 일족인 자염(子閻)과 자탕(子蕩) 및 청윤(淸尹)인 불기(弗忌)와 양로(襄老)의 아들 흑요(黑要)를 죽이고 하

105) 자반(子反)이~버리니 : 이 일은 성공(成公) 2년에 있었다.

106) 초공왕(楚共王)이 즉위하자 : 성공(成公) 원년에 즉위하였다.

희(夏姬) 때문에 흑요(黑要)를 아울러 원망한 것이다.[107] 그들의 가산을 나누어 가졌다. 자중은 자염의 가산을 차지하였고, 심윤(沈尹)과 왕자 피(罷)에게 자탕의 가산을 나누어 가지게 하였으며, 피(罷)는 음이 피(皮)이다. 자반은 흑요와 청윤의 가산을 차지하였다. 그러자 무신은 진(晉)나라에 있으면서 두 사람[108]에게 서신을 보내어 말하기를 "너희들이 남을 참소하고 사특하며 탐욕스런 마음으로 임금을 섬기어 무고한 사람을 많이 죽였다. 나는 반드시 너희들을 임금의 명으로 분주히 돌아다니다가 지쳐서 죽게 하리라."라고 하였다.

巫臣請使於吳 晉侯許之 吳子壽夢說之 乃通吳于晉 以兩之一卒適吳 舍偏兩之一焉 司馬法 百人爲卒 二十五人爲兩 車九乘爲小偏 十五乘爲大偏 蓋留九乘車及一兩二十五人 令吳習之 **與其射御 敎吳乘車 敎之戰陳 敎之叛楚** 前是吳常屬楚 **寘其子狐庸焉 使爲行人於吳 吳始伐楚伐巢伐徐 子重奔命** 救徐巢 **馬陵之會 吳入州來 子重自鄭奔命 子重子反於是乎一歲七奔命 蠻夷屬於楚者 吳盡取之 是以始大 通吳於上國**

무신(巫臣)이 오(吳)나라에 사신 가기를 청하니 진후(晉侯)가 허낙하였다. 오자(吳子) 수몽(壽夢)은 무신이 사신 온 것을 기뻐하였고 이에 무신은 오나라를 진(晉)나라와 통교시켰다. 그는 량(兩)으로 편성된 1졸(卒 : 100인)의 병사를 데리고 오나라에 가서는 1편(偏 : 병거 9승)과 1량(兩 : 25인)의 병사를 그곳에 머무르게 하였고 사마법(司馬法)에 의하면 1백인이 졸(卒)이 되고 25인이 량(兩)이 된다. 수레 9승(乘)이 소편(小偏)이 되고 15승이 대편(大偏)이 된다.[109] 9승의 병거와 1량 25인의 병사를 남겨두어 오(吳)나라로 하여금 사마법을 익히게 한 것이다. 사수(射手)와 어자(御者)를 주어 오나라 사람들에게 병거 타는 법을 가르치고 싸움터에서의 진법을 가르쳐 초(楚)나라에 반기를 들도록 하였다. 이보다 앞서 오(吳)나라는 항상 초(楚)나라에 복속하였다. 그리고 자기의 아들 호용(狐庸)을 그곳에 남겨두어 오나라에서 행인(行人)[110]의 일을 맡게 하였다. 이에 오나라는 처음으로 초나라를 치고 소(巢)나라를 치며 서(徐)나라를 치니 자중(子重)이 임금의 명에 분주히 움직였다. 서(徐)나라와 소(巢)나라를 구한 것이다. 마릉(馬陵)의 회합 때 오나라가 주래(州來)로 쳐들어가니 자중이 정(鄭)나라를 치러갔다가 임금의 명으로 주래를 구하기 위하여 내달렸다. 자중과 자반(子反)은 이런 일로 한 해에 일곱 번이나 임금의 명에 따라 분주히

107) 하희(夏姬)~것이다 : 하희(夏姬)는 양로(襄老)의 후처였는데 양로가 죽자 흑요(黑要)가 하희와 간통하였기 때문이다.

108) 두 사람 : 자중(子重)과 자반(子反)이다.

109) 사마법(司馬法)에~된다 : 선공(宣公) 12년 여름 6월조 참조.

110) 행인(行人) : 조근(朝覲)·빙문(聘問)·빈객(賓客) 등과 관련된 일을 맡은 직책.

다녔다. 그 뒤 초나라에 속했던 만이(蠻夷)들을 오나라가 모두 차지하게 되니 오나라는 비로소 대국이 되었고, 이에 무신은 오나라를 상국(上國)[111]들과 통교시켰다.

> **冬 大雩**
> 겨울에 크게 기우제를 지냈다.

> **衛孫林父出奔晉**
> 위(衛)나라 손림보(孫林父)가 진(晉)나라로 망명나갔다.

衛定公惡孫林父 冬 孫林父出奔晉 林父 孫良夫之子 **衛侯如晉 晉反戚焉** 戚 林父邑 林父出奔 戚隨屬晉

위정공(衛定公)이 손림보(孫林父)를 미워하자, 겨울에 손림보가 진(晉)나라로 망명나갔다. 림보(林父)는 손량부(孫良夫)의 아들이다. 위후(衛侯)가 이 문제로 진나라로 가니, 진나라는 척(戚) 땅을 돌려주었다. 척(戚) 땅은 림보(林父)의 식읍이었는데 림보가 망명나가자 척 땅도 따라서 진(晉)나라에 귀속되었던 것이다.

성공(成公) 8년【戊寅 B.C.583】

> **八年 春 晉侯使韓穿來言汶陽之田 歸之于齊**
> 8년 봄에 진후(晉侯)가 한천(韓穿)을 보내와서 문양(汶陽)의 전지를 제(齊)나라에 돌려주라고 말하였다.

111) 상국(上國) : 중국의 제후국.

八年 春 晉侯使韓穿來言汶陽之田 歸之于齊 季文子餞之 私焉曰 大國制義 以爲盟主 是以諸侯懷德畏討 無有貳心 謂汶陽之田 敝邑之舊也 而用師於齊 使歸諸敝邑 今有二命曰 歸諸齊 信以行義 義以成命 小國所望而懷也 信不可知 義無所立 四方諸侯 其誰不解體 詩曰 女也不爽 士貳其行 士也罔極 二三其德 爽 差也 **七年之中 一與一奪 二三孰甚焉 士之二三 猶喪妃耦 而況霸主** 妃 音配 **霸主將德是以** 以 用也 **而二三之 其何以長有諸侯乎 詩曰 猶之未遠 是用大簡** 猶 圖也 簡 諫也 **行父懼晉之不遠猶而失諸侯也 是以敢私言之**

8년 봄에 진후(晉侯)가 한천(韓穿)을 보내와서 문양(汶陽)의 전지를 제(齊)나라에 돌려주라고 말하였다. 계문자(季文子)가 한천을 전별(餞別)할 때 사사로이 말하기를 "대국이 의로움을 행하여 맹주가 되었습니다. 이 때문에 제후들이 은덕을 그리워하고 토죄당할 것을 두려워하여 두마음을 품지 못하고 있습니다. 문양의 전지로 말하면 우리나라의 옛 땅으로 대국이 제나라에 군대를 출동시켜 우리나라로 돌려주게 했던 것입니다.[112] 그런데 지금 다른 명을 내려 '제나라에 돌려주라.'고 하십니다. 대국은 신(信)으로써 의(義)를 행하고, 의로써 명(命)을 이루는 것입니다. 이는 소국이 기대하고 그리워하는 바입니다. 신(信)을 알지 못하고 의(義)를 세우지 않는다면 사방의 제후들 가운데 어느 나라인들 떨어져 나가지 않겠습니까. 《시(詩)》에 '녀자가 어긋난[爽] 것이 아니라 남자가 행실을 이랬다저랬다 해서이네. 남자가 원칙이 없어 그 덕을 이랬다저랬다 하도다.'[113]라고 하였습니다. 상(爽)은 어긋남이다. 7년 동안에 한 번 주고 한 번 뺏으려 하니, 이랬다저랬다 하는 것이 무엇이 이보다 심하겠습니까. 남자가 이랬다저랬다 해도 오히려 짝[妃耦]을 잃게 되거늘 하물며 패주(霸主)에 있어서이겠습니까. 배(妃)는 음이 배(配)이다. 그리고 패주는 덕을 써야[以] 하는데 이(以)는 씀이다. 이랬다저랬다 하시니 어떻게 제후들의 우두머리가 될 수 있겠습니까. 《시》에 '계책[猶]이 원대하지 못한지라. 이 때문에 크게 간하노라[簡].'[114]라고 하였으니 유(猶)는 계책이고 간(簡)은 간함이다. 나 행보(行父)는 진(晉)나라가 계책을 원대하게 세우지 않아 제후들을 잃을까 걱정되어 이에 감히 사사로이 말씀드리는 것입니다."라고 하였다.

---

112) 대국이~것입니다 : 성공(成公) 2년 제(齊)나라 안(鞌) 땅에서 진(晉)나라가 로(魯)나라·위(衛)나라·조(曹)나라 군대와 회합하여 제나라 군대와 싸워 이기고 문양(汶陽)의 전지를 로나라에 돌려주게 하였다.

113) 녀자가~하도다 : 《시경(詩經)》 〈위풍(衛風)〉 맹(氓).

114) 계책[猶]이~간하노라[簡] : 《시경(詩經)》 〈대아(大雅)〉 판(板).

晉欒書帥師侵蔡
진(晉)나라 란서(欒書)가 군대를 거느리고 채(蔡)나라를 침범하였다.

晉欒書侵蔡 遂侵楚 獲申驪 申驪 楚大夫 **楚師之還也** 謂六年遇於繞角時 **晉侵沈 獲沈子揖初 從知范韓也** 沈 屬楚小國 欒書從知莊子范文子韓獻子之言 故傳善之

진(晉)나라 란서(欒書)가 채(蔡)나라를 침범하고 드디어 초(楚)나라를 침범하여 신리(申驪)를 사로잡았다. 신리(申驪)는 초(楚)나라 대부이다. 앞서 초나라 군대가 돌아갈 때 6년에 진(晉)나라 군대와 초(楚)나라 군대가 요각(繞角)에서 만났던 때를 이른다. 진나라가 심(沈)나라를 침범하여 심자(沈子)인 읍초(揖初)를 사로잡았으니, 이는 지장자(知莊子)·범문자(范文子)·한헌자(韓獻子)의 의견을 따른 것이었다. 심(沈)나라는 초(楚)나라에 속한 소국이다. 란서(欒書)가 지장자(知莊子)·범문자(范文子)·한헌자(韓獻子)의 말을 따랐기 때문에 전문에서 좋게 여긴 것이다.

君子曰 從善如流 宜哉 宜有功也 **詩曰 愷悌君子 遐不作人 求善也** 作 用也 求善人而用之 **夫作人 斯有功績矣**

군자는 말한다. "선을 따르기를 물 흐르듯 하였으니, 마땅하도다. 공(功)이 있게 된 것이 마땅하다는 것이다. 《시(詩)》에 '즐거운 군자여, 어찌 사람을 쓰지[作] 않으리오.'[115]라고 하였으니, 이는 선한 이를 구하는 것이다. 작(作)은 씀이니 선인(善人)을 구하여 쓴다는 것이다. 무릇 선한 사람을 쓰면 이에 공적이 있게 되는 것이다."

是行也 鄭伯將會晉師 門于許東門 大獲焉 攻其無備

이번 군행에서 정백(鄭伯)이 진나라 군대와 회합하러 가던 길에 허(許)나라 동문(東門)을 공격하여 많은 포로를 잡았다. 방비하고 있지 않을 때 친 것이다.

公孫嬰齊如莒
공손영제(公孫嬰齊)가 거(莒)나라에 갔다.

115) 즐거운~않으리오 : 《시경(詩經)》 〈대아(大雅)〉 한록(旱麓).

聲伯如莒 逆也 **因聘逆婦**

성백(聲伯 : 公孫嬰齊)이 거(莒)나라에 갔으니, 부인(婦人)을 맞이하기 위해서였다. 빙문한 길에 자기 부인(婦人)을 맞이한 것이다.

宋公使華元來聘 송공(宋公)이 화원(華元)을 보내와서 빙문하였다.

宋華元來聘 聘共姬也 **穆姜女 爲宋共公夫人**

송(宋)나라 화원(華元)이 와서 빙문하였으니, 공희(共姬)를 맞이해[聘][116] 가기 위해서였다. 공희(共姬)는 목강(穆姜)의 딸이니 송공공(宋共公)의 부인(夫人)이 된 것이다.

夏 宋公使公孫壽來納幣 여름에 송공(宋公)이 공손수(公孫壽)를 보내와서 납폐하였다.

夏 宋公使公孫壽來納幣 禮也 **納幣使卿**

여름에 송공(宋公)이 공손수(公孫壽)를 보내와서 납폐[117]하였으니, 례에 맞는 일이었다. 납폐에는 경(卿)을 보낸다.

晉殺其大夫趙同趙括 진(晉)나라가 그 대부 조동(趙同)과 조괄(趙括)을 죽였다.

晉趙莊姬爲趙嬰之亡故 譖之于晉侯 曰 原屛將爲亂 欒郤爲徵 六月 晉討趙同趙括 武從姬氏畜于公宮 **趙武 莊姬之子** **以其田與祁奚** **祁奚 晉大夫** **韓厥言於晉侯曰 成季之**

116) 맞이해[聘] : 여기서의 빙(聘)은 례를 갖추어 아내를 맞이하는 것을 이른다.

117) 납폐 : 신랑집에서 신부집으로 혼서(婚書)와 함께 례물을 보내는 일. 혼례(婚禮) 6례(禮) 중 하나이다.

勳 宣孟之忠 宣孟 趙盾 **而無後 爲善者其懼矣 三代之令王 皆數百年保天之祿 夫豈無辟王 賴前哲以免也** 辟 邪也 **周書曰 不敢侮鰥寡 所以明德也 乃立武 而反其田焉**

진(晉)나라 조장희(趙莊姬)가 조영(趙嬰)이 망명한 일[118]로 진후(晉侯)에게 참소하여 말하기를 "원동(原同 : 趙同)과 병계(屛季 : 趙括)가 장차 란을 일으킬 것입니다."라고 하니, 란씨(欒氏)와 극씨(郤氏)도 이를 증명하였다. 6월에 진나라가 조동(趙同)과 조괄(趙括)을 토죄하였다. 조무(趙武)는 희씨(姬氏 : 趙莊姬)를 따라 공궁에서 자라게 되었고, 조무(趙武)는 장희(莊姬)의 아들이다. 진후가 그 전지[119]를 기해(祁奚)에게 주었다. 기해(祁奚)는 진(晉)나라 대부이다. 한궐(韓厥)이 진후에게 말하기를 "성계(成季 : 趙衰)의 공훈[120]이 있고 선맹(宣孟)의 충성[121]이 있사온데 선맹(宣孟)은 조돈(趙盾)이다. 그들의 후사가 없게 된다면 선을 행한 자들이 두려워할 것입니다. 삼대의 훌륭한 왕들은 모두 수백 년 동안 하늘이 내려주는 복록을 보존하였는데 무릇 그동안에 사악한[辟] 왕이 없었겠습니까마는 앞서 훌륭한 선왕들에 힘입어 화를 면할 수 있었습니다. 벽(辟)은 사악함이다. 〈주서(周書)〉에 '홀아비와 홀어미를 감히 업신여기지 않았다.'[122]라고 하였으니, 이는 덕을 밝힌 것입니다."[123]라고 하였다. 이에 진후가 무(武)를 세워주고 그 전지를 그에게 돌려주었다.

秋 七月 天子使召伯來賜公命

가을 7월에 천자가 소백(召伯)을 보내와서 성공(成公)에게 명을 내렸다.

賜 公穀作錫 ○稱天子 史異辭 錫命止此

사(賜)는 《공양전(公羊傳)》과 《곡량전(穀梁傳)》에는 석(錫)으로 되어 있다. ○천자라고 칭한 것은 사관이 달리 표현한 것이고[124] 명을 내린 것도 여기에서 그친다.

---

118) 조영(趙嬰)이~일 : 조영(趙嬰)이 조장희(趙莊姬)와 간통을 하자 그의 형인 원동(原同)과 병계(屛季)가 조영을 제(齊)나라로 쫓아낸 일이다. 성공(成公) 5년조 참조.

119) 그 전지 : 조씨(趙氏)의 전지이다.

120) 성계(成季 : 趙衰)의 공훈 : 진문공(晉文公)의 망명길에 시종한 공이다.

121) 선맹(宣孟)의 충성 : 진령공(晉靈公)과 진성공(晉成公)을 옹립한 충성이다.

122) 홀아비와~않았다 : 《서경(書經)》 〈주서(周書)〉 강고(康誥).

123) 이는~것입니다 ; 천하에 가엾은 홀아비와 홀어미도 돌보았는데 하물며 나라에 공이 있는 자의 후손은 더욱 버려둘 수 없다는 말이다.

124) 천자라고~것이고 : 경문에 천왕(天王)을 천자(天子)라고 칭한 것은 여기에 처음 보인다.

秋 召桓公來賜公命 **八年乃賜命 緩也**

가을에 소환공(召桓公 : 召伯)이 와서 성공(成公)에게 명을 내렸다. 8년 만에 작명(爵命)을 내렸으니 늦은 것이다.[125)]

冬 十月 癸卯 杞叔姬卒 겨울 10월 계묘일에 기(杞)나라 숙희(叔姬)가 졸하였다.

冬 杞叔姬卒 來歸自杞 故書 **愍其見出**

겨울에 기(杞)나라 숙희(叔姬)가 졸하였다. 기나라에서 돌아와 있었기 때문에[126)] 경문에 기록한 것이다. 쫓겨난 것을 가엾게 여긴 것이다.

晉侯使士燮來聘 叔孫僑如會晉士燮齊人邾人伐郯 진후(晉侯)가 사섭(士燮)을 보내와서 빙문하였다. 숙손교여(叔孫僑如)가 진(晉)나라 사섭·제인(齊人)·주인(邾人)과 회합하여 담(郯)나라를 쳤다.

晉士燮來聘言伐郯也 以其事吳故 公賂之 請緩師 文子不可 曰 君命無貳 失信不立 禮無加貨 事無二成 **公私不兩成** **君後諸侯 是寡君不得事君也 燮將復之 季孫懼 使宣伯帥師會伐郯**

진(晉)나라 사섭(士燮)이 와서 빙문하였으니, 담(郯)나라를 치는 것에 대해 말하기 위해서였고, 이는 담나라가 오(吳)나라를 섬겼기 때문이었다. 성공(成公)이 그에게 뇌물을 주며 출병 시기를 늦춰 줄 것을 청하니, 문자(文子 : 士燮)가 안 된다고 하면서 말하기를 "임금이 내린 명은 바꿀 수 없으며 믿음을 잃으면 존립할 수가 없습니다. 그리고 례는 재화를 더하지 않으며[127)] 일은 두 가지를 함께 이룰 수 없습니다. 공(公)과 사(私) 두 가지를 함께 이룰 수 없다

125) 8년~것이다 : 제후(諸侯)가 즉위하면 왕이 작명(爵命)을 내리는데, 8년 만에 내려주었으므로 늦었다고 한 것이다.

126) 기나라에서~때문에 : 성공(成公) 5년의 일이다.

는 것이다. 임금님께서 제후들보다 뒤쳐진다면 이에 과군이 임금님을 섬길 수 없게 될 것이니, 저 섭(燮)은 사실대로 복명하겠습니다."라고 하였다. 이에 계손(季孫)이 두려워하여 선백(宣伯 : 叔孫僑如)을 시켜 군대를 거느리고 진나라 군대와 회합하여 담나라를 치게 하였다.

衛人來媵

위인(衛人)이 잉녀(媵女)를 보내왔다.

衛人來媵共姬 禮也 凡諸侯嫁女 同姓媵之 異姓則否

위인(衛人)이 공희(共姬)의 잉녀(媵女)[128]를 보내왔으니, 례에 맞는 일이었다. 무릇 제후들이 딸을 시집보낼 때 동성의 나라는 잉녀를 보내오고, 이성의 나라는 그렇게 하지 않는다.[129]

성공(成公) 9년【己卯 B.C.582】

九年 春 王正月 杞伯來逆叔姬之喪以歸

9년 봄 왕정월에 기백(杞伯)이 와서 숙희(叔姬)의 상구(喪柩)를 맞이하여 돌아갔다.

九年 春 杞桓公來逆叔姬之喪 請之也 魯請還葬 **杞叔姬卒 爲杞故也** 還爲杞婦 故卒稱杞

127) 례는~않으며 : 규정된 례물 이외에 추가로 주지 않는다는 것이다.

128) 잉녀(媵女) : 제후(諸侯)의 공녀(公女)가 다른 나라로 시집갈 때 배종(陪從)하는 녀인.

129) 무릇~않는다 : 이때 로(魯)나라 공희(共姬)가 송(宋)나라로 시집가기 때문에 로나라의 동성국인 위(衛)나라가 잉녀(媵女)를 보내온 것이다.

逆叔姬 爲我也

9년 봄에 기환공(杞桓公)이 와서 숙희(叔姬)의 상구(喪柩)를 맞이하였으니, 우리가 청한 것이다. 로(魯)나라가 숙희(叔姬)의 상구(喪柩)를 기(杞)나라에 돌려보내 장례 지내기를 청한 것이다. 경문에 '기(杞)나라 숙희(叔姬)가 졸하였다.'[130]라고 한 것은 기나라의 부인(夫人)이 되었기 때문이었고, 다시 기(杞)나라의 아내가 되었으므로 졸함에 기(杞)라고 칭한 것이다. '숙희(叔姬)를 맞이하였다.' 라고 한 것은 우리가 청하였기 때문이다.

公會晉侯齊侯宋公衛侯鄭伯曹伯莒子杞伯 同盟于蒲 성공(成公)이 진후(晉侯)·제후(齊侯)·송공(宋公)·위후(衛侯)·정백(鄭伯)·조백(曹伯)·거자(莒子)·기백(杞伯)과 회합하여 포(蒲) 땅에서 동맹하였다.

爲歸汶陽之田故 諸侯貳於晉 晉人懼 會於蒲 以尋馬陵之盟 季文子謂范文子曰 德則不競 尋盟何爲 范文子曰 勤以撫之 寬以待之 堅彊以御之 明神以要之 柔服而伐貳 德之次也 是行也 將始會吳 吳人不至 爲十五年會鍾離傳

진(晉)나라가 문양(汶陽)의 전지를 제(齊)나라에 돌려주라고 하였기 때문에[131] 제후들이 진나라에 대하여 두마음을 품으니, 진인(晉人)이 두려워하여 포(蒲) 땅에서 회합하여 마릉(馬陵)의 맹약[132]을 거듭하였다. 그때 계문자(季文子)가 진나라 범문자(范文子 : 士燮)에게 말하기를 "덕을 베푸는 일은 힘쓰지 않고[133] 맹약을 거듭한다고 무슨 소용이 있겠습니까." 라고 하니, 범문자가 대답하기를 "힘써 제후들을 위무하고 너그럽게 그들을 대하며, 엄하게 그들을 통제하고 신에게 밝혀 약속하며, 복종하는 나라를 부드럽게 대하고 두마음을 가진 나라를 치는 것이 덕으로 다스리는 다음 방법이지요."라고 하였다. 이번 행차에 오(吳)나라와 처음으로 회합하려 하였으나 오인(吳人)은 오지 않았다. 15년에 종리(鍾離)에서 회합하는 전(傳)의 배경이 된다.

---

130) 기(杞)나라~졸하였다 : 지난해 겨울 10월조 경문의 기록이다.

131) 진(晉)나라가~때문에 : 이 일은 지난해에 있었다.

132) 마릉(馬陵)의 맹약 : 성공(成公) 7년에 성공이 제후들과 위(衛)나라 땅인 마릉(馬陵)에서 맺은 맹약.

133) 덕을~않고 : 진(晉)나라가 로(魯)나라에게 주었던 문양(汶陽)의 전지를 다시 제(齊)나라에 돌려주라고 하였으니, 신의(信義)의 덕을 결핍하였다는 말이다.

公至自會

성공(成公)이 회합에서 돌아왔다.

二月 伯姬歸于宋 夏 季孫行父如宋致女

2월에 백희(伯姬)가 송(宋)나라로 시집갔다. 여름에 계손행보(季孫行父)가 송나라에 가서 치녀(致女)하였다.

女嫁三月 又使大夫聘問 謂之致女

공녀(公女)가 시집간 지 3개월이 되면 또 대부를 시켜 빙문하게 하는 것을 치녀(致女)라고 이른다.

二月 伯姬歸于宋 夏 季文子如宋致女 復命 公享之 賦韓奕之五章 義取宋土如韓樂 **穆姜出于房 再拜曰 大夫勤辱 不忘先君 以及嗣君 施及未亡人** 穆姜 宣公夫人 伯姬母 聞文子言 喜而出 **先君猶有望也** 言先君亦望文子之若此 **敢拜大夫之重勤 又賦綠衣之卒章而入** 取其實獲我心

2월에 백희(伯姬)가 송(宋)나라로 시집갔다. 여름에 계문자(季文子 : 季孫行父)가 송나라에 가서 치녀(致女)하고 돌아와 복명하였다. 그러자 성공(成公)이 향연을 베풀어 주니, 그 자리에서 계문자는 한혁(韓奕)[134] 다섯째 장을 읊었다. 송(宋)나라 땅이 한(韓)나라처럼 안락하다는 뜻을 취한 것이다.[135] 그러자 목강(穆姜)이 방에서 나와[136] 계문자에게 재배하고 말하기를 "대부께서 수고하셨소. 대부께서는 선군[137]을 잊지 않아 그 정성이 사군(嗣君)[138]에게까지 미치고 미망인인 나에게까지 덕을 베풀었으니, 목강(穆姜)은 선공(宣公)의 부인(夫人)이고 백희(伯姬)의 어머니이다. 문자(文子)가 읊는 것을 듣고 기뻐하며 나온 것이다. 선군께서 오히려 바라시던 것이오. 선

134) 한혁(韓奕) : 《시경(詩經)》 〈대아(大雅)〉의 편 이름.

135) 송(宋)나라~것이다 : 한혁(韓奕) 다섯째 장은 궐보(蹶父)가 한후(韓侯)에게 딸을 시집보내고 딸이 사는 것을 보니 매우 안락하다는 내용이다. 계문자(季文子)가 이 시를 읊어 송(宋)나라로 시집보낸 백희(伯姬)가 안락하게 생활하고 있다는 것을 비유한 것이다.

136) 목강(穆姜)이~나와 : 이때 목강(穆姜)이 방에 있다가 계문자(季文子)가 한혁(韓奕) 다섯째 장을 읊는 것을 듣고 로침(路寢)으로 나온 것이다.

137) 선군 : 로선공(魯宣公)으로 목강(穆姜)의 남편이고 백희(伯姬)의 아버지이다.

138) 사군(嗣君) : 여기서는 로선공(魯宣公)의 아들인 로성공(魯成公)으로 백희(伯姬)의 오라비이다.

군도 문자(文子)가 이와 같이 해주기를 바랐다는 말이다. 나는 대부의 큰 수고로움에 감히 배사드리오."라 하고는 또 록의(綠衣)[139] 마지막 장을 읊고 들어갔다. 그가 진실로 나의 마음을 알았다는 뜻을 취한 것이다.

晉人來媵 진인(晉人)이 잉녀(媵女)를 보내왔다.

媵伯姬也

백희(伯姬)의 잉녀(媵女)이다.

晉人來媵 禮也

진인(晉人)이 잉녀(媵女)를 보내왔으니,[140] 례에 맞는 일이었다.

秋 七月 丙子 齊侯無野卒 가을 7월 병자일에 제후(齊侯) 무야(無野)가 졸하였다.

晉人執鄭伯 晉欒書帥師伐鄭 진인(晉人)이 정백(鄭伯)을 잡았다. 진(晉)나라 란서(欒書)가 군대를 거느리고 정(鄭)나라를 쳤다.

非王命 故稱人而貶

왕명에 의한 것이 아니므로 진인(晉人)이라고 칭하여 폄하한 것이다.

---

139) 록의(綠衣) : 《시경(詩經)》 〈패풍(邶風)〉의 편 이름. 그 시에 '내가 옛사람을 생각하니, 실로 내 마음을 아셨네[我思古人 實獲我心].'라고 하였다.

140) 진인(晉人)이~보내왔으니 : 진(晉)나라가 로(魯)나라의 동성국이기 때문이다.

楚人以重賂求鄭 鄭伯會楚公子成于鄧 秋 鄭伯如晉 晉人討其貳於楚也 執諸銅鞮 銅鞮 晉別縣 **欒書伐鄭 鄭人使伯蠲行成 晉人殺之 非禮也 兵交 使在其間可也 楚子重侵陳以救鄭** 陳與晉故

초인(楚人)이 많은 뇌물을 써서 정(鄭)나라에 화친을 구하니, 정백(鄭伯)이 초(楚)나라 공자 성(成)과 등(鄧) 땅에서 회합하였다. 가을에 정백이 진(晉)나라에 가니, 진인(晉人)은 정백이 초나라에 붙은 것을 토죄하여 그를 동제(銅鞮)에 잡아두었다. 동제(銅鞮)는 진(晉)나라의 별현(別縣)141)이다. 란서(欒書)가 정나라를 칠 때 정인(鄭人)이 백견(伯蠲)을 시켜 화친을 맺게 하였는데 진인이 그를 죽였으니, 례에 맞는 일이 아니었다. 두 나라 군대가 싸울 때도 사신은 두 나라 사이를 오갈 수 있는 것이다. 이때 초나라 자중(子重)이 진(陳)나라를 침범하여 정나라를 구원하였다. 진(陳)나라가 진(晉)나라 편을 들었기 때문이다.

冬 十有一月 葬齊頃公

겨울 11월에 제(齊)나라 경공(頃公)의 장례를 지냈다.

楚公子嬰齊帥師伐莒 庚申 莒潰 楚人入鄆

초(楚)나라 공자 영제(嬰齊)가 군대를 거느리고 거(莒)나라를 쳤다. 경신일에 거나라 백성이 흩어졌다. 초인(楚人)이 운(鄆) 땅으로 쳐들어갔다.

鄆 莒別邑

운(鄆)은 거(莒)나라의 별읍(別邑)142)이다.

晉侯使申公巫臣如吳 假道于莒 與渠丘公立於池上 渠丘 邑名 渠丘公 莒子朱也 池 城池 **曰 城已惡** 已猶太也 **莒子曰 辟陋在夷 其孰以我爲虞** 虞 度也 **對曰 夫狡焉** 狡猾之人 **思啓封疆以利社稷者 何國蔑有 唯然 故多大國矣 唯或思或縱也** 有思開封疆者 有縱弛不

141) 별현(別縣) : 어떤 현(縣)에서 분리되어 나온 현.

142) 별읍(別邑) : 어떤 읍(邑)에서 분리되어 나온 읍.

設備者 故多兼并以成大國 勇夫重閉 況國乎

진후(晉侯)가 신공무신(申公巫臣)을 시켜 오(吳)나라에 가게 하면서 거(莒)나라에 길을 빌리게 하였다. 무신(巫臣)이 거구공(渠丘公)과 함께 못[池]가에 서 있으면서 거구(渠丘)는 읍 이름이다. 거구공(渠丘公)은 거자(莒子)인 주(朱)이다. 지(池)는 성의 못이다. 말하기를 "성이 너무[已] 낡았습니다."라고 하였다. 이(已)는 너무[太]와 같다. 거자(莒子)가 말하기를 "우리나라는 궁벽하고 루추하며 이(夷) 땅에 있는데 그 누가 우리를 넘보려[虞] 하겠소."라고 하였다. 우(虞)는 넘봄이다. 무신이 대답하기를 "교활하여 교활한 사람이다. 령토를 넓혀서 사직을 리롭게 하려고 생각하는 자가 어느 나라인들 없겠습니까. 단연코 있습니다. 그러므로 대국이 많게 된 것입니다. 혹 어떤 나라는 령토를 넓히려는 생각을 가지고 있고, 혹 어떤 나라는 방종하여 대비하지 않고 있습니다. 령토를 넓힐 것을 생각하는 나라도 있고, 방종하고 해이하여 방비를 하지 않는 나라도 있기 때문에 겸병하여 대국을 이루는 일이 많다는 것이다. 용맹스런 남자도 거듭 문을 닫는데 하물며 나라에 있어서이겠습니까."라고 하였다.

冬 十一月 楚子重自陳伐莒 圍渠丘 渠丘城惡 衆潰 奔莒 戊申 楚入渠丘 莒人囚楚公子平 楚人曰 勿殺 吾歸而俘 莒人殺之 楚師圍莒 莒城亦惡 庚申 莒潰 楚遂入鄆 莒無備故也

겨울 11월에 초(楚)나라 자중(子重)이 진(陳)나라에서 오다가 거(莒)나라를 쳐서 거구(渠丘)를 포위하였다. 거구는 성이 낡았기 때문에 무리가 흩어져 거나라 도성으로 도망하였다. 무신일에 초나라가 거구로 쳐들어갔다. 그때 거인(莒人)이 초나라 공자 평(平)을 잡았는데, 초인(楚人)이 말하기를 "그를 죽이지 말라. 우리가 당신 나라의 포로들을 돌려보내겠다."라고 하였다. 그러나 거인이 그를 죽였다. 이에 초나라 군대가 거나라 도성을 포위하였다. 거나라 도성도 낡아서 경신일에 거나라 백성이 흩어졌다. 초나라가 드디어 운(鄆) 땅으로 쳐들어갔으니, 거나라가 방비함이 없었기 때문이었다.

君子曰 恃陋而不備 罪之大者也 備豫不虞 善之大者也 莒恃其陋 而不脩城郭 浹辰之間 而楚克其三都 無備也夫 浹辰 十二日也 **詩曰 雖有絲麻 無棄菅蒯** 菅 茅屬 宜爲索 蒯 菅類可爲屨 **雖有姬姜 無棄蕉萃 凡百君子 莫不代匱 言備之不可以已也** 蕉萃 陋賤之人 代匱 言代其匱乏

군자는 말한다. "궁벽한 지역임을 믿고 방비하지 않는 것은 죄 중에서 큰 것이고, 뜻하지 않은 일에 대해서 미리 방비를 하는 것은 선 중에서 큰 것이다. 거(莒)나라는 그 궁벽함을 믿고 성곽을 정비하지 않아 12일[浹辰] 만에 초(楚)나라가 그 세 도읍을 함락시켰으니, 방비함이 없었기 때문이었다. 협신(浹辰)은 12일이다. 《시(詩)》에 이르기를 '비록 실[絲]과 삼[麻]이 있더라도 띠풀[菅蒯]을 버리지 말지어다.[143] 간(菅)은 띠풀 따위이니 끈을 만드는데 적합하다. 괴(蒯)는 간(菅)의 종류이니 신발을 만들 수 있다. 비록 희씨(姬氏)와 강씨(姜氏)[144]가 있더라도 초췌(蕉萃)한 녀자를 버리지 말지어다. 무릇 모든 군자는 부족함을 대신하여[代匱] 쓰지 않음이 없느니라.'[145]라고 하였는데, 이는 대비를 그만두어서는 안 된다는 말이다." 초췌(蕉萃)는 비루하고 천한 사람이다. 대궤(代匱)는 부족하고 결핍됨을 대신한다는 말이다.

> 秦人白狄伐晉
> 진인(秦人)과 백적(白狄)이 진(晉)나라를 쳤다.

秦人白狄伐晉 諸侯貳故也

진인(秦人)과 백적(白狄)이 진(晉)나라를 쳤으니, 제후들이 진(晉)나라에 두마음을 품었기 때문이다.

> 鄭人圍許
> 정인(鄭人)이 허(許)나라를 포위하였다.

鄭人圍許 示晉不急君也 此秋晉執鄭伯 **是則公孫申謀之 曰 我出師以圍許** 示不畏晉 **爲將改立君者 而紓晉使** 紓 緩也 勿亟遣使請晉 **晉必歸君**

정인(鄭人)이 허(許)나라를 포위하였으니, 진(晉)나라에게 자기들의 임금이 잡힌 일을 조

143) 비록~말지어다 : 실[絲]은 명주실이고 삼[麻]은 삼실이니 모두 베를 짤 수 있는 것이다. 비록 베를 짤 수 있는 실이 있다 하더라도 신을 만들 수 있는 띠풀을 버려서는 안 된다는 말이다.

144) 희씨(姬氏)와 강씨(姜氏) : 희씨(姬氏)와 강씨(姜氏)는 대국에서 시집온 공녀(公女)를 말한다. 희(姬)는 주(周)나라 왕실의 성(姓)이니 희씨는 곧 동성제후국을 말하고, 강(姜)은 제(齊)나라의 성이다.

145) 비록 실[絲]과~없느니라 : 일시(逸詩)이다.

급해하지 않는다는 뜻을 보인 것이다. 올가을에 진(晉)나라가 정백(鄭伯)을 잡았다. 이것은 공손신(公孫申)이 도모한 것이다. 그가 말하기를 "우리가 군대를 출동시켜 허나라를 포위하고 진(晉)나라를 두려워하지 않음을 보인다는 것이다. 임금을 바꾸어 세우려 하는 것처럼 하여 진나라로 사신 보내는 일을 늦춘다면[紓] 서(紓)는 늦춤이니 서둘러 사신을 보내어 진(晉)나라에 청하지 말라는 것이다. 진나라는 반드시 우리 임금님을 돌려보낼 것이다."라고 하였다.

城中城 중성(中城)에 성을 쌓았다.

中城 魯邑

중성(中城)은 로(魯)나라 읍이다.

城中城 書時也

중성(中城)에 성을 쌓았다고 하였으니, 경문에 때에 맞았음을 기록한 것이다.

○晉侯觀于軍府 見鍾儀 問之曰 南冠而縶者 誰也 南冠 楚冠 **有司對曰 鄭人所獻楚囚也 使稅之** 稅 音脫 解也 **召而吊之 再拜稽首 問其族 對曰 泠人也** 泠 本作伶 泠人 樂官 **公曰 能樂乎 對曰 先父之職官也 敢有二事 使與之琴 操南音** 南音 楚聲 **公曰 君王何如 對曰 非小人之所得知也 固問之 對曰 其爲大子也 師保奉之 以朝于嬰齊而夕于側也** 嬰齊 子重 側 子反 言其尊卿敬老 **不知其他**

○진후(晉侯 : 景公)가 군부(軍府)를 돌아보다가 초(楚)나라 종의(鍾儀)를 보고서 묻기를 "남쪽 나라의 관[南冠]을 쓰고 잡혀있는 자가 누구인가?"라고 하였다. 남관(南冠)은 초(楚)나라 관(冠)이다. 유사(有司)가 대답하기를 "정인(鄭人)이 잡아 바친 초나라의 포로입니다."[146]라고 하였다. 진후가 그를 풀어 주게[稅] 하고 탈(稅)은 음이 탈(脫)이니 풀어 줌이다. 불러 위로해 주니, 종의는 재배하고 머리를 조아렸다. 그의 종족에 대하여 물으니, 대답하기를 "령인(泠人)입니다."라고 하였다. 령(泠)은 본래 령(伶)으로 되어 있다. 령인(泠人)은 악관(樂官)이다. 진경공(晉景公)이

146) 정인(鄭人)이~포로입니다 : 이 일은 성공(成公) 7년에 있었다.

말하기를 "음악을 연주할 수 있는가?"라고 물으니, 대답하기를 "선부(先父)가 맡아온 직관(職官)이니 감히 다른 일에 마음을 둘 수 있겠습니까."라고 대답하였다. 그에게 금(琴)을 내려주게 하니 종의는 남방의 음악[南音]을 탔다. 남음(南音)은 초(楚)나라 음악이다. 진경공이 묻기를 "그대의 왕은 어떠한 사람인가?"라고 물으니, 대답하기를 "소인이 알 수 있는 바가 아닙니다."라고 하였다. 그래도 군이 물으니, 대답하기를 "그분이 태자로 계셨을 때 사보(師保)[147]가 받들어 모시면서 아침에는 영제(嬰齊)를 찾아보고 저녁에는 측(側)을 찾아보았습니다.[148] 영제(嬰齊)는 자중(子重)이고 측(側)은 자반(子反)이니, 태자가 경(卿)을 높이고 로인(老人)을 공경하였다는 말이다. 그 밖의 일은 알지 못합니다."라고 하였다.

公語范文子 文子曰 楚囚 君子也 言稱先職 不背本也 樂操土風 不忘舊也 稱大子抑無私也 不言爲君時事 遠稱大子 明己之至誠 無所私 **名其二卿 尊君也** 尊晉君也 **不背本 仁也 不忘舊 信也 無私 忠也 尊君 敏也 仁以接事 信以守之 忠以成之 敏以行之 事雖大 必濟 君盍歸之 使合晉楚之成 公從之 重爲之禮 使歸求成 十二月 楚子使公子辰如晉 報鍾儀之使 請脩好結成**

진경공(晉景公)이 범문자(范文子 : 士燮)에게 이 사실을 말해주니, 문자(文子)가 말하기를 "초(楚)나라 포로는 군자입니다. 말할 때 선부(先父)의 직관을 칭한 것은 근본을 저버리지 않은 것이고, 음악을 연주할 때 자기 고장의 음악을 탄 것은 자신의 고국을 잊지 않은 것이며, 자기 임금에 대해서 말할 때 태자 시절에 대한 일을 말한 것은 아마도 그에게 사심이 없다는 것이고, 임금이 되었을 때의 일을 말하지 않고 멀리 태자 때의 일을 칭하였으니, 자기는 지극히 정성스러워서 사사로운 바가 없음을 밝힌 것이다.[149] 자기 나라 두 경(卿)의 이름을 말한 것은 임금님을 높인 것입니다.[150] 진(晉)나라 임금을 높인 것이다. 근본을 저버리지 않음은 인(仁)이고, 고국을 잊지 않음은 신(信)이며, 사심이 없음은 충(忠)이고, 임금님을 높임은 명민함[敏]입니다. 인으로 일을 대하고, 신으로 일을 지키며, 충으로 일을 이루고, 명민함으로 일을 행한다면 일이 비록 크더라도 반드시 이룰 것입니다. 임금님께서는 어찌 그를 초나라로 돌려보내어

---

147) 사보(師保) : 임금을 보필하고 그 자제들을 교도하는 관원.

148) 아침에는~찾아보았습니다 : 아침에는 령윤(令尹)인 자중(子重)에게 가르침을 청하고, 저녁에는 사마(司馬)인 자반(子反)을 찾아가 가르침을 구하였다는 말이다.

149) 임금이~것이다 : 지금의 일은 자기가 모르는 일이어서 말할 수 없고, 다만 그가 직접 보고 들은 것만을 말함으로써 자신의 말이 거짓이 없음을 밝힌 것이다.

150) 자기~것입니다 : 임금 앞에서 신하의 이름을 일컫는 것이 임금을 높이는 례이다.

우리 진(晉)나라와 초나라가 화친을 맺도록 하지 않으십니까."라고 하였다. 이에 진경공이 그의 말에 따라 종의(鍾儀)를 후하게 례우하여 초나라로 돌려보내어 화친을 구하게 하였다. 12월에 초자(楚子)가 공자 신(辰)을 진나라에 보내어 종의를 사자로 보낸 일[151]에 보답하고, 진나라와 우호를 다지고 화친 맺기를 청하였다.

성공(成公) 10년【庚辰 B.C.581】

十年 春 10년 봄이다.

十年 春 晉侯使糴茷如楚 **糴茷 晉大夫** **報大宰子商之使也** **子商卽公子辰**

10년 봄에 진후(晉侯)가 적패(糴茷)를 초(楚)나라에 보내어 적패(糴茷)는 진(晉)나라 대부이다. 초나라 태재(大宰)인 자상(子商)이 사신 온 일에 보답하였다. 자상(子商)은 곧 공자 신(辰)이다.

衛侯之弟黑背帥師侵鄭 위후(衛侯)의 아우 흑배(黑背)가 군대를 거느리고 정(鄭)나라를 침범하였다.

衛子叔黑背侵鄭 晉命也

위(衛)나라 자숙흑배(子叔黑背)가 정(鄭)나라를 침범하였으니, 진(晉)나라가 명하였기 때문이다.

151) 종의를~일 : 진(晉)나라가 종의(鍾儀)를 초(楚)나라로 돌려보내면서 진나라와 초나라의 화친을 맺는 사신의 역할을 하게 한 일을 말한다.

夏 四月 五卜郊 不從 乃不郊

여름 4월에 교제(郊祭)지내는 것에 대하여 다섯 번이나 점쳤지만 불길하여 이에 교제를 지내지 않았다.

卜至於五 瀆也

점을 친 것이 다섯 차례까지 이른 것은 번독(煩瀆)한 것이다.

五月 公會晉侯齊侯宋公衛侯曹伯伐鄭

5월에 성공(成公)이 진후(晉侯)·제후(齊侯)·송공(宋公)·위후(衛侯)·조백(曹伯)과 회합하여 정(鄭)나라를 쳤다.

鄭公子班聞叔申之謀 叔申卽公孫申 **三月 子如立公子繻** 子如 公子班 **夏 四月 鄭人殺繻 立髡頑 子如奔許** 髡頑 鄭成公大子 **欒武子曰 鄭人立君 我執一人焉 何益 不如伐鄭而歸其君 以求成焉**

정(鄭)나라 공자 반(班)이 숙신(叔申)의 모의[152]를 듣고, 숙신(叔申)은 곧 공손신(公孫申)이다. 3월에 자여(子如)가 공자 수(繻)를 세웠다. 자여(子如)는 공자 반(班)이다. 여름 4월에 정인(鄭人)이 수를 죽이고 곤완(髡頑)을 세우니, 자여가 허(許)나라로 망명하였다. 곤완(髡頑)은 정성공(鄭成公)의 태자이다. 란무자(欒武子 : 欒書)가 말하기를 "정인이 임금을 세웠으니, 우리가 한 사람[鄭成公]을 잡고 있다고 해서 무슨 리익이 있겠는가. 정나라를 치고 그 임금을 돌려보내어 화친을 구하는 것만 같지 못하다."라고 하였다.

晉侯有疾 五月 晉立大子州蒲以爲君 而會諸侯伐鄭 啖助曰 若如傳說 經當有貶而無貶 左氏妄也 汪克寬曰 一年不二君 或謂春秋因其稱爵而志之 此亦惑於傳說也 **鄭子罕賂以襄鐘** 子罕 穆公子 襄鐘 鄭襄公之廟鐘 **子然盟于脩澤 子駟爲質** 子然子駟皆穆公子 脩澤 鄭地 **辛巳 鄭伯歸** 鄭不告入 故不書 **鄭伯討立君者 戊申 殺叔申叔禽** 六月 戊申 叔禽 叔申弟

152) 숙신(叔申)의 모의 : 지난해에 숙신(叔申)이 진(晉)나라에 잡혀있는 정성공(鄭成公)을 돌아오게 하기 위하여 우선 새 임금을 세우는 것처럼 하자고 한 모의이다.

진후(晉侯 : 景公)가 병이 들었다. 5월에 진(晉)나라가 태자 주포(州蒲)를 세워 임금으로 삼아 제후들과 회합하여 정(鄭)나라를 쳤다. 담조(啖助)가 말하기를 "만약 전문의 설[153]과 같다면 경문에 마땅히 폄하했어야 하는데 폄하함이 없으니 좌씨(左氏)의 잘못이다."라고 하였다. 왕극관(汪克寬)이 말하기를 "한 해에 두 임금이 있을 수 없으니, 어떤 이가 '《춘추(春秋)》에서는 작위를 칭함에 따라 기록한 것[154]이다.'라고 하였는데 그 말 또한 전문의 설에 미혹된 것이다."라고 하였다. 정나라 자한(子罕)이 양종(襄鐘)을 뢰물로 주어 자한(子罕)은 목공(穆公)의 아들이다. 양종(襄鐘)은 정양공(鄭襄公) 사당의 종이다. 자연(子然)이 수택(脩澤)에서 맹약하고 자사(子駟)가 인질이 되었다. 자연(子然)과 자사(子駟)는 모두 목공(穆公)의 아들이다. 수택(脩澤)은 정(鄭)나라 땅이다. 신사일에 정백(鄭伯 : 成公)이 본국으로 돌아갔다. 정(鄭)나라가 정성공(鄭成公)의 입국을 알려오지 않았기 때문에 경문에 기록하지 않은 것이다. 정백이 임금을 세운 자들을 토죄하여 무신일에 숙신(叔申)과 숙금(叔禽)을 죽였다. 6월 무신일이다. 숙금(叔禽)은 숙신(叔申)의 아우이다.

君子曰 忠爲令德 非其人猶不可 況不令乎 **非其人 謂叔申本非賢者 雖欲効忠 不見信於君**

군자는 말한다. "충성은 착한 덕이지만 그럴만한 사람이 아니면 오히려 행할 수 없는 법인데, 하물며 착하지 않은 자에 있어서이겠는가." 그럴만한 사람이 아니라는 것은 숙신(叔申)은 본래 어진 자가 아니어서 비록 충성을 바치고자 하였으나 임금에게 신임을 받지 못하였음을 이른 것이다.

齊人來媵

제인(齊人)이 잉녀(媵女)를 보내왔다.

媵伯姬也

백희(伯姬)의 잉녀(媵女)가 된 것이다.[155]

---

153) 전문의 설 : 임금이 죽지 않았는데 태자가 임금 노릇 한 것을 말한다.

154) 작위를~것 : 정식으로 임금 자리에 등극하지는 않았지만 임금의 역할을 함으로써 임금으로 불렀다는 의미이다.

155) 백희(伯姬)의~것이다 : 이성(異姓)의 나라에서 잉녀(媵女)를 보내왔으니, 례가 아니다. 성공(成公) 8년 겨울조 참조.

丙午 晉侯獳卒

병오일에 진후(晉侯) 누(獳)가 졸하였다.

丙午 六月七日 有日無月

병오(丙午)는 6월 7일로 날만 있고 달은 기록하지 않았다.

晉侯夢大厲 被髮及地 搏膺而踊 曰 殺余孫不義 厲 鬼也 趙氏之先祖 **余得請於帝矣 壞大門及寢門而入 公懼 入于室 又壞戶 公覺** 覺 音教 **召桑田巫** 桑田 晉邑 **巫言如夢** 巫云鬼怒 如公所夢 **公曰 何如 曰 不食新矣** 言公不食新麥

진후(晉侯)의 꿈에 큰 귀신[厲]이 나타나 풀어헤친 머리가 땅에 닿았고 가슴을 치고 뛰며 말하기를 "내 자손을 죽인 것은 옳지 못한 일이다.[156] 려(厲)는 귀신이니 조씨(趙氏)의 선조이다. 내가 상제에게 청하여 너를 죽일 것을 허낙받았다."라 하고는 대문과 침문을 부수고 들어오는 것이었다. 진경공(晉景公)이 두려워하여 방으로 들어갔더니 또 방문을 부수었다. 공이 깨어나[覺] 교(覺)는 음이 교(敎)이다. 상전(桑田)의 무당을 부르니, 상전(桑田)은 진(晉)나라 읍이다. 무당의 말이 꿈과 같았다. 무당이 귀신이 노하였다고 하였으니 진경공(晉景公)의 꿈과 같았던 것이다. 진경공이 "어떠한가?"라고 하니, 대답하기를 "새로 나는 보리를 잡숫지 못할 것입니다."라고 하였다. 진경공(晉景公)이 새로 나는 보리를 먹어보지 못할 것이라는 말이다.

公疾病 求醫于秦 秦伯使醫緩爲之 緩 醫名 爲 治也 **未至 公夢疾爲二豎子 曰 彼良醫也 懼傷我 焉逃之 其一曰 居肓之上膏之下 若我何** 肓 鬲也 心下爲膏 **醫至 曰 疾不可爲也 在肓之上膏之下 攻之不可** 攻 熨灸也 **達之不及 藥不至焉 不可爲也** 達 以針達也 **公曰 良醫也 厚爲之禮而歸之**

진경공(晉景公)의 병이 심해지자 진(秦)나라에 의원을 구하니, 진백(秦伯 : 桓公)이 의원 완(緩)을 보내어 치료하게[爲] 하였다. 완(緩)은 의원 이름이다. 위(爲)는 치료함이다. 그가 이르기 전에 진경공의 꿈에 질병이 두 더벅머리 총각으로 나타나 말하기를 "저 사람은 훌륭한 의원이니 우리를 해칠까 걱정이다. 어디로 도망가야 할까?"라고 하니, 그 하나가 말하기를 "황(肓)의 위와 고(膏)의 아래에 있으면 우리를 어찌하겠는가."라고 하였다. 황(肓)은 횡격막이고

---

156) 내~일이다 : 성공(成公) 8년 여름에 진(晉)나라가 그 대부인 조동(趙同)과 조괄(趙括)을 죽이고 조씨(趙氏)의 령지를 몰수한 일을 말한다.

심장 아래가 고(膏)이다. 의원이 이르러 말하기를 "이 병은 치료할 수 없습니다. 병이 황의 위와 고의 아래에 있어서 다스릴[攻] 수 없습니다. 공(攻)은 찜질하고 뜸을 뜸이다. 침을 놓아도[達] 미치지 못하고 약으로도 이르지 못하니 치료할 수 없습니다."라고 하니, 달(達)은 침으로 병처(病處)에 도달하게 하는 것이다. 진경공이 말하기를 "훌륭한 의원이로다."라 하고 후하게 례우하여 돌려보냈다.

六月 丙午 晉侯欲麥 周六月 今四月 麥始熟 **使甸人獻麥 饋人爲之** 甸人 主爲公田者 饋人 主治飮食者 **召桑田巫 示而殺之 將食 張如廁 陷而卒** 張 腹滿也 **小臣有晨夢負公以登天 及日中 負晉侯出諸廁 遂以爲殉**

6월 병오일에 진후(晉侯)가 보리를 먹고자 하여 주(周)나라 6월은 지금의 4월이니 보리가 익기 시작할 무렵이다. 전인(甸人)에게 보리를 바치게 하고 궤인(饋人)에게 음식을 만들게 하였다. 전인(甸人)은 공전(公田)을 주관하는 자이고, 궤인(饋人)은 음식을 주관하는 자이다. 그리고 상전(桑田)의 무당을 불러 그것을 보이고 죽였다. 이어 막 음식을 먹으려 할 때 배가 부풀어 올라[張] 뒷간에 갔다가 빠져서 졸하였다. 장(張)은 배가 부풀어 오름이다. 어떤 소신(小臣)이 새벽에 진경공(晉景公)을 등에 업고 하늘로 오르는 꿈을 꾸었는데, 한낮이 되어 진후를 업고 뒷간에서 나오게 되니 마침내 그를 순장시켰다.

秋 七月 公如晉

가을 7월에 성공(成公)이 진(晉)나라에 갔다.

秋 公如晉 親吊 非禮 **晉人止公 使送葬 於是糴茷未反** 晉謂魯貳楚 故留公 須糴茷自楚還 驗其虛實

가을에 성공(成公)이 진(晉)나라에 갔는데, 직접 조문한 것은 례가 아니다. 진인(晉人)이 성공을 억류하여 송장(送葬)하게 하였다.[157] 이때 적패(糴茷)가 아직 돌아오지 않았었다.[158] 진(晉)나라는 로(魯)나라가 초(楚)나라에도 마음을 두고 있다고 여겼기 때문에 성공(成公)을 억류하여 놓고, 적패(糴

157) 송장(送葬)하게 하였다 : 송장(送葬)은 령구(靈柩)를 장지로 떠나보내는 것이다. 이는 제후(諸侯)가 행하는 례가 아니었지만 진(晉)나라는 로(魯)나라를 업신여기고자 이러한 례를 강요한 것이다.

158) 적패(糴茷)가~않았었다 : 올봄에 진(晉)나라 적패(糴茷)가 초(楚)나라에 사신으로 가서 아직 돌아오지 않은 것이다.

筏)가 초나라에서 돌아와 그 사실 여부를 증험하기를 기다리고 있었던 것이다.

冬 十月
겨울 10월이다.

公無此三字
《공양전(公羊傳)》에는 이 세 글자가 없다.

○冬 葬晉景公 公送葬 諸侯莫在 魯人辱之 故不書 諱之也 不書晉葬

○겨울에 진경공(晉景公)의 장례를 지냈는데, 성공(成公)은 송장(送葬)하였지만 다른 제후들은 송장에 참여하지 않았다. 로인(魯人)이 이를 수치로 여겼기 때문에 경문에 기록하지 않았으니, 그 일을 숨긴 것이다. 경문에 진(晉)나라의 장례를 기록하지 않은 것이다.

성공(成公) 11년【辛巳 B.C.580】

十有一年 春 王三月 公至自晉
11년 봄 왕3월에 성공(成公)이 진(晉)나라에서 돌아왔다.

十一年 春 王三月 公至自晉 晉人以公爲貳於楚 故止公 公請受盟 而後使歸

11년 봄 왕3월에 성공(成公)이 진(晉)나라에서 돌아왔다.[159] 진인(晉人)은 성공이 초(楚)나라에 붙었다고 여겼으므로 성공을 억류했던 것이다. 성공이 맹약을 받아들이겠다고 청한 뒤에야 돌아가게 하였다.

---

159) 성공(成公)이~돌아왔다 : 지난해 7월에 진경공(晉景公)을 조문 갔다가 이제야 돌아오게 된 것이다.

晉侯使郤犨來聘 己丑 及郤犨盟

진후(晉侯)가 극주(郤犨)를 보내와서 빙문하였다. 기축일에 극주와 맹약하였다.

犨 公作州 後同 ○郤犨 郤克從父兄弟

주(犨)는 《공양전(公羊傳)》에는 주(州)로 되어 있고 이후에도 이와 같다. ○극주(郤犨)는 극극(郤克)의 종형제(從兄弟)이다.

郤犨來聘 且涖盟 聲伯之母不聘 聲伯之母 叔肹之妻 **穆姜曰 吾不以妾爲姒** 昆弟之妻 相謂爲姒 **生聲伯而出之 嫁於齊管于奚 生二子而寡 以歸聲伯 聲伯以其外弟爲大夫** 外弟 管于奚子 爲魯大夫 **而嫁其外妹於施孝叔** 孝叔 魯惠公五世孫 **郤犨來聘 求婦於聲伯 聲伯奪施氏婦以與之 婦人曰 鳥獸猶不失儷 子將若何 曰 吾不能死亡 婦人遂行 生二子於郤氏 郤氏亡 晉人歸之施氏 施氏逆諸河 沈其二子 婦人怒曰 已不能庇其伉儷而亡之 又不能字人之孤而殺之 將何以終** 何以善終 **遂誓施氏** 約誓不復爲婦

극주(郤犨)가 와서 빙문하고 또 맹약에 림하였다. 성백(聲伯)의 어머니가 빙례를 행하지 않았으므로[160] 성백(聲伯)의 어머니는 숙힐(叔肹)의 처이다. 목강(穆姜)[161]이 "나는 첩을 동서로 삼을 수 없다."고 하였다. 남편 형제의 처를 서로 동서라고 이른다. 성백을 낳은 뒤에 그녀를 내쫓았는데 그녀는 제(齊)나라 관우해(管于奚)에게 개가하여 자식 둘을 낳고 과부가 되자 그 자식들을 데리고 성백에게 돌아왔다. 성백이 그 외제(外弟)[162]를 대부로 삼고 외제(外弟)는 관우해(管于奚)의 아들로 로(魯)나라 대부가 되었다. 그 외매(外妹)[163]를 시효숙(施孝叔)[164]에게 시집보내었다. 효숙(孝叔)은 로혜공(魯惠公)의 5세손이다. 극주가 로(魯)나라에 와서 빙문하고는 성백에게 아내 될 사람을 구해달라고 하니, 성백이 시씨(施氏)의 부인(婦人 : 聲伯의 外妹)을 빼앗아 극주에게 주었다. 그 부인이 시씨에게 "조수(鳥獸)도 오히려 제 짝을 잃으려 하지 않는데 당신

---

160) 성백(聲伯)의~않았으므로 : 《례기(禮記)》 〈내칙(內則)〉에 혼인을 할 때 빙례를 행하면 처(妻)가 되고, 빙례를 행하지 않으면 첩(妾)이 된다고 하였다. 성백(聲伯)의 어머니가 빙례를 행하지 않고 성백의 아버지[叔肹]와 동거한 것을 말한다.

161) 목강(穆姜) : 로선공(魯宣公)의 부인(夫人).

162) 외제(外弟) : 이부동모(異父同母)의 아우.

163) 외매(外妹) : 이부동모(異父同母)의 누이.

164) 시효숙(施孝叔) : 시효숙(施孝叔)의 시(施)는 씨이니, 로혜공(魯惠公)의 아들 시보(施父)의 4세손이기 때문에 시(施)를 씨로 삼았다.

은 장차 어찌할 생각입니까?"라고 묻자, 시씨가 "나는 당신을 지키기 위해 죽거나 쫓겨날 수는 없소."라고 하였다. 이에 부인은 드디어 극주를 따라가서 극주에게서 자식 둘을 낳았다. 극씨의 집안이 망하자 진인(晉人)이 그녀를 시씨에게 돌려보냈다. 시씨가 하수(河水)에서 그녀를 맞이하면서 극씨의 두 아들을 빠뜨려 죽였다. 부인이 노하여 "이미 제 아내도 지키지 못하여 잃었고 또 남의 고아마저 사랑하지 않고 죽이니 어찌 끝이 좋을 수 있겠습니까."라고 하면서 어떻게 끝이 좋을 수 있겠는가라는 것이다. 드디어 시씨의 아내가 되지 않겠다고 맹세하였다. 다시는 그의 아내가 되지 않겠다고 맹세한 것이다.

夏 季孫行父如晉 여름에 계손행보(季孫行父)가 진(晉)나라에 갔다.

夏 季文子如晉 報聘且涖盟也

여름에 계문자(季文子 : 季孫行父)가 진(晉)나라에 갔으니, 극주(郤犨)의 빙문에 보답한 것이고 또 맹약에 림하기 위해서였다.

秋 叔孫僑如如齊 가을에 숙손교여(叔孫僑如)가 제(齊)나라에 갔다.

秋 宣伯聘于齊 以脩前好

가을에 선백(宣伯 : 叔孫僑如)이 제(齊)나라에 가서 빙문하였으니, 이는 지난날의 우호[165]를 다지기 위해서였다.

○晉郤至與周爭鄇田 鄇 音侯 溫別邑 **王命劉康公單襄公訟諸晉 郤至曰 溫 吾故也 故不敢失 劉子單子曰 昔周克商 使諸侯撫封 蘇忿生以溫爲司寇 與檀伯達封于河 蘇**

165) 지난날의 우호 : 성공(成公) 2년에 로(魯)나라가 제후들과 회합하여 제(齊)나라를 크게 패배시킨 안(鞌) 땅 싸움 이전의 우호이다.

氏卽狄 又不能於狄而奔衛 襄王勞文公而賜之溫 狐氏陽氏先處之 狐溱陽處父先食溫地 **而後及子 若治其故 則王官之邑也 子安得之 晉侯使郤至勿敢爭**

○진(晉)나라 극지(郤至)가 주(周)나라 왕실과 후전(鄇田)을 두고 다투니, 후(鄇)는 음이 후(侯)이니 온(溫)의 별읍(別邑)이다. 왕이 류강공(劉康公)과 선양공(單襄公)에게 명하여 진(晉)나라에 가서 쟁송(爭訟)하게 하였다. 극지가 말하기를 "온(溫) 땅은 우리 집안의 옛 봉지(封地)이니 감히 잃을 수 없소."라고 하였다. 류자(劉子 : 劉康公)와 선자(單子 : 單襄公)가 말하기를 "옛날에 주나라가 상(商)나라를 이기고 제후들에게 봉지를 소유하게[撫封] 하였는데[166] 그때 소분생(蘇忿生)이 온 땅을 봉지로 받고 주왕실의 사구(司寇)가 되어 단백(檀伯)인 달(達)과 함께 하수(河水) 지역에 봉해졌소. 그 뒤 소씨(蘇氏)[167]가 적(狄)에 붙었으나 또 적과 사이가 좋지 못하여 위(衛)나라로 망명하였소.[168] 그 뒤 양왕(襄王)은 진문공(晉文公)을 위로하고서 온 땅을 주었소.[169] 그리하여 호씨(狐氏)와 양씨(陽氏)가 먼저 이곳에 거주하였고 호진(狐溱)과 양처보(陽處父)가 먼저 온(溫) 땅을 식읍으로 삼은 것이다.[170] 뒤에 그대 일족의 소유가 된 것이니, 만약 그 연고를 따지자면 왕관(王官)[171]의 읍이니 그대가 어찌 차지할 수 있겠소."라고 하였다. 그러자 진후(晉侯)는 극지에게 온 땅을 가지고 감히 다투지 말라고 하였다.

冬 十月 겨울 10월이다.

○宋華元善於令尹子重 又善於欒武子 聞楚人旣許晉糴茷成 而使歸復命矣 冬 華元如楚 遂如晉 合晉楚之成

---

166) 봉지를~하였는데 : 전문(傳文)에서 '撫封'의 '撫'는 '有'의 뜻이다.

167) 소씨(蘇氏) : 소분생(蘇忿生)의 후손을 이른다.

168) 소씨(蘇氏)가~망명하였소 : 이 일은 희공(僖公) 10년에 있었다.

169) 양왕(襄王)은~주었소 : 주양왕(周襄王)의 아우 태숙대(大叔帶)의 반란을 진문공(晉文公)이 진압한 데 대한 보상이었다. 이 일은 희공(僖公) 25년에 있었다.

170) 호진(狐溱)과~것이다 : 진문공(晉文公)이 양왕(襄王)에게서 받은 온(溫) 땅을 그의 대부인 호진(狐溱)에게 식읍으로 준 것이다. 그 뒤 로문공(魯文公) 5년과 6년[晉襄公 6년·7년]에 양처보(陽處父)가 온 땅에 머문 내용이 있는 것으로 보아 온 땅을 다시 양처보에게 준 것으로 보인다.

171) 왕관(王官) : 천자에 속한 관원. 여기서는 소분생(蘇忿生)을 이른다.

○송(宋)나라 화원(華元)이 초(楚)나라 령윤(令尹) 자중(子重)과 사이가 좋고 또 진(晉)나라 란무자(欒武子)와도 사이가 좋았다. 화원은 초인(楚人)이 이미 진나라 적패(糴茷)에게 진나라와의 화친을 허낙하고 돌아가 복명하게 하였다는 소식을 들었다. 그러므로 겨울에 화원이 초나라로 갔다가 드디어 진나라로 가서 진나라와 초나라의 화친을 체결시켰다.[172)]

○秦晉爲成 將會于令狐 晉侯先至焉 秦伯不肯涉河 次于王城 使史顆盟晉侯于河東 史顆 秦大夫 **晉郤犫盟秦伯于河西** 就盟王城 **范文子曰 是盟也何益 齊盟 所以質信也** 齊 一心 質 成也 **會所 信之始也** 所 地也 **始之不從 其可質乎 秦伯歸而背晉成**

○진(秦)나라와 진(晉)나라가 화친하기 위하여 령호(令狐)에서 회합하기로 하였다. 진후(晉侯 : 厲公)가 먼저 도착하자 진백(秦伯 : 桓公)은 하수(河水)를 건너려 하지 않고 왕성(王城)[173)]에 머물러 있으면서 사과(史顆)를 보내어 하동(河東)에서 진후와 맹약하게 하였다. 사과(史顆)는 진(秦)나라 대부이다. 그러자 진(晉)나라 극주(郤犫)가 하서(河西)에서 진백과 맹약하였다. 왕성(王城)으로 나아가 맹약한 것이다. 범문자(范文子)가 말하기를 "이런 맹약이 무슨 리익이 있겠는가. 마음을 하나로 하여[齊] 맹약하는 것은 신의를 이루기[質] 위함이고 제(齊)는 마음을 하나로 함이고 질(質)은 이룸이다. 회합의 장소[所]는 신의를 실천하는 시작이다. 소(所)는 땅이다. 그런데 시작부터 신의를 따르지 않으니 어찌 신의를 이룰 수 있겠는가."라고 하였다. 과연 진백은 돌아간 뒤에 진(晉)나라와의 화친을 배반하였다.[174)]

성공(成公) 12년【壬午 B.C.579】

十有二年 春 周公出奔晉

12년 봄에 주공(周公)이 진(晉)나라로 망명나갔다.

---

172) 진나라와~체결시켰다 : 다음해에 송(宋)나라 서문(西門) 밖에서 맹약하는 장본이 된다.

173) 왕성(王城) : 진(秦)나라의 땅 이름.

174) 진백은~배반하였다 : 성공(成公) 13년에 진(晉)나라가 진(秦)나라를 치는 전의 배경이 된다.

周公楚惡惠襄之偪也 惠王襄王之族 **且與伯與爭政** 伯與 周卿士 **不勝 怒而出 及陽樊** 陽樊 晉地 **王使劉子復之 盟于鄄而入 三日 復出奔晉** 鄄 周邑 **十二年 春 王使以周公之難來告 書曰 周公出奔晉 凡自周無出 周公自出故也** 天子無外 故奔者不言出 周公自絶於周 故書出以非之

주공(周公) 초(楚)는 혜왕(惠王)과 양왕(襄王)의 종족들이 자신을 핍박하는 것을 미워하고 혜왕(惠王)과 양왕(襄王)의 일족이다. 또 백여(伯與)와 정권을 다투었으나 백여(伯與)는 주(周)나라 경사(卿士)이다. 이기지 못하자 노하여 주(周)나라를 떠났다. 양번(陽樊)에 이르렀을 때 양번(陽樊)은 진(晉)나라 땅이다. 왕[簡王]이 류자(劉子)를 보내어 그를 돌아오게 하니 견(鄄) 땅에서 류자와 맹약하고 주나라로 들어왔다가 3일 만에 다시 진(晉)나라로 망명나갔다. 견(鄄)은 주(周)나라 읍이다. 12년 봄에 왕이 사신을 보내와서 주공의 환난[175]을 고하였다. 경문에 주공이 진나라로 망명나갔다고 기록하였는데, 무릇 주나라에서 밖으로 나간 것을 출(出)이라 기록하지 않는데 주공이 스스로 나갔기 때문에 출(出)이라고 기록한 것이다. 천자에게는 외지(外地)가 없다.[176] 그러므로 망명한 것을 출(出)이라고 말하지 않는다. 주공(周公)이 스스로 주(周)나라와의 관계를 단절하고 떠났기 때문에 경문에 출(出)이라고 기록하여 비난한 것이다.

夏 公會晉侯衛侯于瑣澤

여름에 성공(成公)이 진후(晉侯)·위후(衛侯)와 쇄택(瑣澤)에서 회합하였다.

瑣 公作沙 ○瑣澤 地名

쇄(瑣)는 《공양전(公羊傳)》에는 사(沙)로 되어 있다. ○쇄택(瑣澤)은 땅 이름이다.

宋華元克合晉楚之成 夏 五月 晉士燮會楚公子罷許偃 二子 楚大夫 **癸亥 盟于宋西門之外 曰 凡晉楚無相加戎 好惡同之 同恤菑危 備救凶患 若有害楚 則晉伐之 在晉楚亦如之 交贄往來 道路無壅** 壅 同壅 **謀其不協 而討不庭 有渝此盟 明神殛之 俾隊其師 無克胙國** 隊 失也 **鄭伯如晉聽成 會于瑣澤 成故也** 晉楚爲成 不書西門之盟 存中國也

---

175) 주공의 환난 : 주공(周公)이 망명나간 것을 말한다.

176) 천자에게는~없다 : 천하가 다 천자의 땅이기 때문이다.

송(宋)나라 화원(華元)이 진(晉)나라와 초(楚)나라의 화친을 체결시키고 나서[177] 여름 5월에 진나라 사섭(士燮)이 초나라 공자 피(罷) 및 허언(許偃)과 회합하여 두 사람은 초(楚)나라 대부이다. 계해일에 송나라 서문(西門) 밖에서 맹약하였다. 맹약에 이르기를 "진나라와 초나라는 서로에게 무력을 행사하지 않고 호오(好惡)를 함께하여 재해와 위란(危亂)을 함께 구휼하며, 흉사와 환난을 함께 구제하여 만약 초나라를 해치는 나라가 있으면 진나라가 그 나라를 치고 진나라에 그런 일이 있으면 초나라도 그렇게 한다. 서로 례물을 주고받으며 사자를 왕래시켜 도로가 막힘[雍]이 없게 한다.[178] 옹(雍)은 막힘[壅]과 같다. 두 나라에 대해 협조하지 않는 나라에 대해서는 서로 의론하여 따르지 않는 나라[不庭][179]는 토벌한다. 이 맹약을 어기면 신명이 벌을 내려 그 군대를 잃게[隊] 하여 그 나라가 복을 누리지 못하게 할 것이다."라고 하였다. 추(隊)는 잃음이다. 정백(鄭伯)이 진나라에 가서 두 나라의 화친을 받아들이고 쇄택(瑣澤)에서 회합하였으니, 이는 진나라와 초나라가 화친하였기 때문이었다. 진(晉)나라와 초(楚)나라가 화친을 하였는데 경문에 서문(西門)의 맹약을 기록하지 않은 것은 중국의 체면을 보존하기 위해서였다.[180]

> **秋 晉人敗狄于交剛**
>
> 가을에 진인(晉人)이 교강(交剛)에서 적(狄)을 패배시켰다.

交剛 晉地

교강(交剛)은 진(晉)나라 땅이다.

狄人間宋之盟以侵晉 而不設備 秋 晉人敗狄于交剛

적인(狄人)이 진(晉)나라와 초(楚)나라가 송(宋)나라에서 맹약하는 틈을 타 진나라를 침범하고 방비하지 않으니, 가을에 진인(晉人)이 교강(交剛)에서 적(狄)을 패배시켰다.

---

177) 송(宋)나라~나서 : 이 일은 지난해 겨울에 있었다.

178) 도로가~한다 : 두 나라 사이의 외교관계가 계속된다는 뜻이다.

179) 따르지~나라[不庭] : 정(庭)은 패주지정(霸主之庭)의 정(庭)이다. 제후들이 패주(霸主)를 조견하여 그 뜰[庭]에서 례를 행하기 때문에 부정(不庭)은 패주를 따르지 않는 나라라는 뜻이다.

180) 진(晉)나라와~위해서였다 : 경문에 쇄택(瑣澤)의 회합에 대해서만 기록하고, 진(晉)나라와 초(楚)나라가 맺은 서문(西門)의 맹약에 대하여 기록하지 않은 것은 당시 중국의 변방인 초나라가 중국의 나라와 대등하게 맹약한 사실을 숨겨서 중국의 체면을 세우기 위함이라는 뜻이다.

冬 十月

겨울 10월이다.

○晉郤至如楚聘 且涖盟 楚子享之 子反相 爲地室而縣焉 縣鐘鼓也 **郤至將登 金奏作於下 驚而走出 子反曰 日云莫矣 寡君須矣 吾子其入也 賓曰 君不忘先君之好 施及下臣 貺之以大禮 重之以備樂 如天之福 兩君相見 何以代此 下臣不敢**

○진(晉)나라 극지(郤至)가 초(楚)나라에 가서 빙문하고 또 맹약에도 림하였다. 초자(楚子)가 그에게 향연을 베풀어 줄 때 자반(子反)이 상(相)이었는데 지하에 방을 만들어 그곳에 악기를 걸어두었다. 종과 북을 걸어둔 것이다. 극지가 당에 오르려 할 때 지하에서 종을 쳐서 음악을 연주하니 놀라서 빠른 걸음으로 물러 나왔다. 자반이 말하기를 "날이 벌써 저물었습니다. 과군이 기다리고 있으니 그대는 들어가시지요."라고 하자, 빈객인 극지가 말하기를 "그대의 임금님께서 선군 때의 우호를 잊지 않으시고 하신에게까지 은혜를 베풀어 주시어 륭숭한 례를 내려주시고 완비된 음악까지 더해주시니, 만약 하늘이 복을 내리시어 두 분 임금님께서 서로 만나게 된다면 무엇으로써 이를 대신하겠습니까. 하신은 감히 받을 수 없습니다."[181]라고 하였다.

子反曰 如天之福 兩君相見 無亦唯是一矢以相加遺 焉用樂 言兩君戰乃相見 無用此樂 **寡君須矣 吾子其入也 賓曰 若讓之以一矢 禍之大者 其何福之爲 世之治也 諸侯間於天子之事 則相朝也** 間 音閑 王事間缺則脩私好 **於是乎有享宴之禮 享以訓共儉** 享有體薦 設几而不倚 爵盈而不飮 肴乾而不食 **宴以示慈惠** 宴則折俎 相與共食 **共儉以行禮 而慈惠以布政 政以禮成 民是以息 百官承事 朝而不夕** 不夕言無事 **此公侯之所以扞城其民也** 扞 蔽也 **故詩曰 赳赳武夫 公侯干城** 干 扞也 **及其亂也 諸侯貪冒 侵欲不忌 爭尋常以盡其民** 八尺曰尋 倍尋曰常 言爭尺丈之地 **略其武夫 以爲己腹心股肱爪牙** 略 取也 **故詩曰 赳赳武夫 公侯腹心 天下有道 則公侯能爲民干城 而制其腹心 亂則反之 今吾子之**

181) 두 분~없습니다 : 대부인 자신에게 두 나라의 임금이 만나게 되었을 때 행하는 음악을 사용한다면 정작 두 임금이 만날 경우에는 어떤 음악을 사용하겠느냐는 말이다. 이에 대하여 〈춘추정의(春秋正義)〉에는 자반이 지하에서 음악을 연주함으로써 극지의 담대함을 시험하였는데 극지는 이에 놀라 물러 나왔다가 자반의 뜻을 알아차리고는 자신이 놀란 것을 감추기 위하여 변명한 것이라고 하였다.

言 亂之道也 不可以爲法 然吾子主也 至敢不從 遂入 卒事 歸以語范文子 文子曰 無禮 必食言 吾死無日矣夫 言晉楚不能久和 爲十六年鄢陵戰張本 **冬 楚公子罷如晉聘 且涖盟** 報郤至 **十二月 晉侯及楚公子罷盟于赤棘**

자반(子反)이 말하기를 "만일 하늘이 복을 내리시어 두 임금님께서 서로 만나게 된다면 그때는 오직 한 대의 화살을 서로 쏘아[加] 보낼 뿐이지 않겠습니까. 그러니 어찌 음악을 연주하겠습니까. 두 임금이 싸우게 되어서야 서로 만나게 될 것이니 이 음악을 연주할 일이 없다는 말이다. 과군이 기다리고 있으시니 그대는 들어가시지요."라고 하자, 빈(賓 : 郤至)이 말하기를 "만일 한 대의 화살을 주고받는 일로 서로를 책망한다면 그것은 큰 화이지 무슨 복이라 하겠습니까. 세상이 잘 다스려질 때는 제후들이 천자의 일에 힘쓰다가 틈[間]이 나면 서로 조견하였습니다. 한(間)은 음이 한(閑)이니, 왕의 일에 힘쓰다가 틈이 나면 사적인 우호를 닦는다는 것이다. 이때 향례(享禮)와 연례(宴禮)가 있었습니다. 향례로써 공손함과 검소함을 가르치고 향례를 베풀 때는 체천(體薦)[182]이 있으며, 안석을 설치하지만 기대지 않고, 술잔은 가득 채우지만 마시지 않고, 안주는 마르도록 먹지 않는다. 연례로써 자애로움과 은혜로움을 보였습니다. 연례를 베풀 때는 절조(折俎)[183]를 갖추어 서로 더불어 함께 먹는다. 공손함과 검소함으로 례를 행하고 자애로움과 은혜로움으로 정치를 펴니, 정치는 례로써 이루어졌던 것입니다. 백성은 이로써 편안하였고 백관들은 맡은 일을 수행하여 아침에 일을 보고 저녁에는 일이 없었으니[不夕], 불석(不夕)은 일이 없다는 말이다. 이것이 바로 공후(公侯)가 백성을 가려주고[扞] 지켰던[城] 방법입니다. 한(扞)은 가림[蔽]이다. 그러므로 《시(詩)》에 '씩씩한 무부(武夫)여, 공후의 간성(干城)이로다.'[184]라고 하였습니다. 간(干)은 막음[扞]이다. 그러나 세상이 어지럽게 되자 제후들은 탐욕을 부리어 침범할 욕심을 거리낌 없이 행하여 심(尋)이나 상(常) 정도의 땅을 다투면서 그 백성을 다 동원하고 8척(尺)을 심(尋)이라고 하고, 심(尋)의 곱을 상(常)이라고 한다. 한 척(尺) 한 장(丈) 정도 되는 땅을 다툰다는 말이다. 그 무부를 취하여[略] 자신의 배와 심장, 팔과 다리, 손톱과 어금니처럼 여깁니다. 략(略)은 취함이다. 그러므로 《시》에 '씩씩한 무부여, 공후의 복심(腹心)이로다.'[185]라고 하였습니다. 천하에 도가 있으면 공후는 백성의 간성이 되어 그 복심을 다스릴 수 있지만 천하가 어지러우면 이와는 반대로 되는 것입니다. 지금 그대의 말은 천하가 어지러울 때의 도이니 법으로 삼을 수 없습니다. 그러나 그대는 손님을 맞이하는 주인에 해당하니 저 지(至)는 따르지 않을

---

182) 체천(體薦) : 제사나 연회를 베풀 때 희생의 반토막을 도마 위에 올리는 것이다.

183) 절조(折俎) : 제사나 연회를 베풀 때 희생을 해체하여 도마 위에 올리는 것이다.

184) 씩씩한~간성(干城)이로다 : 《시경(詩經)》 〈주남(周南)〉 토저(兎罝).

185) 씩씩한~복심(腹心)이로다 : 《시경(詩經)》 〈주남(周南)〉 토저(兎罝).

수 있겠습니까."라 하고, 마침내 향연자리에 들어가 일을 마쳤다. 돌아와서 범문자(范文子)에게 이러한 사실을 말하니, 문자(文子)가 말하기를 "무례한 자이다. 반드시 식언할 것이니 내가 죽을 날도 얼마 남지 않았도다."라고 하였다. 진(晉)나라와 초(楚)나라가 오래도록 화평을 유지할 수 없다는 말이니, 16년 언릉(鄢陵) 싸움의 장본이 된다. 겨울에 초(楚)나라 공자 피(罷)가 진(晉)나라에 가서 빙문하고 또 맹약에 림하였다. 극지(郤至)의 빙문에 보답한 것이다. 12월에 진후(晉侯)와 초나라 공자 피가 적극(赤棘)에서 맹약하였다.

성공(成公) 13년【癸未 B.C.578】

十有三年 春 晉侯使郤錡來乞師
13년 봄에 진후(晉侯)가 극기(郤錡)를 보내와서 군대를 요청하였다.

十三年 春 晉侯使郤錡來乞師 將伐秦也 **將事不敬 孟獻子曰 郤氏其亡乎 禮 身之幹也 敬 身之基也 郤子無基 且先君之嗣卿也 受命以求師 將社稷是衛 而惰 棄君命也 不亡何爲** 郤錡 郤克子 故曰嗣卿 爲十七年晉殺郤錡傳

13년 봄에 진후(晉侯)가 극기(郤錡)를 보내와서 군대를 요청하였는데 진(秦)나라를 치고자 한 것이다. 그 일을 봉행함이 공경스럽지 못하였다. 맹헌자(孟獻子)가 말하기를 "극씨(郤氏 : 郤錡)는 아마도 망할 것이로다. 례(禮)는 몸을 세우는 줄기이고 경(敬)은 몸을 지탱하는 바탕인데 극자(郤子 : 郤錡)는 바탕이 갖추어지지 않았다. 또 그는 선군의 사경(嗣卿)[186]으로 임금의 명을 받고 와서 군대를 요청한 것은 사직을 지키고자 함인데 이를 게을리하였으니, 이는 임금의 명을 버린 것이다. 망하지 않고 어찌하겠는가."라고 하였다. 극기(郤錡)는 극극(郤克)의 아들이므로 사경(嗣卿)이라고 한 것이다. 17년에 진(晉)나라가 극기를 죽이는 전(傳)의 배경이 된다.

---

186) 사경(嗣卿) : 아버지의 지위를 이어받아 경(卿)의 지위에 오른 자.

三月 公如京師

3월에 성공(成公)이 경사(京師)에 갔다.

伐秦道過京師 因朝王

진(秦)나라를 치러 가는 길에 경사(京師)에 들러 이로 인하여 왕을 조현한 것이다.

三月 公如京師 宣伯欲賜 欲王賜己 **請先使 王以行人之禮禮焉 孟獻子從 王以爲介而重賄之** 介 輔相威儀者

3월에 성공(成公)이 경사(京師)에 갈 때 선백(宣伯 : 叔孫僑如)이 하사품을 받고자 하여 왕이 자기에게 하사품을 내리기를 바란 것이다. 먼저 사신 가기를 청하였다. 왕은 선백을 행인(行人 : 使臣)의 례로 례우하였다. 뒤에 맹헌자(孟獻子)가 성공을 시종하고 갔을 때 왕은 맹헌자를 보좌관[介]으로 여겨 많은 하사품을 주었다. 개(介)는 위의(威儀)를 보좌하는 자이다.

夏 五月 公自京師 遂會晉侯齊侯宋公衛侯鄭伯曹伯邾人滕人伐秦 曹伯盧卒于師

여름 5월에 성공(成公)이 경사(京師)에서 나와 드디어 진후(晉侯)·제후(齊侯)·송공(宋公)·위후(衛侯)·정백(鄭伯)·조백(曹伯)·주인(邾人)·등인(滕人)과 회합하여 진(秦)나라를 쳤다. 조백(曹伯) 로(盧)가 군영에서 졸하였다.

盧 公穀作廬

로(盧)는 《공양전(公羊傳)》과 《곡량전(穀梁傳)》에는 려(廬)로 되어 있다.

公及諸侯朝王 遂從劉康公成肅公會晉侯伐秦 劉成二公不書 兵不加秦 **成子受脤于社不敬 劉子曰 吾聞之 民受天地之中以生 所謂命也 是以有動作禮義威儀之則 以定命也 能者養之以福** 養威儀以致福 **不能者敗以取禍 是故君子勤禮 小人盡力 勤禮莫如致敬 盡力莫如敦篤 敬在養神 篤在守業 國之大事 在祀與戎 祀有執膰** 膰 祭肉 **戎有受脤 神之大節也 今成子惰 棄其命矣 其不反乎**

성공(成公)이 제후들과 함께 왕을 조현하고 드디어 류강공(劉康公)과 성숙공(成肅公)[187]

을 따라 진후(晉侯)와 회합하여 진(秦)나라를 쳤다. 류강공(劉康公)과 성숙공(成肅公) 두 공을 경문에 기록하지 않은 것은 진(秦)나라를 치는데 병사를 동원하지 않았기 때문이다. 성자(成子 : 成肅公)가 사제(社祭)에서 제육[脤]을 받을 때[188] 공경스럽지 못하니, 류자(劉子 : 劉康公)가 말하기를 "내가 듣건대 사람이 하늘과 땅의 중화(中和)한 기운을 받아 태어나니 이른바 명(命)이다. 그러므로 동작(動作)·례의(禮義)·위의(威儀)의 법칙이 있어 그 명을 안정시키는 것이다. 능한 자는 이를 잘 길러 복을 누리고 위의(威儀)를 길러 복을 이루는 것이다. 능하지 못한 자는 이를 폐기하여[敗] 화를 취한다. 그러므로 군자는 례에 힘쓰고 소인은 일에 힘을 다해야 하니, 례에 힘씀은 공경을 다하는 것만 같은 것이 없고 일에 힘을 다함은 부지런함[敦篤]만 같은 것이 없다. 공경은 신(神)을 봉양하는데 달려 있고 부지런함은 일을 지키는데 달려 있다. 나라의 큰일은 제사와 싸움인데 제사를 지낼 때는 번(膰[189])을 받고 번(膰)은 제육(祭肉)이다. 싸움을 할 때는 신(脤[190])을 받는 것이 신(神)을 섬기는 대절(大節)이다. 지금 성자는 례를 게을리하였으니 그 명을 저버린 것이다. 아마도 이번 싸움에서 돌아오지 못할 것이다."라고 하였다.

夏 四月 戊午 晉侯使呂相絶秦 呂相 魏錡子 蓋口宣己命 **曰 昔逮我獻公及穆公** 晉獻秦穆 **相好 戮力同心 申之以盟誓 重之以昏姻 天禍晉國 文公如齊 惠公如秦 無祿 獻公卽世 穆公不忘舊德 俾我惠公用能奉祀于晉 又不能成大勳 而爲韓之師 亦悔于厥心 用集我文公** 集 成也 **是穆之成也** 成功於晉 **文公躬擐甲冑 跋履山川** 草行爲跋 **踰越險阻 征東之諸侯虞夏商周之胤而朝諸秦 則亦旣報舊德矣 鄭人怒君之疆埸 我文公帥諸侯及秦圍鄭** 事在僖三十年 **秦大夫不詢于我寡君 擅及鄭盟 諸侯疾之 將致命于秦** 將致死命 **文公恐懼 綏靜諸侯 秦師克還無害 則是我有大造于西也**

여름 4월 무오일에 진후(晉侯 : 厲公)가 려상(呂相)을 보내어 진(秦)나라와 절교하게 하면서 려상(呂相)은 위기(魏錡)의 아들이다. 구두로 자기의 명령을 말하게 한 것이다. 다음과 같이 말하였다. "옛날 우리 헌공(獻公)과 진목공(秦穆公)께서 진헌공(晉獻公)과 진목공(秦穆公)이다. 서로 사이가 좋았을 때는 힘을 다하고 마음을 함께하여 맹세로써 그것을 나타내었으며, 혼인을 맺어

187) 류강공(劉康公)과 성숙공(成肅公) : 두 사람은 주(周)왕실의 신하이다.

188) 사제(社祭)에서~때 : 출병에 앞서 사(社)에서 제사 지내는 것이 례인데 이때 제육[脤]을 받는다.

189) 번(膰) : 종묘(宗廟)에 제사 지내는 익힌 고기.

190) 신(脤) : 사직(社稷)에 제사 지내는 날고기.

관계를 두터이 하였습니다.[191] 그런데 하늘이 우리 진(晉)나라에 재앙을 내려 문공(文公)께서는 제(齊)나라로 피해 가시고 혜공(惠公)께서는 진(秦)나라로 피해 가셨습니다.[192] 불행하게도[無祿] 우리 헌공께서 세상을 하직하시니,[193] 진목공께서는 옛 은덕을 잊지 않으시고 우리 혜공으로 하여금 진(晉)나라에서 제사를 받들 수 있게 하셨습니다만[194] 또 큰 공을 이루지 못하고 한(韓) 땅의 싸움[195]을 하게 되었습니다. 그 뒤 진목공께서는 또한 마음으로 후회하시어 우리 문공의 뜻을 이루게[集] 하셨으니,[196] 집(集)은 이룸이다. 이는 진목공께서 이루신 일이었습니다. 진(晉)나라에서 공을 이루었다는 것이다. 그래서 우리 문공께서는 몸소 갑주(甲冑)를 입으시고 산을 넘고[跋] 물을 건너며, 풀숲을 가는 것을 발(跋)이라고 한다. 험하고 막힌 곳을 넘어서 진(秦)나라의 동방에 있는 제후들인 우(虞)나라·하(夏)나라·상(商)나라·주(周)나라의 후예들을 정벌하여 진(秦)나라에 조회하게 하였으니, 또한 이미 옛 은덕을 갚은 것입니다. 그 뒤 정인(鄭人)이 진(秦)나라 임금님의 강역을 침범[怒]하였을 때 우리 문공께서는 제후들을 거느리고 진(秦)나라와 함께 정(鄭)나라를 포위하셨는데, 이 일은 희공(僖公) 30년에 있었다. 진(秦)나라 대부들은 우리 과군에게 묻지도 않고 멋대로 정나라와 맹약하였습니다. 그러자 제후들이 그 일을 미워해서 진(秦)나라를 치는데 목숨을 바치려 하였습니다. 죽음을 무릅쓰고 목숨을 바치려 함이다. 문공께서는 이를 두려워하여 제후들을 위무하여 안정시키셔서 진(秦)나라 군대가 아무 해 없이 돌아가게 하였으니, 이는 바로 우리가 서방의 진(秦)나라에 대하여 큰 공이 있는 것입니다.

無祿 文公卽世 穆爲不吊 蔑死我君 寡我襄公 寡 弱也 **迭我殽地 奸絶我好 伐我保城 殄滅我費滑** 伐保城 傳無其文 費滑 滑都於費 **散離我兄弟 撓亂我同盟** 滑 晉同姓 **傾覆我國家 我襄公未忘君之舊勳 而懼社稷之隕 是以有殽之師 猶願赦罪于穆公 穆公弗聽**

---

191) 혼인을~하였습니다 : 진헌공(晉獻公)의 딸이 진목공(秦穆公)에게 시집가서 부인이 된 일을 말한다.

192) 문공(文公)께서는~가셨습니다 : 려희(驪姬)의 란을 피하여 진문공(晉文公)은 희공(僖公) 5년에 제(齊)나라로 갔고, 진혜공(晉惠公)은 희공 6년에 진(秦)나라로 간 사실을 말한다.

193) 헌공께서~하직하시니 : 진헌공(晉獻公)은 희공(僖公) 9년에 졸하였다.

194) 진목공께서는~하셨습니다만 : 희공(僖公) 15년에 진(秦)나라가 진혜공(晉惠公)을 진(晉)나라로 들여보내 임금이 되게 한 일을 말한다.

195) 한(韓)~싸움 : 희공(僖公) 15년에 진(晉)나라와 진(秦)나라 사이에 한(韓) 땅에서 있었던 싸움으로 진(秦)나라는 진혜공(晉惠公)을 사로잡았다.

196) 문공의~하셨으니 : 희공(僖公) 24년에 진목공(秦穆公)이 진문공(晉文公 : 重耳)을 진(晉)나라에 들여보내 임금이 되게 한 일을 말한다.

而即楚謀我 天誘其衷 成王隕命 文元年 楚弑成王 **穆公是以不克逞志于我 穆襄卽世 康靈卽位** 文六年 晉襄秦穆皆卒 **康公 我之自出** 晉外甥 **又欲闕翦我公室 傾覆我社稷** 闕音掘 **帥我蝥賊 以來蕩搖我邊疆** 蝥賊 食禾稼蟲 謂秦納公子雍 **我是以有令狐之役 康猶不悛 入我河曲 伐我涑川 俘我王官** 涑 水名 王官 地名 伐涑川俘王官 傳皆無文 **翦我羈馬 我是以有河曲之戰** 在文十二年 **東道之不通 則是康公絶我好也**

불행하게도 문공(文公)께서 세상을 하직하셨는데 진목공(秦穆公)께서는 조문도 하지 않고 돌아가신 우리 임금님을 멸시하였고, 또 우리 양공(襄公)을 유약하다고[寡] 여겨 과(寡)는 유약함이다. 우리 효(殽) 땅에 침범하여 우리의 우호를 막아 끊어서 우리의 보성(保城)[197]을 치고 우리의 비활(費滑)을 쳐서 멸망시켜 보성(保城)을 친 일은 전(傳)에 그 기록이 없다. 비활(費滑)은 활(滑)나라가 비(費) 땅에 도읍한 것이다. 우리의 형제국 사람들을 흩어지게 하고 우리의 동맹국을 어지럽게 하여 활(滑)나라는 진(晉)나라의 동성국(同姓國)이다. 우리 국가를 넘어뜨리려 하였습니다. 그래도 우리 양공께서는 귀국의 임금님께서 전에 베푼 공[198]을 잊지 않고 있었지만 사직이 망할 것을 두려워하였습니다. 그래서 효(殽) 땅의 싸움[199]이 있었던 것입니다. 그래도 오히려 진목공에게 싸움한 죄를 용서해 주기를 원했지만 진목공께서는 들어주지 않고 초(楚)나라와 회합하여 우리나라를 도모하려 하였습니다. 하늘이 우리 임금님의 충심에 이끌리어 초성왕(楚成王)이 운명하게 되니, 문공(文公) 원년에 초(楚)나라가 성왕(成王)을 시해하였다. 진목공께서는 이 때문에 우리나라에 대해서 뜻을 펼 수가 없었습니다. 진목공과 우리 양공께서 세상을 하직하시고, 진강공(秦康公)과 우리 령공(靈公)께서 즉위하셨습니다. 문공(文公) 6년에 진양공(晉襄公)과 진목공(秦穆公)이 모두 졸하였다. 진강공은 우리나라에서 시집간 분의 소생인데도[200] 진강공(秦康公)은 진(晉)나라의 외생(外甥)이다. 또 우리의 공실에 피해[闕]를 입히고 우리의 사직을 넘어뜨리려 하시어, 굴(闕)은 음이 굴(掘)이다. 우리나라의 모적(蝥賊)을 끌고 쳐들어와서 우리나라의 변경을 소란하게 하였습니다. 모적(蝥賊)은 벼를 먹는 곤충이니 진(秦)나라가 공자 옹(雍)[201]을 들여보낸 사실을 이른다. 우리는 이 때문에 령호(令狐)의 싸움[202]을 했던 것입니다. 그 뒤 진강

---

197) 보성(保城) : 작은 성(城).

198) 귀국의~공 : 진문공(晉文公)을 들여보내 임금이 되게 한 공을 말한다.

199) 효(殽) 땅의 싸움 : 이 일은 희공(僖公) 33년에 있었다.

200) 진강공은~소생인데도 : 진강공(秦康公)은 진헌공(晉獻公)의 딸인 백희(伯姬)의 아들이다.

201) 공자 옹(雍) : 진양공(晉襄公)의 서제(庶弟). 공자 옹(雍)은 진(秦)나라에서 벼슬하고 있다가 문공(文公) 6년에 진양공이 졸하자 진강공(秦康公)이 진(晉)나라로 들여보내 임금으로 삼으려 하였다. 그러나 문공 7년 령호(令狐)의 싸움에서 진(秦)나라가 진(晉)나라에 패하면서 공자 옹의 귀국은 실패하였다.

공께서는 여전히 뉘우쳐 고치지 않으시고 우리의 하곡(河曲)으로 쳐들어와 우리의 속천(涑川)을 치고 우리 왕관(王官)의 백성을 포로로 잡아갔으며, 속(涑)은 물 이름이다. 왕관(王官)은 땅 이름이다. 속천(涑川)을 치고 왕관의 백성을 포로로 잡아갔으나 전(傳)에는 모두 기록이 없다. 우리의 기마(羈馬)[203]를 쳤습니다. 우리는 이 때문에 하곡의 싸움을 했던 것입니다. 이 일은 문공(文公) 12년에 있었다. 그리고 귀국이 동방으로 가는 길이 막혀 통하지 못하는 것은 진강공이 우리와의 우호를 끊었기 때문입니다.

及君之嗣也 君 秦桓公 **我君景公引領西望 曰 庶撫我乎 君亦不惠稱盟** 不肯稱晉望而共盟 **利吾有狄難** 謂晉滅潞氏時 **入我河縣 焚我箕郜** 箕郜 晉二邑 **芟夷我農功 虔劉我邊垂** 虔劉皆殺也 **我是以有輔氏之聚** 聚 衆也 在宣十五年 **君亦悔禍之延 而欲徼福于先君獻穆 使伯車來命我景公** 伯車 秦桓公子 **曰 吾與女同好棄惡 復脩舊德 以追念前勳 言誓未就 景公卽世 我寡君是以有令狐之會** 在十一年

임금님[君]께서 대를 이으시게 되자 군(君)은 진환공(秦桓公)이다. 우리 임금 경공(景公)께서는 목을 빼고 서방을 바라보며 말씀하시기를 '아마도 우리를 안무하여 줄 것이다.'라고 하셨습니다. 그러나 임금님께서도 맹약을 맺기를 기꺼워하지 않으시고, 진(晉)나라의 기대에 부응하여[稱] 함께 맹약하기를 기꺼워하지 않은 것이다. 우리에게 적(狄)의 환난이 있음을 리용하여 진(晉)나라가 로씨(潞氏)를 멸한 때를 이른다.[204] 우리의 하현(河縣)으로 쳐들어와 우리 기(箕) 땅과 고(郜) 땅을 불태워버리고, 기(箕)와 고(郜)는 진(晉)나라의 두 읍이다. 우리의 농작물을 베어 버렸으며 우리 국경 지대의 백성을 살륙하였습니다[虔劉]. 건(虔)과 류(劉)는 모두 죽인다는 뜻이다. 우리는 이 때문에 귀국과 보씨(輔氏)에서 무리지어 싸웠던[聚] 것입니다.[205] 취(聚)는 무리이다. 선공(宣公) 15년에 있었다. 그러자 임금님께서는 또한 병화(兵禍)가 길어지는 것을 후회하시어 선군이셨던 우리 헌공(獻公)과 귀국 목공(穆公)에게 복을 구하고자 하여[206] 백거(伯車)를 보내와서 우리 경공에게 명하여 백거(伯車)는 진환공(秦桓公)의 아들이다. 말씀하시기를 '나와 그대는 서로 우호하여 미워했던 것을 버리고 옛날의 덕행을 다시 닦아 선군들께서 이룩하신 공을 미루

---

202) 령호(令狐)의 싸움 : 이 일은 문공(文公) 7년에 있었다.

203) 기마(羈馬) : 진(晉)나라 읍 이름.

204) 진(晉)나라가~이른다 : 이 일은 선공(宣公) 15년에 있었다.

205) 보씨(輔氏)에서~것입니다 : 전문의 보씨지취(輔氏之聚)는 보씨의 싸움이다. 싸움에는 무리를 모으는 것이 중요하므로 싸움을 취(聚)라고도 한다.

206) 복을~하여 : 진헌공(晉獻公)과 진목공(秦穆公) 때의 우호를 다시 회복하고자 함이다.

어 생각합시다.'라고 하셨습니다. 그런데 약속이 이루어지기 전에 우리 경공께서는 세상을 하직하셨습니다. 우리 과군(寡君 : 晉厲公)은 이 때문에 령호(令狐)에서 회합하였던 것입니다. 11년에 있었다.

君又不祥 背棄盟誓 白狄及君同州 白狄與秦同居雍州 **君之仇讎 而我昏姻也** 季隗 赤狄之女 白狄獲之 納諸文公 **君來賜命 曰 吾與女伐狄 寡君不敢顧昏姻 畏君之威 而受命于吏 君有二心於狄 曰 晉將伐女 狄應且憎 是用告我** 言狄雖應秦 而心實憎秦

그런데 임금님께서는 또 좋지 않은 마음으로 그 맹세를 배반하여 버리셨습니다. 백적(白狄)은 임금님과 같은 지방에서 지내고 있지만, 백적(白狄)과 진(秦)나라는 옹주(雍州)에서 함께 거주하였다. 임금님에게는 원수이고 우리와는 혼인 관계가 있습니다. 계외(季隗)는 적적(赤狄)의 녀자인데 백적(白狄)이 사로잡아 진문공(晉文公)에게 바쳤다. 임금님께서 사람을 보내와서 명을 내려 말씀하시기를 '나와 그대가 함께 적(狄)을 칩시다.'라고 하셨습니다. 그래서 과군은 감히 혼인 관계를 돌아보지 않고 임금님의 위세를 두려워하여 사자(使者 : 吏)에게서 그 명을 받아들였습니다. 그런데 임금님께서는 적에게도 두마음을 가지고 말씀하시기를 '진(晉)나라가 너의 나라를 치려 한다.'라고 하셨습니다. 그러나 적은 한편으로 호응하면서도 다른 한편으로는 임금님을 미워하여 그 일을 우리에게 다 말해주었습니다. 적(狄)이 비록 진(秦)나라에 호응하지만 마음으로는 사실상 진(秦)나라를 미워하였다는 말이다.

楚人惡君之二三其德也 亦來告我曰 秦背令狐之盟 而來求盟于我 昭告昊天上帝 秦三公楚三王 三公 穆康共 三王 成穆莊 **曰 余雖與晉出入 余唯利是視 不穀惡其無成德** 不穀 楚共自稱 **是用宣之 以懲不壹 諸侯備聞此言 斯是用痛心疾首 暱就寡人 寡人帥以聽命 唯好是求 君若惠顧諸侯 矜哀寡人 而賜之盟 則寡人之願也 其承寧諸侯以退** 承君之意 以寧諸侯 **豈敢徼亂 君若不施大惠 寡人不佞 其不能以諸侯退矣 敢盡布之執事 俾執事實圖利之**

그리고 초인(楚人)은 임금님께서 그 덕을 이랬다저랬다 하는 것을 미워하여 또한 와서 우리에게 말하기를 '진(秦)나라는 령호(令狐)의 맹약을 배반하고 우리 초(楚)나라에 사람을 보내어 맹약을 요구하며, 하늘의 상제와 진(秦)나라의 삼공(三公)과 초나라의 삼왕(三王)의 령전(靈前)에 밝게 고하기를 삼공(三公)은 목공(穆公)·강공(康公)·공공(共公)이다. 삼왕(三王)은 성왕(成王)·목왕(穆王)·장왕(莊王)이다. 내가 비록 진(晉)나라와 왕래하지만 나는 다만 내가 취할 리익만 살필 뿐이라고 하였소.[207] 내[不穀]는 진(秦)나라 임금이 성덕(成德)[208]이 없음을 미워하기에 불곡(不穀)은 초공왕(楚共王)이 스스로를 칭한 것이다. 이를 알려 그의 마음이 한결같지 않음을 징계하는 것이오.'라고 하였습니다. 제후들도 이 말을 다 듣고는 이 사실로 마음이 아프고 머리가 아파서 과인을 친근히 하여 따르고 있습니다. 과인이 군대를 거느리고 와서 임금님의 명을 듣고자 하는 것은 오직 우호를 구하려는 것입니다. 임금님께서 만약 제후들을 은혜로이 살펴보시고 과인을 불쌍히 여기시어 맹약을 맺어주신다면 이는 과인이 원하는 바입니다. 다만 그 뜻을 받들어 제후들을 안심시켜서 물러나게 할 뿐 진(秦)나라 임금의 뜻을 받들어 제후들을 편안하게 하겠다는 것이다. 어찌 감히 병란(兵亂)을 바라겠습니까. 그러나 임금님께서 만약 큰 은혜를 베풀지 않으신다면 과인이 재주는 없지만 제후들을 이끌고 물러날 수 없습니다. 감히 집사(執事)[209]에게 내 마음을 다 드러내어 집사로 하여금 진실로 리로운 점을 헤아리게 하는 것입니다."

秦桓公旣與晉厲公爲令狐之盟 而又召狄與楚 欲道以伐晉 諸侯是以睦於晉 晉欒書將中軍 荀庚佐之 士燮將上軍 郤錡佐之 韓厥將下軍 荀罃佐之 趙旃將新軍 郤至佐之 郤毅御戎 欒鍼爲右 郤毅 郤至弟 欒鍼 欒書子 **孟獻子曰 晉帥乘和 師必有大功**

진환공(秦桓公)은 이미 진려공(晉厲公)과 령호(令狐)의 맹약을 하였지만 또 적(狄)과 초(楚)나라를 불러들여 이들을 인도하여 진(晉)나라를 치고자 하였다. 이 일로 인해 제후들이 진(晉)나라와 화목하게 되었다. 진(晉)나라 란서(欒書)는 중군을 거느리고 순경(荀庚)이 그 부장이 되었으며, 사섭(士燮)은 상군을 거느리고 극기(郤錡)가 그 부장이 되었으며, 한궐(韓厥)은 하군을 거느리고 순앵(荀罃)이 그 부장이 되었으며, 조전(趙旃)은 신군(新軍)을 거느리고 극지(郤至)가 그 부장이 되었다. 그리고 극의(郤毅)는 융거의 어자가 되고 란겸(欒鍼)은 거우가 되었다. 극의(郤毅)는 극지(郤至)의 아우이고 란겸(欒鍼)은 란서(欒書)의 아들이다. 맹헌자(孟獻子)가 말하기를 "진(晉)나라는 장수들과 병거병[乘]들이 화합을 잘하고 있으니, 그 군대는 반드시 큰 공을 세울 것이다."라고 하였다.

五月 丁亥 晉師以諸侯之師及秦師戰于麻隧 秦師敗績 獲秦成差及不更女父 不更 秦

207) 내가 비록~하였소 : 이 말은 진(秦)나라가 초(楚)나라에 한 말인데 초나라가 진(晉)나라에 알려 준 것이다.

208) 성덕(成德) : 크고 높은 덕. 성덕(盛德)과 같다.

209) 집사(執事) : 진(秦)나라 임금을 지칭한다.

爵 不書敗績 經闕 曹宣公卒于師 師遂濟涇 及侯麗而還 迓晉侯于新楚 麗 音離 涇 水名 旣戰 晉侯止新楚 故師還過迎之 麻隧侯麗新楚皆秦地 成肅公卒于瑕

5월 정해일에 진(晉)나라 군대가 제후들의 군대를 거느리고 진(秦)나라 군대와 마수(麻隧)에서 싸웠다. 진(秦)나라 군대가 크게 패하였고 진(晉)나라 군대는 진(秦)나라 성차(成差)와 불경(不更)인 녀보(女父)를 사로잡았다. 불경(不更)은 진(秦)나라 벼슬이다. 크게 패배시킨 사실을 경문에 기록하지 않은 것은 빠뜨린 것이다. 조선공(曹宣公 : 盧)이 군영에서 졸하였다. 진(晉)나라와 제후들의 군대가 드디어 경수(涇水)를 건너 후리(侯麗)까지 쳐들어갔다가 돌아오는 길에 신초(新楚)에서 진후(晉侯)를 맞이하였다. 리(麗)는 음이 리(離)이다. 경(涇)은 물 이름이다. 싸움이 시작되자 진후(晉侯)는 신초(新楚)에 머물러 있었기 때문에 군대가 돌아오는 길에 그곳에 들러 진후를 맞이한 것이다. 마수(麻隧)·후리(侯麗)·신초(新楚)는 모두 진(秦)나라 땅이다. 성숙공(成肅公)이 하(瑕) 땅에서 졸하였다.

○六月 丁卯 夜 鄭公子班自訾求入于大宮 不能 殺子印子羽 訾 鄭地 十年班出奔許 今欲還爲亂 子印子羽皆穆公子 反軍于市 己巳 子駟帥國人盟于大宮 遂從而盡焚之 從師于市而盡焚之 殺子如子駹孫叔孫知 子駹 子如弟 孫叔 子如子 孫知 子駹子

○6월 정묘일 밤에 정(鄭)나라 공자 반(班)이 자(訾) 땅에서 태궁(大宮)[210]으로 들어가고자 하였으나 여의치 못하자 자인(子印)과 자우(子羽)를 죽이고 자(訾)는 정(鄭)나라 땅이다. 10년에 반(班)이 허(許)나라로 망명나갔다가 이번에 돌아가고자 란을 일으킨 것이다. 자인(子印)과 자우(子羽)는 모두 정목공(鄭穆公)의 아들이다. 군대를 돌려 저자에 주둔하였다. 기사일에 자사(子駟)[211]가 국인을 거느리고 태궁에서 맹약하고, 드디어 공자 반의 군대를 추격하여 모두 불태워버리고 저자에 주둔한 군대를 추격하여 모두 불태워 버린 것이다. 자여(子如 : 班)·자방(子駹)·손숙(孫叔)·손지(孫知)를 죽였다. 자방(子駹)은 자여(子如)의 아우이고 손숙(孫叔)은 자여의 아들이며 손지(孫知)는 자방의 아들이다.

秋 七月 公至自伐秦

가을 7월에 성공(成公)이 진(秦)나라를 친 일에서 돌아왔다.

210) 태궁(大宮) : 정(鄭)나라 시조묘(始祖廟)를 이른다.
211) 자사(子駟) : 정목공(鄭穆公)의 아들.

冬 葬曹宣公
겨울에 조(曹)나라 선공(宣公)의 장례를 지냈다.

曹人使公子負芻守 使公子欣時逆曹伯之喪 二子皆曹宣公庶子 **秋 負芻殺其大子而自立也 諸侯乃請討之 晉人以其役之勞 請俟他年 冬 葬曹宣公 旣葬 子臧將亡** 子臧卽欣時 **國人皆將從之 成公乃懼** 成公 負芻 **告罪 且請焉** 告罪於子臧而請留 **乃反 而致其邑** 還於成公

조인(曹人)이 공자 부추(負芻)를 시켜 도성을 지키게 하고, 공자 흔시(欣時)를 시켜 조백(曹伯)의 상구(喪柩)를 맞이하게 하였다. 두 공자는 모두 조선공(曹宣公)의 서자이다. 가을에 부추가 태자를 죽이고 스스로 임금이 되었다. 이에 제후들이 그를 토죄할 것을 진(晉)나라에 청하였는데 진인(晉人)이 진(秦)나라와 치른 싸움의 수고로움을 들어 다른 해를 기다릴 것을 청하였다. 겨울에 조선공(曹宣公)의 장례를 지냈다. 장례를 마치자 자장(子臧)이 망명가고자 하였는데 자장(子臧)은 곧 흔시(欣時)이다. 국인이 모두 그를 따라가고자 하였다. 조성공(曹成公)이 이에 두려워 조성공(曹成公)은 부추(負芻)이다. 자신의 죄를 고하고 떠나지 말 것을 청하였다. 자장(子臧)에게 자신의 죄를 고하고 머물러주기를 청한 것이다. 이에 자장은 돌아와서 자신의 식읍을 돌려주었다.[212] 조성공(曹成公)에게 돌려준 것이다.

성공(成公) 14년【甲申 B.C.577】

十有四年 春 王正月 莒子朱卒
14년 봄 왕정월에 거자(莒子) 주(朱)가 졸하였다.

212) 자장은~돌려주었다 : 조성공(曹成公)을 섬기지 않겠다는 의미이다. 성공(成公) 15년 조성공을 사로잡는 전(傳)의 배경이 된다.

夏 衛孫林父自晉歸于衛

여름에 위(衛)나라 손림보(孫林父)가 진(晉)나라에서 위나라로 돌아갔다.

十四年 春 衛侯如晉 晉侯強見孫林父焉 林父以七年奔晉 强見 欲歸之 **定公不可 夏 衛侯既歸 晉侯使郤犨送孫林父而見之 衛侯欲辭 定姜曰 不可** 定姜 定公夫人 **是先君宗卿之嗣也** 同姓之卿 **大國又以爲請 不許 將亡 雖惡之 不猶愈於亡乎 君其忍之 安民而宥宗卿 不亦可乎 衛侯見而復之 衛侯饗苦成叔** 成叔 郤犨 **甯惠子相** 惠子 甯殖 **苦成叔傲 甯子曰 苦成家其亡乎 古之爲享食也 以觀威儀 省禍福也 故詩曰 兕觵其觩 旨酒思柔** 兕觵 以兕角爲觵 觩 角上曲貌 思 語辭 **彼交匪傲 萬福來求 今夫子傲 取禍之道也**

14년 봄에 위후(衛侯)가 진(晉)나라에 가자 진후(晉侯)가 강제로 손림보(孫林父)를 만나보게 하였는데, 림보(林父)는 7년에 진(晉)나라로 망명하였다.213) 강제로 만나보게 한 것은 손림보를 위(衛)나라로 돌려보내고자 해서이다. 정공(定公 : 衛侯)이 안 된다고 하였다. 여름에 위후가 돌아가자 진후가 극주(郤犨)를 시켜 손림보를 호송하여 위후를 만나보게 하였는데 위후가 또 거절하고자 하였다. 이에 정강(定姜)이 말하기를 "그렇게 해서는 안 됩니다. 정강(定姜)은 정공(定公)의 부인(夫人)이다. 이 사람은 선군 때 종경(宗卿)214)의 사자(嗣子)이며 종경(宗卿)은 동성(同姓)의 경(卿)이다. 대국에서도 만나볼 것을 청하는데 허낙하지 않으시면 우리나라는 장차 망할 것입니다. 비록 그를 미워하시지만 그래도 나라가 망하는 것보다는 낫지 않겠습니까. 임금님께서는 참으시어 백성을 편안케 하시고 종경(宗卿 : 孫林父)을 용서하시는 것이 또한 좋지 않겠습니까."라고 하자 위후가 그를 만나보고 지위를 회복시켜 주었다. 위후가 고성숙(苦成叔)에게 향연을 베풀어 줄 때 성숙(成叔)은 극주(郤犨)이다. 녕혜자(甯惠子)가 상(相)이었다. 혜자(惠子)는 녕식(甯殖)이다. 고성숙이 오만하게 행동하자, 녕자(甯子 : 甯惠子)가 말하기를 "고성(苦成 : 苦成叔)의 집안은 망할 것이다. 옛날 향사(享食)215)를 행할 때 그 사람의 위의(威儀)를 보고 화와 복을 살펴 알 수 있었다. 그러므로 《시(詩)》에 '뿔잔[兕觵]이 굽어있지만[觩] 맛있는 술이 부드럽도다[思柔]. 시굉(兕觵)은 물소 뿔로 술잔을 만든 것이다. 구(觩)는 뿔의 윗부분이 굽은 모양이다. 사(思)는 어조사이다. 저 사람 교제함이 오만하지 아니하니 만복(萬福)이 와서 모이네

---

213) 림보(林父)는~망명하였다 : 성공(成公) 7년에 위정공(衛定公)의 미움을 받아 손림보(孫林父)가 진(晉)나라로 망명하였다.

214) 선군 때 종경(宗卿) : 손림보(孫林父)의 아버지인 손량부(孫良夫)이다.

215) 향사(享食) : 잔치.

.'[216]라고 하였는데, 지금 저 사람의 오만함은 바로 화를 취하는 길이다."라고 하였다.

秋 叔孫僑如如齊逆女

가을에 숙손교여(叔孫僑如)가 제(齊)나라에 가서 공녀(公女)를 맞이하였다.

秋 宣伯如齊逆女 稱族 尊君命也

가을에 선백(宣伯 : 叔孫僑如)이 제(齊)나라에 가서 공녀(公女)를 맞이하였다.[217] 숙손(叔孫)이라고 족(族)을 일컬은 것은 임금의 명을 높인 것이다.

鄭公子喜帥師伐許

정(鄭)나라 공자 희(喜)가 군대를 거느리고 허(許)나라를 쳤다.

八月 鄭子罕伐許 敗焉 **爲許所敗** **戊戌 鄭伯復伐許 庚子 入其郛 許人平以叔申之封** **四年 鄭叔申疆許田 許人敗之 今以是田求和**

8월에 정(鄭)나라 자한(子罕)이 허(許)나라를 쳤다가 패하였다. 허(許)나라에게 패배당한 것이다. 무술일에 정백(鄭伯)이 다시 허나라를 쳐서 경자일에 그 외성까지 쳐들어갔다. 이에 허인(許人)은 숙신(叔申)이 봉지로 삼으려던 땅을 가지고 화평하였다. 4년에 정(鄭)나라 숙신(叔申)이 허(許)나라 전지에 경계를 정할 때 허인(許人)이 패배시켰는데[218] 지금 허나라가 이 전지를 가지고 화평을 구한 것이다.

---

216) 뿔잔[兕觵]이~모이네 : 《시경(詩經)》 〈소아(小雅)〉 상호(桑扈).

217) 가을에~맞이하였다 : 성공(成公)의 부인(夫人)이 될 녀자를 맞이하러 간 것이다.

218) 4년에~패배시켰는데 : 성공(成公) 4년에 정(鄭)나라 공손신(公孫申 : 叔申)이 군대를 거느리고 허(許)나라를 쳤다가 전피(展陂)에서 패하였다.

九月 僑如以夫人婦姜氏至自齊
9월에 교여(僑如)가 부인(夫人)으로 삼을 부강씨(婦姜氏)를 모시고 제(齊)나라에서 돌아왔다.

九月 僑如以夫人婦姜氏至自齊 舍族 尊夫人也 黃仲炎曰 或稱族 或舍族 以前後一事 故後從省文 左氏妄也

9월에 교여(僑如)가 부인(夫人)으로 삼을 부강씨(婦姜氏)[219]를 모시고 제(齊)나라에서 돌아왔다. 숙손(叔孫)이라는 족(族)을 기록하지 않은 것은 부인을 높인 것이다. 황중염(黃仲炎)이 말하기를 "혹은 족(族)을 칭하기도 하고 혹은 족을 칭하지 않기도 한 것은 앞뒤가 한 가지 일이기 때문에 뒤에서는 글을 생략한 것이다. 그러니 좌씨(左氏)가 잘못한 것이다."라고 하였다.

故君子曰 春秋之稱 稱 權衡也 **微而顯** 辭微而義顯 **志而晦** 志 記也 晦亦微也 **婉而成章** 婉曲也 **盡而不汙** 盡其事實 無所汙曲 **懲惡而勸善 非聖人 誰能修之**

그러므로 군자는 말한다. "《춘추(春秋)》의 필법[稱]은 칭(稱)은 저울이다.[220] 은미하지만 드러나고[微而顯], 말은 은미하지만 뜻은 드러난다는 것이다. 사실을 기록하였지만 말은 은미하고[志而晦], 지(志)는 기록함이고 회(晦) 또한 은미함이다. 표현은 완곡하지만 의미는 밝게 드러나고[婉而成章], 완(婉)은 완곡함이다. 다 말했지만 번잡하지 않고[盡而不汙], 그 사실을 다 말했지만 번잡하거나 왜곡된 바가 없다는 것이다. 악을 징계하고 선을 권하였으니[懲惡而勸善] 성인이 아니면 누가 이렇게 편수(編修)할 수 있겠는가."

冬 十月 庚寅 衛侯臧卒
겨울 10월 경인일에 위후(衛侯) 장(臧)이 졸하였다.

衛侯有疾 使孔成子寗惠子立敬姒之子衎以爲大子 成子 孔達之孫 敬姒 定公妾 衎 獻公 **冬**

---

219) 부강씨(婦姜氏) : 성공(成公)이 부인(夫人)이 될 제(齊)나라 공녀. 성공의 어머니 목강(穆姜)이 생존해 있었기 때문에 그녀의 며느리임을 나타내기 위하여 부(婦)로 칭한 것이다.

220) 칭(稱)은 저울이다 : 《춘추(春秋)》의 필법(筆法)은 일의 경중(輕重)을 다는 저울이라는 말이다.

十月 衛定公卒 夫人姜氏旣哭而息 見大子之不哀也 不內酌飮 內 音納 **歎曰 是夫也 將不唯衛國之敗 其必始於未亡人** 定姜言 獻公行無禮 必從已始 **嗚呼 天禍衛國也夫 吾不獲鱄也使主社稷** 鱄 音專 鱄 衎之母弟 **大夫聞之 無不聳懼 孫文子自是不敢舍其重器於衛 盡寘諸戚 而甚善晉大夫** 爲襄十四年衛侯出奔傳

위후(衛侯)가 병이 나자, 공성자(孔成子)와 녕혜자(甯惠子)를 시켜 경사(敬姒)의 아들 간(衎)을 세워 태자로 삼게 하였다. 성자(成子)는 공달(孔達)의 손자이다. 경사(敬姒)는 정공(定公)의 첩이다. 간(衎)은 헌공(獻公)이다. 겨울 10월에 위정공(衛定公 : 臧)이 졸하였다. 부인(夫人) 강씨(姜氏)가 곡을 마치고서 쉴 때 태자가 슬퍼하지 않는 모습을 보았다. 이에 마실 것도 들이지[內] 못하게 하며 납(內)은 음이 납(納)이다. 탄식하기를 "저 사람은 위(衛)나라를 망칠 뿐만이 아니로다. 그 화가 반드시 나 미망인을 대하는 데서부터 시작될 것이로다. 정강(定姜)의 말은 헌공(獻公)이 무례를 행함이 반드시 자기를 대하는 데서부터 시작될 것이라는 것이다. 아, 하늘이 위나라에 화를 내렸구나. 내가 전(鱄)에게 사직을 맡도록 하지 못하였구나."[221]라고 하였다. 전(鱄)은 음이 전(專)이다. 전(鱄)은 간(衎)의 동모제이다. 대부들이 이 말을 듣고 두려워하지 않는 이가 없었으며, 손문자(孫文子 : 孫林父)는 이로부터 그의 귀중한 물건들을 위나라 도성에 두지 않고 모두 척(戚) 땅[222]에 두었으며 진(晉)나라 대부들과 매우 사이좋게 지냈다. 양공(襄公) 14년에 위후(衛侯)가 망명나가는 전(傳)의 배경이 된다.

秦伯卒

진백(秦伯)이 졸하였다.

---

221) 내가~못하였구나 : 자신이 전(鱄)으로 하여금 사직을 맡도록 일을 만들지 못한 것이 한스럽다는 말이다.
222) 척(戚) 땅 : 손씨(孫氏)의 읍.

성공(成公) 15년 【乙酉 B.C.576】

十有五年 春 王二月 葬衛定公

15년 봄 왕2월에 위(衛)나라 정공(定公)의 장례를 지냈다.

三月 乙巳 仲嬰齊卒

3월 을사일에 중영제(仲嬰齊)가 졸하였다.

襄仲子 公孫歸父弟 宣十八年 逐東門氏 使嬰齊紹其後 曰仲氏

중영제(仲嬰齊)는 양중(襄仲)의 아들이며 공손귀보(公孫歸父)의 아우이다. 선공(宣公) 18년에 동문씨(東門氏 : 襄仲)를 축출한 뒤 영제(嬰齊)로 하여금 그 뒤를 잇게 하고 중씨(仲氏)라고 불렀다.

癸丑 公會晉侯衛侯鄭伯曹伯宋世子成齊國佐邾人 同盟于戚 晉侯執曹伯歸于京師

계축일에 성공(成公)이 진후(晉侯)·위후(衛侯)·정백(鄭伯)·조백(曹伯)·송(宋)나라 세자 성(成)·제(齊)나라 국좌(國佐)·주인(邾人)과 회합하여 척(戚) 땅에서 동맹하였다. 진후(晉侯)가 조백(曹伯)을 잡아 경사(京師)로 보냈다.

歸下公有之字

귀(歸)자 다음에 《공양전(公羊傳)》에는 지(之)자가 있다.

十五年 春 會于戚 討曹成公也 執而歸諸京師 書曰晉侯執曹伯 不及其民也 惡不及民 **凡君不道於其民 諸侯討而執之 則曰某人執某侯** 稱人示衆所欲執 **不然則否** 謂身犯不義者 **諸侯將見子臧於王而立之 子臧辭曰 前志有之曰 聖達節** 聖人應天命 不拘常禮 **次守節 下失節 爲君非吾節也 雖不能聖 敢失守乎 遂逃 奔宋**

15년 봄에 척(戚) 땅에서 회합하였으니, 조성공(曹成公)을 토죄하기 위해서였다.[223] 조성공을 잡아 경사(京師)로 보냈는데 경문에 진후(晉侯)가 조백(曹伯)을 잡았다고 기록한 것은 조백의 악행이 그 백성에게 미치지 않았기 때문이다.[224] 악행이 백성에게 미치지 않은 것이다. 무릇 임금이 그 백성에게 부도(不道)하여 제후들이 토죄하여 잡는 경우는 '어느 사람[某人]이 어느 제후[某侯]를 잡았다.'라고 기록하고 인(人)이라고 칭한 것은 많은 사람이 잡고 싶어 하는 자라는 것을 보인 것이다. 그렇지 않은 경우에는 그렇게 기록하지 않는다. 자신이 불의를 범한 자를 이른다.[225] 제후들이 자장(子臧)[226]을 왕에게 알현시키고 그를 조(曹)나라의 임금으로 세우려 하니, 자장이 사양하여 말하기를 "옛 기록에 '성인은 모든 행위가 절조(節操)에 맞고, 성인은 천명에 순응하고 일상적인 례에 구속되지 않는다는 것이다. 그다음가는 사람은 절조를 지키며, 또 그 아래는 절조를 잃는다.'라고 하였는데, 임금이 되는 것은 내가 감당할 절조가 아닙니다. 비록 성인에는 미칠 수 없다 하더라도 감히 지켜야 할 절조를 잃을 수야 있겠습니까."라 하고는 드디어 도망하여 송(宋)나라로 망명하였다.

公至自會

성공(成公)이 회합에서 돌아왔다.

夏 六月 宋公固卒

여름 6월에 송공(宋公) 고(固)가 졸하였다.

夏 六月 宋共公卒

여름 6월에 송공공(宋共公 : 固)이 졸하였다.

---

223) 조성공(曹成公)을~위해서였다 : 성공(成公) 13년에 조성공(曹成公 : 負芻)이 조선공(曹宣公)의 태자를 죽이고 임금이 된 것을 토죄하기 위해서였다.

224) 경문에~때문이다 : 조성공(曹成公)의 죄는 조선공(曹宣公)의 태자를 죽이고 임금이 된 것뿐이고, 악행이 백성에게 미치지는 않았기 때문에 '진인(晉人)이 잡았다'라고 하지 않고 '진후(晉侯)가 잡았다'라고 기술하였다는 것이다. 즉 잡은 주체나 잡힌 대상을 개인의 문제로 국한시킨 것이다.

225) 자신이~이른다 : 제후(諸侯) 자신이 불의(不義)를 범하였지만 그 행위가 백성에게는 미치지 않았다는 말이다.

226) 자장(子臧) : 조성공(曹成公)의 아우 흔시(欣時).

楚子伐鄭

초자(楚子)가 정(鄭)나라를 쳤다.

楚將北師 侵鄭衛 **子囊曰 新與晉盟而背之 無乃不可乎 子反曰 敵利則進 何盟之有** 子囊 莊王子公子貞 **申叔時老矣 在申** 老歸本邑 **聞之 曰 子反必不免 信以守禮 禮以庇身 信禮之亡 欲免 得乎 楚子侵鄭 及暴隧** 暴隧 鄭地 **遂侵衛 及首止 鄭子罕侵楚 取新石** 新石 楚邑 **欒武子欲報楚 韓獻子曰 無庸 使重其罪 民將叛之 無民 孰戰**

초(楚)나라가 북쪽으로 출병하려 할 때 정(鄭)나라와 위(衛)나라를 침범하려는 것이다. 자낭(子囊)이 말하기를 "새롭게 진(晉)나라와 맹약하였는데[227] 이를 저버린다면 안 되지 않습니까."라고 하자, 자반(子反)이 말하기를 "적국의 상황이 우리에게 유리하면 진격하는 것이지 맹약 따위가 무슨 소용이 있단 말이오."라고 하였다. 자낭(子囊)은 장왕(莊王)의 아들인 공자 정(貞)이다. 신숙시(申叔時)는 은퇴하여 신(申) 땅에 있었는데 늙어서 자신의 본읍으로 돌아간 것이다. 이 말을 듣고 말하기를 "자반은 반드시 화를 면하지 못할 것이다. 신(信)으로써 례를 지키고 례로써 몸을 보호하는 것인데, 신과 례가 없으니 화를 면하고자 하나 면할 수 있겠는가."라고 하였다. 초자(楚子 : 共王)가 정나라를 침범하여 포수(暴隧)까지 이르렀다가 포수(暴隧)는 정(鄭)나라 땅이다. 드디어 위나라를 침범하여 수지(首止)에 이르니, 정(鄭)나라 자한(子罕)이 초나라를 침범하여 신석(新石)을 취하였다. 신석(新石)은 초(楚)나라 읍이다. 진나라 란무자(欒武子)가 초나라에 대하여 보복하고자 하니,[228] 한헌자(韓獻子)가 말하기를 "애쓸 것 없습니다. 초나라로 하여금 그 죄를 무겁게 하도록 하면 백성이 배반할 것이니, 백성이 없다면 누가 싸우겠습니까."라고 하였다.

秋 八月 庚辰 葬宋共公 宋華元出奔晉

가을 8월 경진일에 송(宋)나라 공공(共公)의 장례를 지냈다. 송나라 화원(華元)이 진(晉)나라로 망명나갔다.

---

227) 새롭게~맹약하였는데 : 이 일은 성공(成公) 12년에 있었다.

228) 란무자(欒武子)가~하니 : 초(楚)나라가 정(鄭)나라를 침범한 것에 대하여 보복하고자 한 것이다.

秋 八月 葬宋共公 於是華元爲右師 魚石爲左師 魚石 公子目夷之曾孫 **蕩澤爲司馬** 蕩澤公孫壽之孫 **華喜爲司徒** 喜 華父督之玄孫 **公孫師爲司城 向爲人爲大司寇 鱗朱爲少司寇** 朱 鱗矔之孫 **向帶爲大宰 魚府爲少宰 蕩澤弱公室 殺公子肥** 肥 文公子 **華元曰 我爲右師 君臣之訓 師所司也 今公室卑 而不能正 吾罪大矣 不能治官 敢賴寵乎 乃出奔晉**

가을 8월에 송공공(宋共公)의 장례를 지냈다. 이때 화원(華元)이 우사(右師), 어석(魚石)이 좌사(左師), 어석(魚石)은 공자 목이(目夷)의 증손이다. 탕택(蕩澤)이 사마(司馬), 탕택(蕩澤)은 공손수(公孫壽)의 손자이다. 화희(華喜)가 사도(司徒), 희(喜)는 화보독(華父督)의 현손이다. 공손사(公孫師)가 사성(司城), 상위인(向爲人)이 대사구(大司寇), 린주(鱗朱)가 소사구(少司寇), 주(朱)는 린관(鱗矔)의 손자이다. 상대(向帶)가 태재(大宰), 어부(魚府)가 소재(少宰)였다. 탕택이 공실을 약화시키기 위하여 공자 비(肥)[229]를 죽이니, 비(肥)는 문공(文公)의 아들이다. 화원이 말하기를 "나는 우사이니 임금과 신하를 훈도하는 것은 우사가 맡은 일이다. 지금 공실의 권위가 떨어졌는데도 바로잡지 못하니 나의 죄가 크다. 맡은 관리들을 다스리지 못하면서 감히 임금의 총애에만 의지할 수 있겠는가."라 하고는 진(晉)나라로 망명나갔다.

宋華元自晉歸于宋 宋殺其大夫山 宋魚石出奔楚

송(宋)나라 화원(華元)이 진(晉)나라에서 송나라로 돌아갔다. 송나라가 그 대부 산(山)을 죽였다. 송나라 어석(魚石)이 초(楚)나라로 망명나갔다.

二華 戴族也 華元華喜 **司城 莊族也 六官者 皆桓族也** 魚石蕩澤向爲人鱗朱向帶魚府皆出桓公 **魚石將止華元 魚府曰 右師反 必討 是無桓氏也 魚石曰 右師苟獲反 雖許之討 必不敢** 言畏桓族强 **且多大功 國人與之 不反 懼桓氏之無祀於宋也 右師討 猶有戌在** 向戌 桓公曾孫 言其賢 華元必不討 **桓氏雖亡 必偏** 偏 不盡 **魚石自止華元于河上 請討 許之 乃反 使華喜公孫師帥國人攻蕩氏 殺子山** 子山卽蕩澤 **書曰宋殺其大夫山 言背其族也** 公族害公室 故去族以示其罪

두 화씨(華氏)는 대공(戴公)의 종족이고 화원(華元)과 화희(華喜)이다. 사성(司城)은 장공(莊

229) 비(肥) : 송공공(宋共公)의 형.

公)의 종족이며 나머지 여섯 관직을 맡은 자는 모두 환공(桓公)의 종족이었다. 어석(魚石)·탕택(蕩澤)·상위인(向爲人)·린주(鱗朱)·상대(向帶)·어부(魚府)는 모두 환공(桓公)의 자손이다. 어석(魚石)이 화원(華元)의 망명을 만류하려 하자,[230] 어부(魚府)가 말하기를 "우사(右師)가 돌아오게 되면 반드시 탕택(蕩澤 : 山)을 토죄할 것인데, 그러면 우리 환씨(桓氏) 일족이 모두 없어질 것이오."라고 하였다. 어석이 말하기를 "우사가 돌아오게 되어서 비록 그에게 탕택을 토죄하는 것을 허낙한다 하여도 감히 우리 환씨 모두를 토죄하지는 못할 것이오. 환씨(桓氏) 일족의 강함을 두려워한다는 말이다. 그리고 화씨는 나라에 큰 공을 많이 세워 국인이 그의 편이 되었으니, 그를 돌아오지 못하게 한다면 우리 환씨가 송(宋)나라에서 조상의 제사를 지내지 못하게 될까 두렵소. 우사가 탕택을 토죄하더라도 상술(向戌)은 그대로 둘 것이니 상술(向戌)은 환공(桓公)의 증손이다. 상술은 현자이므로 화원이 반드시 그를 토죄하지 않을 것이라는 말이다. 환씨 일족이 비록 망하더라도 반드시 다 죽지는 않을[偏] 것이오."라고 하였다. 편(偏)은 다 죽지는 않는다는 것이다. 어석이 스스로 하수(河水) 가로 가서 화원의 망명을 만류하니 화원은 탕택을 토죄하기를 청하였다. 어석이 이를 허낙하자 화원이 돌아가 화희(華喜)와 공손사(公孫師)로 하여금 국인을 거느리고 탕씨(蕩氏)를 공격하여 자산(子山)을 죽이게 하였다. 자산(子山)은 곧 탕택(蕩澤)이다. 경문에 송나라가 그 대부 산(山)을 죽였다고 기록한 것은 탕택이 그 공족(公族)을 배반하였음을 말한 것이다. 공족(公族)[231]이 공실을 해쳤기 때문에 그 족(族)을 기록하지 않음으로써[232] 그의 죄를 보인 것이다.

魚石向爲人鱗朱向帶魚府出舍於睢上 睢 水名 畏同族罪及 將出奔 **華元使止之 不可 冬十月 華元自止之 不可 乃反** 五子不止 華元還 **魚府曰 今不從 不得入矣 右師視速而言疾 有異志焉 若不我納 今將馳矣 登丘而望之 則馳 騁而從之** 五子亦馳逐之 **則決睢澨 閉門登陴矣 左師二司寇二宰遂出奔楚** 四大夫不書 獨魚石告 **華元使向戌爲左師 老佐爲司馬 樂裔爲司寇 以靖國人** 老佐 戴公五世孫也

어석(魚石)·상위인(向爲人)·린주(鱗朱)·상대(向帶)·어부(魚府)가 수수(睢水) 가로 나가 머무르니 수(睢)는 물 이름이다. 동족에게 죄가 미칠까 두려워하여 망명나가려 한 것이다. 화원(華元)이 사람을 보내어 만류하였으나 듣지 않았다. 겨울 10월에 화원이 스스로 찾아가서 만류하였

230) 어석(魚石)이~하자 : 화원(華元)이 아직 송(宋)나라 국경을 벗어나지 않았기 때문이다.

231) 공족(公族) : 탕택(蕩澤)을 이른다.

232) 그 족(族)을~않음으로써 : 경문에 공손산(公孫山)이라고 기록하지 않은 것이다.

으나 듣지 않자 화원은 돌아갔다. 다섯 사람이 망명할 뜻을 그치지 않자 화원이 돌아간 것이다. 어부가 말하기를 "이번에 화원의 말을 따르지 않으면 다시는 도성으로 들어갈 수 없을 것입니다. 우사(右師)의 눈길이 빠르고 말도 빠르니 다른 뜻이 있는 것입니다. 만약 우리를 받아들일 뜻이 아니었다면 지금쯤 급히 달려가고 있을 것입니다."라 하고서 언덕에 올라가서 바라보니 벌써 말을 빨리 달려가고 있었다. 이들도 말을 빨리 달려 화원을 따라갔는데 다섯 사람 역시 말을 달려 화원을 쫓아간 것이다. 화원은 이미 수수의 제방[澨]을 트고 성문을 닫고서 성가퀴[陴]에 올라가 있었다. 이에 좌사(左師)와 두 사구(司寇)와 두 재(宰)는 드디어 초나라로 망명나갔다. 네 대부의 망명을 경문에 기록하지 않은 것은 어석(魚石)의 망명 사실만을 알려왔기 때문이다. 화원은 상술(向戌)을 좌사로 삼고 로좌(老佐)를 사마로 삼고 악예(樂裔)를 사구로 삼아 국인을 안정시켰다. 로좌(老佐)는 송대공(宋戴公)의 5세손이다.

○晉三郤害伯宗 郤錡郤至郤犨 **譖而殺之 及欒弗忌** 欒弗忌 晉賢大夫 **伯州犁奔楚** 伯宗子 **韓獻子曰 郤氏其不免乎 善人 天地之紀也 而驟絶之 不亡 何待 初 伯宗每朝 其妻必戒之曰 盜憎主人 民惡其上 子好直言 必及於難**

○진(晉)나라 세 극씨(郤氏)가 백종(伯宗)을 음해하여 세 극씨(郤氏)는 극기(郤錡)·극지(郤至)·극주(郤犨)이다. 참소해 죽이고서 란불기(欒弗忌)까지 죽이니 란불기(欒弗忌)는 진(晉)나라의 어진 대부이다. 백주리(伯州犁)가 초(楚)나라로 망명하였다. 백종(伯宗)의 아들이다. 한헌자(韓獻子)가 말하기를 "극씨는 아마도 화를 면하지 못할 것이다. 선인(善人)은 천지의 기강인데 자주[驟] 기강을 끊으니[233] 망하지 않고 무엇을 기대하겠는가."라고 하였다. 이보다 앞서 백종이 조회하러 갈 때마다 그의 아내가 꼭 경계하기를 "도적은 주인을 미워하고 백성은 그 윗사람을 싫어합니다.[234] 그런데 당신은 직언하기를 좋아하니 반드시 화난에 이를 것입니다."라고 하였다.

冬 十有一月 叔孫僑如會晉士燮齊高無咎宋華元衛孫林父鄭公子鰌邾人 會吳于鍾離

겨울 11월에 숙손교여(叔孫僑如)가 진(晉)나라 사섭(士燮)·제(齊)나라 고무구

233) 기강을 끊으니 : 선인(善人)을 죽인다는 말이다.

234) 도적은~싫어합니다 : 일의 선악을 따지지 않고 자기를 불편하게 하는 사람을 미워한다는 것이다.

(高無咎)·송(宋)나라 화원(華元)·위(衛)나라 손림보(孫林父)·정(鄭)나라 공자 추(鰌)·주인(邾人)과 회합하고, 종리(鍾離)에서 오(吳)나라와 회합하였다.

吳以號擧 夷之也 會而殊會 外之也 鍾離 楚邑 此會吳之始 亦諸侯大夫爲會之始

오(吳)에 대하여 나라 이름만을 거론한 것은 오나라를 이(夷)로 취급한 것이고, 회합한 사실을 기록하면서 오나라만 회합을 달리 기록한 것은 오나라를 도외시한 것이다. 종리(鍾離)는 초(楚)나라 읍이다. 이것은 오나라와 회합한 시초이고 또한 제후(諸侯)의 대부들이 회합한 시초이기도 하다.

十一月 會吳于鍾離 始通吳也

11월에 종리(鍾離)에서 오(吳)나라와 회합하였으니, 처음으로 오나라와 통교한 것이다.

許遷于葉

허(許)나라가 섭(葉) 땅으로 옮겼다.

葉 邑名

섭(葉)은 읍 이름이다.

許靈公畏偪于鄭 請遷于楚 辛丑 楚公子申遷許于葉

허령공(許靈公)이 정(鄭)나라의 핍박을 두려워하여 허(許)나라를 초(楚)나라 땅으로 옮기기를 청하니, 신축일에 초나라 공자 신(申)이 허나라를 섭(葉) 땅으로 옮겨주었다.

성공(成公) 16년【丙戌 B.C.575】

十有六年 春 王正月 雨 木冰

16년 봄 왕정월에 비가 내려 나무에 얼음이 얼어붙었다.

記寒過節 冰封著樹

추위가 절기를 어겨 얼음이 나무에 얼어붙은 것을 기록한 것이다.[235]

○十六年 春 楚子自武城使公子成以汝陰之田求成于鄭 汝水南 近鄭地 **鄭叛晉 子駟從楚子盟于武城**

○16년 봄에 초자(楚子 : 共王)가 무성(武城)[236]에서 공자 성(成)을 보내어 여음(汝陰)의 전지로써 정(鄭)나라에 화친을 구하였다. 여음(汝陰)은 여수(汝水) 남쪽이니 정(鄭)나라에 가까이 있는 땅이다. 이에 정나라는 진(晉)나라를 배반하고 자사(子駟)가 초자가 있는 곳으로 가 무성에서 맹약하였다.

夏 四月 辛未 滕子卒 여름 4월 신미일에 등자(滕子)가 졸하였다.

夏 四月 滕文公卒

여름 4월에 등문공(滕文公)이 졸하였다.

鄭公子喜帥師侵宋 정(鄭)나라 공자 희(喜)가 군대를 거느리고 송(宋)나라를 침범하였다.

鄭子罕伐宋 鄭叛晉 故侵宋 **宋將鉏樂懼敗諸汋陂** 樂懼 戴公六世孫 將鉏 樂氏族 **退舍於夫渠不儆 鄭人覆之 敗諸汋陵 獲將鉏樂懼 宋恃勝也** 汋陂夫渠汋陵皆宋地

정(鄭)나라 자한(子罕 : 喜)이 송(宋)나라를 치자 정(鄭)나라가 진(晉)나라를 배반하였기 때문에[237]

235) 추위가~것이다 : 주력(周曆) 정월은 하력(夏曆)으로는 동짓달인데 이때는 추위가 심하지 않다. 그런데 비가 내려 나무에 얼어붙었다는 것은 추위가 절기에 비해 심했다는 것이다.

236) 무성(武城) : 초(楚)나라 땅 이름.

237) 정(鄭)나라가~때문에 : 지난해 겨울에 진(晉)나라가 로(魯)·제(齊)·송(宋)·위(衛)·정(鄭)·주(邾)나라와 회합하였는데, 지금 정나라가 이를 배반한 것이다.

송(宋)나라를 침범한 것이다. 송나라의 장서(將鉏)와 악구(樂懼)가 작피(汋陂)에서 정나라 군대를 패배시키고서 악구(樂懼)는 대공(戴公)의 6세손이고 장서(將鉏)는 악씨(樂氏)의 일족이다. 퇴각하여 부거(夫渠)에 주둔하고 경계하지 않았다. 이에 정인(鄭人)이 복병으로 습격하여 작릉(汋陵)에서 송나라 군대를 패배시키고 장서와 악구를 사로잡았다. 이는 송나라가 이긴 것을 믿었기 때문이다.[238] 작피(汋陂)·부거(夫渠)·작릉(汋陵)은 모두 송(宋)나라 땅이다.

六月 丙寅 朔 日有食之

6월 초하루 병인일에 일식이 있었다.

晉侯使欒黶來乞師 甲午 晦 晉侯及楚子鄭伯戰于鄢陵 楚子鄭師敗績

진후(晉侯)가 란암(欒黶)을 보내와서 군대를 요청하였다. 갑오일 그믐에 진후가 초자(楚子)·정백(鄭伯)과 언릉(鄢陵)에서 싸웠는데 초자와 정(鄭)나라 군대가 크게 패하였다.

黶 音黯 黶 欒書子 鄢陵 鄭地 楚子傷目 不言師 君重於師也

암(黶)은 음이 암(黯)이다. 암(黶)은 란서(欒書)의 아들이다. 언릉(鄢陵)은 정(鄭)나라 땅이다. 초자(楚子)는 이 싸움에서 눈을 상하였다. 초(楚)나라 군대를 말하지 않고 초자라고 한 것은 임금을 군대보다 중하게 여긴 것이다.

衛侯伐鄭 至于鳴鴈 爲晉故也 鳴鴈 鄭地 **晉侯將伐鄭 范文子曰 若逞吾願 諸侯皆叛 晉可以逞** 懼而修德 可以快志 **若唯鄭叛 晉國之憂 可立俟也 欒武子曰 不可以當吾世而失諸侯 必伐鄭 乃興師 欒書將中軍 士燮佐之 郤錡將上軍 荀偃佐之** 偃 荀庚子 **韓厥將下軍 郤至佐新軍 荀罃居守** 荀罃 下軍佐 **郤犨如衛 遂如齊 皆乞師焉 欒黶來乞師 孟獻子曰 有勝矣** 有禮 故知將勝 **戊寅 晉師起**

---

238) 이는~때문이다 : 송(宋)나라가 싸움에 이긴 것만 믿고 경계하지 않았기 때문이라는 것이다.

위후(衛侯 : 獻公)가 정(鄭)나라를 쳐서 명안(鳴鴈)까지 이르렀으니 진(晉)나라를 위해 그런 것이었다. 명안(鳴鴈)은 정(鄭)나라 땅이다. 진후(晉侯)가 정나라를 치려고 할 때 범문자(范文子)가 말하기를 "만약 우리가 소원을 이루려면 제후들이 모두 배반하여야 우리 진나라는 이룰 수 있을 것입니다.[239] 두려워하여 덕을 닦으면 뜻을 만족시킬 수 있다는 것이다. 그러나 만약 오직 정나라만 우리를 배반한다면 진나라는 곧 근심을 맞이하게 될 것입니다."라고 하였다. 란무자(欒武子)가 말하기를 "나의 세대에 당하여 제후들을 잃을 수는 없으니 반드시 정나라를 치겠다."라고 하였다. 이에 군대를 일으키니 란서(欒書 : 欒武子)가 중군을 거느리고 사섭(士燮 : 范文子)이 그의 부장이었으며, 극기(郤錡)가 상군을 거느리고 순언(荀偃)이 그의 부장이었다. 언(偃)은 순경(荀庚)의 아들이다. 한궐(韓厥)이 하군을 거느리고 극지(郤至)가 신군(新軍)의 부장이었으며, 순앵(荀罃)은 머물러 도성을 지켰다. 순앵(荀罃)은 하군의 부장이다. 극주(郤犨)가 위(衛)나라에 갔다가 드디어 제(齊)나라에 갔으니 모두 군대를 요청하기 위해서였다. 란암(欒黶)이 와서 군대를 요청하자, 맹헌자(孟獻子)가 말하기를 "진나라는 승리할 것이다."라고 하였다. 례가 있기 때문에 승리할 것을 알았던 것이다. 무인일에 진나라 군대가 출동하였다.

鄭人聞有晉師 使告于楚 姚句耳與往 與 音預 句耳 鄭大夫 **楚子救鄭 司馬將中軍** 子反 **令尹將左** 子重 **右尹子辛將右** 公子壬夫 **過申 子反入見申叔時 曰 師其何如 對曰 德刑詳義禮信 戰之器也** 詳 祥也 **德以施惠 刑以正邪 詳以事神** 事神得福 **義以建利 禮以順時 信以守物 民生厚而德正 用利而事節 時順而物成 上下和睦 周旋不逆 求無不具 各知其極 故詩曰 立我烝民 莫匪爾極** 烝 衆也 極 中也 **是以神降之福 時無災害 民生敦厖 和同以聽** 厖 大也 **莫不盡力以從上命 致死以補其闕** 軍國之事 有所闕乏 **此戰之所由克也 今楚內棄其民 而外絶其好 瀆齊盟 而食話言 奸時以動** 周四月今二月 妨農業 **而疲民以逞 民不知信 進退罪也** 或進或退 皆陷罪戾 **人恤所底 其誰致死** 底 至也 言人憂其身 不知所至 **子其勉之 吾不復見子矣 姚句耳先歸 子駟問焉 對曰 其行速 過險而不整 速則失志 不整喪列 志失列喪 將何以戰 楚懼不可用也**

정인(鄭人)은 진(晉)나라 군대가 출동했다는 소문을 듣고 사신을 보내어 초(楚)나라에 알렸는데, 그때 요구이(姚句耳)도 참여하여[與] 갔다. 예(與)는 음이 예(預)이다. 구이(句耳)는 정(鄭)나라 대부이다. 초자(楚子)가 정나라를 구원할 때 사마(司馬)가 중군을 거느렸고 자반(子反)이다.

---

239) 만약~것입니다 : 진(晉)나라가 어려움에 봉착하여야 내부적으로 단합이 이루어져서 강국의 지위를 유지할 수 있을 것이라는 말이다.

령윤(令尹)이 좌군을 거느렸으며 자중(子重)이다. 우윤(右尹)인 자신(子辛)은 우군을 거느렸다. 공자 임부(壬夫)이다. 신(申) 땅을 지날 때 자반(子反)이 읍내로 들어가서 신숙시(申叔時)를 만나보고 말하기를 "이번 싸움은 어떻게 될 것 같습니까?"라고 하자, 신숙시가 대답하기를 "덕(德)·형(刑)·상(詳)·의(義)·례(禮)·신(信)은 싸움을 행하는 데 소용되는 기물입니다. 상(詳)은 상(祥)이다. 덕(德)으로써 은혜를 베풀고, 형(刑)으로써 사악함을 바로잡고, 상(詳)으로써 귀신을 섬기고, 귀신을 섬겨 복을 얻는 것이다. 의(義)로써 리로움을 세우고, 례(禮)로써 때에 순응하고, 신(信)으로써 만물을 지키는 것입니다. 백성의 삶이 풍족해지면 덕이 바르게 되고, 백성의 씀이 편리해지면 일이 절도에 맞게 되고, 사시(四時)에 순응하면 만물이 이루어지게 되어 상하가 화목해지고 주선하는 일들이 어긋나지 않게 되고 구하는 것들이 갖추어지지 않는 것이 없게 되어 모두 중정[極]을 알게 됩니다. 그러므로 《시(詩)》에 이르기를 '우리 증민(烝民)을 세워주는 것이 그대의 중정[極]한 덕이 아님이 없도다.'[240]라고 하였습니다. 증(烝)은 무리이다. 극(極)은 중정(中正)이다. 이런 까닭으로 신(神)이 복을 내려 사시에 재해가 없고, 백성의 생활은 두텁고 넉넉하며[厖] 서로 화합하여 명을 듣고, 방(厖)은 큼이다. 힘을 다하여 상명(上命)을 따르고 목숨을 바쳐 결손[闕]을 보완하지 않는 자가 없으니, 궐(闕)은 군대와 나라의 일에 결손된 부분이 있음이다. 이것이 싸움에서 이기는 길입니다. 그런데 지금 초나라는 안으로는 그 백성을 버리고 밖으로는 우호를 끊고, 제맹(齊盟 : 同盟)을 업신여겨 약속한 말을 어기고, 때를 범하여 출병시켜 주(周)나라의 4월은 지금의 2월이므로 농사일을 방해한다는 것이다. 백성을 피로하게 하면서까지 욕심을 채우려 하니 백성은 신의를 알지 못하여 나아가거나 물러나거나 모두 죄를 짓고 있습니다. 혹 나아가거나 혹 물러나거나 모두 죄에 빠지게 된다는 것이다. 사람들이 자신의 처지가 어디에 이를지[底] 몰라 걱정하는데 그 누가 목숨을 바치겠습니까. 지(底)는 이름이다. 사람들은 그 몸을 걱정하여 그들의 운명이 어디에 이르게 될지를 알지 못한다는 말이다. 그대는 힘쓰십시오. 나는 그대를 다시 보지 못할 것입니다."라고 하였다. 요구이가 먼저 정(鄭)나라로 돌아오니 자사(子駟)가 초(楚)나라 군대에 관해 물었다. 요구이가 대답하기를 "그들의 행군 속도가 빠르고 험난한 곳을 지날 때는 정돈되지 않았습니다. 속도가 빠르면 뜻을 잃게 되고 정돈되지 않으면 대렬(隊列)이 흩어지게 되니, 뜻을 잃고 대렬이 흩어진 상태에서 어떻게 싸울 수 있겠습니까. 초나라 군대는 아무런 쓸모가 없을까 우려됩니다."라고 하였다.

240) 우리~없도다 : 《시경(詩經)》 〈주송(周頌)〉 사문(思文).

五月 晉師濟河 聞楚師將至 范文子欲反 曰 我僞逃楚 可以紓憂 夫合諸侯 非吾所能也 以遺能者 我若羣臣輯睦以事君 多矣 武子曰 不可

5월에 진(晉)나라 군대가 하수(河水)를 건넜는데, 초(楚)나라 군대가 곧 이르게 될 것이라는 소식을 들었다. 범문자(范文子)가 군대를 돌리고자 하면서 말하기를 "우리가 짐짓 초나라 군대를 피한다면 우리의 근심을 해소할 수 있을 것입니다.[241] 저 제후들을 규합하는 일은 우리가 할 수 있는 것이 아니니 뒷날 능력 있는 이에게 남겨두고, 우리와 뭇 신하는 화목하여 임금을 섬기는 것이 좋을[多] 것입니다."라고 하였는데, 란무자(欒武子)가 말하기를 "안 된다."[242]라고 하였다.

六月 晉楚遇於鄢陵 范文子不欲戰 郤至曰 韓之戰 惠公不振旅 箕之役 先軫不反命 邲之師 荀伯不復從 謂不復從事於楚 **皆晉之恥也 子亦見先君之事矣 今我辟楚 又益恥也 文子曰 吾先君之亟戰也 有故** 亟 數也 **秦狄齊楚皆彊 不盡力 子孫將弱** 先君若不盡力與戰 則晉之子孫將微弱不振 **今三彊服矣 敵楚而已 惟聖人能外內無患 自非聖人 外寧必有內憂 盍釋楚以爲外懼乎**

6월에 진(晉)나라 군대와 초(楚)나라 군대가 언릉(鄢陵)에서 만났다. 범문자(范文子)가 싸우려 하지 않자, 극지(郤至)가 말하기를 "한(韓) 땅의 싸움에서 혜공(惠公)께서 군대를 철수하지 못하셨고,[243] 기(箕) 땅의 싸움에서 선진(先軫)이 돌아와 그 결과를 보고하지 못하였고,[244] 필(邲) 땅의 싸움에서는 순백(荀伯)이 패한 뒤로[245] 다시 나서지 못하였으니 초(楚)나라에 대한 싸움에 다시 종사(從事)하지 못하였음을 이른다. 이는 모두가 우리 진나라의 수치요. 그대도 이 같은 선군 때의 일을 보았을 것이오. 지금 우리가 초나라를 피한다면 또한 그 수치를 더하게 될 것이오."라고 하였다. 문자(文子)가 말하기를 "우리 선군들께서 자주[亟]

---

241) 우리가~것입니다 : 우리의 힘이 부족하여 초(楚)나라 군대를 피하는 것처럼 행동하면 조정의 신하들이 두려워하여 단합할 것이라는 말이다.

242) 안 된다 : 초나라 군대를 보고 피할 수 없다는 말이다.

243) 한(韓) 땅의~못하셨고 : 희공(僖公) 15년 11월 진혜공(晉惠公)과 진목공(秦穆公)이 한(韓) 땅에서 싸워 진혜공이 사로잡힌 사실을 말한다.

244) 기(箕) 땅의~못하였고 : 희공(僖公) 33년 8월 진양공(晉襄公) 때 진(晉)나라와 적(狄)과의 싸움에서 선진(先軫)이 적(狄)의 군대 속으로 뛰어들어 죽어서 돌아오지 못한 사실을 말한다.

245) 필(邲) 땅의~뒤로 : 선공(宣公) 12년 6월 진경공(晉景公) 때 진(晉)나라 순림보(荀林父 : 荀伯)가 초장왕(楚莊王)과 필(邲) 땅에서 싸워 크게 패한 사실을 말한다.

싸운 것은 리유가 있었기 때문이오. 기(亟)는 자주이다. 진(秦)·적(狄)·제(齊)·초(楚)나라는 모두 강한 나라였기에 힘을 다하여 싸우지 않았다면 우리 자손들이 미약해졌을 것이기 때문이었소. 선군들께서 만약 힘을 다해 싸우지 않았다면 진(晉)나라의 자손들은 미약해져서 세력을 떨칠 수 없었다는 것이다. 그러나 지금 세 강국[246]이 우리에게 복종하고 있으며, 적국은 초(楚)나라 뿐이오. 오직 성인(聖人)이라야 나라 안팎으로 근심을 없앨 수 있는데, 스스로 성인이 아닐진댄 밖이 편안하면 반드시 안의 근심이 있게 되오. 그러니 어찌 초나라를 그대로 보내주어 밖의 두려움으로 삼지 않을 수 있겠소."[247]라고 하였다.

甲午 晦 楚晨壓晉軍而陳 軍吏患之 范匄趨進 匄 士燮子 **曰 塞井夷竈 陳於軍中 而疏行首** 戰地迫狹 故陳於軍中 當陳前決開營壘爲戰道 **晉楚唯天所授 何患焉 文子執戈逐之 曰 國之存亡 天也 童子何知焉 欒書曰 楚師輕窕** 窕 輕也 **固壘而待之 三日必退 退而擊之 必獲勝焉 郤至曰 楚有六間 不可失也 其二卿相惡** 子重子反 **王卒以舊** 罷老不代 **鄭陳而不整 蠻軍而不陳** 蠻夷 從楚者 不結陳 **陳不違晦** 晦 月終 陰盡 兵家所忌 **在陳而囂 合而加囂** 陳合宜靜 而益有聲 **各顧其後 莫有鬪心 舊不必良 以犯天忌 我必克之**

갑오일 그믐에 초(楚)나라가 새벽에 진(晉)나라 군대를 압박하여 진을 치니, 진나라의 군리(軍吏)[248]가 이를 근심하였다. 그때 범개(范匄)가 빠른 걸음으로 나아가 개(匄)는 사섭(士燮)의 아들이다. 말하기를 "군영 안의 우물을 메우고 아궁이를 허물고서 군중(軍中)에 진을 치되 진격할 통로[行首][249]를 소통시키십시오. 싸움터가 협소하므로 군중(軍中)에 진을 치고 진 앞의 영루를 허물고 길을 터서 싸울 길을 만들어야 한다는 것이다. 진나라와 초나라는 하늘이 돕는 바에 달려 있으니 무엇을 근심하십니까."라고 하였다. 그러자 그의 아버지인 문자(文子 : 士燮)가 창을 잡고 그를 물리치며 말하기를 "나라의 존망은 하늘에 달린 것인데 어린놈이 무엇을 안다고 하느냐."라고 하였다. 란서(欒書)가 말하기를 "초나라 군대는 경박하고 가벼우니[窕] 조(窕)는 가벼움이다. 우리가 보루를 굳게 지키며 그들을 기다리면 3일 뒤에는 반드시 물러갈 것이며, 저들이 물러날 때 공격하면 우리가 반드시 승리를 거둘 것이다."라고 하였다. 극지(郤至)가 말하기를 "초나라 군대에게는 여섯 가지 틈이 있으니 그 기회를 놓쳐서는 안 됩니

246) 세 강국 : 제(齊)나라·진(秦)나라·적(狄)을 이른다.

247) 어찌~있겠소 : 초(楚)나라에 대한 근심이 있어야 안으로 단합할 수 있다는 말이다.

248) 군리(軍吏) ; 군대의 규률과 기강을 감독하는 관리.

249) 진격할 통로[行首] : 군대의 대오(隊伍) 사이의 도로. 또는 군대의 대오나 그 대오의 인솔자라고도 한다.

다. 저들의 두 경(卿)은 서로 미워하고, 자중(子重)과 자반(子反)이다. 초왕의 친위병은 오랫동안 교체되지 않았고, 지치고 로쇠한 병사들을 교체하지 않은 것이다. 정(鄭)나라는 진을 쳤으나 정돈되지 못하고, 만(蠻)은 군세는 갖추었으나 진을 치지 않았습니다. 만이(蠻夷)는 초나라를 따르는 자들인데 진을 치지 않은 것이다. 초나라 군대는 진을 치는 데에 그믐날[晦]을 피하지 않았고 회(晦)는 그 달의 마지막 날이니 음(陰)이 다함으로 병가(兵家)에서 꺼리는 날이다.[250] 진중에서 떠드니 진을 합하면 더욱 시끄럽습니다. 진을 합하면 정숙해야 하는데 더욱 소리가 커진다는 것이다. 따라서 각기 그 뒤를 돌아보며 싸울 마음이 없고, 오래 교체되지 않은 군대는 반드시 우수한 군대가 아니며 또 하늘이 꺼리는 그믐날을 범하였으니 우리가 반드시 이길 것입니다."라고 하였다.

楚子登巢車 以望晉軍 巢車 車上爲櫓 **子重使大宰伯州犁侍于王後 王曰 騁而左右 何也 曰 召軍吏也 皆聚於中軍矣 曰 合謀也 張幕矣 曰 虔卜於先君也 徹幕矣 曰 將發命也 甚囂 且塵上矣 曰 將塞井夷竈而爲行也 皆乘矣 左右執兵而下矣 曰 聽誓也 戰乎 曰 未可知也 乘而左右皆下矣 曰 戰禱也**

초자(楚子)가 소거(巢車)에 올라 진(晉)나라 군대를 바라보고 있었다. 소거(巢車)는 수레 위에 망루를 설치한 것이다. 그때 자중(子重)이 태재(大宰)인 백주리(伯州犁)[251]를 보내어 초왕을 뒤에서 모시게 하였다. 초왕이 백주리에게 묻기를 "진군(晉軍)의 병거가 좌우로 달리고 있는 것은 무엇 때문인가?"라고 하니, 백주리가 대답하기를 "군리(軍吏)를 불러 모으는 것입니다."라고 하였다. 초왕이 "진군(晉軍)의 군리가 모두 중군으로 모였다."라고 하니, 백주리가 대답하기를 "함께 모의하려는 것입니다."라고 하였다. 초왕이 "장막을 치고 있다."라고 하니, 백주리가 대답하기를 "이는 선군의 신주 앞에서 경건히 길흉을 점치기 위함입니다."라고 하였다. 초왕이 "장막을 거두고 있다."라고 하니, 백주리가 대답하기를 "명령을 내리려는 것입니다."라고 하였다. 초왕이 "매우 떠들썩하고 또 먼지가 일고 있다."라고 하니, 백주리가 대답하기를 "우물을 메우고 아궁이를 허물어 통로를 만들려는 것입니다."라고 하였다. 초왕이 "모두 병거에 올랐다가 거좌와 거우는 병기를 들고 병거에서 내리고 있다."라고 하니, 백주리가 대답하기를 "이는 맹세하는 말을 듣기 위함입니다."라고 하였다. 초왕이 묻기를 "저들이 우리와 싸우려는 것인가?"라고 하니, 백주리가 대답하기를 "아직은 알 수 없습니다."라고 하였다. 초왕이 "병거에 올랐다가 거좌와 거우가 모두 병거에서 내리고 있다."라고

250) 음(陰)이~날이다 : 병가(兵家)는 살상을 위주로 하니 음(陰)에 속하기 때문이다.

251) 백주리(伯州犁) : 진(晉)나라 백종(伯宗)의 아들로 지난해 초(楚)나라로 망명하였다.

하니, 백주리가 대답하기를 "싸움에 앞서 기도하는 것입니다[戰禱]."[252]라고 하였다.

伯州犁以公卒告王 公 晉侯 州犁 晉人 故知晉之情 **苗賁皇在晉侯之側 亦以王卒告 皆曰 國士在 且厚 不可當也** 晉侯左右 皆以伯州犁在楚 且楚衆多 故憚合戰 **苗賁皇言於晉侯曰 楚之良 在其中軍王族而已 請分良以擊其左右 而三軍萃於王卒 必大敗之 公筮之 史曰 吉 其卦遇復䷗** 震下坤上 **曰 南國蹙 射其元 王中厥目** 復卦 陽氣起子 南行推陰 故曰南國蹙 離 南方 離爲諸侯爲目 陽氣激南 飛矢之象 故曰 王中厥目 **國蹙王傷 不敗何待 公從之**

백주리(伯州犁)가 공(公 : 晉厲公)의 친위병에 대한 정황을 초왕(楚王)에게 고할 때 공(公)은 진후(晉侯)이다. 주리(州犁)는 진인(晉人)이므로 진(晉)나라의 정황을 잘 아는 것이다. 묘분황(苗賁皇)[253]도 진후(晉侯)의 곁에 있으면서 역시 초왕의 친위병에 대한 정황을 진후에게 고하였다. 이때 진나라 장수들이 모두 말하기를 "국사(國士 : 伯州犁)가 초나라 군중에 있고 또 초군의 수효가 많으니 대적할 수 없습니다."라고 하였다. 진후(晉侯)의 측근들은 백주리(伯州犁)가 초(楚)나라에 있고 또 초군의 수효가 많기 때문에 초나라와 교전하기를 모두 꺼린 것이다. 그러자 묘분황이 진후에게 말하기를 "초나라의 우수한 군사들은 중군에 있는 왕족들 뿐이니, 우리의 우수한 군사를 나누어 초나라의 좌우군을 공격하고서 3군(軍)이 초왕의 친위병을 집중 공격하면 반드시 초군을 대패시킬 수 있습니다."라고 하였다. 진려공(晉厲公)이 태사(大史)에게 점을 치게 하니, 태사가 말하기를 "길합니다. 복괘(復卦)䷗를 만났으니, 진(震)이 하괘이고 곤(坤)이 상괘이다. 그 점사(占辭)에 '남방의 나라가 위축될 것이고, 그 원수(元帥)에게 활을 쏘니 왕이 그 눈을 맞았다.'라고 하였습니다. 복괘(復卦)는 양기가 자방(子方)에서 일어나 남방으로 가면서 음기를 밀어내기 때문에 남방의 나라가 위축된다고 한 것이다. 리(離)는 남방(南方)이며 리(離)는 제후(諸侯)이고 눈이다. 양기가 남방으로 급진하는 것이 날아가는 화살의 형상이기 때문에 왕이 그 눈을 맞았다고 한 것이다. 나라가 위축되고 왕이 부상을 당한다면 패하지 않고 무엇을 기대하겠습니까."라고 하니, 진려공(晉厲公)이 묘분황의 말을 따랐다.

有淖於前 淖 泥也 **乃皆左右相違於淖** 違 辟也 **步毅御晉厲公 欒鍼爲右** 步毅 郤毅 **彭名御楚共王 潘黨爲右 石首御鄭成公 唐苟爲右 欒范以其族夾公行 陷於淖 欒書將載晉侯 鍼曰 書退 國有大任 焉得專之** 君前 故名父 大任謂元帥 **且侵官 冒也** 載公爲侵官

252) 싸움에~것입니다[戰禱] : 전도(戰禱)는 싸움을 하기 전에 신명에게 비는 의식이다.
253) 묘분황(苗賁皇) : 초(楚)나라 투초(鬪椒)의 아들로 선공(宣公) 4년에 진(晉)나라로 망명하였다.

失官 慢也 去將而御 失官也 **離局 姦也** 遠其部曲爲離局 **有三罪焉 不可犯也 乃掀公以出於淖** 掀 擧也

진군(晉軍)의 전면에 진흙탕[淖]이 있으니 뇨(淖)는 진흙탕이다. 모두 혹은 왼쪽으로 혹은 오른쪽으로 진흙탕을 피해[違] 갔다. 위(違)는 피함이다. 그때 보의(步毅)가 진려공(晉厲公)의 어자가 되고 란겸(欒鍼)이 거우가 되었다. 보의(步毅)는 곧 극의(郤毅)이다. 그리고 팽명(彭名)은 초공왕(楚共王)의 어자가 되고 반당(潘黨)이 거우가 되었다. 그리고 석수(石首)가 정성공(鄭成公)의 어자가 되고 당구(唐苟)가 거우가 되었다. 진(晉)나라 란서(欒書)와 범문자(范文子)는 그들의 일족을 거느리고 진려공을 좌우에서 호위하며 진군하였는데, 진려공의 병거가 진흙탕에 빠졌다. 란서가 진후(晉侯)를 자기의 병거에 태우려 하자, 겸(鍼)이 말하기를 "서(書)는 물러나십시오. 나라에는 대임(大任)이 있는데[254] 어찌 모든 일을 전담하려 하십니까. 임금의 앞이기 때문에 자식이 아버지의 이름을 부른 것이다. 대임(大任)은 원수(元帥)의 직임을 이른다. 다른 관원의 직무를 침범하는 것은 모독함[冒]이고, 란서(欒書)가 진려공(晉厲公)을 자기의 병거에 태운다면 다른 관원의 직임을 침범함이 된다는 것이다. 자기의 직무를 잃는 것은 태만함[慢]이며, 장수의 직무를 버리고 어자의 일을 하는 것은 자기의 직무를 잃는다는 것이다. 자기의 부대에서 떨어지는 것[離局]은 혼란함[姦][255]입니다. 자기의 부대[部曲][256]에서 멀리 떨어지는 것이 리국(離局)이다. 따라서 이 세 가지 죄를 짓게 되니 침범해서는 안 됩니다."라 하고는 진려공의 병거를 들어[掀] 진흙탕에서 빠져나오게 하였다.[257] 흔(掀)은 듦이다.

癸巳 潘尫之黨與養由基蹲甲而射之 徹七札焉 黨 潘尫之子 蹲 聚也 一發達七札 言其能陷堅 **以示王 曰 君有二臣如此 何憂於戰 王怒曰 大辱國** 賤其不尙知謀 **詰朝爾射 死藝** 言女以射自多 必當以藝死 **呂錡夢射月 中之 退入於泥** 呂錡 魏錡 **占之 曰 姬姓 日也 異姓 月也 必楚王也 射而中之 退入於泥 亦必死矣** 入泥 死象 **及戰 射共王 中目 王召養由基與之兩矢 使射呂錡 中項 伏弢** 弢 音叨 弓衣也 **以一矢復命**

계사일에 초(楚)나라 반왕(潘尫)의 아들 당(黨)이 양유기(養由基)와 함께 갑옷을 모아놓

---

254) 나라에는~있는데 : 원수(元帥)는 나라의 대임(大任)을 맡고 있으니 진려공(晉厲公)의 병거를 구하는 것은 원수가 아니라 거우의 임무라는 것이다.

255) 혼란함[姦] : 혼란을 일으킴이다.

256) 부대[部曲] : 군대의 편제 단위. 또는 널리 군대를 이른다.

257) 진려공의~하였다 : 진려공(晉厲公)을 안아 내린 뒤 그 병거를 진흙탕에서 벗어나게 하였다고 보는 설도 있다.

고[蹲] 활을 쏘아 일곱 겹[札]을 꿰뚫고서[258] 당(黨)은 반왕(潘尫)의 아들이다. 준(蹲)은 모음이다. 한 번 쏘아 일곱 겹을 꿰뚫었다는 것은 그가 견고한 것을 뚫을 수 있다는 것을 말한 것이다. 그 갑옷을 초왕(楚王)에게 보이며 말하기를 "임금님에게는 이 같은 두 신하가 있으니 싸움을 하는 데 무슨 근심할 것이 있겠습니까."라고 하였다. 초왕은 노하여 말하기를 "크게 나라를 욕되게 하는 짓이다. 그들이 지모(知謀)를 숭상하지 않음을 천하게 여긴 것이다. 래일[詰] 아침에 너희들이 활을 쏜다면 그 솜씨 때문에 죽으리라."라고 하였다. 너희들이 활솜씨를 스스로 과시한다면 반드시 그 솜씨 때문에 죽을 것이라는 말이다. 진(晉)나라 려기(呂錡)가 꿈을 꾸었는데, 달을 쏘아 맞히고 물러나다가 진흙탕 속에 빠졌다. 려기(呂錡)는 위기(魏錡)이다. 그가 그 꿈의 길흉을 점쳤더니, 복인(卜人)이 말하기를 "희성(姬姓)은 해이고 이성(異姓)은 달이니 달은 초왕이 틀림없습니다. 그러나 활을 쏘아 맞히고 물러나다가 진흙탕 속에 빠졌으니 당신도 반드시 죽을 것입니다."라고 하였다. 진흙탕 속에 빠졌으니 죽는 형상이라는 것이다. 싸울 때 려기는 초공왕(楚共王)을 쏘아 눈을 맞혔다. 그러자 초왕은 양유기를 불러 화살 두 대를 주고 려기를 쏘게 하니, 려기는 목에 화살을 맞고 활집[弢]에 엎어져 죽었다. 도(弢)는 음이 도(叨)이니 활집이다. 양유기는 남은 한 대의 화살을 가지고 와서 초왕에게 복명하였다.

郤至三遇楚子之卒 見楚子 必下 免胄而趨風 疾如風 **楚子使工尹襄問之以弓** 問 遺也 **曰 方事之殷也 有韎韋之跗注 君子也** 韎 音昧 赤色 跗注 戎服 **識見不穀而趨 無乃傷乎 郤至見客 免胄承命 曰 君之外臣至 從寡君之戎事 以君之靈 間蒙甲胄 不敢拜命** 介者不拜 **敢告不寧 君命之辱 爲事之故 敢肅使者** 肅 手至地 言有軍事不得答 故肅使者 **三肅使者而退**

진(晉)나라 극지(郤至)가 세 차례나 초자(楚子)의 친위병을 만났는데 초자를 보면 반드시 병거에서 내려 투구를 벗고 바람처럼 빨리 지나갔다. 바람처럼 빨리 지나간 것이다. 이에 초자는 공윤(工尹)인 양(襄)을 보내어 극지에게 활을 선물로 주며[問] 문(問)은 선물 줌이다. 말하기를 "싸움이 격렬할 때 붉은[韎] 가죽으로 만든 융복(戎服 : 跗注)을 입은 이가 있었으니 군자다웠다. 매(韎)는 음이 매(昧)이니 붉은색이다. 부주(跗注)는 융복(戎服)이다. 나를 알아보자마자 빨리 피해 갔는데, 혹시 부상당하지는 않았는가?"라고 하였다. 극지가 초(楚)나라 사자를 만나볼 때 투구를 벗고 초자의 명을 받으며 말하기를 "초나라 임금님의 외신(外臣)[259]인 저 지(至)가

---

258) 활을~꿰뚫고서 : 찰(札)은 갑옷미늘의 겹으로, 일곱 겹의 미늘갑옷을 꿰뚫었다는 것이다.
259) 외신(外臣) : 초(楚)나라 임금에게 례를 표하기 위하여 자신을 외신(外臣)이라 한 것이다.

과군의 싸움에 종사하는 몸으로 임금님의 덕에 힘입어 갑주(甲冑)를 입는 일에 참여하고[間] 있어 감히 임금님의 명을 절하고 받을 수 없으니, 갑옷을 입은 자는 절하지 않는 것이다. 감히 편치 못함을 고합니다.[260] 임금님께서 수고로이 명을 내리셨으나 싸움하는 중이므로 감히 사자에게 숙배[肅]할 뿐입니다."라 하고는 숙(肅)은 손이 땅에 닿는 것이니, 군사(軍事)가 있어서 답배(答拜)를 할 수 없으므로 사자에게 숙배한다는 말이다. 사자에게 세 번 숙배하고 물러났다.

晉韓厥從鄭伯 其御杜溷羅曰 速從之 其御屢顧 不在馬 可及也 韓厥曰 不可以再辱國君 乃止 **鞌戰 韓厥已辱齊侯** **郤至從鄭伯 其右茀翰胡曰 諜輅之 余從之乘 而俘以下** **輅 音迓 欲遣輕兵距鄭伯車前 自後登其車以執之** **郤至曰 傷國君有刑 亦止 石首曰 衛懿公唯不去其旗 是以敗於熒 乃內旌於弢中** **內 音納 熒戰在閔二年** **唐苟謂石首曰 子在君側 敗者壹大 我不如子 子以君免 我請止 乃死** **敗者壹大謂軍大崩也 言首當御君以退 已當死戰**

진(晉)나라 한궐(韓厥)이 정백(鄭伯 : 成公)을 뒤쫓을 때 그의 어자인 두혼라(杜溷羅)가 말하기를 "빨리 뒤쫓겠습니다. 정백의 어자가 자주 뒤를 돌아보아 그 마음이 말을 모는 데 있지 않으니 따라잡을 수 있습니다."라고 하자, 한궐이 말하기를 "두 번씩이나 나라의 임금을 욕보일 수는 없다."라 하고 그만두게 하였다. 안(鞌) 땅의 싸움에서 한궐(韓厥)이 이미 제후(齊侯)를 욕보였었다.[261] 극지(郤至)가 정백을 뒤쫓자 그의 거우인 불한호(茀翰胡)가 말하기를 "경병(輕兵 : 諜)을 보내어 정백의 수레 앞을 막게[輅] 하십시오. 그러면 저는 뒤쫓아 정백의 수레로 올라가 정백을 사로잡아 내려오겠습니다."라고 하였다. 아(輅)는 음이 아(迓)이다. 경병(輕兵)을 보내어 정백(鄭伯)의 수레 앞을 막게 하고, 자신은 뒤에서 정백의 수레에 올라가 정백을 잡겠다는 것이다. 이에 극지가 말하기를 "나라의 임금을 상하게 하면 형벌을 받게 된다."라 하고, 또한 그만두게 하였다. 정백의 어자인 석수(石首)가 정백에게 말하기를 "위의공(衛懿公)이 그 군기(軍旗)를 버리지 않았기 때문에 형(熒) 땅에서 패하였습니다."라 하고서 정기(旌旗)를 활집 속에 넣었다[內]. 납(內)은 음이 납(納)이다. 형(熒) 땅의 싸움은 민공(閔公) 2년에 있었다. 당구(唐苟)[262]가 석수에게 말하기를 "그대는 임금님 곁에 계십시오. 우리 군대가 크게 패하였고[敗者壹大] 나는 그대만 못한 사람이니[263] 그대가 임금님을 모시고 피하십시오. 나는 여기에 머물겠습니

---

260) 감히~고합니다 : 황송하여 몸 둘 바를 모르겠다는 말이다.

261) 안(鞌)~욕보였었다 : 성공(成公) 2년 안(鞌) 땅의 싸움에서 한궐(韓厥)이 제후(齊侯)를 뒤쫓다가 임금 자리에 앉아있던 봉축보(逢丑父)를 잡아 제후에게 치욕을 끼친 일을 말한다.

262) 당구(唐苟) : 정백(鄭伯)의 거우이다.

263) 나는~사람이니 : 임금을 모시고 퇴각하는 일은 자기가 석수(石首)보다 못하다는 것이다.

다."라 하고는 진군(晉軍)을 막다가 죽었다. 패자일대(敗者壹大)는 군대가 크게 무너진 것을 이른다. 석수(石首)가 마땅히 임금을 모시고 퇴각해야 하고 자기는 마땅히 죽음을 무릅쓰고 싸워야 한다는 말이다.

楚師薄於險 叔山冉謂養由基曰 雖君有命 爲國故 子必射 王有死藝命 **乃射 再發 盡殪 叔山冉搏人以投 中車折軾 晉師乃止 囚楚公子茷**

초(楚)나라 군대가 험한 곳으로 몰리자, 숙산염(叔山冉)이 양유기(養由基)에게 말하기를 "비록 임금님의 명이 있었으나 나라를 위하는 일이니 그대는 꼭 활을 쏘시오."라고 하였다. 활솜씨 때문에 죽을 것이라고 한 왕의 명이 있었다. 이에 양유기는 진군(晉軍)을 향해 쏘았는데 두 대를 쏘아 다 맞혀 죽이고, 숙산염은 진인(晉人)을 잡아서 던졌는데 진군의 병거에 맞아 수레의 식(軾)이 부러졌다. 이에 진(晉)나라 군대는 진격을 멈추었으나 초나라 공자 패(茷)를 포로로 잡았다.

欒鍼見子重之旌 請曰 楚人謂夫旌子重之麾也 彼其子重也 日臣之使於楚也 子重問晉國之勇 臣對曰 好以衆整 曰 又何如 臣對曰 好以暇 暇 間暇 **今兩國治戎 行人不使 不可謂整 臨事而食言 不可謂暇 請攝飮焉** 攝 持也 **公許之 使行人執榼承飮 造于子重** 承 奉也 **曰 寡君乏使 使鍼御持矛** 御 侍也 持矛車右職 **是以不得犒從者 使某攝飮 子重曰 夫子嘗與吾言於楚 必是故也 不亦識乎** 謂其能記前言 **受而飮之 免使者而復鼓** 免 脫也 **旦而戰 見星未已**

진(晉)나라 란겸(欒鍼)이 초(楚)나라 자중(子重)의 정기(旌旗)를 보고 진후(晉侯)에게 청하기를 "초인(楚人)[264]들이 저 정기가 자중의 깃발이라 하니 저 사람이 자중일 것입니다. 전에 신이 초나라에 사신으로 갔을 때 자중이 진나라의 용맹에 대하여 묻기에 신은 '군대가 정돈된 것을 좋아합니다.'라고 대답하였습니다. 그가 또 묻기를 '그 밖에 또 어떠한가?'라고 하기에, 신은 '여유로움[暇]을 좋아합니다.'라고 대답하였습니다. 가(暇)는 여유로움이다. 이제 두 나라가 군대를 동원하여 겨루려 하면서 행인(行人)을 보내지 않으면 정돈되었다고 할 수 없고, 싸움에 림하여 전에 한 말을 실천하지 않는다면 여유롭다고 할 수 없으니 술[飮]을 가지고[攝] 자중에게 가도록 해주십시오."라고 하자 섭(攝)은 가짐이다. 진려공(晉厲公)이 허낙하였다. 그러자 란겸은 행인을 시켜 술통[榼]을 가지고 술을 받들어[承] 자중에게 가서 승(承)

264) 초인(楚人) : 진(晉)나라에 포로가 된 초인(楚人).

은 받듦이다. 말하기를 "과군은 부릴 만한 사람이 부족하여 저 겸(鍼)에게 창을 잡고 곁에서 모시게[御] 하셨습니다. 어(御)는 모심이다. 창을 잡는 것은 거우의 직분이다. 이 때문에 제가 직접 가서 장군의 종자(從者)에게 호궤(犒饋)할 수 없어 아무개를 시켜 술을 가지고 가게 합니다."라고 하였다. 이에 자중이 말하기를 "부자(夫子 : 欒鍼)께서 일찍이 나와 초나라에서 말한 일이 있었으니 틀림없이 그 때문일 것이다. 이를 또한 잘 기억하고 있지 아니한가."라 하고는, 란겸(欒鍼)이 전에 한 말을 기억하고 있다고 이른 것이다. 그 술을 받아 마시고 사자가 초군(楚軍) 진영에서 벗어나자[免] 다시 진격의 북을 울렸다. 면(免)은 벗어남이다. 그리하여 이른 아침부터 싸우기 시작하여 별이 보일 때까지도 그치지 않았다.

子反命軍吏察夷傷 補卒乘 繕甲兵 展車馬 展 陳也 **雞鳴而食 唯命是聽 晉人患之 苗賁皇徇曰 蒐乘補卒 秣馬利兵 脩陳固列 蓐食申禱 明日復戰 乃逸楚囚 王聞之 召子反謀 穀陽豎獻飮於子反 子反醉而不能見** 穀陽 子反內豎 **王曰 天敗楚也夫 余不可以待 乃宵遁**

초(楚)나라 자반(子反)이 군리(軍吏)에게 명하여 부상자를 살펴 보병과 병거병을 보충하고, 갑옷과 무기를 수선하고, 병거와 말을 정렬시키고[展], 전(展)은 정렬함이다. 닭이 울 때 밥을 먹고 명령을 기다리게 하였다. 진인(晉人)이 이를 걱정하니, 묘분황(苗賁皇)이 군영을 돌며 말하기를 "병거병을 검열하고 보병을 보충하며, 말에게 여물을 먹이고 병기를 날카롭게 갈며, 진지를 정돈하고 대렬을 견고히 하여 새벽 잠자리에서 밥을 먹고 거듭 기도를 하여라. 래일 다시 싸울 것이다."라 하고서, 초나라 포로를 놓아주었다.[265] 초왕(楚王)이 이 소식을 듣고 자반을 불러 모의하려 하였다. 수(豎)인 곡양(穀陽)이 자반에게 술을 올렸는데 자반이 마시고 취하여 초왕을 뵈러 오지 않으니, 곡양(穀陽)은 자반(子反)의 집안에서 부리는 하급 가신[豎]이다. 초왕이 말하기를 "하늘이 초나라를 패망시키려 하는구나. 나는 가만히 패망을 기다릴 수 없다."라 하고, 밤중에 도주하였다.

晉入楚軍 三日穀 范文子立於戎馬之前 曰 君幼 諸臣不佞 何以及此 君其戒之 周書曰 惟命不于常 有德之謂 晉侯使郤至獻楚捷于周 與單襄公語 驟稱其伐 伐 功也 **單子語諸大夫曰 溫季其亡乎** 溫季 郤至 **位於七人之下** 佐新軍 位在八 **而求掩其上 怨之所聚 亂之本也 多怨而階亂 何以在位 夏書曰 怨豈在明 不見是圖 將愼其細也 今**

265) 초나라~놓아주었다 : 초(楚)나라 군영으로 돌아가서 진군(晉軍)의 정황을 말하게 하고자 한 것이다.

而明之 其可乎

진(晉)나라 군대가 초(楚)나라 군영으로 들어가서 3일 동안 머물며 초군이 버리고 간 군량을 먹었다. 그때 범문자(范文子)가 융마(戎馬) 앞에 서서 말하기를 "임금님은 어리시고 여러 신하는 재주가 없는데 어떻게 이런 승리를 얻었겠습니까. 임금님께서는 경계하소서. 〈주서(周書)〉에 이르기를 '천명은 한 곳에 고정되어있는 것이 아니다.'[266]라고 하였으니, 이는 천명은 덕 있는 사람에게 돌아간다는 말입니다."라고 하였다. 진후(晉侯)가 극지(郤至)를 시켜 초나라와 싸워 얻은 전리품을 주(周)나라에 바쳤다. 극지가 선양공(單襄公)과 이야기할 때 자주 자신의 공[伐]을 자랑하자, 벌(伐)은 공(功)이다. 선자(單子 : 單襄公)가 여러 대부에게 말하기를 "온계(溫季)는 아마 망하게 될 것이다. 온계(溫季)는 극지(郤至)이다. 그 지위가 일곱 장군의 아래이면서도 극지(郤至)는 신군(新軍)의 부장(副將)으로 지위가 여덟 번째이다. 그 윗사람의 공을 가리려 하고 있으니, 이는 다른 사람들의 원망을 쌓는 일이고 란이 일어나는 근본이다. 그는 많은 원망을 쌓아 란을 일으키는 길로 가고 있으니 어떻게 그 자리를 보존할 수 있겠는가. 〈하서(夏書)〉에 이르기를 '남의 원망이 어찌 드러난 곳에 있겠는가. 드러나지 않은 곳을 헤아려라.'[267]라고 하였으니, 이는 그 미세한 곳에 신중해야 함을 말한 것이다. 그런데 지금 원망 받을 일을 드러내놓고 하니 어찌 괜찮을 수 있겠는가."라고 하였다.

楚殺其大夫公子側

초(楚)나라가 그 대부 공자 측(側)을 죽였다.

楚師還 及瑕 瑕 楚地 **王使謂子反曰 先大夫之覆師徒者 君不在** 謂子玉敗城濮時 王不在軍 **子無以爲過 不穀之罪也 子反再拜稽首曰 君賜臣死 死且不朽 臣之卒實奔 臣之罪也 子重使謂子反曰 初隕師徒者 而亦聞之矣 盍圖之** 言子玉初喪師而死 **對曰 雖微先大夫有之 大夫命側 側敢不義 側亡君師 敢忘其死 王使止之 弗及而卒**

초(楚)나라 군대가 귀환하다가 하(瑕) 땅에 이르렀을 때 하(瑕)는 초(楚)나라 땅이다. 초왕(楚王 : 共王)이 사람을 보내어 자반(子反)에게 말하기를 "선대부(先大夫 : 子玉)가 싸움에서 군대를 잃었을 때는 임금이 그 자리에 있지 않았었다. 자옥(子玉)이 성복(城濮)에서 패하였을 때는

266) 천명은~아니다 : 《서경(書經)》〈주서(周書)〉 강고(康誥).

267) 남의~헤아려라 : 《서경(書經)》〈하서(夏書)〉 오자지가(五子之歌).

초왕(楚王 : 成王)이 군영에 있지 않았다고 이른 것이다. 그러니 이번 패전을 그대의 잘못이라고 여기지 말라. 이는 나의 죄이다."라고 하니, 자반이 재배하고 머리를 조아리며 말하기를 "임금님께서 신에게 죽음을 내리신다면 죽어도 그 은혜는 없어지지 않을 것입니다. 신의 군사가 실로 패주한 것이니 이는 신의 죄입니다."라고 하였다. 이때 자중(子重)이 사람을 보내어 자반에게 말하기를 "이전의 싸움[268]에서 군대를 잃었던 자의 일을 당신도 들었을 것이오. 그대는 어찌 자살을 도모하지 않는가."라고 하니, 자옥(子玉)이 이전에 군대를 잃고서 죽었다는 말이다. 대답하기를 "비록 선대부의 일이 있지 않았더라도 대부께서 나 측(側 : 子反)에게 명하시니, 측이 감히 의롭지 않은 일을 하겠습니까. 측이 임금님의 군대를 잃었는데 감히 죽기를 잊었겠습니까."라고 하였다. 초왕이 사람을 보내어 말리게 하였으나 도착하기 전에 죽었다.

秋 公會晉侯齊侯衛侯宋華元邾人于沙隨 不見公

가을에 성공(成公)이 진후(晉侯)·제후(齊侯)·위후(衛侯)·송(宋)나라 화원(華元)·주인(邾人)과 사수(沙隨)에서 회합하였다. 진후가 성공을 만나주지 않았다.

沙隨 宋地 可以見而不見 譏在諸侯也

사수(沙隨)는 송(宋)나라 땅이다. 만나 볼 수 있는데도 만나주지 않았다는 것은 제후(諸侯 : 晉侯)에게 잘못이 있음을 비난한 것이다.

戰之日 齊國佐高無咎至于師 無咎 高固子 **衛侯出于衛 公出于壞隤** 壞隤 魯邑 **宣伯通於穆姜** 穆姜 成公母 **欲去季孟而取其室** 季文子孟獻子 **將行 穆姜送公 而使逐二子 公以晉難告 曰 請反而聽命 姜怒 公子偃公子鉏趍過** 二子公庶弟 **指之曰 女不可 是皆君也** 言欲廢公 **公待於壞隤 申宮儆備 設守而後行 是以後** 後戰期 **使孟獻子守于公宮**

언릉(鄢陵)에서 싸우던 날에 제(齊)나라 국좌(國佐)와 고무구(高無咎)가 진(晉)나라 군영에 이르렀고, 무구(無咎)는 고고(高固)의 아들이다. 위후(衛侯)는 위(衛)나라에서 출발하였으며, 성공(成公)은 괴퇴(壞隤)에서 출발하였다. 괴퇴(壞隤)는 로(魯)나라 읍이다. 선백(宣伯 : 叔孫僑如)은 목강(穆姜)과 간통하여 목강(穆姜)은 성공(成公)의 어머니이다. 계씨(季氏)와 맹씨(孟氏)를 제거하고서 그 가산을 차지하려 하였다. 계문자(季文子)와 맹헌자(孟獻子)이다. 성공이 출발하려 할 때

268) 이전의 싸움 : 희공(僖公) 28년에 있었던 성복(城濮)의 싸움이다.

목강은 성공을 전송하면서 계문자(季文子)와 맹헌자(孟獻子)를 축출하라고 하였다. 그러나 성공은 진나라로 인한 어려움[269]을 고하면서 말하기를 "돌아와서 명을 따르겠습니다."라고 하니, 강씨(姜氏 : 穆姜)가 노하였다. 그때 마침 공자 언(偃)과 공자 서(鉏)가 빠른 걸음으로 지나가자 두 공자는 성공(成公)의 서제(庶弟)이다. 그들을 가리키면서 말하기를 "네가 할 수 없다고 하면 저들이 다 임금이 될 것이다."라고 하였다. 성공(成公)을 폐하겠다는 말이다. 그러자 성공은 괴퇴에서 대기하면서 공궁의 경비를 단속하고 수비체제를 완비한 뒤에 떠났으니, 이 때문에 늦은 것이다. 싸움의 기일에 늦은 것이다. 이때 맹헌자를 시켜 공궁을 지키게 하였다.

秋 會于沙隨 謀伐鄭也 宣伯使告郤犨 曰 魯侯待于壞隤 以待勝者 郤犨將新軍 且爲公族大夫 以主東諸侯 取貨于宣伯 而訴公于晉侯 晉侯不見公

가을에 사수(沙隨)에서 회합하였으니, 정(鄭)나라 칠 것을 모의하기 위해서였다. 선백(宣伯)이 사람을 보내어 극주(郤犨)에게 고하기를 "로후(魯侯)는 괴퇴(壞隤)에서 기다리면서 누가 이기는지를 기다리고 있었습니다."[270]라고 하였다. 극주는 신군(新軍)을 거느렸고 또 공족대부(公族大夫)가 되어 동방의 제후들을 주관하고 있었는데, 선백으로부터 뇌물을 받고 진후(晉侯)에게 성공(成公)을 참소하였다. 이 때문에 진후가 성공을 만나주지 않은 것이다.

公至自會

성공(成公)이 회합에서 돌아왔다.

公會尹子晉侯齊國佐邾人伐鄭

성공(成公)이 윤자(尹子)·진후(晉侯)·제(齊)나라 국좌(國佐)·주인(邾人)과 회합하여 정(鄭)나라를 쳤다.

---

269) 진나라로~어려움 : 진후(晉侯)가 로(魯)나라에게 진군(晉軍)과 회합하여 정(鄭)나라를 토벌하라고 청한 일이다.

270) 로후(魯侯)는~있었습니다 : 언릉(鄢陵)의 싸움에 로(魯)나라가 참석하지 못한 것에 대하여 참소한 말이다.

尹子 王卿士 子爵 王臣始會伐

윤자(尹子)는 왕의 경사(卿士)이고 자작(子爵)이다. 왕의 신하가 정벌의 회합에 참석한 시초이다.

七月 公會尹武公及諸侯伐鄭 將行 姜又命公如初 公又申守而行 諸侯之師次于鄭西 我師次于督揚 不敢過鄭 督揚 鄭東地 **子叔聲伯使叔孫豹請逆于晉師** 豹 叔孫僑如弟 **爲食於鄭郊 師逆以至** 戒叔孫以須晉師至乃食 **聲伯四日不食以待之 食使者** 使者 豹之介 **而後食 諸侯遷于制田** 制田 鄭地 **知武子佐下軍** 武子 荀罃 **以諸侯之師侵陳 至于鳴鹿** 鳴鹿 陳地 **遂侵蔡 未反** 侵陳蔡不書 公不與 **諸侯遷于潁上 戊午 鄭子罕宵軍之 宋齊衛皆失軍** 將與軍相失 宋衛不書 後也

7월에 성공(成公)이 윤무공(尹武公 : 尹子) 및 제후들과 회합하여 정(鄭)나라를 쳤다. 성공이 출발하려 할 때 목강(穆姜)이 또 성공에게 앞에서처럼 명하였지만[271] 성공은 또 그들에게 성을 잘 지키게 단속하고 떠났다. 제후들의 군대는 정나라 서쪽에 주둔하였고 우리 군대는 독양(督揚)에 주둔하여 있으면서 정나라를 감히 통과하지 못하였다. 독양(督揚)은 정(鄭)나라 동쪽 땅이다. 그러자 자숙성백(子叔聲伯)이 숙손표(叔孫豹)를 시켜 진(晉)나라 군영에 가서 우리 군대를 맞이하여 줄 것을 청하게 하고, 표(豹)는 숙손교여(叔孫僑如)의 아우이다. 정나라 교외에서 밥을 짓도록 하였다. 그리고는 진나라 군대가 로(魯)나라 군대를 맞이하기까지 숙손표(叔孫豹)에게 진(晉)나라 군대가 도착하기를 기다려서야 밥을 먹겠다는 뜻으로 경계시킨 것이다. 성백(聲伯)은 나흘이나 밥을 먹지 않고 기다렸다가 사자(使者)에게 밥을 먹인 사자(使者)는 표(豹)의 부사(副使 : 介)이다. 뒤에야 밥을 먹었다. 제후들이 제전(制田)으로 옮겨가고, 제전(制田)은 정(鄭)나라 땅이다. 지무자(知武子)가 하군의 부장으로서 무자(武子)는 순앵(荀罃)이다. 제후들의 군대를 거느리고 진(陳)나라를 침범하여 명록(鳴鹿)에까지 이르렀고, 명록(鳴鹿)은 진(陳)나라 땅이다. 마침내 채(蔡)나라까지 침범하였다.[272] 지무자가 아직 제전으로 돌아오지 않았는데 진(陳)나라와 채(蔡)나라를 침범한 사실을 경문에 기록하지 않은 것은 성공(成公)이 참여하지 않았기 때문이다. 제후들이 영수(潁水) 가로 옮겨가니,[273] 무오일에 정나라 자한(子罕)이 밤에 습격하여 송(宋)나라와 제(齊)나라 및 위(衛)나라 모두 군대를 잃었다. 장수와 군대가 서로 잃은 것이다.[274] 송(宋)나라와

---

271) 목강(穆姜)이~명하였지만 : 앞서 성공(成公)의 어머니 목강(穆姜)이 계문자(季文子)와 맹헌자(孟獻子)를 축출하라고 성공에게 명한 일을 말한다.

272) 진(陳)나라를~침범하였다 : 진(晉)나라가 진(陳)나라와 채(蔡)나라를 침범한 것은 이들 두 나라가 초(楚)나라에 복종하였기 때문이다.

273) 제후들이~옮겨가니 : 제전(制田)에서 영수(潁水) 가로 옮긴 것이다.

위(衛)나라를 경문에 기록하지 않은 것은 늦게 왔기 때문이다.

曹伯歸自京師

조백(曹伯)이 경사(京師)에서 돌아갔다.

曹伯不名 其位未絶也 自京師 王命也 譏天王之釋有罪也

조백(曹伯 : 成公)의 이름을 기록하지 않은 것은 그 지위가 아직 끊어지지 않았기 때문이다. 경사(京師)에서 돌아간 것은 왕명에 따른 것인데 천왕이 죄 있는 자를 풀어 준 것[275]을 비난한 것이다.

曹人請于晉曰 自我先君宣公卽世 國人曰 若之何 憂猶未弭 弭 息也 而又討我寡君 以亡曹國社稷之鎭公子 謂子臧逃奔宋 是大泯曹也 泯 滅也 先君無乃有罪乎 若有罪 則 君列諸會矣 戚之盟 曹伯在列 君唯不遺德刑 以伯諸侯 豈獨遺諸敝邑 敢私布之 曹人 復請于晉 晉侯謂子臧 反 吾歸而君 子臧反 曹伯歸 子臧盡致其邑與卿而不出

조인(曹人)이 진(晉)나라에 청하기를 "우리 선군인 선공(宣公)께서 세상을 떠난 뒤부터 국인들은 '어찌해야 하는가? 걱정거리가 아직도 사라지지[弭] 않았도다.'라 하고 있습니다. 이(弭)는 사라짐이다. 그런데 또 진나라가 우리 과군을 토죄하여 조(曹)나라 사직을 보존할 공자를 망명하게 하였으니,[276] 자장(子臧)이 송(宋)나라로 도주하여 망명한 것을 이른다. 이는 조나라를 크게 멸하는[泯] 것입니다. 민(泯)은 멸함이다. 이는 선군이 죄가 있다고 여긴 것이 아니겠습니까. 만일 죄가 있다면 임금님[晉侯]께서 제후들의 회합에 우리 임금을 참여시킨 것에 있을 뿐입니다. 척(戚) 땅의 맹약에 조백(曹伯 : 成公)이 참여한 것이다. 임금님께서는 덕(德)과 형(刑)을 잃지 않으시어 제후들의 패자(伯者)가 되셨는데 어찌 유독 우리 조나라에게만 덕과 형을 잃으십니까? 그래서 감히 사사롭게 진술합니다."라고 하였다. 조인이 다시 진나라에 요청하니, 진후가 자장(子臧)에게 이르기를 "그대 나라로 돌아가면 내가 그대의 임금을 돌려보내겠

---

274) 장수와~것이다 : 장수와 군대가 흩어진 것이다.

275) 죄 있는~것 : 조백(曹伯 : 曹成公)이 조선공(曹宣公)의 태자를 죽이고 임금에 오른 죄는 성공(成公) 13년 가을 7월 전문에 기록되어 있고, 성공 15년 경문에는 진후(晉侯)가 척(戚) 땅에서 제후들의 회합에 참여한 조백을 잡아 경사(京師)로 보낸 기록이 있다. 그런데 지금 천왕이 조성공(曹成公)을 풀어 준 것이다.

276) 진나라가~하였으니 : 진후(晉侯)가 조성공(曹成公)을 잡아 경사로 보낸 뒤에 제후들이 자장(子臧)을 왕에게 알현시켜 조(曹)나라 임금으로 세우려 하니 자장이 사양하며 망명하였다.

다."277)라고 하였다. 자장이 돌아가니 조백(曹伯)도 돌아갔다. 자장은 자기 채읍(采邑)과 경(卿)의 관직을 모두 돌려주고 출사하지 않았다.

九月 晉人執季孫行父 舍之于苕丘 9월에 진인(晉人)이 계손행보(季孫行父)를 잡아 초구(苕丘)에 안치해[舍] 두었다.

苕 公作招 ○苕丘 晉地 舍 寘也

초(苕)는 공양전(公羊傳)에는 초(招)로 되어 있다. ○초구(苕丘)는 진(晉)나라 땅이다. 사(舍)는 안치함이다.

宣伯使告郤犨曰 魯之有季孟 猶晉之有欒范也 政令於是乎成 今其謀曰 晉政多門 不可從也 寧事齊楚 有亡而已 蔑從晉矣 若欲得志於魯 請止行父而殺之 我斃蔑也 蔑 孟獻子 **而事晉 蔑有貳矣 魯不貳 小國必睦 不然 歸必叛矣**

선백(宣伯 : 叔孫僑如)이 사람을 시켜 극주(郤犨)에게 말하기를 "로(魯)나라에 계씨(季氏)와 맹씨(孟氏)가 있는 것은 진(晉)나라에 란씨(欒氏)와 범씨(范氏)가 있는 것과 같아서 정령(政令)이 이들에게서 이루어집니다. 이제 그들이 모의하기를 '진나라는 정령이 여러 곳에서 나와 따를 수가 없으니, 차라리 제나라와 초나라를 섬기다가 망할지언정 진나라를 따르지는 말아야 한다.'라고 합니다. 만일 진나라가 로나라에서 뜻을 이루려면 행보(行父 : 季孫行父)를 억류해 죽이십시오. 나는 멸(蔑)을 죽이고서 멸(蔑)은 맹헌자(孟獻子)이다. 진나라를 섬기어 두마음을 갖지 않겠습니다. 로나라가 두마음을 갖지 않으면 작은 나라들도 반드시 진나라와 화목할 것입니다. 그렇지 않으면 행보는 돌아와서 반드시 진나라를 배반할 것입니다."라고 하였다.

九月 晉人執季文子于苕丘 公還 待于鄆 使子叔聲伯 請季孫于晉 郤犨曰 苟去仲孫蔑而止季孫行父 吾與子國 親於公室 親魯甚於晉公室 **對曰 僑如之情 子必聞之矣 若**

277) 그대~돌려보내겠다 : 조인(曹人)들이 자장(子臧)의 덕을 숭모하고 있었기 때문에 진후(晉侯)는 자장을 돌려보내려고 하였다. 그런데 조성공(曹成公)이 돌아가기 전에는 자장이 들어가지 않을 것임을 진후는 알고서 이 말로 자장을 들여보내려 한 것이다.

去蔑與行父 是大棄魯國 而罪寡君也 若猶不棄 而惠徼周公之福 使寡君得事晉君 則夫二人者 魯國社稷之臣也 若朝亡之 魯必夕亡 以魯之密邇仇讎 仇讎謂齊楚 **亡而爲讎 治之何及 郤犨曰 吾爲子請邑 對曰 嬰齊魯之常隷也** 隷 賤官 **敢介大國以求厚焉 承寡君之命以請 若得所請 吾子之賜多矣 又何求**

9월에 진인(晉人)이 계문자(季文子 : 季孫行父)를 초구(苕丘)에서 잡으니, 성공(成公)이 돌아오다가 운(鄆) 땅에서 기다리며 자숙성백(子叔聲伯)을 보내어 계손(季孫)을 돌려보내 주기를 진(晉)나라에 청하였다. 극주(郤犨)가 말하기를 "만약 중손멸(仲孫蔑 : 孟獻子)을 제거하고 계손행보(季孫行父)를 억류한다면 나는 그대의 나라를 우리 진나라의 공실보다 더 친하게 대할 것이오."라고 하였다. 로(魯)나라를 진(晉)나라 공실보다 더 친하게 대하겠다는 것이다. 자숙성백이 대답하기를 "교여(僑如 : 叔孫僑如)의 실정(實情)[278]은 그대도 필히 들었을 것입니다. 만약 멸(蔑)과 행보(行父)를 제거한다면 이는 로(魯)나라를 아주 버리고 과군을 죄주는 것입니다. 만약 여전히 버리지 않고 은혜로이 시조인 주공(周公)의 복을 받게 해서[279] 과군으로 하여금 진나라 임금님을 섬길 수 있게 한다면 그 두 사람은 로나라 사직의 신하가 될 것입니다. 그렇지 않고 만약 이들을 아침에 없앤다면 로나라는 반드시 저녁에 망할 것입니다. 로나라는 진나라의 구수(仇讎)와 거리가 매우 가까우니, 구수(仇讎)는 제(齊)나라와 초(楚)나라를 이른다. 우리나라를 망하게 하여 원수가 되게 한다면 다스리려 해도 어찌 미치겠습니까."라고 하였다. 이에 극주가 말하기를 "내가 그대를 위해 읍을 내리도록 청해 보겠소."라고 하니, 자숙성백이 대답하기를 "나 영제(嬰齊)는 로나라의 미천한 관리[隷]인데, 예(隷)는 미천한 관리이다. 감히 대국에 의지하여 후한 대우를 구할 수 있겠습니까. 과군의 명을 받들어 청하는 것이니, 만약 청한 것이 이루어진다면 그대의 은혜는 많은 것입니다. 또 무엇을 구하겠습니까."라고 하였다.

范文子謂欒武子曰 季孫於魯 相二君矣 二君 宣成 **妾不衣帛 馬不食粟 可不謂忠乎 信讒慝而棄忠良 若諸侯何 子叔嬰齊奉君命無私 謀國家不貳 圖其身不忘其君 若虛其請 是棄善人也 子其圖之 乃許魯平 赦季孫**

---

278) 교여(僑如 : 叔孫僑如)의 실정(實情) : 숙손교여(叔孫僑如 : 宣伯)가 목강(穆姜)과 간통하고 계문자(季文子)와 맹헌자(孟獻子)를 제거하여 그 가산을 차지하려 한 일을 말한다.

279) 주공(周公)의~해서 : 로(魯)나라 시조인 주공(周公)에 대한 제사를 계속 받들게 한다는 뜻으로, 로나라를 망하지 않게 한다는 것이다.

범문자(范文子)가 란무자(欒武子)에게 말하기를 "계손(季孫 : 季孫行父)은 로(魯)나라에서 두 임금의 재상으로 있으면서도 두 임금은 선공(宣公)과 성공(成公)이다. 첩에게 비단옷을 입히지 않고 말에게 곡식을 먹이지 않았으니, 충신이라고 이르지 않을 수 있겠습니까. 그런데 참특한 사람을 믿고 충량한 사람을 버린다면 제후들을 어떻게 대하겠습니까. 자숙영제(子叔嬰齊 : 子叔聲伯)는 임금의 명을 받듦에 사심이 없고, 국가를 위한 모의에 두마음을 갖지 않으며, 그 자신의 리익을 도모하기 위하여 그 임금을 망각하지 않고 있습니다. 만약 그의 청을 헛되이 한다면 이는 선인을 버리는 것이니 그대는 헤아리십시오."라고 하였다. 이에 로나라와의 화평을 허낙하고 계손을 놓아 주었다.

冬 十月 乙亥 叔孫僑如出奔齊

겨울 10월 을해일에 숙손교여(叔孫僑如)가 제(齊)나라로 망명나갔다.

冬 十月 出叔孫僑如而盟之 僑如奔齊 公未歸 命國人逐之 諸大夫共盟 以僑如爲戒 **齊聲孟子通僑如** 聲孟子 齊靈公母 宋女 **使立於高國之間** 位比二卿 **僑如曰 不可以再罪 奔衛 亦間於卿**

겨울 10월에 숙손교여(叔孫僑如)를 축출하고 맹약하였다. 교여(僑如)는 제(齊)나라로 망명하였다. 성공(成公)이 돌아오기에 앞서 국인에게 명하여 축출한 것이다. 여러 대부가 함께 맹약하여 교여(僑如)의 행위를 경계로 삼은 것이다. 제나라 성맹자(聲孟子)가 교여와 간통하고서 성맹자(聲孟子)는 제령공(齊靈公)의 어머니로 송(宋)나라 녀자이다. 고씨(高氏)와 국씨(國氏)의 중간 지위에 교여를 세우게 하자, 지위가 두 경(卿)과 비등한 것이다. 교여가 말하기를 "다시 죄를 지을 수 없다."라 하고 위(衛)나라로 망명하였는데, 거기서도 경(卿)의 지위에 끼었다.

十有二月 乙丑 季孫行父及晉郤犨盟于扈 公至自會 乙酉 刺公子偃

12월 을축일에 계손행보(季孫行父)가 진(晉)나라 극주(郤犨)와 호(扈) 땅에서 맹약하였다. 성공(成公)이 회합에서 돌아왔다. 을유일에 공자 언(偃)을 죽였다.

十二月 季孫及郤犨盟于扈 歸 刺公子偃 偃與謀故 **召叔孫豹于齊而立之**

12월에 계손(季孫 : 季孫行父)이 극주(郤犨)와 호(扈) 땅에서 맹약하고 돌아와서 공자 언(偃)을 죽이고 언(偃)이 모의[280]에 참여하였기 때문이다. 숙손표(叔孫豹)를 제(齊)나라에서 불러들여[281] 숙손씨(叔孫氏)의 후계자로 세웠다.

성공(成公) 17년【丁亥 B.C.574】

十有七年 春 衛北宮括帥師侵鄭

17년 봄에 위(衛)나라 북궁괄(北宮括)이 군대를 거느리고 정(鄭)나라를 침범하였다.

括 公作結 ○括 成公曾孫

괄(括)은 《공양전(公羊傳)》에는 결(結)로 되어 있다. ○북궁괄(北宮括)은 위성공(衛成公)의 증손이다.

十七年 春 王正月 鄭子駟侵晉虛滑 虛滑 晉二邑 **衛北宮括救晉 侵鄭 至于高氏** 高氏 鄭地

17년 봄 왕정월에 정(鄭)나라 자사(子駟)가 진(晉)나라 허(虛) 땅과 활(滑) 땅을 침범하니, 허(虛)와 활(滑)은 진(晉)나라 두 읍이다. 위(衛)나라 북궁괄(北宮括)이 진나라를 구원하기 위하여 정나라를 침범하여 고씨(高氏)에 이르렀다. 고씨(高氏)는 정(鄭)나라 땅이다.

---

280) 모의 : 숙손교여(叔孫僑如 : 宣伯)의 모의. 앞서 숙손교여와 로성공(魯成公)의 어머니인 목강(穆姜)이 간통하고서 계문자(季文子)와 맹헌자(孟獻子)를 제거하고 나아가 로성공까지 축출하고자 한 일이다.

281) 숙손표(叔孫豹)를~불러들여 : 올 7월에 자숙성백(子叔聲伯)이 숙손표(叔孫豹)를 진(晉)나라로 보내어 진나라 군대가 와서 로(魯)나라 군대를 맞이하도록 요청하게 하였는데, 숙손표는 로인(魯人)이 그 형인 숙손교여(叔孫僑如)를 토죄하려 한다는 말을 듣고 숙손교여보다 먼저 제(齊)나라로 달아났었다.

夏 公會尹子單子晉侯齊侯宋公衛侯曹伯邾人伐鄭 六月 乙酉 同盟于柯陵

여름에 성공(成公)이 윤자(尹子)·선자(單子)·진후(晉侯)·제후(齊侯)·송공(宋公)·위후(衛侯)·조백(曹伯)·주인(邾人)과 회합하여 정(鄭)나라를 쳤다. 6월 을유일에 가릉(柯陵)에서 동맹하였다.

柯陵 鄭西地

가릉(柯陵)은 정(鄭)나라 서쪽 땅이다.

夏 五月 鄭大子髡頑侯獳爲質於楚 侯獳 鄭大夫 **楚公子成公子寅戍鄭 公會尹武公單襄公及諸侯伐鄭 自戲童至于曲洧** 戲童曲洧皆鄭地 **乙酉 同盟于柯陵 尋戚之盟也 楚子重救鄭 師于首止 諸侯還**

여름 5월에 정(鄭)나라 태자 곤완(髡頑)과 후누(侯獳)가 초(楚)나라에 인질이 되니, 후누(侯獳)는 정(鄭)나라 대부이다. 초나라 공자 성(成)과 공자 인(寅)이 정나라를 위수(衛戍)하였다. 이에 성공(成公)이 윤무공(尹武公 : 尹子)과 선양공(單襄公 : 單子) 및 제후들과 회합하여 정(鄭)나라를 쳐서 희동(戲童)에서 곡유(曲洧)까지 이르렀다. 희동(戲童)과 곡유(曲洧)는 모두 정(鄭)나라 땅이다. 을유일에 가릉(柯陵)에서 동맹하였으니, 척(戚) 땅의 맹약[282]을 거듭한 것이다. 초나라 자중(子重)이 정나라를 구원하고자 수지(首止)에 군대를 주둔시키니 제후들이 돌아갔다.[283]

○晉范文子反自鄢陵 使其祝宗祈死 祝宗 主祭祀祈禱者 **曰 君驕侈而克敵 是天益其疾也 難將作矣 愛我者惟祝我 使我速死 無及於難 范氏之福也 六月 戊辰 士燮卒** 戊辰 乙酉前十八日

○진(晉)나라 범문자(范文子)가 언릉(鄢陵)에서 돌아와서 축종(祝宗)을 시켜 자신을 죽게 해달라고 빌게 하면서 축종(祝宗)은 제사를 주관하면서 기도하는 자이다. 말하기를 "임금이 교만하고 사치스러운데도 적을 이겼으니, 이는 하늘이 그 병폐를 더하려는 것이다. 환난이 장차

282) 척(戚)~맹약 : 성공(成公) 15년에 있었다.

283) 초나라~돌아갔다 : 초(楚)나라의 강함을 두려워한 것이다.

일어날 것이니 나를 사랑하는 그대는 오직 나를 위해 기도하여 나를 빨리 죽게 해서 환난에 미치지 않게 해주는 것이 우리 범씨(范氏)의 복이 될 것이다."라고 하였다. 6월 무진일에 사섭(士燮 : 范文子)이 졸하였다. 무진일은 을유일 18일 전이다.

秋 公至自會

가을에 성공(成公)이 회합에서 돌아왔다.

齊高無咎出奔莒

제(齊)나라 고무구(高無咎)가 거(莒)나라로 망명나갔다.

齊慶克通于聲孟子 與婦人蒙衣乘輦而入于閎 慶克 慶封父 蒙衣 爲婦人服也 閎 巷門也 **鮑牽見之 以告國武子** 鮑牽 鮑叔牙曾孫 **武子召慶克而謂之 慶克久不出 而告夫人曰 國子讁我 夫人怒 國子相靈公以會** 會伐鄭 **高鮑處守** 高無咎鮑牽 **及還 將至 閉門而索客** 蒐索 備奸人 **孟子訴之曰 高鮑將不納君 而立公子角 國子知之** 角 頃公子 **秋 七月 壬寅 刖鮑牽而逐高無咎 無咎奔莒 高弱以盧叛** 弱 無咎子 盧 高氏邑 **齊人來召鮑國而立之** 國 牽之弟文子 **初 鮑國去鮑氏而來 爲施孝叔臣 施氏卜宰 匡句須吉** 匡句須亦施氏家臣 **施氏之宰 有百室之邑 與匡句須邑 使爲宰 以讓鮑國 而致邑焉 施孝叔曰 子實吉 對曰 能與忠良 吉孰大焉 鮑國相施氏忠 故齊人取以爲鮑氏後**

제(齊)나라 경극(慶克)이 성맹자(聲孟子)와 통정을 하면서 어떤 부인(婦人)과 함께 몽의(蒙衣)를 하고 수레를 타고 항문[閎]으로 들어갔다. 경극(慶克)은 경봉(慶封)의 아버지이다. 몽의(蒙衣)는 부인(婦人)의 복장을 한 것이다. 굉(閎)은 항문(巷門)284)이다. 포견(鮑牽)이 그것을 보고 국무자(國武子)에게 고하자 포견(鮑牽)은 포숙아(鮑叔牙)의 증손이다. 무자(武子 : 國武子)가 경극을 불러 그 일에 대하여 말하였다. 경극은 오래도록 집밖을 나가지 않고 부인(夫人 : 聲孟子)에게 고하기를 "국자(國子 : 國武子)가 저를 책망하였습니다."라고 하자 부인이 노하였다. 국자가 제령공(齊靈公)의 상(相)이 되어 회합에 참여할 때 정(鄭)나라를 치기 위한 회합이었다. 고씨(高氏)와

284) 항문(巷門) : 궁중의 좁은 길에 있는 문.

포씨(鮑氏)는 남아서 도성을 지키고 있었다. 고무구(高無咎)와 포견(鮑牽)이다. 제령공이 돌아와 거의 도성에 이르렀을 때 그들은 성문을 닫고 나그네들을 수색하고 있었다. 수색하여 간인(奸人)들을 대비한 것이다 맹자(孟子 : 聲孟子)가 이들을 참소하여 말하기를 "고씨와 포씨가 임금을 성안으로 들이지 않고 공자 각(角)을 임금으로 세우려 하는데 이러한 사실을 국자도 알고 있습니다."라고 하였다. 각(角)은 제경공(齊頃公)의 아들이다. 그래서 가을 7월 임인일에 포견을 월형(刖刑)에 처하고 고무구(高無咎)를 축출하니, 무구(無咎)는 거(莒)나라로 망명하였고 고약(高弱)은 로(盧) 땅을 근거로 반란을 일으켰다. 약(弱)은 무구(無咎)의 아들이다. 로(盧)는 고씨(高氏)의 읍이다. 이에 제인(齊人)이 로(魯)나라에 와서 포국(鮑國)을 불러다가 포씨 가문의 후계자로 세웠다. 국(國)은 견(牽 : 鮑牽)의 아우인 문자(文子)이다. 이보다 앞서 포국이 포씨를 떠나 로나라에 와서 시효숙(施孝叔)의 가신이 되었다. 시씨(施氏)가 가재(家宰)로 삼을 인물에 대하여 점쳤는데 광구수(匡句須)가 길하다고 나왔다. 광구수(匡句須) 또한 시씨(施氏)의 가신이다. 시씨의 가재는 백실(百室)[285]의 읍을 소유하기에 광구수에게 읍을 주고 가재로 삼으려 하였는데, 광구수는 포국에게 가재의 자리를 양보하고 읍마저 주었다. 시효숙이 말하기를 "그대가 점사에 진실로 길하다고 나왔다."라고 하니, 광구수가 대답하기를 "충량한 이에게 준다면 길함이 이보다 더 큰 것이 어디에 있겠습니까."라고 하였다. 포국은 시씨를 도움에 충성스러웠기 때문에 제인이 그를 데려다 포씨의 후계자로 삼은 것이다.

仲尼曰 鮑莊子之知不如葵 葵猶能衛其足 莊子卽鮑牽 葵傾葉向日 以蔽其根

중니(仲尼)는 말하였다. "포장자(鮑莊子)의 지혜는 해바라기보다도 못하다. 해바라기는 오히려 그 뿌리를 보호한다."[286] 장자(莊子)는 포견(鮑牽)이다. 해바라기는 해를 향하여 잎을 기울여 그 뿌리를 가려준다.

九月 辛丑 用郊 9월 신축일에 교제(郊祭)를 지냈다.

用者 不宜用也 九月郊祭非禮

---

285) 백실(百室) : 1백 호(戶)이다.

286) 포장자(鮑莊子)의~보호한다 : 포견(鮑牽)이 경극(慶克)의 사통행위를 국무자(國武子)에게 고발하다가 도리어 월형(刖刑)을 받아 발이 상하게 되었으니, 그 처신하는 지혜가 해바라기만도 못하다는 말이다.

용(用)이라고 한 것은 교제를 지내는 것이 마땅하지 않다는 것으로, 9월에 교제를 지낸 것은 례가 아니다.[287]

晉侯使荀罃來乞師
진후(晉侯)가 순앵(荀罃)을 보내와서 군대를 요청하였다.

將伐鄭
정(鄭)나라를 치려 한 것이다.

冬 公會單子晉侯宋公衛侯曹伯齊人邾人伐鄭 十有一月 公至自伐鄭
겨울에 성공(成公)이 선자(單子)·진후(晉侯)·송공(宋公)·위후(衛侯)·조백(曹伯)·제인(齊人)·주인(邾人)과 회합하여 정(鄭)나라를 쳤다. 11월에 성공이 정나라를 치는 일에서 돌아왔다.

冬 諸侯伐鄭 前夏未得志故 **十月 庚午 圍鄭 楚公子申救鄭 師于汝上** 汝 水名 **十一月 諸侯還**

겨울에 제후들이 정(鄭)나라를 쳐서 지난여름에 뜻을 이루지 못하였기 때문이다. 10월 경오일에 정나라를 포위하였다. 초(楚)나라 공자 신(申)이 정나라를 구원하여 여수(汝水) 가에 군대를 주둔하였다. 여(汝)는 물 이름이다. 11월에 제후들이 돌아갔다.

壬申 公孫嬰齊卒于貍脤
임신일에 공손영제(公孫嬰齊)가 리신(貍脤)에서 졸하였다.

287) 9월에~아니다 : 환공(桓公) 5년조에 교제(郊祭)는 계칩(啓蟄 : 驚蟄)이 되면 지낸다고 하였다.

脤 公作軫 穀作蜃 ○十一月 無壬申 日誤 貍脤 地名

신(脤)은《공양전(公羊傳)》에는 진(軫)으로 되어 있고《곡량전(穀梁傳)》에는 신(蜃)으로 되어 있다. ○11월에는 임신일이 없으니 날이 잘못되었다. 리신(貍脤)은 땅 이름이다.

初 聲伯夢涉洹 洹 音桓 水名 **或與己瓊瑰 食之** 食珠玉 含象 **泣而爲瓊瑰 盈其懷** 淚下化爲珠玉 滿其懷 **從而歌之曰 濟洹之水 贈我以瓊瑰 歸乎歸乎 瓊瑰盈吾懷乎** 從 就也 夢中爲此歌 **懼不敢占也 還自鄭 壬申 至于貍脤而占之 曰 余恐死 故不敢占也 今衆繁而從余三年矣 無傷也** 今衆人繁多從我已三年 占之無害 **言之之莫而卒** 莫 音暮

이보다 앞서 성백(聲伯 : 公孫嬰齊)이 환수(洹水)를 건너는 꿈을 꾸었는데 환(洹)은 음이 환(桓)이니 물 이름이다. 어떤 이가 자기에게 구슬을 주어 그것을 먹고 구슬을 먹었다는 것은 함(含)[288]을 하고 있는 형상이다. 우니, 눈물이 구슬이 되어 품안에 가득 찼다. 눈물이 떨어져 구슬로 변하여 품안에 가득 찬 것이다. 이에[從] 노래 부르기를 '환수의 물을 건너는데 누가 나에게 구슬을 주었네. 돌아갈지어다. 돌아갈지어다. 구슬이 내 품안에 가득하네.'라고 하였다. 종(從)은 이에[就]이다. 꿈속에서 이 노래를 부른 것이다. 성백은 두려워 꿈에 대하여 감히 점을 치지 못하다가 정(鄭)나라 토벌에서 돌아오는 길에 임신일에 리신(貍脤)에 이르러 점을 치게 하면서 말하기를 "나는 죽을까 두려웠기 때문에 감히 점을 치지 못하였다. 그러나 지금 무리가 많고 나를 따르게 된 지 3년이나 되었으니 해가 없을 것이다."[289]라고 하였다. 지금 많은 사람들이 번다하게 나를 따르게 된 지 이미 3년이나 되었으니 점을 친다고 해도 해가 없을 것이라는 것이다. 이 말을 한 저녁[莫]에 졸하였다. 모(莫)는 음이 모(暮)이다.

十有二月 丁巳 朔 日有食之

12월 초하루 정사일에 일식이 있었다.

288) 함(含) : 반함(飯含). 렴습할 때 구슬 따위를 죽은 이의 입에 물리는 일.

289) 지금~것이다 : 많은 무리가 자기를 따르게 된 지 3년이 되었기 때문에 꿈의 내용을 흉몽(凶夢)이 아니라 길몽(吉夢)으로 생각한 것이다.

邾子貜且卒

주자(邾子) 확저(貜且)가 졸하였다.

○齊侯使崔杼爲大夫 使慶克佐之 帥師圍盧 討高弱 **國佐從諸侯圍鄭 以難請而歸** 請於諸侯 **遂如盧師 殺慶克 以穀叛 齊侯與之盟于徐關而復之 十二月 盧降 使國勝告難于晉 待命于淸** 勝 國佐子 齊欲討國佐 故留其子於外 淸 齊地

○제후(齊侯 : 靈公)가 최저(崔杼)를 대부로 삼고 경극(慶克)으로 하여금 그를 보좌하여 군대를 거느리고 로(盧) 땅[290]을 포위하게 하였다. 고약(高弱)[291]을 토죄한 것이다. 그때 국좌(國佐 : 國武子)는 제후들을 따라 정(鄭)나라를 포위하고 있었는데 환난을 핑계로 청하여 돌아갔다. 제후들에게 청한 것이다. 이윽고 로 땅을 포위한 군대로 가서 경극을 죽이고 곡(穀) 땅을 근거로 반란을 일으켰다. 이에 제후(齊侯)는 국좌와 서관(徐關)에서 맹약하고 그의 관직을 회복시켰다. 12월에 로 땅이 항복하자 제후는 국승(國勝)을 보내어 환난이 있었음을 진(晉)나라에 고하고 청(淸) 땅에서 명을 기다리게 하였다. 승(勝)은 국좌(國佐)의 아들이다. 제(齊)나라가 국좌를 토죄하고자 하였기 때문에 그의 아들을 제나라의 외지에서 머무르게 한 것이다. 청(淸)은 제나라 땅이다.

晉殺其大夫郤錡郤犨郤至

진(晉)나라가 그 대부 극기(郤錡)·극주(郤犨)·극지(郤至)를 죽였다.

晉厲公侈 多外嬖 反自鄢陵 欲盡去羣大夫而立其左右 胥童以胥克之廢也 怨郤氏 童 胥克子 宣八年郤缺廢胥克 **而嬖於厲公 郤錡奪夷陽五田 五亦嬖於厲公 郤犨與長魚矯爭田 執而梏之** 梏 械也 **與其父母妻子同一轅** 繫之車轅 **旣 矯亦嬖於厲公**

진려공(晉厲公)은 사치하였고 외폐(外嬖)[292]가 많았다. 언릉(鄢陵)에서 돌아와서는[293] 여러 대부를 다 제거하고 자기의 측근들을 그 자리에 세우고자 하였다. 서동(胥童)은 서극

290) 로(盧) 땅 : 고씨(高氏)의 읍.

291) 고약(高弱) : 고무구(高無咎)의 아들.

292) 외폐(外嬖) : 궁중 밖의 총애 받는 신하. 궁중 안의 총애 받는 내시나 녀인인 내폐(內嬖)와 상대되는 말이다.

293) 언릉(鄢陵)에서 돌아와서는 : 지난해 여름에 진려공(晉厲公)이 초(楚)나라와 언릉(鄢陵)에서 싸우고 돌아온 것이다.

(胥克)이 폐출된 일로 극씨(郤氏)에게 원한을 품었었는데 동(童)은 서극(胥克)의 아들이다. 선공(宣公) 8년에 극결(郤缺)이 서극을 폐출하였다. 그는 려공(厲公)에게 총애를 받았다. 한편 극기(郤錡)는 이양오(夷陽五)의 전지를 빼앗았는데 오(五 : 夷陽五) 역시 려공에게 총애를 받았다. 극주(郤犨)는 장어교(長魚矯)와 전지를 놓고 다투다가 그를 잡아 형틀[梏]을 채우고 곡(梏)은 형틀[械]이다. 그의 부모와 처자도 함께 한 끌채에 매단 일이 있었는데 수레의 끌채에 매단 것이다. 얼마 뒤 교(矯 : 長魚矯) 또한 려공에게 총애를 받았다.

欒書怨郤至以其不從己而敗楚師也 欲廢之 使楚公子茷告公曰 此戰也 郤至實召寡君 郤至嘗使楚故 **以東師之未至也** 齊魯衛之師 **與軍帥之不具也 曰 此必敗** 荀罃佐下軍居守 郤犨將新軍乞師 故言不具 **吾因奉孫周以事君** 孫周 晉襄公曾孫悼公 君 楚王也 **公告欒書 書曰 其有焉 不然 豈其死之不恤而受敵使乎** 謂鄢陵戰時 楚子問郤至以弓 **君盍嘗使諸周而察之** 嘗 試也 時孫周在周 **郤至聘于周 欒書使孫周見之 公使覘之 信 遂怨郤至**

란서(欒書)는 극지(郤至)가 자기의 의견을 따르지 않았는데도 초(楚)나라 군대를 패배시킨 것을 원망하여[294] 극지를 폐출시키고자 하였다. 이에 초나라 공자 패(茷)를 시켜 진려공(晉厲公)에게 고하게 하기를[295] "이번 싸움은 극지가 사실상 과군[楚王]을 불러들인 것입니다. 극지(郤至)가 일찍이 초(楚)나라에 사신으로 갔었기 때문이다.[296] 극지는 동쪽 제후들의 군대가 아직 이르지 않은 것과 제(齊)나라·로(魯)나라·위(衛)나라의 군대이다. 군대의 장수가 갖추어지지 않은 것을 들어 초왕에게 말하기를 '이번 싸움은 진(晉)나라 군대가 반드시 패할 것이니 순앵(荀罃)은 하군(下軍)의 부장으로 도성을 수비하고 있었고, 극주(郤犨)는 신군(新軍)의 장수로 원군을 요청하기 위해 외국에 갔기 때문에 장수가 갖추어지지 않았다고 말한 것이다. 나는 이 기회에 손주(孫周)를 받들어 임금님[君]을 섬기겠습니다.'라 하였습니다."라고 하였다. 손주(孫周)는 진양공(晉襄公)의 증손인 도공(悼公)이다.[297] 군(君)은 초왕(楚王)이다. 진려공이 이 말을 란서에게 이르니, 서(書 : 欒書)가 말하기를

294) 란서(欒書)는~원망하여 : 지난해 언릉(鄢陵)의 싸움에서 란서(欒書)는 보루를 지키며 초군(楚軍)을 기다리자고 하였으나 극지(郤至)는 초군에 여섯 가지 틈이 있음을 들면서 싸우면 진(晉)나라가 이길 것이라고 하였다. 결과적으로 극지의 의견을 따라 진나라 군대가 승리하였지만 란서는 자기의 의견대로 되지 않은 것을 원망한 것이다.

295) 초나라~하기를 : 지난해 언릉(鄢陵)의 싸움에서 진(晉)나라 군대가 초(楚)나라 공자 패(茷)를 포로로 잡아갔었다. 이에 그로 하여금 진려공(晉厲公)에게 고하게 한 것이다.

296) 극지(郤至)가~때문이다 : 성공(成公) 12년 10월의 일이다.

297) 손주(孫周)는~도공(悼公)이다 : 손주(孫周)는 진양공(晉襄公)의 손자인 혜백(惠伯)의 아들로 주(周)나라에서 태어났으며 진려공(晉厲公)의 조카이다.

"있을 법한 일입니다. 그렇지 않다면 어찌 그가 죽음을 돌아보지 않고 적의 사자(使者)를 받아들였겠습니까. 언릉(鄢陵)에서 싸울 때 초자(楚子)가 극지(郤至)에게 활을 보내주면서 위문한 일을 이른다. 임금님께서는 어찌 시험삼아[嘗] 그를 주(周)나라에 사신으로 보내어 그의 동정을 살피지 않으십니까."라고 하였다. 상(嘗)은 시험함이다. 그때 손주(孫周)는 주(周)나라에 있었다. 극지가 주나라에 빙문감에[298] 란서가 손주를 시켜 그를 만나보게 하였다. 진려공은 사람을 보내어 극지의 동정을 살피고, 공자 패의 말을 믿게 되어 드디어 극지에게 원한을 품었다.

厲公田 與婦人先殺而飮酒 後使大夫殺 田獵之禮 尊者先殺 **郤至奉豕** 進之於公 **寺人孟張奪之 郤至射而殺之 公曰 季子欺余** 季子 郤至 **厲公將作難 胥童曰 必先三郤 族大多怨 去大族 不逼 敵多怨 有庸** 庸 功也 **公曰 然 郤氏聞之 郤錡欲攻公 曰 雖死 君必危 郤至曰 人所以立 信知勇也 信 不叛君 知 不害民 勇 不作亂 失玆三者 其誰與我 死而多怨 將安用之 君實有臣而殺之 其謂君何 我之有罪 吾死後矣 若殺不辜 將失其民 欲安 得乎** 言不得安其位 **待命而已 受君之祿 是以聚黨 有黨而爭命 罪孰大焉**

진려공(晉厲公)이 사냥할 때 부인(婦人)들과 먼저 짐승을 잡아 술을 마신 뒤에 대부들에게 짐승을 잡게 하였다. 사냥할 때의 례는 존귀한 자가 먼저 짐승을 잡는다. 그때 극지(郤至)가 멧돼지를 잡아 바치려는데 진려공(晉厲公)에게 바치려는 것이다. 시인(寺人) 맹장(孟張)이 그 멧돼지를 빼앗자 극지가 활을 쏘아 그를 죽이니, 진려공이 말하기를 "계자(季子)가 나를 능멸하는구나[欺]."라고 하였다. 계자(季子)는 극지(郤至)이다. 려공(厲公)이 대부들을 제거하는 환난을 일으키려 하자, 서동(胥童)이 말하기를 "반드시 세 극씨(郤氏)를 먼저 제거하십시오. 저들은 종족이 크고 많은 사람이 그들을 원망하고 있습니다. 큰 종족을 제거하면 공실이 핍박받지 않고, 많은 사람이 원망하는 자를 대적하면 공[庸]이 있게 됩니다."라고 하였다. 용(庸)은 공이다. 려공이 말하기를 "그렇다."라고 하였다. 극씨들이 이 소문을 듣고 극기(郤錡)가 려공을 공격하고자 하며 말하기를 "우리가 비록 죽더라도 임금도 반드시 위태롭게 될 것이다."라고 하자, 극지가 말하기를 "사람이 서게 되는 까닭은 신의와 지혜와 용기가 있기 때문입니다. 신의는 임금을 배반하지 않는 것이고 지혜는 백성을 해치지 않는 것이며 용기는 란을 일으키지 않는 것이니, 이 세 가지를 잃는다면 누가 우리와 함께하겠습니까. 그러면 죽어서까지 많은 사람에게 원망을 받게 되니 그런 일을 어찌 쓰겠습니까. 임금은 실로 신하를 소유하는 것인데 그 신하들을 죽인다고 해서 임금에게 무어라고 하겠습니까. 우리에게 죄가 있다면

298) 극지가~빙문감에 : 지난해에 극지(郤至)가 초(楚)나라와 싸워 얻은 전리품을 주(周)나라에 바치러 간 것이다.

우리의 죽음은 이미 늦었고, 만약 죄가 없는데 우리를 죽인다면 임금은 그 백성을 잃게 될 것이니 편안하려 한들 그렇게 될 수 있겠습니까. 그 지위를 편안히 보존할 수 없게 된다는 말이다. 우리는 임금의 명을 기다릴 뿐입니다. 우리는 임금이 주신 록을 받아 우리의 무리를 모을 수 있었는데, 우리의 무리가 있다고 해서 임금의 명에 다툰다면 이보다 큰 죄가 무엇이겠습니까."라고 하였다.

壬午 胥童夷羊五帥甲八百 將攻郤氏 長魚矯請無用衆 公使淸沸魋助之 沸魋 亦嬖人 **抽戈結衽** 衽 裳際 **而僞訟者** 僞與淸沸魋訟 **三郤將謀於榭** 榭 講武堂 **矯以戈殺駒伯苦成叔於其位** 位 坐處 駒伯 郤錡 **溫季曰 逃威也 遂趍** 至欲逃避兵威 **矯及諸其車 以戈殺之 皆尸諸朝**

임오일에 서동(胥童)과 이양오(夷羊五)가 갑사 8백 명을 거느리고 극씨(郤氏)를 공격하려 할 때 장어교(長魚矯)가 많은 군사를 쓰지 말 것을 청하였다. 이에 진려공(晉厲公)은 청비퇴(淸沸魋)를 시켜 장어교를 돕게 하였는데 비퇴(沸魋)도 진려공(晉厲公)의 폐인(嬖人)이다. 그들은 창을 뽑아들고 옷깃[衽]을 묶고서 임(衽)은 치마의 끝부분이다. 쟁송(爭訟)하는 자로 위장하였다.[299] 청비퇴(淸沸魋)와 쟁송(爭訟)하는 것으로 위장한 것이다. 그때 세 극씨는 사(榭)에서 대비책을 모의하려는데 사(榭)는 강무당(講武堂)이다. 교(矯 : 長魚矯)가 창으로 구백(駒伯)과 고성숙(苦成叔 : 郤犨)을 그 자리[位]에서 죽였다. 위(位)는 앉은 자리이다. 구백(駒伯)은 극기(郤錡)이다. 온계(溫季 : 郤至)가 말하기를 "우선 위세를 피해야겠다."라 하고는 달아났는데 극지(郤至)가 군사들의 위세를 피하여 달아나고자 한 것이다 교가 그의 수레까지 쫓아가 창으로 죽이고 세 극씨의 시체를 모두 조정에 늘어놓았다.

胥童以甲劫欒書中行偃於朝 矯曰 不殺二子 憂必及君 公曰 一朝而尸三卿 余不忍益也 對曰 人將忍君 臣聞亂在外爲姦 在內爲軌 御姦以德 御軌以刑 不施而殺 不可謂德 臣逼而不討 不可謂刑 德刑不立 姦軌並至 臣請行 遂出奔狄

서동(胥童)이 갑사를 거느리고 란서(欒書)와 중항언(中行偃 : 荀偃)을 조정에서 겁박하였다. 교(矯)가 말하기를 "이 두 사람을 죽이지 않으면 반드시 우환이 임금님에게 미칠 것입니다."라고 하자, 진려공(晉厲公)이 말하기를 "하루아침에 세 경(卿)[300]을 죽였으니 나는 차마

299) 그들은~위장하였다 : 옷깃을 묶고 창을 들어 싸운 척하다가 극씨(郤氏)에게 시비를 가려 달라고 쟁송하는 것처럼 위장한 것이다.

더 이상 죽일 수가 없다."라고 하였다. 교가 대답하기를 "저들은 장차 임금님께 차마 못할 짓을 할 것입니다. 신이 듣기로는 '밖에서 일어나는 란(亂)[301]을 간(姦)이라 하고 안에서 일어나는 란[302]을 궤(軌)라 하는데, 간은 덕행으로 막고 궤는 형벌로 막는다.'고 하였습니다. 밖에서 란을 일으킨 자에게 임금님께서 은혜를 베풀지 않고 죽였으니 덕행이라 이를 수 없고, 신하가 임금님을 핍박하는데도 토죄하지 않으니 형벌이라 이를 수 없습니다. 덕행과 형벌이 제대로 서지 않았으니 간과 궤가 함께 이르게 될 것입니다. 이에 신은 떠나기를 청합니다."라 하고 드디어 적(狄)으로 망명나갔다.

公使辭於二子 辭謝書與偃 **曰 寡人有討於郤氏 郤氏旣伏其辜矣 大夫無辱 其復職位 皆再拜稽首曰 君討有罪 而免臣於死 君之惠也 二臣雖死 敢忘君德 乃皆歸** 歸其私家 **公使胥童爲卿 公遊于匠麗氏** 匠麗 嬖大夫家 **欒書中行偃遂執公焉 召士匄 士匄辭 召韓厥 韓厥辭 曰 昔吾畜於趙氏 孟姬之讒 吾能違兵** 違其兵難 卒存趙氏 **古人有言曰 殺老牛 莫之敢尸 而況君乎 二三子不能事君 焉用厥也** 尸 主也

진려공(晉厲公)이 사람을 보내어 두 사람에게 사과하여 서(書 : 欒書)와 언(偃 : 中行偃)에게 사과한 것이다. 말하기를 "과인이 극씨(郤氏)를 토죄하였으니 극씨는 이미 그 벌을 받았다. 그대 대부들은 겁박당한 것을 욕되다고 여기지 말고 원래의 직위로 복귀하라."고 하자, 두 사람은 모두 두 번 절하고 머리를 조아리며 말하기를 "임금님께서 죄인을 토죄함에 신들을 죽음에서 면하게 하신 것은 임금님의 은혜입니다. 저희 두 신하가 비록 죽는다한들 감히 임금님의 은덕을 잊겠습니까."라 하고 모두 집으로 돌아갔다. 그들의 사가(私家)로 돌아간 것이다. 이에 진려공은 서동(胥童)을 경(卿)으로 삼았다. 진려공이 장려씨(匠麗氏)에게 놀러 갔을 때 장려(匠麗)는 폐대부(嬖大夫)[303]의 집이다. 란서와 중항언이 마침내 진려공을 잡으려고 사개(士匄)를 불렀는데, 사개는 거절하였다. 한궐(韓厥)을 불렀는데 한궐도 거절하며 말하기를 "옛날 나는 조씨(趙氏)에게서 길러졌는데 맹희(孟姬)가 조씨를 참소할 때[304] 나는 그 병난(兵難)을

300) 세 경(卿) : 구백(駒伯 : 郤錡)·고성숙(苦成叔 : 郤犨)·온계(溫季 : 郤至)를 이른다.

301) 밖에서~란(亂) : 임금의 세력을 핍박할 정도가 되지 않는 란을 이른다. 여기에서는 진려공(晉厲公)이 총애하던 시인(寺人) 맹장(孟張)이 극지(郤至)의 멧돼지를 빼앗자 극지가 맹장을 활로 쏘아 죽인 일이다.

302) 안에서~란 : 임금의 세력을 핍박할 정도가 되는 란을 이른다. 여기에서는 란서(欒書)와 중항언(中行偃 : 荀偃)의 세력이 임금을 핍박할 정도가 된 일이다.

303) 폐대부(嬖大夫) : 하대부(下大夫).

304) 맹희(孟姬)가~참소할 때 : 이 일은 성공(成公) 8년에 있었다.

회피하였소. 그 병난(兵難)을 회피함으로써 끝내 조씨를 보존한 것이다.[305] 그리고 옛사람의 말에 '늙은 소를 죽이는 일에 감히 주관하지[尸] 말라.'고 하였는데 하물며 임금을 시해하는 일에 관여할 수 있겠습니까. 그대들이 임금을 잘 섬기지 못해서인데 어찌 나 궐(厥)을 리용하려 하십니까."라고 하였다. 시(尸)는 주관함이다.

楚人滅舒庸

초인(楚人)이 서용(舒庸)을 멸하였다.

舒庸人以楚師之敗也 舒庸 東夷國 **道吳人圍巢 伐駕 圍釐虺** 巢駕釐虺 楚四邑 **遂恃吳而不設備 楚公子橐師襲舒庸 滅之**

서용인(舒庸人)이 초(楚)나라 군대가 패배한[306] 틈을 타서 서용(舒庸)은 동이(東夷)의 나라이다. 오인(吳人)을 인도하여 소(巢) 땅을 포위하고, 이어 가(駕) 땅을 치고 리(釐) 땅과 훼(虺) 땅을 포위하였다. 소(巢)·가(駕)·리(釐)·훼(虺)는 초(楚)나라의 네 읍이다. 드디어 오(吳)나라를 믿고 방비를 설치하지 않으니, 초나라 공자 탁사(橐師)가 서용(舒庸)을 습격하여 멸하였다.

성공(成公) 18년【戊子 B.C.573】

十有八年 春 王正月 晉殺其大夫胥童

18년 봄 왕정월에 진(晉)나라가 그 대부 서동(胥童)을 죽였다.

305) 그 병난(兵難)을~것이다 : 성공(成公) 8년 6월에 진(晉)나라가 조씨(趙氏)를 토죄하려 할 때 한궐(韓厥)은 무기를 버리고서 조씨의 당(黨)이 아님을 보였다. 이때 조삭(趙朔)의 아들 조무(趙武)는 어머니 맹희(孟姬 : 趙莊姬)를 따라 공궁에서 자라게 되었고 조씨의 전지는 기해(祁奚)에게 주어지게 되었다. 그때 한궐이 진경공(晉景公)에게 조씨의 후사(後嗣)를 세워주어야 한다고 청하였고, 이에 진경공이 조무를 조씨의 후사로 세워주고 그 전지를 돌려주어 조씨가 보존된 것이다.

306) 초(楚)나라~패배한 : 지난해 언릉(鄢陵)의 싸움에서 초군(楚軍)이 진(晉)나라에게 패하였다.

閏月 乙卯 晦 閏月 卽前年閏月 經在今春 從告 **欒書中行偃殺胥童 民不與郤氏 胥童道君爲亂 故皆書曰 晉殺其大夫**

윤달 을묘일 그믐에 윤달은 곧 전년의 윤달인데 경문이 올봄조에 있는 것은 알려온 시기를 따른 것이다. 란서(欒書)와 중항언(中行偃)이 서동(胥童)을 죽였다. 백성은 극씨(郤氏)를 따르지 않았고,[307] 서동은 임금을 인도하여 란을 일으켰었다.[308] 그러므로 경문[309]에 모두 진(晉)나라가 그 대부를 죽였다고 기록한 것이다.

庚申 晉弑其君州蒲 경신일에 진(晉)나라가 그 임금 주포(州蒲)를 시해하였다.

十八年 春 王正月 庚申 晉欒書中行偃使程滑弑厲公 程滑 晉大夫 **葬之于翼東門之外 以車一乘** 諸侯葬車七乘 **使荀罃士魴** 魴 士會子 **逆周子于京師而立之** 悼公周 **生十四年矣 大夫逆于淸原** 淸原 晉地 **周子曰 孤始願不及此 雖及此 豈非天乎 抑人之求君 使出命也** 求君 將使出命 **立而不從 將安用君 二三子用我今日 否亦今日 共而從君 神之所福也** 共 同恭 **對曰 羣臣之願也 敢不唯命是聽 庚午 盟而入 館于伯子同氏** 晉大夫家 **辛巳 朝于武宮** 武公廟 **逐不臣者七人** 夷羊五之屬 **周子有兄而無慧 不能辨菽麥 故不可立**

18년 봄 왕정월 경신일에 진(晉)나라 란서(欒書)와 중항언(中行偃)이 정활(程滑)을 시켜 진려공(晉厲公 : 州蒲)을 시해하고 정활(程滑)은 진(晉)나라 대부이다. 익(翼) 땅의 동문(東門) 밖에 장사지냈는데 수레 한 대 만을 사용하였다. 제후(諸侯)의 장례에 쓰는 수레는 7대이다. 그리고 순앵(荀罃)과 사방(士魴)을 보내어 방(魴)은 사회(士會)의 아들이다. 경사(京師)에서 주자(周子)를 맞이하여 임금으로 세웠는데 진도공(晉悼公) 주(周)이다. 그때 주자의 나이는 14세였다. 대부들이

---

307) 백성은~않았고 : 성공(成公) 17년 경문에 '진(晉)나라가 그 대부 극기(郤錡)·극주(郤犨)·극지(郤至)를 죽였다.'라고 기록한 것은 진나라 백성이 극씨(郤氏)에게 동조하지 않았다는 의미이다.

308) 서동은~일으켰었다 : 서동(胥童)은 그 아버지 서극(胥克)이 폐출된 일로 극씨(郤氏)에게 원한이 있어 성공(成公) 17년에 진려공(晉厲公)에게 극씨를 제거하자고 청하고 이양오(夷羊五)와 함께 갑사 8백 명을 거느리고 극씨를 공격하여 극기(郤錡)·극주(郤犨)·극지(郤至)를 죽였었다.

309) 경문 : 지난해와 올해의 경문을 이른다.

청원(淸原)에서 맞이할 때 청원(淸原)은 진(晉)나라 땅이다. 주자가 말하기를 "나는 애당초 이렇게 되기를 원하지 않았소. 비록 이러한 지경에 이르기는 하였지만 이 또한 어찌 하늘의 뜻이 아니겠소. 그런데 사람들이 임금을 구하는 것은 그로 하여금 명령을 내게 하고자 함이오. 임금을 구하는 것은 그로 하여금 명령을 내도록 하기 위함이다. 임금을 세우고도 따르지 않는다면 그러한 임금을 어디에 쓸 것이오. 여러분이 나를 쓰는 것이 오늘에 달렸고 쓰지 않는 것도 오늘에 달렸소.310) 공손히[共] 임금을 따르는 것이 신(神)이 복을 주는 바이오."라고 하였다. 공(共)은 공손함[恭]과 같다. 대부들이 대답하기를 "뭇 신하가 원하는 바입니다. 감히 명을 따르지 않겠습니까."라고 하였다. 경오일에 주자가 대부들과 맹약하고 도성으로 들어가면서 백자동씨(伯子同氏)에서 묵고 진(晉)나라 대부의 집이다. 신사일에 무궁(武宮)에 참배하고서 진무공(晉武公)311)의 사당이다. 신하로 복종하지 않는 일곱 사람을 축출하였다. 이양오(夷羊五)의 무리이다. 주자에게는 형이 있었지만 어리석어 콩과 보리도 구별하지 못하였기 때문에 임금으로 세울 수 없었던 것이다.

齊殺其大夫國佐 제(齊)나라가 그 대부 국좌(國佐)를 죽였다.

齊爲慶氏之難故 甲申 晦 齊侯使士華免以戈殺國佐于內宮之朝 華免 齊大夫 伏兵內宮 恐不勝 **師逃于夫人之宮 書曰 齊殺其大夫國佐 棄命專殺以穀叛故也 使清人殺國勝 國弱來奔** 弱 勝之弟 **王湫奔萊** 湫 國佐黨 **慶封爲大夫 慶佐爲司寇** 封佐皆慶克子 **既 齊侯反國弱 使嗣國氏 禮也**

제(齊)나라에서 경씨(慶氏)의 환난312)을 리유로 갑신일 그믐에 제후(齊侯 : 靈公)가 사관(士官)313)인 화면(華免)을 시켜 내궁(內宮)의 조당에서 창으로 국좌(國佐)를 죽이자 화면(華

310) 여러분이~달렸소 : 나를 임금으로 세우려면 오늘부터 나의 명을 따라야 할 것이고, 나의 명을 따르지 않으려면 오늘 나를 임금으로 세우지 말아야 한다는 것이다.

311) 진무공(晉武公) : 곡옥장백(曲沃莊伯)의 아들로 이름은 칭(稱)이다. 곡옥백(曲沃伯)으로서 진후(晉侯) 민(緡)을 공격하여 멸망시키고 진(晉)나라를 통일하였다. 보기(寶器)를 모두 주희왕(周僖王)에게 뇌물로 바치고 왕명에 의하여 진(晉)나라 임금이 되어 제후(諸侯)의 반렬에 들었다. 장공(莊公) 16년조 참조.

312) 경씨(慶氏)의 환난 : 지난해 겨울에 국좌(國佐)가 경극(慶克)을 죽이고 곡(穀) 땅을 근거로 일으킨 반란이다.

313) 사관(士官) : 형벌을 주관하는 관원.

免)은 제(齊)나라 대부이다. 내궁(內宮)에 병사들을 숨겨두었는데 이는 일을 성사시키지 못할까 두려워해서였다. 무리가 부인(夫人)의 궁으로 달아났다. 경문에 제나라가 그 대부 국좌를 죽였다고 기록한 것은 국좌가 임금의 명을 버리고 경극(慶克)을 멋대로 죽이고는 곡(穀) 땅을 근거로 반란을 일으켰기 때문이다. 제후가 청인(淸人)을 시켜 국승(國勝)을 죽이자 국약(國弱)이 우리나라로 망명오고, 약(弱)은 승(勝)의 아우이다. 왕추(王湫)는 래(萊)나라로 망명하였다. 추(湫)는 국좌(國佐)의 당여이다. 경봉(慶封)이 대부가 되고 경좌(慶佐)는 사구(司寇)가 되었다. 봉(封)과 좌(佐)는 모두 경극(慶克)의 아들이다. 얼마 뒤에 제후가 국약을 돌아오게 하여 국씨(國氏)의 후계자로 삼으니, 례에 맞는 일이었다.

公如晉

성공(成公)이 진(晉)나라에 갔다.

二月 乙酉 朔 晉悼公卽位于朝 始命百官 施舍已責 施恩惠 舍勞役 止逋責 **逮鰥寡 振廢滯 匡乏困 救災患** 匡亦救也 **禁淫慝 薄賦斂 宥罪戾 節器用 時用民 欲無犯時** 不縱私欲

2월 초하루 을유일에 진도공(晉悼公)이 조정에서 즉위하여 처음 백관에게 명하여 은혜를 베풀어 로역(勞役)을 폐지하고 빚을 면제해주며, 은혜를 베풀어 로역을 폐지하고, 빚을 지고 달아난 자를 추포(追捕)하는 일을 중지한 것이다. 그 은혜가 홀아비와 홀어미에게도 미치게 하고, 버려지거나 방치된 인재를 기용하고, 궁핍한 자들을 구제하고[匡], 재난을 당한 이들을 구원하고, 광(匡) 또한 구제함이다. 음란하고 사특한 짓을 금하고, 부세를 가볍게 하고, 죄인을 용서하고, 기물(器物)과 재용(財用)을 절약하고, 백성 쓰기를 때에 맞게 하여 사욕으로 농사철을 침범하는 일이 없도록 하였다. 사욕을 함부로 부리지 않는 것이다.

使魏相士魴魏頡趙武爲卿 魏相 呂相 頡 魏顆子 武 趙朔子 **荀家荀會欒黶韓無忌爲公族大夫 使訓卿之子弟共儉孝弟** 無忌 韓厥子 **使士渥濁爲大傅 使脩范武子之法** 武子 爲景公大傅 **右行辛爲司空 使脩士蔿之法** 辛將右行 因以爲氏 士蔿 獻公司空 **弁糾御戎 校正屬焉** 弁糾 欒糾也 校正 主馬官 **使訓諸御知義** 戎士尙節義 **荀賓爲右 司士屬焉** 司士 車右之官 **使訓勇力之士時使** 以共時使 **卿無共御 立軍尉以攝之** 卿爲軍帥者 省其戎御 令軍尉攝御 **祁奚爲中軍尉 羊舌職佐之 魏絳爲司馬** 魏犨子也 **張老爲候奄** 主斥候之官 **鐸遏寇爲上軍**

尉 籍偃爲之司馬 偃 籍談父 **使訓卒乘 親以聽命** 親 相親也 **程鄭爲乘馬御 六騶屬焉 使訓羣騶知禮** 程鄭 荀氏別族 乘馬御 乘車之僕 騶 主駕者 諸侯有六閑之騶

그리고 위상(魏相)·사방(士魴)·위힐(魏頡)·조무(趙武)를 경(卿)으로 삼고, 위상(魏相)은 려상(呂相)이고 힐(頡)은 위과(魏顆)의 아들이며 무(武)는 조삭(趙朔)의 아들이다. 순가(荀家)·순회(荀會)·란암(欒黶)·한무기(韓無忌)를 공족대부(公族大夫)로 삼아 경들의 자제들이 공손하고 검약하며 효도하고 공경하도록 가르치게 하였다. 무기(無忌)는 한궐(韓厥)의 아들이다. 사악탁(士渥濁)을 태부(大傅)로 삼아 범무자(范武子)가 제정한 법을 손질하게 하고, 무자(武子)는 경공(景公)의 태부(大傅)였다. 우항신(右行辛)을 사공(司空)으로 삼아 사위(士蔿)가 제정한 법을 손질하게 하였다. 신(辛)이 우항(右行)[314]을 거느렸으므로 우항으로 씨(氏)를 삼은 것이다. 사위(士蔿)는 헌공(獻公) 때의 사공(司空)이다. 변규(弁糾)를 융거의 어자로 삼고 교정(校正)을 이에 소속시켜서 변규(弁糾)는 란규(欒糾)이다. 교정(校正)은 말을 주관하는 관원이다. 여러 어자가 의리에 대해 알도록 가르치게 하였다. 융사(戎士)는 절의를 숭상해야 한다. 순빈(荀賓)을 거우로 삼고 사사(司士)를 이에 소속시켜서 사사(司士)는 거우(車右)의 관원이다. 용력있는 군사들이 적절한 때 부려질 수 있도록 가르치게 하였다. 적절할 때의 부림에 이바지하게 한 것이다. 그리고 경(卿)들에게 제공했던 어자를 없애고 군위(軍尉)를 두어 그 일을 겸하게 하였으며, 경(卿)으로서 군대의 장수가 된 자들은 그 융거의 어자를 없애고 군위(軍尉)에게 어자의 임무를 겸하게 한 것이다. 기해(祁奚)를 중군위(中軍尉)로 삼고 양설직(羊舌職)이 그를 보좌하게 하였으며, 위강(魏絳)을 사마(司馬)로 삼고 위주(魏犨)의 아들이다. 장로(張老)를 후엄(候奄)으로 삼았으며, 척후(斥候)를 주관하는 관원이다. 탁갈구(鐸遏寇)를 상군위(上軍尉)로 삼고 적언(籍偃)을 그의 사마(司馬)로 삼아 언(偃)은 적담(籍談)의 아버지이다. 보병과 병거병들이 서로 친애하면서[親] 명을 따르도록 가르치게 하였다. 친(親)은 서로 친애함이다. 정정(程鄭)을 승마어(乘馬御)로 삼고 6추(騶)를 그에게 소속시켜 뭇 추들이 례를 알도록 가르치게 하였다. 정정(程鄭)은 순씨(荀氏)의 별족(別族)이다. 승마어(乘馬御)는 승거(乘車)를 모는 자이다. 추(騶)는 거가(車駕)를 주관하는 자이다. 제후(諸侯)에게는 6한(閑)[315]의 추가 있다.

凡六官之長 皆民譽也 晉置六卿 **擧不失職 官不易方 爵不踰德 師不陵正 旅不偪師** 正 軍將命卿也 師 二千五百人之帥 旅 五百人之帥 **民無謗言 所以復霸也 公如晉 朝嗣君也**

---

314) 우항(右行) : 진(晉)나라 6군 중의 하나. 6군은 상군(上軍)·중군(中軍)·하군(下軍)·중항(中行)·우항(右行)·좌항(左行)이다.

315) 6한(閑) : 제후들이 소유할 수 있는 6개의 마구간. 천자는 12개의 마구간을 소유한다.

무릇 6관(官)의 우두머리는 모두 백성이 기리는 자들이고, 진(晉)나라는 6경(卿)을 두었다 등용된 인물은 직분을 잃지 않으며, 관원들은 방정한 태도를 바꾸지 않고, 관작을 부여함에 그 사람의 덕을 넘지 않으며, 사(師)가 정(正)을 능멸하지 않고 려(旅)가 사(師)를 핍박하지 아니하며, 정(正)은 각군(各軍)의 장(將)으로 명경(命卿)[316]이다. 사(師)는 2천 5백 명의 군사를 거느리는 장수이고. 려(旅)는 5백 명의 군사를 거느리는 장수이다. 백성은 비방하는 말이 없게 되어 진(晉)나라가 패자(霸者)의 지위를 회복하게 되었다. 성공(成公)이 진나라에 갔으니, 사군(嗣君 : 晉悼公)을 조견하기 위해서였다.

夏 楚子鄭伯伐宋 宋魚石復入于彭城

여름에 초자(楚子)와 정백(鄭伯)이 송(宋)나라를 쳤다. 송나라 어석(魚石)이 다시 팽성(彭城)으로 들어갔다.

彭城 宋邑

팽성(彭城)은 송(宋)나라 읍이다.

夏 六月 鄭伯侵宋 及曹門外 曹門 宋城門 **遂會楚子伐宋 取朝郟 楚子辛鄭皇辰侵城郜 取幽丘 同伐彭城** 朝郟城郜幽丘皆宋邑 **納宋魚石向爲人鱗朱向帶魚府焉 以三百乘戍之而還 書曰復入 凡去其國 國逆而立之曰入 復其位曰復歸 諸侯納之曰歸 以惡曰復入**

여름 6월에 정백(鄭伯)이 송(宋)나라를 침범하여 조문(曹門) 밖까지 이르렀다. 조문(曹門)은 송(宋)나라의 성문이다. 그리고 마침내 초자(楚子)와 회합하여 송나라를 쳐서 조겹(朝郟)을 취하였다. 초(楚)나라 자신(子辛)과 정(鄭)나라 황신(皇辰)이 성고(城郜)를 침범하여 유구(幽丘)를 취하고 함께 팽성(彭城)을 쳤다. 조겹(朝郟)·성고(城郜)·유구(幽丘)는 모두 송(宋)나라 읍이다. 그리고 송나라 어석(魚石)·상위인(向爲人)·린주(鱗朱)·상대(向帶)·어부(魚府)[317] 등을 팽성으로 들여보내어 3백 승(乘)으로 그곳을 지키게 하고 돌아갔다. 그러므로 경문에 부입(復入)이라고 기록한 것이다. 무릇 그 나라를 떠났다가 그 나라에서 맞이하여 관직을 주는 것은 입(入)이라 하고, 그 지위를 회복하는 것을 복귀(復歸)라 하고, 제후(諸侯)가 들여보내는

---

316) 명경(命卿) : 주왕(周王)이 임명한 제후국의 경(卿).

317) 어석(魚石)~어부(魚府) : 이들 다섯 사람은 성공(成公) 15년에 초(楚)나라로 망명하였다.

것을 귀(歸)라 하고, 악한 뜻을 지니고[318] 다시 들어가는 것을 부입(復入)이라 한다.

宋人患之 西鉏吾曰 何也 西鉏吾 宋大夫 **若楚人與吾同惡 以德於我 吾固事之也 不敢貳矣** 同惡魚石 **大國無厭 鄙我猶憾** 以我爲鄙邑 猶恨不足 **不然 而收吾憎** 所憎之人 **使贊其政 以間吾釁 亦吾患也 今將崇諸侯之姦而披其地 以塞夷庚** 崇 長也 披 分也 夷庚 吳晉要道 楚取彭城 封魚石以絶其往來 **逞姦而攜服 毒諸侯而懼吳晉 吾庸多矣 非吾憂也** 庸 功也 **且事晉何爲 晉必恤之**

송인(宋人)이 어석(魚石)이 돌아온 것을 근심하니, 서서오(西鉏吾)가 다음과 같이 말하였다. "무엇을 근심하십니까. 서서오(西鉏吾)는 송(宋)나라 대부이다. 만약 초인(楚人)이 우리와 더불어 어석을 함께 미워하고 우리를 덕으로 대한다면 우리는 진실로 초(楚)나라를 섬기며 감히 두마음을 갖지 않을 것입니다. 함께 어석(魚石)을 미워하는 것이다. 그러나 대국[楚]은 만족함이 없어 우리나라를 자기들의 변방의 읍으로 삼으면서도 오히려 유감으로 여길 것입니다. 우리나라를 변방의 읍으로 삼으면서도 오히려 부족함을 한스럽게 여긴다는 것이다. 그렇지 않다하더라도 우리가 미워하는 사람을 받아들여 미워하는 사람이다. 정사를 돕게 하여 우리의 틈을 엿볼 것이니 이 또한 우리의 근심거리가 될 것입니다. 지금 초나라는 제후들의 간사한 무리를 후대하여[崇] 우리의 땅을 나누어주고[披] 이경(夷庚)의 길목을 막고 있습니다. 숭(崇)은 후대함이다. 피(披)는 나누어줌이다. 이경(夷庚)은 오(吳)나라와 진(晉)나라가 통하는 중요한 길인데 초(楚)나라가 팽성(彭城)을 취하고 그곳에 어석(魚石)을 봉함으로써 그 왕래를 끊은 것이다. 이는 간사한 무리를 만족시켜 복종하던 나라들을 떨어져 나가게[攜] 하는 것이고, 제후들에게 해독을 끼쳐 오(吳)나라와 진(晉)나라를 두렵게 만드는 것입니다. 우리의 리익[庸]은 많을 것이고 우리가 근심할 것은 아닙니다. 용(庸)은 공(功 : 利益)이다. 또 우리가 진나라를 무엇 때문에 섬겼겠습니까. 진나라는 반드시 우리를 구휼할 것입니다."

公至自晉 晉侯使士匄來聘

성공(成公)이 진(晉)나라에서 돌아왔다. 진후(晉侯)가 사개(士匄)를 보내와서 빙문하였다.

---

318) 악한~지니고 : 여기서는 초(楚)나라가 이들을 들여보내 송(宋)나라의 내정을 엿보게 한 것을 이른다.

公至自晉 晉范宣子來聘 且拜朝也

성공(成公)이 진(晉)나라에서 돌아왔다. 진나라 범선자(范宣子 : 士匄)가 와서 빙문하고 또 성공이 진후(晉侯)를 조견한 일에 배사하였다.

君子謂 晉於是乎有禮

군자는 이른다. "진(晉)나라는 이렇듯 례(禮)가 있다."

秋 杞伯來朝

가을에 기백(杞伯)이 와서 조견하였다.

秋 杞桓公來朝 勞公 且問晉故 公以晉君語之 語其德政 杞伯於是驟朝于晉 而請爲昏

가을에 기환공(杞桓公)이 와서 조견하였으니, 성공(成公)을 위로하고 또 진(晉)나라의 사정을 묻기 위해서였다. 성공이 진(晉)나라 임금에 대하여 말해주니, 진(晉)나라 임금의 덕정(德政)을 말해준 것이다. 기백(杞伯)은 이에 급히 진나라에 가서 조견하고 혼인하기를 청하였다.

八月 郲子來朝

8월에 주자(郲子)가 와서 조견하였다.

八月 郲宣公來朝 卽位而來見也

8월에 주선공(郲宣公)이 와서 조견하였으니, 그가 즉위하고서 와서 조견한 것이다.

築鹿囿

록유(鹿囿)을 축조하였다.

築墻爲鹿苑

담을 쌓아 록원(鹿苑)을 만든 것이다.

築鹿囿 書不時也

록유(鹿囿)를 축조하였다고 하였으니, 경문에 때에 맞지 않았음을 기록한 것이다.

> 己丑 公薨于路寢
> 기축일에 성공(成公)이 로침(路寢)에서 훙하였다.

己丑 公薨于路寢 言道也 在路寢 得君薨之道

기축일에 성공(成公)이 로침(路侵)에서 훙하였다고 하였으니, 도리에 맞았음을 말한 것이다. 로침(路寢)에서 죽은 것은 임금이 훙하는 도리에 맞은 것이다.

> 冬 楚人鄭人侵宋
> 겨울에 초인(楚人)과 정인(鄭人)이 송(宋)나라를 침범하였다.

七月 宋老佐華喜圍彭城 老佐卒焉 言所以不克彭城 **冬 十一月 楚子重救彭城 伐宋 宋華元如晉告急 韓獻子爲政** 欒書卒 韓厥將中軍 **曰 欲求得人 必先勤之** 勤 恤其急 **成霸安疆 自宋始矣 晉侯師于台谷以救宋** 台谷 地名 **遇楚師於靡角之谷 楚師還** 靡角 宋地

7월에 송(宋)나라 로좌(老佐)와 화희(華喜)가 팽성(彭城)을 포위하였는데, 로좌가 그곳에서 졸하였다. 팽성(彭城)을 이기지 못한 까닭을 말한 것이다. 겨울 11월에 초(楚)나라 자중(子重)이 팽성을 구원하기 위하여 송나라를 치니, 송나라 화원(華元)이 진(晉)나라에 가서 위급함을 고하였다. 이때 한헌자(韓獻子)가 진나라의 집정이었는데 란서(欒書)가 졸하자 한궐(韓厥 : 韓獻子)이 중군을 거느린 것이다. 진후(晉侯)에게 말하기를 "사람의 마음을 구하려면 반드시 먼저 그들의 위급함을 구휼해야[勤] 하니, 근(勤)은 위급함을 구휼함이다. 우리가 패업을 이루고 강토를 안정시키는 것이 송나라를 구원하는 데서 비롯할 것입니다."라고 하였다. 그러자 진후는 태곡(台谷)에 주둔하여 송나라를 구원하였는데, 태곡(台谷)은 땅 이름이다. 미각(靡角)의 골짜기에서 초나라 군대를 만나자 초나라 군대가 돌아갔다. 미각(靡角)은 송(宋)나라 땅이다.

晉侯使士魴來乞師
진후(晉侯)가 사방(士魴)을 보내와서 군대를 요청하였다.

魴 公作彭 ○書乞師止此
방(魴)은 《공양전(公羊傳)》에는 팽(彭)으로 되어 있다. ○경문에 군대를 요청한 기록은 여기에서 그친다.

晉士魴來乞師 季文子問師數於臧武仲 武仲 宣叔之子 **對曰 伐鄭之役 知伯實來 下軍之佐也** 知伯 荀罃 **今彘季亦佐下軍** 彘季 士魴 **如伐鄭可也** 伐鄭在十七年 **事大國 無失班爵而加敬焉 禮也 從之**

진(晉)나라 사방(士魴)이 와서 군대를 요청하니,[319] 계문자(季文子)가 보내 줄 군대의 수를 장무중(臧武仲)에게 물었다. 무중(武仲)은 선숙(宣叔)의 아들이다. 장무중이 대답하기를 "정(鄭)나라를 치는 싸움에서는 지백(知伯)이 원병을 청하러 왔는데 그는 진나라 하군(下軍)의 부장이었습니다. 지백(知伯)은 순앵(荀罃)이다. 지금 체계(彘季)도 하군의 부장이니 체계(彘季)는 사방(士魴)이다. 정나라를 칠 때와 같은 수를 보내는 것이 좋겠습니다. 정(鄭)나라를 친 일은 17년에 있었다. 대국을 섬김에는 사신의 관작을 잃지 않고 공경을 더하는 것이 례입니다."[320]라고 하니, 그의 말을 따랐다.

十有二月 仲孫蔑會晉侯宋公衛侯邾子齊崔杼 同盟于虛朾
12월에 중손멸(仲孫蔑)이 진후(晉侯)·송공(宋公)·위후(衛侯)·주자(邾子) 및 제(齊)나라 최저(崔杼)와 회합하여 허정(虛朾)에서 동맹하였다.

虛朾 地名
허정(虛朾)은 땅 이름이다.

十二月 孟獻子會于虛朾 謀救宋也 宋人辭諸侯而請師以圍彭城 孟獻子請於諸侯

319) 진(晉)나라~요청하니 : 송(宋)나라를 구원하기 위해서였다.
320) 대국을~례입니다 : 대국 사신의 관작에 따라 출병하는 수를 맞춘다는 것이다.

而先歸會葬

12월에 맹헌자(孟獻子 : 仲孫蔑)가 허정(虛朾)에서 회합하였으니, 송(宋)나라를 구원할 것을 모의하기 위해서였다. 송인(宋人)이 제후들은 사절하고 군대만을 요청하여 팽성(彭城)을 포위하였다. 맹헌자는 제후들에게 요청하여 먼저 돌아와서 성공(成公)의 장례에 참석하였다.

丁未 葬我君成公

정미일에 우리 임금 성공(成公)의 장례를 지냈다.

丁未 葬我君成公 書順也 薨于路寢 五月而葬 國家安靜 世適承嗣 故曰書順也

정미일에 우리 임금 성공(成公)의 장례를 지냈다고 하였으니, 경문에 일이 순리대로 되었음을 기록한 것이다. 로침(路寢)에서 훙하고 5개월 만에 장례 지내고, 국가가 안정되고 적자(適子)가 후사(後嗣)를 계승하였기 때문에 전문에 일이 순리대로 되었다고 말한 것이다.

魯成公

국명 B.C.	魯	周	蔡	曹	衛	滕	晉	吳	鄭	燕	齊	秦	楚	宋	杞	陳	薛	邾	莒	許	越
590	成公 1	定王 17	景侯 2	宣公 5	穆公 10	文公 10	景公 10		襄公 15	宣公 12	頃公 9	桓公 15	共王 1	文公 21	桓公 47	成公 9		定公 24	渠丘公 19	靈公 2	
589	2	18	3	6	11	11	11		16	13	10	16	2	22	48	10		25	20	3	
588	3	19	4	7	定公 1	12	12		17	14	11	17	3	共公 1	49	11		26	21	4	
587	4	20	5	8	2	13	13		18	15	12	18	4	2	50	12		27	22	5	
586	5	21	6	9	3	14	14		悼公 1	昭公 1	13	19	5	3	51	13		28	23	6	
585	6	簡王 1	7	10	4	15	15	壽夢 1	2	2	14	20	6	4	52	14		29	24	7	
584	7	2	8	11	5	16	16	2	成公 1	3	15	21	7	5	53	15		30	25	8	
583	8	3	9	12	6	17	17	3	2	4	16	22	8	6	54	16		31	26	9	
582	9	4	10	13	7	18	18	4	3	5	17	23	9	7	55	17		32	27	10	
581	10	5	11	14	8	19	19	5	4	6	靈公 1	24	10	8	56	18		33	28	11	
580	11	6	12	15	9	20	厲公 1	6	5	7	2	25	11	9	57	19		34	29	12	
579	12	7	13	16	10	21	2	7	6	8	3	26	12	10	58	20		35	30	13	
578	13	8	14	17	11	22	3	8	7	9	4	27	13	11	59	21		36	31	14	
577	14	9	15	成公 1	12	23	4	9	8	10	5	28	14	12	60	22		37	32	15	
576	15	10	16	2	獻公 1	24	5	10	9	11	6	景公 1	15	13	61	23		38	犂比公 1	16	
575	16	11	17	3	2	25	6	11	10	12	7	2	16	平公 1	62	24		39	2	17	
574	17	12	18	4	3	成公 1	7	12	11	13	8	3	17	2	63	25		40	3	18	
573	18	13	19	5	4	2	8	13	12	武公 1	9	4	18	3	64	26		宣公 1	4	19	

양공(襄公)[1] 원년 【己丑 B.C.572】

元年 春 王正月 公卽位

원년 봄 왕정월에 양공(襄公)이 즉위하였다.

於是公年四歲

이때 양공(襄公)의 나이는 4세였다.

仲孫蔑會晉欒黶宋華元衛甯殖曹人莒人邾人滕人薛人圍宋彭城

중손멸(仲孫蔑)이 진(晉)나라 란암(欒黶)·송(宋)나라 화원(華元)·위(衛)나라 녕식(甯殖)·조인(曹人)·거인(莒人)·주인(邾人)·등인(滕人)·설인(薛人)과 회합하여 송(宋)나라 팽성(彭城)을 포위하였다.

元年 春 己亥 圍宋彭城 下有二月 己亥當爲正月 而正月無己亥 日誤 **非宋地 追書也** 楚取彭城以封魚石 夫子追書 還繫之宋 **於是爲宋討魚石 故稱宋 且不登叛人也 謂之宋志** 登 成也 不與其專邑叛君 故稱宋 亦以成宋志 **彭城降晉 晉人以宋五大夫在彭城者歸 寘諸瓠丘** 瓠丘 晉地 **齊人不會彭城 晉人以爲討 二月 齊大子光爲質於晉** 光 齊靈公大子

원년 봄 기해일에 송(宋)나라 팽성(彭城)을 포위하였다. 아래에 2월이 있으니 기해일은 마땅히 정월이다. 그러나 정월에는 기해일이 없으니 날이 잘못된 것이다. 팽성이 송나라 땅이 아닌데도[2] 경문에 소급하여 기록한 것이다. 초(楚)나라가 팽성(彭城)을 취하여 어석(魚石)을 봉해주었는데 부자(夫子)가 소급하여 다시 송(宋)나라에 매어 경문에 기록한 것이다. 이때 송나라를 위하여 어석(魚石)을 토죄하였으므로 송나라를 칭하였고 또 반인(叛人)의 뜻을 이루어 주지[登] 않았으니,[3] 이는 송나

1) 양공(襄公) : 로(魯)나라 22대 임금. 이름은 오(午)이고 성공(成公)의 아들이며, 어머니는 정사(定姒)이다. 주간왕(周簡王) 14년에 즉위하였다. 시법(諡法)에 일을 인하여 공(功)이 있는 것[因事有功]을 양(襄)이라 하고, 국토를 넓힌 덕이 있는 것[辟土有德]을 양(襄)이라 한다.

2) 팽성이~아닌데도 : 성공(成公) 18년에 초(楚)나라가 팽성(彭城)을 취하였기 때문이다.

3) 이때~않았으니 : 팽성(彭城)은 본래 송(宋)나라 땅이었지만 초(楚)나라가 이 땅을 취하여 송나라를 배반한

라 뜻임을 이른 것이다. 등(登)은 이름이다. 그 읍을 멋대로 소유하여 임금을 배반한 것을 허여하지 않았으므로 송(宋)나라를 칭하였으니, 또한 송나라의 뜻을 이루어 준 것이다. 팽성이 진(晉)나라에 항복하니, 진인(晉人)이 팽성에 있던 송나라의 다섯 대부[4]를 잡아가지고 돌아가서 호구(瓠丘)에 안치하였다. 호구(瓠丘)는 진(晉)나라 땅이다. 제인(齊人)이 팽성의 회합에 참여하지 않아서 진인이 토죄하려 하니, 2월에 제(齊)나라 태자 광(光)이 진나라에 인질이 되었다. 광(光)은 제령공(齊靈公)의 태자이다.

夏 晉韓厥帥師伐鄭 仲孫蔑會齊崔杼曹人邾人杞人次于鄫

여름에 진(晉)나라 한궐(韓厥)이 군대를 거느리고 정(鄭)나라를 쳤다. 중손멸(仲孫蔑)이 제(齊)나라 최저(崔杼)·조인(曹人)·주인(邾人)·기인(杞人)과 회합하여 증(鄫) 땅에 주둔하였다.

厥 公作屈 鄫 公作合 ○鄫 鄭地

궐(厥)은 《공양전(公羊傳)》에는 굴(屈)로 되어 있다. 증(鄫)은 《공양전》에는 합(合)으로 되어 있다. ○증(鄫)은 정(鄭)나라 땅이다.

夏 五月 晉韓厥荀偃帥諸侯之師伐鄭 入其郛 敗其徒兵於洧上 洧 水名 **於是東諸侯之師次于鄫 以待晉師 晉師自鄭以鄫之師侵楚焦夷及陳** 孟獻子先歸 不與侵陳楚 故不書 **晉侯衛侯次于戚 以爲之援**

여름 5월에 진(晉)나라 한궐(韓厥)과 순언(荀偃)이 제후들의 군대를 거느리고 정(鄭)나라를 쳐서 그 외성까지 쳐들어가 정나라의 도병(徒兵 : 步兵)을 유수(洧水) 가에서 패배시켰다. 유(洧)는 물 이름이다. 이때 동방 제후들[5]의 군대는 증(鄫) 땅에 주둔하여 진나라 군대를 기다리고 있었다. 진나라 군대가 정나라에서 증 땅에 주둔해 있던 제후들의 군대를 거느리고 초(楚)나라 초(焦) 땅과 이(夷) 땅 및 진(陳)나라를 침범하였다. 맹헌자(孟獻子 : 仲孫蔑)는 먼저

어석(魚石) 등에게 봉해 주었다. 그러므로 현재 송나라 땅이 아니지만 원래 송나라에 매인 땅이라고 소급하여 기록함으로써 초나라와 어석 등의 행위가 정당하지 않았음을 드러낸 것이다.

4) 송나라의~대부 : 어석(魚石)·상위인(向爲人)·린주(鱗朱)·상대(向帶)·어부(魚府)이다. 이들이 초(楚)나라로 망명한 일은 성공(成公) 15년 가을 8월조에 있다.

5) 동방 제후들 : 제(齊)·로(魯)·조(曹)·주(邾)·기(杞)나라를 이른다.

돌아와서 진(陳)나라와 초(楚)나라를 침범하는데 참여하지 않았기 때문에 경문에 기록하지 않은 것이다.[6] 그때 진후(晉侯)와 위후(衛侯)는 척(戚)[7] 땅에 주둔하여 진(晉)나라 군대를 후원하였다.[8]

秋 楚公子壬夫帥師侵宋

가을에 초(楚)나라 공자 임부(壬夫)가 군대를 거느리고 송(宋)나라를 침범하였다.

秋 楚子辛救鄭 侵宋呂留 呂留 二縣 鄭子然侵宋 取犬丘 犬丘 宋地

가을에 초(楚)나라 자신(子辛 : 壬夫)은 정(鄭)나라를 구원하기 위하여 송(宋)나라 려(呂) 땅과 류(留) 땅을 침범하고, 려(呂)와 류(留)는 두 현(縣)이다. 정나라 자연(子然)은 송나라를 침범하여 견구(犬丘)를 취하였다. 견구(犬丘)는 송(宋)나라 땅이다.

九月 辛酉 天王崩

9월 신유일에 천왕(天王 : 簡王)이 붕하였다.

邾子來朝

주자(邾子)가 와서 조견하였다.

九月 邾子來朝 禮也

9월에 주자(邾子)가 와서 조견하였으니,[9] 례에 맞는 일이었다.

---

6) 경문에~것이다 : 초(楚)나라 초(焦) 땅과 이(夷) 땅 및 진(陳)나라를 침범한 사실을 경문에 기록하지 않은 것이다.

7) 척(戚) : 위(衛)나라 읍.

8) 진(晉)나라~후원하였다 : 한궐(韓厥)을 위하여 후원한 것이다.

9) 주자(邾子)가~조견하였으니 : 로양공(魯襄公)이 즉위하였기 때문이다.

冬 衛侯使公孫剽來聘 晉侯使荀罃來聘

겨울에 위후(衛侯)가 공손표(公孫剽)를 보내와서 빙문하였다. 진후(晉侯)가 순앵(荀罃)을 보내와서 빙문하였다.

剽 子叔黑背子

표(剽)는 자숙흑배(子叔黑背)[10]의 아들이다.

冬 衛子叔晉知武子來聘 禮也 冬者 十月初 王赴未至 故傳善之 **凡諸侯即位 小國朝之 大國聘焉 以繼好結信謀事補闕 禮之大者也**

겨울에 위(衛)나라 자숙(子叔 : 公孫剽)과 진(晉)나라 지무자(知武子 : 荀罃)가 와서 빙문하였으니, 례에 맞는 일이었다. 겨울은 10월 초이다. 왕의 부고가 아직 이르지 않았기 때문에 전문에서 좋게 여긴 것이다.[11] 무릇 제후가 즉위하면 소국은 조견하고 대국은 빙문하여 두 나라 사이의 우호를 잇고 신의를 맺으며 국사를 상의하고 과오를 보완하는 것이니, 이는 례 중에서 큰 것이다.

양공(襄公) 2년【庚寅 B.C.571】

二年 春 王正月 葬簡王

2년 봄 왕정월에 간왕(簡王)의 장례를 지냈다.

---

10) 자숙흑배(子叔黑背) : 위정공(衛定公)의 아우.

11) 왕의~것이다 : 천왕이 붕(崩)하였으나 아직 부고가 이르지 않았기 때문에 새로운 제후[魯襄公]의 즉위를 축하하기 위해 빙문 온 것이니, 이는 례에 맞는 일이므로 좋게 여겼다는 것이다.

鄭師伐宋

정(鄭)나라 군대가 송(宋)나라를 쳤다.

二年 春 鄭師侵宋 楚令也 以彭城故

2년 봄에 정(鄭)나라 군대가 송(宋)나라를 침범하였으니, 초(楚)나라가 명령한 것이었다. 팽성(彭城)의 일 때문이었다.[12)]

○齊侯伐萊 萊人使正輿子 正輿子 萊大夫 **賂夙沙衛以索馬牛 皆百匹** 夙沙衛 齊寺人 索 簡擇好者 **齊師乃還 君子是以知齊靈公之爲靈也**

○제후(齊侯)가 래(萊)나라를 치자 래인(萊人)이 정여자(正輿子)를 보내어 정여자(正輿子)는 래(萊)나라 대부이다. 숙사위(夙沙衛)에게 엄선한[索] 말과 소를 뢰물로 주니 모두 1백 필이었다. 숙사위(夙沙衛)는 제(齊)나라 시인(寺人)이다. 색(索)은 좋은 것을 가려 뽑는 것이다. 그러자 제(齊)나라 군대가 돌아갔다. 군자는 이로써 제령공(齊靈公)의 시호가 령(靈)이 된 리유를 알았다.[13)]

夏 五月 庚寅 夫人姜氏薨

여름 5월 경인일에 부인(夫人) 강씨(姜氏)가 훙하였다.

襄公適母

양공(襄公)의 적모(適母)이다.[14)]

夏 齊姜薨 齊 謚也 **初 穆姜使擇美檟** 檟 梓之屬 **以自爲櫬與頌琴** 頌琴 琴名 爲櫬與琴 欲以送終 **季文子取以葬**

---

12) 팽성(彭城)의~때문이었다 : 초(楚)나라가 취하였던 송(宋)나라 팽성(彭城)을 지난해에 제후들이 되찾아 송나라에 돌려주었기 때문이다.

13) 제령공(齊靈公)의~알았다 : 제령공(齊靈公)의 시호가 그의 행적에 맞았음을 알았다는 것이다. 시법(謚法)에 나라가 혼란스러운데도 그 혼란을 감소시키지 못한 것[亂而不損]을 령(靈)이라 한다.

14) 양공(襄公)의 적모(適母)이다 : 적모(適母)는 첩의 자식이 아버지의 정실부인(正室夫人)에 대한 지칭이다. 양공(襄公)의 어머니는 성공(成公)의 첩(妾)인 정사(定姒)이다.

여름에 제강(齊姜)이 훙하였다. 제(齊)는 시호이다. 이보다 앞서 목강(穆姜)[15]이 사람을 시켜 좋은 가래나무[檟]를 골라서 가(檟)는 가래나무 따위이다. 자기의 널과 송금(頌琴)[16]을 만들게 하였는데 송금(頌琴)은 금(琴) 이름이다. 널과 금(琴)을 만들어 자기의 장례에 쓰려고 한 것이다. 계문자(季文子)가 가져다가 제강의 장례에 썼다.

君子曰 非禮也 禮無所逆 婦 養姑者也 虧姑以成婦 逆莫大焉 **穆姜 成公母 齊姜 成公婦** **詩曰 其惟哲人 告之話言 順德之行 季孫於是爲不哲矣 且姜氏 君之妣也 詩曰 爲酒爲醴 烝畀祖妣 以洽百禮 降福孔偕** **言葬不以禮 是不敬祖妣**

군자는 말한다. "이는 례가 아니다. 례는 도리를 거스르지 않는 것이다. 며느리는 시어머니를 봉양하는 사람인데 시어머니의 것을 축내어 며느리의 것을 이루어 주었으니[17] 도리를 거스른 것이 이보다 큰 것은 없다. 목강(穆姜)은 성공(成公)의 어머니이고, 제강(齊姜)은 성공의 부인(婦人)이다. 《시(詩)》에 이르기를 '현명한 사람은 좋은 말[話]을 해주면 덕을 따른 행동을 한다.'[18]라고 하였으니, 계손(季孫)은 이 일에서 현명하지 못하였다. 더욱이 강씨(姜氏 : 穆姜)는 성공(成公)의 어머니이다. 《시》에 이르기를 '술을 빚고 단술을 빚어 조고(祖考)와 조비(祖妣)께 올려[烝] 주어[畀] 온갖 례에 부합하니 복을 크게[孔] 두루[偕] 내리시네.'[19]라고 하였다." 장례를 례로써 지내지 않았으니, 이는 조고(祖考)와 조비(祖妣)를 공경하지 않았다는 말이다.

> 六月 庚辰 鄭伯睔卒
>
> 6월 경진일에 정백(鄭伯) 곤(睔)이 졸하였다.

睔 音袞 庚辰 七月九日 書六月 經誤

곤(睔)은 음이 곤(袞)이다. 경진일은 7월 9일인데 경문에 6월이라고 기록한 것은 경문이 잘못된 것이다.

鄭成公疾 子駟請息肩於晉 **欲辟楚役 以負擔喩** **公曰 楚君以鄭故 親集矢於其目 非異人**

---

15) 목강(穆姜) : 제강(齊姜)의 시어머니.

16) 송금(頌琴) : 금(琴)의 한 종류로 목강(穆姜)이 자신의 부장용으로 만들어 둔 것이다.

17) 시어머니의~주었으니 : 목강(穆姜)의 널과 송금(頌琴)을 취하여 제강(齊姜)의 장례를 지낸 것이다.

18) 현명한~한다 : 《시경(詩經)》 〈대아(大雅)〉 억(抑).

19) 술을~내리시네 : 《시경(詩經)》 〈주송(周頌)〉 풍년(豊年).

任 句 **寡人也** 言不爲他人 爲己任患 **若背之 是棄力與言 其誰暱我** 棄楚力與誓言 **免寡人 唯二三子**

정성공(鄭成公 : 睔)이 병이 들자 자사(子駟)가 진(晉)나라에 복종하여 어깨에 멘 짐을 벗어나기를 청하니,[20] 초(楚)나라가 부과하는 로역(勞役)을 피하고자 하여 짐을 등에 지고 어깨에 멘 것으로 비유한 것이다. 정성공이 말하기를 "초(楚)나라 임금은 우리 정(鄭)나라 때문에 몸소 눈에 화살을 맞기까지 하였는데,[21] 다른 사람을 위해 당한 것이 아니라 구두(句讀)[22]이다. 과인을 위해서였다. 다른 사람을 위해서가 아니라 자기[鄭成公]를 위해서 환난(患難)을 당하였다는 말이다. 만약 그를 배반한다면 이는 그 노력과 맹세한 말을 저버리는 것이니 누가 우리를 가까이하겠는가. 초(楚)나라가 베푼 노력과 초나라와 맹세한 말을 저버린다는 것이다. 과인을 잘못에서 면하게 해 줄 사람은 오직 그대들뿐이다."라고 하였다.

秋 七月 庚辰 鄭伯睔卒 於是子罕當國 攝君事 **子駟爲政** 爲正卿 **子國爲司馬 晉師侵鄭 諸大夫欲從晉 子駟曰 官命未改** 官命猶言公命 不欲違先君意

가을 7월 경진일에 정백(鄭伯 : 成公) 곤(睔)이 졸하였다. 이에 자한(子罕)이 나라를 맡았고 임금의 일을 섭정한 것이다. 자사(子駟)가 집정이 되었고 정경(正卿)이 된 것이다. 자국(子國)이 사마(司馬)가 되었다. 진(晉)나라 군대가 정(鄭)나라를 침범하니, 정나라의 여러 대부가 진나라를 따르려 하였다. 그러자 자사가 말하기를 "관명(官命)이 바뀌지 않았소."라고 하였다. 관명(官命)은 공명(公命)이라는 말과 같으니, 선군의 뜻을 어기려 하지 않은 것이다.

晉師宋師衛寗殖侵鄭

진(晉)나라 군대·송(宋)나라 군대·위(衛)나라 녕식(寗殖)이 정(鄭)나라를 침범하였다.

---

20) 어깨에~청하니 : 성공(成公) 16년 언릉(鄢陵)의 싸움에서 정(鄭)나라가 초(楚)나라의 도움을 받았는데 이로 인해 부과되는 로역(勞役)에서 벗어나자고 자사(子駟)가 정성공(鄭成公)에게 청한 것이다.

21) 초(楚)나라~하였는데 : 언릉(鄢陵)의 싸움에서 진(晉)나라 려기(呂錡)가 쏜 화살에 초공왕(楚共王)이 눈을 맞았다.

22) 구두(句讀) : 전문 '非異人任'에서 구두점을 찍어 읽어야 하고, '非異人 任寡人也'로 읽어서는 안 된다는 것이다.

秋 七月 仲孫蔑會晉荀罃宋華元衛孫林父曹人邾人于戚

가을 7월에 중손멸(仲孫蔑)이 진(晉)나라 순앵(荀罃)·송(宋)나라 화원(華元)·위(衛)나라 손림보(孫林父)·조인(曹人)·주인(邾人)과 척(戚) 땅에서 회합하였다.

會于戚 謀鄭故也 孟獻子曰 請城虎牢以偪鄭 虎牢 舊鄭邑 今屬晉 **知武子曰 善 鄫之會 吾子聞崔子之言 今不來矣** 元年 獻子與齊崔杼會鄫 杼欲叛晉 獻子以告武子 **滕薛小邾之不至 皆齊故也 寡君之憂不唯鄭 罃將復於寡君 而請於齊** 以城事請齊 **得請而告** 告諸侯也 **吾子之功也 若不得請 事將在齊 吾子之請 諸侯之福也 豈唯寡君賴之**

척(戚) 땅에서 회합하였으니, 정(鄭)나라 토죄하는 일을 모의하기 위해서였다. 맹헌자(孟獻子 : 仲孫蔑)가 말하기를 "호뢰(虎牢)에 성을 쌓아 정나라를 압박합시다."라고 하니, 호뢰(虎牢)는 정(鄭)나라의 옛 읍으로 지금은 진(晉)나라에 속하였다. 지무자(知武子 : 荀罃)가 말하기를 "좋소. 증(鄫) 땅의 회합에서 그대도 최자(崔子)의 말을 들으셨겠지만 지금 오지도 않았소. 원년에 헌자(獻子)가 제(齊)나라 최저(崔杼)와 증(鄫) 땅에서 회합할 때 저(杼)가 진(晉)나라를 배반하고자 하였었다. 헌자가 이를 무자(武子)에게 알린 것이다. 등(滕)·설(薛)·소주(小邾)의 나라[23]들이 오지 않은 것도 다 제(齊)나라 때문이오. 과군의 근심은 다만 정나라뿐만이 아니오.[24] 나 앵(罃)은 과군에게 복명하고서 제나라에 요청할 것이오. 성 쌓는 일을 제(齊)나라에 요청하겠다는 것이다. 요청이 받아들여져서 통고할 수 있게 된다면 제후들에게 통고하는 것이다.[25] 이는 그대의 공이오. 만약 요청이 받아들여지지 않는다면 앞으로의 일은 제나라를 치는 일에 대한 것이오. 그대가 요청한 일은 제후들에게 복이 되는 것이니[26] 어찌 과군에게만 도움이 되겠소."라고 하였다.

---

23) 등(滕)·설(薛)·소주(小邾)의 나라 : 세 나라는 제(齊)나라의 속국이다.

24) 과군의~아니오 : 다시 제(齊)나라가 배반할까 근심한다는 것이다.

25) 제후들에게~것이다 : 제(齊)나라도 성 쌓는 일에 참여한다면 패자로서의 진(晉)나라가 제후들에게 성을 쌓기로 하였다는 사실을 통고한다는 것이다.

26) 그대가~것이니 : 호뢰(虎牢)에 성을 쌓아 정(鄭)나라를 복종시킬 수 있다면 정벌을 멈출 수 있어서 제후들에게 복이 된다는 것이다.

己丑 葬我小君齊姜

기축일에 우리 소군(小君) 제강(齊姜)의 장례를 지냈다.

齊侯使諸姜宗婦來送葬 婦人越疆送葬 非禮 召萊子 萊子不會 故晏弱城東陽以偪之 東陽 齊竟上邑 爲六年滅萊傳

제후(齊侯)가 제강(諸姜)[27]과 종부(宗婦)[28]들을 보내와서 장례에 참석하게 하였다. 부인(婦人)이 국경을 넘어가 장례에 참석하는 것은 례가 아니다. 이때 래자(萊子)도 불렀으나[29] 래자는 참석하지 않았다. 그러므로 안약(晏弱)이 동양(東陽)에 성을 쌓아 래(萊)나라를 압박하였다. 동양(東陽)은 제(齊)나라 국경에 있는 읍이다. 6년에 래(萊)나라를 멸하는 전(傳)의 배경이 된다.

叔孫豹如宋

숙손표(叔孫豹)가 송(宋)나라에 갔다.

穆叔聘于宋 通嗣君也

목숙(穆叔 : 叔孫豹)이 송(宋)나라를 빙문하였으니, 새 임금의 승계를 통고하기 위해서였다.

冬 仲孫蔑會晉荀罃齊崔杼宋華元衛孫林父曹人邾人滕人薛人小邾人于戚 遂城虎牢

겨울에 중손멸(仲孫蔑)이 진(晉)나라 순앵(荀罃)·제(齊)나라 최저(崔杼)·송(宋)나라 화원(華元)·위(衛)나라 손림보(孫林父)·조인(曹人)·주인(邾人)·등인(滕人)·설인(薛人)·소주인(小邾人)과 척(戚) 땅에서 회합하여 드디어 호뢰(虎牢)에 성을 쌓았다.

---

27) 제강(諸姜) : 제(齊)나라 공실(公室)의 딸로서 제나라 대부에게 출가한 강씨(姜氏) 녀자들.

28) 종부(宗婦) : 동성대부(同姓大夫)의 처(妻).

29) 래자(萊子)도 불렀으나 : 래(萊)나라가 강성(姜姓)이기 때문에 부른 것이다.

冬 復會于戚 齊崔武子及滕薛小邾之大夫皆會 知武子之言故也 遂城虎牢 鄭人乃成

겨울에 척(戚) 땅에서 다시 회합할 때 제(齊)나라 최무자(崔武子 : 崔杼)와 등(滕)·설(薛)·소주(小邾)의 대부들이 모두 회합에 참석하였으니, 지무자(知武子 : 荀罃)의 말 때문이었다.[30] 드디어 호뢰(虎牢)에 성을 쌓으니 정인(鄭人)이 진(晉)나라와 화친하였다.

> 楚殺其大夫公子申
>
> 초(楚)나라가 그 대부 공자 신(申)을 죽였다.

楚公子申爲右司馬 多受小國之賂 以偪子重子辛 楚人殺之 故書曰 楚殺其大夫公子申 **言所以致國討**

초(楚)나라 공자 신(申)이 우사마(右司馬)가 되어 소국에서 뢰물을 많이 받고 자중(子重)과 자신(子辛)을 핍박하니 초인(楚人)이 그를 죽였다. 그러므로 경문에 초나라가 그 대부 공자 신을 죽였다고 기록한 것이다. 국인의 토죄를 불러오게 된 까닭을 말한 것이다.

양공(襄公) 3년【辛卯 B.C.570】

> 三年 春 楚公子嬰齊帥師伐吳
>
> 3년 봄에 초(楚)나라 공자 영제(嬰齊)가 군대를 거느리고 오(吳)나라를 쳤다.

楚始伐吳

초(楚)나라가 처음으로 오(吳)나라를 친 것이다.

---

30) 겨울에~때문이었다 : 올 7월에 '앞으로의 일은 제(齊)나라를 치는 일에 대한 것'이라는 지무자(知武子)의 말에 제인(齊人)이 두려워하였다. 이에 제인이 자기 속국인 등(滕)·설(薛)·소주(小邾)의 대부들을 이끌고 회합에 온 것이다.

三年 春 楚子重伐吳 爲簡之師 簡 選練 **克鳩玆 至于衡山** 鳩玆 吳邑 衡山 地名 **使鄧廖帥組甲三百 被練三千** 組甲 漆甲成組文 被練 練袍 **以侵吳 吳人要而擊之 獲鄧廖 其能免者組甲八十 被練三百而已 子重歸 旣飮至 三日 吳人伐楚取駕 駕 良邑也 鄧廖亦楚之良也 君子謂 子重於是役也 所獲不如所亡 楚人以是咎子重 子重病之 遂遇心疾而卒**

3년 봄에 초(楚)나라 자중(子重 : 嬰齊)이 오(吳)나라를 칠 때 훈련된 군대를 선발하여[簡] 간(簡)은 훈련된 병사를 선발함이다. 구자(鳩玆)를 함락시키고 형산(衡山)까지 이르러 구자(鳩玆)는 오(吳)나라 읍이다. 형산(衡山)은 땅 이름이다. 등료(鄧廖)로 하여금 조갑군(組甲軍) 3백 명과 피련군(被練軍) 3천 명을 거느리고 조갑(組甲)은 옻칠을 한 갑옷에 조문(組文)[31]을 한 것이고, 피련(被練)은 누벼서 만든 전포(戰袍)이다. 오나라를 침범하게 하였다. 이때 오인(吳人)이 길목에서 기다리다가[要] 공격하여 등료를 사로잡으니 거기서 살아남은 자가 조갑군 80명과 피련군 3백 명 뿐이었다. 자중이 돌아가서 음지(飮至)[32]한 3일 뒤에 오인이 초나라를 쳐서 가(駕) 땅을 취하였다. 가 땅은 초나라의 좋은 읍이고, 등료 또한 초나라의 뛰어난 장수였다. 군자는 이른다. "자중이 이번 싸움에서 얻은 것이 잃은 것보다 못하다." 초인(楚人)이 이로써 자중을 허물하니 자중은 이를 고통스러워하다가 마침내 울화병이 나서 졸하였다.

公如晉

양공(襄公)이 진(晉)나라에 갔다.

公如晉 始朝也

양공(襄公)이 진(晉)나라에 갔으니, 처음으로 조견한 것이다.

夏 四月 壬戌 公及晉侯盟于長樗

여름 4월 임술일에 양공(襄公)이 진후(晉侯)와 장저(長樗)에서 맹약하였다.

---

31) 조문(組文) : 무슨 문양(文樣)인지 알 수 없다.

32) 음지(飮至) : 정벌에 나섰던 군대가 돌아와 종묘에 고하고 잔치를 열어 승리를 축하하던 일. 당시 자중(子重)은 등료(鄧廖)의 패전 사실을 몰라서 음지(飮至)한 것이다.

長樗 晉地

장저(長樗)는 진(晉)나라 땅이다.

夏 盟于長樗 孟獻子相 公稽首 知武子曰 天子在 而君辱稽首 寡君懼矣 稽首 事天子之禮 **孟獻子曰 以敝邑介在東表 密邇仇讎** 仇讎謂齊楚 **寡君將君是望 敢不稽首**

여름에 장저(長樗)에서 맹약할 때 맹헌자(孟獻子)가 상(相)[33]이었다. 양공(襄公)이 머리를 조아리자, 지무자(知武子)가 말하기를 "천자께서 계시는데 임금님께서 욕되게도 머리를 조아리시니 과군이 송구해 합니다."라고 하였다. 머리를 조아리는 것은 천자를 섬기는 례이다. 이에 맹헌자가 말하기를 "우리나라는 동쪽 변방에 끼어 있어 구수(仇讎)들과 가까이 접하여 있으므로 구수(仇讎)는 제(齊)나라와 초(楚)나라를 이른다. 과군은 앞으로도 귀국 임금님의 도움을 바랄 뿐이니 감히 머리를 조아리지 않겠습니까."라고 하였다.

公至自晉

양공(襄公)이 진(晉)나라에서 돌아왔다.

○祁奚請老 晉侯問嗣焉 嗣 續其職者 **稱解狐 其讎也 將立之而卒** 解狐卒 **又問焉 對曰 午也可** 午 祁奚子 **於是羊舌職死矣 晉侯曰 孰可以代之 對曰 赤也可** 赤 職之子伯華 **於是使祁午爲中軍尉 羊舌赤佐之**

○기해(祁奚)가 사직을 청하자 진후(晉侯 : 悼公)가 후임자[嗣]에 대하여 물었다. 사(嗣)는 그 직책을 잇는 사람이다. 기해가 해호(解狐)를 천거하였는데 그의 원수였다. 진후가 해호를 임명하려고 하자 졸하였다. 해호(解狐)가 졸한 것이다. 진후가 다시 후임자에 대하여 묻자, 기해가 대답하기를 "오(午)가 적합합니다."라고 하였다. 오(午)는 기해(祁奚)의 아들이다. 이때 양설직(羊舌職)이 죽자 진후가 말하기를 "누가 그를 대신할 만한가?"라고 하니, 기해가 대답하기를 "적(赤)이 적합합니다."라고 하였다. 적(赤)은 직(職)의 아들 백화(伯華)이다. 이에 진후는 기오(祁午)를 중군위(中軍尉)로 삼고 양설적(羊舌赤)이 그를 보좌하게 하였다.

---

33) 상(相) : 임금을 도와 례를 집행하는 사람.

君子謂 祁奚於是能擧善矣 稱其讎 不爲諂 立其子 不爲比 擧其偏 不爲黨 商書曰 無偏無黨 王道蕩蕩 今周書洪範 其祁奚之謂矣 解狐得擧 祁午得位 伯華得官 建一官 而三物成 能擧善也夫 唯善 故能擧其類 詩云 惟其有之 是以似之 祁奚有焉

군자는 이른다. "기해(祁奚)는 이번에 현능한 이를 잘 천거하였다. 자신의 원수를 천거하였으되 아첨하기 위한 것이 아니었고, 자신의 아들을 세웠으되 사사로이 감싼 것이 아니었으며, 자신의 무리[34]를 천거하였으되 편당한 것이 아니었다. 〈상서(商書)〉에 이르기를 '치우침이 없고 편당함이 없으면 왕도(王道)가 넓고 크게 되리로다.'라고 하였으니, 지금의 〈주서(周書)〉 홍범(洪範)의 내용이다. 이는 기해를 두고 이르는 것이다. 해호(解狐)는 천거를 받았고, 기오(祁午)는 지위를 얻었고, 백화(伯華 : 羊舌赤)는 벼슬을 얻었다. 이는 한 벼슬[35]을 임명함에 세 가지 일[36]이 이루어졌으니 현능한 이를 잘 천거하였기 때문이다. 자기가 현능하기 때문에 같은 무리를 천거할 수 있었던 것이다. 《시(詩)》에 이르기를 '오직 그가 덕이 있는지라. 이 때문에 이와 같이 할 수 있었다.'[37]라고 하였으니, 기해에게 그러한 점이 있도다."

六月 公會單子晉侯宋公衛侯鄭伯莒子邾子齊世子光 己未 同盟于雞澤 陳侯使袁僑如會 戊寅 叔孫豹及諸侯之大夫及陳袁僑盟 秋公至自會

6월에 양공(襄公)이 선자(單子)·진후(晉侯)·송공(宋公)·위후(衛侯)·정백(鄭伯)·거자(莒子)·주자(邾子)·제(齊)나라 세자 광(光)과 회합하여 기미일에 계택(雞澤)에서 동맹하였다. 진후(陳侯)가 원교(袁僑)로 하여금 회합에 가게 하였다. 무인일에 숙손표(叔孫豹)와 제후들의 대부와 진(陳)나라 원교가 맹약하였다. 가을에 양공이 회합에서 돌아왔다.

---

34) 자신의 무리 : 양설적(羊舌赤)은 기해(祁奚)의 보좌관이었던 양설직(羊舌職)의 아들이기 때문이다.

35) 한 벼슬 : 기해(祁奚)가 맡고 있던 중군위(中軍尉)를 이른다.

36) 세 가지 일 : 기해(祁奚)가 자신의 원수라도 꺼리지 않고 해호(解狐)를 천거한 일[得擧], 자기 자식임에도 거리낌 없이 기오(祁午)를 천거하여 자리에 임명한 일[得位], 자신의 무리임에도 편당을 짓지 않고 양설적(羊舌赤)을 기오의 보좌관에 올린 일[得官]을 말한다.

37) 오직~있었다 : 《시경(詩經)》 〈소아(小雅)〉 상상자화(裳裳者華).

雞澤 衛地 諸侯旣盟 袁僑乃至 故使大夫別盟 傳盟在秋 戊寅 七月十三日 經誤 諸侯在而大夫自爲盟 始此

계택(雞澤)은 위(衛)나라 땅이다. 제후들이 맹약하고 나서야 원교(袁僑)가 도착하였으므로 대부들로 하여금 별도로 맹약하게 한 것이다. 전문에는 맹약이 가을에 있었다고 하였고 무인일은 7월 13일이니, 경문이 잘못된 것이다. 제후들이 있는데도 대부들이 스스로 맹약한 것은 이로부터 시작되었다.

晉爲鄭服故 且欲脩吳好 將合諸侯 使士匄告于齊曰 寡君使匄 以歲之不易 不虞之不戒 言歲事多難 不虞之事無所戒備 **寡君願與一二兄弟相見** 列國之君相謂兄弟 **以謀不協 請君臨之 使匄乞盟 齊侯欲勿許 而難爲不協 乃盟於耏外** 與士匄盟 耏 水名

진(晉)나라는 정(鄭)나라가 복종하였기 때문에 또 오(吳)나라와 우호를 다지고자 하여 제후들과 회합하려 하였다. 이때 사개(士匄)를 제(齊)나라에 보내어 고하기를 "과군이 저 개(匄)를 보낸 것은 근래에 평화롭지 못한데도 뜻밖의 일에 대해 경계하지 않고 있으므로 세사(歲事)에 어려움이 많은데 뜻밖의 일에 경계함이 없다는 말이다. 과군이 한두 형제의 나라들과 서로 만나서 렬국(列國)의 임금들이 서로 부르기를 형제라고 한다. 서로 협조하지 않는 나라들에 대한 일을 모의하기를 원합니다. 이에 임금님[齊侯]께서도 왕림하여 주시도록 저 개를 보내어 맹약을 청하게 한 것입니다."라고 하였다. 제후는 요청을 허낙하고 싶지 않았지만 협조하지 않는 것도 어려워 이수(耏水)의 바깥[外]에서 맹약하였다. 제후(齊侯)가 사개(士匄)와 맹약한 것이다. 이(耏)는 물 이름이다.

六月 公會單頃公及諸侯 己未 同盟于雞澤 單頃公 王卿士 **晉侯使荀會逆吳子于淮上 吳子不至 楚子辛爲令尹 侵欲於小國 陳成公使袁僑如會求成** 袁僑 濤塗四世孫 **晉侯使和組父告于諸侯 秋 叔孫豹及諸侯之大夫及陳袁僑盟 陳請服也**

6월에 양공(襄公)이 선경공(單頃公) 및 제후들과 회합하여 기미일에 계택(雞澤)에서 동맹하였다. 선경공(單頃公)은 왕의 경사(卿士)이다. 그때 진후(晉侯)가 순회(荀會)를 보내어 오자(吳子)를 회수(淮水) 가에서 맞이하게 하였으나 오자가 오지 않았다. 초(楚)나라 자신(子辛)이 령윤(令尹)이 되어 소국들을 침범하여 욕망을 채우니, 진성공(陳成公)이 원교(袁僑)를 보내어 회합에 가서 화친을 구하게 하였다.[38] 원교(袁僑)는 원도도(袁濤塗)의 4세손이다. 진후가 화조보(和組父)를 보내어 이 사실을 제후들에게 알렸다. 가을에 숙손표(叔孫豹)와 제후들의 대부

---

38) 진성공(陳成公)이~하였다 : 진(陳)나라는 초(楚)나라의 동맹국이었다가 이제 진(晉)나라의 동맹에 참여한 것이다.

와 진(陳)나라 원교(袁僑)가 맹약하였으니, 이는 진(陳)나라가 진(晉)나라에 복종하겠다고 청하였기 때문이다.

晉侯之弟揚干亂行於曲梁 行 陳次 **魏絳戮其僕 晉侯怒 謂羊舌赤曰 合諸侯 以爲榮也 揚干爲戮 何辱如之 必殺魏絳 無失也 對曰 絳無貳志 事君不辟難 有罪不逃刑 其將來辭 何辱命焉 言終 魏絳至 授僕人書 將伏劍 士魴張老止之 公讀其書 曰 日君乏使 使臣斯司馬 臣聞師衆以順爲武 軍事有死無犯爲敬 君合諸侯 臣敢不敬 君師不武 執事不敬 罪莫大焉 臣懼其死 以及揚干 無所逃罪 不能致訓 至於用鉞 臣之罪重 敢有不從 以怒君心** 言不敢不從戮 **請歸死於司寇 公跣而出 曰 寡人之言 親愛也 吾子之討 軍禮也 寡人有弟 弗能敎訓 使干大命 寡人之過也 子無重寡人之過 敢以爲請 晉侯以魏絳爲能以刑佐民矣 反役** 反自雞澤 **與之禮食 使佐新軍** 羣臣旅會 今爲絳特設禮食 **張老爲中軍司馬 士富爲候奄** 士會別族

진후(晉侯)의 아우 양간(揚干)이 곡량(曲梁)에서 군대의 대오[行]를 어지럽히니 항(行)은 군진(軍陣)의 대오이다. 위강(魏絳)이 그 종복을 죽였다. 그러자 진후가 노하여 양설적(羊舌赤)에게 말하기를 "제후들과 회합한 것은 영예로운 일인데 양간이 모욕을 당하였으니 이 같은 치욕이 어디 있는가. 반드시 위강을 죽일 것이니 그를 놓치지 말라."고 하였다. 이에 양설적이 대답하기를 "강(絳)은 두마음이 없어 임금님을 섬김에 어려운 일을 피하지 않았고 죄가 있으면 그 형벌을 회피하지 않았으니, 그가 와서 사정을 말할 것입니다. 그러니 어찌 욕되이 명을 내릴 필요가 있겠습니까."라고 하였다. 이 말을 마치자 위강이 와서 시종에게 임금께 바치는 글을 주고는 칼에 엎어져 죽으려 하니 사방(士魴)과 장로(張老)가 그를 제지하였다. 진도공(晉悼公)이 그 글을 읽었는데, 그 글에 이르기를 '지난날 임금님께서는 부릴 사람이 부족하여 신으로 하여금 사마(司馬)가 되게 하였습니다. 신이 듣건대 군대의 무리는 명령에 복종하는 것이 무(武)이고, 군대의 일은 죽을지언정 군령을 범하지 않는 것이 경(敬)이라고 하였습니다. 임금님께서 제후들과 회합하는데 신이 감히 공경하지 않겠습니까. 임금님의 군대가 명령에 복종하지 않고[不武] 집사가 공경하지 않는다면[不敬] 이보다 큰 죄는 없습니다. 신은 죽음을 두려워해서 양간에게 욕이 미치게 하였으니[39] 죄를 피할 곳이 없습

39) 죽음을~하였으니 : 양간(揚干)의 행위를 제지하다가 오히려 죽음을 당할까 두려워 맡은 직분을 다하지 않았다는 것이다. 즉 양간을 올바르게 인도하지 못하였다는 의미이다.

니다. 군사들을 잘 가르치지 못하여 부월(斧鉞)을 사용하는데 이르렀으니[40] 신의 죄는 무겁습니다. 그러니 어찌 감히 형벌에 복종하지 않아 임금님의 마음을 노하게 하겠습니까. 감히 형벌을 따르지 않을 수 없다는 말이다. 돌아가서 사구(司寇)에게서 죽음을 받기를 청합니다.'라고 하였다. 진도공이 맨발로 뛰어나와 말하기를 "과인의 말은 아우를 친애하는 마음에서 한 것이고, 그대가 한 토죄는 군례(軍禮)에 의한 것이었다. 과인에게 아우가 있으나 잘 가르치지 못해 군령을 범하게 하였으니 과인의 잘못이다. 그대는 과인이 잘못을 거듭하지 않도록 해주기를 감히 청하노라."[41]라고 하였다. 진후는 위강이 형벌을 잘 시행하여 백성을 도왔다고 여겨 회맹에서 돌아와 계택(雞澤)에서 돌아온 것이다. 그에게 례식(禮食)[42]을 내리고 신군(新軍)의 부장으로 삼고, 뭇 신하가 모인 자리에서 강(絳)을 위해 특별히 례식(禮食)을 베푼 것이다. 장로를 중군사마(中軍司馬)로 사부(士富)를 후엄(候奄)으로 삼았다. 사부(士富)는 사회(士會)의 별족(別族)이다.

冬 晉荀罃帥師伐許 겨울에 진(晉)나라 순앵(荀罃)이 군대를 거느리고 허(許)나라를 쳤다.

許靈公事楚 不會于雞澤 冬 晉知武子帥師伐許

허령공(許靈公)이 초(楚)나라를 섬겨 계택(雞澤)의 회합에 참석하지 않았다. 겨울에 진(晉)나라 지무자(知武子 : 荀罃)가 군대를 거느리고 허(許)나라를 쳤다.

40) 부월(斧鉞)을~이르렀으니 : 양간(揚干)의 종복을 죽였다는 것이다.

41) 감히 청하노라 : 진후(晉侯)가 위강(魏絳)에게 죽지 말기를 청한 것이다.

42) 례식(禮食) : 임금이 대부를 위하여 특별히 대접하는 음식.

양공(襄公) 4년 【壬辰 B.C.569】

四年 春 王三月 己酉 陳侯午卒

4년 봄 왕3월 기유일에 진후(陳侯) 오(午)가 졸하였다.

楚司馬公子何忌侵陳 陳叛故也 四年 春 楚師爲陳叛故 猶在繁陽 繁陽 楚地 **韓獻子患之 言於朝曰 文王帥殷之叛國以事紂 唯知時也 今我易之 難哉** 言晉力弱 受陳爲非時

초(楚)나라 사마(司馬)인 공자 하기(何忌)가 진(陳)나라를 침범하였으니, 진(陳)나라가 배반하였기 때문이었다. 4년 봄에 초나라 군대는 진(陳)나라가 배반하였으므로 여전히 번양(繁陽)에 주둔하고 있었다. 번양(繁陽)은 초(楚)나라 땅이다. 진(晉)나라 한헌자(韓獻子)가 이를 근심하여 조정에서 말하기를 "문왕(文王)께서 은(殷)나라를 배반한 나라들을 거느리고 주(紂)를 섬긴 것은 시기를 아셨기 때문인데, 지금 우리는 이와 반대로[易] 하고 있으니 어려울 것이다."[43]라고 하였다. 진(晉)나라의 힘이 약한데 진(陳)나라를 받아들인 것은 때가 아니라는 말이다.

三月 陳成公卒 楚人將伐陳 聞喪乃止 陳人不聽命 臧武仲聞之曰 陳不服於楚 必亡 大國行禮焉 而不服 在大猶有咎 而況小乎 夏 楚彭名侵陳 陳無禮故也

3월에 진성공(陳成公 : 午)이 졸하였다. 초인(楚人)이 진(陳)나라를 치려다가 진나라에 상이 났다는 소식을 듣고 이에 중지하였다. 그런데도 진인(陳人)은 초(楚)나라의 명을 따르지 않았다. 장무중(臧武仲)이 이 소식을 듣고 말하기를 "진나라가 초나라에 복종하지 않으니 반드시 망할 것이다. 대국이 례를 행하는데도 복종하지 않으면 큰 나라의 경우에도 오히려 재앙이 있을 텐데 하물며 작은 나라이겠는가."라고 하였다. 여름에 초나라 팽명(彭名)이 진나라를 침범하였으니, 진나라가 무례하였기 때문이다.

---

43) 문왕(文王)께서~것이다 : 문왕(文王)은 은(殷)나라를 배반한 나라들을 이끌고서 주(紂)를 섬겼는데, 지금 진(晉)나라는 초(楚)나라를 배반한 나라[陳]를 이끌고서 초나라와 다투려 하는 것이니 문왕의 경우와 반대되는 것으로 시기를 알지 못하는 행위라는 것이다.

> **夏 叔孫豹如晉**
> 여름에 숙손표(叔孫豹)가 진(晉)나라에 갔다.

穆叔如晉 報知武子之聘也 武子聘在元年 **晉侯享之 金奏肆夏之三 不拜** 周禮以鐘鼓奏九夏 其二曰肆夏 三曰韶夏 四曰納夏 蓋擊鐘而奏此三曲 **工歌文王之三 又不拜** 工 樂人 大雅之首 文王大明緜 **歌鹿鳴之三 三拜** 小雅之首 鹿鳴四牡皇皇者華 **韓獻子使行人子員問之** 員 音云 **曰 子以君命辱於敝邑 先君之禮 藉之以樂 以辱吾子** 藉 薦也 **吾子舍其大 而重拜其細 敢問何禮也 對曰 三夏 天子所以享元侯也 使臣弗敢與聞** 元侯 牧伯 **文王 兩君相見之樂也 臣不敢及 鹿鳴 君所以嘉寡君也 敢不拜嘉** 取其我有嘉賓 **四牡 君所以勞使臣也 敢不重拜 皇皇者華 君敎使臣曰 必諮於周** 詩言諏謀度詢 皆曰周諮 周 徧也 諮 問也 **臣聞之 訪問於善爲咨 咨親爲詢 咨禮爲度 咨事爲諏 咨難爲謀 臣獲五善 敢不重拜**

목숙(穆叔 : 叔孫豹)이 진(晉)나라에 갔으니, 지무자(知武子)의 빙문에 보답하기 위해서였다. 무자(武子)의 빙문은 원년에 있었다. 진후(晉侯)가 그에게 향연을 베풀 때 금(金 : 鐘)으로 사하(肆夏)의 세 곡을 연주하니 목숙은 절하지 않았고, 《주례(周禮)》에 종고(鐘鼓)로 구하(九夏)를 연주한다고 하였는데 그 두 번째 곡이 사하(肆夏)이고 세 번째 곡이 소하(韶夏)이고 네 번째 곡이 납하(納夏)이다. 아마도 종을 쳐 이 세 곡을 연주한 듯하다. 악인[工]이 문왕(文王)의 세 편을 노래하니 또 절하지 않았으며, 공(工)은 악인(樂人)이다. 대아(大雅)의 첫머리는 문왕(文王)·대명(大明)·면(緜)이다. 록명(鹿鳴)의 세 편을 노래하니 세 번 절하였다. 소아(小雅)의 첫머리는 록명(鹿鳴)·사모(四牡)·황황자화(皇皇者華)이다. 한헌자(韓獻子)가 행인(行人)인 자운(子員)을 시켜 그 까닭을 묻기를 운(員)은 음이 운(云)이다. "그대가 임금의 명으로 수고로이 우리나라에 왔으므로 우리는 선군의 례에 따라 음악을 올려[藉] 그대를 욕되이 대접한 것인데 자(藉)는 올림이다. 그대는 큰 음악[44]에 대해서는 절하지 않다가 작은 음악[45]에 대해서는 거듭 절하니, 이는 무슨 례인지 감히 묻습니다."라고 하였다. 이에 목숙이 다음과 같이 대답하였다. "삼하(三夏)[46]는 천자께서 원후(元侯)를 접대할 때 사용하는 음악이니 사신이 감히 참여하여 들을 수 없었고, 원후(元侯)는 목백(牧伯)[47]이다. 문왕은 두 나라 임금이 서로 만날 때 사용하는 음악이니 신이 감히 미칠 수 있는 것이

44) 큰 음악 : 사하(肆夏) 세 곡과 문왕(文王) 세 편을 이른다.

45) 작은 음악 : 록명(鹿鳴) 세 편을 이른다.

46) 삼하(三夏) : 사하(肆夏)·소하(韶夏)·납하(納夏).

47) 목백(牧伯) : 제후(諸侯) 중의 패자(霸者).

아니었습니다. 그러나 록명은 진(晉)나라 임금님께서 과군을 아름답게 여기시는 음악이니, 제가 아름답게 여기시는 마음에 감히 절하지 않겠습니까. 나에게 아름다운 손님이 있다는 뜻을 취한 것이다. 사모(四牡)는 임금님께서 사신을 위로하는 음악이니 제가 감히 거듭 절하지 않겠습니까. 황황자화(皇皇者華)는 임금님께서 사신을 가르치는 내용으로 '반드시 두루[周] 사람들에게 물어라[諮].'라는 내용입니다. 《시(詩)》에서는 추(諏)·모(謀)·탁(度)·순(詢)을 말하면서 모두 두루 물음[周諮]이라고 하였다.[48] 주(周)는 두루함이고, 자(諮)는 물음이다. 신이 듣건대 선인(善人)을 찾아가 묻는 것을 자(咨)라 하고, 친목에 대하여 묻는 것을 순(詢)이라 하며, 례에 대하여 묻는 것을 탁(度)이라 하고, 정사(政事)에 대하여 묻는 것을 추(諏)라고 하며, 환난에 대하여 묻는 것을 모(謀)라고 하였습니다. 이제 신은 이 다섯 가지 선(善)을 얻었으니[49] 감히 거듭 절하지 않을 수 있겠습니까."

秋 七月 戊子 夫人姒氏薨

가을 7월 무자일에 부인(夫人) 사씨(姒氏)가 훙하였다.

姒 公作弋 下定姒同 ○成公妾 襄公母 姒 杞姓

사(姒)는 《공양전(公羊傳)》에는 익(弋)으로 되어 있다. 아래의 정사(定姒)도 이와 같다. ○성공(成公)의 첩이고 양공(襄公)의 어머니이다. 사(姒)는 기(杞)나라의 성(姓)이다.

秋 定姒薨 不殯于廟 無櫬 不虞 殷人殯廟 周禮仍之 櫬 柙也 棺三重 柙在內 虞 反哭祭 **匠慶謂季文子** 匠慶 魯大匠 **曰 子爲正卿 而小君之喪不成 不終君也** 不終事君之道 **君長 誰受其咎 初 季孫爲已樹六檟於蒲圃東門之外** 蒲圃 場圃名 樹檟 欲自爲櫬 **匠慶請木 季孫曰 略** 略 忽略 言不必致美 **匠慶用蒲圃之檟 季孫不御** 御 止也 言遂得成禮

가을에 정사(定姒 : 姒氏)가 훙하였는데, 종묘에 빈소를 설치하지 않고 내관[櫬]도 없었으며 우제[虞]도 지내지 않으려 하였다.[50] 은인(殷人)은 종묘에 빈소를 마련하였고 《주례(周禮)》에서도 이를 그대로 따랐다. 츤(櫬)은 내관[柙]이다. 관(棺)은 3중으로 되어 있는데 합(柙)은 안에 있는 관이다. 우(虞)는

48) 《시(詩)》에서는~하였다 : 《시경(詩經)》 〈소아(小雅)〉 황황자화(皇皇者華)는 다섯 장으로 이루어져 있는데, 둘째 장에서 다섯째 장까지의 마지막 구절은 '周爰咨諏'·'周爰咨謀'·'周爰咨度'·'周爰咨詢'으로 되어 있다.

49) 신은~얻었으니 : 황황자화(皇皇者華)의 곡을 통하여 사신을 가르치는 다섯 가지 선(善)을 들었다는 것이다.

50) 종묘에~하였다 : 정사(定姒)의 신분이 비천하여 소략하게 장사지내려 한 것이다.

장례를 지낸 뒤 집으로 돌아와 곡하면서 지내는 제사이다. 장경(匠慶)이 계문자(季文子)에게 장경(匠慶)은 로(魯)나라 대장(大匠)이다. 말하기를 "그대가 정경(正卿)이 되어 소군(小君 : 定姒)의 상을 례법대로 치르지 않는다면 이는 임금님에게 도리를 마치지 못하는 것입니다. 임금을 섬기는 도리를 마치지 못한다는 것이다. 나중에 임금님께서 장성하시면 누가 그 허물을 받겠습니까."라고 하였다. 이보다 앞서 계손(季孫 : 季文子)은 자신을 위하여 포포(蒲圃)의 동문 밖에 가래나무 여섯 그루를 심었었다. 포포(蒲圃)는 장포(場圃)[51]의 이름이다. 가래나무를 심은 것은 자기의 관을 만들고자 한 것이다. 장경이 정사의 관을 만들기 위해 그 나무를 사용할 것을 청하니, 계손은 "간소하게[略] 하라."고 하였다. 략(略)은 간소함이니, 반드시 아름다움을 다 갖출 필요가 없다는 말이다. 장경이 포포의 가래나무로 정사의 관을 만들었는데 계손은 그것을 막지[御] 않았다. 어(御)는 막음이다. 마침내 례법을 다 갖추어 장례를 지냈다는 말이다.

君子曰 志所謂多行無禮 必自及也 其是之謂乎

군자는 말한다. "옛 기록에 이르기를 '무례한 일을 많이 하면 그런 무례가 반드시 자신에게도 미친다.'라고 한 것이 아마 계문자(季文子)를 두고 이른 듯하다."[52]

葬陳成公

진(陳)나라 성공(成公)의 장례를 지냈다.

八月 辛亥 葬我小君定姒

8월 신해일에 우리 소군(小君) 정사(定姒)의 장례를 지냈다.

---

51) 장포(場圃) : 집 근처의 채마밭.

52) 옛 기록에~듯하다 : 양공(襄公) 2년 5월에 제강(齊姜)의 장례를 지낼 때 그 시어머니인 목강(穆姜)의 장례에 쓰려고 준비해 놓은 널과 송금(頌琴)을 계문자(季文子)가 가져다 썼으니 례가 아니었다. 이제 정사(定姒)의 장례를 지낼 때 계문자 자신의 장례에 쓰려고 준비한 가래나무를 장경(匠慶)이 가져다 썼으니 계문자가 목강에게 무례하게 한 행위가 자신에게 미쳤다는 것이다.

冬 公如晉

겨울에 양공(襄公)이 진(晉)나라에 갔다.

冬 公如晉 聽政 受貢賦多少之政 **晉侯享公 公請屬鄫** 欲得鄫使屬魯 **晉侯不許 孟獻子曰 以寡君之密邇於仇讎 而願固事君 無失官命 鄫無賦於司馬** 晉司馬掌諸侯之賦 **爲執事朝夕之命敝邑 敝邑褊小 闕而爲罪 寡君是以願借助焉 晉侯許之**

겨울에 양공(襄公)이 진(晉)나라에 갔으니, 정령(政令)을 받기 위해서였다. 공부(貢賦)의 수량에 대한 정령(政令)을 받는 것이다. 그때 진후(晉侯)가 양공에게 향연을 베풀자 양공이 증(鄫)나라를 속국으로 삼기를 청하였는데 증(鄫)나라를 얻어 로(魯)나라의 속국으로 삼고자 한 것이다. 진후가 허낙하지 않았다. 맹헌자(孟獻子)가 말하기를 "과군은 원수[53]와 가까이 접하여 있으므로 임금님을 굳게 섬겨 내리시는 명을 어기지 않기를 원하십니다. 그러나 증나라는 진나라 사마(司馬)에게 바치는 공부(貢賦)가 없고 진(晉)나라 사마(司馬)는 제후들의 공부(貢賦)를 관장한다. 진나라 집사(執事)는 아침저녁으로 우리나라에 공부의 상납을 명하고 있습니다. 우리나라는 협소하여 정해준 공부를 다 바치지 못하여 죄를 짓고 있습니다. 과군이 이 때문에 증나라에서 도움을 받고자 하는 것입니다."라고 하였다. 이에 진후가 허낙하였다.

陳人圍頓

진인(陳人)이 돈(頓)나라를 포위하였다.

楚人使頓間陳而侵伐之 故陳人圍頓

초인(楚人)이 돈(頓)나라를 시켜 진(陳)나라의 틈을 엿보아 침범하여 치도록 하였다. 그러므로 진인(陳人)이 돈나라를 포위한 것이다.

○無終子嘉父使孟樂如晉 無終 山戎國名 孟樂 其臣 **因魏莊子納虎豹之皮 以請和諸戎** 莊子 魏絳 **晉侯曰 戎狄無親而貪 不如伐之 魏絳曰 諸侯新服 陳新來和 將觀於我 我德則睦 否則攜貳 勞師於戎 而楚伐陳 必弗能救 是棄陳也 諸華必叛** 諸華 中國 **戎 禽**

53) 원수 : 제(齊)나라와 초(楚)나라를 이른다.

獸也 獲戎失華 無乃不可乎 夏訓有之曰 有窮后羿 夏訓 夏書 有窮 國名

○무종자(無終子)인 가보(嘉父)가 맹악(孟樂)을 진(晉)나라에 보내어 무종(無終)은 산융(山戎)의 나라 이름이고, 맹악(孟樂)은 그 신하이다. 위장자(魏莊子)를 통해 호표(虎豹) 가죽을 바치면서 여러 융(戎)과 화평하게 지낼 것을 요청하였다. 장자(莊子)는 위강(魏絳)이다. 진후(晉侯)가 말하기를 "융적(戎狄)은 화친하려는 마음이 없고 탐욕스러우니 치는 것만 같지 못하다."라고 하였다. 위강(魏絳)이 말하기를 "제후들이 새로이 복종하고 진(陳)나라도 새로이 우리에게 화평을 청하러 와서 우리의 처사를 주목하고 있습니다. 따라서 우리가 덕을 베풀면 화목해질 것이고 그렇지 않으면 두마음을 가질 것입니다. 융을 치는데 군사를 피로하게 한다면 초(楚)나라가 그 틈에 진(陳)나라를 치더라도 반드시 진(陳)나라를 구원할 수 없습니다. 이는 진(陳)나라를 버리는 것이니, 제화(諸華)가 반드시 배반할 것입니다. 제화(諸華)는 중국이다. 융은 금수와 같습니다. 융을 획득하고 제화를 잃는다면 안 되지 않습니까. 〈하훈(夏訓)〉에 유궁(有窮)의 후예(后羿)에 대한 교훈이 있습니다."라고 하였다. 〈하훈(夏訓)〉은 〈하서(夏書)〉이다. 유궁(有窮)은 나라 이름이다.

公曰 后羿何如 對曰 昔有夏之方衰也 后羿自鉏遷于窮石 因夏民以代夏政 大康失國 夏人立其弟仲康 卒 子相立 羿遂代相 鉏 羿本國名 **恃其射也 不脩民事 而淫于原獸 棄武羅伯因熊髡尨圉** 四子 賢臣 **而用寒浞 寒浞 伯明氏之讒子弟也** 寒 國名 **伯明后寒棄之 夷羿收之** 言伯明君此寒國 棄不收采 夷 羿氏 **信而使之 以爲己相 浞行媚于內 而施賂于外 愚弄其民 而虞羿于田** 樂以游田 **樹之詐慝 以取其國家 外內咸服** 信浞詐 **羿猶不悛 將歸自田 家衆殺而亨之 以食其子** 享 音烹 **其子不忍食諸 死于窮門** 殺之國門 **靡奔有鬲氏** 靡 夏遺臣 有鬲 國名 **浞因羿室** 就其妃妾 **生澆及豷 恃其讒慝詐僞 而不德于民 使澆用師 滅斟灌及斟尋氏** 二國 夏同姓諸侯 后相所依 **處澆于過 處豷于戈** 過戈皆國名 **靡自有鬲氏 收二國之燼 以滅浞而立少康** 少康 相子 **少康滅澆于過 后杼滅豷于戈** 杼 少康子 **有窮由是遂亡 失人故也** 失人謂不用賢臣也 **昔周辛甲之爲大史也 命百官 官箴王闕** 辛甲 周武王大史 官箴 各以所掌爲箴 **於虞人之箴** 虞人 掌田獵 **曰 芒芒禹迹 畫爲九州** 芒芒 遠貌 **經啓九道 民有寢廟 獸有茂草 各有攸處 德用不擾 在帝夷羿 冒于原獸** 冒 貪也 **忘其國恤 而思其麀牡 武不可重** 重猶數也 **用不恢于夏家 獸臣司原 敢告僕夫** 獸臣 虞人 **虞箴如是 可不懲乎 於是晉侯好田 故魏絳及之**

진도공(晉悼公)이 말하기를 “후예(后羿)가 어떠하였는가?”라고 하니, 위강(魏絳)이 다음과 같이 대답하였다. “옛날 하(夏)나라가 쇠퇴할 때 후예는 서(鉏)나라에서 궁석(窮石)으로 옮겨가서 하나라 백성을 리용하여 하나라의 정치를 대신하였습니다. 태강(大康)이 나라를 잃자 하인(夏人)이 그의 아우 중강(仲康)을 세웠다. 중강이 졸하고 그의 아들 상(相)이 서자, 예(羿)가 드디어 상을 대신하여 정치를 하였다. 서(鉏)는 예(羿)의 본래 나라 이름이다. 그는 자신의 활솜씨를 믿고 백성의 일을 힘쓰지 않고 산야에서 사냥에만 빠졌습니다. 그는 무라(武羅)·백인(伯因)·웅곤(熊髡)·방어(尨圉) 등을 버리고 네 사람은 어진 신하들이다. 한착(寒浞)을 등용하였습니다. 한착은 백명씨(伯明氏)의 못된 자제로 한(寒)은 나라 이름이다. 백명(伯明)이 한(寒)나라의 임금이 되어서는 그를 버렸는데, 이예(夷羿 : 后羿)가 한착을 거두어들여 백명(伯明)이 한(寒)나라 임금이 된 뒤에 한착을 버리고 채용하지 않았다는 말이다. 이(夷)는 예(羿)의 씨(氏)이다. 신임하고 부려 자신의 재상으로 삼았습니다. 착(浞)은 안으로는 아첨을 일삼고 밖으로는 뢰물을 뿌리며, 그 백성을 우롱하고 예(羿)를 사냥에만 빠져 즐기게[虞] 하였습니다. 사냥만을 즐기게 한 것이다. 그리고 조정에 사특한 자를 심어 그 나라를 취하니 안팎의 모든 사람들이 그에게 복종하였는데도 착(浞)의 속임수를 믿은 것이다. 예는 여전히 마음을 고치지 않았습니다. 예가 사냥을 마치고 돌아가려할 때 집안의 무리가 그를 죽이고 삶아서[享] 그 아들에게 먹게 하였습니다. 팽(享)은 음이 팽(烹)이다. 그 아들은 차마 먹지 못하니 궁문(窮門)에서 죽임을 당하였고 국도(國都)의 문에서 그를 죽인 것이다. 미(靡)는 유혁씨(有鬲氏)로 망명하였습니다.[54] 미(靡)는 하(夏)나라의 유신(遺臣)이다. 유혁(有鬲)은 나라 이름이다. 한착은 예의 첩실을 차지하여 예(羿)의 비첩(妃妾)을 차지한 것이다. 요(澆)와 희(豷)를 낳았습니다. 그는 사특하고 거짓된 행위를 믿고 백성에게 덕을 베풀지 않았으며, 요를 시켜 군대를 이끌고 짐관(斟灌)과 짐심씨(斟尋氏)를 멸하게 하고는 두 나라는 하(夏)나라의 동성제후(同姓諸侯)로서 하나라 임금 상(相)이 의지했던 나라였다. 요를 과(過)나라에 거처하게 하고 희를 과(戈)나라에 거처하게 하였습니다. 과(過)와 과(戈)는 모두 나라 이름이다. 미는 유혁씨를 근거로 짐관과 짐심씨의 유민을 수습하여 한착을 멸하고 소강(少康)을 세웠습니다. 소강(少康)은 상(相)의 아들이다. 소강은 요를 과(過)나라에서 멸하였고, 후저(后杼)는 희를 과(戈)나라에서 멸하여 저(杼)는 소강(少康)의 아들이다. 유궁(有窮)[55]은 이로부터 완전히 멸망하게 되었으니, 이는 사람을 잃었기 때문입니다. 사람을 잃었다는 것은 어진 신하를 등용하지 않은 것을 이른다. 그리고 옛날 주(周)나라 신갑(辛甲)이 태사(大史)가 되었을 때 백관들에게 명하여 왕의 잘

54) 미(靡)는~망명하였습니다 : 예(羿)를 섬겼기 때문에 망명한 것이다.

55) 유궁(有窮) : 본래 예(羿)의 나라인데 한착(寒浞)이 예의 가속(家屬)과 가재(家財)를 그대로 차지하였기 때문에 유궁(有窮)이라고 계속 부른 것이다.

못을 관잠(官箴)하게 하였는데 신갑(辛甲)은 주(周)나라 무왕(武王)의 태사(大史)이다. 관잠(官箴)은 각자 관장하는 일을 가지고 잠언(箴言)을 짓는 것이다. 우인(虞人)의 잠언에 우인(虞人)은 사냥을 관장한다. 말하기를 '망망(芒芒)한 우(禹)임금의 령토[迹]를 구획하여 구주(九州)를 만들고 망망(芒芒)은 아득히 먼 모양이다. 구도(九道)를 경영하여 열었네. 백성은 침묘(寢廟)[56]를 소유하고 짐승들은 무성한 초목을 갖게 되어 제각기 거처하는 바를 얻으니 은덕이 흔들림이 없었네. 이예(夷羿)가 제위(帝位)에 있으면서 산야의 짐승을 탐하여[冒] 모(冒)는 탐함이다. 나라의 우환을 망각하고 오로지 짐승[麀牡]만을 생각하였네. 사냥[武]은 자주[重]할 일이 아닌데도 중(重)은 자주[數]와 같다. 자주하여 하나라의 힘을 키우지 못하였네. 수신(獸臣)은 산야를 맡고 있기에 감히 복부(僕夫)[57]에게 고합니다.'라고 하였습니다. 수신(獸臣)은 우인(虞人)이다. 우인의 잠언도 이와 같으니 어찌 경계하지 않을 수 있겠습니까." 그 당시에 진후(晉侯)가 사냥을 좋아하였기 때문에 위강의 말이 여기에 이른 것이다.

公曰 然則莫如和戎乎 對曰 和戎有五利焉 戎狄荐居 貴貨易土 荐 聚也 易 輕也 **土可賈焉 一也 邊鄙不聳 民狎其野 穡人成功 二也** 聳 懼也 狎 習也 **戎狄事晉 四鄰振動 諸侯威懷 三也 以德綏戎 師徒不勤 甲兵不頓 四也** 頓 壞也 **鑒于后羿 而用德度 遠至邇安 五也 君其圖之 公說 使魏絳盟諸戎 脩民事 田以時**

진도공(晉悼公)이 말하기를 "그렇다면 융(戎)과 화친하는 것만 같지 못하다는 것인가?"라고 하니, 위강(魏絳)이 다음과 같이 대답하였다. "융과 화친하는 데에는 다섯 가지 리로운 점이 있습니다. 융적(戎狄)은 무리지어[荐] 거주하므로 재화를 귀하게 여기고 토지를 가벼이 여기니[易] 천(荐)은 무리지음이다. 이(易)는 가벼이 여김이다. 그들의 토지를 살 수 있는 것이 첫 번째 리로운 점이고, 변방의 사람들이 두려워하지[聳] 않아[58] 백성이 그들의 전야를 익숙히[狎] 여겨 농사짓는 사람들이 수확의 공을 이룰 수 있는 것이 두 번째 리로운 점이고, 용(聳)은 두려워함이다. 압(狎)은 익숙함이다. 융적이 우리 진(晉)나라를 섬기면 사방의 이웃나라들이 두려워 떨고 제후들도 위엄을 두려워하고 덕을 사모할 것이니 이것이 세 번째 리로운 점이고, 덕으로 융을 안심시킨다면 군대가 수고롭지 않고 갑옷과 병기도 손상되지[頓] 않을 것이니 이것이 네 번째 리로운 점이고, 돈(頓)는 손상됨이다. 후예(后羿)를 거울삼아 덕과 법도로 다스

---

56) 침묘(寢廟) : 사람이 거주하는 집. 이때의 묘(廟)는 종묘(宗廟)의 묘(廟)가 아니다.

57) 복부(僕夫) : 감히 임금을 지적하지 못하여 복부(僕夫)라고 한 것이다.

58) 변방의~않아 : 융(戎)과 화친하면 그들의 침탈을 걱정하지 않아도 된다는 것이다.

린다면 멀리 있는 자들은 이르고 가까이 있는 자들은 편안하게 될 것이니 이것이 다섯 번째 리로운 점입니다. 임금님께서는 이를 도모하십시오." 이에 진도공이 기뻐하고 위강을 시켜 여러 융과 맹약하게 하고 백성의 일을 힘쓰고 때에 맞추어 사냥하였다.

○冬 十月 邾人莒人伐鄫 臧紇救鄫 侵邾 敗於狐駘 臧紇 武仲 狐駘 邾地 **國人逆喪者皆髽 魯於是乎始髽** 髽 麻髮合結也 遭喪者多 不能備凶服 髽而已 **國人誦之曰 臧之狐裘 敗我於狐駘** 臧紇時服狐裘 **我君小子 朱儒是使 朱儒朱儒 使我敗於邾** 襄公幼弱 故曰小子 臧紇短小 故曰朱儒 敗不書 諱之

○겨울 10월에 주인(邾人)과 거인(莒人)이 증(鄫)나라를 치자 장흘(臧紇)이 증나라를 구원하기 위해 주(邾)나라를 침범하였다가 호태(狐駘)에서 패하였다. 장흘(臧紇)은 무중(武仲)이다. 호태(狐駘)는 주(邾)나라 땅이다. 국인이 전사한 이들을 맞이하면서 모두 좌(髽)를 하였는데, 로(魯)나라는 이리하여 비로소 좌를 하게 되었다. 좌(髽)는 삼과 머리카락을 합쳐서 묶는 것이다. 상(喪)을 당한 이들이 많아 흉복을 다 갖출 수 없어서 좌만을 한 것이다. 국인이 노래를 지어 부르기를 "호구(狐裘)를 입은 장흘이 호태에서 우리를 패하게 하였네. 장흘(臧紇)이 그 당시에 호구(狐裘)를 입었다. 우리 임금이 어린이[小子]여서 주유(朱儒 : 난쟁이)를 부리셨네. 주유여, 주유여. 우리를 주(邾)나라에 패하게 하였네."라고 하였다. 양공(襄公)이 어렸기 때문에 소자(小子)라고 하였고, 장흘(臧紇)은 왜소하였기 때문에 주유(朱儒)라고 하였다. 패한 사실을 경문에 기록하지 않은 것은 숨긴 것이다.

양공(襄公) 5년 【癸巳 B.C.568】

> 五年 春 公至自晉
>
> 5년 봄에 양공(襄公)이 진(晉)나라에서 돌아왔다.

○王使王叔陳生愬戎于晉 王叔 周卿士 戎陵王室 故告盟主 **晉人執之 士魴如京師 言王叔之貳於戎也** 王叔有二心 晉執之

○왕[靈王]이 왕숙진생(王叔陳生)을 보내어 융(戎)을 진(晉)나라에 하소연하였는데 왕숙(王叔)은 주(周)나라 경사(卿士)이다. 융(戎)이 왕실을 능멸하므로 맹주(盟主)에게 고한 것이다. 진인(晉人)이 그를 잡아두고, 사방(士魴)이 경사(京師)에 가서 왕숙(王叔)이 융에게 붙었다고 말하였다. 왕숙(王叔)이 두마음을 가지고 있으므로 진(晉)나라가 그를 잡아둔 것이다.

夏 鄭伯使公子發來聘

여름에 정백(鄭伯)이 공자 발(發)을 보내와서 빙문하였다.

發 子産父

발(發)은 자산(子産)의 아버지이다.

夏 鄭子國來聘 通嗣君也 鄭僖公初卽位

여름에 정(鄭)나라 자국(子國 : 發)이 와서 빙문하였으니, 새 임금의 승계를 통고하기 위해서였다. 정희공(鄭僖公)이 비로소 즉위한 것이다.[59]

叔孫豹鄫世子巫如晉

숙손표(叔孫豹)와 증(鄫)나라 세자 무(巫)가 진(晉)나라에 갔다.

穆叔覿鄫大子于晉 以成屬鄫 書曰 叔孫豹鄫大子巫如晉 言比諸魯大夫也

목숙(穆叔 : 叔孫豹)이 증(鄫)나라 태자를 진(晉)나라에 데리고 가서 진후(晉侯)를 뵙게 하였으니, 증나라를 귀속하는 일을 성사시키기 위해서였다. 경문에 숙손표(叔孫豹)와 증나라 태자 무(巫)가 진나라에 갔다고 기록한 것은 증나라 태자를 로(魯)나라 대부에 견주어 말한 것이다.

---

59) 정희공(鄭僖公)이~것이다 : 성공(成公) 9년에 정성공(鄭成公)이 진(晉)나라에 갔다가 잡혔다. 10년 4월에 태자인 곤완(髡頑 : 鄭僖公)이 림시로 임금이 되었고, 다음 달 5월에 정성공이 본국으로 돌아가 복위하였다. 양공(襄公) 2년에 정성공이 졸하자 자한(子罕)이 임금의 일을 섭정하였다가 이제야 비로소 정희공(鄭僖公)이 즉위한 것이다.

仲孫蔑衛孫林父會吳于善道

중손멸(仲孫蔑)과 위(衛)나라 손림보(孫林父)가 선도(善道)에서 오(吳)나라와 회합하였다.

道 公穀作稻 ○善道 地名

도(道)는 《공양전(公羊傳)》과 《곡량전(穀梁傳)》에는 도(稻)로 되어 있다. ○선도(善道)는 땅 이름이다.

吳子使壽越如晉 壽越 吳大夫 辭不會于雞澤之故 辭 謝也 且請聽諸侯之好 晉人將爲之合諸侯 使魯衛先會吳 且告會期 故孟獻子孫文子會吳于善道

오자(吳子)가 수월(壽越)를 시켜 진(晉)나라에 가서 수월(壽越)은 오(吳)나라 대부이다. 계택(雞澤)의 회합[60]에 참여하지 못한 까닭을 사과하고[辭] 사(辭)는 사과함이다. 또 제후들의 우호에 참여하여 명을 듣기를 청하였다. 그러자 진인(晉人)이 오(吳)나라를 위해 제후들을 회합시키려고 로(魯)나라와 위(衛)나라를 먼저 오나라와 회합하게 하고 또 제후들에게 회합할 기일을 알렸다. 그러므로 맹헌자(孟獻子 : 仲孫蔑)와 손문자(孫文子 : 孫林父)가 선도(善道)에서 오나라와 회합한 것이다.

秋 大雩

가을에 크게 기우제를 지냈다.

秋 大雩 旱也 旱則祈雨 雖秋非過

가을에 크게 기우제를 지냈으니, 가물었기 때문이다. 가물면 기우제를 지내니 비록 가을이라도 잘못이 아니다.

楚殺其大夫公子壬夫

초(楚)나라가 그 대부인 공자 임부(壬夫)를 죽였다.

60) 계택(雞澤)의 회합 : 이 일은 양공(襄公) 3년에 있었다.

楚人討陳叛故 曰 由令尹子辛實侵欲焉 乃殺之 書曰 楚殺其大夫公子壬夫 貪也

초인(楚人)이 진(陳)나라에게 배반한 까닭을 책망하자, 대답하기를 "령윤(令尹) 자신(子辛 : 任夫)이 실로 침범의 탐욕을 부렸기 때문이다."라고 하니, 이에 자신을 죽였다. 경문에 초(楚)나라가 그 대부인 공자 임부(壬夫)를 죽였다고 기록한 것은 그가 탐욕을 부렸기 때문이다.

君子謂 楚共王於是不刑 劉敞曰 壬夫貪 殺之當也 何謂失刑乎 傳說謬 **詩曰 周道挺挺 我心扃扃 講事不令 集人來定** 逸詩 挺挺 正直也 扃扃 明察也 言謀事不善 當聚賢人以定之 **己則無信而殺人以逞 不亦難乎** 言共王背晉盟失諸侯 **夏書曰 成允成功** 今虞書大禹謨

군자는 이른다. "초공왕(楚共王)은 이때 형벌을 제대로 시행하지 못하였다. 류창(劉敞)이 말하기를 "임부(壬夫)가 탐욕을 부렸으니 그를 죽인 것은 당연하다. 어찌 형벌을 제대로 시행하지 못하였다고 이르는가. 전문의 설명이 잘못된 것이다."라고 하였다. 《시(詩)》에 이르기를 '주(周)나라의 도가 정정(挺挺)함이여, 내 마음이 경경(扃扃)하도다. 도모한 일이 좋지 못하다면 사람들을 모아 결정해야 하네.'라고 하였으니, 일시(逸詩)이다. 정정(挺挺)은 정직함이고, 경경(扃扃)은 밝게 살핌이다. 도모한 일이 좋지 못하다면 마땅히 어진 이를 모아 일을 결정해야 한다는 말이다. 자신은 신의가 없으면서 다른 사람을 죽여 분풀이한다면 또한 어렵지 않겠는가. 공왕(共王)이 진(晉)나라와의 맹약을 배반하여 제후들을 잃었음을 말한 것이다. 〈하서(夏書)〉에 '신의가 이루어진 뒤에야 공을 이룰 수 있다.'라고 하였다." 지금의 〈우서(虞書)〉 대우모(大禹謨)이다.

公會晉侯宋公陳侯衛侯鄭伯曹伯莒子邾子滕子薛伯齊世子光吳人鄫人于戚

양공(襄公)이 진후(晉侯)·송공(宋公)·진후(陳侯)·위후(衛侯)·정백(鄭伯)·조백(曹伯)·거자(莒子)·주자(邾子)·등자(滕子)·설백(薛伯)·제(齊)나라 세자(世子) 광(光)·오인(吳人)·증인(鄫人)과 척(戚) 땅에서 회합하였다.

吳稱人 進之也 不書盟爲晉諱

오(吳)나라를 인(人)이라 칭한 것은 오인(吳人)을 회합에 나오게 하였기 때문이다. 경문에 맹약을 기록하지 않은 것은 진(晉)나라를 위하여 숨긴 것이다.[61]

九月 丙午 盟于戚 會吳 且命戍陳也 穆叔以屬鄫爲不利 使鄫大夫聽命于會 鄫與莒有忿 魯不能救 復乞還之 故鄫人見經

9월 병오일에 척(戚) 땅에서 맹약하였으니, 이는 오(吳)나라와 회합하고 또 진후(晉侯)가 제후들에게 명하여 진(陳)나라를 지키게 하기 위해서였다. 이때 로(魯)나라 목숙(穆叔 : 叔孫豹)은 증(鄫)나라를 속국으로 삼는 것이 리롭지 못하다고 여겨 증나라 대부로 하여금 회합에 참여하여 진후의 명을 듣게 하였다. 증(鄫)나라가 거(莒)나라와 분쟁(忿爭)이 있었는데 로(魯)나라가 구원할 수 없었으므로 다시 돌려주겠다고 청한 것이다.[62] 그러므로 증인(鄫人)이 경문에 보인 것이다.

公至自會

양공(襄公)이 회합에서 돌아왔다.

冬 戍陳 楚公子貞帥師伐陳 公會晉侯宋公衛侯鄭伯曹伯齊世子光救陳

겨울에 진(陳)나라를 지키고 있었다. 초(楚)나라 공자 정(貞)이 군대를 거느리고 진(陳)나라를 쳤다. 양공(襄公)이 진후(晉侯)·송공(宋公)·위후(衛侯)·정백(鄭伯)·조백(曹伯)·제(齊)나라 세자(世子) 광(光)과 회합하여 진(陳)나라를 구원하였다.

曹伯下 公穀有莒子邾子滕子薛伯

조백(曹伯) 다음에 《공양전(公羊傳)》과 《곡량전(穀梁傳)》에는 거자(莒子)·주자(邾子)·등자(滕子)·설백(薛伯)이 있다.

楚子囊爲令尹 范宣子曰 我喪陳矣 楚人討貳而立子囊 必改行 而疾討陳 改子辛所行 疾 急也 **陳近於楚 民朝夕急 能無往乎 有陳 非吾事也 無之而後可** 言晉力不能及陳 **冬**

61) 경문에~것이다 : 진(晉)나라가 변방국인 오(吳)나라를 중국의 다른 제후들과 동등하게 맹약하게 한 것이 패주로서의 체면에 손상이 되기 때문이다.

62) 다시~것이다 : 로(魯)나라가 증(鄫)나라를 속국으로 삼지 않겠다는 것이다.

諸侯戍陳 **諸侯離至 故獨書魯戍** **子囊伐陳 十一月 甲午 會于城棣以救之** **城棣 鄭地**

초(楚)나라 자낭(子囊 : 貞)이 령윤(令尹)이 되자, 진(晉)나라 범선자(范宣子 : 士匄)가 말하기를 "우리는 진(陳)나라를 잃게 될 것이다. 초인(楚人)은 진(陳)나라가 두마음 가진 리유를 밝혀서 새로 자낭을 령윤으로 세웠으니,[63] 반드시 지난날의 잘못된 행위를 고치고 서둘러[疾] 진(陳)나라를 칠 것이다. 자신(子辛)이 행하던 것을 고친다는 것이다. 질(疾)은 급히 함이다. 진(陳)나라는 초나라와 거리가 가까워서 진(陳)나라 백성이 아침저녁으로 위급하게 여기니 어찌 초나라를 따라가지 않겠는가. 우리가 진(陳)나라를 보유한다는 것은 우리가 할 일이 아니다. 우리에게는 진(陳)나라가 없어야 좋을 것이다."라고 하였다. 진(晉)나라의 힘이 진(陳)나라에 미칠 수 없다는 말이다. 겨울에 제후들의 군대가 진(陳)나라를 지키고 있었다. 제후들이 떠나갔으므로 경문에 로(魯)나라만이 진(陳)나라를 지켰다고 기록한 것이다. 자낭이 진(陳)나라를 치니, 11월 갑오일에 제후들이 성체(城棣)에서 회합하여 진(陳)나라를 구원하였다. 성체(城棣)는 정(鄭)나라 땅이다.

十有二月 公至自救陳

12월에 양공(襄公)이 진(陳)나라를 구원한 일에서 돌아왔다.

辛未 季孫行父卒

신미일에 계손행보(季孫行父)가 졸하였다.

季文子卒 大夫入斂 公在位 **在阼階西鄉** **宰庀家器爲葬備** **庀 具也** **無衣帛之妾 無食粟之馬 無藏金玉 無重器備** **重 副貳也**

계문자(季文子 : 季孫行父)가 졸하였으니, 대부들이 대렴(大斂)에 참석할 때 양공(襄公)이 그 자리에 있었다.[64] 조계(阼階 : 동쪽 계단)의 서쪽으로 향한 자리에 있었다. 계문자의 가재(家宰)가

---

63) 초인(楚人)은~세웠으니 : 초인(楚人)은 진(陳)나라가 초(楚)나라를 배반한 것이 령윤(令尹) 자신(子辛)이 탐욕을 부렸기 때문이라고 여겨 그를 죽이고 자낭(子囊)을 령윤으로 세운 것이다.

64) 대부들이~있었다 : 《례기(禮記)》 〈상대기(喪大記)〉에 의하면 대부의 대렴(大斂) 때에 임금이 상가로 가면 주인이 맞이하여 서단(序端 : 동쪽 담 남단)에 마련한 임금의 자리로 모신다고 하였다.

집안의 기물을 갖추어[庀] 장례용품으로 하였다.[65] 비(庀)는 갖춤이다. 집안에는 비단옷을 입은 첩이 없고, 곡식을 먹는 말이 없으며, 간직해 둔 금옥이 없고, 같은 기물이 여분으로[重] 있는 것이 없었다. 중(重)은 여분으로 두 개가 있는 것이다.

君子是以知季文子之忠於公室也 相三君矣 而無私積 可不謂忠乎 積 音恣

군자는 이 때문에 계문자가 공실에 충성하였음을 알았다. 세 임금[66] 밑에서 재상 노릇을 하였지만 사사로이 모아둔[積] 재화가 없었으니, 충신이라고 하지 않을 수 있겠는가. 자(積)는 음이 자(恣)이다.

양공(襄公) 6년 【甲午 B.C.567】

六年 春 王三月 壬午 杞伯姑容卒 6년 봄 왕3월 임오일에 기백(杞伯) 고용(姑容)이 졸하였다.

六年 春 杞桓公卒 始赴以名 同盟故也

6년 봄 기환공(杞桓公 : 姑容)이 졸하였다. 처음으로 이름을 밝혀서 부고하였으니, 동맹하였기 때문이다.

夏 宋華弱來奔 여름에 송(宋)나라 화약(華弱)이 망명왔다.

65) 집안의~하였다 : 장례에 쓸 부장품을 별도로 마련하지 않고 평소 계문자(季文子)가 쓰던 것을 사용한 것이니, 장례를 검소히 지냈다는 것이다.

66) 세 임금 : 선공(宣公)·성공(成公)·양공(襄公)을 이른다.

宋華弱與樂轡少相狎 長相優 又相謗也 華弱 華椒孫 二子皆宋大夫 優 調戲也 **子蕩怒 以弓梏華弱于朝** 子蕩 樂轡也 張弓以貫其頸 若械在手 故曰梏 **平公見之 曰 司武而梏於朝 難以勝矣** 司武 司馬 言其懦弱不足勝敵 **遂逐之 夏 宋華弱來奔 司城子罕曰 同罪異罰 非刑也 專戮於朝 罪孰大焉 亦逐子蕩 子蕩射子罕之門曰 幾日而不我從 子罕善之如初** 子蕩已出 子罕不復追怨

송(宋)나라 화약(華弱)과 악비(樂轡)는 어려서는 서로 친하였는데, 장성해서는 서로 조롱하고[優] 또 서로 비방하였다. 화약(華弱)은 화초(華椒)의 손자이다. 두 사람은 모두 송(宋)나라 대부이다. 우(優)는 조롱함이다. 어느 날 자탕(子蕩)이 노하여 조정에서 활을 화약의 목에 걸어 채웠다. 자탕(子蕩)은 악비(樂轡)이다. 활의 시위를 당겨 그 목에 씌운 것이 마치 손에 수갑을 채운 것과 같았기 때문에 곡(梏)이라 한 것이다. 송평공(宋平公)이 이를 보고 말하기를 "군대를 맡은 사무(司武)[67]로서 조정에서 질곡(桎梏)을 당하고 있으니, 싸움에 이기기 어려울 것이다."라 하고 사무(司武)는 사마(司馬)이다. 그가 나약하여 적을 족히 이길 수 없다는 말이다. 마침내 화약을 축출하였다. 그리하여 여름에 송나라 화약이 망명왔다. 그때 송나라 사성(司城)인 자한(子罕)이 말하기를 "죄는 같은데 벌을 달리하는 것은 올바른 형벌이 아닙니다. 조정에서 멋대로 남을 모욕하였으니 무엇이 이보다 큰 죄이겠습니까."라고 하니, 송평공은 자탕도 축출하였다. 그러자 자탕은 자한의 대문에 활을 쏘며 말하기를 "며칠 안에 너도 나를 따르지 않겠는가."라고 하였다. 그러나 자한은 자탕을 전과 같이 잘 대우하였다. 자탕(子蕩)이 이미 축출되었으나 자한(子罕)은 다시는 자탕의 지난 일을 원망하지 않은 것이다.

秋 葬杞桓公

가을에 기(杞)나라 환공(桓公)의 장례를 지냈다.

滕子來朝

등자(滕子)가 와서 조견하였다.

67) 군대를~사무(司武) : 화약(華弱)을 이른다.

秋 滕成公來朝 始朝公也

가을에 등성공(滕成公)이 와서 조견하였으니, 처음으로 양공(襄公)을 조견한 것이다.

莒人滅鄫

거인(莒人)이 증(鄫)나라를 멸하였다.

莒人滅鄫 鄫恃賂也 **鄫賂魯 恃之而慢莒**

거인(莒人)이 증(鄫)나라를 멸하였으니, 증나라는 뇌물 준 것을 믿었기 때문이다. 증(鄫)나라가 로(魯)나라에 뇌물을 주었는데, 이를 믿고 거(莒)나라에 대한 방비를 태만히 한 것이다.

冬 叔孫豹如邾

겨울에 숙손표(叔孫豹)가 주(邾)나라에 갔다.

冬 穆叔如邾聘 且脩平 **平四年狐駘戰**

겨울에 목숙(穆叔 : 叔孫豹)이 주(邾)나라에 가서 빙문하고 또 화평을 다졌다. 4년에 있었던 호태(狐駘)의 싸움으로 인한 관계를 화평시킨 것이다.

季孫宿如晉

계손숙(季孫宿)이 진(晉)나라에 갔다.

行父之子

행보(行父)의 아들이다.

晉人以鄫故來討 曰 何故亡鄫 季武子如晉見 且聽命 **始代父爲卿 見大國 且謝亡鄫**

진인(晉人)이 증(鄫)나라의 일 때문에 와서 토죄하며 말하기를 "무엇 때문에 증나라를 망하도록 내버려 두었는가."라고 하였다. 그리하여 계무자(季武子 : 季孫宿)가 진(晉)나라에 가서 진후(晉侯)를 조견하고 또 명을 들었다. 계무자(季武子)가 비로소 그 아버지를 대신해 경(卿)이 되었으므로 대국을 조견하고 또 증(鄫)나라를 망하도록 내버려 둔 데 대하여 사과한 것이다.

十有二月 齊侯滅萊 12월에 제후(齊侯)가 래(萊)나라를 멸하였다.

十一月 齊侯滅萊 萊恃謀也 賂夙沙衛之謀 事在二年 書十二月 從告 **於鄭子國之來聘也 四月 晏弱城東陽 而遂圍萊** 子國聘在五年 **甲寅 堙之環城 傅於堞** 堙 土山也 周城築山及於女墻 **及杞桓公卒之月 乙未 王湫帥師及正輿子棠人軍齊師** 王湫 齊人 成十八年奔萊 棠 萊邑也 **齊師大敗之 丁未 入萊 萊共公浮柔奔棠** 浮柔 其名 **正輿子王湫奔莒 莒人殺之 四月 陳無宇獻萊宗器于襄宮** 無宇 陳完玄孫 襄宮 齊襄公廟 **晏弱圍棠 十一月 丙辰 而滅之 遷萊于郳** 遷萊子于郳國 **高厚崔杼定其田** 高厚 高固子

11월에 제후(齊侯)가 래(萊)나라를 멸하였으니, 래나라가 자신들의 계책을 믿었기 때문이다.[68] 제(齊)나라 숙사위(夙沙衛)에게 뇌물을 준 계책이다. 이 일은 2년에 있었다. 경문에 12월이라고 기록한 것은 알려온 시기를 따른 것이다. 정(鄭)나라 자국(子國)이 와서 빙문하였던 지난해 4월에 제(齊)나라 안약(晏弱)이 동양(東陽)에 성을 쌓고 드디어 래나라를 포위하여 정(鄭)나라 자국(子國)의 빙문은 5년에 있었다. 갑인일에 성벽의 주위에 토산[堙]을 쌓아 성가퀴에 이르도록 하였다. 인(堙)은 토산(土山)이니, 성(城) 주위에 산을 쌓아 성가퀴 높이에 이르게 한 것이다. 기환공(杞桓公)이 죽은 달인 올 3월 을미일에 왕추(王湫)가 래나라 군대를 거느리고 래나라의 정여자(正輿子) 및 당인(棠人)과 함께 제나라 군대를 공격하였는데, 왕추(王湫)는 제(齊)나라 사람인데 성공(成公) 18년에 래(萊)나라로 망명하였다. 당(棠)은 래나라의 읍이다. 제나라 군대가 그들을 크게 패배시키고 정미일에 래나라로 쳐들어갔다. 그때 래공공(萊共公)인 부유(浮柔)는 당(棠) 땅으로 달아나고 부유(浮柔)는 래공공(萊共公)의 이름이다. 정여자와 왕추는 거(莒)나라로 망명하였으나 거인(莒人)이 그들을 죽였다. 4월에 제나라 진무우(陳無宇)는 래나라의 종묘에 있던 보기(寶器)를 가지고 가서 양궁(襄宮)에 바쳤다. 무우(無宇)는 진완(陳完)의 현손(玄孫)이다. 양궁(襄宮)은 제양공(齊襄公)

68) 자신들의~때문이다 : 제(齊)나라에 뇌물을 주어 화를 모면한 계책을 믿고 방비를 태만히 하였다는 것이다.

의 사당이다. 그리고 안약은 당 땅을 포위하여 11월 병진일에 래나라를 멸하였다. 그리고 래나라를 예(郳)나라로 옮기고 래자(萊子)를 예(郳)나라로 옮긴 것이다. 고후(高厚)와 최저(崔杼)가 래나라 전지를 구획하였다. 고후(高厚)는 고고(高固)의 아들이다.

양공(襄公) 7년 【乙未 B.C.566】

七年 春 郯子來朝

7년 봄에 담자(郯子)가 와서 조견하였다.

七年 春 郯子來朝 始朝公也

7년 봄에 담자(郯子)가 와서 조견하였으니, 처음으로 양공(襄公)을 조견한 것이다.

夏 四月 三卜郊 不從 乃免牲

여름 4월에 교제(郊祭)지내는 것에 대하여 세 번이나 점쳤지만 불길하여 이에 희생을 놓아주었다.

夏 四月 三卜郊 不從 乃免牲 孟獻子曰 吾乃今而後知有卜筮 夫郊祀后稷 以祈農事也 郊祀 后稷以配天 **是故啓蟄而郊 郊而後耕 今旣耕而卜郊 宜其不從也** 耕謂春分

여름 4월에 교제(郊祭)지내는 것에 대하여 세 번이나 점쳤지만 불길하여 이에 희생을 놓아주었다. 맹헌자(孟獻子)가 말하기를 "나는 이제야 복서(卜筮)의 령험함을 알겠다. 무릇 후직(后稷)에게 교사(郊祀)[69]를 지내는 것은 농사가 잘 되게 해 달라고 비는 것이다. 교사(郊祀)를 지낼 때 후직(后稷)을 하늘에 함께 배향하였다. 그러므로 계칩(啓蟄 : 驚蟄)이 되면 교제를 지내

69) 교사(郊祀) : 천지에 지내는 제사. 교제(郊祭)라고도 한다.

고, 교제를 지낸 뒤에 농사[耕]를 시작하는 것인데 지금은 농사를 시작하고 나서 교제지내는 것에 대하여 점쳤으니 불길한 것은 당연하다."라고 하였다. 경(耕)은 춘분을 이른다.[70)]

小邾子來朝
소주자(小邾子)가 와서 조견하였다.

小邾穆公來朝 亦始朝公也

소주(小邾)의 목공(穆公)이 와서 조견하였으니, 또한 처음으로 양공(襄公)을 조견한 것이다.

城費
비(費) 땅에 성을 쌓았다.

南遺爲費宰 費 季氏邑 **叔仲昭伯爲隧正** 隧正 主役徒 昭伯 惠伯之孫 **欲善季氏 而求媚於南遺 謂遺 請城費 吾多與而役 故季氏城費** 傳言季氏始强

남유(南遺)가 비(費) 땅의 읍재(邑宰)가 되었는데, 비(費)는 계씨(季氏)의 읍이다. 숙중소백(叔仲昭伯)이 수정(隧正)이 되어 수정(隧正)은 부역하는 무리를 주관한다. 소백(昭伯)은 혜백(惠伯)의 손자이다. 계씨(季氏)와 좋게 지내고자 하여 남유에게 잘 보이기를 구하였다. 이에 유(遺)에게 이르기를 "비 땅에 성을 쌓으십시오. 내가 그대[而]에게 역부(役夫)를 많이 보내주겠습니다." 라고 하였다. 그러므로 계씨가 비 땅에 성을 쌓은 것이다. 전문은 계씨(季氏)가 비로소 강하게 되었음을 말한 것이다.

秋 季孫宿如衛
가을에 계손숙(季孫宿)이 위(衛)나라에 갔다.

---

70) 경(耕)은~이른다 : 농사를 시작하는 때가 춘분 무렵이라는 것이다.

秋 季武子如衛 報子叔之聘 且辭緩報非貳也 子叔聘在元年 言國家多難 不時報

가을에 계무자(季武子 : 季孫宿)가 위(衛)나라에 가서 자숙(子叔)이 빙문 온 것에 대하여 보답하고, 또 늦게 보답한 것이 두마음이 있어서가 아님을 해명하였다. 자숙(子叔)의 빙문은 원년에 있었다. 국가에 어려운 일이 많았기 때문에 제 때에 보답하지 못하였다는 말이다.

> 八月 螽
> 8월에 메뚜기의 피해가 있었다.

> 冬 十月
> 겨울 10월이다.

冬 十月 晉韓獻子告老 公族穆子有廢疾 將立之 穆子 厥子無忌 代厥爲卿 **辭曰 詩曰 豈不夙夜 謂行多露** 義取非禮不可妄行 **又曰 弗躬弗親 庶民弗信** 言已有疾 不能躬親政事 **無忌不才 讓其可乎 請立起也** 起 無忌弟宣子 **與田蘇游 而曰好仁** 田蘇 晉賢人 蘇言起好仁 **詩曰 靖共爾位 好是正直 神之聽之 介爾景福** 介 助也 **恤民爲德 正直爲正 正曲爲直 參和爲仁** 德正直三者備 爲仁 **如是則神聽之 介福降之 立之 不亦可乎 庚戌 使宣子朝 遂老** 韓厥致仕 **晉侯謂韓無忌仁 使掌公族大夫** 穆子先爲公族大夫 今爲師長

겨울 10월에 진(晉)나라 한헌자(韓獻子 : 韓厥)가 사직을 고하였다. 공족(公族)[71]인 목자(穆子)가 폐질(廢疾)이 있었지만 그를 후계자로 세우려 하니, 목자(穆子)는 궐(厥)의 아들 무기(無忌)이니 궐을 대신하여 경(卿)으로 삼으려 한 것이다. 목자가 사양하며 말하였다. "《시(詩)》에 이르기를 '어찌 아침저녁으로 가고 싶지 않으리오마는 길에 이슬이 많아서이네.'[72]라고 하였고, 례가 아니면 함부로 행동해서는 안 된다는 뜻을 취한 것이다. 《시》에 또 이르기를 '몸소 하지 않고 친히 하지 않으면 모든 사람이 믿지를 않네.'[73]라고 하였습니다. 몸에 병이 있어서 몸소 정사를 행할

71) 공족(公族) : 진(晉)나라에서 진후(晉侯)의 종족들을 관리하는 관직(官職)으로 공족대부(公族大夫)를 이른다. 경대부(卿大夫)의 적자(嫡子)들이 맡았다.

72) 어찌~많아서이네 : 《시경(詩經)》 〈소남(召南)〉 행로(行露).

수 없다는 말이다. 저 무기(無忌)는 재주가 없으니 사양하는 것이 좋겠습니다. 기(起)를 후계자로 세우기를 청합니다. 기(起)는 무기(無忌)의 아우 선자(宣子)이다. 기는 전소(田蘇)와 사귀고 있는데 전소는 기가 인(仁)을 좋아한다고 말합니다. 전소(田蘇)는 진(晉)나라 현인이다. 소(蘇)가 기(起)는 인(仁)을 좋아한다고 말한 것이다. 《시》에 이르기를 '너의 직위를 다스려[靖] 이바지하고[共] 정직한 사람을 좋아하면 신(神)이 이를 알고서 너를 큰 복으로 도우리라[介].'[74]라고 하였습니다. 개(介)는 도움이다. 백성을 보살피는 것이 덕(德)이고, 마음을 바르고 곧게 가지는 것이 정(正)이고, 잘못을 바로잡는 것이 직(直)이고, 이 세 가지가 조화된 것이 인(仁)입니다. 덕(德)과 정(正)과 직(直) 세 가지가 갖추어진 것이 인(仁)이라는 것이다. 이렇게 하면 신이 이를 알아주어 큰 복을 내릴 것입니다. 기를 후계자로 삼는 것이 좋지 않겠습니까." 그러자 경술일에 한궐(韓厥)은 선자(宣子 : 韓起)로 하여금 진후(晉侯)를 뵙게 하고서 자신은 드디어 사직하였다. 한궐(韓厥)이 벼슬을 그만둔 것이다. 진후는 한무기(韓無忌 : 穆子)를 어질다고 이르고, 공족대부(公族大夫)를 관장하게 하였다. 목자(穆子)가 이전에 공족대부(公族大夫)가 되었으므로 지금 그를 공족대부의 사장(師長)으로 삼은 것이다.

衛侯使孫林父來聘 壬戌 及孫林父盟

위후(衛侯)가 손림보(孫林父)를 보내와서 빙문하였다. 임술일에 손림보와 맹약하였다.

衛孫文子來聘 且拜武子之言 而尋孫桓子之盟 盟在成三年 **公登亦登** 禮 登階 臣後君一等 **叔孫穆子相 趍進曰 諸侯之會 寡君未嘗後衛君 今吾子不後寡君 寡君未知所過 吾子其少安** 安 徐也 **孫子無辭 亦無悛容 穆叔曰 孫子必亡 爲臣而君** 與君抗禮 **過而不悛 亡之本也 詩曰 退食自公 委蛇委蛇 謂從者也 衡而委蛇 必折** 委蛇 自得貌 從 順也 衡 橫也 不順道而妄自得 則必毁折 爲十四年林父逐君起本

위(衛)나라 손문자(孫文子 : 孫林父)가 와서 빙문하고 또 계무자(季武子)의 말[75]에 배사하

73) 몸소~않네 : 《시경(詩經)》 〈소아(小雅)〉 절남산(節南山).

74) 너의~도우리라[介] : 《시경(詩經)》 〈소아(小雅)〉 소명(小明).

75) 계무자(季武子)의 말 : 지난가을에 계무자(季武子)가 위(衛)나라에 가서 늦게 보빙(報聘)한 것이 위나라에 두마음이 있어서가 아니라고 한 말을 이른다.

였으며, 손환자(孫桓子 : 孫良夫)가 맺은 맹약을 거듭하였다. 맹약은 성공(成公) 3년에 있었다. 양공(襄公)이 계단을 오르자 그도 또한 나란히 올랐다. 례(禮)에 계단을 오를 때 신하는 임금보다 한 등급 뒤에서 오른다. 숙손목자(叔孫穆子)가 상(相)[76]이었는데 종종걸음으로 나아가 말하기를 "제후들의 회합에 과군이 일찍이 위나라 임금님의 뒤에 오른 적이 없었소. 지금 그대는 과군의 뒤에 오르지 않으니, 과군이 무엇을 잘못하였는지 알지 못하고 계시오.[77] 그대는 조금 천천히[安] 가시오."라고 하였다. 안(安)은 천천히 함이다. 그런데도 손자(孫子 : 孫文子)는 사과의 말도 없고 고치려는 기색도 없었다. 목숙(穆叔 : 叔孫穆子)이 말하기를 "손자는 반드시 망할 것이다. 신하가 되어 임금처럼 행동하고, 임금과 례를 대등히 한 것이다. 잘못이 있어도 고치지 않는 것은 망하는 근본이다. 《시(詩)》에 이르기를 '공무에서 물러나 밥을 먹으러 옴에 만족스러운 모습이네.'[78]라고 하였으니, 이는 순종함[從]을 이른 것이다. 그런데 례를 어기면서도[衡] 만족스러워하니 반드시 꺾일 것이다."라고 하였다. 위이(委蛇)는 스스로 만족한 모양이다. 종(從)은 따름이다. 횡(衡)은 도리에 어긋남이다. 도리를 따르지 않고 함부로 하니 반드시 훼손되고 꺾인다는 것이다. 14년에 림보(林父)가 임금을 내쫓는 발단이 된다.

楚公子貞帥師圍陳　十有二月　公會晉侯宋公陳侯衛侯曹伯莒子邾子于鄬

초(楚)나라 공자 정(貞)이 군대를 거느리고 진(陳)나라를 포위하였다. 12월에 양공(襄公)이 진후(晉侯)·송공(宋公)·진후(陳侯)·위후(衛侯)·조백(曹伯)·거자(莒子)·주자(邾子)와 위(鄬) 땅에서 회합하였다.

鄬 音委 鄭地

위(鄬)는 음이 위(委)이니 정(鄭)나라 땅이다.

楚子囊圍陳 會于鄬以救之

초(楚)나라 자낭(子囊 : 貞)이 진(陳)나라를 포위하니, 제후들이 위(鄬) 땅에서 회합하여

---

76) 상(相) : 임금을 도와 례를 집행하는 사람.

77) 그대는~계시오 : 손문자(孫文子)가 양공(襄公)의 뒤에 오르지 않는 것은 양공을 경시하는 것인데, 이러한 취급을 왜 받아야 하는지 양공은 모른다는 것이다.

78) 공무에서~모습이네 : 《시경(詩經)》 〈소남(召南)〉 고양(羔羊).

구원하였다.

鄭伯髡頑如會 未見諸侯 丙戌 卒于鄵

정백(鄭伯) 곤완(髡頑)이 회합에 갔으나 제후들을 만나보지 못하고 병술일에 조(鄵) 땅에서 졸하였다.

頑 公穀作原 鄵 公穀作操 ○鄵 音慥 鄭地

완(頑)은 《공양전(公羊傳)》과 《곡량전(穀梁傳)》에는 원(原)으로 되어 있다. 조(鄵)는 《공양전》과 《곡량전》에는 조(操)로 되어 있다. ○조(鄵)는 음이 조(慥)이니 정(鄭)나라 땅이다.

鄭僖公之爲大子也 於成之十六年 與子罕適晉 不禮焉 又與子豊適楚 亦不禮焉 子豊 穆公子 **及其元年 朝于晉** 襄三年 **子豊欲愬諸晉而廢之 子罕止之 及將會于鄬 子駟相 又不禮焉 侍者諫 不聽 又諫 殺之 及鄵 子駟使賊夜弒僖公 而以瘧疾赴于諸侯** 傳言經所以不書弒 **簡公生五年 奉而立之** 僖公子

정희공(鄭僖公 : 髡頑)이 태자로 있던 로성공(魯成公) 16년에 자한(子罕)과 함께 진(晉)나라에 갔을 때 자한을 례로 대하지 않았고, 또 자풍(子豊)과 함께 초(楚)나라에 갔을 때에도 자풍을 례로 대하지 않았었다. 자풍(子豊)은 정목공(鄭穆公)[79]의 아들이다. 정희공 원년에 진나라를 조견할 때 양공(襄公) 3년이다. 자풍이 진나라에 정희공의 무례함을 고발하여 폐위시키고자 하니 자한이 말렸다. 위(鄬) 땅에서 회합하려 할 때 자사(子駟)가 상(相)이었는데, 또 자사를 례로 대하지 않았다. 이에 시자(侍者)가 간하자 듣지 않았고, 다시 간하자 죽였다. 조(鄵) 땅에 이르렀을 때 자사가 적도(賊徒)를 시켜 밤에 정희공을 시해하고 학질로 죽었다고 제후들에게 부고하였다. 전문은 경문에 시해되었다고 기록하지 않은 까닭을 말한 것이다. 정간공(鄭簡公)이 5살이었는데 받들어 임금으로 세웠다. 정희공(鄭僖公)의 아들이다.

79) 정목공(鄭穆公) : 정희공(鄭僖公)의 증조.

陳侯逃歸

진후(陳侯)가 도망하여 돌아갔다.

畏楚 逃晉而歸 自是會同無陳

초(楚)나라를 두려워하여 진(晉)나라가 주관한 회합에서 도망하여 돌아간 것이다. 이때부터 회동에 진(陳)나라는 참여하지 않았다.

陳人患楚 慶虎慶寅謂楚人曰 吾使公子黃往 而執之 二慶 陳大夫 公子黃 哀公弟 **楚人從之 二慶使告陳侯于會 曰 楚人執公子黃矣 君若不來 羣臣不忍社稷宗廟 懼有二圖** 背君屬楚 **陳侯逃歸**

진인(陳人)이 초(楚)나라를 근심하니, 경호(慶虎)와 경인(慶寅)이 초인(楚人)에게 말하기를 "우리가 공자 황(黃)을 가게 할 것이니 그를 잡으시오."라고 하니 두 경(慶)은 진(陳)나라 대부이다. 공자 황(黃)은 진애공(陳哀公)의 아우이다. 초인이 그대로 따랐다. 두 경(慶)이 회합에 참여하고 있는 진후(陳侯)에게 사람을 보내어 고하기를 "초인이 공자 황을 잡았습니다. 임금님께서 만약 오시지 않으면 뭇 신하가 사직과 종묘의 위급함을 차마 볼 수 없어서 다른 생각을 할까 두렵습니다."라고 하니, 임금을 배반하고 초(楚)나라에 붙게 된다는 것이다. 진후가 도망하여 돌아갔다.

양공(襄公) 8년【丙申 B.C.565】

八年 春 王正月 公如晉

8년 봄 왕정월에 양공(襄公)이 진(晉)나라에 갔다.

八年 春 公如晉朝 且聽朝聘之數 稟其多少

8년 봄에 양공(襄公)이 진(晉)나라에 가서 조견하고, 또 조빙(朝聘) 때 바치는 폐백의 수에 대하여 명을 들었다. 그 수의 다소에 대하여 명을 받은 것이다.

夏 葬鄭僖公

여름에 정(鄭)나라 희공(僖公)의 장례를 지냈다.

鄭羣公子以僖公之死也 謀子駟 子駟先之 夏 四月 庚辰 辟殺子狐子熙子侯子丁 辟 罪也 **孫擊孫惡出奔衛** 二孫 子狐之子

정(鄭)나라 뭇 공자가 정희공(鄭僖公)의 죽음[80]을 리유로 자사(子駟)를 도모하고자 하였다. 이에 자사가 선수를 쳐서 여름 4월 경진일에 자호(子狐)·자희(子熙)·자후(子侯)·자정(子丁)에게 죄[辟]를 씌워 죽이니 벽(辟)은 죄이다. 손격(孫擊)과 손악(孫惡)이 위(衛)나라로 망명나갔다. 두 손(孫)은 자호(子狐)의 아들이다.

鄭人侵蔡 獲蔡公子燮

정인(鄭人)이 채(蔡)나라를 침범하여 채나라 공자 섭(燮)을 사로잡았다.

燮 穀作濕 後同 ○鄭子國稱人 刺其無故侵蔡 燮 蔡莊公子

섭(燮)은 《곡량전(穀梁傳)》에는 습(濕)으로 되어 있다. 이후에도 이와 같다. ○정(鄭)나라 자국(子國)을 인(人)이라고 칭한 것은 그가 까닭 없이 채(蔡)나라를 침범한 것을 나무란 것이다. 섭(燮)은 채장공(蔡莊公)의 아들이다.

庚寅 鄭子國子耳侵蔡 獲蔡司馬公子燮 侵蔡欲以媚晉 子耳 子良子 **鄭人皆喜 唯子產不順** 子產 子國子 不順衆而喜 **曰 小國無文德而有武功 禍莫大焉 楚人來討 能勿從乎 從之 晉師必至 晉楚伐鄭 自今鄭國不四五年 弗得寧矣 子國怒之 曰 爾何知 國有大命 而有正卿 童子言焉 將爲戮矣**

경인일에 정(鄭)나라 자국(子國)과 자이(子耳)가 채(蔡)나라를 침범하여 채나라 사마(司

80) 정희공(鄭僖公)의 죽음 : 양공(襄公) 7년에 정(鄭)나라 자사(子駟)가 적도(賊徒)를 시켜 정희공(鄭僖公)을 시해하였다.

馬)인 공자 섭(燮)을 사로잡았다. 채(蔡)나라를 침범한 것은 진(晉)나라에 잘 보이고자 한 것이다. 자이(子耳)는 자량(子良)의 아들이다. 이에 정인(鄭人)이 모두 기뻐하였는데 오직 자산(子産)만은 따르지 않으면서 자산(子産)은 자국(子國)의 아들이다. 대중을 따라 덩달아 기뻐하지는 않은 것이다. 말하기를 "소국이 문덕이 없으면서 무공을 세웠으니 화가 이보다 큰 것은 없습니다. 초인(楚人)이 와서 토죄하면 따르지 않을 수 있겠습니까. 초(楚)나라를 따른다면 진(晉)나라 군대가 반드시 이를 것입니다. 진나라와 초나라가 정나라를 칠 것이니, 이제부터 정나라는 사오년이 안 되어 평안할 수 없을 것입니다."라고 하였다. 자국이 노하여 말하기를 "네가 무엇을 아느냐. 나라에는 대명(大命)[81]이 있고 정경(正卿)이 있는데 어린 것이 함부로 말하니 앞으로 죽임을 당할 것이다."라고 하였다.

季孫宿會晉侯鄭伯齊人宋人衛人邾人于邢丘

계손숙(季孫宿)이 진후(晉侯)·정백(鄭伯)·제인(齊人)·송인(宋人)·위인(衛人)·주인(邾人)과 형구(邢丘)에서 회합하였다.

五月 甲辰 會于邢丘 以命朝聘之數 使諸侯之大夫聽命 季孫宿齊高厚宋向戌衛甯殖邾大夫會之 鄭伯獻捷于會 故親聽命 大夫不書 尊晉侯也

5월 갑진일에 형구(邢丘)에서 회합하여 조빙(朝聘) 때 바치는 폐백의 수를 명하면서 제후들의 대부로 하여금 명을 듣게 하니, 계손숙(季孫宿)·제(齊)나라 고후(高厚)·송(宋)나라 상술(向戌)·위(衛)나라 녕식(甯殖)·주(邾)나라 대부가 회합에 참여하였다. 정백(鄭伯)은 회합에 와서 전리품[捷][82]을 바쳤기 때문에 직접 명을 들은 것이다.[83] 경문에 대부의 이름을 기록하지 않은 것은 진후(晉侯)를 높이기 위해서였다.

---

81) 대명(大命) : 임금의 명.

82) 전리품[捷] : 채(蔡)나라를 쳐서 얻은 물품.

83) 직접~것이다 : 대부를 시키지 않았다는 것이다.

公至自晉 양공(襄公)이 진(晉)나라에서 돌아왔다.

莒人伐我東鄙 거인(莒人)이 우리나라 동쪽 변방을 쳤다.

莒人伐我東鄙 以疆鄫田

거인(莒人)이 우리나라 동쪽 변방을 쳐서 증(鄫)나라 전지를 획정하였다.[84]

秋 九月 大雩 가을 9월에 크게 기우제를 지냈다.

秋 九月 大雩 旱也

가을 9월에 크게 기우제를 지냈으니, 가물었기 때문이었다.

冬 楚公子貞帥師伐鄭 겨울에 초(楚)나라 공자 정(貞)이 군대를 거느리고 정(鄭)나라를 쳤다.

冬 楚子囊伐鄭 討其侵蔡也 子駟子國子耳欲從楚 子孔子蟜子展欲待晉 蟜 音矯 子孔穆公子 子蟜 子游子 子展 子罕子 **子駟曰 周詩有之曰 俟河之淸 人壽幾何 兆云詢多 職競作羅** 逸詩 職 主也 言旣卜且謀多 則競作羅網之難 **謀之多族 民之多違** 族 類也 **事滋無成 民急矣 姑從楚以紓吾民 晉師至 吾又從之 敬共幣帛 以待來者 小國之道也 犧牲玉帛**

84) 거인(莒人)이~획정하였다 : 양공(襄公) 6년에 거인(莒人)이 증(鄫)나라를 멸한 뒤에, 로(魯)나라 동쪽 변방이 증(鄫)나라 전지를 잠식하였기 때문에 거인이 로나라 동쪽 변방을 쳐서 그 전지의 경계를 획정한 것이다.

待於二竟 晉楚界上 **以待彊者而庇民焉 寇不爲害 民不罷病 不亦可乎**

겨울에 초(楚)나라 자낭(子囊 : 貞)이 정(鄭)나라를 쳤으니, 정나라가 채(蔡)나라를 침범한 것을 토죄하기 위해서였다. 자사(子駟)·자국(子國)·자이(子耳)는 초나라를 따르려 하였고, 자공(子孔)·자교(子蟜)·자전(子展)은 진(晉)나라의 구원을 기다리고자 하였다. 교(蟜)는 음이 교(矯)이다. 자공(子孔)은 목공(穆公)의 아들이고, 자교(子蟜)는 자유(子游)의 아들이며, 자전(子展)은 자한(子罕)의 아들이다. 자사가 말하였다. "주(周)나라 시(詩)에 '하수(河水)가 맑아지기를 기다리려면 사람의 수명이 얼마가 되어야 할까. 점을 치고 많은 사람에게 계책을 묻는다면 서로의 주장[職]을 다투어 스스로를 얽어매는 그물을 만드는 것이로다.'라고 하였소. 일시(逸詩)이다. 직(職)은 주장함이다. 이미 점을 치고 또 모의함이 많으면 다투어 스스로를 얽어매는 그물을 만들게 되는 어려움이 있다는 말이다. 계책을 내는 종류[族]가 많아서 백성이 어기게 되는 것이 많으면 족(族)은 종류이다. 일이 더욱 이루어지는 것이 없어서 백성이 위급한 상황에 놓이게 되오. 그러므로 우선 초나라를 따라서 우리 백성의 곤경을 늦추어주었다가 진나라 군대가 이르면 우리가 또 그들을 따르면 되오. 공경히 폐백을 받들어 쳐들어오는 나라를 기다리는 것은 소국이 취해야 할 도리요. 희생과 옥백을 갖추어 두 나라의 국경에서 기다리다가 진(晉)나라와 초(楚)나라의 경계이다. 강자(彊者)를 기다려 우리 백성을 보호한다면 외구(外寇)도 우리를 해치지 않고 백성도 피폐하지 않을 것이니, 이 또한 옳지 않겠소."

子展曰 小所以事大 信也 小國無信 兵亂日至 亡無日矣 五會之信 謂雞澤戚城棣鄬邢丘之會 **今將背之 雖楚救我 將安用之 親我無成** 晉親鄭 **鄙我是欲** 楚將以鄭爲鄙邑而反欲與成 **不可從也 不如待晉 晉君方明 四軍無闕 八卿和睦 必不棄鄭** 四軍謂上中下新軍 軍有二卿 **楚師遼遠 糧食將盡 必將速歸 何患焉 舍之聞之** 舍之 子展名 **杖莫如信 完守以老楚 杖信以待晉 不亦可乎**

이에 자전(子展)이 말하였다. "작은 나라가 큰 나라를 섬기는 길은 신의뿐이오. 작은 나라가 신의도 없으면 병란이 날마다 이르러 곧 망하게 될 것이오. 다섯 차례의 회합에서 맺은 신의를 계택(雞澤)의 회합,[85] 척(戚) 땅의 회합,[86] 성체(城棣)의 회합,[87] 위(鄬) 땅의 회합,[88] 형구(邢丘)의 회합[89]을 이른다. 지금 배반한다면 비록 초(楚)나라가 우리를 구원해 준다하더라도 장차

85) 계택(雞澤)의 회합 : 양공(襄公) 3년에 있었다.

86) 척(戚) 땅의 회합 : 양공(襄公) 5년에 있었다.

87) 성체(城棣)의 회합 : 양공(襄公) 5년에 있었다.

88) 위(鄬) 땅의 회합 : 양공(襄公) 7년에 있었다.

무슨 소용이 있겠소. 우리를 친히 하는 나라와는 화친하지 못하고 진(晉)나라가 정(鄭)나라를 친히 하는 것이다. 우리를 변방으로 삼고자 하는 나라와 결탁하려 하니, 초(楚)나라가 정(鄭)나라를 자신들 변방의 읍으로 삼고자 하는데 도리어 그들과 화친하고자 한다는 것이다. 이 계책은 따라서는 안 되오.[90] 그러니 진나라를 기다리는 것만 같지 못하오. 진나라 임금은 현명하고 4군(軍)이 완비되어 있으며 여덟 경(卿)들이 화목하니 반드시 우리 정(鄭)나라를 버려두지 않을 것이오. 4군(軍)은 상군(上軍)·중군(中軍)·하군(下軍)·신군(新軍)을 이른다. 각 군(軍)에는 두 명의 경(卿)이 있다. 초나라 군대는 먼 길을 와서 량식이 거의 떨어져 가니 반드시 빨리 돌아갈 것인데 무엇을 걱정하겠습니까. 나 사지(舍之 : 子展)가 듣건대 사지(舍之)는 자전(子展)의 이름이다. '의지할 것은 신의만한 것이 없다.'라고 하였으니, 도성을 굳게 지켜 초나라 군대를 지치게 하고 신의에 의지하여 진나라 군대를 기다리는 것이 또한 옳지 않겠소."

子駟曰 詩云 謀夫孔多 是用不集 發言盈庭 誰敢執其咎 如匪行邁謀 是用不得于道 匪 彼也 猶謀於路人 衆無適從 **請從楚 騑也受其咎** 騑 子駟名 **乃及楚平 使王子伯駢告于晉** 伯駢 鄭大夫 **曰 君命敝邑 脩而車賦 儆而師徒 以討亂略 蔡人不從 敝邑之人不敢寧處 悉索敝賦** 索 盡也 **以討于蔡 獲司馬燮 獻于邢丘 今楚來討 曰 女何故稱兵于蔡 焚我郊保 馮陵我城郭** 馮 音憑 迫也 **敝邑之衆 夫婦男女 不皇啓處 以相救也** 皇同遑 啓 跪也 **翦焉傾覆 無所控告** 翦 盡也 **民死亡者 非其父兄 卽其子弟 夫人愁痛** 夫人猶人人也 **不知所庇 民知窮困 而受盟于楚 孤也與其二三臣不能禁止 不敢不告**

자사(子駟)가 말하였다 "《시(詩)》에 이르기를 '계책을 내는 사람이 매우 많으니 일이 이루어지지 않는도다. 말을 쏟아내는 자들이 뜰에 가득하지만 누가 감히 잘못된 결과에 책임을 지겠는가. 저[匪] 길을 가는 계책과 같은지라, 이로써 길을 떠나지도 못하리로다.'[91]라고 하였으니, 비(匪)는 저[彼]이다. 길 가는 사람에게 묻는 것과 같으니 대중이 맞추어[適] 따를 곳이 없다는 것이다. 초(楚)나라를 따르되 나 비(騑)가 잘못된 결과에 책임을 지겠소." 비(騑)는 자사(子駟)의 이름이다. 이에 초나라와 화평하고서 왕자 백변(伯駢)을 진(晉)나라에 보내어 다음과 같이 고하였다. 백변(伯駢)은 정(鄭)나라 대부이다.[92] "진나라 임금님께서 우리나라에 명하시기를 '너희들의 병거

---

89) 형구(邢丘)의 회합 : 올여름에 있었다.

90) 이 계책은~안 되오 : 자사(子駟)의 말을 따라서는 안 된다는 것이다.

91) 계책을~못하리로다 : 《시경(詩經)》〈소아(小雅)〉 소민(小旻).

92) 백변(伯駢)은~대부이다 : 백변(伯駢)은 초(楚)나라 왕자인데 정(鄭)나라에 가서 대부의 벼슬을 맡고 있었다.

와 군대[賦]를 정비하고, 너희들의 군사들을 경계시켜 함부로 침략하는 무리를 토벌하라.'고 하였습니다. 그런데 채인(蔡人)이 진나라 임금님의 명을 따르지 않아 우리나라 사람들이 감히 편히 거처할 수 없어서 우리 군대를 모두[索] 동원하여 삭(索)은 다함이다. 채(蔡)나라를 토벌하였고 사마(司馬)인 섭(燮)을 잡아 형구(邢丘)의 회합에서 바쳤습니다. 그런데 이제 초나라가 와서 우리를 토벌하며 말하기를 '너희들은 무슨 까닭으로 채나라에 군대를 일으켰느냐?'라고 하면서 우리 교외의 보루를 불태우고 우리 성곽을 핍박하여[馮] 침범하니 빙(馮)은 음이 빙(憑)이니 핍박함이다. 우리나라 백성은 부부와 자식이 모두 앉아있을[啓] 겨를[皇]도 없이 서로를 구원해야 했습니다. 황(皇)은 겨를[遑]과 같다. 계(啓)는 앉음이다. 지금 나라가 거의[翦] 넘어질 지경인데도 호소할 곳이 없습니다. 전(翦)은 다함이다. 백성으로 죽은 자가 부형이 아니면 그 자제들이어서 사람마다[夫人] 슬퍼하고 통곡하니 부인(夫人)은 사람마다[人人]와 같다. 그들을 어떻게 보호해야 할지 모르겠습니다. 이에 백성이 나라의 이런 곤궁한 처지를 알고서 초나라와의 맹약을 받아들이니 저[鄭伯]와 몇몇 대신은 이를 막을 수 없어서 감히 고하지 않을 수 없습니다."

知武子使行人子員對之 曰 君有楚命 見討之命 **亦不使一介行李告于寡君 而卽安于楚 君之所欲也 誰敢違君 寡君將帥諸侯以見于城下 唯君圖之** 爲明年伐鄭傳

진(晉)나라 지무자(知武子)가 행인(行人) 자원(子員)을 시켜 대답하기를 "임금님[鄭伯]께서 초(楚)나라의 명을 받고도 토벌하겠다는 초(楚)나라의 명을 받음이다. 한 사람의 사신[行李]을 보내 과군에게 고하지 않고 즉시 초나라의 명에 따라 안주한 것은 임금님께서 원하신 것이니, 누가 감히 임금님의 뜻을 어기겠습니까. 과군은 장차 제후들을 거느리고 정(鄭)나라의 성 아래에서 만날 것이니, 임금님께서는 이에 잘 도모하십시오."라고 하였다. 다음해에 정(鄭)나라를 치는 전(傳)의 배경이 된다.

晉侯使士匄來聘

진후(晉侯)가 사개(士匄)를 보내와서 빙문하였다.

晉范宣子來聘 且拜公之辱 告將用師于鄭 公享之 宣子賦摽有梅 欲魯及時討鄭 **季武子曰 誰敢哉** 言誰敢不從命 **今譬於草木 寡君在君 君之臭味也** 言同類 **歡以承命 何時**

之有 遲速無時 **武子賦角弓** 義取兄弟昏姻 無相遠矣 **賓將出 武子賦彤弓 宣子曰 城濮之役 我先君文公獻功于衡雍 受彤弓于襄王 以爲子孫藏 匄也 先君守官之嗣也 敢不承命 君子以爲知禮** 推美於君 故謂知禮

진(晉)나라 범선자(范宣子 : 士匄)가 와서 빙문하고 또 지난번 양공(襄公)이 진나라를 조견한 일에 대하여 배사하였다. 그리고 정(鄭)나라 치는 일에 군대를 쓸 것이라고 고하였다. 양공이 향연을 베풀 때 선자(宣子)가 표유매(摽有梅[93])를 읊거늘 로(魯)나라가 때에 맞춰 함께 정(鄭)나라를 토벌해 주기를 바란 것이다. 계무자(季武子)가 말하기를 "누가 감히 어길 수 있겠습니까. 누가 감히 명을 따르지 않겠느냐는 말이다. 지금 초목에 비유하자면 과군은 진나라 임금님에 있어 임금님의 냄새와 맛입니다.[94] 같은 류(類)라는 말이다. 기꺼이 명을 받을 것이니 어찌 때가 있겠습니까."라 하고서 더디고 빠른 정해진 때가 없다는 것이다. 무자(武子)가 각궁(角弓)[95]을 읊었다. 형제와 인척은 서로 멀리해서는 안 된다는 뜻을 취한 것이다. 손님[范宣子]이 물러나려 할 때 무자가 동궁(彤弓)을 읊으니,[96] 선자가 말하기를 "성복(城濮)의 싸움[97]에서 우리 선군인 문공(文公)께서 형옹(衡雍)에서 전공(戰功 : 戰利品)을 바치고, 주양왕(周襄王)에게 동궁을 받아 자손에게 전할 보물로 삼았습니다. 나 개(匄)는 선군 때 벼슬하던 관리의 후손이니 어찌 감히 그대의 명을 받아들이지 않을 수 있겠습니까."[98]라고 하였다. 이에 군자는 그가 례를 알았다고 이른다. 임금에게 아름다운 업적을 미루었으므로 례를 알았다고 이른 것이다.

---

93) 표유매(摽有梅) : 《시경(詩經)》 〈소남(召南)〉의 편 이름. 총각들이 아내를 구하려면 제 때에 맞추는 것이 좋다는 내용이다.

94) 지금~맛입니다 : 진(晉)나라 임금이 초목이라면 로(魯)나라 임금은 초목에서 풍기는 냄새와 맛이라는 말이다.

95) 각궁(角弓) : 《시경(詩經)》 〈소아(小雅)〉의 편 이름.

96) 무자가~읊으니 : 동궁(彤弓)은 《시경(詩經)》 〈소아(小雅)〉의 편 이름으로 천자가 공이 있는 제후에게 궁시(弓矢)를 하사할 때 읊는 시이다. 여기서는 계무자(季武子)가 진(晉)나라 임금이 진문공(晉文公)의 패업을 계승하여 다시 주왕(周王)에게서 동궁(彤弓)을 받기를 바란 것이다.

97) 성복(城濮)의 싸움 : 희공(僖公) 28년에 있었던 진(晉)나라와 초(楚)나라의 싸움이다.

98) 그대의~있겠습니까 : 감히 계무자(季武子)의 명을 버리지 않고 진(晉)나라 임금이 큰 공을 세우도록 잘 보필하겠다는 말이다.

양공(襄公) 9년 【丁酉 B.C.564】

九年 春 宋災

9년 봄에 송(宋)나라에 화재가 났다.

災 公作火

재(災)는 《공양전(公羊傳)》에는 화(火)로 되어 있다.

九年 春 宋災 樂喜爲司城以爲政 樂喜 子罕也 知將有災而戒備 **使伯氏司里** 伯氏 宋大夫 司里 里宰 **火所未至 徹小屋 塗大屋 陳畚挶 具綆缶** 挶 音掬 土輿 綆 汲索 缶 汲器 **備水器** 盆甖之屬 **量輕重** 計人力所任 **蓄水潦 積土塗 巡丈城 繕守備** 丈 度也 行度守備之處 恐因災有亂 **表火道** 火起 則從其所趣摽表之 **使華臣具正徒** 華臣 華元子 爲司徒 正徒 役徒也 **令隧正納郊保 奔火所** 五縣爲隧 納郊野保守之民以救火 **使華閱討右官 官庀其司** 閱 亦華元子 代爲右師 討 治也 使具其屬 **向戌討左 亦如之 使樂遄庀刑器 亦如之** 樂遄爲司寇 刑器 刑書也 **使皇鄖命校正出馬 工正出車 備甲兵 庀武守** 皇鄖 皇父充石之後 校正主馬 工正主車 **使西鉏吾庀府守** 鉏吾 大宰也 府 六官之典 **令司宮巷伯儆宮** 司宮 奄臣 巷伯 寺人 **二師令四鄉正敬享** 二師 左右師 鄉正 鄉大夫 **祝宗用馬于四墉 祀盤庚于西門之外** 用馬祭于四城以禳火 盤庚 宋祖

9년 봄에 송(宋)나라에 화재가 났다. 이때 악희(樂喜)가 사성(司城)이 되어 송나라 집정이었는데 악희(樂喜)는 자한(子罕)이다. 장차 화재가 있을 줄 알고 경계하고 대비하였다. 백씨(伯氏)로 하여금 사리(司里)를 맡게 하여 백씨(伯氏)는 송(宋)나라 대부이다. 사리(司里)는 마을[里][99]을 다스리는 책임자이다. 불길이 아직 미치지 않은 곳의 작은 집은 철거하고 큰 집은 진흙으로 겉을 바르게 하였으며, 삼태기[畚]와 들것[挶]을 진렬하고 두레박줄[綆]과 두레박[缶]을 갖추고 국(挶)은 음이 국(掬)이니 흙을 나르는 들것이다. 경(綆)은 물 긷는 줄이다. 부(缶)는 물 긷는 도구이다. 물그릇을 준비하였으며 동이와 큰 독 따위이다. 일의 경중을 헤아리고 인력이 감당할 수 있는 정도를 헤아림이다. 물길을 가두고 진흙을 쌓아두며, 성곽을 순찰하고 살펴[丈] 수비할 곳을 수선하며, 장(丈)은 헤아림이

99) 마을[里] : 여기서 리(里)는 도성 안의 민가가 있는 곳이니, 행정 조직으로서 교외(郊外) 25가(家)를 이르는 리가 아니다.

다. 수비할 곳을 순행하여 헤아리니, 화재로 인해 란(亂)이 있을까 념려한 것이다. 불길을 표시하게 하였다. 화재가 일어나면 그 불이 향하는 곳을 따라 표목(標木 : 摽)으로 표시한 것이다. 화신(華臣)으로 하여금 정도(正徒)를 갖추게 하고, 화신(華臣)은 화원(華元)의 아들로 사도(司徒)였다. 정도(正徒)는 역도(役徒)[100]이다. 수정(隧正)[101]에게 명하여 교보(郊保)의 백성을 성내로 들여보내 불이 난 곳으로 급히 가게 하였다. 다섯 현(縣)이 1수(隧)가 된다. 교야(郊野)와 보수(保守)[102]의 백성을 성내로 들여보내 불을 끄게 한 것이다. 화열(華閱)로 하여금 우사(右師)의 관리들을 다스려[討] 관리들이 맡은 부서를 지키게 하였다. 열(閱) 또한 화원(華元)의 아들로서 화원을 대신하여 우사(右師)가 되었다. 토(討)는 다스림이니 그로 하여금 우사의 관속들을 잘 갖추게 한 것이다. 상술(向戌)은 좌사(左師)의 관리들을 다스렸는데 또한 이와 같이 하였다.[103] 악천(樂遄)으로 하여금 형기(刑器)들을 잘 갖추어 역시 잘 관리하게 하였다. 악천(樂遄)은 사구(司寇)였다. 형기(刑器)는 형서(刑書)이다.[104] 황운(皇鄖)으로 하여금 교정(校正)에게 명하여 말을 내게 하고 공정(工正)에게 명하여 병거를 내게 하고 갑병을 갖추어 무기고를 지키게[庀] 하였다. 황운(皇鄖)은 황보충석(皇父充石)의 후손이다. 교정(校正)은 말을 주관하고 공정(工正)은 병거를 주관한다. 서서오(西鉏吾)로 하여금 각 부고(府庫)를 지키게 하고, 서오(鉏吾)는 태재(大宰)이다. 부(府)는 6관(官)의 전적(典籍)이다. 사궁(司宮)과 항백(巷伯)에게 명하여 궁중을 경비하게 하였다. 사궁(司宮)은 엄신(奄臣)이다. 항백(巷伯)은 시인(寺人)이다. 두 사(師)는 네 향정(鄉正)에게 명하여 경건히 제향하게 하고, 두 사(師)는 좌사(左師)와 우사(右師)이다. 향정(鄉正)은 향대부(鄉大夫)이다. 축종(祝宗)에게 명하여 사방의 성벽에 말을 바치게 하였으며, 서문 밖에서 반경(盤庚)에게 제사 지내게 하였다. 말을 써서 성의 네 곳에서 제사 지내어 불을 물리치게 빈 것이다. 반경(盤庚)은 송(宋)나라의 조상이다.

晉侯問於士弱 弱 士渥濁之子 **曰 吾聞之 宋災 於是乎知有天道 何故** 問宋何故自知 **對曰 古之火正 或食於心 或食於味 以出內火 是故味爲鶉火 心爲大火** 內 音納 味 柳星 朱鳥之宿 季春 昏 見南方則令民放火 心 蒼龍之宿 季秋 伏在日下 則禁民放火祀火星以火正配食 **陶唐氏之火正閼伯居商丘** 閼伯 高辛氏子 商丘 宋地 **祀大火 而火紀時焉** 謂出內火時 **相土因之 故商**

100) 역도(役徒) : 로역(勞役)을 지는 일꾼.

101) 수정(隧正) : 근교(近郊)를 관장하는 관리.

102) 보수(保守) : 근교(近郊)의 작은 성보(城堡).

103) 이와~하였다 : 우사(右師)를 맡은 화열(華閱)과 같이 일을 처리하였다는 것이다.

104) 형기(刑器)는 형서(刑書)이다 : 형법의 조문을 기물에 써두었기 때문에 이르는 말이다. 형기(刑器)를 형구(刑具)로 보는 설도 있다.

主大火 相土 契孫 商之祖也 代閼伯居商丘 **商人閱其禍敗之釁 必始於火 是以日知其有天道也** 商人更歷火災 宋是商後 故知天道必災 **公曰 可必乎 對曰 在道 國亂無象 不可知也** 言國無道 災變亦殊 不可必知

진후(晉侯)가 사약(士弱)에게 물어 약(弱)은 사악탁(士渥濁)의 아들이다. 말하기를 "내가 듣건대 송(宋)나라에 화재가 나니 송나라가 이에 천도(天道)가 있는 줄 알았다고 하는데 무슨 연유인가?"라고 하였다. 송(宋)나라가 무엇 때문에 스스로 알았는지를 물은 것이다. 사약이 다음과 같이 대답하였다. "고대의 화정(火正)[105]은 혹은 심수(心宿) 분야에 식읍을 받고 혹은 주수(咮宿) 분야에 식읍을 받아서 불의 출납(出內)을 담당하였습니다. 그러므로 주수를 순화성(鶉火星)이라 하고 심수를 대화성(大火星)이라 하였습니다. 납(內)은 음이 납(納)이다. 주수(咮宿)는 류성(柳星)으로 주조(朱鳥)의 별자리에 속한다. 계춘(季春) 저녁에 주수가 남방에 나타나면 백성으로 하여금 불을 놓게 한다. 심수(心宿)는 창룡(蒼龍)의 별자리에 속한다. 계추(季秋)에 심수가 태양 밑에 잠복해 있으면[106] 백성이 불을 놓는 것을 금하고 화성에 제사 지내면서 화정(火正)을 함께 배식(配食 : 配享)한다. 도당씨(陶唐氏 : 堯) 때의 화정인 알백(閼伯)은 상구(商丘)에 거주하였는데 알백(閼伯)은 고신씨(高辛氏)의 아들이다. 상구(商丘)는 송(宋)나라 땅이다. 대화성에 제사를 지내고 불을 출납하는 시기를 정했습니다. 불을 출납하는 때를 이른다. 상토(相土)가 이를 계승하였으므로 상(商)나라는 대화성의 제사를 주관하였습니다. 상토(相土)는 설(契)의 손자로서 상(商)나라의 시조이다. 알백(閼伯)을 대신하여 상구(商丘)에 거주하였다. 상인(商人)은 화란과 실패의 조짐이 반드시 불에서 시작한다는 것을 관찰하였습니다. 이 때문에 일전[日]에 천도가 있다는 것을 알았다고 한 것입니다." 상인(商人)은 여러 번 화재를 겪었다. 송(宋)나라는 상(商)나라의 후손이므로 천도상으로 반드시 화재가 일어날 것을 안 것이다. 진도공(晉悼公)이 말하기를 "반드시 그러한가?"라고 하니, 사약이 대답하기를 "이는 도(道)에 달려 있습니다. 나라가 혼란하면 조짐[象]도 나타나지 않으니 알 수 없습니다."라고 하였다. 나라에 도가 없으면 재변(災變)도 다르게 나타나므로 천도를 반드시 알 수 있는 것은 아니라는 말이다.

夏 季孫宿如晉

여름에 계손숙(季孫宿)이 진(晉)나라에 갔다.

105) 화정(火正) : 불을 맡아 보았던 벼슬. 뒤에는 불을 맡은 신으로 추앙하여 제사를 지냈다.

106) 태양~있으면 : 밤에 보이지 않는 것을 말한다.

夏 季武子如晉 報宣子之聘也

여름에 계무자(季武子 : 季孫宿)가 진(晉)나라에 갔으니, 선자(宣子 : 范宣子)의 빙문[107]에 보답하기 위해서였다.

五月 辛酉 夫人姜氏薨 5월 신유일에 부인(夫人) 강씨(姜氏)가 훙하였다.

穆姜薨於東宮 穆姜淫僑如 欲廢成公 故徙居東宮 **始往而筮之 遇艮之八**䷳ 艮五爻皆變 惟二得八 故不變 八 少陰也 **史曰 是謂艮之隨**䷐ 震下兌上 **隨 其出也** 隨非閉固之卦 **君必速出** 謂不久居東宮 **姜曰 亡** 亡猶無也 **是於周易曰 隨 元亨利貞 無咎 元 體之長也 亨 嘉之會也 利 義之和也 貞 事之幹也 體仁足以長人 嘉德足以合禮 利物足以和義 貞固足以幹事 然故不可誣也 是以雖隨無咎 今我婦人 而與於亂 固在下位** 婦人卑於丈夫 **而有不仁 不可謂元 不靖國家 不可謂亨 作而害身 不可謂利 棄位而姣** 姣 淫也 **不可謂貞 有四德者 隨而無咎 我皆無之 豈隨也哉 我則取惡 能無咎乎 必死於此 弗得出矣**

목강(穆姜)[108]이 동궁(東宮)에서 훙하였다. 목강(穆姜)이 교여(僑如 : 叔孫僑如)와 간음하고 성공(成公)을 폐위시키고자 했었다.[109] 그러므로 동궁(東宮)으로 옮겨 거처하게 한 것이다. 처음 목강이 동궁으로 갔을 때 시초점을 치니 간괘(艮卦)가 8로 변한 괘䷳를 만났다. 간괘(艮卦)의 다섯 효가 모두 변하고 오직 두 번째 효가 8을 얻었으므로 변하지 않는 것이다. 8은 소음(少陰)이다.[110] 태사(大史)가 말하기를 "이는 간괘가 수괘(隨卦)䷐로 변한 것입니다. 진(震)이 하괘이고 태(兌)가 상괘이다. 수(隨)는 나가는 것이니 수괘(隨卦)는 굳게 닫히는 괘가 아니다. 군(君 : 穆姜)께서는 반드시 속히 여기서 나가게 될 것입니다."라고 하였다. 오래도록 동궁(東宮)에 거처하지 않을 것이라고 이른 것이다. 목강이 말하기를 "그럴 일이 없을 것이다. 무(亡)는 없음[無]과 같다. 이는 《주역(周易)》에 '수(隨)는 원형리정(元亨利貞)하니 허물이 없을 것이다.'라고 하였다. 원(元)은 몸의 머리이고, 형(亨)은 아름다움의 모임이고, 리(利)는 의로움의 화합이며, 정(貞)은 일의 줄기이다. 인을 체득하면 사람

---

107) 선자(宣子 : 范宣子)의 빙문 : 이 일은 양공(襄公) 8년에 있었다.

108) 목강(穆姜) : 양공(襄公)의 할머니이고 성공(成公)의 어머니이다.

109) 목강(穆姜)이~했었다 : 이 일은 성공(成公) 16년에 있었다.

110) 8은 소음(少陰)이다 : 《주역(周易)》에서 8은 소음(少陰)에 해당한다.

들의 우두머리가 될 수 있고, 아름다운 덕은 례에 부합할 수 있고, 만물을 리롭게 하면 의와 화합할 수 있고, 바르고 굳으면 일을 주간할 수 있다. 그렇기 때문에 점괘는 속일 수 없는 것이다. 이 때문에 비록 수괘를 만나더라도 허물이 없지만 지금 나는 부인(婦人)의 몸으로 국란(國亂)에 참여하였으며 본래 하위에 있으면서 부인(婦人)은 장부보다 낮다는 것이다. 어질지 못하였으니 원이라 이를 수 없고, 나라를 안정시키지 못하였으니 형이라 이를 수 없고, 란을 일으켜 몸을 해쳤으니 리라고 이를 수 없고, 지위를 버리고 음란하였으니[姣] 교(姣)는 음란함이다. 정이라 이를 수 없다. 네 가지 덕이 있으면 수괘를 만나더라도 허물이 없겠지만 나는 이 모든 덕이 없으니 어찌 수괘에 맞겠는가. 나는 악을 취하였으니 허물이 없을 수 있겠는가. 반드시 여기서 죽게 될 것이고 나갈 수 없을 것이다."라고 하였다.

秋 가을이다.

秦景公使士雃乞師于楚 將以伐晉 雃 音牽 士雃 秦大夫 **楚子許之 子囊曰 不可 當今吾不能與晉爭 晉君類能而使之** 隨所能 **擧不失選 官不易方 其卿讓於善 其大夫不失守 其士競於敎 其庶人力於農穡 商工皁隷 不知遷業 韓厥老矣 知罃稟焉以爲政 范匄少於中行偃而上之 使佐中軍 韓起少於欒黶 而欒黶士魴上之 使佐上軍 魏絳多功 以趙武爲賢而爲之佐 君明臣忠 上讓下競 當是時也 晉不可敵 事之而後可 君其圖之 王曰 吾旣許之矣 雖不及晉 必將出師 秋 楚子師于武城 以爲秦援 秦人侵晉 晉饑 弗能報也**

진경공(秦景公)이 사견(士雃)을 초(楚)나라에 보내어 군대를 요청하여 진(晉)나라를 치고자 하였다. 견(雃)은 음이 견(牽)이다. 사견(士雃)은 진(秦)나라 대부이다. 초자(楚子)가 이를 허낙하니, 자낭(子囊)이 말하기를 "옳지 않습니다. 지금 우리는 진(晉)나라와 싸울 수 없습니다. 진나라 임금은 능력에 따라 그 사람을 부리니 그 사람의 능력에 따른다는 것이다. 등용함에 선발을 잘못하는 일이 없고, 등용된 관리들은 법을 바꾸지 않습니다. 경(卿)들은 훌륭한 이에게 직위를 사양하고, 대부들은 지켜야 할 직임을 잃지 않고, 사(士)들은 상명(上命 : 敎)을 봉행하는 데 앞장서고, 서인들은 농사에 힘쓰고, 상공인과 조예(皁隷)들은 그들의 직업을 바꿀 줄 모릅니다. 한궐(韓厥)은 은퇴하였는데도 지앵(知罃)이 그에게 품의하여 정사를 행하고,

범개(范匄)는 중항언(中行偃)보다 젊은데도 중항언은 그를 높여 중군(中軍)의 부장이 되게 하였고, 한기(韓起)는 란암(欒黶)보다 젊은데도 란암과 사방(士魴)이 그를 높여 상군(上軍)의 부장이 되게 하였고, 위강(魏絳)은 공이 많지만 조무(趙武)를 어질다고 여겨 그의 부장이 되었습니다. 임금은 현명하고 신하는 충성스러우며 윗사람은 사양하고 아랫사람은 일에 앞장서니, 이때를 당하여 진나라를 대적할 수가 없습니다. 오히려 그들을 섬긴 뒤에야 가능하니 임금님께서는 이를 헤아리십시오."라고 하였다. 초왕이 말하기를 "나는 이미 원병을 허낙하였다. 비록 진(晉)나라의 국력에 미치지 못하더라도 반드시 군대를 출정시킬 것이다."라고 하였다. 가을에 초자가 무성(武城)에 군대를 주둔시켜 진(秦)나라의 후원군으로 삼았다. 진인(秦人)이 진(晉)나라를 침범하였는데 진(晉)나라는 기근이 들어 보복할 수 없었다.

八月 癸未 葬我小君穆姜 8월 계미일에 우리 소군(小君) 목강(穆姜)의 장례를 지냈다.

穆 公作繆

목(穆)은 《공양전(公羊傳)》에는 목(繆)으로 되어 있다.

冬 公會晉侯宋公衛侯曹伯莒子邾子滕子薛伯杞伯小邾子齊世子光伐鄭 十有二月 己亥 同盟于戲 겨울에 양공(襄公)이 진후(晉侯)·송공(宋公)·위후(衛侯)·조백(曹伯)·거자(莒子)·주자(邾子)·등자(滕子)·설백(薛伯)·기백(杞伯)·소주자(小邾子)·제(齊)나라 세자 광(光)과 회합하여 정(鄭)나라를 쳤다. 12월 기해일에 희(戲) 땅에서 동맹하였다.

戲 鄭地

희(戲)는 정(鄭)나라 땅이다.

冬 十月 諸侯伐鄭 庚午 季武子齊崔杼宋皇鄖從荀罃士匄門于鄟門 鄭城門也 **衛北宮括曹人邾人從荀偃韓起門于師之梁** 師之梁亦鄭城門 **滕人薛人從欒黶士魴門于北門杞人郳人從趙武魏絳斬行栗** 行栗 表道樹

겨울 10월에 제후들이 정(鄭)나라를 쳤다. 경오일에 계무자(季武子)·제(齊)나라 최저(崔杼)·송(宋)나라 황운(皇鄖)이 순앵(荀罃)과 사개(士匄)를 따라 전문(鄟門)을 공격하고, 정(鄭)나라 성문이다. 위(衛)나라 북궁괄(北宮括)·조인(曹人)·주인(邾人)은 순언(荀偃)과 한기(韓起)를 따라 사지량(師之梁)을 공격하고, 사지량(師之梁)도 정(鄭)나라 성문이다. 등인(滕人)과 설인(薛人)은 란암(欒黶)과 사방(士魴)을 따라 북문(北門)을 공격하고, 기인(杞人)과 예인(郳人)은 조무(趙武)와 위강(魏絳)을 따라 행률(行栗)을 베었다. 행률(行栗)은 길을 표시하는 나무이다.

甲戌 師于汜 令於諸侯曰 脩器備 盛餱糧 歸老幼 示將久師 **居疾于虎牢** 諸侯已取鄭虎牢故使諸軍疾病息其中 **肆眚圍鄭** 肆 緩也 眚 過也 赦諸軍犯法者 **鄭人恐 乃行成 中行獻子曰 遂圍之 以待楚人之救也 而與之戰 不然 無成** 獻子 荀偃 **知武子曰 許之盟而還師 以敝楚人 吾三分四軍 與諸侯之銳 以逆來者** 來者 楚也 **於我未病 楚不能矣** 晉各一動而楚三來 故曰不能 **猶愈於戰 暴骨以逞 不可以爭 大勞未艾 君子勞心 小人勞力 先王之制也** 艾 息也 言當從勞心之勞 **諸侯皆不欲戰 乃許鄭成**

갑술일에 제후들의 군대가 범(汜) 땅에 주둔하자 진후(晉侯)가 제후들에게 명하기를 "병기와 장비를 수선하고 군량을 충분히 갖추고, 늙거나 어린 병사들을 돌려보내고 군대를 오래 주둔시키려는 것을 보이도록 한 것이다. 병든 자를 호뢰(虎牢)에 가 있게 하고, 제후들이 이미 정(鄭)나라의 호뢰(虎牢)를 취하였기 때문에 모든 군대의 병든 군사들을 그곳에서 쉬도록 한 것이다. 죄인[眚]을 놓아주고[肆] 정(鄭)나라를 포위하라."고 하니, 사(肆)는 놓아줌이고 생(眚)은 과오를 저지른 사람이니, 모든 군대 가운데 법을 범한 자들을 사면하라는 것이다. 정인(鄭人)이 두려워 화친을 맺으려 하였다. 중항헌자(中行獻子)가 말하기를 "끝까지 정나라를 포위하여 초인(楚人)이 구원하러 오기를 기다려 그들과 싸워야 합니다. 그렇지 않으면 정나라와의 화친은 없습니다."라고 하였다. 헌자(獻子)는 순언(荀偃)이다. 이에 지무자(知武子 : 荀罃)가 말하기를 "맹약을 허낙하고 제후들의 군대를 돌려보내어 초인을 지치게 하십시오. 그리고 우리는 4군(軍)을 세 부대로 나누어 제후들의 정예부대와 함께 쳐들어오는 자들을 맞이하면 쳐들어오는 자는 초(楚)나라 군대이다. 우리는 피로함이 없지만 초나라는 그렇지 못할 것입니다. 진(晉)나라 군대가 각각 한 번씩 출동할 때 초나라는 세 번 와야 하기 때문에 그렇지 못할 것이라고 말한 것이다. 이렇게 하는 것이 전면전을 치르는 것보다 나으며, 병사들의 시신이 드러난 뒤에야 만족스럽게 여기는 것은 하지 않아야 할 싸움입니다. 그리고 크게 힘을 쏟아야 할 일[111]이 끝나지[艾] 않았으니, '군자는 마음을 수고롭게 하고 소인은 힘을 수고롭게 한다.'는 것은 선왕의 제도입니다."라고 하였다. 애(艾)는 끝남이다. 마땅히 마음을 쓰는 수고로움을 따라야 한다는 말이다.[112] 이에 제후들이 모두 싸우려고 하지 않으니 진후는 정나라와의 화친을 허낙하였다.

十一月 己亥 同盟于戲 鄭服也 鄭服 故言同盟 十二月 無己亥 經誤 **將盟 鄭六卿公子騑公子發公子嘉** 子孔 **公孫輒** 子耳 **公孫蠆** 子蟜 **公孫舍之及其大夫門子 皆從鄭伯** 門子 卿之適子

11월 기해일에 희(戲) 땅에서 동맹하였으니, 정(鄭)나라가 복종하였기 때문이다. 정(鄭)나라가 복종하였기 때문에 동맹하였다고 말한 것이다. 12월에는 기해일이 없으니 경문이 잘못이다. 맹약할 때 정나라 6경(卿)인 공자 비(騑 : 子駟)·공자 발(發 : 子國)·공자 가(嘉)· 공자 가(嘉)는 자공(子孔)이다. 공손첩(公孫輒)· 자이(子耳)이다. 공손채(公孫蠆)· 자교(子蟜)이다. 공손사지(公孫舍之 : 子展)와 그들의 대부 및 문자(門子)들이 모두 정백(鄭伯)을 따라갔다. 문자(門子)는 경(卿)의 적자(適子)이다.

晉士莊子爲載書 莊子 士弱 **曰 自今日旣盟之後 鄭國而不唯晉命是聽 而或有異志者 有如此盟 公子騑趍進 曰 天禍鄭國 使介居二大國之間** 介猶間也 **大國不加德音 而亂以要之** 以兵亂强要鄭 **使其鬼神不獲歆其禋祀 其民人不獲享其土利 夫婦辛苦墊隘 無所厎告** 墊隘猶委頓 **自今日旣盟之後 鄭國而不唯有禮與彊可以庇民者是從 而敢有異志者 亦如之 荀偃曰 改載書 公孫舍之曰 昭大神要言焉** 要誓以告神 **若可改也 大國亦可叛也 知武子謂獻子曰 我實不德 而要人以盟 豈禮也哉 非禮 何以主盟 姑盟而退 脩德息師而來 終必獲鄭 何必今日 我之不德 民將棄我 豈唯鄭 若能休和 遠人將至 何恃於鄭 乃盟而還**

진(晉)나라 사장자(士莊子)가 재서(載書)를 지어 장자(莊子)는 사약(士弱)이다. 말하기를 "오늘 맹약을 한 뒤로 정(鄭)나라가 진(晉)나라의 명을 따르지 않고 혹 다른 뜻을 가진다면 이

111) 크게~일 : 초(楚)나라와의 싸움을 이른다.
112) 마땅히~말이다 : 무력(武力)으로 하는 싸움이 아니라 지략(智略)으로 싸워야 한다는 뜻이다.

맹약에 따라 벌을 받을 것이다."라고 하였다. 그러자 공자 비(騑)가 종종걸음으로 나아가 말하기를 "하늘이 우리 정나라에 화를 내리어 두 대국 사이[介]에 놓이게 하였습니다. 개(介)는 사이[間]와 같다. 대국이 덕을 베풀지 아니하고 병란으로 강요하여 병란(兵亂)을 일으켜 정(鄭)나라에 강요하였다는 것이다. 우리나라의 귀신들로 하여금 제사를 흠향하지 못하게 하고, 백성으로 하여금 농사의 리익을 누리지 못하게 하며, 부부(夫婦)들이 힘들고 지쳐도[墊隘] 호소할 곳이 없게 하였습니다. 점애(墊隘)는 지침[委頓]과 같다. 오늘 맹약한 뒤로 우리 정나라로서 례가 있고 강함이 있어 우리 백성을 보호할 수 있는 나라를 따르지 않고 감히 다른 마음을 품는다면 또한 맹약대로 벌을 받을 것입니다."라고 하였다. 이를 듣고 순언(荀偃)이 말하기를 "재서를 고치시오."라고 하니, 정나라의 공손사지(公孫舍之)가 말하기를 "대신(大神)에게 맹약의 말을 밝게 고하였는데 맹서[要誓]로써 신에게 고한 것이다. 만약 고칠 수 있다면 대국을 배반할 수도 있을 것입니다."라고 하였다. 지무자(知武子 : 荀罃)가 헌자(獻子 : 荀偃)에게 말하기를 "우리는 진실로 덕이 없으면서도 남에게 맹약을 강요한다면 어찌 례라고 할 수 있겠는가. 그리고 례가 아니면 무엇으로 맹약을 주관하겠는가. 우선 맹약하고 물러나 덕을 닦고 군사를 쉬게 한 뒤에 온다면 결국 반드시 정나라를 얻을 수 있을 것이니, 어찌 반드시 오늘이라야 하겠는가. 우리가 덕이 없으면 우리 백성도 우리를 버릴 것인데 어찌 정나라만 그렇겠는가. 만약 제후들의 군대를 쉬게 하고 화목하게 지낸다면 멀리 있는 사람들도 이를 것인데 어찌 정나라만을 믿으려 하는가."라고 하였다. 이에 정나라와 맹약하고 돌아갔다.

晉人不得志於鄭 以諸侯復伐之 十二月 癸亥 門其三門 閏月 戊寅 濟于陰阪 侵鄭 陰阪 洧津也 濟陰阪 復侵鄭外邑 次于陰口而還 陰口 鄭地 子孔曰 晉師可擊也 師老而勞 且有歸志 必大克之 子展曰 不可

진인(晉人)이 정(鄭)나라에서 뜻을 얻지 못하여 제후들을 거느리고 다시 쳤다. 12월 계해일에 정나라의 세 성문을 공격하고, 윤달 무인일에 음판(陰阪)을 건너 정나라를 침범하여 음판(陰阪)은 유수(洧水)의 나루이다. 음판을 건넜다는 것은 다시 정(鄭)나라의 외읍(外邑)을 침범한 것이다. 음구(陰口)에 주둔하였다가 돌아갔다. 음구(陰口)는 정(鄭)나라 땅이다. 자공(子孔)이 말하기를 "진(晉)나라 군대를 지금 공격할 수 있습니다. 군대가 출정한 지 오래되어 지쳐 있어 돌아가려는 생각을 갖고 있으니 반드시 크게 이길 수 있습니다."라고 하자, 자전(子展)이 말하기를 "안 됩니다."라고 하였다.

公送晉侯 晉侯以公宴于河上 問公年 季武子對曰 會于沙隨之歲 寡君以生 沙隨會在

成十六年 **晉侯曰 十二年矣 是謂一終 一星終也** 歲星十二歲一周天 **國君十五而生子 冠而生子 禮也 君可以冠矣 大夫盍爲冠具 武子對曰 君冠 必以祼享之禮行之 以金石之樂節之 以先君之祧處之** 祧卽廟也 **今寡君在行 未可具也 請及兄弟之國而假備焉 晉侯曰 諾 公還 及衛 冠于成公之廟** 成公 衛獻公曾祖 **假鐘磬焉 禮也**

양공(襄公)이 진후(晉侯)를 전송할 때 진후가 하수(河水) 가에서 양공에게 연회를 베풀어 주었다. 그때 진후가 양공의 나이를 물으니, 계무자(季武子)가 대답하기를 “사수(沙隨)에서 회합을 가진 해에 과군이 태어나셨습니다.”라고 하였다. 사수(沙隨)의 회합은 성공(成公) 16년에 있었다. 진후가 말하기를 “12살이로군. 12년을 일종(一終)이라 하니 한 번 세성(歲星 : 木星)의 운행이 마치는 때이다. 세성(歲星)은 12년에 천체를 한 바퀴 돈다. 국군(國君)이 15세가 되면 자식을 낳는데, 관례를 치르고 자식을 낳는 것이 례이다. 그대의 임금은 관례를 행해야 하는데 대부는 어찌하여 관구(冠具)를 갖추지 않는가?”라고 하였다. 무자(武子)가 대답하기를 “임금의 관례는 반드시 관향(祼享)[113]의 례로 행하고 금석(金石)의 음악으로 절조(節操)를 삼고 선군의 조묘[祧]에서 거행해야 하는데, 조(祧)는 사당[廟]이다. 지금 과군이 로정(路程) 중에 계시기에 갖추지 못하였습니다. 그러니 형제의 나라에 이르러 빌려 준비하겠습니다.”라고 하니, 진후가 좋다고 하였다. 양공이 돌아오는 길에 위(衛)나라에 이르러 위성공(衛成公)의 사당에서 관례를 행할 때 성공(成公)은 위헌공(衛獻公)의 증조이다. 종(鐘)과 경(磬)을 빌렸으니, 례에 맞는 일이었다.

晉侯歸 謀所以息民 魏絳請施舍 施恩惠 舍勞役 **輸積聚以貸 自公以下 苟有積者 盡出之 國無滯積 亦無困人 公無禁利 亦無貪民 祈以幣更** 用幣更牲 **賓以特牲** 享不多品 **器用不作 車服從給** 足給事也 **行之期年 國乃有節 三駕而楚不能與爭** 三駕 三興師 謂十年牛首 十一年向 及其秋 鄭東門之役

진후(晉侯)가 돌아가서 백성을 쉬게 할 방도에 대하여 모의하였는데, 위강(魏絳)이 은혜를 베풀고 로역(勞役)을 중지하며 은혜를 베풀고 로역을 중지함이다. 쌓아둔 곡식을 내어 빌려주기를 청하였다. 이에 진도공(晉悼公) 이하로 곡식을 쌓아둔 이들은 모두 내어놓아 나라 안에는 곡식을 쌓아둔 이가 없고 곤궁한 사람도 없게 되었다. 진도공이 리익을 금하지 않으니[114] 리익을 탐하는 백성도 없어졌다. 제사에 바치는 희생은 폐백으로 바꾸고 폐백으로 희생

---

113) 관향(祼享) : 선군의 종묘에서 울창주(鬱鬯酒)로 강신제(降神祭)를 행하고 제사를 지내는 의식.

114) 리익을~않으니 : 공실의 리익을 독점하기 위하여 백성의 리익 행위를 금하는 일을 하지 않는다는 것이다.

을 대신한 것이다. 특생(特牲)[115]으로 빈객을 접대하고 빈객을 접대할 때 많은 물품을 쓰지 않은 것이다. 기물은 새로 만들지 않고 수레와 의복은 필요한 만큼만 공급하였다. 일에 충족할 만큼만 공급한 것이다. 시행한 지 1년 만에 나라에는 절도(節度)가 있게 되었으며, 세 번이나 군대를 일으켰는데도[三駕] 초(楚)나라가 대적하지 못하였다. 삼가(三駕)는 세 번 군대를 일으킨 것이다. 양공(襄公) 10년에 우수(牛首)를 친 일과 11년에 상(向) 땅을 친 일, 그리고 그 해 가을 정(鄭)나라 동문(東門)의 싸움을 이른다.

楚子伐鄭

초자(楚子)가 정(鄭)나라를 쳤다.

楚子伐鄭 子駟將及楚平 子孔子蟜曰 與大國盟 口血未乾而背之 可乎 子駟子展曰 吾盟固云 唯彊是從 今楚師至 晉不我救 則楚彊矣 盟誓之言 豈敢背之 且要盟無質 神弗臨也 質 主也 **所臨唯信 信者 言之瑞也** 瑞 符也 **善之主也 是故臨之 明神不蠲要盟** 蠲 潔也 **背之 可也 乃及楚平 公子罷戎入盟 同盟于中分** 中分 鄭城中里名 罷戎 楚大夫 **楚莊夫人卒** 共王母 **王未能定鄭而歸**

초자(楚子)가 정(鄭)나라를 치자, 정나라 자사(子駟)가 초(楚)나라와 화평하고자 하였다. 자공(子孔)과 자교(子蟜)가 말하기를 "대국인 진(晉)나라와 맹약을 하고서 입에 바른 피가 마르기도 전에 배반하는 것이 옳겠소?"라고 하니, 자사와 자전(子展)이 말하기를 "우리가 맹세한 말에는 본래 강자를 따르겠다고 하였소. 지금 초나라 군대가 이르렀는데도 진나라는 우리를 구원하지 못하니 초나라가 강자인 것이오. 그러니 맹세한 말을 어찌 감히 배반하겠소. 그리고 강요한 맹세는 주장할[質] 것이 못 되며 신께서도 림하지 않는 법이오. 질(質)은 주장함이다. 신이 림하는 곳은 오직 믿음이 있는 곳으로, 믿음은 말의 부절[瑞]이고 서(瑞)는 부절(符節)이다. 선의 주체이오. 그러므로 믿음이 있는 곳에 신이 림하며 밝은 신께서는 강압적인 맹약을 깨끗하게[蠲] 여기지 않으니 견(蠲)은 깨끗함이다. 그런 맹약은 배반해도 좋은 것이오."라 하고 초나라와 화평을 맺으니, 공자 피융(罷戎)이 정나라로 들어가 맹약하고 중분(中分)에서 동맹하였다. 중분(中分)은 정(鄭)나라 성안에 있는 마을 이름이다. 피융(罷戎)은 초(楚)나라 대부이다. 그때 초장왕(楚莊王)의 부인(夫人)이 졸하여 공왕(共王)의 어머니이다. 초왕(楚王)은 정나라

115) 특생(特牲) : 소·양·돼지 가운데 한 가지만을 사용하여 접대하는 것.

와의 관계를 완전히 안정시키지 못한 채 돌아갔다.

양공(襄公) 10년 【戊戌 B.C.563】

十年 春 公會晉侯宋公衛侯曹伯莒子邾子滕子薛伯杞伯小邾子齊世子光 會吳于柤 夏 五月 甲午 遂滅偪陽

10년 봄에 양공(襄公)이 진후(晉侯)·송공(宋公)·위후(衛侯)·조백(曹伯)·거자(莒子)·주자(邾子)·등자(滕子)·설백(薛伯)·기백(杞伯)·소주자(小邾子)·제(齊)나라 세자 광(光)과 회합하여 사(柤) 땅에서 오(吳)나라와 회합하였다. 여름 5월 갑오일에 드디어 복양(偪陽)을 멸하였다.

偪 穀作傅 ○柤 音查 楚地 偪 音福 偪陽 國名 特書會吳 以吳爲會也

복(偪)은 《곡량전(穀梁傳)》에는 부(傅)로 되어 있다. ○사(柤)는 음이 사(査)이니 초(楚)나라 땅이다. 복(偪)은 음이 복(福)이다. 복양(偪陽)은 나라 이름이다. 특별히 오(吳)나라와 회합하였다고 경문에 기록한 것은 오나라를 회합의 중심으로 삼았기 때문이다.[116)]

十年 春 會于柤 會吳子壽夢也 三月 癸丑 齊高厚相大子光 以先會諸侯于鍾離 不敬 厚與光俱不敬 **士莊子曰 高子相大子以會諸侯 將社稷是衛 而皆不敬 棄社稷也 其將不免乎** 爲十九年齊殺高厚 二十五年弑其君光傳

10년 봄에 제후들이 사(柤) 땅에서 회합하였으니, 오자(吳子) 수몽(壽夢)과 회합하기 위해서였다.[117)] 3월 계축일에 제(齊)나라 고후(高厚)가 태자 광(光)의 상(相)이 되어 오자를 만나기에 앞서 종리(鍾離)에서 제후들과 회합하였는데 태도가 공경스럽지 않았다. 후(厚)와

116) 오나라를~때문이다 : 진후(晉侯)가 오(吳)나라와의 회합을 이루기 위해 제후들을 거느리고 갔다는 것이다.

117) 제후들이~위해서였다 : 오자(吳子) 수몽(壽夢)이 사(柤) 땅에 있었으므로 진후(晉侯)가 제후들을 거느리고 가서 만난 것이다.

광(光)이 모두 공경스럽지 않았던 것이다. 사장자(士莊子)가 말하기를 "고자(高子 : 高厚)가 태자의 상이 되어 제후들과 회합하는 것은 장차 사직을 지키기 위해서인데 모두 공경스럽지 않으니, 이는 사직을 버리는 것이다. 그들은 장차 화를 면하지 못할 것이다."라고 하였다. 19년에 제(齊)나라가 고후(高厚)를 죽이고, 25년에 그 임금인 광(光)을 시해하는 전(傳)의 배경이 된다.

夏 四月 戊午 會于柤 經書春 書始行也 **晉荀偃士匄請伐偪陽而封宋向戌焉 荀罃曰 城小而固 勝之不武 弗勝爲笑 固請 丙寅 圍之 弗克 孟氏之臣秦菫父輦重如役** 步挽重車以從師 **偪陽人啓門 諸侯之士門焉 縣門發 郰人紇抉之 以出門者** 郰 音鄒 魯邑 紇 郰邑大夫 叔梁紇 仲尼父也 諸侯士在門內者 紇擧縣門出之 **狄虒彌建大車之輪 而蒙之以甲 以爲櫓** 虒 音斯 狄虒彌 魯人 櫓 大楯 **左執之 右拔戟 以成一隊** 百人爲隊 **孟獻子曰 詩所謂有力如虎者也 主人縣布 菫父登之 及堞而絶之** 偪陽人縣布 以試勇者 堞 女墻 **隊則又縣之** 隊同墜 **蘇而復上者三 主人辭焉** 嘉其勇 故辭謝 **乃退 帶其斷以徇於軍三日** 帶其斷布

여름 4월 무오일에 사(柤) 땅에서 회합하였다. 경문에 춘(春)이라고 기록한 것은 로양공(魯襄公)이 처음 떠난 날을 기록한 것이다. 진(晉)나라 순언(荀偃)과 사개(士匄)가 복양(偪陽)을 쳐서 그 땅을 송(宋)나라 상술(向戌)에게 봉해주기를 청하니,[118] 순앵(荀罃)이 말하기를 "복양은 성은 작지만 견고하니 이겨도 무공(武功)이 되지 못하고, 이기지 못하면 웃음거리가 될 것이다."라고 하였다. 그러나 두 사람이 굳이 청하자 병인일에 복양을 포위하였으나 이기지 못하였다. 이때 맹씨(孟氏)의 가신인 진근보(秦菫父)가 중거(重車 : 짐수레)를 끌고 싸움에 참여하였다. 걸어서 중거(重車)를 끌고 군대를 따른 것이다. 복양인(偪陽人)이 성문을 열자 제후들의 군사들이 성문을 공격하였다.[119] 복양인이 현문(縣門)을 발(發)하자[120] 추인(郰人) 흘(紇)이 떠받들어[抉] 성문 안에 갇힌 군사들을 탈출시켰다. 추(郰)는 음이 추(鄒)이니 로(魯)나라 읍이다. 흘(紇)은 추읍대부(郰邑大夫)인 숙량흘(叔梁紇)이니 중니(仲尼)의 아버지이다. 제후들의 사졸(士卒)이 문안에 있었는데 흘이 현문(縣門)을 떠받들어 나오게 한 것이다. 적사미(狄虒彌)가 큰 수레의 바퀴를 세워 갑옷을 씌워 방패[櫓]로 삼아 사(虒)는 음이 사(斯)이다. 적사미(狄虒彌)는 로(魯)나라 사람이다. 로(櫓)는 큰 방패이다. 왼손에 그 방패를 잡고 오른손에는 창을 뽑아들고서 한 대(隊)를 이루니, 1백 인이 1대(隊)가 된다.

---

118) 그 땅을~청하니 : 송(宋)나라는 항상 진(晉)나라를 섬겼고 상술(向戌)은 어진 행실이 있었기 때문에 진나라는 그를 복양(偪陽)에 봉해 주고자 한 것이다.

119) 성문을 공격하였다 : 열린 성문을 통해 공격해 들어간 것이다.

120) 현문(縣門)을 발(發)하자 : 현문(縣門)은 도르래를 사용해 올렸다 내렸다 하는 문이니, 현문을 발(發)하였다는 것은 올렸던 성문을 다시 내려닫는 것이다.

맹헌자(孟獻子)가 말하기를 "《시(詩)》에 이른바 '힘이 범과 같다.'[121]는 사람이로다."라고 하였다. 주인(主人)[122]이 긴 천을 아래로 내려뜨리자 근보(堇父)가 그 천을 잡고 올라가 성가퀴[堞]에 이르니 주인이 그 천을 잘랐다. 복양인(偪陽人)이 천을 내려뜨려 적군 가운데 용기있는 자가 있는지 시험한 것이다. 첩(堞)은 성가퀴이다. 근보가 추락하자[隊] 다시 천을 내려뜨리니 추(隊)는 추락함[墜]과 같다. 근보가 깨어나 다시 올라가기를 세 차례 하자 주인이 사과하고 그 용기를 아름답게 여겼기 때문에 사과한 것이다. 물러났다. 근보는 잘린 천을 허리에 두르고 3일 동안 군중(軍中)을 돌아다녔다.[123] 잘린 천을 허리에 두른 것이다.

諸侯之師久於偪陽 荀偃士匄請於荀罃曰 水潦將降 懼不能歸 請班師 知伯怒 投之以机 出於其間 出偃匄之間 **曰 女成二事 而後告余** 二事 伐偪陽 封向戌 **余恐亂命 以不女違** 旣成改之爲亂命 **女旣勤君而興諸侯 牽帥老夫以至于此 旣無武守 而又欲易余罪** 欲移罪加我 **曰 是實班師 不然 克矣 余羸老也 可重任乎** 不任受責 **七日不克 必爾乎取之** 言當取女以謝罪 **五月 庚寅 荀偃士匄帥卒攻偪陽 親受矢石 甲午 滅之 書曰 遂滅偪陽 言自會也**

제후들의 군대가 복양(偪陽)에 오랫동안 머무르게 되자, 순언(荀偃)과 사개(士匄)가 순앵(荀罃)에게 청하기를 "장맛비가 내리면 돌아가지 못할까 두려우니 군대를 돌리기를 청합니다."라고 하였다. 지백(知伯 : 荀罃)이 노하여 궤상(机床)을 던지니 그 사이로 날아갔다. 언(偃)과 개(匄)의 사이로 날아간 것이다. 그리고 말하기를 "너희들은 두 가지 일을 결정짓고 난 뒤에 나에게 보고하였지만 두 가지 일이란 복양(偪陽)을 치고 상술(向戌)을 그곳에 봉해주는 것이다. 나는 명을 어지럽힐까 두려워 너희들의 요청을 어기지 않았다. 이미 결정한 일을 고치는 것은 명을 어지럽히게 된다는 것이다. 너희들은 이미 임금님을 수고롭게 하여 제후들의 군대를 일으켜 늙은 나를 이끌고 이곳에 왔다. 그리고 지킬만한 무공이 없게 되자 또 나에게 죄를 전가(轉嫁)시키려 하며 죄를 옮겨 나에게 씌우고자 한다는 것이다. 말하기를 '이번 싸움의 실패는 순앵이 군대를 돌렸기 때문이다. 그렇지 않았다면 이겼을 것이다.'라고 할 것이다. 나는 쇠약하고 늙었으니 이런 중죄를 감당할 수 있겠는가. 이런 문책을 감당할 수 없다는 것이다. 7일 안에 복양을 함락시

121) 힘이~같다 : 《시경(詩經)》 〈패풍(邶風)〉 간혜(簡兮).

122) 주인(主人) : 성을 지키는 사람. 병법(兵法)에 성을 지키는 사람을 주인(主人)이라 하고 성을 공격하는 사람을 객(客)이라 한다.

123) 군중(軍中)을 돌아다녔다 : 자기의 용기를 과시한 것이다.

키지 못한다면 반드시 너희들을 취할 것이다."라고 하였다. 마땅히 너희들의 목을 취하여 승리하지 못한 죄를 임금에게 용서받겠다는 말이다. 5월 경인일에 순언과 사개가 군사들을 거느리고 복양을 공격하여 몸소 시석(矢石)을 맞으며 싸우니 갑오일에 복양을 멸하였다. 경문에 드디어 복양을 멸하였다고 기록한 것은 회합한 곳[124]에서 출병하였다는 것을 말한 것이다.[125]

以與向戌 向戌辭曰 君若猶辱鎭撫宋國 而以偪陽光啓寡君 羣臣安矣 其何貺如之 若專賜臣 是臣興諸侯以自封也 其何罪大焉 敢以死請 乃予宋公

복양(偪陽)을 상술(向戌)에게 주니, 상술이 사양하기를 "진(晉)나라 임금님께서 만약 여전히 수고롭게도 우리 송(宋)나라를 진무(鎭撫)하시어 복양을 과군에게 주어 국토를 크게 넓히게 하신다면 뭇 신하가 안심할 것이니 이보다 더한 하사가 어디 있겠습니까. 그런데 만약 신 한 사람에게 오로지 주신다면 이는 신이 제후들을 일으켜 자신의 봉지(封地)를 구한 격이니 어떤 죄가 이보다 크겠습니까. 감히 죽음으로써 청합니다."라고 하였다. 이에 복양을 송공(宋公)에게 주었다.

宋公享晉侯於楚丘 請以桑林 桑林 殷天子之樂名 **荀罃辭 荀偃士匄曰 諸侯宋魯 於是觀禮** 宋 王者後 魯以周公故 皆用天子禮樂 故可觀 **魯有禘樂 賓祭用之** 禘用四代之樂 **宋以桑林享君 不亦可乎 舞 師題以旌夏** 師 樂師也 旌夏 大旌也 題 識也 以大旌表識其行列 **晉侯懼而退入于房** 旌夏非常 卒見而畏 **去旌 卒享而還 及著雍 疾** 著雍 晉地 **卜 桑林見** 祟見卜兆 **荀偃士匄欲奔請禱焉** 奔宋禱謝 **荀罃不可 曰 我辭禮矣 彼則以之 猶有鬼神 於彼加之 晉侯有間** 差也 **以偪陽子歸 獻于武宮** 子爵也 **謂之夷俘** 諱俘中國 故謂之夷 **偪陽 妘姓也 使周內史選其族嗣 納諸霍人 禮也** 霍 晉邑 內史 掌爵祿廢置者 使選偪陽宗族賢者 令奉妘姓之祀 **師歸 孟獻子以秦堇父爲右 生秦丕玆 事仲尼**

송공(宋公)이 초구(楚丘)에서 진후(晉侯)에게 향연을 베풀 때 상림(桑林)을 연주하기를 청하니 상림(桑林)은 은(殷)나라 천자의 음악 이름이다. 순앵(荀罃)이 사양하였다. 순언(荀偃)과 사개(士匄)가 말하기를 "제후국 가운데 송(宋)나라와 로(魯)나라에서만 천자의 례를 볼 수 있습니다. 송(宋)나라는 왕자(王者)의 후예이고, 로(魯)나라는 주공(周公)의 공로 때문에 모두 천자의 례악을 사용하

124) 회합한 곳 : 사(柤) 땅이다.
125) 드디어~것이다 : 진(晉)나라가 제후들과의 회합을 리용하여 다른 나라를 멸한 것을 비난한 것이다.

였다. 그러므로 볼 수 있다고 한 것이다. 로나라에는 체악(禘樂)이 있어 귀빈의 접대와 체제(禘祭)[126] 때에 사용하니, 체제(禘祭)에는 4대(代)의 음악[127]을 사용한다. 송나라가 상림으로 우리 임금에게 향연을 베풀어 주는 것이 괜찮지 않겠습니까."라고 하였다. 춤을 추려 할 때 악사[師]가 정하(旌夏)를 들고 지휘하니[題] 사(師)는 악사(樂師)이다. 정하(旌夏)는 큰 깃발이다. 제(題)는 표지(表識)이니 큰 깃발로 춤의 행렬을 표지(表識)하는 것이다. 진후는 놀라서 물러나 방으로 들어갔다. 정하(旌夏)는 상례가 아니기 때문에 갑자기 보고 두려워한 것이다. 이에 송인(宋人)이 깃발을 거두자 향연을 마치고 귀환하였다. 저옹(著雍)에 당도하여 진후가 병을 앓자 저옹(著雍)은 진(晉)나라 땅이다. 점을 치니 점괘에 상림신(桑林神)이 나타났다. 병의 빌미가 점의 조짐으로 나타난 것이다. 순언과 사개가 달려가 상림신에게 기도하기를 청하고자 하였으나 송(宋)나라로 달려가 기도하고 사과하려고 한 것이다. 순앵이 옳지 않다고 하며 말하기를 "우리는 이 례를 사양했는데도 저들이 이 음악을 연주하였으니, 만약 귀신이 있다면 저들에게 화를 내릴 것이다."라고 하였다. 진후의 병이 차도[間]가 있자, 차도가 있음이다. 복양자(偪陽子)를 데리고 돌아가서 무궁(武宮)[128]에 바치면서 복양자(偪陽子)는 자작(子爵)이다. 그를 이부(夷俘)라고 하였다. 중국의 제후(諸侯)를 포로로 잡은 것을 숨기고자 하였기 때문에 이(夷)라고 이른 것이다. 복양(偪陽)은 운성(妘姓)의 나라이다. 진후가 주(周)나라 내사(內史)를 시켜[129] 복양의 종족 가운데 뒤를 이을 만한 자를 뽑아 곽인(霍人)[130]으로 보내어 살게 하였으니, 례에 맞는 처사였다. 곽(霍)은 진(晉)나라 읍이다. 내사(內史)는 작록(爵祿)의 폐지와 설치를 담당한 사람이니, 복양(偪陽)의 종족(宗族) 중에서 현명한 자를 선발하여 운성(妘姓)의 제사를 받들게 한 것이다. 로나라 군대가 돌아온 뒤에 맹헌자(孟獻子)는 진근보(秦堇父)를 거우로 삼았다. 진근보가 진비자(秦丕玆)를 낳았는데 그는 중니(仲尼)를 스승으로 섬겼다.

公至自會

양공(襄公)이 회합에서 돌아왔다.

---

126) 체제(禘祭) : 임금이 하늘과 선조에 지내는 대제(大祭).

127) 4대(代)의 음악 : 순(舜)의 소악(韶樂)·우(禹)의 대하악(大夏樂)·탕(湯)의 호악(護樂)·무왕(武王)의 대무악(大武樂)을 말한다.

128) 무궁(武宮) : 진무공(晉武公)의 사당이다.

129) 주(周)나라~시켜 : 제후(諸侯)가 마음대로 임금을 봉해줄 수 없으므로 주(周) 왕실에 부탁한 것이다.

130) 곽인(霍人) : 곽인(霍人)은 읍 이름이다. 인(人)자를 써서 읍 이름으로 삼는 경우가 있으니, 애공(哀公) 4년의 전문에 보이는 백인(柏人)이 그 례이다.

楚公子貞鄭公孫輒帥師伐宋

초(楚)나라 공자 정(貞)과 정(鄭)나라 공손첩(公孫輒)이 군대를 거느리고 송(宋)나라를 쳤다.

六月 楚子囊鄭子耳伐宋 師于訾毋 訾毋 宋地 **庚午 圍宋 門于桐門** 桐門 宋城門名 **衛侯救宋 師于襄牛 鄭子展曰 必伐衛 不然 是不與楚也 得罪於晉 又得罪於楚 國將若之何 子駟曰 國病矣 子展曰 得罪於二大國 必亡 病 不猶愈於亡乎 諸大夫皆以爲然 故鄭皇耳帥師侵衛 楚令也** 皇耳 皇戌子 **孫文子卜追之 獻兆於定姜 姜氏問繇 曰 兆如山陵 有夫出征 而喪其雄 姜氏曰 征者喪雄 禦寇之利也 大夫圖之 衛人追之 孫蒯獲鄭皇耳于犬丘** 蒯 孫林父子

6월에 초(楚)나라 자낭(子囊 : 貞)과 정(鄭)나라 자이(子耳 : 公孫輒)가 송(宋)나라를 치기 위하여 자무(訾毋)에 주둔하였다. 자무(訾毋)는 송(宋)나라 땅이다. 경오일에 송나라를 포위하고 동문(桐門)을 공격하였다. 동문(桐門)은 송(宋)나라 성문 이름이다. 위후(衛侯)가 송나라를 구원하기 위해 양우(襄牛)[131]에 주둔하자 정나라 자전(子展)이 말하기를 "반드시 위(衛)나라를 쳐야 하오. 그렇지 않으면 이는 초(楚)나라를 돕는 것이 아니오. 진(晉)나라에 죄를 얻고 또 초나라에 죄를 얻는다면 나라가 장차 어찌 되겠소."라고 하였다. 그러자 자사(子駟)가 말하기를 "나라가 피폐해질 것이오."[132]라고 하였다. 자전이 말하기를 "두 대국에게 죄를 얻으면 반드시 망할 것이오. 피폐해지는 것이 망하는 것보다 오히려 낫지 않겠소."라고 하니, 여러 대부가 모두 옳게 여겼다. 그러므로 정나라 황이(皇耳)가 군대를 거느리고 위나라를 침범하였는데, 이는 초나라의 명을 따른 것이다. 황이(皇耳)는 황술(皇戌)의 아들이다. 위나라 손문자(孫文子)가 정나라를 추격하는 것에 대해 점을 쳐서 조(兆)[133]를 정강(定姜)[134]에게 바치니 강씨(姜氏)가 그 요(繇)[135]에 대하여 물었다. 손문자가 대답하기를 "조(兆)가 산릉(山陵)[136]과 같으니 대부가 출정하면 그 장수[雄]를 잃는다고 하였습니다."라고 하니, 강씨가

131) 양우(襄牛) : 위(衛)나라 땅이다.

132) 나라가~것이오 : 송(宋)나라와 위(衛)나라를 동시에 치면 나라가 피폐해진다는 것이다.

133) 조(兆) : 거북의 딱지를 불에 구워서 나온 점괘.

134) 정강(定姜) : 위정공(衛定公)의 부인(夫人). 위헌공(衛獻公)의 적모(嫡母)이다. 적모는 첩의 자식이 아버지의 정실부인(正室夫人)에 대한 지칭이다.

135) 요(繇) : 조사(兆辭). 곧 점사(占辭)를 이른다.

말하기를 "출정한 쪽[鄭나라]이 장수를 잃는 것은 적을 방어하는 쪽[衛나라]에 리로운 것이니 대부는 도모하시오."라고 하였다. 위인(衛人)이 추격하여 손괴(孫蒯)가 정나라 황이를 견구(犬丘)에서 잡았다. 괴(蒯)는 손림보(孫林父 : 孫文子)의 아들이다.

晉師伐秦
진(晉)나라 군대가 진(秦)나라를 쳤다.

晉荀罃伐秦 報其侵也 侵在九年

진(晉)나라 순앵(荀罃)이 진(秦)나라를 쳤으니, 침범한 것에 대한 보복이었다. 진(秦)나라가 진(晉)나라를 침범한 일은 9년에 있었다.

秋
가을이다.

七月 楚子囊鄭子耳侵我西鄙 還 圍蕭 八月 丙寅 克之 蕭 宋邑 **九月 子耳侵宋北鄙 孟獻子曰 鄭其有災乎 師競已甚 周猶不堪競 況鄭乎 有災 其執政之三士乎** 子駟子國子耳秉政

7월에 초(楚)나라 자낭(子囊)과 정(鄭)나라 자이(子耳)가 우리나라 서쪽 변방을 침범하고 돌아가다가 소(蕭) 땅을 포위하여 8월 병인일에 함락시켰다. 소(蕭)는 송(宋)나라 읍이다. 9월에 자이가 송(宋)나라 북쪽 변방을 침범하니, 맹헌자(孟獻子)가 말하기를 "정나라는 아마도 재앙이 있을 것이다. 군대를 일으켜 다툼이 너무 심하다. 주(周)나라도 오히려 잦은 다툼을 견디지 못할 것인데 하물며 정나라이겠는가. 재앙이 있게 된다면 정권을 잡고 있는 세 사람에게일 것이다."라고 하였다. 자사(子駟)·자국(子國)·자이(子耳)가 정권을 잡고 있었다.

---

136) 산릉(山陵) : 임금의 무덤.

莒人伐我東鄙

거인(莒人)이 우리나라 동쪽 변방을 쳤다.

莒人間諸侯之有事也 故伐我東鄙 **諸侯有討鄭之事**

거인(莒人)이 제후들에게 일이 있는 틈을 탔다. 그러므로 우리나라 동쪽 변방을 친 것이다. 제후들이 정(鄭)나라를 토벌하는 일이 있었다.

公會晉侯宋公衛侯曹伯莒子邾子齊世子光滕子薛伯杞伯小邾子伐鄭

양공(襄公)이 진후(晉侯)·송공(宋公)·위후(衛侯)·조백(曹伯)·거자(莒子)·주자(邾子)·제(齊)나라 세자(世子) 광(光)·등자(滕子)·설백(薛伯)·기백(杞伯)·소주자(小邾子)와 회합하여 정(鄭)나라를 쳤다.

諸侯伐鄭 齊崔杼使大子光先至于師 故長於滕 **大子 宜賓以上卿 而齊光先至 爲盟主所尊 故在滕上 十一年 伐鄭會蕭魚同例** **己酉 師于牛首**

제후들이 정(鄭)나라를 칠 때 제(齊)나라 최저(崔杼)가 태자 광(光)으로 하여금 먼저 군중(軍中)에 도착하게 하였다. 그러므로 경문에 등자(滕子)보다 앞에 내세운 것이다. 태자는 마땅히 상경(上卿)으로 대우해야 하는데 제(齊)나라 광(光)이 먼저 도착하여 맹주(盟主)가 그를 높였기 때문에 등자(滕子)보다 윗자리에 있게 된 것이다. 11년에 정(鄭)나라를 치는 소어(蕭魚)의 회합에서와 같은 례이다. 기유일에 제후들의 군대가 우수(牛首)[137]에 주둔하였다.

冬 盜殺鄭公子騑公子發公孫輒

겨울에 도적이 정(鄭)나라 공자 비(騑)·공자 발(發)·공손첩(公孫輒)을 죽였다.

騑 公穀作斐 ○書盜始此

137) 우수(牛首) : 정(鄭)나라 땅이다.

비(騑)는 《공양전(公羊傳)》과 《곡량전(穀梁傳)》에는 비(斐)로 되어 있다. ○경문에 도(盜)라고 기록한 것은 이로부터 시작되었다.

初 子駟與尉止有爭 將禦諸侯之師 而黜其車 黜 減損也 **尉止獲 又與之爭** 獲囚俘 **子駟抑尉止曰 爾車非禮也** 言車猶多過制 **遂弗使獻** 不使獻所獲 **初 子駟爲田洫 司氏堵氏侯氏子師氏皆喪田焉 故五族聚羣不逞之人 因公子之徒以作亂** 八年 子駟所殺公子熙等之黨 **於是子駟當國 子國爲司馬 子耳爲司空 子孔爲司徒 冬 十月 戊辰 尉止司臣侯晉堵女父子師僕帥賊以入 晨攻執政于西宮之朝** 公宮 **殺子駟子國子耳 劫鄭伯以如北宮 子孔知之 故不死** 爲十九年殺公子嘉傳 **書曰盜 言無大夫焉** 尉止等皆士也

이보다 앞서 정(鄭)나라 자사(子駟 : 騑)가 위지(尉止)와 다툰 일이 있었는데, 제후들의 군대를 방어하려 할 때 위지의 병거의 수를 줄였고[黜], 출(黜)은 줄이는 것이다. 위지가 포로를 잡자 또 그와 전공을 다투었다. 포로를 잡은 것이다. 자사가 위지를 억압하며 말하기를 "너의 병거는 례에 맞지 않다."라 하고, 병거(兵車)가 여전히 제도를 지나침이 많다는 말이다. 마침내 포로를 바치지 못하게 하였다. 잡은 포로를 바치지 못하게 한 것이다. 이보다 앞서 자사가 전지에 도랑을 낼 때 사씨(司氏)·도씨(堵氏)·후씨(侯氏)·자사씨(子師氏)가 모두 전지를 잃었다. 그러므로 다섯 종족이 불만을 품은 무리를 모아 공자의 무리에 의지하여 란을 일으켰다. 8년에 자사(子駟)가 죽인 공자 희(熙) 등의 당여이다. 이때 자사는 국정을 담당하고, 자국(子國 : 發)은 사마(司馬), 자이(子耳 : 公孫輒)는 사공(司空), 자공(子孔 : 嘉)은 사도(司徒)였다. 겨울 10월 무진일에 위지·사신(司臣)·후진(侯晉)·도녀보(堵女父)·자사복(子師僕)이 적도(賊徒)를 이끌고 궁중으로 쳐들어가서 새벽에 집정(執政)들을 서궁(西宮)의 조정에서 공격하여 공궁(公宮)이다. 자사·자국·자이를 죽이고 정백(鄭伯)을 겁박하여 북궁(北宮)으로 갔다. 자공은 란이 일어날 것을 알았기 때문에 죽지 않았다. 19년에 공자 가(嘉 : 子孔)를 죽이는 전(傳)의 배경이 된다. 경문에 도(盜)라고 기록한 것은 란을 일으킨 무리 가운데 대부가 없었음을 말한 것이다. 위지(尉止) 등은 모두 사(士)이다.

子西聞盜 不儆而出 子西 公孫夏 子駟子 **尸而追盜** 先臨尸而逐賊 **盜入於北宮 乃歸 授甲 臣妾多逃 器用多喪 子產聞盜 爲門者** 置守門 **庀羣司** 具衆官 **閉府庫 愼閉藏 完守備 成列而後出 兵車十七乘** 千二百七十五人 **尸而攻盜於北宮 子蟜帥國人助之 殺尉止子師僕 盜衆盡死 侯晉奔晉 堵女父司臣尉翩司齊奔宋** 尉翩 尉止子 司齊 司臣子

자서(子西)는 도적(盜賊)의 소식을 듣자 경계도 하지 않고 나아가 자서(子西)는 공손하(公孫夏)로 자사(子駟)의 아들이다. 부친의 시신을 수습하고 도적을 추격하였다. 먼저 시신을 수습한 뒤에 적도(賊徒)를 추격한 것이다. 도적이 북궁(北宮)으로 들어가자 이에 돌아와서 갑옷을 나누어 주었는데, 신첩(臣妾)이 많이 도망하고 기물도 많이 없어졌다. 자산(子産)[138]은 도적의 소식을 듣자 문지기를 배치하고, 문지기를 둔 것이다. 뭇 담당자를 갖추어 여러 관리를 갖춘 것이다. 부고(府庫)를 닫고, 보관하는 물건을 신중히 지키고, 수비를 완전히 갖추고, 군대의 대렬을 이룬 뒤에 출동하니 병거가 17승(乘)이었다. 1천 2백 75인이다. 이어서 부친의 시신을 수습하고 북궁에서 도적을 공격하니, 자교(子蟜)가 국인을 거느리고 와서 자산을 도와 위지(尉止)와 자사복(子師僕)을 죽이고 도적의 무리를 모두 죽였다. 후진(侯晉)은 진(晉)나라로 망명하고 도녀보(堵女父)·사신(司臣)·위편(尉翩)·사제(司齊)는 송(宋)나라로 망명하였다. 위편(尉翩)은 위지(尉止)의 아들이고 사제(司齊)는 사신(司臣)의 아들이다.

子孔當國 爲載書 以位序 聽政辟 自羣卿諸司 各守其職 以受執政之法 不得與朝政 **大夫諸司門子弗順 將誅之** 子孔欲誅不順者 **子産止之 請爲之焚書** 又勸燒除載書 **子孔不可 曰 爲書以定國 衆怒而焚之 是衆爲政也 國不亦難乎 子産曰 衆怒難犯 專欲難成 合二難以安國 危之道也 不如焚書以安衆 子得所欲 衆亦得安 不亦可乎 專欲無成 犯衆興禍 子必從之 乃焚書於倉門之外 衆而後定**

자공(子孔)이 국정을 담당하여 재서(載書)를 지어 모든 관리는 지위와 서렬에 따라 집정의 법[辟]을 따르라고 하니, 여러 경(卿)으로부터 제사(諸司)[139]들은 각각 그 관직을 지켜 집정의 법을 받아들이되 조정의 정사에는 간여할 수 없게 한 것이다. 그러자 대부와 제사(諸司)와 문자(門子)[140]들이 따르려 하지 않았다. 자공이 이들을 죽이려 하자 자공(子孔)이 따르려 하지 않는 자들을 죽이려 한 것이다. 자산(子産)이 만류하고 재서를 불태울 것을 청하였다. 또 재서를 불태워 없앨 것을 권한 것이다. 자공이 그럴 수 없다며 말하기를 "재서를 만든 것은 나라를 안정시키려 한 것인데 대중이 노한다고 하여 불태운다면 이는 대중이 정치를 하는 것이니, 나라가 또한 어렵지 않겠는가."라고 하였다. 자산이 말하기를 "대중이 분노하면 범하기 어렵고 나의 욕심대로만 하면 일을 이루기 어려우니, 이 두 가지 어려움을 모두 가진 채 나라를 안정시키기는 위태

138) 자산(子産) : 자국(子國)의 아들.

139) 제사(諸司) : 각 부서의 책임자.

140) 문자(門子) : 대부의 적자(適子).

로운 길입니다. 재서를 불태워 대중을 안정시키는 것만 같지 못합니다. 그러면 당신은 하고자 하는 바를 얻고 대중도 안정을 얻을 것이니, 또한 좋지 않겠습니까. 나의 욕심대로만 하면 일을 이룰 수 없고 대중을 범하면 화를 일으키게 되니, 당신은 반드시 나의 말을 따라야 할 것입니다."라고 하였다. 이에 재서를 창문(倉門) 밖에서 불태우니 대중이 그제서야 안정되었다.

戍鄭虎牢 정(鄭)나라 호뢰(虎牢)를 지켰다.

諸侯之師城虎牢而戍之 晉師城梧及制 **欲以偪鄭也 梧制皆鄭舊地** **士魴魏絳戍之 書曰戍鄭虎牢 非鄭地也 言將歸焉 鄭及晉平**

제후들의 군대가 호뢰(虎牢)에 성을 쌓고서 그곳을 지켰고, 진(晉)나라 군대는 오(梧) 땅과 제(制) 땅에 성을 쌓고서 정(鄭)나라를 핍박하고자 한 것이다. 오(梧)와 제(制)는 모두 정(鄭)나라의 옛 땅이다. 사방(士魴)과 위강(魏絳)이 그곳을 지켰다. 경문에 정나라 호뢰를 지켰다고 기록한 것은 지금은 정나라 땅이 아니지만 장차 돌려줄 것임을 말한 것이다.[141] 정나라가 진나라와 화평을 맺었다.

楚公子貞帥師救鄭 초(楚)나라 공자 정(貞)이 군대를 거느리고 정(鄭)나라를 구원하였다.

楚子囊救鄭 十一月 諸侯之師還鄭而南 至於陽陵 **還 繞也 陽陵 鄭地** **楚師不退 知武子欲退 曰 今我逃楚 楚必驕 驕則可與戰矣 欒黶曰 逃楚 晉之恥也 合諸侯以益恥 不如死 我將獨進 師遂進 己亥 與楚師夾潁而軍** **潁 水名**

초(楚)나라 자낭(子囊 : 貞)이 정(鄭)나라를 구원하였다. 11월에 제후들의 군대가 정나라

141) 지금은~것이다 : 양공(襄公) 2년에 진(晉)나라가 호뢰(虎牢)에 성을 쌓고서 그곳에 사람을 거주시켰는데, 지금 정(鄭)나라가 배반하였기 때문에 다시 그 성을 쌓고서 지킨 것이다. 그러나 정나라가 복종하면 호뢰를 정나라에 다시 돌려주고자 하였기 때문에 정나라에 매어 기록한 것이다.

를 에돌아[還] 남쪽으로 가서 양릉(陽陵)에 이르렀는데 환(還)은 에돎[繞]이다. 양릉(陽陵)은 정(鄭)나라 땅이다. 초나라 군대가 물러나지 않았다. 진(晉)나라 지무자(知武子 : 荀罃)가 물러나고자 하면서 말하기를 "지금 우리가 초나라 군대를 피해 도망가면 초군은 반드시 교만해질 것이니, 교만해지면 싸워볼 만하다."라고 하였다. 란암(欒黶)이 말하기를 "초군을 피해 도망가는 것은 진나라의 치욕입니다. 제후들과 회합해 와서 치욕을 더하는 것은 죽느니만 못하니 나는 혼자서라도 진격하겠습니다."라고 하였다. 이에 군대가 드디어 진격하여 기해일에 초나라 군대와 영수(潁水)를 사이에 두고 주둔하였다. 영(潁)은 물 이름이다.

子蟜曰 諸侯旣有成行 必不戰矣 成 決定也 言諸侯決去 **從之將退 不從亦退** 從猶服也 **退楚必圍我 猶將退也** 晉雖見楚圍鄭 猶將退師 **不如從楚 亦以退之** 以退楚 **宵涉潁 與楚人盟 欒黶欲伐鄭師 荀罃不可 曰 我實不能禦楚 又不能庇鄭 鄭何罪 不如致怨焉而還** 致怨 爲後伐之資 **今伐其師 楚必救之 戰而不克 爲諸侯笑 克不可命** 不可命以必克 **不如還也 丁未 諸侯之師還 侵鄭北鄙而歸 楚人亦還**

정(鄭)나라 자교(子蟜)가 말하기를 "제후들이 이미 퇴각할[行] 것을 결정하였으니[成], 반드시 싸우지 않을 것입니다. 성(成)은 결정함이니 제후들이 물러갈 것을 결정하였다는 말이다. 우리가 진(晉)나라에 복종하여도[從] 물러갈 것이고 복종하지 않아도 물러갈 것입니다. 종(從)은 복종함[服]과 같다. 제후들이 물러나면 초군은 반드시 우리를 포위할 것이지만 그런데도 제후들은 물러갈 것이니, 진(晉)나라는 비록 초(楚)나라가 정(鄭)나라를 포위하는 것을 본다고 해도 오히려 군대를 물릴 것이라는 것이다. 초(楚)나라에 복종하여 초군이 물러나게 하는 것만 같지 못합니다."라 하고, 이렇게 함으로써 초군을 물러나게 한다는 것이다. 밤에 영수(潁水)를 건너 초인(楚人)과 맹약하였다. 이에 란암(欒黶)이 정나라 군대를 치려고 하자 순앵(荀罃)이 안 된다고 하며 말하기를 "우리가 사실 초군을 막지도 못하고 또 정나라를 보호하지도 못하였으니, 정나라에 무슨 죄가 있는가. 원한을 품었다는 뜻을 전하고[致怨] 돌아가는 것만 같지 못하다. 원한을 품었다는 뜻을 전한 것은 뒷날에 칠 구실을 만드는 것이다. 지금 우리가 정나라 군대를 치면 초나라가 반드시 구원할 것이고, 싸워서 이기지 못한다면 제후들의 웃음거리가 될 것이다. 이기라고 명할 수도 없으니 반드시 이기라고 명할 수 없다는 것이다. 돌아가는 것만 같지 못하다."라고 하였다. 정미일에 제후들의 군대가 돌아가면서 정나라 북쪽 변방을 침범하고 돌아가니 초인도 돌아갔다.

公至自伐鄭

양공(襄公)이 정(鄭)나라를 치는 일에서 돌아왔다.

○王叔陳生與伯輿爭政 輿亦作與 **王右伯輿** 右 助也 **王叔陳生怒而出奔 及河 王復之** 欲奔晉 **殺史狡以說焉 不入 遂處之** 處叔河上

○왕숙진생(王叔陳生)이 백여(伯輿)와[142] 정권을 두고 다투니, 여(輿)는 여(與)라고도 쓴다. 왕이 백여를 지지하였다[右]. 우(右)는 도움이다. 그러자 왕숙진생이 노하여 망명나가서 하수(河水)에 이르렀다. 왕이 그를 되돌아오게 하기 위해 왕숙(王叔)이 진(晉)나라로 망명하고자 한 것이다. 사교(史狡)를 죽여 설득했으나 돌아오지 않으니, 마침내 그곳에 머물러 살게 하였다. 왕숙(王叔)을 하수(河水) 가에 살게 한 것이다.

晉侯使士匃平王室 王叔與伯輿訟焉 王叔之宰 宰 家臣 **與伯輿之大夫瑕禽坐獄於王庭** 獄 訟也 **士匃聽之 王叔之宰曰 篳門閨竇之人 而皆陵其上 其難爲上矣** 篳門 柴門 閨竇 小戶 **瑕禽曰 昔平王東遷 吾七姓從王 牲用備具 王賴之 而賜之騂旄之盟** 騂旄 赤牛 言得重盟 **曰 世世無失職 若篳門閨竇 其能來東底乎 且王何賴焉** 底 至也 言我若貧賤 何能來東 **今自王叔之相也 政以賄成 而刑放於寵** 寵臣專刑 不任法 **官之師旅 不勝其富 吾能無篳門閨竇乎 唯大國圖之 下而無直** 在下而無求直之地 **則何謂正矣**

진후(晉侯)가 사개(士匃)를 보내어 왕실을 화평시키게 하니 왕숙(王叔)과 백여(伯輿)가 사개에게 소송하였다. 왕숙의 가신[宰]과 재(宰)는 가신이다. 백여의 대부인 하금(瑕禽)이 대리인[坐]으로 왕정(王庭)에서 송사[獄]를 하고, 옥(獄)은 송사이다. 사개가 이를 심리하였다. 왕숙의 가신이 말하기를 "필문규두(篳門閨竇)[143]에 살던 빈천한 사람이 모두 윗사람을 능멸하니 윗사람 노릇하기가 어렵습니다."라고 하자, 필문(篳門)은 사립문이다. 규두(閨竇)는 작은 창이다. 하금이 말하기를 "옛날 평왕(平王)께서 동천(東遷)할 때 우리 일곱 성씨(姓氏)가 왕을 호종하며 제사에 쓰는 희생을 빠짐없이 갖추었습니다. 이에 왕께서 이들을 신뢰하여 털이 붉은 소[騂旄]를 잡아 맹약의 말을 내려 주며 성모(騂旄)는 털이 붉은 소이니, 굳은 맹세를 하였다는 말이다. 말씀하시기를 '대대로 그대들의 관직을 잃지 않도록 하겠다.'고 하였습니다. 만약 우리가

---

142) 왕숙진생(王叔陳生)이 백여(伯輿)와 : 두 사람은 왕실의 경사(卿士)이다.

143) 필문규두(篳門閨竇) : 가시나무와 대를 엮어 만든 문과 벽을 뚫어 낸 작은 창. 가난한 사람의 집을 비유한다.

필문규두 출신이라면 어찌 왕을 따라 동쪽으로 와 이를[底] 수 있었겠으며, 또 왕께서 어찌 신뢰할 수 있었겠습니까. 지(底)는 이르름이다. 우리가 만약 빈천하였다면 어찌 동쪽[東都]으로 올 수 있었겠느냐는 말이다. 지금 왕숙께서 재상이 되어서는 정사는 뇌물에 의해 이루어지고, 형정(刑政)은 총신(寵臣)에게 내버려 두었으며, 총신(寵臣)이 형정을 전단하고 법에 따라 처리하지 않았다는 것이다. 사(師)와 려(旅)를 맡은 관장(官長)들은 그들의 많은 재물을 계산할 수 없을 정도이니, 우리가 어찌 필문규두가 되지 않을 수 있었겠습니까. 대국은 이런 사정을 잘 헤아려 주십시오. 지위가 낮다고 해서 정직함을 판결 받지 못한다면 지위가 낮아서 정직함을 구할 수 없는 처지라는 것이다. 어찌 공정하다고 할 수 있겠습니까."라고 하였다.

范宣子曰 天子所右 寡君亦右之 所左 亦左之 使王叔氏與伯輿合要 **合要者 使各爲要約言語 兩相辯答** **王叔氏不能擧其契** **王叔氏理曲 不能擧其要契之辭** **王叔奔晉 不書 不告也 單靖公爲卿士以相王室**

범선자(范宣子 : 士匄)가 말하기를 "천자께서 지지하는 사람은 과군도 지지하며, 천자께서 지지하지 않는 사람은 과군도 지지하지 않습니다."라고 하며 왕숙씨(王叔氏)와 백여(伯輿)에게 합요(合要)하게 하니 합요(合要)는 각자로 하여금 요약된 말을 지어 량측이 서로 론변하여 대답하게 하는 것이다. 왕숙씨는 자신의 말에 대한 증거[契]를 대지 못하였다. 왕숙씨(王叔氏)의 리치가 곧지 못하여 요약된 증거의 말을 거론하지 못한 것이다. 이에 왕숙은 진(晉)나라로 망명하였다. 망명한 사실을 경문에 기록하지 않은 것은 알려오지 않았기 때문이다. 선정공(單靖公)이 경사(卿士)가 되어 왕실을 도왔다.

양공(襄公) 11년 【己亥 B.C.562】

十有一年 春 王正月 作三軍 11년 봄 왕정월에 3군(軍)으로 만들었다.

此三家分公室之始

이는 3가(家)[144]가 공실을 나눈 시초이다.

十一年 春 季武子將作三軍 魯唯上下二軍 皆屬於公 有事 三卿更帥 季氏欲專其民 故假立中軍 因以改作 **告叔孫穆子曰 請爲三軍 各征其軍** 征 賦稅也 三家各征其軍家屬 **穆子曰 政將及子 子必不能** 謂國政將歸季孫 以一軍之征 供霸國之政令 將有所不給 **武子固請之 穆子曰 然則盟諸 乃盟諸僖閎** 僖宮之門 **詛諸五父之衢** 五父衢 道名 在魯國東南

11년 봄에 계무자(季武子)가 군대를 3군(軍)으로 만들고자 하여 로(魯)나라에는 오직 상군(上軍)과 하군(下軍)의 2군(軍)이 있어 모두 공실에 소속되었고 싸움[事]이 있으면 세 경(卿)이 번갈아 통솔하였다. 계씨(季氏)는 백성을 전단(專斷)하고자 하였으므로 중군(中軍)을 세운다고 가탁하여 이로 인해 군대의 편제를 고쳐 만든 것이다. 숙손목자(叔孫穆子)에게 고하기를 "군대를 3군으로 만들어 우리 3가(家)가 각각 그 1군의 부세[征]를 징수하기를 청합니다."라고 하였다. 정(征)은 부세(賦稅)이다. 3가(家)가 각각 그 군(軍)의 가속들에게 부세를 징수한다는 것이다. 목자(穆子)가 말하기를 "정권이 장차 그대에게 돌아갈 것인데 그대는 반드시 정사를 제대로 해 나갈 수 없을 것이오."라고 하였다. 국정이 장차 계손(季孫)에게 귀속될 것인데 1군(軍)에서 나오는 부세(賦稅)로 패주(霸主)의 나라가 내리는 정령을 받들기에는 물자가 부족할 것이라고 이른 것이다. 무자(武子)가 굳이 청하니, 목자가 말하기를 "그러면 맹약할 수 있겠소?"[145]라고 하였다. 이에 희굉(僖閎)에서 맹약하고 희공(僖公)의 사당 문이다. 오보구(五父衢) 거리에서 맹세[詛]하였다.[146] 오보구(五父衢)는 길 이름이니 로(魯)나라 동남쪽에 있다.

正月 作三軍 三分公室而各有其一 三子各毁其乘 壞其軍乘 分以足成三軍 **季氏使其乘之人 以其役邑入者無征 不入者倍征** 役 人丁也 邑 賦稅也 使所掌一軍役邑入己者 公家免其征 不入己者 令公家倍征 **孟氏使半爲臣 若子若弟** 使所掌一軍父子兄弟四分之 父兄及子弟之半歸公 大率三分歸公 一分歸己 **叔孫氏使盡爲臣** 盡取子弟 以其父兄歸公 **不然不舍** 不如是 則三家不舍其故而改作 此蓋三家盟詛之本言

정월에 3군(軍)으로 만들어 공실의 군대를 삼분하여 3가(家)가 각각 1군을 소유하면서 3자(子)는 각자 기존에 자신들이 소유하였던 사병(私兵 : 乘)을 해체하였다. 자신들의 사병[軍乘[147]]을 해체하여 나누어 3군(軍)에 채운 것이다. 계씨(季氏)는 자기의 군(軍)에 배속된 군사 가운데

---

144) 3가(家) : 로(魯)나라의 맹손씨(孟孫氏) · 숙손씨(叔孫氏) · 계손씨(季孫氏)이다.

145) 그러면~있겠소 : 계무자(季武子)가 다시 제도를 바꿀 것을 요구할 것이라고 생각하였기 때문이다.

146) 맹세[詛]하였다 : 맹세를 어기면 신이 화(禍)를 내릴 것이라는 말이다.

로역[役]과 부세[邑]를 자기에게 바치는 자에게는 공실의 부세를 면제시키고, 자기에게 바치지 않는 자에게는 공실의 부세를 배로 내도록 하였다. 역(役)은 인정(人丁)이다. 읍(邑)은 부세(賦稅)이다. 자기가 관장하는 1군(軍)의 군사 가운데 로역과 부세를 자기에게 바치는 자에게는 공가(公家)가 부세를 면제해 주도록 하고, 자기에게 바치지 않는 자에게는 공가로 하여금 부세를 두 배로 거두게 한 것이다. 맹씨(孟氏)는 자신에게 배속된 군사[148] 절반을 가신으로 삼으니 자(子)와 제(弟)가 이에 해당되었다. 자기가 관장하는 1군(軍)을 부(父)·자(子)·형(兄)·제(弟)로 4등분하여 부(父)와 형(兄) 및 자(子)와 제(弟)의 반을 공실에 귀속시키니[149] 대개 3분은 공실에 귀속되고 1분은 자기에게 귀속시킨 것이다. 숙손씨(叔孫氏)는 자신에게 배속된 군사[150] 모두를 자신의 가신으로 삼았으니, 자(子)와 제(弟)는 모두 자신이 취하고 부(父)와 형(兄)은 공실에 귀속시킨 것이다.[151] 이렇게 할 수 없었다면 3가는 옛 제도를 버리지 않았을 것이다. 이와 같이 하지 않았다면 3가(家)는 옛 제도를 버리고 고쳐 만들지 않았을 것이다. 이것이 아마도 3가가 맹약하고 맹세한 본래의 말인 듯하다.

夏 四月 四卜郊 不從 乃不郊

여름 4월에 교제(郊祭)지내는 것에 대하여 네 번이나 점쳤지만 불길하여 이에 교제를 지내지 않았다.

鄭公孫舍之帥師侵宋

정(鄭)나라 공손사지(公孫舍之)가 군대를 거느리고 송(宋)나라를 침범하였다.

鄭人患晉楚之故 諸大夫曰 不從晉 國幾亡 楚弱於晉 晉不吾疾也 晉不急於爭鄭 **晉疾楚將辟之 何爲而使晉師致死於我 楚弗敢敵 而後可固與也** 固與晉也 **子展曰 與宋爲惡 諸侯必至 吾從之盟 楚師至 吾又從之 則晉怒甚矣 晉能驟來 楚將不能 吾乃固**

147) 사병[軍乘] : 병사[軍]와 병거[乘]. 전문에서는 승(乘)으로 통칭하였다.

148) 자신에게~군사 : 자(子)와 제(弟)이다.

149) 부(父)와~귀속시키니 : 부(父)와 형(兄) 모두, 자(子)와 제(弟)의 반을 공실에 귀속시킨 것이다.

150) 자신에게~군사 : 자(子)와 제(弟)이다.

151) 부(父)와~것이다 : 나이가 많은 부(父)와 형(兄)을 공실에 귀속시킨 것이다.

與晉 大夫說之 鄭之大夫皆說其謀 **使疆埸之司惡於宋** 使侵犯宋 **宋向戌侵鄭 大獲 子展曰 師而伐宋可矣 若我伐宋 諸侯之伐我必疾 吾乃聽命焉 且告於楚 楚師至 吾又與之盟 而重賂晉師 乃免矣** 免於晉楚之難 **夏 鄭子展侵宋**

정인(鄭人)이 진(晉)나라와 초(楚)나라의 일에 대하여 근심하였다. 여러 대부가 말하기를 "진나라를 따르지 않으면 나라가 거의 망하게 될 것이다. 초나라가 진나라보다 약하니 진나라는 우리 정(鄭)나라에 대하여 급급해하지 않는 것이다. 진(晉)나라는 정(鄭)나라를 두고 다투는 일에 대하여 급급해하지 않는다는 것이다. 진나라가 급히 서둔다면 초나라는 진나라를 피할 것이다. 그러니 어떻게 해야 진나라 군대로 하여금 우리의 일에 필사적으로 나서서 초나라가 진나라를 감히 대적할 수 없게 할 수 있을까? 그런 뒤라야 동맹이 굳건해질 것이다."라고 하였다. 진(晉)나라와의 동맹이 굳게 된다는 것이다. 자전(子展 : 公孫舍之)이 말하기를 "우리 정나라가 송(宋)나라와의 관계를 악화시키면 제후들이 반드시 송나라를 구하기 위해 이를 것이오. 그때 우리는 그들을 좇아 맹약할 것이고, 초나라 군대가 이르면 우리는 또 그들을 좇을 것이오. 그러면 진나라의 노여움이 심할 것이오. 진나라는 자주 우리나라에 올 수 있지만 초나라는 그렇게 할 수 없으니, 우리는 자연스레 진나라와의 동맹이 굳건해질 것이오."라고 하였다. 대부들이 이 말에 기뻐하여 정(鄭)나라 대부들이 모두 그 계책에 기뻐한 것이다. 국경을 지키는 관리에게 송나라와의 관계를 악화시키라고 하니, 송(宋)나라를 침범하게 한 것이다. 송나라 상술(向戌)이 정나라를 침범하여 크게 로획하였다. 자전이 말하기를 "출병하여 송나라를 치는 것이 좋소. 만약 우리가 송나라를 치면 제후들이 반드시 빠르게 우리를 칠 것이니, 우리는 제후들의 명을 듣고 또 초나라에 고한다면 초나라 군대가 이를 것이요. 그러면 우리는 또 초나라와 맹약하고서 진나라 군대에게 많은 뢰물을 주면 화를 면할 수 있을 것이요."라고 하였다. 진(晉)나라와 초(楚)나라로 인한 환난을 면할 수 있다는 것이다. 여름에 정나라 자전이 송나라를 침범하였다.

公會晉侯宋公衛侯曹伯齊世子光莒子邾子滕子薛伯杞伯小邾子伐鄭

양공(襄公)이 진후(晉侯) · 송공(宋公) · 위후(衛侯) · 조백(曹伯) · 제(齊)나라 세자 광(光) · 거자(莒子) · 주자(邾子) · 등자(滕子) · 설백(薛伯) · 기백(杞伯) · 소주자(小邾子)와 회합하여 정(鄭)나라를 쳤다.

四月 諸侯伐鄭 己亥 齊大子光宋向戌先至于鄭 門于東門 其莫 莫 同暮 **晉荀罃至于西郊 東侵舊許** 許之舊國 鄭新邑 **衛孫林父侵其北鄙 六月 諸侯會于北林 師于向 右還次于瑣** 北行而西爲右還 向瑣皆鄭地 **圍鄭 觀兵于南門** 觀 示也 **西濟于濟隧** 濟隧 水名 **鄭人懼 乃行成**

4월에 제후들이 정(鄭)나라를 쳤다. 기해일에 제(齊)나라 태자 광(光)과 송(宋)나라 상술(向戌)은 먼저 정나라에 이르러 동문(東門)을 공격하였다. 그날 저녁[莫]에 모(莫)는 저녁[暮]과 같다. 진(晉)나라 순앵(荀罃)은 서교(西郊)에 이르러 동쪽으로 가서 옛 허(許)나라 땅을 침범하고, 허(許)나라의 옛 국도(國都)이며 정(鄭)나라의 새로운 읍이다. 위(衛)나라 손림보(孫林父)는 정나라 북쪽 변방을 침범하였다. 6월에 제후들이 북림(北林)에서 회합하고서 상(向) 땅에 주둔하였다가 또 오른쪽으로 돌아 쇄(瑣) 땅에 주둔하였다. 북쪽으로 갔다가 서쪽으로 향하였기에 오른쪽으로 돈 것이 된다. 상(向)과 쇄(瑣)는 모두 정(鄭)나라 땅이다. 그리고는 정나라 도성을 포위하여 남문(南門)에서 무력을 시위하고[觀] 관(觀)은 시위함이다. 서쪽으로 제수(濟隧)를 건너니 제수(濟隧)는 물 이름이다. 정인(鄭人)이 두려워하여 화친을 맺으려 하였다.

> 秋 七月 己未 同盟于亳城北
>
> 가을 7월 기미일에 박성(亳城) 북쪽에서 동맹하였다.

亳 公穀作京 ○亳城 鄭地

박(亳)은 《공양전(公羊傳)》과 《곡량전(穀梁傳)》에는 경(京)으로 되어 있다. ○박성(亳城)은 정(鄭)나라 땅이다.

秋 七月 同盟于亳 范宣子曰 不愼 必失諸侯 諸侯道敝而無成 能無貳乎 數伐鄭 皆罷於道路 **乃盟 載書曰 凡我同盟 毋蘊年** 藏年穀 不分災 **毋壅利** 專山川之利 **毋保姦 毋留慝 救災患 恤禍亂 同好惡 奬王室 或間玆命 司愼司盟 名山名川** 二司 天神 **羣神羣祀** 羣祀在祀典者 **先王先公** 先王 諸侯之大祖 先公 始封君 **七姓十二國之祖** 七姓 晉魯衛鄭曹滕姬姓 邾小邾曹姓 宋子姓 齊姜姓 莒己姓 杞姒姓 薛任姓 實十三國 言十二 誤 **明神殛之 俾失其民 隊命亡氏 踣其國家**

가을 7월에 박(亳) 땅에서 동맹하였다. 진(晉)나라 범선자(范宣子 : 士匃)가 말하기를 "신중하게 하지 않으면 반드시 제후들을 잃을 것이다.[152] 제후들이 길에서 지치기만 하고 성과가 없다면 두마음을 품지 않을 수 있겠는가."라 하고서 여러 차례 정(鄭)나라를 치느라 모두 길에서 지쳤다는 것이다. 이에 맹약하였다. 재서(載書)에 이르기를 "우리 동맹한 나라들은 곡식을 쌓아두지[蘊年] 말 것이며, 온년(蘊年)은 해마다 나는 곡식을 쌓아두고서 재난에 나누지 않는 것이다. 리익을 독점하지[壅利] 말 것이며, 옹리(壅利)는 산천에서 나는 리익을 오로지하는 것이다. 간악한 자를 보호하지 말 것이며,[153] 사특한 자를 그 나라에 머무르게 하지 말 것이며, 다른 나라의 재환(災患)[154]을 구원할 것이며, 화란(禍亂)[155]을 안정시킬 것이며, 좋은 일이나 나쁜 일이나 함께하여 왕실을 도와야 할 것이다. 누구라도 이 명을 어기면 사신(司愼)[156]과 사맹(司盟),[157] 명산(名山)과 명천(名川)의 신들, 두 사(司)는 천신(天神)이다. 군신(羣神)과 군사(羣祀), 군사(羣祀)는 사전(祀典)[158]에 실린 신들이다. 선왕(先王)과 선공(先公), 선왕(先王)은 제후(諸侯)의 태조(大祖)이고, 선공(先公)은 처음 제후로 봉해진 임금이다. 7성(姓) 12국(國) 조상 등의 7성(姓)은 진(晉)·로(魯)·위(衛)·정(鄭)·조(曹)·등(滕)의 희성(姬姓), 주(邾)·소주(小邾)의 조성(曹姓), 송(宋)의 자성(子姓). 제(齊)의 강성(姜姓), 거(莒)의 기성(己姓), 기(杞)의 사성(姒姓), 설(薛)의 임성(任姓)이다. 실제로는 13국(國)인데 12국이라고 말한 것은 잘못이다. 밝은 신들이 벌을 내려 그 백성을 잃게 하고 천명을 떨어뜨리고[隊命][159] 그 씨족을 망하게 하며 그 국가를 전복시킬 것이다."라고 하였다.

公至自伐鄭

양공(襄公)이 정(鄭)나라를 친 일에서 돌아왔다.

楚子鄭伯伐宋

초자(楚子)와 정백(鄭伯)이 송(宋)나라를 쳤다.

---

152) 신중하게~것이다 : 양공(襄公) 9년에 희(戲) 땅에서 맹약할 때 진(晉)나라가 맹약문을 신중하게 만들지 않았다가 정(鄭)나라에게 모욕을 당한 일이 있었기 때문에 한 말이다.

153) 간악한~것이며 : 이웃나라에서 죄를 짓고 도망한 자를 보호하지 말라는 것이다.

154) 재환(災患) : 자연적인 재해.

155) 화란(禍亂) : 정치적인 변란.

156) 사신(司愼) : 불경한 자를 살피는 신(神).

157) 사맹(司盟) : 맹약을 감시하는 신(神).

158) 사전(祀典) : 제사 지낼 대상과 제사 의식을 기록한 전적(典籍).

159) 천명을 떨어뜨리고[隊命] : 천명을 받고 즉위한 임금을 죽인다는 것이다.

楚子囊乞旅于秦 秦右大夫詹帥師從楚子 將以伐鄭 鄭伯逆之 丙子 伐宋 **鄭逆服 故更伐宋**

초(楚)나라 자낭(子囊)이 진(秦)나라에 원군을 요청하였다. 이에 진나라 우대부(右大夫) 첨(詹)이 군대를 거느리고 초자를 따라 정(鄭)나라를 치려고 하니 정백(鄭伯)이 그들을 맞이하였다. 병자일에 송(宋)나라를 쳤다. 정(鄭)나라가 초(楚)나라를 맞이하여 복종하였으므로 계획을 바꾸어 송(宋)나라를 친 것이다.

公會晉侯宋公衛侯曹伯齊世子光莒子邾子滕子薛伯杞伯小邾子伐鄭 會于蕭魚

양공(襄公)이 진후(晉侯)·송공(宋公)·위후(衛侯)·조백(曹伯)·제(齊)나라 세자 광(光)·거자(莒子)·주자(邾子)·등자(滕子)·설백(薛伯)·기백(杞伯)·소주자(小邾子)와 회합하여 정(鄭)나라를 치고 소어(蕭魚)에서 회합하였다.

蕭魚 鄭地

소어(蕭魚)는 정(鄭)나라 땅이다.

九月 諸侯悉師以復伐鄭 諸侯之師觀兵于鄭東門 鄭人使王子伯駢行成 甲戌 晉趙武入盟鄭伯 冬 十月 丁亥 鄭子展出盟晉侯 十二月 戊寅 會于蕭魚 **經書秋 史失之** **庚辰 赦鄭囚 皆禮而歸之 納斥候 禁侵掠 晉侯使叔肸告于諸侯** **叔肸 叔向也 告諸侯亦使赦鄭囚** **公使臧孫紇對曰 凡我同盟 小國有罪 大國致討 苟有以藉手 鮮不赦宥 寡君聞命矣**

9월에 제후들이 군대를 다 동원하여 다시 정(鄭)나라를 쳤다. 제후들의 군대가 정나라 동문(東門)에서 무력을 시위하니, 정인(鄭人)이 왕자 백변(伯駢)[160]을 보내어 화친을 맺으려 하였다. 갑술일에 진(晉)나라 조무(趙武)가 정나라 도성으로 들어가 정백(鄭伯)과 맹약하였다. 겨울 10월 정해일에 정나라 자전(子展)이 도성을 나와서 진후(晉侯)와 맹약하였다.

---

160) 왕자 백변(伯駢) : 백변(伯駢)은 초(楚)나라 왕자로 정(鄭)나라에서 대부로 있었다. 양공(襄公) 8년 겨울조 참조.

그리고 12월 무인일에 소어(蕭魚)에서 회합하였다. 경문에 추(秋)라고 기록한 것은 사관이 잘못한 것이다. 경진일에 정나라 포로를 사면하여 모두 례우하여 돌려보내고 척후병을 철수시키고 침략(侵掠)을 금하였다. 진후가 숙힐(叔肸)을 보내어 제후들에게 이 명을 통고하니, 숙힐(叔肸)은 숙향(叔向)이다. 제후들에게도 정(鄭)나라 포로들을 풀어 주라고 통고한 것이다. 양공(襄公)이 장손흘(臧孫紇)을 보내어 대답하기를 "우리 동맹국들은 소국이 죄가 있어서 대국이 토죄할 때 진실로 작은 공[藉手]161)이라도 있으면 용서하지 않음이 없었으니, 과군은 이 명을 따를 것입니다."162)라고 하였다.

鄭人賂晉侯以師悝師觸師蠲 悝 音詼 悝觸蠲皆樂師名 廣車軘車淳十五乘 甲兵備 廣車軘車皆兵車名 淳 耦也 凡兵車百乘 歌鐘二肆 他兵車及廣軘共百乘 肆 列也 縣鐘十六爲一肆 及其鎛磬 鎛 音博 大鐘也 女樂二八 十六人

정인(鄭人)이 진후(晉侯)에게 사회(師悝)·사촉(師觸)·사견(師蠲)과 회(悝)는 음이 회(詼)이다. 회(悝)·촉(觸)·견(蠲)은 모두 악사(樂師)의 이름이다. 광거(廣車)·돈거(軘車)를 한 쌍[淳]으로 한 각각 15승(乘)에 갑병을 갖춘 광거(廣車)와 돈거(軘車)는 모두 병거(兵車)의 이름이다. 순(淳)은 한 쌍이다. 병거 도합 1백 승, 가종(歌鐘) 2사(肆), 다른 병거(兵車)와 광거(廣車)와 돈거(軘車)를 모두 합하여 1백 승(乘)이다. 사(肆)는 렬(列)이니 매단 종(鐘) 16개가 1사(肆)이다. 박(鎛)과 경(磬), 박(鎛)은 음이 박(博)이니 큰 종이다. 그리고 녀악(女樂) 이팔(二八)인을 바쳤다. 16인이다.

晉侯以樂之半賜魏絳 曰 子教寡人和諸戎狄以正諸華 在四年 八年之中 九合諸侯 謂五年會戚會城棣 七年會鄬 八年會邢丘 九年盟戲 十年會柤戍虎牢 十一年盟亳城會蕭魚 如樂之和 無所不諧 請與子樂之 辭曰 夫和戎狄 國之福也 八年之中 九合諸侯 諸侯無慝 君之靈也 二三子之勞也 臣何力之有焉 抑臣願君安其樂而思其終也 詩曰 樂旨君子 殿天子之邦 殿 鎭也 樂旨君子 福祿攸同 便蕃左右 亦是帥從 便蕃 數也 言遠人相帥來服從 夫樂以安德 義以處之 禮以行之 信以守之 仁以厲之 而後可以殿邦國 同福祿 來遠人 所謂樂也 書曰 居安思危 思則有備 有備無患 敢以此規 公曰 子之教 敢不承命 抑微子 寡人無以待戎 不能濟河 渡河南服鄭 夫賞 國之典也 藏在盟府 不可廢也 子其

---

161) 작은 공[藉手]: 자수(藉手)는 한 손의 도움을 빌린다는 것이니, 공이 작다는 것이다.

162) 소국이~것입니다: 대국인 진(晉)나라가 소국을 토죄할 때 그 나라가 작은 공이라도 있으면 그 죄를 용서하여 소국에게 덕을 베풀었으니 감히 명을 따르지 않을 수 없다는 말이다.

受之 魏絳於是乎始有金石之樂 禮也 **禮 大夫有功則賜樂**

진후(晉侯)가 악기의 절반을 위강(魏絳)에게 주며 말하기를 "그대가 과인을 가르쳐서 여러 융적(戎狄)과 화친하여 제화(諸華)를 바로잡게 하였으므로 4년에 있었다. 8년 사이에 아홉 번 제후들을 회합시켰으되 5년의 척(戚) 땅의 회합과 성체(城棣)의 회합, 7년의 위(鄬) 땅의 회합, 8년의 형구(邢丘)의 회합, 9년의 희(戱) 땅의 맹약, 10년의 사(柤) 땅의 회합과 호뢰(虎牢)의 위수, 11년의 박성(亳城)의 맹약과 소어(蕭魚)의 회합을 이른다. 음악이 조화된 것처럼 제후들이 화합하지 않음이 없었으니, 그대와 함께 이 음악을 즐기고자 한다."라고 하였다. 위강이 사양하며 말하기를 "무릇 융적과 화친한 것은 나라의 복이고, 8년 사이에 아홉 번 제후들을 회합시켰으되 제후들이 어김이 없었던 것은 임금님의 덕택[靈]과 여러 사람의 공로였습니다. 신이 무슨 힘이 있었겠습니까. 그러나 신은 임금님께서 즐거움을 편안히 누리시되 끝마무리 잘할 것을 생각하시기 바랍니다. 《시(詩)》에 '화락한 군자여, 천자의 나라를 진무하리로다[殿]. 전(殿)은 진무(鎭撫)함이다. 화락한 군자여, 복록이 함께하리로다. 자주[便蕃] 좌우의 나라들이 서로를 이끌고 따르네.'[163]라고 하였습니다. 편번(便蕃)은 자주이다. 멀리 있는 이들이 서로를 이끌고 와서 복종한다는 말이다. 무릇 악(樂)으로써 덕을 안정시키고 의(義)로써 처신하며 례(禮)로써 행하고 신(信)으로써 지키고 인(仁)으로써 권면한 뒤에야 나라를 진무하고 복록을 함께 누릴 수 있으며 멀리 있는 이를 오게 할 수 있으니, 이른바 즐거움[樂]이라는 것입니다. 《서(書)》[164]에 '편안할 때 위태로움을 생각하라.'[165]고 하였습니다. 생각을 하면 대비함이 있고 대비함이 있으면 환난이 없으니, 감히 이것으로 규범을 삼으시기 바랍니다."라고 하였다. 진도공(晉悼公)이 말하기를 "그대의 가르침을 감히 따르지 않을 수 있겠는가. 그대가 아니었다면 과인은 융적들을 대우하지 못하여 하수(河水)를 건너지 못했을 것이다. 하수(河水)를 건너 남쪽으로 정(鄭)나라를 복종시킨 것이다. 무릇 상(賞)이라는 것은 나라의 전장(典章)으로 맹부(盟府)에 보관되는 것이니 폐기할 수는 없다.[166] 그러니 그대는 받도록 하라."라고 하였다. 위강이 이에 비로소 금석(金石)

---

163) 화락한~따르네 : 《시경(詩經)》 〈소아(小雅)〉 채숙(采菽).

164) 《서(書)》 : 여기서의 《서(書)》는 중국 상고시대(上古時代)의 정치를 기록한 책이다. 고대에는 사관(史官)이 있어 나라 안에서 일어나는 정치적 상황이나 사회변동, 문물제도 등을 낱낱이 기록하였다고 한다. 때로는 왕조의 이름을 붙여 〈우서(虞書)〉, 〈하서(夏書)〉라고도 하였다. 한대(漢代) 이후 《상서(尙書)》라고도 일컬었는데, '尙'은 '上'과 통하여 '상대(上代)의 서(書)'라는 뜻이다. 혹은 성인이 산정(刪定)한 소중한 책이라는 의미로 해석되기도 한다. 한(漢)나라 때 오경(五經)의 하나로 포함되면서 《서경(書經)》이라 불리게 되었다. 따라서 춘추시대에는 《서경》이 아니라 《서》라고 표기해야 옳다. 이에 본 번역 본문에서는 원문의 《서》를 《서경》이라 하지 않고 《서》라고 표기하였다. 단 각주에서는 출처를 밝히기 위하여 《서경》이라는 용어를 사용하였다.

165) 편안할~생각하라 : 일서(逸書)이다.

의 악기를 소유하였으니, 례에 맞는 일이었다. 례법에 대부가 공이 있으면 악기를 하사한다.

公至自會

양공(襄公)이 회합에서 돌아왔다.

楚人執鄭行人良霄

초인(楚人)이 정(鄭)나라 행인(行人) 량소(良霄)를 잡았다.

良霄 公孫輒子

량소(良宵)는 공손첩(公孫輒)의 아들이다.

鄭人使良霄大宰石㚟如楚 㚟 音綽 **告將服于晉 曰 孤以社稷之故 不能懷君 君若能以玉帛綏晉 不然 則武震以攝威之 孤之願也 楚人執之 書曰 行人 言使人也** 書行人言非使人之罪

정인(鄭人)이 량소(良霄)와 태재(大宰)인 석작(石㚟)을 초(楚)나라에 가게 하여 작(㚟)은 음이 작(綽)이다. 진(晉)나라에 복종하려는 뜻을 고하게 하며 말하기를 "고(孤 : 鄭伯)는 사직을 보존하기 위하여 임금님[楚王]과의 관계를 생각할 겨를이 없습니다. 임금님께서 만약 옥백으로 진나라와의 관계를 화평하게 하거나 그렇지 않다면 무력[武震]으로 진나라를 두렵게[攝威] 하는 것이 고의 바람입니다."라고 하였다. 그러나 초인(楚人)은 그들을 잡아두었다. 경문에 행인(行人)이라고 기록한 것은 그들이 사인(使人)이었음을 말한 것이다. 경문에 행인(行人)이라고 기록한 것은 사인(使人)의 죄가 아니라는 말이다.

冬 秦人伐晉

겨울에 진인(秦人)이 진(晉)나라를 쳤다.

---

166) 맹부(盟府)에~없다 : 한 번 내린 상(賞)은 되돌릴 수 없다는 것이다.

秦庶長鮑庶長武帥師伐晉以救鄭 庶長 秦爵也 **鮑先入晉地 士魴禦之 少秦師而弗設備 壬午** 十二月 壬午 **武濟自輔氏** 從輔氏渡河 **與鮑交伐晉師 己丑 秦晉戰於櫟 晉師敗績 易秦故也** 櫟 晉地

진(秦)나라 서장(庶長) 포(鮑)와 서장 무(武)가 군대를 거느리고 진(晉)나라를 쳐서 정(鄭)나라를 구원하였다. 9포가 먼저 진(晉)나라 땅으로 쳐들어가자 사방(士魴)이 그를 막았는데 진(秦)나라 군대를 얕보아 방비를 갖추지 않았다. 임오일에 12월 임오일이다. 무가 보씨(輔氏)로부터 건너 보씨(輔氏)로부터 하수(河水)를 건넌 것이다. 포와 함께 교대로 진(晉)나라 군대를 쳤다. 기축일에 진군(秦軍)과 진군(晉軍)이 력(櫟) 땅에서 싸워 진(晉)나라 군대가 크게 패하였으니, 이는 진(秦)나라 군대를 가볍게 여겼기 때문이다. 력(櫟)은 진(晉)나라 땅이다.

양공(襄公) 12년【庚子 B.C.561】

十有二年 春 王三月 莒人伐我東鄙 圍台 季孫宿帥師救台 遂入鄆

12년 봄 왕3월에 거인(莒人)이 우리나라 동쪽 변방을 쳐서 태(台) 땅을 포위하였다. 계손숙(季孫宿)이 군대를 거느리고 태 땅을 구원하고서 드디어 운(鄆) 땅으로 쳐들어갔다.

台 穀作邰 後同 ○鄆 莒邑

태(台)는 《곡량전(穀梁傳)》에는 태(邰)로 되어 있으며 이후에도 이와 같다. ○운(鄆)은 거(莒)나라 읍이다.

十二年 春 莒人伐我東鄙 圍台 季武子救台 遂入鄆 取其鐘以爲公盤 盤 食器也

12년 봄에 거인(莒人)이 우리나라 동쪽 변방을 쳐서 태(台) 땅을 포위하였다. 계무자(季武子 : 季孫宿)가 태 땅을 구원하고서 드디어 운(鄆) 땅으로 쳐들어가 거(莒)나라 종(鐘)을 취해 와서 양공(襄公)의 반(盤)을 만들었다. 반(盤)은 식기(食器)이다.

夏 晉侯使士魴來聘

여름에 진후(晉侯)가 사방(士魴)을 보내와서 빙문하였다.

夏 晉士魴來聘 且拜師 **謝前年伐鄭師**

여름에 진(晉)나라 사방(士魴)이 와서 빙문하고 또 군대를 보내준 것에 대하여 배사하였다. 지난해 정(鄭)나라를 치기 위한 군대를 보내준 것에 대하여 사례한 것이다.

秋 九月 吳子乘卒

가을 9월에 오자(吳子) 승(乘)이 졸하였다.

吳始書卒

오(吳)나라에 대해 처음으로 경문에 졸이라고 기록하였다.

秋 吳子壽夢卒 **壽夢卽乘** **臨於周廟 禮也** **周廟 文王廟也** **凡諸侯之喪 異姓臨於外** **於城外向其國** **同姓於宗廟** **所出王之廟** **同宗於祖廟** **始封君之廟** **同族於禰廟** **父廟也 同族謂高祖以下** **是故魯爲諸姬 臨於周廟** **諸姬 同姓國** **爲邢凡蔣茅胙祭 臨於周公之廟** **卽祖廟也 六國皆周公支子**

가을에 오자(吳子) 수몽(壽夢)이 졸하자 수몽(壽夢)은 곧 승(乘)이다. 양공(襄公)이 주묘(周廟)에 가서 곡하였으니[臨], 례에 맞는 일이었다. 주묘(周廟)는 문왕(文王)의 사당이다.[167] 무릇 제후들의 상에 이성(異姓)의 경우에는 밖에서 곡하고, 성밖에서 그 나라를 향하는 것이다. 동성(同姓)의 경우에는 종묘(宗廟)에서 한다. 종묘(宗廟)는 시조가 나온 왕[168]의 사당이다. 동종(同宗)의 경우에는 조묘(祖廟)에서 곡하고, 조묘(祖廟)는 처음으로 봉해진 임금의 사당이다. 동족(同族)의 경우에는 녜묘(禰廟)에서 곡한다. 녜묘(禰廟)는 아버지의 사당이다. 동족(同族)은 고조 이하의 자손을 이른다. 그러므로 로(魯)나라 임금은 여러 희성(姬姓)의 제후를 위해서는 주묘에서 곡하고, 여러 희성(姬姓)

167) 주묘(周廟)는~사당이다 : 로(魯)나라 시조인 주공(周公)은 문왕(文王)에서 나왔기 때문에 문왕의 사당을 세운 것이다.

168) 시조가~왕 : 로(魯)나라의 경우 시조는 주공(周公)이고 시조가 나온 왕은 문왕(文王)이다.

은 동성의 나라이다. 형(邢)·범(凡)·장(蔣)·모(茅)·조(胙)·채(祭) 등의 나라를 위해서는 주공(周公)의 사당에서 곡한다. 바로 조묘(祖廟)이다. 6국(國)은 모두 주공(周公)의 갈라져 나간 자손이다.

冬 楚公子貞帥師侵宋
겨울에 초(楚)나라 공자 정(貞)이 군대를 거느리고 송(宋)나라를 침범하였다.

冬 楚子囊秦庶長無地伐宋 師于楊梁 以報晉之取鄭也 楊梁 宋地

겨울에 초(楚)나라 자낭(子囊 : 貞)과 진(秦)나라 서장(庶長)인 무지(無地)가 송(宋)나라를 치고서 양량(楊梁)에 주둔하였는데, 이는 진(晉)나라가 정(鄭)나라를 취한 것에 대한 보복이었다. 양량(楊梁)은 송(宋)나라 땅이다.

○靈王求后于齊 齊侯問對於晏桓子 桓子對曰 先王之禮辭有之 天子求后於諸侯 諸侯對曰 夫婦所生若而人 若而人猶言某某 **妾婦之子若而人 無女而有姊妹及姑姊妹 則曰 先守某公之遺女若而人 齊侯許昏 王使陰里結之** 陰里 周大夫 結 成也 爲十五年劉夏逆王后傳

○주령왕(周靈王)이 제(齊)나라에서 왕후[后]를 구하자 제후(齊侯 : 靈公)가 안환자(晏桓子)에게 어떻게 대답할지를 물었다. 환자(桓子)가 대답하기를 "선왕의 례사(禮辭)[169]가 있으니, 천자가 제후들에게 왕후를 구하면 제후들은 '부부(夫婦)가 낳은 이러이러한 사람[若而人]이 있고, 약이인(若而人)은 모모(某某)라는 말과 같다. 저의 첩부(妾婦)[170]의 자식으로 이러이러한 사람이 있습니다.'라 하고, 딸이 없고 자매(姊妹)나 고자매(姑姊妹)[171]만 있으면 곧 '선수(先守)[172]인 모공(某公)이 남긴 딸로 이러이러한 사람이 있습니다.'고 합니다."라고 하였다. 제후(齊侯)가 혼인을 허낙하니 령왕(靈王)은 음리(陰里)를 보내어 혼인을 결정하였다[結]. 음리(陰里)는 주(周)나라 대부이다. 결(結)은 이룸이다. 15년에 류하(劉夏)가 왕후를 맞이해가는 전(傳)의

169) 례사(禮辭) : 례를 행할 때 쓰도록 결정한 언사.
170) 첩부(妾婦) : 첩실(妾室). 소실(小室).
171) 고자매(姑姊妹) : 선군(先君)의 자매.
172) 선수(先守) : 왕에게 대답할 때 군(君)이라고 쓸 수 없으므로 수(守)자를 쓴다.

배경이 된다.

公如晉

양공(襄公)이 진(晉)나라에 갔다.

公如晉朝 且拜士魴之辱 禮也

양공(襄公)이 진(晉)나라에 가서 조견하고 또 사방(士魴)이 로(魯)나라를 빙문해 준 것에 대하여 배사하였으니, 례에 맞는 일이었다.

○秦嬴歸于楚 秦景公妹 爲楚共王夫人 楚司馬子庚聘于秦 爲夫人寧 禮也 子庚 莊王子午 諸侯夫人 父母旣沒 歸寧使卿 故曰禮也

○진영(秦嬴)이 초(楚)나라로 시집갔다. 진영(秦嬴)은 진경공(秦景公)의 누이동생으로 초공왕(楚共王)[173]의 부인(夫人)이 되었다. 초나라 사마(司馬)인 자경(子庚)이 진(秦)나라를 빙문하였는데 초왕(楚王)의 부인(夫人)을 대신하여 귀녕(歸寧)한 것이니, 례에 맞는 일이었다. 자경(子庚)은 초장왕(楚莊王)의 아들 오(午)이다. 제후들의 부인(夫人)은 부모가 이미 죽었으면 경(卿)을 보내 귀녕(歸寧)하기 때문에 례에 맞았다고 한 것이다.

양공(襄公) 13년 【辛丑 B.C.560】

十有三年 春 公至自晉

13년 봄에 양공(襄公)이 진(晉)나라에서 돌아왔다.

173) 초공왕(楚共王) : 초장왕(楚莊王)의 아들.

十三年 春 公至自晉 孟獻子書勞于廟 禮也 書勳勞於策也

13년 봄에 양공(襄公)이 진(晉)나라에서 돌아오자 맹헌자(孟獻子)가 종묘에서 훈로(勳勞)를 기록하였으니, 례에 맞는 일이었다. 사책(史策)에 훈로(勳勞)를 기록한 것이다.

夏 取邿

여름에 시(邿)나라를 취하였다.

邿 公作詩 ○邿 小國

시(邿)는 《공양전(公羊傳)》에는 시(詩)로 되어 있다. ○시(邿)는 소국이다.

夏 邿亂 分爲三 師救邿 遂取之 魯師也 **凡書取 言易也 用大師焉曰滅 弗地曰入** 謂勝其國邑 不有其地

여름에 시(邿)나라에 란이 일어나 셋으로 나누어지자, 우리 군대가 시나라를 구원하러 갔다가 드디어 시나라를 취하였다. 로(魯)나라 군대이다. 무릇 경문에 취하였다[取]고 기록한 것은 쉽게 얻었다는 말이고, 대군을 사용한 경우는 멸(滅)이라 하고, 그 땅을 차지하지 않은 경우는 입(入)이라고 한다. 그 국읍을 쳐서 이기고도 그 땅을 차지하지 않는 것을 이른다.

○荀罃士魴卒 晉侯蒐于綿上以治兵 使士匄將中軍 辭曰 伯游長 伯游 荀偃 **昔臣習於知伯 是以佐之 非能賢也** 事見九年 **請從伯游 荀偃將中軍 士匄佐之 使韓起將上軍 辭以趙武 又使欒黶 辭曰 臣不如韓起 韓起願上趙武 君其聽之 使趙武將上軍 韓起佐之 欒黶將下軍 魏絳佐之 新軍無帥** 新軍帥趙武 佐魏絳 皆遷 **晉侯難其人 使其什吏率其卒乘官屬 以從於下軍 禮也** 什吏 十人長也 **晉國之民是以大和 諸侯遂睦**

○순앵(荀罃)과 사방(士魴)이 졸하였다. 진후(晉侯)가 면상(綿上)에서 군대를 검열하여 다스렸다. 이때 사개(士匄)에게 중군을 거느리게 하니, 사양하며 말하기를 "백유(伯游)가 년장자입니다. 백유(伯游)는 순언(荀偃)이다. 예전에 신이 지백(知伯 : 荀罃)과 친근하였기 때문에 그의 부장이 되었던 것이지 신이 현능했기 때문은 아니었습니다. 일이 9년조에 보인다. 그러니 백유를 따르고자 합니다."라고 하였다. 이에 순언에게 중군을 거느리게 하고 사개를 부장으로 삼았다. 한기(韓起)에게 상군을 거느리게 하니 그는 조무(趙武)에게 사양하였다. 또 란

암(欒黶)에게 상군을 거느리게 하니 사양하며 말하기를 "신은 한기만 못합니다. 한기가 조무를 윗자리에 세우기를 원하니 임금님께서는 그의 청을 들어주소서."라고 하였다. 이에 조무에게 상군을 거느리게 하고 한기를 부장으로 삼았으며, 란암에게 하군을 거느리게 하고 위강(魏絳)을 부장으로 삼았다. 신군을 맡을 장수자리가 비었는데 신군(新軍)의 장수는 조무(趙武)였고 부장은 위강(魏絳)이었는데 모두 자리를 옮긴 것이다. 진후가 그 적임자를 찾기 어려워 신군의 십리(什吏)들로 하여금 졸승(卒乘)과 관속(官屬)을 거느리고서 하군을 따르게 하였으니, 례에 맞는 일이었다. 십리(什吏)는 열 사람의 우두머리이다. 진(晉)나라 백성이 이에 크게 화합하였고 제후들도 드디어 진나라와 화목하게 되었다.

君子曰 讓 禮之主也 范宣子讓 其下皆讓 欒黶爲汰 弗敢違也 黶雖汰侈 亦讓韓起 **晉國以平 數世賴之 刑善也夫** 刑 法也 **一人刑善 百姓休和 可不務乎 書曰 一人有慶 兆民賴之 其寧惟永 其是之謂乎** 一人 天子也 **周之興也 其詩曰 儀刑文王 萬邦作孚 言刑善也 及其衰也 其詩曰 大夫不均 我從事獨賢** 此詩刺幽王役使不均 **言不讓也 世之治也 君子尙能而讓其下 小人農力以事其上 是以上下有禮 而讒慝黜遠 由不爭也 謂之懿德 及其亂也 君子稱其功以加小人 小人伐其技以馮君子 是以上下無禮 亂虐幷生 由爭善也** 爭自善也 **謂之昏德 國家之敝 恒必由之**

군자는 말한다. "사양은 례의 주체이다. 범선자(范宣子 : 士匄)가 사양을 하니 그 아랫사람들이 모두 사양하였다. 란암(欒黶)은 오만하였으되 감히 어기지 못하였다. 암(黶)이 비록 오만하였으나 또한 한기(韓起)에게 자리를 양보한 것이다. 진(晉)나라가 이로 인해 화평하여 여러 대 동안 이런 기운에 힘입었으니, 이는 선을 본받았기[刑] 때문이다. 형(刑)은 본받음이다. 한 사람이 선을 본받으면 백성이 편안하고 화목하게 되니, 힘쓰지 않을 수 있겠는가. 《서(書)》에 이르기를 '한 사람에게 경사가 있으면 온 백성이 이에 힘입어 편안함이 영원하리로다.'[174]라고 하였으니, 바로 이를 두고 한 말이다. 한 사람이란 천자이다. 주(周)나라가 흥성할 때 《시(詩)》에 이르기를 '문왕을 본받으면 모든 나라가 진작되어 믿으리라.'[175]라고 하였으니, 이는 선을 본받는 것을 말한 것이다. 주나라가 쇠퇴함에 미쳐서는 《시》에 이르기를 '대부들이 일을 고르게 처리하지 못하니 나만 종사하여 홀로 현능하도다.'[176]라고 하였으니, 이 시는

174) 한~영원하리로다 : 《서경(書經)》 〈주서(周書)〉 려형(呂刑).

175) 문왕을~믿으리라 : 《시경(詩經)》 〈대아(大雅)〉 문왕(文王).

176) 대부들이~현능하도다 : 《시경(詩經)》 〈소아(小雅)〉 북산(北山). 이 시의 본래 뜻은 관리들이 많은데도 왕

유왕(幽王)이 관리들을 부림이 공평하지 않은 것을 풍자한 것이다. 이는 사양하지 않음을 말한 것이다. 세상이 잘 다스려질 때는 군자는 능력 있는 이를 숭상하여 아랫사람에게 사양하고, 소인은 힘을 다하여 윗사람을 섬긴다. 이 때문에 상하에 례가 있어 참소하고 사특한 무리가 멀리 축출되었으니, 이는 서로 다투지 않는 데서 연유한 것이다. 이를 일러 의덕(懿德)이라고 한다. 세상이 어지러워짐에 미쳐서는 군자는 자기의 공로를 자랑하여 아랫사람을 업신여기고[加], 소인은 자신의 재주를 자랑하여 군자를 능멸한다. 이 때문에 상하에 례가 없어져 혼란과 학정이 아울러 생겼으니, 이는 서로 선을 다투는 데서 연유한 것이다. 스스로 잘났다고 다투는 것이다. 이를 일러 혼덕(昏德)이라 하니, 국가의 폐단은 항상 반드시 이로부터 말미암는 것이다."

> **秋 九月 庚辰 楚子審卒**
> 가을 9월 경진일에 초자(楚子) 심(審)이 졸하였다.

楚子疾 告大夫曰 不穀不德 少主社稷 生十年而喪先君 未及習師保之敎訓 而應受多福 多福謂居君位 **是以不德 而亡師于鄢 以辱社稷 爲大夫憂 其弘多矣** 弘 大也 **若以大夫之靈 獲保首領 以沒於地 唯是春秋窀穸之事** 窀 音屯 厚也 穸 音夕 夜也 春秋謂祭祀 窀穸謂葬埋 **所以從先君於禰廟者 請爲靈若厲** 欲受惡謚 **大夫擇焉 莫對 及五命 乃許**

초자(楚子 : 審)[177]가 병이 나자 대부들에게 고하기를 "내[不穀]가 덕이 없는데도 어려서부터 사직을 맡았다. 태어난 지 10년 만에 선군(先君 : 莊王)을 여의고 사보(師保)[178]의 가르침을 미처 익히지 못했건만 많은 복을 받았다. 많은 복이란 임금의 자리에 있는 것을 이른다. 이 때문에 부덕하여 언(鄢) 땅의 싸움[179]에서 군대를 잃어 사직을 욕보이고 대부들을 근심스럽게 함이 크고[弘] 많았다. 홍(弘)은 큼이다. 만약 대부들의 도움으로 몸을 잘 보존하여 땅에 묻힌다면 오직 춘추(春秋)와 준석(窀穸)의 일만 있을 것이고 준(窀)은 음이 준(屯)이니 두터움이다.

이 공평하지 못하여 나 혼자에게만 괴롭게 일을 시킨다는 것인데, 여기서는 여러 대부가 무능하므로 나 혼자 모든 일을 처리할 수밖에 없다는 의미로 쓰였다.

177) 초자(楚子 : 審) : 초공왕(楚共王)이다.

178) 사보(師保) : 고대 제왕의 곁에서 보좌하는 임무를 맡은 보(保)와 사(師)를 통칭하는 말.

179) 언(鄢) 땅의 싸움 : 성공(成公) 16년 초(楚)나라와 진(晉)나라 사이의 싸움.

석(窆)은 음이 석(夕)이니 밤이다. 춘추(春秋)[180]는 제사(祭祀)를 이르고 준석(窀窆)[181]은 매장을 이른다. 녜묘(禰廟)[182]에서 선군의 뒤를 따를 뿐이니,[183] 나의 시호를 령(靈)이나 려(厲)로 정하기를 청하노라. 나쁜 시호[184]를 받고자 한 것이다. 대부들은 이 중에서 택하도록 하라."고 하였다. 대부들 가운데 대답하는 이가 없었는데 다섯 번이나 명하니 그제야 허낙하였다.

秋 楚共王卒 子囊謀謚 大夫曰 君有命矣 子囊曰 君命以共 若之何毁之 君之所命 其辭甚恭 **赫赫楚國 而君臨之 撫有蠻夷 奄征南海 以屬諸夏 而知其過 可不謂共乎 請謚之共 大夫從之**

가을에 초공왕(楚共王)이 졸하자 자낭(子囊)이 대부들과 시호를 모의하였다. 대부들이 말하기를 "임금께서 명하신 바가 있습니다."라고 하자, 자낭이 말하기를 "임금께서 공손하게 명하신 것인데 어찌 훼손할 수 있겠소. 임금이 명한 그 말이 매우 공손하다는 것이다. 혁혁한 우리 초나라에 임금께서 자리에 올라 만이(蠻夷)를 순무(巡撫)하여 남해(南海)까지 정벌해 제하(諸夏)에 귀속시켰는데도 자신의 허물을 아셨으니, 공손하다고 하지 않을 수 있겠소. 따라서 공(共)으로 시호를 정할 것을 청하오."라고 하니, 대부들이 그 말을 따랐다.

吳侵楚 養由基奔命 子庚以師繼之 養叔曰 吳乘我喪 謂我不能師也 養叔 養由基也 **必易我而不戒 子爲三覆以待我 我請誘之 子庚從之 戰于庸浦** 庸浦 楚地 **大敗吳師 獲公子黨 君子以吳爲不弔** 不相弔恤 **詩曰 不弔昊天 亂靡有定**

오(吳)나라가 초(楚)나라를 침범하자, 양유기(養由基)가 명을 받고 급히 달려가니 자경(子庚)이 군대를 거느리고 그의 뒤를 따랐다. 양숙(養叔)이 말하기를 "오나라는 우리나라의 국상(國喪)을 틈타 쳐들어왔기 때문에 우리가 출병할 수 없을 것이라고 여길 것이오. 양숙(養叔)은 양유기(養由基)이다. 그들은 반드시 우리를 쉽게 생각하여 경계하지 않을 것이니, 그대

---

180) 춘추(春秋) : 봄과 가을에 지내는 제사에서 연유하여 널리 제사를 이르는 말로 쓰인다.

181) 준석(窀窆) : 준석(窀窆)은 후야(厚夜)이니 곧 장야(長夜)이다. 무덤 속은 깊은 밤과 같으므로 매장의 의미로 쓰였다.

182) 녜묘(禰廟) : 아버지의 사당.

183) 녜묘(禰廟)에서~뿐이니 : 죽어서 선군의 뒤에서 제사나 받아먹을 뿐, 달리 칭송받을 공훈이 없다는 말이다.

184) 나쁜 시호 : 령(靈)자는 나라를 안정시키지 못하고 혼란에 빠뜨린 자에게 내리는 시호이며, 려(厲)자는 무고(無辜)한 자를 죽인 자에게 내리는 시호이다.

는 세 곳에 복병을 설치하고 나를 기다리시오. 그러면 내가 그들을 유인하겠소."라고 하니, 자경이 그 말을 따랐다. 그래서 용포(庸浦)에서 싸워 용포(庸浦)는 초(楚)나라 땅이다. 오나라 군대를 크게 패배시키고 공자 당(黨)을 사로잡았다. 군자는 오나라를 조문하지도 않는 나라로 여겼다. 서로 조문하여 위로하지 않는 것이다. 《시(詩)》에 '하늘이 가엾게 여기지 않는지라 란이 진정되지 아니하네.'[185]라고 하였다.

冬 城防

겨울에 방(防) 땅에 성을 쌓았다.

防 臧氏邑

방(防)은 장씨(臧氏)의 읍이다.

冬 城防 書事時也 於是將早城 臧武仲請俟畢農事 禮也

겨울에 방(防) 땅에 성을 쌓았다고 하였으니, 경문에 일이 때에 맞았음을 기록한 것이다. 이때 일찍 성을 쌓으려고 하였으나 장무중(臧武仲)이 농사일이 끝날 때까지 기다릴 것을 요청하였으니, 례에 맞는 일이었다.

○鄭良霄大宰石㚟猶在楚 石㚟言於子囊曰 先王卜征五年 先征五年而卜吉凶 征謂巡守征行 **而歲習其祥 祥習則行** 習 同也 祥 吉也 **不習 則增修德而改卜 今楚實不競 行人何罪 止鄭一卿 以除其偪** 卿 良霄 謂除其國內相偪 **使睦而疾楚 以固於晉 焉用之 使歸而廢其使** 鄭遣良霄 欲使楚執之 遂堅事晉 今歸之則乃所以廢其遣使之本意 **怨其君以疾其大夫 而相牽引也** 良霄久留楚 故歸必怨君而憎其大夫 使牽引不和 **不猶愈乎 楚人歸之**

○정(鄭)나라 량소(良霄)와 태재(大宰) 석작(石㚟)이 여전히 초(楚)나라에 붙잡혀 있었다.[186] 석작이 초나라 자낭(子囊)에게 말하기를 "선왕들은 원정(遠征)을 행할 때 5년 전에 점을 치고 원정(遠征)하기 5년 전에 길흉을 점치는 것이다. 원정이란 순수(巡守)[187]와 정행(征行)[188]을 이른

185) 하늘이~아니하네 : 《시경(詩經)》〈소아(小雅)〉 절남산(節南山).

186) 량소(良霄)와~있었다 : 양공(襄公) 11년에 잡혀 지금까지 있는 것이다.

187) 순수(巡守) : 나라 안을 순행하며 제후국(諸侯國)의 정치와 민정 등을 시찰하는 일.

다. 해마다 그 길함[祥]이 한결같은가[習]를 점쳐서 길함이 한결같으면 행하고 습(習)은 한결같음이고 상(祥)은 길함이다. 한결같지 않으면 더욱 덕을 닦은 뒤에 다시 점을 쳤습니다. 지금 초나라가 진실로 강하지 못해서이니,[189] 우리 행인(行人)이 무슨 죄가 있다고 잡아두는 것입니까. 정나라의 한 경(卿)을 잡아둠으로써 서로 핍박하는 해를 제거하고 경(卿)은 량소(良霄)이다. 정(鄭)나라 안에서 서로 핍박하는 요인을 제거했다는 것이다.[190] 서로 화목하게 지내면서 초나라를 미워하게 하고 진(晉)나라와 관계를 공고하게 하였으니, 초나라에 무슨 소용이 있습니까. 그를 돌려보내어 사절(使節)을 보낸 의도를 폐하게 하고, 정(鄭)나라가 량소(良霄)를 보낸 것은 초(楚)나라에서 그를 잡아두게 함으로써 진(晉)나라를 섬기는 일을 견고히 하고자 한 것이다. 지금 그를 돌려보내면 정나라에서 사신을 보낸 본래의 의도를 폐하게 한다는 것이다. 그 임금을 원망하고 그 대부들을 미워하게 하여 서로 불화를 유발시키는 것이 량소(良霄)가 오랫동안 초(楚)나라에 잡혀있었기 때문에 돌아가면 반드시 임금을 원망하고 그 대부들을 미워하여 불화를 유발시키게 된다는 것이다. 오히려 낫지 않겠습니까."라고 하였다. 이에 초인(楚人)이 그들을 돌려보냈다.

양공(襄公) 14년 【壬寅 B.C.559】

十有四年 春 王正月 季孫宿叔老會晉士匄齊人宋人衛人鄭公孫蠆曹人莒人邾人滕人薛人杞人小邾人 會吳于向

14년 봄 왕정월에 계손숙(季孫宿)과 숙로(叔老)가 진(晉)나라 사개(士匄)·제인(齊人)·송인(宋人)·위인(衛人)·정(鄭)나라 공손채(公孫蠆)·조인(曹人)·거인(莒人)·주인(邾人)·등인(滕人)·설인(薛人)·기인(杞人)·소주인(小邾人)과 회합하여 오(吳)나라와 상(向) 땅에서 회합하였다.

188) 정행(征行) : 출정하는 일.

189) 초나라가~못해서이니 : 지금 정(鄭)나라가 진(晉)나라를 따르는 것은 초(楚)나라의 힘이 진나라보다 강하지 못한 것이지, 사신의 죄가 아니라는 것이다.

190) 정(鄭)나라~것이다 : 정(鄭)나라 내부에서 진(晉)과 초(楚) 가운데 어느 나라를 따를 것인가를 놓고 내분이 일어나는 것을 막았다는 것이다.

蠆 公作囆 後同 ○叔老 聲伯子

채(蠆)는《공양전(公羊傳)》에는 채(囆)로 되어 있으며 이후에도 이와 같다. ○숙로(叔老)는 성백(聲伯 : 公孫嬰齊)의 아들이다.

十四年 春 吳告敗于晉 會于向 爲吳謀楚故也 范宣子數吳之不德也 以退吳人 吳伐楚喪故 **執莒公子務婁 以其通楚使也** 莒貳於楚 比年伐魯 **將執戎子駒支** 駒支 戎子名 **范宣子親數諸朝** 行之所在亦設朝位 **曰 來 姜戎氏 昔秦人迫逐乃祖吾離于瓜州** 四嶽之後皆姜姓 又別爲允姓 瓜州卽三危 **乃祖吾離被苫蓋** 蓋亦苫也 **蒙荊棘 以來歸我先君 我先君惠公有不腆之田 與女剖分而食之 今諸侯之事我寡君不如昔者 蓋言語漏洩 則職女之由 詰朝之事 爾無與焉 與 將執女**

14년 봄에 오(吳)나라가 초(楚)나라와 싸워 패한 일을 진(晉)나라에 고하였다. 제후들이 상(向) 땅에서 회합하였으니, 오나라를 위해 초나라 칠 일을 모의하기 위해서였다. 진나라 범선자(范宣子)가 오나라의 부덕을 수죄(數罪)하며 오인(吳人)의 요청을 물리쳤다. 오(吳)나라가 초(楚)나라의 국상(國喪) 중에 쳤기 때문이다. 거(莒)나라 공자 무루(務婁)를 잡았으니, 이는 그가 초나라 사신과 교통하였기 때문이다. 거(莒)나라가 초(楚)나라에 붙어서 매년 로(魯)나라를 쳤다. 그리고 융자(戎子)인 구지(駒支)를 잡으려 하여 구지(駒支)는 융자(戎子)의 이름이다. 범선자가 친히 조회에서 수죄하며 임금이 나와 머무는 곳[行在所]에 또한 조회자리를 마련한 것이다. 말하였다. "이리 오라. 강융씨(姜戎氏)야. 예전에 진인(秦人)이 너의 조상인 오리(吾離)를 과주(瓜州)로 축출하였을 때 사악(四嶽)[191]의 후손은 모두 강성(姜姓)이며 또 별족이 윤성(允姓)이 되었다. 과주(瓜州)는 곧 삼위(三危)[192]이다. 너의 조상 오리는 거적[苫蓋]을 걸치고 개(蓋) 또한 거적[苫]이다. 가시나무로 만든 모자를 쓰고 와서 우리 선군께 귀의하니, 우리 선군인 혜공(惠公)께서는 넉넉하지 않은 토지를 가지고 있었지만 너희에게 나누어주어 먹고 살게 하셨다. 그런데 지금 제후들이 우리 과군을 섬기는 것이 예전만 못한 것은 말[193]이 새어나갔기 때문이다. 이는 오로지[職] 너희들로 말미암은 것이니 래일 아침의 회합[事]에 너희는 참여하지 말라. 참여한다면 너를 잡아 가두겠다."

---

191) 사악(四嶽) : 사악(四嶽)의 제사를 주관하는 직책을 맡은 사람으로 요(堯)임금 때의 방백(方伯)이다.

192) 삼위(三危) : 중국 서부 변방을 이른다.

193) 말 : 진(晉)나라의 기밀이다.

對曰 昔秦人負恃其衆 貪于土地 逐我諸戎 惠公蠲其大德 蠲 明也 **謂我諸戎是四嶽之裔冑也 毋是翦棄 賜我南鄙之田 狐狸所居 豺狼所嗥 我諸戎除翦其荊棘 驅其狐狸豺狼 以爲先君不侵不叛之臣 至于今不貳 昔文公與秦伐鄭 秦人竊與鄭盟 而舍戍焉 於是乎有殽之師 晉禦其上 戎亢其下** 亢猶當也 **秦師不復** 秦師殲焉 無得反者 **我諸戎實然 譬如捕鹿 晉人角之** 角者 當其頭也 **諸戎掎之** 掎其足也 **與晉踣之 戎何以不免** 言我盡忠如此 何必不免罪 **自是以來 晉之百役 與我諸戎相繼于時** 言役無虛時 **以從執政 猶殽志也** 意常如殽 **豈敢離逷** 逷 音剔 遠也 **今官之師旅 無乃實有所闕 以攜諸侯 而罪我諸戎 我諸戎飮食衣服不與華同 贄幣不通 言語不達 何惡之能爲 不與於會 亦無瞢焉** 瞢 悶也 **賦青蠅而退** 取其愷悌君子 無信讒言 **宣子辭焉** 辭 謝 **使卽事於會 成愷悌也 於是子叔齊子爲季武子介以會 自是晉人輕魯幣而益敬其使** 齊子 叔老諡也 言經所以並書二卿

구지(駒支)가 대답하였다. "예전에 진인(秦人)이 그 무리가 많음을 믿고 토지를 탐내어 우리 제융(諸戎)을 몰아내었을 때, 진혜공(晉惠公)께서 큰 덕을 밝히시어[蠲] 견(蠲)은 밝힘이다. 우리 제융을 사악(四嶽)의 후손이라 여겨 내쳐 버리지 않았습니다. 이에 우리에게 남쪽 변방의 전지를 내리셨는데, 여우와 너구리들이 살고 승냥이와 이리들이 울부짖는 곳이었습니다. 우리 제융이 가시덤불을 제거하고 여우와 너구리, 승냥이와 이리를 몰아내고서 그대의 선군을 침범하지도 않고 모반하지도 않는 신하가 되어 지금까지 두마음을 품지 않았습니다. 예전에 진문공(晉文公)께서 진(秦)나라와 함께 정(鄭)나라를 칠 때 진인(秦人)이 몰래 정나라와 맹약하여 정나라에 군사를 두어 지키게 하였습니다.[194] 이에 효(殽) 땅의 싸움[195]이 있었는데, 그때 진(晉)나라는 앞쪽을 막고 우리 융(戎)은 뒤쪽을 맡아[亢] 항(亢)은 맡음[當]과 같다. 진(秦)나라 군대가 돌아가지 못하였으니, 진(秦)나라 군대가 섬멸되어 돌아간 자가 없었다는 것이다. 이는 우리 제융이 실로 그렇게 한 것입니다. 사슴을 잡는 것에 비유하자면 진인(晉人)은 뿔을 잡고 뿔은 머리에 해당하는 것이다. 제융은 끌어당겨 다리를 끌어당긴 것이다. 진(晉)나라와 함께 넘어뜨린 것이니, 융이 무엇 때문에 면할 수 없다는 것입니까. 우리가 이와 같이 충성을 다하였는데 무엇 때문에 죄를 면할 수 없느냐는 말이다. 이로부터 진(晉)나라의 모든 싸움에 우리 제융은 같이하여 때마다 서로 이어서 진(晉)나라의 싸움에 빠진 때가 없었다는 말이다. 집정을 따르기를 효

194) 진인(秦人)이~하였습니다 : 이 일은 희공(僖公) 30년에 있었다.
195) 효(殽)~싸움 : 희공(僖公) 33년에 있었다.

땅에서의 뜻과 같았으니 뜻이 항상 효(殽) 땅의 싸움에 참여했던 것과 같이 하였다는 것이다. 어찌 감히 진(晉)나라를 멀리하였겠습니까[逷]. 척(逷)은 음이 척(剔)이니 멀리함이다. 지금 진(晉)나라의 여러 관리가 실로 잘못한 점이 있어서 제후들을 떨어져 나가게 하고 있는데 우리 제융에게 죄를 돌리는 것이 아닙니까. 우리 제융은 음식과 의복이 중국과 다르고 폐백도 교통하지 않으며[196] 언어도 통하지 않으니 어떻게 나쁜 짓을 할 수 있겠습니까. 회합에 참여하지 못하게 하더라도 우리로서는 근심할[瞢] 것이 없습니다."라 하고, 몽(瞢)은 근심함이다. 청승(靑蠅)[197]을 읊고 물러갔다. 화락한 군자는 참소하는 말을 믿지 말라는 뜻을 취한 것이다. 선자(宣子)가 사과하고[辭] 사(辭)는 사과함이다. 구지에게 회합에 참여하게 하여 화락한 관계를 이루었다. 이때 로(魯)나라 자숙제자(子叔齊子)가 계무자(季武子 : 季孫宿)의 부사가 되어 회합에 참여하니, 이때부터 진인(晉人)은 로나라가 바치는 폐백을 경감해주고 사신을 더욱 공경히 대하였다.[198] 제자(齊子)는 숙로(叔老)의 시호이다. 경문에 두 경(卿)을 함께 기록한 까닭을 말한 것이다.

○吳子諸樊旣除喪 諸樊 吳子乘長子 **將立季札** 札 諸樊少弟 **季札辭曰 曹宣公之卒也 諸侯與曹人不義曹君** 曹君 負芻 事在成十三年 **將立子臧 子臧去之 遂弗爲也 以成曹君 君子曰 能守節 君 義嗣也** 諸樊 適子 義當嗣 **誰敢奸君 有國 非吾節也 札雖不才 願附於子臧 以無失節 固立之 棄其室而耕 乃舍之**

○오자(吳子) 제번(諸樊)이 부친의 장례를 마치고 나자 제번(諸樊)은 오자(吳子) 승(乘 : 壽夢)의 장자(長子)이다. 계찰(季札)을 세우려 하였다. 찰(札)은 제번(諸樊)의 막내아우이다. 계찰이 사양하며 말하기를 "조선공(曹宣公)이 졸하였을 때 제후들과 조인(曹人)이 조(曹)나라 임금을 의롭지 못하다고 여겨[199] 조(曹)나라 임금은 부추(負芻)이다. 이 일은 성공(成公) 13년에 있었다. 자장(子臧)을 세우려 하였습니다. 그러나 자장은 떠나 끝내 임금의 자리에 오르지 않고 조나라 임금을 도와 일을 이루게 하였으니,[200] 군자는 자장을 평하여 '절조(節操)를 잘 지켰다.'라고 하였습니다. 임금님[諸樊]께서는 정당한 후계자이신데 제번(諸樊)은 적자(適子)로 의리상 후계자에 합당하

---

196) 폐백도~않으며 : 사신이 왕래하지 않는다는 것이다.

197) 청승(靑蠅) : 《시경(詩經)》 〈소아(小雅)〉의 편 이름.

198) 진인(晉人)은~대하였다 : 로(魯)나라는 특별히 두 경(卿)이 함께 회합에 참여하였기 때문이다.

199) 조(曹)나라~여겨 : 조성공(曹成公 : 負芻)이 조선공(曹宣公)의 태자를 죽이고 스스로 임금이 되었기 때문이다.

200) 자장은~하였으니 : 진후(晉侯 : 厲公)가 송(宋)나라에 망명해 있던 조(曹)나라 자장(子臧)을 귀국시켜 조나라 임금으로 세우려 하였으나 자장은 이를 사양하고, 주(周)나라에 잡혀있던 조성공(曹成公 : 負芻)을 귀국시키도록 청한 것이다. 이 일은 성공(成公) 16년에 있었다.

다는 것이다. 누가 감히 임금님의 자리를 범하겠습니까. 나라를 소유하는 것은 나의 절조가 아니니, 나 찰(札)은 비록 재주는 없으나 자장을 따라 절조를 잃지 않기를 원합니다."라고 하였다. 그런데도 군이 그를 세우려 하자 계찰은 실가(室家)[201]를 버리고 떠나 농사를 지으니, 그제야 그만두었다.

二月 乙未 朔 日有食之

2월 초하루 을미일에 일식이 있었다.

夏 四月 叔孫豹會晉荀偃齊人宋人衛北宮括鄭公孫蠆曹人莒人邾人滕人薛人杞人小邾人伐秦

여름 4월에 숙손표(叔孫豹)가 진(晉)나라 순언(荀偃)·제인(齊人)·송인(宋人)·위(衛)나라 북궁괄(北宮括)·정(鄭)나라 공손채(公孫蠆)·조인(曹人)·거인(莒人)·주인(邾人)·등인(滕人)·설인(薛人)·기인(杞人)·소주인(小邾人)과 회합하여 진(秦)나라를 쳤다.

晉秦兵爭止此

진(晉)나라와 진(秦)나라 사이의 무력 다툼은 여기에서 그친다.[202]

夏 諸侯之大夫從晉侯伐秦 以報櫟之役也 櫟役在十一年 **晉侯待于竟 使六卿帥諸侯之師以進 及涇 不濟** 涇 水名 **叔向見叔孫穆子 穆子賦匏有苦葉** 義取深則厲 淺則揭 言己志在必濟 **叔向退而具舟 魯人莒人先濟 鄭子蟜見衛北宮懿子曰 與人而不固 取惡莫甚焉 若社稷何 懿子說 二子見諸侯之師而勸之濟 濟涇而次 秦人毒涇上流 師人多死**

여름에 제후들의 대부가 진후(晉侯 : 悼公)를 따라 진(秦)나라를 쳤으니, 력(櫟) 땅의 싸움

201) 실가(室家) : 가속(家屬)과 가재(家財).

202) 진(晉)나라와~그친다 : 진(晉)나라와 진(秦)나라 사이의 다툼은 희공(僖公) 33년에 효(殽) 땅의 싸움에서 시작되어 68년 동안 이어졌다. 이후로는 진(晉)나라와 진(秦)나라 사이의 싸움에 대한 기록이 경문에 보이지 않는다.

에 대하여 보복한 것이다. 력(櫟) 땅의 싸움은 11년에 있었다. 진후는 국경에서 기다리면서 6경(卿)에게 제후들의 군대를 거느리고 전진하도록 하였다. 경수(涇水)에 이르러 제후들의 군대가 강을 건너려 하지 않자, 경(涇)은 물 이름이다. 진(晉)나라 숙향(叔向)이 로(魯)나라 숙손목자(叔孫穆子 : 叔孫豹)를 찾아가 만나니 목자(穆子)가 포유고엽(匏有苦葉)[203]을 읊었다. 물이 깊으면 옷을 입은 채로 건너고[204] 물이 얕으면 옷을 걷고 건넌다는 뜻을 취한 것이니, 자기의 뜻이 반드시 건너는 데에 있음을 말한 것이다. 그러자 숙향은 물러 나와 배를 준비하였다. 로인(魯人)과 거인(莒人)이 먼저 강을 건너니, 정(鄭)나라 자교(子蟜 : 公孫蠆)가 위(衛)나라 북궁의자(北宮懿子 : 北宮括)를 보고 말하기를 "남을 도우면서 진실로써 하지 않는다면 미움을 사는 것이 이보다 심한 것이 없으니 사직을 어찌 보전할 수 있겠는가."라고 하자 의자(懿子)가 기뻐하였다. 이에 두 사람은 제후들의 군대를 만나서 강을 건널 것을 권하니, 제후들의 군대가 경수를 건너 주둔하였다. 진인(秦人)이 경수의 상류에 독을 푸니 제후들의 군사가 많이 죽었다.

鄭司馬子蟜帥鄭師以進 師皆從之 至于棫林 棫林 秦地 **不獲成焉** 秦不服 **荀偃令曰 雞鳴而駕 塞井夷竈 唯余馬首是瞻 欒黶曰 晉國之命 未是有也 余馬首欲東 乃歸 下軍從之 左史謂魏莊子曰 不待中行伯乎** 仲行伯 荀偃 左史 晉大夫 **莊子曰 夫子命從帥** 夫子謂荀偃 **欒伯 吾帥也 吾將從之 從帥 所以待夫子也** 欒黶 下軍帥 莊子爲佐 故曰吾帥 **伯游曰 吾令實過 悔之何及 多遺秦禽** 軍帥不和 恐多爲秦所禽 **乃命大還** 命諸軍皆歸 **晉人謂之遷延之役** 遷延 却退

정(鄭)나라 사마(司馬)인 자교(子蟜)가 정나라 군대를 거느리고 전진하니 제후들의 군대가 모두 그를 따라 역림(棫林)까지 이르렀으나 역림(棫林)은 진(秦)나라 땅이다. 성과를 거두지는 못하였다. 진(秦)나라가 복종하지 않은 것이다. 순언(荀偃)이 군령을 내리기를 "닭이 울면 말에 멍에를 메우고 우물을 메꾸고 아궁이를 허물고서[205] 오직 나의 말머리가 향하는 쪽을 보라."[206]고 하니, 란암(欒黶)은 말하기를 "진(晉)나라의 군령이 이러한 경우는 없었다.[207] 내

---

203) 포유고엽(匏有苦葉) : 《시경(詩經)》 〈패풍(邶風)〉의 편 이름.

204) 옷을~건너고 : 옷을 벗어들고 건너는 것으로 보는 설도 있다.

205) 우물을~허물고서 : 싸움에 반드시 이기겠다는 뜻을 보인 것이다. 주둔지를 평지로 만들어 진(陣)을 칠 장소를 확보했다는 의미로 보기도 한다.

206) 오직~보라 : 오직 자신의 명에 따라 진퇴를 하라는 것이다.

207) 진(晉)나라의~없었다 : 종전에는 진(晉)나라 장수의 명령이 이와 같이 독단적으로 행해진 때가 없었다는

말머리는 동쪽으로 향하고자 한다."라 하고서 이에 돌아가니 하군이 그를 따랐다. 그때 좌사(左史)가 위장자(魏莊子 : 魏絳)에게 말하기를 "중항백(中行伯)의 명을 받들어야[待] 하지 않겠습니까?"라고 하자, 중항백(仲行伯)은 순언(荀偃)이다. 좌사(左史)는 진(晉)나라 대부이다. 장자(莊子)가 말하기를 "부자(夫子)께서 우리에게 주장(主將)을 따르라고 명하셨다. 부자(夫子)는 순언(荀偃)을 이른다. 란백(欒伯 : 欒黶)은 우리 하군의 주장이니 나는 그를 따르려 한다. 주장을 따르는 것이 부자의 명을 받드는 것이다."라고 하였다. 란암(欒黶)은 하군의 장수이고 장자(莊子)는 그의 부장이다. 그러므로 우리의 주장(主將)이라고 한 것이다. 백유(伯游 : 荀偃)가 말하기를 "나의 군령이 실로 잘못되었으니 후회한들 어찌 미칠 수 있겠는가. 다만 우리의 군사를 진군(秦軍)의 포로로 주게 될 뿐이다."라 하고서 군(軍)의 장수가 화합하지 못하여 다만 진(秦)나라에게 사로잡힐까 두려워한 것이다. 전군(全軍)에 철수를 명하였다. 모든 군대에게 모두 돌아가도록 명한 것이다. 진인(晉人)은 이를 일러 천연지역(遷延之役)[208]이라고 하였다. 천연(遷延)은 퇴각함이다.

欒鍼曰 此役也 報櫟之敗也 役又無功 晉之恥也 吾有二位於戎路 二位謂黶將下軍 鍼是戎右 **敢不恥乎 與士鞅馳秦師 死焉 士鞅反** 鞅 士匄子 **欒黶謂士匄曰 余弟不欲往 而子召之 余弟死 而子來 是而子殺余之弟也 弗逐 余亦將殺之 士鞅奔秦**

란겸(欒鍼)이 말하기를 "이번 싸움은 력(櫟) 땅의 패배를 보복하기 위해서였는데 싸움에서 또 공을 세우지 못하였으니 우리 진(晉)나라의 수치이다. 나는 융로(戎路)[209]에서 지위가 두 번째이니 지위가 두 번째라는 것은 암(黶)이 하군을 거느리고 겸(鍼)이 융우(戎右)임을 이른 것이다. 감히 부끄럽게 여기지 않을 수 있겠는가."라 하고서, 사앙(士鞅)과 함께 진(秦)나라 진영으로 달려가 싸우다가 란겸은 죽고 사앙은 살아서 돌아왔다. 앙(鞅)은 사개(士匄)의 아들이다. 란암(欒黶)이 사개(士匄)에게 말하기를 "내 아우[欒鍼]는 가려 하지 않았는데 그대 아들[士鞅]이 불러내었고, 내 아우는 죽었으나 그대 아들은 살아 돌아왔으니 이는 그대 아들이 내 아우를 죽인 것이오. 그대 아들을 축출하지 않으면 나도 그대 아들을 죽이겠소."라고 하니, 사앙이 진(秦)나라로 망명하였다.[210]

於是齊崔杼宋華閱仲江會伐秦 不書 惰也 臨事惰慢也 仲江 公孫師之子 **向之會亦如之 衛**

것이다.

208) 천연지역(遷延之役) : 시일만 끌다가 아무 소득도 없이 돌아온 싸움.

209) 융로(戎路) : 제후(諸侯)나 장수(將帥)가 타는 병거(兵車).

210) 사앙이~망명하였다 : 란암(欒黶)은 사앙(士鞅)이 란겸(欒鍼)을 불러내었다고 무고하여 축출한 것이다.

北宮括不書於向 亦惰故也 **書於伐秦 攝也** 能自攝整 從子蟜濟涇 劉敞曰 左氏說無大體 非春秋本意

이때 제(齊)나라 최저(崔杼)·송(宋)나라 화열(華閱)과 중강(仲江)이 회합하여 진(秦)나라를 쳤는데, 이들의 이름을 경문에 기록하지 않은 것은 싸움에 태만하였기 때문이다. 일에 림하여 태만히 한 것이다. 중강(仲江)은 공손사(公孫師)의 아들이다. 상(向) 땅의 회합에서도 또한 그렇게 하였다. 위(衛)나라 북궁괄(北宮括)을 상 땅의 회합에는 기록하지 않았고 또한 태만하였기 때문이다. 진(秦)나라 치는 일에 기록한 것은 도왔기[攝] 때문이다. 스스로 잘 돕고[攝] 정돈하여[整] 자교(子蟜)를 따라 경수(涇水)를 건넌 것이다. 류창(劉敞)이 말하기를 "좌씨(左氏)의 설은 대체(大體)가 없으니 《춘추(春秋)》의 본래의 뜻이 아니다."라고 하였다.

秦伯問於士鞅曰 晉大夫其誰先亡 對曰 其欒氏乎 秦伯曰 以其汰乎 對曰 然 欒黶汰虐已甚 猶可以免 其在盈乎 盈 黶之子 **秦伯曰 何故 對曰 武子之德在民 如周人之思召公焉 愛其甘棠 況其子乎 欒黶死 盈之善未能及人 武子所施沒矣 而黶之怨實章 將於是乎在 秦伯以爲知言 爲之請於晉而復之** 爲傳二十一年晉滅欒氏張本

진백(秦伯 : 景公)이 사앙(士鞅)에게 묻기를 "진(晉)나라 대부 가운데 누가 먼저 망하겠는가?"라고 하니, 사앙이 대답하기를 "아마 란씨(欒氏)일 것입니다."라고 하였다. 진백이 묻기를 "그가 교만하기 때문인가?"라고 하니, 대답하기를 "그렇습니다. 란암(欒黶)은 교만과 포학이 매우 심하지만 그래도 망함을 면할 것이니, 아마 영(盈) 대에 망함이 있을 것입니다."라고 하였다. 영(盈)은 암(黶)의 아들이다. 진백이 묻기를 "무엇 때문인가?"라고 하니, 대답하기를 "무자(武子)[211]의 은덕이 백성에게 남아있는 것이 마치 주(周)나라 사람들이 소공(召公)을 사모하는 것과 같아서 그가 머물던 감당(甘棠) 나무도 사랑하였는데[212] 하물며 무자의 아들[欒黶]에게 있어서이겠습니까. 그런데 란암이 죽으면 영의 선행은 사람들에게 미치지 않고 무자가 베푼 은덕은 점점 없어지고 암(黶)에 대한 원망이 실로 드러날 것이니, 그 망함은 아마도 그때 있을 것입니다."라고 하였다. 진백은 지혜로운 말이라고 여겨서 그를 위해 진(晉)나라에 요청하여 그의 직위를 회복하게[復][213] 하였다. 이 전(傳)은 21년에 진(晉)나라가 란씨(欒氏)를 멸하는 장본이 된다.

---

211) 무자(武子) : 란무자(欒武子). 란암(欒黶)의 아버지 란서(欒書)를 이른다.

212) 주(周)나라~사랑하였는데 : 주(周)나라 소공(召公 : 召伯)이 남쪽 나라를 순행하면서 문왕(文王)의 정사를 펼 때 감당(甘棠)나무 아래에 머물러 송사를 처리하였는데, 그 뒤에 백성이 그의 덕을 사모하여 그 나무를 아껴 훼손하지 않은 것을 말한다. 《시경(詩經)》〈소남(召南)〉 감당(甘棠) 참조.

213) 회복하게[復] : 복(復)은 돌아가 직위까지 회복한 것을 말한다.

師歸自伐秦 晉侯舍新軍 禮也 成國不過半天子之軍 成國 大國 **周爲六軍 諸侯之大者三軍可也 於是知朔生盈而死** 世本云 荀罃生朔 朔生盈 杜氏指盈爲朔弟 謂盈生而朔死 未知何據 **盈生六年而武子卒 彘裘亦幼 皆未可立也 新軍無帥 故舍之** 裘 士魴子

진(晉)나라 군대가 진(秦)나라 치는 일에서 돌아오자 진후(晉侯)가 신군(新軍)을 폐지하였으니, 례에 맞는 일이었다. 성국(成國)이라 해도 천자 군대의 절반을 넘을 수 없는 것이다. 성국(成國)은 대국(大國)이다. 주(周)나라가 6군(軍)이니 제후국으로 큰 나라라고 해도 3군이라야 옳다. 이때 지삭(知朔)이 영(盈)을 낳고 죽었고, 세본(世本)에 이르기를 순앵(荀罃 : 知罃)은 삭(朔)을 낳고 삭(朔)은 영(盈)을 낳았다고 하였는데, 두씨(杜氏)는 영을 가리켜 삭의 아우라 하고 영이 태어나자 삭이 죽었다고 하였으니[214] 이는 어디에 근거한 것인지 알 수 없다. 영이 태어난 지 6년에 무자(武子 : 知罃)가 졸하였으며, 체구(彘裘)도 어렸기 때문에 모두 장수로 세울 수 없었다. 이에 신군에 장수가 없었으므로 신군을 폐지한 것이다. 구(裘)는 사방(士魴)의 아들이다.

> 己未 衛侯出奔齊
>
> 기미일에 위후(衛侯)가 제(齊)나라로 망명나갔다.

衛侯下 公有衎字 ○衛侯出奔不名 所以抑强臣而存大義也

위후(衛侯) 다음에 《공양전(公羊傳)》에는 간(衎)이라는 글자가 있다. ○위후(衛侯)가 망명나갔는데 이름을 기록하지 않은 것은 강한 신하를 억누르고 대의를 보존한 것이다.[215]

衛獻公戒孫文子甯惠子食 勅戒二子 欲共宴食 **皆服而朝 日旰不召 而射鴻於囿 二子從之 不釋皮冠而與之言** 皮冠 田獵之冠 **二子怒 孫文子如戚** 歸其私邑 將叛 **孫蒯入使** 入使於衛 **公飮之酒 使大師歌巧言之卒章** 卒章曰 彼何人斯 居河之麋 無拳無勇 職爲亂階 喩文子居河上而爲亂 **大師辭 師曹請爲之** 師曹 樂人 **初 公有嬖妾 使師曹誨之琴 師曹鞭之 公怒 鞭師曹三百 故師曹欲歌之 以怒孫子 以報公 公使歌之 遂誦之** 恐孫蒯不解 又誦言之 **蒯**

214) 두씨(杜氏)는~하였으니 : 십삼경주소본(十三經注疏本) 두예주(杜預注)에 있는 내용이다.

215) 위후(衛侯)가~것이다 : 위후(衛侯)가 망명나간 것은 그가 화를 자초한 것이지만 그 이름을 기록하지 않은 것은 그를 임금으로 높인 것이다. 이는 신하가 임금을 축출하는 것이 대의에 어긋나는 것임을 드러낸 것이다.

懼 告文子 文子曰 君忌我矣 弗先 必死 幷帑於戚而入 見蘧伯玉曰 君之暴虐 子所知也 大懼社稷之傾覆 將若之何 伯玉 蘧瑗 **對曰 君制其國 臣敢奸之 雖奸之 庸知愈乎** 奸猶犯也 **遂行 從近關出**

위헌공(衛獻公)이 손문자(孫文子)와 녕혜자(甯惠子)에게 함께 식사하자고 명하니[戒], 두 사람에게 명하여 함께 연식(宴食)[216]하고자 한 것이다. 두 사람은 모두 조복(朝服)을 입고 조정에 나갔다. 그런데 위헌공은 날이 저물도록 이들을 부르지 않고 원유(園囿)에서 기러기 사냥만 하고 있었다. 두 사람이 원유로 찾아가자 위헌공은 피관(皮冠)도 벗지 않은 채 두 사람과 말을 하니 피관(皮冠)은 사냥할 때 쓰는 관(冠)이다. 두 사람이 노하였다. 손문자가 척(戚) 땅으로 가서 자기의 사읍(私邑)으로 돌아가 반란하려 한 것이다. 그 아들 손괴(孫蒯)를 사자(使者)로 들여보내니 위(衛)나라 도성에 사자(使者)로 들여보낸 것이다. 위헌공이 손괴에게 술을 접대하며 태사(大師)[217]에게 교언(巧言)[218]의 마지막 장을 노래하게 하였다. 마지막 장에 '저 어떤 사람인가. 하수(河水) 가에 사네. 힘도 용맹도 없으면서 오로지 란의 계제(階梯)만 만드네.'라고 하였으니, 문자(文子)가 하수 가에 거주하면서 반란하려는 것을 비유한 것이다. 태사가 사양하니 사조(師曹)가 노래하겠다고 청하였다. 사조(師曹)는 악인(樂人)이다. 이보다 앞서 위헌공에게 애첩이 있어 사조로 하여금 금(琴)을 가르치게 하였는데 사조가 그녀에게 매질하니 위헌공이 노하여 사조에게 매 3백 대를 친 일이 있었다. 그러므로 사조가 교언(巧言)을 노래함으로써 손자(孫子 : 孫文子)를 노하게 하여 위헌공에게 보복하고자 한 것이다. 위헌공이 사조에게 노래하게 하니 마침내 그는 이 시를 랑송(朗誦)까지 하였다. 손괴(孫蒯)가 리해하지 못할까 념려하여 또 랑송한 것이다. 괴(蒯)가 두려워서 문자(文子)에게 고하니, 문자가 말하기를 "임금이 나를 꺼리고 있으니 선수를 치지 않으면 반드시 내가 죽게 될 것이다."라고 하였다. 그 처자(妻子 : 家屬)를 척 땅에 모아놓고는[219] 도성으로 들어가다가 거백옥(蘧伯玉)을 만나 말하기를 "임금의 포학은 그대도 아는 바이오. 사직이 엎어질까 크게 두려우니 장차 어찌하면 좋겠소?"라고 하니, 백옥(伯玉)은 거원(蘧瑗)이다. 거백옥이 대답하기를 "임금이 나라를 통치하는데 신하가 감히 범해서야[奸] 되겠습니까. 비록 범하여 임금을 바꾼다 해도 어찌 더 나을 줄을 알겠습니까."라 하고서, 간(奸)은 범함[犯]과 같다. 드디어 떠나 가까운 관문을 통해 국경 밖으로 나갔다.

---

216) 연식(宴食) : 임금이 한가할 때 신하를 불러 함께 식사하는 일.

217) 태사(大師) : 악(樂)을 담당하는 대부.

218) 교언(巧言) : 《시경(詩經)》 〈소아(小雅)〉의 편 이름.

219) 그~모아놓고는 : 그의 가속(家屬)을 위후(衛侯)로부터 보호하고자 한 것이다.

公使子蟜子伯子皮與孫子盟于丘宮 孫子皆殺之 三子 衛羣公子 丘宮 近戚地 **四月 己未 子展奔齊 公如鄄** 子展 衛獻公弟 **使子行於孫子 孫子又殺之** 子行 羣公子 **公出奔齊 孫氏 追之 敗公徒于阿澤** 阿澤 衛地 **鄄人執之** 公徒散還 故執之

위헌공(衛獻公)이 자교(子蟜)·자백(子伯)·자피(子皮)를 보내어 손자(孫子 : 孫文子)와 구궁(丘宮)에서 맹약하게 하자, 손자는 이들을 모두 죽였다. 세 사람은 위(衛)나라 뭇 공자이다. 구궁(丘宮)은 척읍(戚邑) 가까이 있는 땅이다. 4월 기미일에 자전(子展)이 제(齊)나라로 망명하였다. 위헌공이 견(鄄)[220] 땅으로 가서 자전(子展)은 위헌공(衛獻公)의 아우이다. 자행(子行)을 손자에게 보내었는데, 손자는 또 그를 죽였다. 자행(子行)은 뭇 공자 중의 한 사람이다. 위헌공이 제나라로 망명나가자 손씨(孫氏)가 추격하여 아택(阿澤)에서 위헌공의 무리를 패배시키니, 아택(阿澤)은 위(衛)나라 땅이다. 견인(鄄人)이 위헌공의 무리를 잡아두었다. 위헌공(衛獻公)의 무리가 흩어져 돌아가기 때문에 그들을 잡아둔 것이다.[221]

初 尹公佗學射於庾公差 庾公差學射於公孫丁 二子追公 二子 佗與差 **公孫丁御公 子魚曰 射爲背師 不射爲戮 射爲禮乎** 子魚 庾公差 禮射不求中 **射兩軥而還** 軥 車軛卷者 **尹公佗曰 子爲師 我則遠矣 乃反之** 佗不從丁學 故言遠 **公孫丁授公轡而射之 貫臂** 貫佗臂

이보다 앞서 윤공타(尹公佗)는 유공차(庾公差)에게 활쏘기를 배웠고, 유공차는 공손정(公孫丁)에게 활쏘기를 배웠다. 두 사람이 위헌공(衛獻公)을 추격할 때 두 사람은 타(佗 : 尹公佗)와 차(差 : 庾公差)이다. 공손정이 위헌공의 수레를 몰고 있었다. 자어(子魚)가 말하기를 "활을 쏘면 스승을 배반하는 것이 되고 활을 쏘지 않으면 죽임을 당하게 되니, 활을 쏘되 례에 맞게 할 뿐이다."고 하고서 자어(子魚)는 유공차(庾公差)이다. 활쏘기를 례에 맞게 한다는 것은 적중시키기를 구하지 않는 것이다. 구(軥)에 두 대의 화살을 쏘아 맞히고 돌아왔다. 구(軥)는 수레멍에의 굽은 곳이다. 윤공타가 말하기를 "당신에게는 그가 스승이지만 나와는 관계가 멉니다."라 하고서 수레를 돌려 다시 추격하자, 타(佗)는 정(丁 : 公孫丁)을 따라 배우지 않았으므로 멀다고 말한 것이다. 공손정이 위헌공에게 말고삐를 맡기고서 활을 쏘아 팔뚝을 맞혔다. 타(佗)의 팔뚝을 맞힌 것이다.

---

220) 견(鄄) : 위(衛)나라의 땅 이름.

221) 위헌공(衛獻公)의~것이다 : 여기에는 두 가지 설이 있다. 하나는 견인(鄄人)이 위헌공(衛獻公)을 위해 도망가는 무리를 잡아두었다는 것이고, 또 하나는 견인이 위헌공을 배반하고 손씨(孫氏)를 위하여 도망가는 위헌공의 무리를 잡았다는 것이다.

子鮮從公 子鮮 公母弟鱄 **及竟 公使祝宗告亡 且告無罪** 告宗廟也 **定姜曰 無神 何告 若有 不可誣也 有罪 若何告無 舍大臣而與小臣謀 一罪也 先君有冢卿以爲師保 而蔑之 二罪也 余以巾櫛事先君 而暴妾使余 三罪也** 暴虐使我 如遇婢妾 **告亡而已 無告無罪**

자선(子鮮)도 위헌공(衛獻公)을 따라갔다. 자선(子鮮)은 위헌공(衛獻公)의 동모제 전(鱄)이다. 국경에 이르렀을 때 위헌공이 축종(祝宗)을 보내어 망명함을 고하고 또 죄가 없음을 고하게 하자, 종묘(宗廟)에 고하는 것이다. 정강(定姜)[222]이 말하기를 "신이 없다면 무엇을 고할 것이며 만약 신이 있다면 속여서는 안 된다. 죄가 있는데 어찌 없다고 고하겠는가. 대신(大臣)을 버리고 소신(小臣)들과 국사를 상의하였으니 첫 번째 죄이고, 선군께서 총경(冢卿)[223]을 두어 사보(師保)로 삼아주셨는데 그들을 멸시하였으니[224] 두 번째 죄이고, 나는 건즐(巾櫛)로 선군을 모신 몸인데[225] 비첩(婢妾)에게 포학하게 하듯이 나를 부렸으니 세 번째 죄이다. 나를 포학하게 부린 것이 마치 비첩(婢妾)을 대우하듯 하였다는 것이다. 그러니 망명하는 것만을 고하고 죄가 없다고는 고하지 말라."고 하였다.

公使厚成叔吊于衛 公 魯襄公 **曰 寡君使瘠 聞君不撫社稷 而越在他竟** 瘠 厚成叔名 **若之何不吊 以同盟之故 使瘠敢私於執事 曰 有君不吊** 不恤其臣 **有臣不敏 君不赦有臣亦不帥職 增淫發洩 其若之何** 增其淫慝 至於發洩 **衛人使大叔儀對** 大叔儀 衛大夫 **曰 羣臣不佞 得罪於寡君 寡君不以即刑 而悼棄之 以爲君憂** 自傷悼棄去 **君不忘先君之好 辱吊羣臣 又重恤之 敢拜君命之辱 重拜大貺 厚孫歸 復命 語臧武仲曰 衛君其必歸乎 有大叔儀以守 有母弟鱄以出 或撫其內 或營其外 能無歸乎**

공(公)이 후성숙(厚成叔)을 보내어 위(衛)나라에 위문하여 공(公)은 로양공(魯襄公)이다. 다음과 같이 말하게 하였다. "과군[魯襄公]이 저 척(瘠)을 보낸 것은 위나라 임금님께서 사직을 돌보지 못하고 멀리 나와 다른 나라에 계신다는 말을 들었기 때문이니, 척(瘠)은 후성숙(厚成叔)

222) 정강(定姜) : 위헌공(衛獻公)의 적모(嫡母)이다. 적모는 첩의 자식이 아버지의 정실부인(正室夫人)에 대한 지칭이다.

223) 총경(冢卿) : 총재(冢宰)라는 말과 같고 손문자(孫文子)와 녕혜자(甯惠子)를 가리킨다.

224) 그들을 멸시하였으니 : 손문자(孫文子)와 녕혜자(甯惠子)를 오게 해놓고 날이 저물도록 부르지 않았고 또 사냥할 때 쓰는 피관(皮冠)을 벗지 않고 대한 일 등을 말한다.

225) 나는~몸인데 : 자신이 선군의 정실부인(正室夫人)이라는 것이다.

의 이름이다. 어찌 위문하지 않을 수 있겠습니까. 동맹국이기 때문에 저 척을 보내어 감히 집사께 사사로이 말하기를 '임금은 가엾게 여기지 않고 그 신하를 가엾게 여기지 않은 것이다. 신하는 민첩하지 못하여, 임금은 너그럽게 용서하지 않고 신하 또한 그 직분을 제대로 하지 않아서 음특(淫慝)함이 커져 겉으로 드러나는 지경에 이른 것이니, 이 일을 어찌한단 말인가.'라고 하였습니다." 음란하고 사특한 마음이 더해져 드러나는 지경에 이르렀다는 것이다. 위인(衛人)이 태숙의(大叔儀)를 보내어 대답하기를 태숙의(太叔儀)는 위(衛)나라 대부이다. "뭇 신하가 변변치 못하여 과군[衛獻公]에게 죄를 지었는데도 과군은 신하들을 처벌하지 않고 슬퍼하며 버리고 떠나시어 로나라 임금님께 걱정을 끼쳤습니다. 스스로 슬퍼하여 나라를 버리고 떠났다는 것이다. 그런데도 로나라 임금님께서는 우리 선군 때의 우호를 잊지 않으시고 욕되이 뭇 신하를 위문하고 또 거듭 가엾게 여기시니, 감히 로나라 임금님께서 명(命)[226]하신 수고로움에 배사하고 또 크게 념려해 주신 점에 거듭 배사드립니다."라고 하였다. 후손(厚孫 : 厚成叔)이 돌아와 복명하고서 장무중(臧武仲)에게 말하기를 "위나라 임금은 반드시 돌아가게 될 것입니다. 태숙의가 나라를 지키고 있고 동모제 전(鱄 : 子鮮)이 함께 망명나가 있으니, 어떤 사람은 국내에서 백성을 위무하고 어떤 사람은 국외에서 잘 경영하니 돌아가지 않을 수 있겠습니까."라고 하였다.

齊人以郲寄衛侯 郲 齊所滅郲國 及其復也 以郲糧歸 言其貪

제인(齊人)이 래(郲) 땅을 위후(衛侯 : 獻公)에게 주어 기거하게 하였는데, 래(郲)는 제(齊)나라가 멸한 래(郲)나라이다. 위후가 귀국하여 지위를 회복할 때[227] 래 땅의 량곡(糧穀)을 가지고 돌아갔다. 그의 탐욕스러움을 말한 것이다.

右宰穀從而逃歸 衛人將殺之 穀 衛大夫 以從君 故欲殺之 辭曰 余不說初矣 余狐裘而羔袖 言初從君出 非心所說 如狐裘羔袖 美多惡少 乃赦之

우재(右宰)인 곡(穀)이 위헌공(衛獻公)을 따라갔다가 도망쳐 돌아가니, 위인(衛人)이 그를 죽이려 하자 곡(穀)은 위(衛)나라 대부이다. 임금을 따라갔기 때문에 죽이려 한 것이다. 변명하기를 "나는 처음부터 망명나가는 것을 달갑게 여기지 않았다. 그러니 나는 여우 갖옷에 염소 가죽 소매를 단 것과 같다."고 하니, 처음에 임금을 따라 망명나간 것은 마음으로 좋아서가 아니라는 것이

226) 명(命) : 위(衛)나라를 위문하라는 명이다.

227) 위후가~회복할 때 : 이 일은 12년 뒤인 양공(襄公) 26년에 있게 된다.

고, 여우 갖옷에 염소 가죽 소매를 단 것과 같다는 것은 좋은 점이 많고 나쁜 점은 적다는 말이다.[228] 위인은 그를 사면하였다.

衛人立公孫剽 剽 穆公孫 **孫林父甯殖相之 以聽命於諸侯**

위인(衛人)이 공손표(公孫剽)를 임금으로 세우고서 표(剽)는 목공(穆公)의 손자이다. 손림보(孫林父 : 孫文子)와 녕식(甯殖 : 甯惠子)이 그를 보좌하여 제후들의 명을 기다렸다.[229]

衛侯在郲 臧紇如齊唁衛侯 衛侯與之言 虐 言皆暴虐之事 **退而告其人曰 衛侯其不得入矣 其言糞土也** 言踐踏羣臣 **亡而不變 何以復國 子展子鮮聞之 見臧紇 與之言 道** 順道理 **臧孫說 謂其人曰 衛君必入 夫二子者 或輓之 或推之 欲無入 得乎** 爲二十六年衛侯歸傳

위후(衛侯)가 래(郲) 땅에 머물러 있을 때 장흘(臧紇 : 臧武仲)이 제(齊)나라에 가서 위후를 위로하였다. 위후가 그와 함께 말하는데 포학하니, 하는 말이 모두 포학한 일이었다는 것이다. 장흘이 물러 나와 그 좌우에게 말하기를 "위후는 아마도 본국으로 들어가지 못할 것이다. 그 말이 천하고 사나웠다. 하는 말이 뭇 신하를 짓밟는 것이었다. 남의 나라로 도망해 와 있으면서도 마음을 바꾸지 않으니 어떻게 자신의 나라로 돌아갈 수 있겠는가."라고 하였다. 자전(子展)과 자선(子鮮)이 그 말을 듣고 장흘을 만나 대화하는데 그 말이 도리에 맞았다. 도리(道理)를 따른 것이다. 장손(臧孫 : 臧紇)이 기뻐하며 그 좌우에게 말하기를 "위(衛)나라 임금은 반드시 나라로 들어갈 수 있을 것이다. 저 두 사람이 한 사람은 앞에서 끌고 한 사람은 뒤에서 미니, 들어가지 않고자 해도 그럴 수 있겠는가."라고 하였다. 26년에 위후(衛侯)가 본국으로 돌아가는 전(傳)의 배경이 된다.

師曠侍於晉侯 師曠 晉樂大師子野 **晉侯曰 衛人出其君 不亦甚乎 對曰 或者其君實甚 良君將賞善而刑淫 養民如子 蓋之如天 容之如地 民奉其君 愛之如父母 仰之如日月 敬之如神明 畏之如雷霆 其可出乎 夫君 神之主而民之望也 若困民之主 匱神乏祀 百姓絶望 社稷無主 將安用之 弗去何爲 天生民而立之君 使司牧之 勿使失性 有君而爲之貳** 貳 卿佐 **使師保之 勿使過度 是故天子有公 諸侯有卿 卿置側室 大夫**

---

228) 좋은~말이다 : 자신의 죄는 많지 않다는 것이다.

229) 제후들의~기다렸다 : 제후들로부터 새 임금의 즉위에 대한 승인을 기다린 것이다.

有貳宗 士有朋友 庶人工商皁隷牧圉 皆有親暱 以相輔佐也 善則賞之 賞謂宣揚 **過則匡之 患則救之 失則革之 自王以下 各有父兄子弟以補察其政 史爲書** 君擧則書 **瞽爲詩** 爲詩以風刺 **工誦箴諫** 工 樂人也 **大夫規誨 士傳言** 不得徑達 聞君過失 傳告大夫 **庶人謗** 不與政 故聞君過則誹謗 **商旅于市** 陳其貨物 以示時所貴尙 **百工獻藝** 獻其技藝 以喩政事 **故夏書曰 遒人以木鐸徇于路** 遒人 行人之官 木鐸 木舌金鈴 **官師相規** 官師 大夫 羣官之長 **工執藝事以諫 正月孟春 於是乎有之 諫失常也** 有遒人徇路之事 **天之愛民甚矣 豈其使一人肆於民上 以從其淫 而棄天地之性 必不然矣**

사광(師曠)이 진후(晉侯)를 모시고 있었는데, 사광(師曠)은 진(晉)나라 악태사(樂大師)인 자야(子野)이다. 진후가 말하기를 "위인(衛人)이 그 임금을 축출하였으니 너무 심하지 않은가?"라고 하자, 사광이 다음과 같이 대답하였다. "아마도 그 임금이 실로 심했던 것 같습니다. 어진 임금은 선량한 자를 상주고 음특(淫慝)한 자를 벌주며 백성을 자식처럼 길러서 하늘처럼 덮어 주고 대지처럼 포용합니다. 그러면 백성은 그 임금을 떠받들어 부모처럼 사랑하고 일월(日月)처럼 우러르고 신명(神明)처럼 공경하고 뢰정(雷霆)[230]처럼 두려워합니다. 그러니 어찌 임금을 축출할 수 있겠습니까. 임금은 신명의 제사를 주관하는 사람으로 백성의 희망인데, 만약 백성의 근본[主][231]을 곤궁하게 하고 신명의 제사를 끊어지게 한다면 백성은 희망을 잃고 사직에는 주인이 없는 것이니, 그런 임금을 어디에 쓸 것이며 축출하지 않고 무엇 하겠습니까. 하늘이 백성을 내고서 임금을 세운 것은 그 임금으로 하여금 백성을 맡아 길러서 천성을 잃지 않게 하기 위함이고, 임금을 세우고서 이(貳)를 둔 것은 이(貳)는 경좌(卿佐 : 집정대신)이다. 그 경좌(卿佐)로 하여금 임금을 가르치고 보호하여 법도를 넘지 못하게 하기 위함입니다. 그러므로 천자에게는 공(公)이 있고, 제후에게는 경(卿)이 있으며, 경은 측실(側室)을 두고, 대부에게는 이종(貳宗)이 있으며,[232] 사(士)에게는 붕우(朋友)가 있고, 서인(庶人)·공(工)·상(商)·조(皁)·예(隷)·목(牧)·어(圉)에게도 모두 친근한 사람이 있어 서로 보좌합니다. 그리하여 선행이 있으면 선양하고[賞] 상(賞)은 선양(宣揚)함을 이른다. 과오가 있으면 바로잡아 주며, 환난이 있으면 구제해 주고 실패하면 바꾸게 하였으니, 왕으로부터 이하로 각각 부형과 자제가 있어 그 정치를 보완하고 살피게 한 것입니다. 사(史)는 기록하고 임금이

---

230) 뢰정(雷霆) : 벼락.

231) 근본[主] : 삶.

232) 경은~있으며 : 측실(側室)은 경(卿)의 종족의 일을 관리하는 자로 경의 지자(支子)가 맡고, 이종(貳宗)은 종자(宗子)를 보좌하는 자이다. 환공(桓公) 3년조 참조.

거둥하면 기록하는 것이다. 고(瞽 : 樂官)는 시를 지으며, 시(詩)를 지어 풍자하는 것이다. 공(工)은 잠간(箴諫)을 랑송하고 공(工)은 악인(樂人)이다. 대부(大夫)는 규회(規誨)[233]하며, 사(士)는 말을 전하고 직접 임금에게 전달할 수 없기 때문에 임금의 과실을 들으면 대부에게 전해 고하는 것이다. 서인(庶人)은 비방하며, 서인(庶人)은 정사(政事)에 참여할 수 없기 때문에 임금의 과실을 들으면 비방하는 것이다. 상인(商人)들은 시장에 물건을 늘어놓고 그 물품을 펼쳐서 당시 사람이 귀하게 여기고 숭상하는 바를 나타내는 것이다. 백공(百工)은 기예(技藝)를 바칩니다. 기예(技藝)를 바쳐 정사(政事)를 깨우치게 하는 것이다.[234] 그러므로 〈하서(夏書)〉에 이르기를 '주인(遒人)이 목탁을 흔들며 도로를 순행하면서 주인(遒人)은 행인(行人)[235]의 관직이다. 목탁(木鐸)은 나무혀가 있는 쇠방울이다. 관사(官師)는 서로 바로잡고 관사(官師)는 대부이니, 여러 벼슬의 우두머리이다. 공인(工人)은 기예를 가지고 간하라.'[236]고 하였습니다. 정월 맹춘에 이에 이러한 일[237]이 있는 것은 상도를 벗어난 임금의 과실을 간하게 하기 위함입니다. 주인(遒人)이 도로를 순행하는 일이 있는 것이다. 하늘이 백성을 사랑하는 것이 지극하니, 어찌 한 사람으로 하여금 백성의 위에서 방자히 행동하여 음특한 것을 좇아 천지의 본성을 버리도록 하겠습니까. 반드시 그렇지 않을 것입니다."

莒人侵我東鄙

거인(莒人)이 우리나라 동쪽 변방을 침범하였다.

秋 楚公子貞帥師伐吳

가을에 초(楚)나라 공자 정(貞)이 군대를 거느리고 오(吳)나라를 쳤다.

---

233) 규회(規誨) : 간하여 깨우침.

234) 기예(技藝)를~것이다 : 백공(百工)은 자신의 기예(技藝)로 기물을 만들되 법도에 맞게 함으로써 임금도 법도에 맞게 다스리기를 간접적으로 깨우치게 하는 것이다.

235) 행인(行人) : 목탁을 흔들며 민요를 채집하여 풍속을 살피고 정령(政令)을 포고하는 관원.

236) 주인(遒人)이~간하라 : 《서경(書經)》 〈하서(夏書)〉 윤정(胤征).

237) 이러한 일 : 주인(遒人)이 도로를 순행하는 일. 대신이나 간관은 직접 간언을 올릴 수 있었지만 신분이 낮은 서민은 오직 정월에 주인이 도로를 순행할 때에만 간언을 할 수 있었기 때문에 이러한 일이 행해진다는 것이다.

秋 楚子爲庸浦之役故 子囊師于棠以伐吳 吳不出而還 子囊殿 以吳爲不能而弗儆 吳人自皐舟之隘 要而擊之 皐舟 吳險阨之道 **楚人不能相救 吳人敗之 獲楚公子宜穀**

가을에 초자(楚子 : 康王)가 용포(庸浦)의 싸움[238]을 리유로 자낭(子囊 : 貞)에게 당(棠) 땅에서 군대를 출동시켜 오(吳)나라를 치게 하였는데, 오나라가 나오지 않으니 돌아갔다. 이때 자낭이 후미를 담당하였는데 오나라가 공격하지 못할 것이라고 여겨 경계하지 않았다. 그런데 오인(吳人)이 고주(皐舟)의 좁은 곳에서 초(楚)나라 군대의 허리를 잘라 공격하니 고주(皐舟)는 오(吳)나라의 험하고 좁은 길이다. 초인(楚人)이 서로 구원하지 못하였다. 이에 오인(吳人)이 초군(楚軍)을 패배시키고 초나라 공자 의곡(宜穀)을 사로잡았다.

楚子囊還自伐吳 卒 將死 遺言謂子庚 必城郢

초(楚)나라 자낭(子囊)이 오(吳)나라를 치는 일에서 돌아와 졸하였다. 그는 죽을 때 자경(子庚)에게 말을 남기기를 '반드시 영(郢) 땅에 성을 쌓으라.'[239]고 하였다.

君子謂 子囊忠 君薨 不忘增其名 謂謚君爲共 **將死 不忘衛社稷 可不謂忠乎 忠 民之望也 詩曰 行歸于周 萬民所望 忠也**

군자는 이른다. "자낭(子囊)은 충성스러웠다. 임금[楚共王]이 죽었을 때 좋은 시호를 올리기를 잊지 않았고,[240] 임금의 시호를 공(共)이라고 정한 것을 이른다. 죽을 때에도 사직을 보위하기를 잊지 않았으니 어찌 충성스럽다고 이르지 않을 수 있겠는가. 충(忠)은 백성이 우러르는 바이다. 《시(詩)》에 이르기를 '덕행은 충신(忠信 : 周)으로 귀결되니 만백성이 우러르는 바이다.'[241]라고 하였으니, 이는 충을 말한 것이다."

○王使劉定公賜齊侯命 定公劉夏 將昏於齊 故命之 **曰 昔伯舅大公右我先王 股肱周室 師保萬民 世胙大師 以表東海** 胙 報也 表 顯也 **王室之不壞 緊伯舅是賴 今余命女環** 環 齊靈公名 **茲率舅氏之典 纂乃祖考 無忝乃舊 敬之哉 無廢朕命**

---

238) 용포(庸浦)의 싸움 : 지난해 가을에 있었던 초(楚)나라와 오(吳)나라 사이의 싸움.

239) 반드시~쌓으라 : 초(楚)나라가 영(郢) 땅으로 옮겨 아직 성곽이 없었다. 자낭(子囊)이 성곽의 일을 이루려 하였으나 겨를이 없어 마치지 못하였기 때문에 자낭의 뒤를 이어 령윤(令尹)이 될 자경(子庚)에게 유언한 것이다.

240) 임금[楚共王]이~않았고 : 이 일은 지난해 가을에 있었다.

241) 덕행은~바이다 : 《시경(詩經)》 〈소아(小雅)〉 도인사(都人士).

○왕(王 : 靈王)이 류정공(劉定公)을 보내어 제후(齊侯)에게 명을 내려 정공(定公)은 류하(劉夏)이다. 제(齊)나라와 혼인하려 하였기 때문에 명을 내린 것이다. 말하기를 "예전에 백구(伯舅)[242]인 태공(大公 : 姜大公)이 우리 선왕(先王)을 도울 때 주(周)나라 왕실의 고굉(股肱)이었고 만백성의 사보(師保)였다. 그 보답[胙]으로 태사(大師)의 지위를 세습시켜 동해(東海) 지역 제후들의 표식[表]이 되게 하였으니, 조(胙)는 보답이다. 표(表)는 드러남이다. 왕실이 무너지지 않은 것은 오직 백구에게 힘입은 것이다. 이제 내가 너 환(環)에게 명하노니, 환(環)은 제령공(齊靈公)의 이름이다. 백구의 법을 따르고 그대 조고(祖考)를 계승하여[纂] 그대 선조를 욕되게 하지 말고 공경하여 짐(朕)의 명을 버리지 말라."고 하였다.

冬 季孫宿會晉士匄宋華閱衛孫林父鄭公孫蠆莒人邾人于戚 겨울에 계손숙(季孫宿)이 진(晉)나라 사개(士匄)·송(宋)나라 화열(華閱)·위(衛)나라 손림보(孫林父)·정(鄭)나라 공손채(公孫蠆)·거인(莒人)·주인(邾人)과 척(戚) 땅에서 회합하였다.

衛亂不討 會其賊而定之 非義也

위(衛)나라의 란[243]를 토죄하지 않고 그 적도(賊徒)와 회합하여 그를 인정하였으니 의(義)가 아니다.

晉侯問衛故於中行獻子 對曰 不如因而定之 衛有君矣 謂剽已立 **伐之 未可以得志 而勤諸侯 史佚有言曰 因重而撫之** 重不可移 就撫安之 **仲虺有言曰 亡者侮之 亂者取之 推亡固存 國之道也** 仲虺 湯左相 **君其定衛以待時乎**

진후(晉侯)가 위(衛)나라의 일을 중항헌자(中行獻子)에게 물으니, 대답하기를 "그대로 안정시키는 것만 같지 못합니다. 위나라에 이미 임금이 섰으니, 표(剽 : 殤公)가 이미 즉위한 것을 이른다. 치더라도 뜻을 얻을 수 없을 것이고 제후들만 수고롭게 할 것입니다. 사일(史佚)의 말에 '무거워진 것에 따라 안무(安撫)한다.'라고 하였고, 무거워진 것[244]은 옮길 수 없으니 그에

---

242) 백구(伯舅) : 이성(異姓) 제후에 대한 천자의 호칭.

243) 위(衛)나라의 란 : 올여름에 위(衛)나라 손림보(孫林父)와 녕식(甯殖)이 위헌공(衛獻公)을 축출한 일을 말한다.

244) 무거워진 것 : 이미 임금의 자리가 정해진 것을 말한다.

따라 어루만져 편안하게 하라는 것이다. 중훼(仲虺)의 말에 '망하는 나라는 업신여기고 어지러운 나라는 취하며, 망할 짓을 하는 나라는 밀어내고 보존될 일을 하는 나라는 굳건하게 해주는 것이 나라를 다스리는 도이다.'라고 하였으니 중훼(仲虺)는 탕(湯)임금의 좌상(左相)이다. 임금님께서는 위나라를 안정시켜서 때를 기다리십시오."라고 하였다.

冬 會于戚 謀定衛也 定立剽 **范宣子假羽毛於齊而弗歸 齊人始貳** 析羽爲旌 王者游車所建 齊私有之 因謂之羽毛

겨울에 척(戚) 땅에서 회합하여 위(衛)나라를 안정시키는 일을 모의하였다. 표(剽)를 세운 것을 인정한 것이다. 범선자(范宣子)가 제(齊)나라에서 우모(羽毛)를 빌려 돌려주지 않으니 제인(齊人)이 두마음을 품기 시작하였다. 우모(羽毛)는 깃을 쪼개어 만든 기로 왕자(王者)의 유거(游車)에 세우는 것인데 제(齊)나라가 사사로이 소유하고서 이를 우모(羽毛)라고 일렀다.

양공(襄公) 15년 【癸卯 B.C.558】

十有五年 春 宋公使向戌來聘 二月 己亥 及向戌盟于劉 15년 봄에 송공(宋公)이 상술(向戌)을 보내와서 빙문하였다. 2월 기해일에 상술과 류(劉) 땅에서 맹약하였다.

劉 魯地

류(劉)는 로(魯)나라 땅이다.

十五年 春 宋向戌來聘 且尋盟 尋十一年亳之盟 **見孟獻子 尤其室曰 子有令聞而美其室 非所望也 對曰 我在晉 吾兄爲之 毀之重勞 且不敢間** 間 非也 言不敢非兄

15년 봄에 송(宋)나라 상술(向戌)이 와서 빙문하였고, 또 지난 맹약을 거듭하였다. 11년 박(亳) 땅의 맹약을 거듭한 것이다. 상술이 맹헌자(孟獻子)를 만나보고 그 집에 대해 탓하며 말하기를 "그대는 훌륭한 명성이 있는데 그 집을 아름답게 꾸몄으니 기대했던 바가 아니오."라고 하니, 대답하기를 "내가 진(晉)나라에 있을 때 나의 형님이 이렇게 한 것이오. 헐자니 수고로움이 가중될 것이고, 또 감히 형님을 비난할[間] 수도 없었소."라고 하였다. 간(間)은 비난함이니 감히 형을 비난할 수 없었다는 말이다.

劉夏逆王后于齊

류하(劉夏)가 제(齊)나라로 가서 왕후(王后)를 맞이하였다.

劉 采地 夏 名

류(劉)는 채지(采地)이고 하(夏)는 이름이다.

官師從單靖公逆王后于齊 卿不行 非禮也 官師 劉夏 夏獨過魯告昏 故不書單靖公 夏非卿 故書名

관사(官師)가 선정공(單靖公)을 따라 제(齊)나라에 가서 왕후(王后)를 맞이하였다. 경(卿)이 가지 않았으니, 례가 아니었다. 관사(官師)는 류하(劉夏)이다. 하(夏)가 홀로 로(魯)나라에 들러서 혼인을 통고하였기 때문에 선정공(單靖公)을 경문에 기록하지 않은 것이다. 하는 경(卿)이 아니기 때문에 경문에 이름을 기록한 것이다.

○楚公子午爲令尹 公子罷戎爲右尹 蔿子馮爲大司馬 子馮 叔敖子 **公子橐師爲右司馬 公子成爲左司馬 屈到爲莫敖** 屈到 屈蕩子 **公子追舒爲箴尹** 追舒 莊王子 **屈蕩爲連尹 養由基爲宮廐尹 以靖國人**

○초(楚)나라 공자 오(午 : 子庚)가 령윤(令尹)이 되고, 공자 피융(罷戎)이 우윤(右尹)이 되고, 위자빙(蔿子馮)이 대사마(大司馬)가 되고, 위자빙(蔿子馮)은 숙오(叔敖)의 아들이다. 공자 탁사(橐師)가 우사마(右司馬)가 되고, 공자 성(成)이 좌사마(左司馬)가 되고, 굴도(屈到)가 막오(莫敖)가 되고, 굴도(屈到)는 굴탕(屈蕩)의 아들이다. 공자 추서(追舒)가 잠윤(箴尹)이 되고, 추서(追舒)는 장왕(莊王)의 아들이다. 굴탕(屈蕩)이 련윤(連尹)이 되고, 양유기(養由基)가 궁구윤(宮廐尹)이 되어 국인을 안정시켰다.

君子謂 楚於是乎能官人 官人 國之急也 能官人 則民無覦心 詩云 嗟我懷人 寘彼周行 能官人也 懷人謂思得賢人 **王及公侯伯子男甸采衛大夫 各居其列 所謂周行也**

군자는 이른다. "초(楚)나라는 이에 인재를 관직에 잘 임용하였다. 인재를 관직에 임용하는 것은 나라의 급선무이다. 인재를 관직에 잘 임용하면 백성이 분수에 넘치는 마음을 일으키지 않는다. 《시(詩)》에 이르기를 '아, 나는 인재를 그리워하여 그들을 두루[周] 직위[行]에 두고자 한다.'[245]고 하였으니, 인재를 관직에 잘 임용했다는 것이다. 인재를 그리워한다는 것은 현인 얻기를 생각하는 것을 이른다. 왕(王) 및 공(公)·후(侯)·백(伯)·자(子)·남(男)과 전(甸)·채(采)·위(衛)[246]의 대부들이 각각 그 반렬에 있는 것이 이른바 주행(周行)이다."

○鄭尉氏司氏之亂 其餘盜在宋 鄭人以子西伯有子産之故 伯有 良霄 **納賂于宋 以馬四十乘** 百六十匹 **與師茷師慧** 樂師也 茷慧其名 **三月 公孫黑爲質焉** 公孫黑 子駟子 **司城子罕以堵女父尉翩司齊與之 良司臣而逸之** 賢而放之 **託諸季武子 武子寘諸卞 鄭人醢之三人也** 三人 堵女父尉翩司齊 **師慧過宋朝 將私焉** 私 小便 **其相曰 朝也** 相師者 **慧曰 無人焉 相曰 朝也 何故無人 慧曰 必無人焉 若猶有人 豈其以千乘之相易淫樂之矇 必無人焉故也** 言不爲子産等殺三盜 得賂而歸之 是重淫樂而輕相國 **子罕聞之 固請而歸之**

○정(鄭)나라 위씨(尉氏)와 사씨(司氏)의 란[247]에 참여했던 잔당들이 송(宋)나라에 있었다. 정인(鄭人)은 자서(子西)·백유(伯有)·자산(子産)의 복수[248]를 한다는 리유로 백유(伯有)는 량소(良霄)이다. 송나라에 말 40승(乘)과 1백 60필(匹)이다. 사패(師茷)·사혜(師慧)를 보내고 악사(樂師)이다. 패(茷)와 혜(慧)는 그 이름이다. 3월에 공손흑(公孫黑)이 인질이 되었다. 공손흑(公孫黑)은 자사(子駟)의 아들이다. 그러자 송나라 사성(司城)인 자한(子罕)이 도녀보(堵女父)·위편(尉翩)[249]·사제(司齊)[250]를 정나라에 넘겨주고, 사신(司臣)을 어질다고 여겨 달아나게 하여 어질다고 하여 놓아 준 것이다. 로(魯)나라 계무자(季武子)에게 부탁하니 무자(武子)가 그를 변(卞) 땅에 안치하였다. 정인은 세 사람을 젓 담갔다. 세 사람은 도녀보(堵女父)·위편(尉翩)·사제(司

245) 아~한다:《시경(詩經)》〈주남(周南)〉 권이(卷耳).

246) 전(甸)·채(采)·위(衛): 주대(周代) 5복(服)의 이름. 5복은 왕기(王畿)를 중심으로 주위를 순차적으로 나눈 다섯 구역을 말하는데, 후복(侯服)·전복(甸服)·남복(男服)·채복(采服)·위복(衛服) 등이다.

247) 정(鄭)나라~란: 정(鄭)나라 위지(尉止)·사신(司臣)·후진(侯晉)·도녀보(堵女父)·자사복(子師僕)이 궁중으로 쳐들어갔으나 자산(子産)에게 패하여 위지와 자사복은 죽고, 후진은 진(晉)나라로 도녀보·사신·위편(尉翩)·사제(司齊)는 송(宋)나라로 망명간 일을 말한다. 이 일은 양공(襄公) 10년 겨울에 있었다.

248) 자서(子西)·백유(伯有)·자산(子産)의 복수: 위씨(尉氏)와 사씨(司氏)의 란에 죽음을 당한 이들 아버지에 대한 복수이다.

249) 위편(尉翩): 위지(尉止)의 아들.

250) 사제(司齊): 사신(司臣)의 아들.

齊)이다. 사혜가 송나라 조정을 지나가다가 소변[私]을 보려고 하자, 사(私)는 소변(小便)이다. 그의 상(相)이 말하기를 "여기는 조정입니다."라고 하자 악사(樂師)를 돕는 자이다. 혜(惠)가 말하기를 "사람이 없다."라고 하였다. 상이 말하기를 "조정인데 무슨 리유로 사람이 없겠습니까."라고 하자, 혜가 말하기를 "반드시 사람이 없을 것이다. 만약 사람이 있다면 천 승(乘)의 나라 상국(相國)[251]을 어찌 음탕한 음악을 연주하는 소경과 바꾸었겠는가. 반드시 사람이 없기 때문일 것이다."라고 하였다. 자산(子産) 등을 위해 세 도적을 죽이지 않고 뢰물을 받고 돌려보냈으니, 이는 음탕한 음악을 중히 여기고 상국(相國)을 가볍게 여긴 것이라는 말이다. 자한이 이 말을 듣고 송나라 임금에게 간곡하게 청하여 그를 정나라로 돌려보냈다.

夏 齊侯伐我北鄙 圍成 公救成 至遇 季孫宿叔孫豹帥師城成郛

여름에 제후(齊侯)가 우리나라 북쪽 변방을 치고 성(成) 땅을 포위하였다. 양공(襄公)이 성 땅을 구원하기 위하여 우(遇) 땅에 이르렀다. 계손숙(季孫宿)과 숙손표(叔孫豹)가 군대를 거느리고 성 땅의 외성을 쌓았다.

遇 魯地 公畏齊 不敢至成

우(遇)는 로(魯)나라 땅이다. 양공(襄公)은 제(齊)나라를 두려워하여 감히 성(成) 땅까지 가지 않았다.

夏 齊侯圍成 貳於晉故也 於是乎城成郛

여름에 제후(齊侯)가 성(成) 땅을 포위하였으니, 이는 진(晉)나라를 배반할 마음을 가졌기 때문이다. 이에 로(魯)나라가 성 땅의 외성을 쌓았다.

秋 八月 丁巳 日有食之

가을 8월 정사일에 일식이 있었다.

251) 상국(相國) : 정(鄭)나라의 자서(子西)·백유(伯有)·자산(子産)을 이른다.

郲人伐我南鄙
주인(郲人)이 우리나라 남쪽 변방을 쳤다.

秋 郲人伐我南鄙 使告于晉 晉將爲會以討郲莒 十二年十四年 莒人伐魯 未討 **晉侯有疾乃止**

가을에 주인(郲人)이 우리나라 남쪽 변방을 치니, 사신을 보내어 진(晉)나라에 고하였다. 진나라가 회합을 열어 주(郲)나라와 거(莒)나라를 토벌하려고 하였는데 12년과 14년에 거인(莒人)이 로(魯)나라를 쳤는데 진(晉)나라는 그때 토벌하지 않았었다. 진후(晉侯)가 병이 들어 이에 중지하였다.

冬 十有一月 癸亥 晉侯周卒
겨울 11월 계해일에 진후(晉侯) 주(周)가 졸하였다.

冬 晉悼公卒 遂不克會 鄭公孫夏如晉奔喪 子蟜送葬

겨울에 진도공(晉悼公 : 周)이 졸하여 마침내 회합이 이루어지지 못하였다. 정(鄭)나라 공손하(公孫夏 : 子西)가 진(晉)나라에 가서 분상(奔喪)[252]하고 자교(子蟜 : 公孫蠆)가 장례에 참석하였다.

○宋人或得玉 獻諸子罕 子罕弗受 獻玉者曰 以示玉人 玉人以爲寶也 故敢獻之 子罕曰 我以不貪爲寶 爾以玉爲寶 若以與我 皆喪寶也 不若人有其寶 稽首而告曰 小人懷璧 不可以越鄕 言必爲盜所害 **納此以請死也** 請免死 **子罕寘諸其里 使玉人爲之攻之** 攻 治也 **富而後使復其所** 賣玉得富

○송(宋)나라의 어떤 사람이 옥을 얻어 자한(子罕)에게 바치니 자한이 받지 않았다. 그러자 옥을 바치는 자가 말하기를 "이것을 옥인(玉人)에게 보이니 옥인이 보물이라고 하였습니다. 그러므로 감히 바치는 것입니다."라고 하였다. 자한이 말하기를 "나는 탐하지 않음을

252) 분상(奔喪) : 본래 의미는 외지에서 부모·임금·존장(尊長)의 상(喪)을 듣고 급히 간다는 것이지만 여기서는 정식으로 부고를 받지 않고 문상 간 것을 이른다.

보물로 여기고 그대는 옥을 보물로 여기니, 만약 그것을 나에게 준다면 우리 모두 보물을 잃는 것이다. 그러니 각자 그 보물을 간직하는 것만 같지 못하다."라고 하였다. 그러자 옥을 바치는 자가 머리를 조아리며 고하기를 "소인이 옥[璧]을 품고는 이 마을을 넘어갈 수 없으니, 반드시 도적에게 해를 입게 된다는 말이다. 이것을 바쳐서 죽음을 면하고자 청하는 것입니다."라고 하였다. 죽음을 면하고자 청한다는 것이다. 그러자 자한은 그를 자기 마을에 두고서 옥인을 시켜 그 옥을 다듬게[攻] 하여, 공(攻)은 다스림이다. 부자가 되게 한 뒤에 그의 고향으로 돌려보냈다. 옥을 팔아 부자가 되게 한 것이다.

○十二月 鄭人奪堵狗之妻 而歸諸范氏 堵狗 堵女父之族 娶晉范氏 鄭畏狗因范氏而作亂 故歸之

○12월에 정인(鄭人)이 도구(堵狗)의 처를 빼앗아 범씨(范氏)에게 돌려보냈다. 도구(堵狗)는 도녀보(堵女父)의 일족으로 진(晉)나라 범씨(范氏)의 집안에 장가들었다. 정(鄭)나라는 구(狗)가 범씨에게 의지하여 란을 일으킬까 두려웠기 때문에 그의 처를 돌려보낸 것이다.

양공(襄公) 16년 【甲辰 B.C.557】

十有六年 春 王正月 葬晉悼公

16년 봄 왕정월에 진(晉)나라 도공(悼公)의 장례를 지냈다.

十六年 春 葬晉悼公

16년 봄에 진도공(晉悼公)의 장례를 지냈다.

三月 公會晉侯宋公衛侯鄭伯曹伯莒子邾子薛伯杞伯小邾子于溴梁 戊寅 大夫盟

3월에 양공(襄公)이 진후(晉侯)·송공(宋公)·위후(衛侯)·정백(鄭伯)·조백(曹

伯)·거자(莒子)·주자(邾子)·설백(薛伯)·기백(杞伯)·소주자(小邾子)와 격량(湨梁)에서 회합하였다. 무인일에 대부들이 맹약하였다.

湨 音鶪 湨梁 晉地 君在而但曰大夫者 無君也

격(湨)은 음이 격(鶪)이다. 격량(湨梁)은 진(晉)나라 땅이다. 임금이 참여하였는데 단지 대부라고 말한 것은 임금을 무시한 것이다.

平公卽位 平公 晉悼公子彪 **羊舌肸爲傅** 肸 叔向也 **張君臣爲中軍司馬** 張老子 **祁奚韓襄欒盈士鞅爲公族大夫** 韓襄 無忌子 **虞丘書爲乘馬御 改服修官 烝于曲沃** 旣葬 改喪服 修官 選賢能 烝祭于廟 晉將有湨梁之會 故踰月速葬 **警守而下 會于湨梁** 順河東行 故曰下 **命歸侵田** 諸侯相侵取之田

진평공(晉平公)이 즉위하여 평공(平公)은 진도공(晉悼公)의 아들 표(彪)이다. 양설힐(羊舌肸)을 부(傅)[253]로 삼고 힐(肸)은 숙향(叔向)이다. 장군신(張君臣)을 중군사마(中軍司馬)로 삼고 장로(張老)의 아들이다. 기해(祁奚)·한양(韓襄)·란영(欒盈)·사앙(士鞅)을 공족대부(公族大夫)로 삼고 한양(韓襄)은 무기(無忌)의 아들이다. 우구서(虞丘書)를 승마어(乘馬御)로 삼았다. 그리고 복을 바꾸어 입고 수관(修官)하고 곡옥(曲沃)에서 증제(烝祭)[254]를 지냈다. 장례를 마친 뒤에 상복(喪服)을 길복(吉服)[255]으로 바꾸어 입은 것이다. 수관(修官)은 현명하고 능력 있는 이를 선발한 것이다. 종묘에서 증제(烝祭)를 지낸 것은 진(晉)나라가 격량(湨梁)에서 회합을 갖고자 하였기 때문에 달을 넘기자 서둘러 장례를 지낸 것이다.[256] 도성을 경계하여 지키게 하고 내려가 격량(湨梁)에서 회합하여 하수(河水)를 따라 동쪽으로 갔기 때문에 내려갔다고 말한 것이다. 침범한 전지를 돌려주라고 명하였다. 제후들이 서로 침범하여 차지한 전지이다.

晉侯與諸侯宴于溫 使諸大夫舞 曰 歌詩必類 歌古詩 當各從義類 **齊高厚之詩不類** 齊有二心故 **荀偃怒 且曰 諸侯有異志矣 使諸大夫盟高厚 高厚逃歸** 逃歸故經不書 **於是叔孫**

---

253) 부(傅) : 태부(大傅)이다.

254) 증제(烝祭) : 겨울제사. 진도공(晉悼公)의 장례는 주력(周曆)으로 정월에 지냈지만 진(晉)나라는 하력(夏曆)을 썼으므로 11월이 된다. 따라서 겨울제사가 되는 것이다.

255) 길복(吉服) : 상(喪)을 마치고 나서 갈아입는 평상복.

256) 종묘에서~것이다 : 제후(諸侯)는 5월장을 지내는 것이 상례인데, 여기서는 달만 넘겨 서둘러 진도공(晉悼公)의 장례를 지낸 것이다.

豹晉荀偃宋向戌衛甯殖鄭公孫蠆小邾之大夫盟 曰 同討不庭 自曹以下 大夫不書 擧小邾以包之

진후(晉侯)가 제후들과 온(溫) 땅에서 연회할 때 여러 대부에게 춤을 추게 하며 말하기를 "시를 노래하되 반드시 뜻에 맞게[類] 하라."[257]고 하였다. 고시(古詩)를 노래하되 마땅히 각각 뜻에 맞는 곡을 따르게 한 것이다. 제(齊)나라 고후(高厚)의 시가 뜻에 맞지 않으니, 제(齊)나라가 두마음을 품었기 때문이다. 순언(荀偃)이 노하여 또 말하기를 "제후들 가운데 다른 마음을 품은 자가 있다."라 하고 여러 대부를 고후와 맹약하게 하자 고후가 도망하여 돌아갔다. 도망하여 돌아갔기 때문에 경문에 기록하지 않은 것이다. 이때 숙손표(叔孫豹)·진(晉)나라 순언·송(宋)나라 상술(向戌)·위(衛)나라 녕식(甯殖)·정(鄭)나라 공손채(公孫蠆)·소주(小邾)의 대부가 맹약하여 말하기를 "와서 조견하지 않는 나라[不庭][258]는 함께 토벌할 것이다."라고 하였다. 조(曹)나라 이하의 대부들을 전문에 기록하지 않은 것은 소주(小邾)를 들어 나머지를 포괄한 것이다.

晉人執莒子邾子以歸 진인(晉人)이 거자(莒子)와 주자(邾子)를 잡아서 돌아갔다.

執而不歸京師 非正也 故稱晉人而二君不名 執以歸始此

잡아서 경사(京師)로 보내지 않았으니 바르지 않은 것이다. 그러므로 진인(晉人)이라 칭하고 두 임금의 이름을 기록하지 않은 것이다. 제후(諸侯)를 잡아서 돌아가는 것이 이로부터 시작되었다.

以我故 執邾宣公莒犂比公 犂比 莒子號也 **且曰 通齊楚之使**

진인(晉人)이 우리나라 때문에 주선공(邾宣公)과 거리비공(莒犂比公)을 잡아가면서[259] 리비(犂比)는 거자(莒子)의 호(號)이다. 또 말하기를 "제(齊)나라와 초(楚)나라의 사신과 교통하였

---

257) 뜻에~하라 : 〈춘추정의(春秋正義)〉에 의하면 은애(恩愛)하고 우호(友好)하는 뜻에 부합하는 노래를 부르라는 것이다. 한편 노래와 가락이 춤의 동작에 조화되는 것이라고 보는 설도 있지만 전문의 내용과는 맞지 않다.

258) 와서~나라[不庭] : 불정(不庭)은 천자에게 조근(朝覲)하지 않는 제후들을 이르는데, 여기서는 맹주(盟主)인 진(晉)나라에 복종하지 않는 나라라는 뜻이다.

259) 진인(晉人)이~잡아가면서 : 양공(襄公) 12년과 14년에 거인(莒人)이 로(魯)나라를 침범하였고, 15년에 주인(邾人)이 로나라를 침범하였기 때문에 진인(晉人)이 주선공(邾宣公)과 거리비공(莒犂比公)을 잡아간 것이다.

기 때문이다."[260]라고 하였다.

齊侯伐我北鄙

제후(齊侯)가 우리나라 북쪽 변방을 쳤다.

夏 公至自會

여름에 양공(襄公)이 회합에서 돌아왔다.

五月 甲子 地震

5월 갑자일에 지진이 일어났다.

叔老會鄭伯晉荀偃衛甯殖宋人伐許

숙로(叔老)가 정백(鄭伯)·진(晉)나라 순언(荀偃)·위(衛)나라 녕식(甯殖)·송인(宋人)과 회합하여 허(許)나라를 쳤다.

許男請遷于晉 許欲叛楚 **諸侯遂遷許 許大夫不可 晉人歸諸侯** 唯以其師討許 **鄭子蟜聞將伐許 遂相鄭伯以從諸侯之師** 鄭與許有宿怨 **穆叔從公** 從公歸 **齊子帥師會晉荀偃 書曰會鄭伯 爲夷故也** 不使鄭伯夷於大夫 **夏 六月 次于棫林 庚寅 伐許 次于函氏** 棫林函氏皆許地

허남(許男)이 진(晉)나라에게 나라를 옮겨줄 것을 청하였다.[261] 허(許)나라가 초(楚)나라를 배

260) 제(齊)나라와~때문이다 : 주(邾)나라와 거(莒)나라가 제(齊)나라와 초(楚)나라 사이에 위치해 있으면서 그 나라의 사신들과 교통하였다는 말이다.

261) 허남(許男)이~청하였다 : 성공(成公) 15년에 허(許)나라가 정(鄭)나라의 핍박을 두려워하여 초(楚)나라 땅으로 나라를 옮기기를 청하니 초나라 공자 신(臣)이 허나라를 섭(葉) 땅으로 옮겨주었는데, 지금 허나

반하고자 한 것이다. 제후들이 마침내 허(許)나라를 옮기려 하자 허나라 대부들이 반대하니, 진인(晉人)이 제후들을 돌려보냈다. 오직 그 군대로만 허(許)나라를 토죄하려는 것이다.[262] 정(鄭)나라 자교(子蟜)는 허나라를 치려고 한다는 소식을 듣고 드디어 정백(鄭伯)을 보좌하여 제후들의 군대를 따라 나섰다.[263] 정(鄭)나라는 허(許)나라와 묵은 원한이 있었다. 목숙(穆叔)은 양공(襄公)을 따랐고 양공(襄公)을 따라 돌아온 것이다. 제자(齊子 : 叔老)는 군대를 거느리고 진나라 순언(荀偃)과 회합하였다. 경문에 정백(鄭伯)과 회합하였다고 한 것은 대부들과 동등하게[夷] 여길까 해서이다. 정백(鄭伯)을 대부들과 동등하게 취급하지 않고자 한 것이다.[264] 여름 6월에 역림(棫林)에 주둔하여 경인일에 허나라를 치고 함씨(函氏)에 주둔하였다. 역림(棫林)과 함씨(函氏)는 모두 허(許)나라 땅이다.

晉荀偃欒黶帥師伐楚 以報宋揚梁之役 在十二年 **楚公子格帥師 及晉師戰于湛阪** 湛阪楚地 **楚師敗績 晉師遂侵方城之外 復伐許而還** 許未遷故

진(晉)나라 순언(荀偃)과 란암(欒黶)이 군대를 거느리고 초(楚)나라를 쳐서 송(宋)나라 양량(揚梁)의 싸움에 대하여 보복하였다. 양량(揚梁)의 싸움은 12년에 있었다. 초나라 공자 격(格)이 군대를 거느리고 진나라 군대와 담판(湛阪)에서 싸웠는데 담판(湛阪)은 초(楚)나라 땅이다. 초나라 군대가 크게 패하였다. 진나라 군대는 마침내 방성(方城)[265] 밖을 침범하고 다시 허(許)나라를 치고 돌아갔다. 허(許)나라가 아직 나라를 옮기지 않았기 때문이다.

秋 齊侯伐我北鄙圍郕 가을에 제후(齊侯)가 우리나라 북쪽 변방을 치고 성(郕) 땅을 포위하였다.

郕 公穀作成

라가 초나라의 영향에서 벗어나고자 진(晉)나라에게 나라를 옮겨줄 것을 청한 것이다.

262) 오직~것이다 : 제후들은 돌려보내고 그 제후들의 군대만 남겨 허(許)나라를 치려 한 것이다.

263) 정백(鄭伯)을~나섰다 : 다른 제후들은 돌아갔지만 정백(鄭伯)은 남아 허(許)나라 치는 일에 참여한 것이다.

264) 정백(鄭伯)을~것이다 : 진(晉)나라 순언(荀偃)이 토벌의 주도자이지만 제후(諸侯)인 정백(鄭伯)을 대부와 동등하게 취급할 수 없어서 정백을 앞에 내세웠다는 것이다.

265) 방성(方城) : 초(楚)나라 북쪽 변경의 장성(長城).

성(郕)은 《공양전(公羊傳)》과 《곡량전(穀梁傳)》에는 성(成)으로 되어 있다.

秋 齊侯圍郕 郕 魯孟氏邑 **孟孺子速徼之** 速 孟獻子子莊子 徼 要也 **齊侯曰 是好勇 去之以爲之名 速遂塞海陘而還** 海陘 魯隘道

가을에 제후(齊侯)가 성(郕) 땅을 포위하니 성(郕)은 로(魯)나라 맹씨(孟氏)의 읍이다. 맹유자(孟孺子)[266] 속(速)이 제(齊)나라 군대의 허리[要]를 공격하였다. 속(速)은 맹헌자(孟獻子)의 아들인 장자(莊子)이다. 요(徼)는 허리이다. 제후가 말하기를 “이 사람은 용맹을 좋아하니 우리가 떠나 그 명성을 이루어 주리라.”고 하였다. 속은 드디어 해형(海陘)을 막고서 돌아왔다. 해형(海陘)은 로(魯)나라의 좁은 길이다.

大雩

크게 기우제를 지냈다.

冬 叔孫豹如晉

겨울에 숙손표(叔孫豹)가 진(晉)나라에 갔다.

冬 穆叔如晉聘 且言齊故 晉人曰 以寡君之未禘祀 禘祀 三年喪畢之吉祭 **與民之未息** 新伐許及楚 **不然 不敢忘 穆叔曰 以齊人之朝夕釋憾於敝邑之地 是以大請 敝邑之急 朝不及夕 引領西望曰 庶幾乎 比執事之閒 恐無及也 見中行獻子 賦圻父** 義取圻父爲王爪牙 不修其職 以譏獻子 **獻子曰 偃知罪矣 敢不從執事以同恤社稷 而使魯及此 見范宣子 賦鴻鴈之卒章** 言魯憂困 嗸嗸然若鴻鴈之失所 **宣子曰 匄在此 敢使魯無鳩乎** 鳩 集也

겨울에 목숙(穆叔 : 叔孫豹)이 진(晉)나라에 가서 빙문하고 또 제(齊)나라의 일을 말하니,[267] 진인(晉人)이 말하기를 “과군이 아직 체사(禘祀)를 지내지 못하였고 체사(禘祀)는 3년상

266) 맹유자(孟孺子) : 맹씨(孟氏)의 적자(嫡子). 유자(孺子)는 천자(天子)·제후(諸侯)·세경(世卿)의 후계자를 이른다.

267) 제(齊)나라의~말하니 : 제(齊)나라가 다시 로(魯)나라를 친 일을 말한 것이다.

을 마친 뒤에 지내는 길제(吉祭)이다. 백성도 휴식을 취하지 못하여 그런 것이오.[268] 새로 허(許)나라와 초(楚)나라를 쳤기 때문이다. 그렇지 않았다면 감히 로(魯)나라의 환란을 잊지 않았을 것이오." 라고 하였다. 목숙이 말하기를 "제인(齊人)이 아침저녁으로 우리나라 땅에서 유감을 풀려하기 때문에 이렇게 간절히 청하는 것입니다. 우리나라의 위급함은 아침에 저녁의 일을 알 수 없으니, 사람들이 목을 빼고 서쪽을 바라보면서 말하기를 '거의 바라는 대로 될 것이다.'[269]라고 하는데, 집사(執事)[270]께서 한가할 때까지 기다린다면 미치지 못할까 두렵습니다."[271]라고 하였다. 목숙이 중항헌자(中行獻子 : 荀偃)를 만나 기보(圻父)[272]를 읊자, 기보(圻父)가 왕의 조아(爪牙)[273]가 되어 그 직무를 닦지 않았다는 뜻을 취하여 헌자(獻子)를 비난한 것이다. 헌자(獻子)가 말하기를 "나 언(偃)은 죄를 알고 있으니, 감히 집사[274]를 따라 함께 사직을 구휼하지 않아 로나라로 하여금 이러한 지경에 이르도록 하겠습니까."라고 하였다. 목숙이 범선자(范宣子 : 士匄)를 만나 홍안(鴻鴈)[275]의 마지막 장을 읊으니, 로(魯)나라가 우환과 곤핍으로 오오연(嗸嗸然)[276]하는 것이 마치 홍안(鴻鴈)이 살 곳을 잃은 것과 같다는 말이다. 선자(宣子)가 말하기를 "나 개(匄)가 여기에 있으니, 감히 로나라를 안정시키지[鳩] 않겠습니까."라고 하였다. 구(鳩)는 안정됨이다.

---

268) 그런 것이오 : 진(晉)나라가 로(魯)나라 일에 마음 쓸 여유가 없어 제(齊)나라의 침입을 방관하게 되었다는 말이다.

269) 거의~것이다 : 진(晉)나라가 와서 구원해 줄 것이라는 말이다.

270) 집사(執事) : 진(晉)나라 임금을 직접 지칭할 수 없으므로 집사(執事)라 한 것이다.

271) 집사(執事)께서~두렵습니다 : 만약 진(晉)나라가 한가해질 때를 기다려 우리 로(魯)나라를 구원하고자 한다면 로나라는 이미 망하여 구원할 수 없게 될까 두렵다는 것이다.

272) 기보(圻父) : 《시경(詩經)》 〈소아(小雅)〉의 편 이름.

273) 조아(爪牙) : 손톱과 어금니. 임금을 호위하는 신하를 빗대어 이르는 말이다.

274) 집사 : 로(魯)나라 임금을 이른다.

275) 홍안(鴻鴈) : 《시경(詩經)》 〈소아(小雅)〉의 편 이름.

276) 오오연(嗸嗸然) : 《시경(詩經)》 〈소아(小雅)〉 홍안(鴻鴈)편에서 기러기가 슬퍼서 우는 소리인 오오(嗸嗸)를 끌어와 로(魯)나라의 어려운 상황을 빗댄 것이다.

양공(襄公) 17년【乙巳 B.C.556】

十有七年 春 王二月 庚午 邾子牼卒

17년 봄 왕2월 경오일에 주자(邾子) 경(牼)이 졸하였다.

牼 公穀作瞯

경(牼)은 《공양전(公羊傳)》과 《곡량전(穀梁傳)》에는 간(瞯)으로 되어 있다.

宋人伐陳

송인(宋人)이 진(陳)나라를 쳤다.

十七年 春 宋莊朝伐陳 獲司徒卬 卑宋也 司徒卬 陳大夫 卑宋 不設備

17년 봄에 송(宋)나라 장조(莊朝)가 진(陳)나라를 쳐서 사도(司徒) 앙(卬)을 사로잡았으니, 이는 송나라를 얕보았기 때문이다. 사도(司徒) 앙(卬)은 진(陳)나라 대부이다. 그가 송(宋)나라를 얕보아 대비하지 않은 것이다.

夏 衛石買帥師伐曹

여름에 위(衛)나라 석매(石買)가 군대를 거느리고 조(曹)나라를 쳤다.

買 石稷子

매(買)는 석직(石稷)의 아들이다.

衛孫蒯田于曹隧 越境而獵 **飮馬于重丘** 重丘 曹邑 **毀其瓶 重丘人閉門而詢之** 詢 音候 罵也 瓶 汲水器 **曰 親逐而君 爾父爲厲** 厲 惡鬼 蒯父林父逐獻公 **是之不憂 而何以田爲 夏 衛石買孫蒯伐曹 取重丘 曹人愬于晉**

위(衛)나라 손괴(孫蒯)가 조(曹)나라 변경[隧]277)에서 사냥할 때 국경을 넘어가 사냥한 것이다. 중구(重丘)에서 말에게 물을 먹이다가 중구(重丘)는 조(曹)나라 읍이다. 물그릇[缾]을 깨뜨렸다. 이에 중구인(重丘人)이 문을 닫고 꾸짖어 후(詬)는 음이 후(候)이니 꾸짖음이다. 병(缾)은 물을 긷는 그릇이다. 말하기를 "네 아비가 네 임금을 내쫓았으니278) 네 아비는 죽어서 악귀[厲]가 되었을 것이다. 려(厲)는 악귀(惡鬼)이다. 괴(蒯)의 아버지 림보(林父)가 헌공(獻公)을 쫓아내었다. 그런데 이런 일은 근심하지 않고 어찌 사냥만 하고 다니느냐."라고 하였다. 여름에 위나라 석매(石買)와 손괴가 조나라를 쳐서 중구를 취하니, 조인(曹人)이 진(晉)나라에 이 일을 호소하였다.

秋 齊侯伐我北鄙 圍桃 高厚帥師伐我北鄙 圍防

가을에 제후(齊侯)가 우리나라 북쪽 변방을 쳐서 도(桃) 땅을 포위하였고, 고후(高厚)는 군대를 거느리고 우리나라 북쪽 변방을 쳐서 방(防) 땅을 포위하였다.

桃 公作洮 高厚上公穀有齊字 ○桃 魯地

도(桃)는 《공양전(公羊傳)》에는 도(洮)로 되어 있다. 고후(高厚) 앞에 《공양전》과 《곡량전(穀梁傳)》에는 제(齊)라는 글자가 있다 ○도(桃)는 로(魯)나라 땅이다.

齊人以其未得志于我故 秋 齊侯伐我北鄙 圍桃 高厚圍臧紇于防 防 臧紇邑 **師自陽關逆臧孫 至于旅松** 陽關 在泰山東 旅松 近防地 **郰叔紇臧疇臧賈帥甲三百 宵犯齊師 送之而復** 郰叔紇 叔梁紇 臧疇臧賈 臧紇之昆弟 送臧紇而還守防 **齊師去之** 失臧紇故 **齊人獲臧堅** 堅 臧紇之族 **齊侯使夙沙衛唁之 且曰 無死 堅稽首曰 拜命之辱 抑君賜不終 姑又使其刑臣禮於士 以杙抉其傷而死** 言使賤人來唁 是惠賜不終 刑臣謂夙沙衛 杙 小木也

제인(齊人)이 우리나라에서 아직 뜻을 이루지 못하였기 때문에279) 가을에 제후(齊侯 : 靈公)가 우리 북쪽 변방을 쳐서 도(桃) 땅을 포위하고, 고후(高厚)는 방(防) 땅에서 장흘(臧紇)을 포위하였다. 방(防)은 장흘(臧紇)의 읍이다. 우리 군대가 양관(陽關)에서 출발하여 장손(臧孫

---

277) 변경[隧] : 일설에는 좁고 험한 길을 수(隧)라고 하였다.

278) 네 아비가~내쫓았으니 : 위(衛)나라 손림보(孫林父)가 위헌공(衛獻公)을 축출한 일은 양공(襄公) 14년에 있었다.

279) 우리나라에서~때문에 : 지난해 성(郕) 땅을 포위했다가 돌아간 것을 말한다.

: 臧紇)을 맞이하기 위해 려송(旅松)에 이르렀다. 양관(陽關)은 태산(泰山)의 동쪽에 있다. 려송(旅松)은 방읍(防邑) 가까이 있는 땅이다. 추숙흘(郰叔紇)·장주(臧疇)·장가(臧賈)가 갑사 3백을 거느리고 밤에 제(齊)나라 군대의 포위를 뚫고 장흘을 내보내고 다시 방 땅으로 돌아오니 추숙흘(郰叔紇)은 숙량흘(叔梁紇)이다. 장주(臧疇)와 장가(臧賈)는 장흘(臧紇)의 형제들이다. 그래서 장흘을 내보내고 돌아와 방(防) 땅을 지킨 것이다. 제나라 군대가 떠났다. 장흘(臧紇)을 놓쳤기 때문이다. 제인이 장견(臧堅)을 사로잡으니 견(堅)은 장흘(臧紇)의 일족이다. 제후가 숙사위(夙沙衛)를 보내어 위문하고[唁] 또 '죽지 말라'고 하자, 견(堅)이 머리를 조아리고 말하기를 "명하신 수고로움에 배사드립니다. 그러나 임금님께서는 은혜를 끝까지 베풀지 않으시고 일부러 또 형신(刑臣 : 內侍)을 보내어 사(士)인 저에게 례를 표하게 하였습니다."라 하고는 나무꼬챙이[杙]로 자신의 상처를 들쑤셔 죽었다. 천한 사람[刑臣]을 보내와서 위문하게 하였으니, 이는 은혜를 끝까지 베풀지 않았다고 말한 것이다. 형신(刑臣)은 숙사위(夙沙衛)를 이른다, 익(杙)[280]은 작은 나무이다.

九月 大雩
9월에 크게 기우제를 지냈다.

宋華臣出奔陳
송(宋)나라 화신(華臣)이 진(陳)나라로 망명나갔다.

宋華閱卒 華臣弱皐比之室 臣 閱之弟 皐比 閱之子 弱 侵易之 **使賊殺其宰華吳 賊六人以鈹殺諸盧門合左師之後** 向戌食采於合 故曰合左師 後 屋後 **左師懼 曰 老夫無罪 賊曰 皐比私有討於吳 遂幽其妻** 幽吳妻也 **曰 畀余而大璧 宋公聞之 曰 臣也 不唯其宗室是暴 大亂宋國之政 必逐之 左師曰 臣也 亦卿也 大臣不順 國之恥也 不如蓋之** 蓋掩其罪 **乃舍之 左師爲己短策 苟過華臣之門 必騁** 惡華臣不欲見 故自爲短馬捶 過門必馳 **十一月 甲午 國人逐瘈狗** 瘈 音制 瘈狗 狂狗也 **瘈狗入於華臣氏 國人從之 華臣懼 遂奔陳** 實以冬出 經書秋者 以始作亂時來告

280) 익(杙) : 한쪽 끝이 뾰족한 작은 나무말뚝을 이른다.

송(宋)나라 화열(華閱)이 졸하자 화신(華臣)은 고비(皐比)의 집안을 업신여겨[弱] 신(臣)은 열(閱)의 아우이다. 고비(皐比)는 열의 아들이다. 약(弱)은 가벼이[易] 여겨 침해함이다. 적도(賊徒)를 시켜 고비의 가재(家宰)인 화오(華吳)를 죽이게 하였다. 6인의 적도가 검으로 로문(盧門)에 있는 합좌사(合左師 : 向戌)의 집 뒤[後]에서 화오를 죽였다. 상술(向戌)이 합(合) 땅을 채지(采地)로 가지고 있었으므로 합좌사(合左師)라 한 것이다. 후(後)는 집 뒤이다. 좌사(左師)가 두려워 말하기를 "이 늙은이[左師]는 아무 죄가 없네."라고 하니, 적도가 말하기를 "고비가 사사로이 오(吳)를 토죄한 것입니다."라 하고서 드디어 그의 처를 유폐시키고 오(吳)의 처를 유폐시킨 것이다. 말하기를 "너의 큰 벽옥(璧玉)을 우리에게 달라."고 하였다. 송공(宋公)이 이를 듣고 말하기를 "신(臣 : 華臣)이 그 종실(宗室)에게 포악한 짓을 하였을 뿐 아니라 송나라의 정령을 크게 어지럽혔으니 반드시 축출해야 할 것이다."라고 하였다. 이에 좌사가 말하기를 "화신도 경(卿)입니다. 대신이 서로 불화하였다는 것은 나라의 수치이니 이대로 덮어두는 것만 같지 못합니다."라고 하니, 그 죄를 모두 덮는다는 것이다. 그대로 두었다. 좌사가 자신이 쓸 짧은 채찍을 만들어 만일 화신의 집을 지날 때면 반드시 빨리 달렸다. 화신(華臣)을 미워하여 그를 만나고 싶지 않았기 때문에 스스로 짧은 말채찍을 만들어 그 집 문을 지날 때면 채찍질하여 반드시 빨리 달려간 것이다. 11월 갑오일에 국인이 미친개[瘈狗]를 쫓으니 제(瘈)는 음이 제(制)이다. 제구(瘈狗)는 미친개이다. 미친개가 화신의 집으로 들어갔다. 국인이 쫓아가니 화신이 두려워 드디어 진(陳)나라로 망명하였다. 실제로는 겨울에 망명나갔으나 경문에 가을조에 기록한 것은 처음 란이 일어났을 때 와서 고하였기 때문이다.

冬 邾人伐我南鄙 겨울에 주인(邾人)이 우리나라 남쪽 변방을 쳤다.

冬 邾人伐我南鄙 爲齊故也

겨울에 주인(邾人)이 우리나라 남쪽 변방을 쳤으니, 이는 제(齊)나라 때문이었다.[281)]

○宋皇國父爲大宰 爲平公築臺 妨於農收 周十一月 今九月 收斂時 **子罕請俟農功之畢 公弗許 築者謳曰 澤門之晳 實興我役** 澤門 宋東城南門 國父白晳而居近澤門 **邑中之黔 實**

281) 겨울에~때문이었다 : 제(齊)나라가 로(魯)나라에서 뜻을 이루지 못하였기 때문에 주(邾)나라가 제나라를 돕기 위하여 로나라를 친 것이다.

慰我心 子罕黑色而居邑中 **子罕聞之 親執扑** 扑 杖也 **以行築者 而抶其不勉者** 行 巡行也 **曰 吾儕小人皆有闔廬以辟燥濕寒暑** 闔 謂門戶閉塞 **今君爲一臺而不速成 何以爲役 謳者乃止 或問其故 子罕曰 宋國區區 而有詛有祝 禍之本也** 祝 音呪

○송(宋)나라 황국보(皇國父)가 태재(大宰)가 되어 송평공(宋平公)을 위하여 대(臺)를 축조하니 농사의 수확에 방해가 되었다. 주(周)나라의 11월은 지금의 9월이니 가을걷이 할 때이다. 자한(子罕)이 농사가 끝나기를 기다려 축조하기를 청하니 평공(平公)이 허낙하지 않았다. 축조하는 사람들이 노래하기를 "택문(澤門)에 사는 얼굴 흰 사람은 실로 우리의 이 역사(役事)를 일으켰고, 택문(澤門)은 송(宋)나라 동성(東城)의 남문(南門)이다. 국보(國父)는 얼굴이 희고 택문 가까이 살았다. 읍내에 사는 얼굴 검은 사람은 실로 우리의 마음을 위로하네."라고 하였다. 자한(子罕)은 얼굴이 검은색이고 읍내에 살았다. 자한은 이 노래를 듣고 몸소 지팡이[扑]를 잡고 복(扑)은 지팡이이다. 축조하는 사람들 사이를 돌아다니며[行] 열심히 일하지 않는 사람들을 때리며 행(行)은 순행함이다. 말하기를 "우리 같은 소인들은 모두 문 닫을[闔] 집이 있어 조습(燥濕)과 한서(寒暑)를 피하는데 합(闔)은 문호(門戶)를 닫음을 이른다. 지금 임금님께서 대(臺) 하나를 만드는데 빨리 완성하지 않는다면 어찌 일을 하였다고 하겠는가."라고 하니, 노래하던 사람들이 즉시 노래를 그쳤다. 어떤 이가 그 까닭을 묻자 자한이 말하기를 "송나라는 작은 나라인데 저주[詛]가 있고 송축[祝]도 있으면 이는 화의 근원이 되기 때문이다."라고 하였다. 주(祝)는 음이 주(呪)이다.[282)]

○齊晏桓子卒 晏嬰父晏弱也 **晏嬰麤縗斬** 麤 三升布 縗在胷前 斬 不緝也 **苴絰帶杖菅屨** 苴 麻之有子者 杖 竹杖 菅屨 草屨 **食鬻居倚廬寢苫枕草** 廬倚東墻 故曰倚廬 苫 編草也 **其老曰 非大夫之禮也** 時大夫士喪服不同 故家臣問之 **曰 唯卿爲大夫** 諸侯降天子一等 故唯卿得用大夫之禮 晏子惡直己以斥時失禮 故遜辭略答

○제(齊)나라 안환자(晏桓子)가 졸하자 안영(晏嬰)의 아버지인 안약(晏弱)이다. 안영(晏嬰)이 거친 참최복(斬縗服)을 입고, 추(麤)는 3승(升)의 베이다. 최(縗)는 상복(喪服)의 앞가슴에 대는 것이다. 참(斬)은 상복의 끝단을 꿰매지 않은 것이다. 삼[苴]으로 꼬아 만든 수질(首絰)과 요대(腰帶)를 차고, 죽장[杖]을 짚고 짚신[菅屨]을 신으며, 저(苴)는 씨가 있는 삼이다. 장(杖)은 대나무 지팡이이고 관구(菅屨)는 짚신이다. 죽을 먹고 의려(倚廬)에 거처하고, 거적[苫]을 깔고 풀로 만든 베개를 베었다.

---

282) 주(祝)는~주(呪)이다 : 전문주에 따라 '祝'을 주(呪)로 독음(讀音)한다면 '祝'의 의미는 저주가 된다. 그런데 여기서 '祝'은 송축(頌祝)의 의미이기 때문에 전문에서 '祝'의 음은 축이 되어야 한다.

려막(廬幕)이 동쪽 담장에 기대어 있으므로 의려(倚廬)라고 한 것이다. 점(苫)은 풀을 엮어 만든 것이다. 그 가로(家老)가 "이는 대부의 례가 아닙니다."라고 하니, 당시에 대부와 사(士)의 상복이 같지 않았으므로 가신이 물은 것이다. 안영이 말하기를 "오직 경(卿)이어야 천자의 대부가 하는 례를 쓸 수 있다."라고 하였다. 제후의 제도는 천자에 비해 한 등급을 낮춘다. 그러므로 오직 경(卿)의 지위여야 대부의 례를 쓸 수 있다는 것이다.283) 안자(晏子)는 자기가 쓰는 례가 바르다고 여겼지만 당시의 실례(失禮)를 배척하기도 싫었으므로 겸손한 말로 간략히 대답한 것이다.

양공(襄公) 18년【丙午 B.C.555】

十有八年 春 白狄來 18년 봄에 백적(白狄)이 왔다.

十八年 春 白狄始來 **不言朝 不能行朝禮**

18년 봄에 백적(白狄)이 처음으로 왔다. 조견(朝見)하였다고 말하지 않은 것은 조견의 례를 행할 수 없었기 때문이다.

夏 晉人執衛行人石買 여름에 진인(晉人)이 위(衛)나라 행인(行人)인 석매(石買)를 잡았다.

因其爲使而執之 故書行人以罪晉

그가 사신이 된 것을 인하여 잡았다.284) 그러므로 경문에 행인(行人)이라고 기록하여 진(晉)나라에 죄를

283) 제후의~것이다 : 안환자(晏桓子)는 제후국의 대부이므로 천자의 사(士) 신분에 해당되니 사의 례를 쓰는 것이 옳다는 말이다.

284) 그가~잡았다 : 지난해 석매(石買)가 조(曹)나라를 쳤기 때문에 진(晉)나라는 그때 바로 그의 죄를 다스렸어야 했는데 석매가 행인(行人)으로 진나라에 온 것을 인하여 이제야 잡은 것이다.

돌린 것이다.[285)]

夏 晉人執衛行人石買于長子 執孫蒯于純留 **長子純留皆晉地 蒯不書非卿** **爲曹故也**

여름에 진인(晉人)이 위(衛)나라 행인(行人)인 석매(石買)를 장자(長子)에서 잡았고 손괴(孫蒯)를 순류(純留)에서 잡았으니, 장자(長子)와 순류(純留)는 모두 진(晉)나라 땅이다. 괴(蒯)를 경문에 기록하지 않은 것은 경(卿)이 아니었기 때문이다. 조(曹)나라를 위하였기 때문이다.[286)]

秋 齊師伐我北鄙 가을에 제(齊)나라 군대가 우리나라 북쪽 변방을 쳤다.

師 穀作侯

사(師)는 《곡량전(穀梁傳)》에는 후(侯)로 되어 있다.

秋 齊侯伐我北鄙 **齊侯不入竟 故經書師**

가을에 제후(齊侯)가 우리나라 북쪽 변방을 쳤다. 제후(齊侯)가 우리나라의 경계를 넘어 들어오지 않았으므로 경문에 군대[師]라고 기록한 것이다.

冬 十月 公會晉侯宋公衛侯鄭伯曹伯莒子邾子滕子薛伯杞伯小邾子 同圍齊 겨울 10월에 양공(襄公)이 진후(晉侯)·송공(宋公)·위후(衛侯)·정백(鄭伯)·조백(曹伯)·거자(莒子)·주자(邾子)·등자(滕子)·설백(薛伯)·기백(杞伯)·소주자(小邾子)와 회합하여 함께 제(齊)나라를 포위하였다.

中行獻子將伐齊 夢與厲公訟 弗勝 公以戈擊之 首隊於前 跪而戴之 奉之以走 見梗

---

285) 행인(行人)이라고~것이다 : 행인(行人)에게 죄를 주는 것은 례가 아니기 때문이다.

286) 조(曹)나라를~때문이다 : 지난해에 위(衛)나라가 조(曹)나라를 쳤기 때문이다.

陽之巫皐 梗陽 晉邑 皐 巫名 **他日 見諸道 與之言 同** 巫夢亦同 **巫曰 今玆主必死 若有事於東方 則可以逞** 主 大夫之稱 **獻子許諾 晉侯伐齊 將濟河 獻子以朱絲繫玉二瑴而禱曰 齊環怙恃其險 負其衆庶 棄好背盟 陵虐神主** 神主 民也 **曾臣彪將率諸侯以討焉** 彪 晉平公名 曾臣猶末臣 **其官臣偃實先後之** 官臣 守官之臣 **苟捷有功 無作神羞 官臣偃無敢復濟** 以死自誓 **唯爾有神裁之 沈玉而濟**

진(晉)나라 중항헌자(中行獻子 : 荀偃)가 제(齊)나라를 치려고 할 때 려공(厲公)[287]과 송사하는 꿈을 꾸었다. 꿈에 중항헌자가 송사에 이기지 못하자 려공이 창으로 중항헌자를 치니 그의 머리가 앞에 떨어졌다. 중항헌자는 무릎을 꿇고 떨어진 자기의 머리를 집어 목 위에 얹고 두 손으로 받들고 달아나다가 경양(梗陽)의 무당 고(皐)를 만났다. 경양(梗陽)은 진(晉)나라 읍이다. 고(皐)는 무당 이름이다. 다른 날 길에서 그 무당을 만나 꿈 이야기를 하니 그도 같은 꿈을 꾸었다고 하였다. 무당이 꾼 꿈도 또한 같았다. 무당이 말하기를 "이번에 님[主]은 반드시 죽을 것입니다. 그러나 만약 동방에 일[288]이 있으면 그 일은 뜻을 이룰 수 있을 것입니다."라고 하니, 주(主)는 대부의 칭호이다. 헌자(獻子)가 허낙하였다.[289] 진후(晉侯)가 제나라를 치기 위하여 하수(河水)를 건너려 할 때 헌자가 붉은 실로 쌍옥[瑴] 두 쌍을 묶어 기도하기를 "제나라 임금 환(環)이 험한 지세를 믿고 많은 무리에 의지하여 우호를 저버리고 맹약을 배반하며 백성[神主][290]을 업신여기고 괴롭히고 있습니다. 신주(神主)는 백성이다. 그러므로 증신(曾臣)[291] 표(彪)는 제후들을 거느리고 제나라를 토벌하려 하니 표(彪)는 진평공(晉平公)의 이름이다. 증신(曾臣)은 말신(末臣)과 같다. 그 관신(官臣) 언(偃 : 獻子)이 실로 앞뒤에서 그를 보좌하게 되었습니다. 관신(官臣)은 관직이 있는 신하이다. 만약 싸움에서 승리하여 공이 있어 신(神)을 부끄럽게 함이 없으면 관신 언은 감히 다시 하수를 건너오지 않을 것이니, 죽음으로써 스스로 맹세한 것이다. 오직 신께서 일을 결정하여 주시옵소서."라 하고 옥을 물에 던져 넣고는 하수를 건넜다.

冬 十月 會于魯濟 尋湨梁之言 同伐齊 湨梁之盟曰 同討不庭 **齊侯禦諸平陰 塹防門而**

287) 려공(厲公) : 진려공(晉厲公)이다. 순언(荀偃)이 진려공을 시해한 일은 성공(成公) 18년에 있었다.

288) 동방에 일 : 제(齊)나라를 치는 일이다.

289) 허낙하였다 : 그럴 것이라고 인정한 것이다.

290) 백성[神主] : 백성은 신들의 주인이므로 신주(神主)라고 한 것이다.

291) 증신(曾臣) : 증신(曾臣)은 말신(末臣)의 뜻으로 자신을 낮추어 부르는 말이다. 왕명을 받들어 토벌을 행하므로 신(臣)이라고 칭한 것이었다.

守之 廣里 平陰 齊邑 其城南有防門 門外作塹橫行 廣一里 **夙沙衛曰 不能戰 莫如守險** 謂防門不足爲險 **弗聽 諸侯之士門焉 齊人多死 范宣子告析文子** 析文子 齊大夫子家 **曰 吾知子 敢匿情乎 魯人莒人皆請以車千乘 自其鄉入 旣許之矣 若入 君必失國 子盍圖之 子家以告公 公恐 晏嬰聞之 曰 君固無勇 而又聞是 弗能久矣** 不能久敵晉

겨울 10월에 로제(魯濟)[292]에서 회합하여 격량(溴梁)에서 맹약한 말을 거듭하고 함께 제(齊)나라를 쳤다. 격량(溴梁)의 맹약[293]에 '와서 조견하지 않는 나라[不庭]는 함께 토벌할 것이다.'라고 하였다. 제후(齊侯)가 평음(平陰)에서 방어하되 방문(防門)에 해자(垓字)를 파고 수비하니 그 너비가 1리(里)였다. 평음(平陰)은 제(齊)나라 읍이다. 그 성의 남쪽에 방문(防門)이 있고 문밖에 가로로 해자를 팠는데 너비가 1리(里)였다. 숙사위(夙沙衛)가 말하기를 "여기서는 싸울 수 없으니 험고(險固)한 곳에서 수비함만 같지 못합니다."라고 하였으나 방문(防門)은 지키기에 험고(險固)하지 않다는 말이다. 제후가 듣지 않았다. 제후들의 군사가 방문을 공격하니 제인(齊人)이 많이 죽었다. 범선자(范宣子 : 士匄)가 석문자(析文子)에게 말하기를 석문자(析文子)는 제(齊)나라 대부 자가(子家)이다. "나는 그대를 잘 알고 있으니 내 감히 실정을 숨기겠는가. 로인(魯人)과 거인(莒人)이 모두 병거 천 승(乘)을 거느리고 자신들의 고향에서 제나라로 쳐들어가기를 청하기에 우리가 이미 허낙하였다. 만약 그들이 쳐들어온다면 너희 임금은 반드시 나라를 잃게 될 것이니, 그대는 어찌 이에 대하여 헤아리지 않는가."라고 하였다. 자가(子家)가 이 말을 제령공(齊靈公)에게 고하니 제령공이 두려워하였다. 안영(晏嬰)이 듣고 말하기를 "우리 임금님은 본래 용기가 없는데 또 이런 말을 들었으니 오래 버티지 못할 것이다."라고 하였다. 오래도록 진(晉)나라에 대적할 수 없다는 것이다.

齊侯登巫山以望晉師 巫山 齊地 **晉人使司馬斥山澤之險 雖所不至 必旆而疏陳之** 斥 候也 疏建旌旗爲陳 示衆也 **使乘車者左實右僞 以旆先** 僞爲人形 建旆先驅 **輿曳柴而從之 齊侯見之 畏其衆也 乃脫歸** 脫 不張旗幟 **丙寅 晦 齊師夜遁 師曠告晉侯曰 鳥烏之聲樂 齊師其遁** 鳥烏得空營 故樂也 **邢伯告中行伯** 邢伯 晉大夫邢侯也 **曰 有班馬之聲 齊師其遁** 班 別也 夜遁 馬不相見 故鳴 **叔向告晉侯曰 城上有烏 齊師其遁**

제후(齊侯)가 무산(巫山)에 올라 진(晉)나라 군대를 바라보았다. 무산(巫山)은 제(齊)나라 땅이다. 진인(晉人)은 사마(司馬)를 시켜 산택의 험한 지형을 살피게[斥] 하여 비록 군대가 이를

292) 로제(魯濟) : 로(魯)나라의 제수(濟水) 가.

293) 격량(溴梁)의 맹약 : 양공(襄公) 16년 3월에 있었다.

수 없는 곳에도 반드시 깃발을 드문드문 세워 펼치게 하였다. 척(斥)은 살핌이다. 드문드문 깃발을 세워 진을 친 것처럼 만들어 사람이 많은 것같이 보이게 한 것이다. 그리고 병거에는 왼쪽에만 사람을 태우고 오른쪽에는 허수아비를 실었으며, 깃발을 세워 앞서게 하고 거짓으로 사람모양을 만들고 깃발을 세워 선두에서 달리게 한 것이다. 수레에 섶을 매달아 끌고 그 뒤를 따르게 하였다.[294] 제후가 이를 보고 그 무리가 많음을 두려워하여 기치도 펼치지 않고[脫] 돌아가니[295] 탈(脫)은 기치를 펼치지 않음이다. 병인일 그믐에 제(齊)나라 군대가 밤에 도망갔다. 사광(師曠)이 진후(晉侯)에게 고하기를 "새와 까마귀 소리가 즐거우니 제나라 군대가 도망갔을 것입니다."라고 하였다. 새와 까마귀들이 빈 병영을 얻었으므로 즐거워한 것이다. 형백(邢伯)이 중항백(中行伯 : 中行獻子)에게 고하기를 형백(邢伯)은 진(晉)나라 대부 형후(邢侯)이다. "헤어진[班] 말들의 울음소리가 나니 제나라 군대가 도망갔을 것입니다."라고 하였다. 반(班)은 떨어짐이다. 밤에 도망하여 말들이 서로 볼 수 없었으므로 운 것이다. 숙향(叔向)이 진후에게 고하기를 "성 위에 까마귀가 있으니 제나라 군대가 도망갔을 것입니다."라고 하였다.

十一月 丁卯 朔 入平陰 遂從齊師 夙沙衛連大車以塞隧而殿 隧 狹路 **殖綽郭最曰 子殿國師 齊之辱也** 奄人殿師 故以爲辱 殖綽郭最 齊勇士 **子姑先乎 乃代之殿 衛殺馬於隘以塞道** 恨二子 故塞道 欲使晉得 **晉州綽及之 射殖綽 中肩 兩矢夾脰** 脰 頸也 **曰 止 將爲三軍獲 不止 將取其衷** 不止 復射兩矢中央 **顧曰 爲私誓 州綽曰 有如日 乃弛弓而自後縛之 其右具丙** 州綽之右 **亦舍兵而縛郭最 皆衿甲面縛** 衿甲 不解甲 **坐于中軍之鼓下**

11월 초하루 정묘일에 진(晉)나라 군대가 평음(平陰)으로 들어가서 드디어 제(齊)나라 군대를 추격하였다. 제나라 숙사위(夙沙衛)가 큰 수레를 련결하여 좁은 길[隧]을 막고 군대의 후미[殿]를 담당하자, 수(隧)는 좁은 길이다. 식작(殖綽)과 곽최(郭最)가 말하기를 "그대가 우리나라 군대의 후미를 담당하는 것은 제나라의 치욕이니 엄인(奄人 : 宦官)이 군대의 후미를 담당하였기 때문에 이를 치욕으로 여긴 것이다. 식작(殖綽)과 곽최(郭最)는 제(齊)나라 용사이다. 그대는 우선 앞으로 가라."고 하고는 대신 군대의 후미를 맡았다. 그러자 위(衛)는 길목에서 말을 죽여 길을 막았다. 식작(殖綽)과 곽최(郭最) 두 사람에 대하여 한을 품었기 때문에 퇴로를 막아 진(晉)나라로 하여금 그들을 잡게 하고자 한 것이다. 진나라 주작(州綽)이 당도하여 식작을 쏘아 어깨를 맞히니 두 대의

294) 수레에~하였다 : 먼지를 일으켜 많은 병거가 움직이는 것처럼 보이게 한 것이다.

295) 기치도~돌아가니 : 일설에는 탈(脫)을 리탈로 보아 제후(齊侯)가 군대를 리탈하여 도망해 돌아간 것이라고도 한다.

화살에 목[脰]이 끼었다. 두(脰)는 목이다. 그리고 말하기를 "도망가기를 멈춘다면 우리 3군(軍)의 포로로 삼을 것이지만 멈추지 않는다면 두 어깨의 중간을 쏘겠다."라고 하였다. 도망가기를 멈추지 않는다면 앞에 쏜 두 화살의 가운데를 다시 쏘겠다는 것이다. 식작이 주작을 돌아보며 말하기를 "사적으로 맹세하라."고 하니, 주작이 말하기를 "해를 두고 맹세하겠다."라고 하였다. 그리하여 주작은 활시위를 늦추고 식작을 뒤에서 묶었다. 그 거우인 구병(具丙)도 주작(州綽)의 거우(車右)이다. 병기를 내려놓고 곽최를 묶으니, 모두 갑옷을 입은 채[衿甲]로 손을 뒤로하여 묶고서[面縛][296] 금갑(衿甲)은 갑옷을 풀지 않음이다. 중군의 북 아래에 앉혔다.

晉人欲逐歸者 魯衛請攻險 己卯 荀偃士匄以中軍克京茲 京茲 齊邑 **乙酉 魏絳欒盈以下軍克邿** 欒黶死 盈佐下軍 邿 齊邑 **趙武韓起以上軍圍盧 弗克 十二月 戊戌 及秦周伐雍門之萩** 秦周 魯大夫 雍門 齊城門 萩 同楸 美木也 **范鞅門于雍門 其御追喜以戈殺犬于門中** 殺犬示閒暇 **孟莊子斬其櫛以爲公琴** 櫛 音荀 木名 以爲魯公琴 **己亥 焚雍門及西郭南郭 劉難士弱率諸侯之師 焚申池之竹木** 二子 晉大夫 **壬寅 焚東郭北郭 范鞅門于揚門** 齊西門 **州綽門于東閭** 齊東門 **左驂迫 還于東門中 以枚數闔** 還 音旋 枚 馬檛也 闔 門扇也 數其板 示不恐

진인(晉人)이 돌아가는 제(齊)나라 군대를 추격하고자 하였으나 로(魯)나라와 위(衛)나라는 험한 요새를 공격하기를 청하였다. 기묘일에 순언(荀偃)과 사개(士匄)가 중군을 거느리고 경자(京茲)를 쳐서 승리하였고, 경자(京茲)는 제(齊)나라 읍이다. 을유일에 위강(魏絳)과 란영(欒盈)은 하군을 거느리고 시(邿) 땅을 쳐서 승리하였으며, 란암(欒黶)이 죽자 영(盈)이 하군의 부장이 된 것이다. 시(邿)는 제(齊)나라 읍이다. 조무(趙武)와 한기(韓起)는 상군을 거느리고 로(盧) 땅을 포위하였으나 이기지 못하였다. 12월 무술일에 조무는 진주(秦周)와 함께 옹문(雍門)에 있는 가래나무[萩]를 베어 내었다. 진주(秦周)는 로(魯)나라 대부이다.[297] 옹문(雍門)은 제(齊)나라 성문이다. 추(萩)는 추(楸)와 같으니 아름다운 나무이다. 범앙(范鞅 : 范獻子)이 옹문을 공격하니 그 어자 추희(追喜)는 옹문 안에서 창으로 개를 찔러 죽이고, 개를 죽였다는 것은 여유로움을 보인 것이다. 로나라 맹장자(孟莊子)는 참죽나무[櫛]를 베어 양공(襄公)의 금(琴)을 만들었다. 순(櫛)은 음이 순(荀)이니 나무 이름이다. 그것으로 로(魯)나라 임금의 금(琴)을 만든 것이다. 기해일에 옹문과 서곽(西郭)·남곽(南郭)을 불태우고, 류난(劉難)과 사약(士弱)은 제후들의 군대를 거느리고 신지(申池)

296) 손을~묶고서[面縛] : 두 손을 뒤로 결박하고 얼굴을 앞으로 내밀게 한 것이다.

297) 진주(秦周)는~대부이다 : 진주(秦周)를 제(齊)나라 땅 이름으로 보는 설도 있다.

가의 대나무를 불태웠다. 두 사람은 진(晉)나라 대부이다. 임인일에 동곽(東郭)과 북곽(北郭)을 불태웠고 범앙은 양문(揚門)을 공격하였다. 제(齊)나라 서문(西門)이다. 주작(州綽)은 동려(東閭)를 공격하였는데 제(齊)나라 동문(東門)이다. 왼쪽 참마(驂馬)가 길이 막혀 동문 안에서 빙빙 돌자[還] 말채찍[枚]을 들어 성 문짝[闔]의 수를 헤아렸다. 선(還)은 음이 선(旋)이다. 매(枚)는 말채찍이다. 합(闔)은 문짝이다. 문짝의 판자를 세었다는 것은 두려워하지 않음을 보인 것이다.

齊侯駕 將走郵棠 郵棠 齊邑 **大子與郭榮扣馬** 大子 光也 榮 齊大夫 **曰 師速而疾 略也** 言欲略行其地 **將退矣 君何懼焉 且社稷之主不可以輕 輕則失衆 君必待之 將犯之** 齊侯將犯之而行 **大子抽劒斷鞅 乃止 甲辰 東侵及濰 南及沂** 濰沂 二水名

제후(齊侯)가 수레에 말을 매어 우당(郵棠)으로 달아나려 할 때 우당(郵棠)은 제(齊)나라 읍이다. 태자와 곽영(郭榮)이 말을 붙잡으며 태자는 광(光)이고 영(榮)은 제(齊)나라 대부이다. 말하기를 "진(晉)나라 군대의 속도가 빠르고 기세가 사나우니 이는 략탈하기 위함입니다. 략탈하려고 그 지역을 돌아다닌다는 말이다. 곧 물러날 것이니 임금님께서는 어찌 두려워하십니까. 또 사직의 주인은 가벼이 행동해서는 안 됩니다. 가벼이 행동하시면 대중을 잃을 것이니 임금님께서는 반드시 기다리십시오."라고 하였다. 그러나 제후가 이들을 물리치려 하자 제후(齊侯)가 두 사람을 물리치고 지나가려 한 것이다. 태자가 칼을 뽑아 말의 가슴걸이끈을 끊어 버리니 그제서야 멈추었다. 갑진일에 진나라 군대는 동쪽으로 침범하여 유수(濰水)까지 이르렀고 남쪽으로는 기수(沂水)까지 이르렀다. 유(濰)와 기(沂)는 두 물 이름이다.

曹伯負芻卒于師

조백(曹伯) 부추(負芻)가 군중(軍中)에서 졸하였다.

楚公子午帥師伐鄭

초(楚)나라 공자 오(午)가 군대를 거느리고 정(鄭)나라를 쳤다.

鄭子孔欲去諸大夫 欲專權 **將叛晉而起楚師以去之 使告子庚 子庚弗許 楚子聞之 使揚豚尹宜告子庚** 揚豚邑尹 名宜 **曰 國人謂不穀主社稷而不出師 死不從禮** 死將不得從先

君禮 不穀卽位 於今五年 師徒不出 人其以不穀爲自逸而忘先君之業矣 大夫圖之 其若之何 子庚歎曰 君王其謂午懷安乎 吾以利社稷也 見使者 稽首而對曰 諸侯方睦於晉 臣請嘗之 若可 君而繼之 不可 收師而退 可以無害 君亦無辱

정(鄭)나라 자공(子孔)이 여러 대부를 제거하고자 하여 권력을 오로지하고자 함이다. 진(晉)나라를 배반하고 초(楚)나라 군대를 일으켜 그들을 제거하려고 하였다. 이에 사신을 보내 초나라 령윤(令尹)인 자경(子庚 : 午)에게 고하였는데 자경이 허낙하지 않았다. 초자(楚子 : 康王)가 이 소식을 듣고 양돈윤(揚豚尹)인 의(宜)를 시켜 자경에게 다음과 같이 고하게 하여 양돈읍(揚豚邑)의 윤(尹)으로 이름은 의(宜)이다. 말하기를 "국인은 내[不穀]가 사직을 주관하면서 군대를 출동시킨 일이 없으니 죽으면 례우를 받지 못할 것이라고 한다. 죽어서 선군(先君)과 같은 례우를 받을 수 없다는 것이다. 내가 즉위한 지 이제 5년인데 군대를 출동시키지 않았으니 사람들은 내가 스스로 안일하여 선군의 위업을 잊었다고 여기고 있다. 그러니 대부는 이 일을 어떻게 해야 할지 잘 도모하라."고 하였다. 자경이 탄식하여 말하기를 "임금님께서는 나오(午)가 편안함만을 생각한다고 여기시는구나. 나는 사직을 리롭게 하고자 함인데."라고 하였다. 자경이 사자(使者 : 宜)를 만나 머리를 조아리며 다음과 같이 대답하였다. "제후들이 바야흐로 진나라와 화목하고 있으니 신이 먼저 시험해 보겠습니다.[298] 만약 가능할 것 같으면 임금님께서 저의 뒤를 이어 출병하시고, 그렇지 않을 것 같으면 군대를 거두어 퇴각하십시오. 그렇게 하면 군대에도 해가 없고 임금님에게도 욕됨이 없을 것입니다."

子庚帥師治兵於汾 汾 楚地 **於是子蟜伯有子張從鄭伯伐齊** 子張 公孫黑肱 **子孔子展子西守 二子知子孔之謀** 二子 子展子西 **完守入保** 完城郭 內保守 **子孔不敢會楚師 楚師伐鄭 次於魚陵 右師城上棘 遂涉潁 次于旃然** 魚陵上棘 鄭地 旃然 水名 **蔿子馮公子格率銳師侵費滑胥靡獻于雍梁 右回梅山** 胥靡獻于雍梁梅山皆鄭地 **侵鄭東北 至于蟲牢而反 子庚門于純門 信于城下而還** 信 再宿也 **涉於魚齒之下** 魚齒山下有湛水 故言涉 **甚雨及之 楚師多凍 役徒幾盡**

초(楚)나라 자경(子庚)이 군대를 거느리고 분(汾) 땅에서 군사훈련을 하였다. 분(汾)은 초(楚)나라 땅이다. 이때 정(鄭)나라 자교(子蟜)·백유(伯有)·자장(子張)이 정백(鄭伯)을 따라 제(齊)나라를 치고 있었고 자장(子張)은 공손흑굉(公孫黑肱)이다. 자공(子孔)·자전(子展)·자서(子西)

298) 신이~보겠습니다 : 자신이 먼저 정(鄭)나라를 치는 일이 쉬운지 어려운지를 시험해 보겠다는 것이다.

가 도성을 지키고 있었다. 두 공자는 자공의 음모[299]를 알고 있었기 때문에 두 공자는 자전(子展)과 자서(子西)이다. 수비를 공고히 하고 성안에 들어가 지키니 성곽을 완비하고 들어가 도성을 지킨 것이다. 자공이 감히 초나라 군대와 만나지 못하였다. 초나라 군대가 정나라를 치기 위하여 어릉(魚陵)에 주둔하였다. 그리고 우사(右師)는 상극(上棘)에 성을 쌓고 드디어 영수(潁水)를 건너 전연(旃然)가에 주둔하였다. 어릉(魚陵)과 상극(上棘)은 정(鄭)나라 땅이다. 전연(旃然)은 물 이름이다. 그리고 위자빙(蔿子馮)과 공자 격(格)은 정예군을 이끌고 비활(費滑)·서미(胥靡)·헌우(獻于)·옹량(雍梁) 등을 침범하고, 오른쪽으로 매산(梅山)을 돌아 서미(胥靡)·헌우(獻于)·옹량(翁梁)·매산(梅山)은 모두 정(鄭)나라 땅이다. 정나라의 동북쪽을 침범하여 충뢰(蟲牢)까지 이르렀다가 돌아갔다. 자경은 정나라의 순문(純門)을 공격하였다가 성 아래에서 이틀 밤을 묵고[信] 돌아갔다. 신(信)은 이틀 밤을 묵는 것이다. 그리고 어치산(魚齒山) 밑에서 건너는데 어치산(魚齒山) 밑에 치수(滍水)가 있으므로 건넜다고 한 것이다. 심한 비가 내려 초나라 군대 중에 동상을 입은 자가 많았고 역도(役徒 : 役夫)들은 거의 다 죽었다.

晉人聞有楚師 師曠曰 不害 吾驟歌北風 又歌南風 南風不競 **歌者 吹律以詠八風** **多死聲 楚必無功 董叔曰 天道多在西北** **歲在豕韋 月又建亥 故曰多在西北 董叔 晉大夫** **南師不時必無功 叔向曰 在其君之德也**

진인(晉人)이 초(楚)나라가 군대를 동원하였다는 소식을 들었다. 사광(師曠)이 말하기를 "우리 진(晉)나라에 해로움이 없을 것이다. 나는 자주[驟] 북풍(北風)[300]을 노래해 보고 또 남풍(南風)[301]도 노래해 보는데 남풍은 굳세지 못하고 노래하는 자는 률(律 : 관악기)을 불어 8풍(風)[302]을 읊는다. 쇠미한 소리가 많으니 초나라는 반드시 공을 세우지 못할 것이다."라고 하였다. 동숙(董叔)이 말하기를 "천도(天道)가 서북에 많이 있어서 세성(歲星 : 木星)이 시위(豕韋 : 西北方)의 자리에 있고 그 달도 또한 건해월(建亥月 : 12월)이기 때문에 천도(天道)가 서북에 많이 있다는 것이다.[303] 동숙(董叔)은 진(晉)나라 대부이다. 남쪽 나라[楚] 군대가 출동할 때가 아니니 반드시 공이 없을 것이다."라고 하였다. 그리고 숙향(叔向)은 말하기를 "일의 성공은 그 나라 임금의 덕에 달

---

299) 자공의 음모 : 진(晉)나라를 배반하고 초(楚)나라 군대를 일으켜 여러 대부를 제거하고자 한 음모이다.
300) 북풍(北風) : 북방의 음악.
301) 남풍(南風) : 남방의 음악.
302) 8풍(風) : 8방의 음악.
303) 세성(歲星 : 木星)이~것이다 : 세성(歲星)이 머무는 지역의 세력이 강하므로 서북에 위치한 진(晉)나라의 세력이 강하다는 것이다.

려 있는 것이다."라고 하였다.

양공(襄公) 19년【丁未 B.C.554】

十有九年 春 王正月 諸侯盟于祝柯

19년 봄 왕정월에 제후들이 축가(祝柯)에서 맹약하였다.

柯 公作阿 ○祝柯 齊地

가(柯)는《공양전(公羊傳)》에는 아(阿)로 되어 있다. ○축가(祝柯)는 제(齊)나라 땅이다.

十九年 春 諸侯還自沂上 盟於督揚 卽祝柯 **曰 大毋侵小**

19년 봄에 제후들이 기수(沂水) 가에서 돌아와 독양(督揚)에서 맹약하기를 바로 축가(祝柯)이다. '큰 나라는 작은 나라를 침범하지 말라.'고 하였다.

晉人執邾子 公至自伐齊 取邾田 自漷水

진인(晉人)이 주자(邾子)를 사로잡았다. 양공(襄公)이 제(齊)나라를 치는 일에서 돌아왔다. 주(邾)나라 전지를 취하니 곽수(漷水)로부터였다.

同會同盟而執之 非伯討也 故稱人 漷 水名

함께 회합하고 함께 맹약하고서 사로잡았으니, 패자(伯者)다운 토죄가 아니었다. 그러므로 진인(晉人)이라고 칭한 것이다. 곽(漷)은 물 이름이다.

執邾悼公 以其伐我故 伐魯在十七年 **遂次于泗上 疆我田** 正邾魯界 泗 水名 **取邾田 自漷水歸之于我 晉侯先歸 公享晉六卿于蒲圃** 六卿過魯 **賜之三命之服 軍尉司馬司空輿尉候奄 皆受一命之服 賄荀偃束錦加璧乘馬 先吳壽夢之鼎** 五匹曰束 鼎是壽夢所獻 故名

今以璧馬爲鼎之先

주도공(邾悼公)을 사로잡았으니, 그가 우리나라를 쳤기 때문이다. 로(魯)나라를 친 일은 17년에 있었다. 드디어 진(晉)나라 군대가 사수(泗水) 가에 머물면서 우리의 전지를 획정하고 주(邾)나라와 로(魯)나라의 경계를 바로잡은 것이다. 사(泗)는 물 이름이다. 주(邾)나라의 전지를 취하여 곽수(漷水)로부터의 땅을 우리나라에 돌려주고 진후(晉侯)는 먼저 돌아갔다. 양공(襄公)이 진나라 6경(卿)에게 포포(蒲圃)에서 향연을 베풀어 줄 때 6경(卿)이 로(魯)나라에 들렀기 때문이다. 3명(命)[304]에 해당하는 복(服)[305]을 하사하고, 군위(軍尉)·사마(司馬)·사공(司空)·여위(輿尉)·후엄(候奄)에게도 모두 1명(命)[306]에 해당하는 복을 주었다. 순언(荀偃)에게는 속금(束錦)과 가벽(加璧)[307]과 승마(乘馬)를 주었는데, 오(吳)나라 수몽(壽夢)의 솥[鼎]보다 먼저 주었다. 5필(匹)을 속(束)이라고 한다. 정(鼎)은 수몽(壽夢)이 바친 것이므로 수몽의 솥이라고 이름한 것이다. 지금 구슬과 말을 솥보다 먼저 준 것이다.[308]

荀偃癉疽 生瘍於頭 癉 音但 癉疽 惡創 瘍 疽屬 **濟河 及著雍 病 目出** 目睛努出 **大夫先歸者皆反 士匄請見 弗內 請後 曰鄭甥可** 鄭甥 荀吳 其母鄭女 **二月 甲寅 卒 而視 不可含** 目開口噤 **宣子盥而撫之 曰 事吳敢不如事主 猶視 欒懷子曰 其爲未卒事於齊故也乎** 懷子 欒盈 **乃復撫之曰 主苟終 所不嗣事于齊者 有如河 乃瞑 受含 宣子出 曰 吾淺之爲丈夫也** 自恨以私待人

순언(荀偃)이 악창[癉疽]에 걸려 머리에 종기[瘍]가 났다. 단(癉)은 음이 단(但)이다. 단저(癉疽)는 악창(惡創)이다. 양(瘍)은 종기 따위이다. 하수(河水)를 건너 저옹(著雍)에 이르러서는 병이 악화되어 눈알이 돌출되니 눈동자가 튀어나온 것이다. 먼저 돌아갔던 대부들이 모두 되돌아왔다. 사개(士匄)가 뵙기를 청하였으나 안으로 들이지 않고, 후계자를 누구로 삼을지를 물으니 순언은 정생(鄭甥)이 좋겠다고 하였다. 정생(鄭甥)은 순오(荀吳)이다. 그의 어머니는 정(鄭)나라 녀자이다. 순언이 2월 갑인일에 졸하였는데 눈을 뜨고 있어 함(含)[309]을 할 수 없었다. 눈은 뜨고 입은 다문

---

304) 3명(命) : 주대(周代) 관계(官階)의 하나. 공(公)·후(侯)·백(伯)의 경(卿)이 해당한다.

305) 복(服) : 관작을 임명할 때 하사하는 기물(器物)과 의복(衣服).

306) 1명(命) : 주대(周代) 관계(官階)의 가장 낮은 단계. 공(公)·후(侯)·백(伯)의 사(士)와 자(子)·남(男)의 대부(大夫)가 해당한다.

307) 가벽(加璧) : 속백(束帛) 등의 례물을 바칠 때 주옥(珠玉)을 추가하는 일.

308) 지금~것이다 : 남에게 례물을 줄 때에는 귀한 것을 뒤에 준다. 그러므로 오(吳)나라 수몽(壽夢)의 솥을 귀하게 여겨 구슬과 말보다 뒤에 준 것이다.

것이다. 선자(宣子 : 士匄)가 손을 씻고 그를 어루만지며 말하기를 "저희가 감히 오(吳 : 荀吳)를 님[主]처럼 섬기지 않겠습니까."라고 하였는데, 여전히 눈을 뜨고 있었다. 란회자(欒懷子)가 말하기를 "제(齊)나라에 아직 끝내지 않은 일이 있어서입니까?"라 하고, 회자(懷子)는 란영(欒盈)이다. 이에 다시 어루만지며 말하기를 "님은 실로 돌아가셨지만 맹세코[所] 제나라 토벌을 계승하지 않는다면 하수(河水)의 신이 벌할 것입니다."라고 하자, 이에 눈을 감고 함을 받아들였다. 선자가 나와서 말하기를 "나는 장부(丈夫)가 되기에는 천박하구나."라고 하였다. 사심으로 사람을 대한 것을 스스로 한스러워 한 것이다.[310]

季孫宿如晉 계손숙(季孫宿)이 진(晉)나라에 갔다.

季武子如晉拜師 謝討齊 **晉侯享之 范宣子爲政 賦黍苗** 義取芃芃黍苗陰雨膏之 喩晉君憂勞魯國 **季武子興 再拜稽首 曰 小國之仰大國也 如百穀之仰膏雨焉 若常膏之 其天下輯睦 豈唯敝邑 賦六月** 以晉侯比吉甫出征以匡王國

계무자(季武子 : 季孫宿)가 진(晉)나라에 가서 출병해 준 것에 배사하였다. 제(齊)나라를 토죄한 것에 사례한 것이다. 진후(晉侯)가 향연을 베풀어 줄 때 범선자(范宣子)가 집정이었는데 서묘(黍苗)[311]를 읊자 무성히 자라는 기장 싹을 음우(陰雨)가 적신다는 뜻을 취한 것이니 진(晉)나라 임금이 로(魯)나라를 위하여 근심하고 애썼음을 비유한 것이다. 계무자가 일어나 두 번 절하고 머리를 조아리며 말하기를 "소국이 대국을 우러러보는 것이 백곡(百穀)이 단비를 바라는 것과 같습니다. 만약 항상 은택을 베푸신다면 천하가 화목해질 것이니 어찌 우리나라뿐이겠습니까."라 하고 륙월(六月)[312]을 읊었다. 출정하여 왕국을 바로잡은 윤길보(尹吉甫)에 진후(晉侯)를 비유한 것이다.

季武子以所得於齊之兵作林鐘 而銘魯功焉 鑄鐘 聲應林鐘 因以爲名 **臧武仲謂季孫曰**

309) 함(含) : 렴습(殮襲)할 때 죽은 이의 입에 물리는 구슬·쌀·돈 따위의 물건. 또는 그 일.

310) 사심으로~것이다 : 순언(荀偃)이 그 아들을 념려하여 눈을 감지 못한 것으로 여긴 것을 부끄러워 한 것이다.

311) 서묘(黍苗) : 《시경(詩經)》 〈소아(小雅)〉의 편 이름.

312) 륙월(六月) : 《시경(詩經)》 〈소아(小雅)〉의 편 이름. 윤길보(尹吉甫)가 주선왕(周宣王)을 보좌하여 출정한 것을 읊은 시이다.

非禮也 夫銘 天子令德 天子銘德不銘功 **諸侯言時計功** 擧得時 動有功則銘 **大夫稱伐** 銘其功伐 **今稱伐 則下等也** 從大夫故 **計功 則借人也 言時 則妨民多矣 何以爲銘 且夫大伐小 取其所得以作彝器** 宗廟之常器 **銘其功烈以示子孫 昭明德而懲無禮也 今將借人之力以救其死 若之何銘之 小國幸於大國** 以勝大國爲幸 **而昭所獲焉以怒之 亡之道也**

계무자(季武子)가 제(齊)나라에서 로획한 병기로 림종(林鐘)을 만들어 로(魯)나라의 공적을 새기려 하자, 주조한 종이 소리가 림종(林鐘)[313]의 률(律)에 맞으므로 인하여 림종이라고 이름한 것이다. 장무중(臧武仲)이 계손(季孫 : 季武子)에게 다음과 같이 말하였다. "례가 아닙니다. 무릇 새기는 내용은 천자는 덕행을 칭송하고, 천자는 덕행을 새기고 공적을 새기지 않는다. 제후(諸侯)는 거동한 때를 말하고 이룬 공을 헤아리며, 거행한 일이 때에 맞고 행동에 공적이 있으면 새기는 것이다. 대부는 정벌한 일을 칭하는데 정벌의 공을 새기는 것이다. 지금 정벌의 일을 칭하면 등급을 낮추는 것입니다. 대부의 례(例)를 따르는 것이기 때문이다. 그리고 그 공을 헤아려 보면 다른 사람의 힘을 빌린 것이고,[314] 거동한 때를 말하면 백성의 생업을 방해한 일이 많으니 무엇으로 새기겠습니까. 그리고 무릇 큰 나라가 작은 나라를 쳐서 로획한 것으로 이기(彝器)를 만들어 종묘에서 상용하는 기물이다. 그 공적을 새겨 자손에게 보이는 것은 자기의 밝은 덕을 밝히고 상대의 무례함을 징계하고자 하는 것입니다.[315] 그런데 지금 남의 힘을 빌려 죽음의 지경에서 벗어난 것이거늘 어떻게 새길 수 있겠습니까. 소국[魯]이 다행히 대국[齊]을 이겼는데 대국을 이긴 것을 다행으로 여긴다는 것이다. 로획한 것을 밝혀 그들을 노하게 하는 것은 나라를 망하게 하는 길입니다."

葬曹成公

조(曹)나라 성공(成公)의 장례를 지냈다.

313) 림종(林鐘) : 음악 12률(律)의 하나. 12률은 6률(律)과 6려(呂)로 나뉘는데 림종은 6려에 속한다.

314) 다른~것이고 : 진(晉)나라의 힘을 빌렸다는 것이다.

315) 자기의~것입니다 : 우리의 밝은 덕을 선양하고 적국의 무례를 징벌하기 위함이라는 것이다.

夏 衛孫林父帥師伐齊

여름에 위(衛)나라 손림보(孫林父)가 군대를 거느리고 제(齊)나라를 쳤다.

晉欒魴帥師 從衛孫文子伐齊 欒魴 欒氏族 爲懷子之言故也

진(晉)나라 란방(欒魴)이 군대를 거느리고 위(衛)나라 손문자(孫文子 : 孫林父)를 따라 제(齊)나라를 쳤다. 란방(欒魴)은 란씨(欒氏)의 일족이다. 제(齊)나라를 친 것은 회자(懷子)의 말[316] 때문이었다.

○於四月 丁未 鄭公孫蠆卒 赴於晉大夫 范宣子言於晉侯 以其善於伐秦也 十四年 晉伐秦 子蟜勸諸侯師濟涇 **六月 晉侯請於王 王追賜之大路 使以行 禮也** 大路 天子賜車之摠名 以行葬禮

○4월 정미일에 정(鄭)나라 공손채(公孫蠆)가 졸하자 진(晉)나라 대부에게 부고를 내었다. 범선자(范宣子)가 진후(晉侯)에게 말하였으니 이는 그가 진(秦)나라를 칠 때 잘한 일이 있다고 여겼기 때문이다. 14년에 진(晉)나라가 진(秦)나라를 칠 때 자교(子蟜 : 公孫蠆)가 제후들의 군대가 경수(涇水)를 건너도록 권하였다. 6월에 진후가 왕에게 상을 내려줄 것을 청하였다. 이에 왕이 대로(大路)를 추사(追賜)[317]하여 장례를 지내게 하였으니, 례에 맞는 일이었다. 대로(大路)는 천자가 내리는 수레의 총명(摠名)이니 그 수레로 장례를 지낸 것이다.

秋 七月 辛卯 齊侯環卒

가을 7월 신묘일에 제후(齊侯) 환(環)이 졸하였다.

環 公作瑗

환(環)은 《공양전(公羊傳)》에는 원(瑗)으로 되어 있다.

齊侯娶于魯 曰顔懿姬 無子 其姪鬷聲姬生光 以爲大子 鬷 音騣 兄子曰姪 顔鬷皆二姬母氏

---

316) 회자(懷子)의 말 : 순언(荀偃)이 죽을 때 눈은 뜨고 입은 다물어 함(含 : 飯含)을 할 수 없자, 란회자(欒懷子)가 반드시 제(齊)나라를 치겠다고 하수(河水)를 두고 맹세한 말이다.

317) 추사(追賜) : 죽은 뒤에 시호·작위·물건 등을 내리는 일.

因以爲號 懿聲皆謚 諸子仲子戎子 戎子嬖 諸子 內官之號 仲子生牙 屬諸戎子 戎子請以爲大子 許之 齊侯許之 仲子曰 不可 廢常 不祥 間諸侯 難 廢立嫡之常 間諸侯之列 事難成也 光之立也 列於諸侯矣 今無故而廢之 是專黜諸侯 謂光已有諸侯之尊 而以難犯不祥也 君必悔之 公曰 在我而已 遂東大子光 廢徙東鄙 使高厚傅牙以爲大子 夙沙衛爲少傅

제후(齊侯 : 環)가 로(魯)나라에서 부인(夫人)을 맞이하였으니 안의희(顔懿姬)였다. 아들이 없었고 그녀의 조카[姪] 종성희(鬷聲姬)가 광(光)을 낳으니 제후는 그를 태자로 삼았다. 종(鬷)은 음이 종(騣)이다. 형의 자식을 질(姪)이라고 한다. 안(顔)과 종(鬷)은 모두 두 희(姬) 어머니의 씨(氏)이므로 인하여 호(號)를 삼은 것이다.[318] 의(懿)와 성(聲)은 모두 시호이다. 제자(諸子) 가운데 중자(仲子)와 융자(戎子)가 있었는데 융자가 총애를 받았다. 제자(諸子)는 내관(內官)[319]을 지칭하는 말이다. 중자는 아(牙)를 낳아 융자에게 부탁하였는데, 융자가 임금에게 태자로 삼아 줄 것을 청하니 허낙하였다. 제후(齊侯)가 허낙한 것이다. 중자가 말하기를 “안 됩니다. 상도(常道)를 폐기하는 일이니 상서롭지 못하며, 제후들을 범하는[間] 일이니[320] 성공하기 어렵습니다. 적자(嫡子)를 세우는 상도(常道)를 폐기하는 것이며, 제후들의 반렬[列]을 범하는 것이니 일을 이루기 어렵다는 것이다. 광이 이미 태자로 서서 제후들의 반렬에 있습니다. 지금 리유없이 그를 폐한다면 전적으로 제후들을 배척하는 것이며, 광(光)에게 이미 제후의 존귀함이 있음을 이른다. 이루기 어려운 일로 상서롭지 못함을 범하는 것이니 임금님께서는 반드시 이를 후회하실 것입니다.”라고 하였다. 제령공(齊靈公)이 말하기를 “내가 결정할 일이다.”라 하고 드디어 태자 광을 동쪽으로 내몰았다. 태자를 폐하여 동쪽 변방으로 내몬 것이다. 그리고 고후(高厚)를 아의 부(傅)가 되게 하여 아를 태자로 삼고 숙사위(夙沙衛)를 소부(少傅)로 삼았다.

齊侯疾 崔杼微逆光 微服迎光 疾病 而立之 光殺戎子 尸諸朝 非禮也 婦人無刑 無黥刖之刑 雖有刑 不在朝市 夏 五月 壬辰 晦 齊靈公卒 經書七月 光定位而後赴 莊公卽位 莊公卽光 執公子牙於句瀆之丘 以夙沙衛易己 謂衛敎公易己 衛奔高唐以叛 高唐 齊地

318) 안(顔)과~것이다 : 안의희(顔懿姬)의 어머니는 안씨(顔氏)이고 종성희(鬷聲姬)의 어머니는 종씨(鬷氏)이므로 안의희·종성희라고 칭한 것이다.

319) 내관(內官) : 궁중의 녀자 관속(官屬). 전문의 제자(諸子)를 자씨(子氏) 성을 가진 첩녀(妾女)로 보는 설도 있다.

320) 제후들을~일이니 : 태자 광(光)이 양공(襄公) 3년 계택(雞澤)의 동맹과 5년 척(戚) 땅의 회합 및 진(陳)나라 구원에 참여하고 그 뒤에도 여러 차례 제후들의 정벌과 회합에 참여하였으니, 제후들로부터 이미 제(齊)나라의 태자임을 공인받은 것인데 지금 그를 폐한다면 이는 제후들을 범하는 것이 된다는 말이다.

제후(齊侯)가 병이 나자 최저(崔杼)가 은밀하게 광(光)을 맞이하고, 미복 차림으로 광(光)을 맞이한 것이다. 제후의 병이 위중해지자 광을 태자로 다시 세웠다. 그러자 광은 융자(戎子)를 죽여 그 시신을 조정에 진렬하였으니, 례가 아니었다. 부인(婦人)에게는 적용하는 형벌이 없고 경형(黥刑)과 월형(刖刑)이 없다는 것이다. 비록 형벌을 내리더라도 조정이나 저자에 시신을 진렬하지 않는 것이다. 여름 5월 임진일 그믐에 제령공(齊靈公)이 졸하자 경문에 7월이라고 기록한 것은 광(光)이 임금 자리를 정한 뒤에 부고하였기 때문이다. 장공(莊公)이 즉위하여 장공(莊公)은 곧 광(光)이다. 공자 아(牙)를 구두(句瀆)의 언덕에서 사로잡고, 숙사위(夙沙衛)를 자신의 태자 자리를 바꾼 사람이라고 여기자 제장공(齊莊公)은 위(衛)가 제령공(齊靈公)을 교사(教唆)하여 자신의 태자 자리를 바꾸게 하였다고 여긴 것이다. 위(衛)는 고당(高唐)으로 달아나 반란을 일으켰다. 고당(高唐)은 제(齊)나라 땅이다.

晉士匄帥師侵齊至穀 聞齊侯卒 乃還

진(晉)나라 사개(士匄)가 군대를 거느리고 제(齊)나라를 침범하여 곡(穀) 땅에까지 이르렀다가 제후(齊侯)가 졸하였다는 소식을 듣고 돌아갔다.

晉士匄侵齊 及穀 聞喪而還 禮也

진(晉)나라 사개(士匄)가 제(齊)나라를 침범하여 곡(穀) 땅에까지 이르렀다가 제나라에 상이 났다는 소식을 듣고 돌아갔으니, 례에 맞는 일이었다.

八月 丙辰 仲孫蔑卒

8월 병진일에 중손멸(仲孫蔑)이 졸하였다.

齊殺其大夫高厚

제(齊)나라가 그 대부 고후(高厚)를 죽였다.

秋 八月 齊崔杼殺高厚於灑藍 而兼其室 灑藍 齊地 書曰 齊殺其大夫 從君於昏也 以高

厚從靈公昏謬之政

가을 8월에 제(齊)나라 최저(崔杼)가 쇄람(灑藍)에서 고후(高厚)를 죽이고 그의 실가(室家)를 차지하였다. 쇄람(灑藍)은 제(齊)나라 땅이다. 경문에 제(齊)나라가 그 대부를 죽였다고 기록하였으니, 고후가 임금의 그릇된 정치[321]를 따랐기 때문이다. 고후(高厚)가 령공(靈公)의 그릇된 정치를 따랐다는 것이다.

鄭殺其大夫公子嘉 정(鄭)나라가 그 대부 공자 가(嘉)를 죽였다.

嘉 公作喜

가(嘉)는 《공양전(公羊傳)》에는 희(喜)로 되어 있다.

鄭子孔之爲政也專 國人患之 乃討西宮之難 十年 尉止等作難 子孔知而不言 **與純門之師** 前年 子孔召楚師至純門 **子孔當罪 以其甲及子革子良氏之甲守** 以自守也 **甲辰 子展子西帥國人伐之 殺子孔 而分其室 書曰 鄭殺其大夫 專也**

정(鄭)나라 자공(子孔 : 嘉)이 집정이 되어 국정을 전횡하자, 국인이 이를 근심하여 서궁(西宮)의 환난과 10년에 위지(尉止) 등이 환난을 일으켰는데 자공(子孔)은 알면서도 말하지 않았다.[322] 순문(純門)의 군대의 일로 토죄하였다. 지난해 자공(子孔)이 초(楚)나라 군대를 불러들여 순문(純門)에 이르게 하였다. 자공이 죄를 받게 되자 자신의 갑사와 자혁(子革) 및 자량씨(子良氏)의 갑사로 방어하였다. 스스로를 지킨 것이다. 갑진일에 자전(子展)과 자서(子西)가 국인을 거느리고 쳐서 자공을 죽이고 그의 실가(室家)를 나누어 가졌다. 경문에 정(鄭)나라가 그 대부를 죽였다고 기록하였으니, 자공이 국정을 전횡하였기 때문이다.

子然子孔 宋子之子也 子然 子革父 **士子孔 圭嬀之子也** 宋子圭嬀皆鄭穆公妾 士子孔 子良父

---

321) 그릇된 정치 : 태자 광(光)을 폐하고 아(牙)를 세운 일이다.

322) 위지(尉止)~않았다 : 양공(襄公) 10년에 정(鄭)나라 위지(尉止)·사신(司臣) 등이 적도(賊徒)를 이끌고 궁중으로 쳐들어가 자사(子駟)·자국(子國)·자이(子耳)를 죽이고 정백(鄭伯)을 겁박하여 북궁(北宮)으로 갔는데, 자공(子孔)은 이를 미리 알았지만 발설하지 않은 일을 말한다.

圭嬀之班亞宋子 而相親也 士子孔亦相親也 士子孔與子然子孔 亦相親愛 **僖之四年 子然卒 簡之元年 士子孔卒 司徒孔實相子革子良之室** 司徒孔卽子孔 **三室如一 故及於難 子革子良出奔楚 子革爲右尹 鄭人使子展當國 子西聽政 立子産爲卿**

자연(子然)과 자공(子孔)은 송자(宋子)의 아들이고 자연(子然)은 자혁(子革)의 아버지이다. 사자공(士子孔)은 규규(圭嬀)의 아들이다. 송자(宋子)와 규규(圭嬀)는 모두 정목공(鄭穆公)의 첩이다. 사자공(士子孔)은 자량(子良)의 아버지이다. 규규의 반렬이 송자의 다음이었으므로 두 사람은 서로 친하였고, 사자공도 그들과 서로 친하였다. 사자공(士子孔)이 자연(子然)·자공(子孔)과 더불어 또한 서로 친애한 것이다. 정희공(鄭僖公) 4년에 자연이 졸하고 정간공(鄭簡公) 원년에 사자공이 졸하자, 사도(司徒) 공(孔)이 자혁(子革)과 자량(子良)의 집을 돌봐주어 사도(司徒) 공(孔)은 곧 자공(子孔)이다. 세 집안이 한 집안처럼 지냈다. 그러므로 환난에 미친 것이다.[323] 자혁과 자량이 초(楚)나라로 망명나갔는데, 자혁은 초나라의 우윤(右尹)이 되었다. 정인(鄭人)은 자전(子展)에게 국정을 담당하게 하고 자서(子西)에게 정무를 처리하게 하였으며 자산(子産)을 세워 경(卿)으로 삼았다.

冬 葬齊靈公 겨울에 제(齊)나라 령공(靈公)의 장례를 지냈다.

○齊慶封圍高唐 弗克 冬 十一月 齊侯圍之 見衛在城上 號之 乃下 夙沙衛下 與齊侯語 **問守備焉 以無備告 揖之 乃登** 衛以實告 故齊侯欲生之 衛不順而還登 **聞師將傳食** 聞齊師將會食 **高唐人殖綽工僂會** 二子 齊大夫 **夜縋納師 醢衛于軍**

○제(齊)나라 경봉(慶封)이 고당(高唐)을 포위하였으나[324] 함락시키지 못하였다. 겨울 11월에 제후(齊侯 : 莊公)가 고당을 포위하여 위(衛)가 성 위에 있는 것을 보고 그를 부르니 내려왔다. 숙사위(夙沙衛)가 내려와서 제후(齊侯)와 이야기를 한 것이다. 수비하는 정황을 물으니 방비하고 있지 않다고 말하고 읍하고 다시 성 위로 올라갔다. 위(衛)가 사실대로 고하였기 때문에 제후(齊侯)가 그를 살려주고자 하였으나 위는 따르지 않고 되돌아서 성 위로 올라간 것이다. 군대가 성에 다다라

323) 환난에~것이다 : 자공(子孔)이 국정을 전횡하는 일로 죽임을 당하자 자혁(子革)·자량(子良) 두 사람도 함께 환난을 당하게 되었다는 것이다.

324) 고당(高唐)을 포위하였으나 : 숙사위(夙沙衛)가 고당(高唐)에서 반란을 일으켰기 때문이다.

[傳] 회식한다는 소문을 듣고[325] 제(齊)나라 군대가 회식할 것이라는 소문을 들은 것이다. 고당인(高唐人)인 식작(殖綽)과 공루회(工僂會)가 두 사람은 제(齊)나라 대부이다. 한밤중에 밧줄을 내려 군사들을 성안으로 들어오게 하였다. 그리하여 위(衛)를 잡아 군중(軍中)에서 젓을 담갔다.

城西郛 서쪽 외곽에 성을 쌓았다.

城西郛 懼齊也

서쪽 외곽에 성을 쌓았으니, 제(齊)나라를 두려워하였기 때문이다.

叔孫豹會晉士匄于柯 숙손표(叔孫豹)가 진(晉)나라 사개(士匄)와 가(柯) 땅에서 회합하였다.

柯 衛地

가(柯)는 위(衛)나라 땅이다.

齊及晉平 盟于大隧 **大隧 地名** **故穆叔會范宣子于柯** **懼齊 故爲會以自固** **穆叔見叔向 賦載馳之四章** **義取控于大邦 誰因誰極** **叔向曰 肹敢不承命**

제(齊)나라가 진(晉)나라와 화평하여 대수(大隧)에서 맹약하였다. 대수(大隧)는 땅 이름이다. 그러므로 목숙(穆叔 : 叔孫豹)이 범선자(范宣子 : 士匄)와 가(柯) 땅에서 회합하였다. 제(齊)나라를 두려워하였기 때문에 회합을 가져 스스로 굳건히 한 것이다. 목숙이 숙향(叔向 : 羊舌肹)을 만나 재치(載馳)[326]의 넷째 장(章)을 읊으니, 큰 나라에 하소연하고 싶으나 누구를 통하며 누구에게 가야 하는가라는 뜻을 취한 것이다. 숙향이 말하기를 "나 힐(肹)이 감히 명을 받들지 않겠습니까."[327]라

325) 군대가~듣고 : 군대가 회식하고 성을 공격할 것이라는 소문을 들은 것이다. 이 대목의 전문 '聞師將傳食'을 '聞師將傳'에서 구두를 떼어 '食'을 다음 대목인 '高唐人'에 련결하여 제군(齊軍)이 성을 공격하려 한다는 소문을 듣고 이를 방어하기 위하여 고당인(高唐人)을 배불리 먹인 것으로 보는 설도 있다.

326) 재치(載馳) : 《시경(詩經)》 〈용풍(鄘風)〉의 편 이름.

고 하였다.

城武城

무성(武城)에 성을 쌓았다.

武城 魯地

무성(武城)은 로(魯)나라 땅이다.

穆叔歸曰 齊猶未也 齊猶未服於晉 不可以不懼 乃城武城

목숙(穆叔)이 돌아와 말하기를 "제(齊)나라는 여전히 복종하지 않으니 제(齊)나라가 여전히 진(晉)나라에 복종하지 않고 있다는 것이다. 두려워하지 않을 수 없다."라 하고 이에 무성(武城)에 성을 쌓았다.

○衛石共子卒 石買 悼子不哀 買之子石惡 孔成子曰 是謂蹶其本 蹶猶拔也 必不有其宗 爲二十八年石惡出奔傳

○위(衛)나라 석공자(石共子)가 졸하였는데 석매(石買)이다. 도자(悼子)가 슬퍼하지 않으니, 매(買 : 石買)의 아들 석악(石惡)이다. 공성자(孔成子)가 말하기를 "이는 근본을 뽑는[蹶] 것이니 궐(蹶)은 뽑음[拔]과 같다. 반드시 그 종족을 유지하지 못할 것이다."라고 하였다. 28년에 석악(石惡)이 망명나가는 전(傳)의 배경이 된다.

327) 나~않겠습니까 : 숙향(叔向) 자신이 로(魯)나라를 돕겠다는 뜻을 보인 것이다.

양공(襄公) 20년【戊申 B.C.553】

二十年 春 王正月 辛亥 仲孫速會莒人 盟于向

20년 봄 왕정월 신해일에 중손속(仲孫速)이 거인(莒人)과 회합하여 상(向) 땅에서 맹약하였다.

速 公作遬 後同

속(速)은 《공양전(公羊傳)》에는 속(遬)으로 되어 있다. 이후에도 이와 같다.

二十年 春 及莒平 孟莊子會莒人 盟于向 督揚之盟故也

20년 봄에 거(莒)나라와 화평하였다. 맹장자(孟莊子 : 仲孫速)가 거인(莒人)과 회합하여 상(向)[328] 땅에서 맹약하였으니, 독양(督揚)의 맹약[329] 때문이었다.

夏 六月 庚申 公會晉侯齊侯宋公衛侯鄭伯曹伯莒子邾子滕子薛伯杞伯小邾子 盟于澶淵

여름 6월 경신일에 양공(襄公)이 진후(晉侯)·제후(齊侯)·송공(宋公)·위후(衛侯)·정백(鄭伯)·조백(曹伯)·거자(莒子)·주자(邾子)·등자(滕子)·설백(薛伯)·기백(杞伯)·소주자(小邾子)와 회합하여 전연(澶淵)에서 맹약하였다.

澶淵 衛地

전연(澶淵)은 위(衛)나라 땅이다.

夏 盟于澶淵 齊成故也

328) 상(向) : 거(莒)나라 읍이다.

329) 독양(督揚)의 맹약 : 십삼경주소본(十三經注疏本) 전문주에 의하면, 거(莒)나라가 로(魯)나라를 자주 침범하자 지난해에 제후들이 독양(督揚)에서 회합하여 로나라와 거나라를 화해시킨 맹약이라고 하였다.

여름에 전연(澶淵)에서 맹약하였으니, 제(齊)나라가 제후들과 화친하였기 때문이다.

秋 公至自會

가을에 양공(襄公)이 회합에서 돌아왔다.

仲孫速帥師伐邾

중손속(仲孫速)이 군대를 거느리고 주(邾)나라를 쳤다.

邾人驟至 驟 數也 謂十五年十七年伐魯 **以諸侯之事弗能報也 秋 孟莊子伐邾以報之**

주인(邾人)이 자주[驟] 로(魯)나라를 치니 취(驟)는 자주이다. 15년과 17년에 주(邾)나라가 로(魯)나라를 친 것을 이른다. 이는 로나라가 제후들의 일[330] 때문에 보복할 수 없을 것이라고 여겨서이다. 가을에 맹장자(孟莊子 : 仲孫速)가 주(邾)나라를 쳐서 보복하였다.

蔡殺其大夫公子燮 蔡公子履出奔楚 陳侯之弟黃出奔楚

채(蔡)나라가 그 대부 공자 섭(燮)을 죽였다. 채나라 공자 리(履)가 초(楚)나라로 망명나갔다. 진후(陳侯)의 아우 황(黃)이 초나라로 망명나갔다.

黃 公穀作光 後同

황(黃)은 《공양전(公羊傳)》과 《곡량전(穀梁傳)》에는 광(光)으로 되어 있다. 이후에도 이와 같다.

蔡公子燮欲以蔡之晉 背楚 **蔡人殺之 公子履 其母弟也 故出奔楚 陳慶虎慶寅畏公子黃之偪 愬諸楚曰 與蔡司馬同謀** 蔡司馬卽公子燮 **楚人以爲討 公子黃出奔楚** 奔楚自理

채(蔡)나라 공자 섭(燮)이 채나라를 이끌고 진(晉)나라를 따르려 하니, 초(楚)나라를 배반하려

---

330) 제후들의 일 : 로(魯)나라가 해마다 제후들의 정벌에 따라간 일이다.

한 것이다. 채인(蔡人)이 그를 죽였다. 공자 리(履)는 그의 동모제이다. 그러므로 초(楚)나라로 망명나간 것이다.[331] 진(陳)나라 경호(慶虎)와 경인(慶寅)이 공자 황(黃)의 핍박을 두려워하여 초나라에 고소하기를 "공자 황이 채나라 사마(司馬)와 함께 모의하였습니다."[332]라고 하였다. 채(蔡)나라 사마(司馬)는 곧 공자 섭(燮)이다. 초인(楚人)이 이를 토죄하니 공자 황이 초나라로 망명나갔다. 초(楚)나라로 망명하여 스스로 해명하려 한 것이다.

初 蔡文侯欲事晉 曰 先君與於踐土之盟 先君 文侯父莊侯甲午也 **晉不可棄 且兄弟也 畏楚 不能行而卒 楚人使蔡無常** 徵發無準 **公子燮求從先君以利蔡 不能而死 書曰 蔡殺其大夫公子燮 言不與民同欲也** 王錫爵曰 燮欲去楚之晉 追成先志 謀國之合義者 左氏以違衆罪之謬矣 **陳侯之弟黃出奔楚 言非其罪也** 稱弟 罪陳侯及二慶 **公子黃將出奔 呼於國曰 慶氏無道 求專陳國 暴蔑其君 而去其親 五年不滅 是無天也** 爲二十三年陳殺二慶傳

앞서 채문후(蔡文侯)는 진(晉)나라를 섬기고자 하여 말하기를 "선군께서 천토(踐土)의 맹약[333]에 참여하였으니, 선군은 문후(文侯)의 아버지인 장후(莊侯) 갑오(甲午)이다. 진나라를 저버릴 수 없고 또 형제의 나라[334]이다."라고 하였다. 그러나 초(楚)나라를 두려워하여 실행에 옮기지 못하고 졸하였다. 초인(楚人)이 채(蔡)나라를 부림에 일정한 기준이 없으니, 징발(徵發)에 기준이 없는 것이다. 공자 섭(燮)[335]이 선군의 뜻을 따라 채나라를 리롭게 하고자 하다가 뜻을 이루지 못하고 죽었다. 경문에 채나라가 그 대부 공자 섭을 죽였다고 기록하였으니 그가 백성과 함께하고자 하지 않았음을 말한 것이고, 왕석작(王錫爵)이 말하기를 "섭(燮)이 초(楚)나라를 버리고 진(晉)나라를 따르려 한 것은 선군의 뜻을 추후에라도 이루어 나라의 의론을 합치시키고자 도모한 것인데, 좌씨(左氏)가 대중을 어겼다고 하여 그에게 죄를 돌린 것은 잘못이다."라고 하였다. 진후(陳侯)의 아우 황(黃)이 초나라로 망명나갔다고 기록하였으니 그의 죄가 아님을 말한 것이다. 아우라고 칭한 것은 진후(陳侯)와 두 경씨(慶氏)에게 죄를 돌린 것이다.[336] 공자 황이 망명나가려 할 때 국도에서 소리치며

---

331) 공자 리(履)는~것이다 : 공자 리(履)가 공자 섭(燮)의 동모제인데 진(晉)나라가 아니라 초(楚)나라로 망명나간 것은 그도 그의 형을 따라 진나라를 따르려 했을 것이라고 의심을 받자 이를 해명하기 위하여 초나라로 망명한 것 같다.

332) 공자 황이~모의하였습니다 : 진(陳)나라 공자 황(黃)이 채(蔡)나라 사마(司馬)인 섭(燮)과 함께 초(楚)나라를 배반하고 진(晉)나라에 복종할 것을 모의하였다는 것이다.

333) 천토(踐土)의 맹약 : 로희공(魯僖公) 28년에 있었다.

334) 형제의 나라 : 동성 제후국이라는 말이다.

335) 공자 섭(燮) : 채문후(蔡文侯)와 형제 사이이다.

336) 아우라고~것이다 : 공자 황(黃)이라 칭하지 않고 진후(陳侯)의 아우 황이라 한 것은 초나라의 토죄를 당

말하기를 "경씨(慶氏)가 무도하여 진(陳)나라를 제멋대로 하려고 그 임금을 함부로 릉멸하고 임금의 친족을 제거하려 하니, 5년 안에 그들이 멸망하지 않는다면 이는 천도(天道)가 없는 것이다."라고 하였다. 23년에 진(陳)나라가 두 경씨(慶氏)를 죽이는 전(傳)의 배경이 된다.

叔老如齊 숙로(叔老)가 제(齊)나라에 갔다.

齊子初聘于齊 禮也 繼好息民 故曰禮

제자(齊子 : 叔老)가 처음으로 제(齊)나라를 빙문하였으니, 례에 맞는 일이었다. 우호를 계속하여 백성을 쉬게 하였기 때문에 례에 맞았다고 한 것이다.

冬 十月 丙辰 朔 日有食之 겨울 10월 초하루 병진일에 일식이 있었다.

季孫宿如宋 계손숙(季孫宿)이 송(宋)나라에 갔다.

冬 季武子如宋 報向戌之聘也 向戌聘在十五年 **褚師段逆之以受享** 段 共公子子石 **賦常棣之七章以卒** 武子賦七章以盡八章 喩二國好合 親如兄弟 **宋人重賄之 歸 復命 公享之 賦魚麗之卒章** 義取物其有矣 維其時矣 喩聘宋得其時 **公賦南山有臺** 取其樂只君子 邦家之光 **武子去所曰 臣不堪也** 去所 辟席

겨울에 계무자(季武子 : 季孫宿)가 송(宋)나라에 갔으니, 상술(向戌)의 빙문에 보답한 것이다. 상술(向戌)의 빙문은 15년에 있었다. 송나라 저사(褚師)[337]인 단(段)이 계무자를 맞이하여

한 것이 그의 죄가 아님을 밝힌 것이다.

337) 저사(褚師) : 시장을 관리하는 벼슬 이름.

향연을 받게 하였다.[338] 단(段)[339]은 송공공(宋共公)의 아들 자석(子石)이다. 계무자가 상체(常棣)[340]의 일곱째 장에서 마지막 장까지 다 노래하니, 무자(武子)가 일곱째 장을 노래하여 여덟째 장까지 다 한 것이니, 두 나라가 사이좋게 화합하여 형제와 같이 친하다는 것을 비유한 것이다. 송인(宋人)이 중하게 례물을 주었다. 계무자가 돌아와 복명하니 양공(襄公)이 그에게 향연을 베풀어 주었는데, 계무자가 어리(魚麗)[341]의 마지막 장을 노래하자 차려놓은 음식이 제철에 맞았다는 뜻을 취하였으니, 송나라에 빙문한 것이 때에 맞았음을 비유한 것이다. 양공이 남산유대(南山有臺)[342]를 노래하였다. 화락한 군자가 나라의 영광이라는 뜻을 취한 것이다. 무자(武子)가 자리를 피하며[去所] 말하기를 "신이 감당할 수 없습니다."라고 하였다. 거소(去所)는 자리를 피함이다.

○衛寗惠子疾 召悼子曰 悼子 寗喜 吾得罪於君 悔而無及也 名藏在諸侯之策 曰 孫林父寗殖出其君 君入則掩之 掩惡名 若能掩之 則吾子也 若不能 猶有鬼神 吾有餒而已 不來食矣 悼子許諾 惠子遂卒 爲二十六年衛侯歸傳

○위(衛)나라 녕혜자(寗惠子 : 寗殖)가 병이 나자 그 아들 도자(悼子)를 불러 말하기를 도자(悼子)는 녕희(寗喜)이다. "내가 임금에게 죄를 얻었으니 후회해도 미칠 수 없다. 내 이름이 제후(諸侯)의 사책(史策)에 '손림보(孫林父)와 녕식(寗殖)이 그 임금을 축출하였다.'[343]라고 기재되어 있으니, 임금을 들어오게 한다면 나의 죄가 덮어질 것이다. 악명(惡名)을 덮는 것이다. 만약 나의 죄를 덮을 수 있다면 너는 나의 자식이겠지만 만약 덮을 수 없다면 오히려 귀신은 있을 것이니,[344] 나는 굶주림이 있을지라도 와서 제사를 받아먹지 않을 것이다."라고 하였다. 도자가 임금을 복위시키겠다고 허낙하니 혜자(惠子)가 드디어 졸하였다. 26년에 위후(衛侯)가 복귀하는 전(傳)의 배경이 된다.

---

338) 향연을~하였다 : 송평공(宋平公)의 향연을 받게 한 것이다.

339) 단(段) : 송평공(宋平公)의 아우이다.

340) 상체(常棣) : 《시경(詩經)》 〈소아(小雅)〉의 편 이름.

341) 어리(魚麗) : 《시경(詩經)》 〈소아(小雅)〉의 편 이름.

342) 남산유대(南山有臺) : 《시경(詩經)》 〈소아(小雅)〉의 편 이름.

343) 손림보(孫林父)와~축출하였다 : 이 일은 양공(襄公) 14년에 있었다.

344) 오히려~것이니 : 비록 죽어도 혼백은 앎이 있다는 것이다.

양공(襄公) 21년 【己酉 B.C.552】

二十有一年 春 王正月 公如晉

21년 봄 왕정월에 양공(襄公)이 진(晉)나라에 갔다.

二十一年 春 公如晉 拜師及取邾田也 謝十八年伐齊之師

21년 봄에 양공(襄公)이 진(晉)나라에 갔으니, 군대를 보내준 것과 주(邾)나라의 전지를 취하게 해 준 것에 대하여 배사하기 위해서였다. 18년에 제(齊)나라를 치는 군대를 보내준 것에 대하여 사례한 것이다.

邾庶其以漆閭丘來奔

주(邾)나라 서기(庶其)가 칠(漆) 땅과 려구(閭丘)를 가지고 망명왔다.

庶其 邾大夫 二邑 邾地 以邑來奔叛也 不言叛爲內諱

서기(庶其)는 주(邾)나라 대부이다. 두 읍(邑)345)은 주(邾)나라 땅이니, 읍을 가지고 망명온 것은 모반한 것이다. 모반하였다고 말하지 않은 것은 내부적으로 숨긴 것이다.

邾庶其以漆閭丘來奔 季武子以公姑姊妻之 計公年不得有未嫁姑姊 蓋寡者二人 **皆有賜於其從者 於是魯多盜 季孫謂臧武仲曰 子盍詰盜 武仲曰 不可詰也 紇又不能 季孫曰 我有四封 而詰其盜 何故不可 子爲司寇 將盜是務去 若之何不能**

주(邾)나라 서기(庶其)가 칠(漆) 땅과 려구(閭丘)를 가지고 망명오자, 계무자(季武子)가 양공(襄公)의 고모와 누이를 그에게 시집보내고 양공(襄公)의 나이를 헤아려 보면 출가하지 않은 고모나 손위 누이가 있을 수 없으니, 아마도 과부가 된 두 사람인 듯하다. 그 종자들에도 모두 재물을 주었다. 이때 로(魯)나라에 도적이 많았다. 이 일로 계손(季孫 : 季武子)이 장무중(臧武仲)에게 이르기를 "그대는 어찌 도적을 단속하지 않소?"라고 하자, 무중(武仲)이 말하기를 "단속할 수

345) 두 읍(邑) : 칠(漆) 땅과 려구(閭丘).

없을 뿐만 아니라 나 흘(紇)은 또 단속할 능력도 없습니다."라고 하였다. 계손이 말하기를 "우리나라는 사방 국경을 지키는 수비가 있어서 도적을 단속할 수 있는데 무슨 까닭으로 단속할 수 없다고 하시오? 그대는 사구(司寇)가 되어 도적을 없애는 데에 힘써야 하거늘 어찌하여 할 수 없다고 하는 것이오?"라고 하였다.

武仲曰 子召外盜而大禮焉 何以止吾盜 吾謂國中 **子爲正卿 而來外盜 使紇去之 將何以能 庶其竊邑於邾以來 子以姬氏妻之 而與之邑** 使食漆閭丘 **其從者皆有賜焉 若大盜禮焉以君之姑姊與其大邑 其次皁牧輿馬** 其次謂庶其從者 魯給之以皁輿隸僚僕臺圉牧 八等之人 **其小者衣裳劒帶 是賞盜也 賞而去之 其或難焉 紇也聞之 在上位者洒濯其心** 洒 音洗 **壹以待人 軌度其信** 軌 法也 其法皆一度於信 **可明徵也 而後可以治人 夫上之所爲 民之歸也 上所不爲 而民或爲之 是以加刑罰焉 而莫敢不懲 若上之所爲 而民亦爲之 乃其所也 又可禁乎 夏書曰 念玆在玆 釋玆在玆 名言玆在玆 允出玆在玆 惟帝念功** 今虞書大禹謨 允 信也 **將謂由己壹也 信由己壹 而後功可念也 庶其非卿也 以地來 雖賤必書 重地也** 書名書地 以懲不義

무중(武仲)이 말하기를 "그대가 나라 밖의 도적을 불러들여 그들을 크게 례우하였으니 어찌 나라 안[吾]의 도적을 금지할 수 있겠소. 오(吾)는 나라 안을 이른다. 그대는 정경(正卿)으로서 나라 밖의 도적을 오게 하였는데 나 흘(紇)로 하여금 나라 안의 도적을 제거하라 하니 어찌 제거할 수 있겠소. 서기(庶其)는 주(邾)나라에서 읍을 훔쳐서 왔는데 그대가 희씨(姬氏)[346]를 그의 아내로 주고 읍을 주었으며 서기(庶其)에게 칠(漆) 땅과 려구(閭丘)를 식읍으로 삼게 한 것이다. 그 종자에게 모두 재물을 주었소. 이 같은 큰 도적에게는 임금의 고모와 누이 그리고 큰 읍으로써 례우하고, 그 다음 도적에게는 하인과 수레와 말로써 례우하고, 그 다음은 서기(庶其)의 종자(從者)를 이름이니 로(魯)나라가 그들에게 조(皁)·여(輿)·예(隸)·료(僚)·복(僕)·대(臺)·어(圉)·목(牧)의 여덟 등급의 하인을 준 것이다. 그보다 낮은 자에게는 의상(衣裳)과 검대(劍帶)로 례우하였으니, 이는 도적에게 상을 준 것이오. 나라 밖의 큰 도적에게 상을 주면서 나라 안의 작은 도적을 제거하기는 아마도 어려울 것이오. 나 흘이 들으니 윗자리에 있는 사람은 그 마음을 씻고[洒] 깨끗이 하여 세(洒)는 음이 세(洗)이다. 한결같은 마음으로 사람을 대우하며 그 신의를 법도[軌度]로 삼아 궤(軌)는 법이니, 그 법은 모두 한결같이 신의를 법도로 삼는 것이다. 밝게 징험할 수 있은 뒤에야 사람을 다스릴 수 있다고 하였소. 윗사람의 행위는 백성이 귀의하는

346) 희씨(姬氏) : 로양공(魯襄公)의 고모와 누이.

것이오. 윗사람이 하지 않는 일을 백성 가운데 간혹 하는 자는 형벌을 가하여 감히 징계하지 않을 수 없지만 만약 윗사람이 하는 일을 백성도 따라 한다면 당연한 바이니 어찌 금지할 수 있겠소. 〈하서(夏書)〉에 이르기를 '이를 생각하니 이에 있고 이를 생각하지 않아도 이에 있으며, 이를 이름하여 말하여도 이에 있고 이를 신실히[允] 드러내어도 이에 있으니 제(帝)께서는 공을 이루기를 생각하소서.'[347]라고 하였으니, 지금의 〈우서(虞書)〉 대우모(大禹謨)편이다. 윤(允)은 신실(信實)함이다. 이는 아마도 모든 일이 자기의 한결같은 마음에서 나와야 한다는 것을 이른 듯하오. 신실함이 자기의 전일한 마음에서 나온 뒤에야 성공을 생각할 수 있소."라고 하였다. 서기는 경(卿)이 아니었으나 땅을 가지고 왔기 때문에 비록 그 지위가 천하였지만 경문에 반드시 기록하였으니, 이는 땅을 중하게 여긴 것이다.[348] 경문에 이름을 기록하고 땅을 기록한 것은 의롭지 못함을 징계한 것이다.

○齊侯使慶佐爲大夫 慶佐 崔杼黨 **復討公子牙之黨 執公子買于句瀆之丘 公子鉏來奔 叔孫還奔燕**

○제후(齊侯 : 莊公)가 경좌(慶佐)를 대부로 삼아 경좌(慶佐)는 최저(崔杼)의 당여이다. 다시 공자 아(牙)[349]의 당여를 토벌하여 공자 매(買)를 구두(句瀆)의 언덕에서 잡았다. 그러자 공자 서(鉏)는 우리나라로 망명오고 숙손선(叔孫還)은 연(燕)나라로 망명하였다.

夏

여름이다.

楚子庚卒 楚子使薳子馮爲令尹 訪於申叔豫 叔豫 叔時孫 **叔豫曰 國多寵而王弱 國不**

---

347) 이를 생각하니~생각하소서 : 우(禹)가 제(帝 : 舜)에게 고요를 추천하며 한 말이다. 대우모(大禹謨)편에서 '이[玆]'는 고요(皐陶)를 가리킨다. 그러나 여기에서는 단장취의(斷章取義)한 것으로 '이[玆]'는 바른 마음을 의미한다. 즉 생각하거나[念] 생각하지 않거나[釋] 이름하여 말하거나[名言] 드러냄[出]에 바른 마음을 한결같이 유지해야 한다는 말이다.

348) 경문에~것이다 : 경문의 내용은 공자(孔子)가 땅을 중하게 여긴 것이 아니라 당시 로(魯)나라가 땅을 중하게 여겼다는 것이다.

349) 공자 아(牙) : 제장공(齊莊公)의 이모제(異母弟). 양공(襄公) 19년에 제장공이 즉위하여 공자 아(牙)를 구두(句瀆)의 언덕에서 잡았다.

可爲也 遂以疾辭 方暑 闕地 下冰而牀焉 重繭衣裘 鮮食而寢 繭 綿衣 少食而寢 示其弱 **楚子使醫視之 復曰 瘠則甚矣 而血氣未動** 言無疾 **乃使子南爲令尹** 子南 公子追舒 爲明年殺追舒傳

초(楚)나라 자경(子庚)이 졸하니, 초자(楚子 : 康王)는 위자빙(薳子馮)을 령윤(令尹)으로 삼았다. 위자빙이 신숙예(申叔豫)를 찾아가 물으니, 숙예(叔豫)는 숙시(叔時)의 손자이다. 숙예(叔豫)가 말하기를 "나라에는 총애받는 신하가 많고 왕은 어리니 나라를 다스릴 수 없을 것이다."라고 하였다. 그러자 위자빙은 마침내 병을 핑계로 사임하였다. 한창 무더웠는데 위자빙이 땅을 파서 얼음을 넣고 그 위에 침상을 놓고서 솜옷[繭]을 껴입은 위에 또 갖옷을 입고서 밥을 조금만 먹고 누워있었다. 견(繭)은 솜옷이다. 밥을 조금만 먹고 누운 것은 병약하게 보이기 위한 것이다. 초자가 의원을 보내어 병을 살피게 하니, 돌아와 보고하기를 "수척함이 심하여 혈기가 제대로 작동하지 않았습니다."라고 하였다. 병은 없다고 말한 것이다. 이에 자남(子南)을 령윤으로 삼았다. 자남(子南)은 공자 추서(追舒)이다. 다음해에 추서를 죽이는 전(傳)의 배경이 된다.

公至自晉

양공(襄公)이 진(晉)나라에서 돌아왔다.

秋 晉欒盈出奔楚

가을에 진(晉)나라 란영(欒盈)이 초(楚)나라로 망명나갔다.

欒桓子娶於范宣子 生懷子 桓子 欒黶 **范鞅以其亡也 怨欒氏** 十四年 黶彊逐鞅使奔秦 **故與欒盈爲公族大夫而不相能 桓子卒 欒祁與其老州賓通** 欒祁 盈母 范氏 堯後 祁姓 **幾亡室矣** 言亂甚 **懷子患之 祁懼其討也 愬諸宣子曰 盈將爲亂 以范氏爲死桓主而專政矣** 桓主 欒黶 死謂欺其已死 **曰吾父逐鞅也 不怒而以寵報之** 謂宣子不責怒鞅 而反與寵位 **又與吾同官而專之** 鞅專其權 **吾父死而益富 死吾父而專於國 有死而已 吾蔑從之矣 其謀如是 懼害於主 吾不敢不言 范鞅爲之徵 懷子好施 士多歸之 宣子畏其多士也 信之 懷子爲下卿** 下軍佐 **宣子使城著而遂逐之** 著 晉邑

란환자(欒桓子)가 범선자(范宣子 : 士匄)의 딸을 아내로 맞이하여 회자(懷子 : 欒盈)를 낳았다. 환자(桓子)는 란암(欒黶)이다. 범앙(范鞅 : 士鞅)[350]은 망명갔던 일로 란씨(欒氏)에게 원한을 품었다. 14년에 암(黶)이 강제로 앙(鞅)을 축출하여 진(秦)나라로 망명하게 하였다. 그러므로 란영(欒盈)과 함께 공족대부(公族大夫)가 되었으나 서로 사이가 좋지 못하였다. 환자(桓子)가 졸하자 란기(欒祁)가 가로(家老)[351]인 주빈(州賓)과 간통하여 란기(欒祁)는 영(盈)의 어머니로 범씨(范氏)인데 요(堯)의 후예로 기성(祁姓)이다. 거의 집안이 망할 지경이 되었다. 음란함이 심하였다는 말이다. 회자가 이를 걱정하자, 기(祁)는 토죄될 것이 두려워 선자(宣子)에게 고소하기를 "영(盈)이 란을 일으키려 합니다. 그는 범씨(范氏)들이 환주(桓主 : 欒桓子)가 죽었다고 하여[死] 정권을 오로지한다고 하며 환주(桓主)는 란암(欒黶)이다. 사(死)는 그가 이미 죽었다고 하여 무시함을 이르는 것이다. 말하기를 '우리 아버지[欒桓子]가 앙(鞅)을 축출하였는데도[352] 그가 돌아오자 범선자는 노하지 않고 그에게 존귀한 지위로 보답하였고, 선자(宣子)가 앙(鞅)을 꾸짖거나 성내지 않고 도리어 존귀한 지위를 주었음을 이른다. 또 나와 같은 관직을 주어 그가 권세를 오로지하게 하였으며 앙(鞅)이 그 권세를 오로지 한 것이다. 우리 아버지가 돌아가시자 저들은 더욱 부강해졌다. 이는 우리 아버지가 돌아가셨다고 국권을 오로지 한 것이니, 죽을지언정 내가 저들을 따르지는 않을 것이다.'라고 하였습니다. 그 음모가 이와 같으니 아버지[范宣子]를 해칠까 두려워 제가 감히 말씀드리지 않을 수 없습니다."라고 하였다. 범앙은 이 말을 증명해 주었다. 회자는 베풀기를 좋아하여 인사가 많이 모여들었는데, 선자는 많은 인사가 그에게 모이는 것을 두려워하여 란기의 말을 사실로 믿었다. 이때 회자는 하경(下卿)이었는데 하군(下軍)의 부장(副將)이다. 선자는 그를 저(著) 땅으로 보내어 성을 쌓게 하고는 마침내 축출하였다. 저(著)는 진(晉)나라 읍이다.

秋 欒盈出奔楚 宣子殺箕遺黃淵嘉父司空靖邴豫董叔邴師申書羊舌虎叔羆 十子皆晉大夫 欒盈黨也 羊舌虎 叔向弟 **囚伯華叔向籍偃** 籍偃 上軍司馬 **人謂叔向曰 子離於罪 其爲不知乎 叔向曰 與其死亡若何** 言囚猶勝於死 **詩曰 優哉游哉 聊以卒歲 知也** 杜預以此詩爲小雅 今小雅無此全句 惟采菽詩云 優哉游哉 亦是戾矣 **樂王鮒見叔向曰 吾爲子請 叔向弗應**

---

350) 범앙(范鞅 : 士鞅) : 범선자(范宣子 : 士匄)의 아들.

351) 가로(家老) : 가신(家臣)의 우두머리. 가재(家宰)라고도 한다.

352) 우리~축출하였는데도 : 양공(襄公) 14년에 진(晉)나라가 진(秦)나라와 싸울 때 란암(欒黶 : 欒桓子)의 아우 란겸(欒鍼)은 죽고 범선자(范宣子 : 士匄)의 아들 사앙(士鞅 : 范鞅)은 살아 돌아왔으므로 란암이 사앙을 축출한 일이 있었다.

出 不拜 欒王鮒 晉大夫 **其人皆咎叔向** 其人 叔向左右 **叔向曰 必祁大夫** 祁大夫 祁奚也 **室老聞之 曰 欒王鮒言於君 無不行 求赦吾子 吾子不許 祁大夫所不能也 而曰必由之何也 叔向曰 欒王鮒 從君者也 何能行 祁大夫外擧不棄讎 內擧不失親 其獨遺我乎 詩曰 有覺德行 四國順之** 覺 直也 **夫子覺者也**

가을에 란영(欒盈)이 초(楚)나라로 망명나갔다. 선자(宣子)는 기유(箕遺)·황연(黃淵)·가보(嘉父)·사공정(司空靖)·병예(邴豫)·동숙(董叔)·병사(邴師)·신서(申書)·양설호(羊舌虎)·숙비(叔羆)를 죽이고 열 사람은 모두 진(晉)나라 대부로 란영(欒盈)의 당여이다. 양설호(羊舌虎)는 숙향(叔向)의 아우이다. 백화(伯華)·숙향(叔向)·적언(籍偃)을 가두었다. 적언(籍偃)은 상군사마(上軍司馬)이다. 어떤 사람이 숙향에게 말하기를 "그대가 죄에 걸렸으니 지혜롭지 못한 듯하오."라고 하니, 숙향이 말하기를 "죽는 것보다야 어떻겠는가. 갇혀 있는 것이 죽는 것보다는 오히려 낫다는 말이다. 《시(詩)》에 이르기를 '넉넉한 마음으로 노닐면서 세월을 보내리라.'고 하였으니, 이것이 지혜로운 것이다."라고 하였다. 두예(杜預)는 이 시를 소아(小雅)라고 하였는데[353] 지금 소아에는 이 온전한 구절이 없고 오직 채숙시(采菽詩)에 이르기를 '넉넉한 마음으로 노니니 또한 삶이 안정되네.'[354]라고 되어 있다. 악왕부(樂王鮒)가 숙향을 찾아보고 말하기를 "내가 그대를 위하여 청하겠소."라고 하니, 숙향은 응대하지 않고 그가 나가자 인사도 하지 않았다. 악왕부(樂王鮒)는 진(晉)나라 대부이다. 그 사람들[其人]이 모두 숙향을 허물하니, 기인(其人)은 숙향(叔向)의 측근이다. 숙향이 말하기를 "반드시 기대부(祁大夫)만이 할 수 있다."라고 하였다. 기대부(祁大夫)는 기해(祁奚)이다. 실로(室老)[355]가 이를 듣고서 말하기를 "악왕부가 임금에게 말하면 안 되는 일이 없는데, 당신을 위하여 사면을 청하겠다고 하는데도 당신은 허낙하지 않았습니다. 기대부는 할 수 없는데도 반드시 그를 통해야 한다고 하니 무슨 까닭입니까?"라고 하였다. 숙향이 말하기를 "악왕부는 임금에게 순종하는 자인데 어찌할 수 있겠는가. 기대부는 외부인을 천거할 때는 원수라도 버리지 않았고, 내부인을 천거할 때는 지친이라도 버리지 않았는데[356] 유독 나만을 버리겠는가. 《시》에 이르기를 '곧은[覺] 덕행이 있으면 사방의 나라가 따르리라.'[357]고 하였으니 각(覺)은 곧음이다. 그가 곧은 사람이니라."라고 하였다.

---

353) 두예(杜預)는~하였는데 : 십삼경주소본(十三經注疏本) 두예주(杜預注)의 내용이다.

354) 넉넉한~안정되네 : 《시경(詩經)》〈소아(小雅)〉 채숙(采菽).

355) 실로(室老) : 가신(家臣)의 우두머리.

356) 기대부는~않았는데 : 양공(襄公) 3년에 기해(祁奚 : 祁大夫)가 진후(晉侯)에게 은퇴를 청하면서 자기의 원수인 해호(解狐)를 천거하였고, 또 해호가 죽자 자기 아들인 기오(祁午)를 천거한 일을 이른다.

357) 곧은[覺]~따르리라 : 《시경(詩經)》〈대아(大雅)〉 억(抑).

晉侯問叔向之罪於樂王鮒 對曰 不棄其親 其有焉 言必與叔虎同謀 **於是祁奚老矣 聞之 乘馹而見宣子 曰 詩曰 惠我無疆 子孫保之 書曰 聖有謩勳 明徵定保** 謩 謀也 言聖哲有謀功者 當明信定安之 **夫謀而鮮過 惠訓不倦者 叔向有焉 社稷之固也 猶將十世宥之 以勸能者 今壹不免其身** 壹以弟故 **以棄社稷 不亦惑乎 鯀殛而禹興 伊尹放大甲而相之 卒無怨色 管蔡爲戮 周公右王 若之何其以虎也棄社稷 子爲善 誰敢不勉 多殺何爲 宣子說 與之乘 以言諸公而免之** 共載入見公 **不見叔向而歸 叔向亦不告免焉而朝** 不告謝之

진후(晉侯)가 숙향(叔向)의 죄를 악왕부(樂王鮒)에게 물으니, 대답하기를 "그 친척을 버리지 않는 사람이니 아마도 죄가 있을 것입니다."라고 하였다. 반드시 아우 숙호(叔虎 : 羊舌虎)와 더불어 같이 모의하였을 것이라는 말이다. 이때 기해(祁奚)는 늙어 은퇴하여 있었는데 이 소식을 듣고 역참의 수레를 타고 가서 선자(宣子)를 만나보고 말하기를 "《시(詩)》에 '나에게 은혜를 베풂이 한이 없으니 자손을 보전하리라.'[358]고 하였고, 《서(書)》에 '성인의 도모함[謩]과 공훈은 징험을 밝혀 나라를 안정시키고 보위하리로다.'[359]라고 하였으니, 모(謩)는 도모함이다. 성스럽고 명철하여 계책과 공훈이 있는 자는 마땅히 신의를 밝혀 나라를 안정케 한다는 말이다. 도모하되 과오가 적고 은혜를 베풀면서도 가르치기를 게을리하지 않는 사람은 숙향만이 있으니 사직의 굳건한 바탕입니다. 이러한 사람은 오히려 10세(世)의 후손까지도 용서하여 유능한 자를 권면해야 하는데, 지금 하나의 일로 그 자신조차 사면되지 못하여 하나의 일은 아우의 일이다. 사직을 맡을 신하를 버리게 되니 이 또한 미혹함이 아니겠습니까. 순(舜)임금은 곤(鯀)을 처형하였지만 곤의 아들인 우(禹)를 기용하였고, 이윤(伊尹)이 태갑(大甲)을 추방하였다가 그를 보좌하였는데도 태갑은 끝내 원망하는 기색이 없었으며,[360] 관숙(管叔)과 채숙(蔡叔)은 죽임을 당했어도 주공(周公)은 성왕(成王)을 보좌하였습니다.[361] 그런데 어찌하여 양설호(羊舌

358) 나에게~보전하리라 : 《시경(詩經)》〈주송(周頌)〉 렬문(烈文).

359) 성인의~보위하리로다 : 일서(逸書)이다.

360) 이윤(伊尹)이~없었으며 : 태갑(太甲)은 탕(湯)임금의 손자이다. 탕임금이 죽고 태갑이 제위(帝位)에 올라 포악한 행동을 하자 이윤(伊尹)은 그를 동궁(桐宮)으로 내쫓고 3년 동안 섭정하였다. 그 뒤 태갑이 자신의 잘못을 뉘우치자 이윤이 다시 태갑을 맞이해 정권을 돌려주었으나 태갑은 이윤을 원망하는 마음을 품지 않았다.

361) 관숙(管叔)과~보좌하였습니다 : 관숙(管叔)과 채숙(蔡叔)은 주공(周公)의 형제들이다. 무왕(武王)이 은(殷)나라를 정벌하여 천하를 통일한 뒤에 관숙과 채숙을 은나라 도읍 지역에 봉하여 은의 유민을 감시하게 하였다. 그러나 이들은 은의 유민과 결탁하여 주(周)나라를 배반하자 주공이 관숙과 채숙을 죽이고 성왕(成王)을 보좌하여 주나라를 안정시켰다.

虎)의 일로 사직을 맡을 신하를 버릴 수 있겠습니까. 그대가 선행을 하면 누가 감히 힘쓰지 않겠습니까. 사람을 많이 죽여서 어찌하겠습니까."라고 하니, 선자가 기뻐하여 기해와 함께 수레를 타고 가서 진평공(晉平公)에게 말하여 숙향을 사면시켰다. 함께 수레를 타고 궁에 들어가서 진평공(晉平公)을 알현한 것이다. 그러자 기해는 숙향을 만나보지 않고 돌아갔고, 숙향도 또한 자기를 사면해 준 것에 사례하지 않고 조정에 나아갔다. 사례하지 않은 것이다.[362]

初 叔向之母妬叔虎之母美而不使 不使見叔向父 **其子皆諫其母 其母曰 深山大澤 實生龍蛇 彼美 余懼其生龍蛇以禍女 女敝族也** 敝 衰壞也 **國多大寵 不仁人間之 不亦難乎 余何愛焉 使往視寢 生叔虎 美而有勇力 欒懷子嬖之 故羊舌氏之族及於難**

이보다 앞서 숙향(叔向)의 어머니가 숙호(叔虎 : 羊舌虎) 어머니의 미색을 투기하여 남편을 만나지 못하게 하였다. 숙향(叔向)의 아버지를 만나지 못하게 한 것이다. 그 아들들이 모두 그 어머니께 간하니, 그 어머니가 말하기를 "깊은 산과 큰 못에서 실로 룡사(龍蛇)가 생겨난다.[363] 저 녀자가 아름다우니, 나는 그녀가 룡사 같은 아이를 낳아서 너희에게 화를 입힐까 두려운 것이다. 너희는 쇠퇴하는[敝] 집안이고 폐(敝)는 쇠하고 무너짐이다. 나라에는 크게 총애받는 자들이 많은데, 우리 집안에 어질지 못한 사람이 끼어든다면 너희들의 처지가 더 어려워지지 않겠느냐. 내가 무엇을 아끼겠느냐."[364]라 하고는 보내어 시침(視寢)[365]하게 하였다. 그리하여 숙호를 낳았는데, 잘 생기고 용력이 있어서 란회자(欒懷子 : 欒盈)가 총애하였다. 이 때문에 양설씨(羊舌氏)의 일족이 화난에 미친 것이다.

欒盈過於周 周西鄙掠之 辭於行人 王行人也 **曰 天子陪臣盈** 列國大夫 稱於天子曰 陪臣某 **得罪於王之守臣** 守臣謂晉侯 禮諸侯之於天子曰 某土之守臣某 **將逃罪 罪重於郊甸** 重得罪於郊甸 **無所伏竄 敢布其死 昔陪臣書能輸力於王室 王施惠焉 其子黶不能保任其父之勞 大君若不棄書之力 亡臣猶有所逃** 大君謂天王 **若棄書之力 而思黶之罪 臣戮餘也 將歸死於尉氏** 尉氏 討姦之官 **不敢還矣 敢布四體 唯大君命焉** 布四體 言無所隱 **王曰 尤**

362) 사례하지~것이다 : 숙향(叔向)은 기해(祁奚)가 사면을 청한 것이 숙향 개인을 위해서 한 것이 아님을 알았기 때문이다.

363) 깊은~생겨난다 : 괴이한 곳에서 괴이한 것이 생겨난다는 말이다.

364) 내가~아끼겠느냐 : 내가 남편의 사랑을 가져가는 것 따위나 아까워하는 것이겠느냐는 의미이다.

365) 시침(視寢) : 녀자가 남자의 잠자리를 모시는 일. 시침(侍寢)과 같은 말이다.

而效之 其又甚焉 尤晉逐盈而效之 **使司徒禁掠欒氏者 歸所取焉 使候出諸轘轅** 候 送迎賓客之官 轘轅 關 周地

란영(欒盈)이 망명길에 주(周)나라를 들렀을 때 주나라 서쪽 변방 사람들이 그의 재물을 략탈하였다. 란영이 행인(行人)에게 하소연하여 왕의 행인(行人)이다. 말하기를 "천자의 배신(陪臣)인 나 영(盈)이 렬국(列國)의 대부들은 천자에게 칭할 때 배신(陪臣) 모(某)라고 한다. 왕의 수신(守臣)에게 죄를 얻어 수신(守臣)은 진후(晉侯)를 이른다. 례에 제후(諸侯)는 천자에 대하여 모(某) 땅의 수신(守臣) 모(某)라고 한다. 죄를 피해 도망가다가 거듭 교전(郊甸)[366]에서 죄를 얻었으니[367] 거듭하여 교전(郊甸)에서 죄를 얻었다는 것이다. 도망해 숨을 곳이 없어 죽음을 무릅쓰고 진술합니다. 예전에 배신인 서(書)[368]가 왕실에 힘을 쏟으니 왕께서 은혜를 베푸셨습니다. 그러나 그 아들 암(黶)[369]은 그 아버지의 공로를 보전하지 못하였습니다. 대군(大君)께서 만약 서가 진력한 공을 버리지 않으셨다면 망신(亡臣)은 오히려 도망할 곳이 있겠습니다만 대군(大君)은 천왕을 이른다. 만약 서의 진력한 공은 버리고 암의 죄만을 생각하신다면 신은 주륙되고도 남을 것이니,[370] 진(晉)나라로 돌아가 위씨(尉氏)에게 죽을지언정 위씨(尉氏)는 간특한 죄를 다스리는 벼슬이다. 감히 돌아오지는 않겠습니다. 그러므로 감히 숨김없이 진술하오니[布四體] 대군의 명을 따르겠습니다."라고 하였다. 사체를 펼친다는 것[布四體]은 숨기는 바가 없다는 말이다. 그러자 왕이 말하기를 "남의 잘못을 허물하면서 그것을 본받는다면 그 잘못이 심한 것이다."라 하고 진(晉)나라가 영(盈)을 축출한 것을 허물하면서 그것을 본받는다는 것[371]이다. 사도(司徒)를 시켜 란씨(欒氏)의 재물을 략탈한 자를 구금하고 빼앗은 것을 돌려주게 하였으며, 후(候)를 시켜 호송하여 환원(轘轅)으로 나가게 하였다. 후(候)는 빈객을 보내고 맞이하는 벼슬이다. 환원(轘轅)은 관문(關門)이니 주(周)나라 땅이다.

九月 庚戌 朔 日有食之

9월 초하루 경술일에 일식이 있었다.

---

366) 교전(郊甸) : 도성 밖이 교(郊)이고 교 밖이 전(甸)이니, 교전(郊甸)은 도성과 가까운 지역이다.
367) 죄를 얻었으니 : 교전(郊甸)에서 략탈 당한 것을 이른다.
368) 서(書) : 란영(欒盈)의 할아버지인 란서(欒書).
369) 암(黶) : 란영(欒盈)의 아버지인 란암(欒黶).
370) 주륙되고도~것이니 : 전문의 '륙여(戮餘)'를 '주륙되었어야할 자의 자손'이라고 보는 설도 있다.
371) 그것을~것 : 주(周)나라 서쪽 변방 사람들이 란영(欒盈)의 재물을 략탈한 것을 이른다.

冬 十月 庚辰 朔 日有食之

겨울 10월 초하루 경진일에 일식이 있었다.

楊士勛曰 此年與二十四年 皆頻月日食 據今曆術 無頻食之理 但古或有之

양사훈(楊士勛)이 말하기를 "이 해와 24년에는 모두 달을 련이어 일식이 있었다. 그런데 지금의 력술에 의거해 보면 두 달에 련이어 일식이 일어날 리가 없다. 다만 예전에 혹 이러한 일이 있었던 것인가 보다."라고 하였다.

曹伯來朝

조백(曹伯)이 와서 조견하였다.

冬 曹武公來朝 始見也

겨울에 조무공(曹武公)이 와서 조견하였으니, 처음으로 조견한 것이다.[372)]

公會晉侯齊侯宋公衛侯鄭伯曹伯莒子邾子于商任

양공(襄公)이 진후(晉侯)·제후(齊侯)·송공(宋公)·위후(衛侯)·정백(鄭伯)·조백(曹伯)·거자(莒子)·주자(邾子)와 상임(商任)에서 회합하였다.

商任 地名

상임(商任)은 땅 이름이다.

會於商任 錮欒氏也 禁錮欒盈 使諸侯不得受 **齊侯衛侯不敬 叔向曰 二君者必不免 會朝 禮之經也 禮 政之輿也 政 身之守也 怠禮失政 失政不立 是以亂也 知起中行喜州綽邢蒯出奔齊** 四子 晉大夫 **皆欒氏之黨也 樂王鮒謂范宣子曰 盍反州綽邢蒯 勇士也 宣子曰 彼欒氏之勇也 余何獲焉 王鮒曰 子爲彼欒氏 乃亦子之勇也** 言子待之如欒氏 亦

372) 처음으로~것이다 : 조무공(曹武公)이 즉위한 뒤 처음으로 와서 조견한 것이다.

爲子用

상임(商任)에서 회합하였으니, 란씨(欒氏 : 欒盈)를 금고(禁錮)시키는 일 때문이었다. 란영(欒盈)을 금고(禁錮)시켜 제후들로 하여금 그를 받아들이지 못하게 한 것이다. 그런데 제후(齊侯)와 위후(衛侯)가 회합에 림하는 태도가 공경스럽지 못하였다. 숙향(叔向)이 말하기를 "저 두 임금은 반드시 화를 면치 못할 것이다. 회합과 조견은 례의 중요한 법도[經]이고, 례는 정치의 바탕[輿]이며, 정치는 몸을 지키는 것이다. 그러니 례에 태만하면 정치가 잘못되고, 정치가 잘못되면 몸을 존립할 수 없다. 이 때문에 란이 일어나는 것이다."라고 하였다. 지기(知起)·중항희(中行喜)·주작(州綽)·형괴(邢蒯)가 제(齊)나라로 망명나갔는데 네 사람은 진(晉)나라 대부들이다. 모두 란씨의 당여였다. 악왕부(樂王鮒)가 범선자(范宣子)에게 말하기를 "어찌하여 주작과 형괴를 불러들이지 않습니까? 그들은 용사입니다."라고 하였다. 선자(宣子)가 말하기를 "저들은 란씨의 용사이니, 내가 어찌 저들을 얻을 수 있겠는가."라고 하였다. 왕부(王鮒)가 말하기를 "당신께서 저들의 란씨가 된다면 저들 또한 당신의 용사가 될 것입니다."라고 하였다. 당신이 저들을 대우하기를 란씨(欒氏)가 한 것처럼 한다면 당신도 저들을 쓸 수 있게 된다는 말이다.

齊莊公朝 指殖綽郭最曰 是寡人之雄也 州綽曰 君以爲雄 誰敢不雄 然臣不敏 平陰之役 先二子鳴 十八年 州綽獲殖綽郭最 **莊公爲勇爵** 設爵位以命勇士 **殖綽郭最欲與焉 州綽曰 東閭之役 臣左驂迫 還於門中 識其枚數 其可以與於此乎 公曰 子爲晉君也 對曰 臣爲隷新** 新爲僕臣 未得効勇 **然二子者 譬於禽獸 臣食其肉而寢處其皮矣** 言嘗射得之

제장공(齊莊公)이 조회할 때 식작(殖綽)과 곽최(郭最)를 가리키며 말하기를 "이 사람들은 과인의 웅(雄)[373]이다."라고 하니, 주작(州綽)이 말하기를 "임금님께서 그들을 웅이라 하시니 누가 감히 웅이 아니라고 하겠습니까. 그러나 신은 불민하지만 평음(平陰)의 싸움에서 저 두 사람보다 먼저 울었습니다."[374]라고 하였다. 18년에 주작(州綽)이 식작(殖綽)과 곽최(郭最)를 사로잡았다. 장공(莊公)이 용작(勇爵)을 만드니 작위를 만들어 용사로 임명한 것이다. 식작과 곽최가 거기에 참여하고자 하였다. 주작이 말하기를 "동려(東閭)의 싸움에서 신의 왼쪽 참마(驂馬)

---

373) 웅(雄) : 새의 수컷. 곧 영웅이나 용사·호걸 등을 이른다.

374) 평음(平陰)의~울었습니다 : 양공(襄公) 18년에 진(晉)나라 군대가 제(齊)나라를 치러 평음(平陰)으로 쳐들어갔을 때 주작(州綽)이 식작(殖綽)과 곽최(郭最)를 사로잡았기 때문에 수컷이 싸움에 이기고 먼저 울었다고 비유하여 말한 것이다.

가 길이 막혀 성문 안에서 빙빙 돌았는데 신은 성문의 판자쪽 수를 헤아려 알 정도였으니,[375] 이 작위에 참여할 수 있을 것입니다."라고 하였다. 제장공이 말하기를 "그대는 그때 진(晉)나라 임금을 위하였었지."라고 하였다. 주작이 대답하기를 "신은 임금님의 신하로서 신진(新進)입니다. 새로 신하[僕臣]가 되었기 때문에 아직 용맹을 바칠 수 없었다는 것이다. 그러나 이 두 사람을 금수에 비유하자면 신은 저들의 살을 먹고 그 가죽을 깔고 자는 격이옵니다."[376]라고 하였다. 활을 쏘아 그들을 잡았던 일을 말한 것이다.

양공(襄公) 22년 【庚戌 B.C.551】

> **二十有二年 春 王正月 公至自會**
>
> 22년 봄 왕정월에 양공(襄公)이 회합에서 돌아왔다.

○二十二年 春 臧武仲如晉 雨 過御叔 御叔在其邑 將飮酒 御叔 魯御邑大夫 **曰 焉用聖人** 武仲多知 時人謂之聖 **我將飮酒 而己雨行 何以聖爲 穆叔聞之 曰 不可使也 而傲使人** 言御叔不任使四方 而反傲出使之人 **國之蠹也 令倍其賦** 古者家有國邑 故以重賦爲罰

○22년 봄에 장무중(臧武仲)이 진(晉)나라에 갈 때 비를 만나 어숙(御叔)의 집에 들렀다. 그때 어숙이 자신의 봉읍(封邑)에 머물면서 술을 마시려다 어숙(御叔)은 로(魯)나라 어읍대부(御邑大夫)이다. 말하기를 "성인을 어디에 쓸 것인가. 무중(武仲)이 아는 것이 많았으므로 당시 사람들이 그를 성인(聖人)이라고 일렀다. 나는 술을 마시려는데 저 사람[己]은 비를 맞으며 다니니 어찌 성인이라 하겠는가."[377]라고 하였다. 목숙(穆叔)[378]이 이를 듣고 말하기를 "사신(使臣) 갈 능력도

---

375) 동려(東閭)의~정도였으니 : 위급한 상황에서도 여유를 보일 용기를 가지고 있었다는 말이다.

376) 신은~격이옵니다 : 용맹 그 자체로 봐서는 식작(殖綽)과 곽최(郭最)는 자기의 사냥감 밖에 되지 않는다는 말이다.

377) 성인을~하겠는가 : 장무중(臧武仲)이 길을 떠나 비를 만난 것은 날씨를 예측하지 못한 것이니 성인이 아니라는 말이다.

378) 목숙(穆叔) : 숙손씨(叔孫氏)의 가장(家長)인 숙손표(叔孫豹)이다.

없으면서 사신에게 오만하였으니 어숙(御叔)은 사방으로 사신(使臣) 갈 임무를 감당하지 못하면서 도리어 사신으로 나가는 사람에게 오만하게 대하였다는 말이다. 나라를 해치는 좀이다."라고 하면서 부세(賦稅)를 배로 내게 하였다. 옛날에 대부가(大夫家)는 나라의 읍을 소유하였으므로 무겁게 부세를 내게 하여 징벌한 것이다.

夏 四月

여름 4월이다.

○夏 晉人徵朝于鄭 鄭人使少正公孫僑對 少正 卿官 公孫僑卽子產 曰 在晉先君悼公九年 我寡君於是卽位 卽位八月 而我先大夫子駟從寡君以朝于執事 執事不禮於寡君 寡君懼 因是行也 我二年六月 朝于楚 因朝晉不見禮而朝楚 晉是以有戲之役 在九年 楚人猶競 而申禮於敝邑 敝邑欲從執事 而懼爲大尤 尤 過也 曰 晉其謂我不共有禮 不恭順於有禮之國 是以不敢攜貳於楚 我四年三月 先大夫子蟜又從寡君以觀釁於楚 晉於是乎有蕭魚之役 在十一年 謂我敝邑 邇在晉國 譬諸草木 吾臭味也 晉鄭同姓故 而何敢差池 差池 不齊一也 楚亦不競 寡君盡其土實 重之以宗器 以受齊盟 齊 同也 遂帥羣臣隨于執事 以會歲終 朝正 貳於楚者子侯石盂 歸而討之 石盂卽石臭 十一年 鄭使石臭如楚 楚人執之 溴梁之明年 溴梁在十六年 子蟜老矣 公孫夏從寡君以朝于君 見於嘗酎 酎 三重醇酒 嘗新飮酒爲嘗酎 與執燔焉 燔 同膰 執燔助祭也 間二年 聞君將靖東夏 謂二十年澶淵盟 四月 又朝以聽事期 不朝之間 無歲不聘 無役不從 以大國政令之無常 國家罷病 不虞荐至 不虞之事 荐仍而至 無日不惕 豈敢忘職 大國若安定之 其朝夕在庭 何辱命焉 若不恤其患 而以爲口實 其無乃不堪任命 而翦爲仇讎 翦 削也 謂見剝削 不堪命 則成仇讎 敝邑是懼 其敢忘君命 委諸執事 執事實重圖之

○여름에 진인(晉人)이 정(鄭)나라 임금을 불러 조견하도록 하였다. 정인(鄭人)은 소정(少正)인 공손교(公孫僑)를 보내어 대답하게 하니 소정(少正)은 경(卿)의 벼슬이다. 공손교(公孫僑)는 곧 자산(子產)이다. 다음과 같이 말하였다. "진(晉)나라 선군이신 도공(悼公) 9년에 우리 과군이 이때 즉위하였고, 즉위한 해 8월에 우리 선대부(先大夫)인 자사(子駟)가 과군을 모시고 집사[379]께 조견하였으나 집사께서 과군을 례우하지 않으시어 과군이 두려워하였습니다. 그

행차에서의 일로 인하여 우리 임금이 즉위한 지 2년이 되던 해 6월에 초(楚)나라를 조견하였습니다. 진(晉)나라를 조견하였으나 례에 맞게 대우받지 못하였기 때문에 초나라를 조견하였다는 것이다. 진나라는 이 때문에 희(戲) 땅의 싸움을 일으켰습니다. 9년에 있었다. 당시 초인(楚人)은 오히려 강하였지만 우리나라에 례를 베풀었습니다. 우리나라도 집사를 따르고자 하나[380] 크게 허물[尤] 잡힐까 두려워하여 우(尤)는 허물이다. 말하기를 '진나라는 아마도 우리나라를 례로 대우한 나라[381]에 대하여 공순하지 못하다고 생각할 것이다.'[382]라고 하여 례로 대우한 나라에 공순하지 않다는 것이다. 이 때문에 감히 초나라를 배반하려는 마음을 품지 못하고 있었던 것입니다. 우리 임금이 즉위한 지 4년이 되던 해 3월에 선대부인 자교(子蟜)가 또 과군을 모시고 가 초나라의 틈을 살폈습니다. 진나라는 이 때문에 또 소어(蕭魚)의 싸움을 일으키며 11년에 있었다. 이르기를 '정나라는 진나라 가까이 있으니 초목에 비유하자면 우리 진나라의 냄새요 맛이다.[383] 진(晉)나라와 정(鄭)나라는 동성이기 때문이다. 그런데 어찌 감히 우리와 어긋나는[差池] 행동을 한단 말인가.'라고 하였습니다. 치지(差池)는 가지런하지 않음이다. 초나라 또한 당시 강하지 못하여 과군이 토산물을 다 갖추고 종묘의 기물까지 더하여 진나라에 대한 제맹(齊盟 : 同盟)을 받아들여 제(齊)는 동(同)이다. 드디어 뭇 신하를 거느리고 집사를 따라 세종(歲終)의 조회에 참가하였습니다. 세종(歲終)은 조정(朝正)이다.[384] 그리고 초나라에 마음을 주고 있던 자후(子侯)와 석우(石盂)를 과군이 진나라에서 돌아와 토죄하였습니다. 석우(石盂)는 석작(石㚟)이다. 11년에 정(鄭)나라가 석작을 초(楚)나라에 사신으로 보냈는데 초인(楚人)이 그를 잡았었다.[385] 그 뒤 격량(溴梁)의 회합이 있던 다음해 격량(溴梁)의 회합은 16년에 있었다. 자교가 은퇴함에 공손하(公孫夏)가 과군을 모시고 진나라 임금님을 조견하면서 상주(嘗酎)의 제사[386]에 참석하고 주(酎)는 세 번 빚은 순주(醇酒)[387]이다. 새로 마실 술을 맛보는 것이 상주(嘗酎)이다. 집번(執燔)하는

379) 집사 : 진(晉)나라 임금을 직접 부르지 못하므로 그 밑에서 일하는 집사를 대신 지칭한 것이다.

380) 집사를~하나 : 진(晉)나라를 따르고자 한다는 것이다.

381) 례로~나라 : 초(楚)나라가 강하면서도 약한 정(鄭)나라를 례로 대우한 사실을 말한다.

382) 진나라는~것이다 : 정(鄭)나라에게 례로 대우한 초(楚)나라를 정나라가 배반한다면 진(晉)나라는 정나라를 공순하지 못하다고 생각한다는 것이다.

383) 정나라는~맛이다 : 진(晉)나라가 초목 자체라면 정(鄭)나라는 그 초목에 매달려 향기를 피우는 꽃과 맛이 나는 열매의 관계라는 것이다.

384) 세종(歲終)은 조정(朝正)이다 : 세종(歲終)은 년말이니 이때 천자를 조회하는 것이 정월까지 이어진 듯하므로 조정(朝正)이라 한 것 같다. 조정은 제후들이 정월에 천자를 조회하는 것이다.

385) 11년에~잡았었다 : 그 뒤 양공(襄公) 13년에 초(楚)나라는 석우(石盂)를 정(鄭)나라로 돌려보냈다.

386) 상주(嘗酎)의 제사 : 봄술을 처음 빚었을 때 종묘에 올리는 제사.

387) 순주(醇酒) : 다른 것을 섞지 않은 진국술.

의식에 참여하였습니다. 번(燔)은 제육[膰]과 같으니 집번(執燔)은 제사를 도움이다. 그로부터 2년이 지나서 진나라 임금님께서 동하(東夏 : 齊나라)를 평정하려 한다는 소식을 듣고 20년에 있었던 전연(澶淵)의 맹약을 이른다. 그 해 4월에 다시 진나라를 조견하고 그 일의 시기에 대해 명을 들었습니다. 그리고 귀국을 조견하지 않는 사이[間 : 해]에는 사신을 보내 빙문하지 않은 해가 없었고, 귀국이 주도하는 싸움에 참여하지 않음이 없었습니다. 그러나 대국의 정령(政令)이 일정한 기준이 없어서 나라는 피폐하게 되었고 뜻하지 않은 재해가 자주 닥쳐 예기치 못한 일이 거듭 이른 것이다. 근심스럽게 보내지 않은 날이 없었지만 어찌 감히 우리의 직분을 잊었겠습니까. 대국이 만약 우리나라를 안정시켜 준다면 아침저녁으로 귀국의 조정을 찾을 것이니, 귀국 역시 욕되이 명을 내릴 필요가 있겠습니까. 그러나 만약 소국의 환난을 불쌍히 여기지 않고 말만을 내세운다면 우리는 귀국의 명을 감당할 수 없어 귀국을 버리고[翦] 원수 사이가 되지 않을 수 있겠습니까. 전(翦)은 깎아버림이다. 수탈을 당하여 명을 감당하지 못하게 되면 원수가 됨을 이른 것이다. 우리나라는 이 점을 두려워하고 있을 뿐이지 어찌 감히 그대 임금님의 명을 잊겠습니까. 이런 문제를 집사께 맡기니 집사께서는 실로 신중하게 헤아려 주십시오."

秋 七月 辛酉 叔老卒

가을 7월 신유일에 숙로(叔老)가 졸하였다.

○秋 欒盈自楚適齊 晏平仲言於齊侯曰 商任之會 受命於晉 今納欒氏 將安用之 小所以事大 信也 失信 不立 君其圖之 弗聽 退告陳文子 文子 陳完之孫須無 **曰 君人執信 臣人執共 忠信篤敬 上下同之 天之道也 君自棄也 弗能久矣** 爲二十五年齊弑其君光傳

○가을에 란영(欒盈)이 초(楚)나라에서 제(齊)나라로 갔다. 안평중(安平仲)이 제후(齊侯 : 莊公)에게 말하기를 "상임(商任)의 회합[388]에서 진(晉)나라에게 명을 받았으니[389] 지금 란씨(欒氏)를 받아들여 장차 어디에 쓰겠습니까. 소국이 대국을 섬기는 길은 신의뿐입니다. 신의를 잃으면 존립할 수 없으니 임금님께서는 잘 헤아리십시오."라고 하였다. 그러나 제후

388) 상임(商任)의 회합 : 지난해에 있었다.

389) 진(晉)나라에게서~받았으니 : 란영(欒盈)을 금고(禁錮)시켜 제후들로 하여금 그를 받아들이지 못하게 한 명이다.

는 듣지 않았다. 안평중이 물러나 진문자(陳文子)에게 고하기를 문자(文子)는 진완(陳完)의 손자인 수무(須無)이다. "임금은 신의를 지키고 신하는 공경함을 지켜 충(忠)·신(信)·독(篤)·경(敬)을 상하가 함께하는 것이 하늘의 도이다. 그런데 임금께서 스스로 이를 버리니 임금의 지위를 오래 누리실 수 없을 것이다."라고 하였다. 25년에 제(齊)나라가 그 임금 광(光 : 莊公)을 시해하는 전(傳)의 배경이 된다.

○九月 鄭公孫黑肱有疾 歸邑于公 召室老宗人立段 段 黑肱子印段 而使黜官薄祭 黜官無多受職 祭以特羊 殷以少牢 殷 盛也 足以共祀 盡歸其餘邑 曰 吾聞之 生於亂世 貴而能貧 民無求焉 可以後亡 敬共事君與二三子 生在敬戒 不在富也 己巳 伯張卒 伯張卽黑肱

○9월에 정(鄭)나라 공손흑굉(公孫黑肱)이 병이 들자 식읍을 정간공(鄭簡公)에게 돌려주고 실로(室老)와 종인(宗人)들을 불러 단(段)을 후계자로 세웠다. 단(段)은 흑굉(黑肱)의 아들 인단(印段)이다. 그에게 가신의 수를 줄이고[黜官] 제사를 간소하게 지내게 하면서 출관(黜官)은 직책을 받는 자를 많이 두지 않는 것이다. 상제(常祭)에는 다만 양 한 마리를 쓰고 은제(殷祭)에는 소뢰(少牢)를 쓰게 하였다.[390] 은(殷)은 성대함이다. 그리고 제사를 받들 정도의 토지만을 남겨두고 나머지 읍은 모두 임금에게 돌려주며 이르기를 "내가 듣건대 어지러운 세상에서 살아남기 위해서는 존귀하지만 가난하게 살아야 백성이 그에게 요구함이 없어서 남보다 늦게 망하게 된다고 하였다. 너는 공경히 임금님과 여러 대부를 섬겨라. 생존의 길은 남을 공경하고 자신을 경계함에 있고 부유함에 있지 않느니라."라고 하였다. 기사일에 백장(伯張)이 졸하였다. 백장(伯張)은 곧 흑굉(黑肱)이다.

君子曰 善戒 詩曰 愼爾侯度 用戒不虞 鄭子張其有焉

군자는 말한다. "그는 아들을 잘 경계시켰다. 《시(詩)》에 이르기를 '제후(諸侯)의 법도를 신중히 지켜 예기치 못한 환난을 경계하라.'[391]고 하였는데, 정(鄭)나라 자장(子張 : 黑肱)이 이러한 점이 있었다."

---

390) 상제(常祭)에는~하였다 : 대부의 상제(常祭)에는 소뢰(少牢 : 羊·豕)를 쓰는 것인데 특양(特羊 : 한 마리 양)으로 줄이고, 은제(殷祭)에는 태뢰(太牢 : 牛·羊·豕)를 쓰는 것인데 소뢰로 줄인 것이다.

391) 제후(諸侯)의~경계하라 : 《시경(詩經)》 〈대아(大雅)〉 억(抑).

冬 公會晉侯齊侯宋公衛侯鄭伯曹伯莒子邾子薛伯杞伯小邾子于沙隨

겨울에 양공(襄公)이 진후(晉侯)·제후(齊侯)·송공(宋公)·위후(衛侯)·정백(鄭伯)·조백(曹伯)·거자(莒子)·주자(邾子)·설백(薛伯)·기백(杞伯)·소주자(小邾子)와 사수(沙隨)에서 회합하였다.

邾子下 公穀有滕子 ○沙隨 宋地

주자(邾子) 다음에 《공양전(公羊傳)》과 《곡량전(穀梁傳)》에는 등자(滕子)가 있다. ○사수(沙隨)는 송(宋)나라 땅이다.

冬 會于沙隨 復錮欒氏也 欒盈猶在齊 晏子曰 禍將作矣 齊將伐晉 不可以不懼

겨울에 사수(沙隨)에서 회합하였으니, 다시 란씨(欒氏)를 금고(禁錮)시키기 위해서였다. 란영(欒盈)은 여전히 제(齊)나라에 있었으니, 안자(晏子 : 晏嬰)가 말하기를 "화가 일어날 것이다. 제나라가 진(晉)나라를 칠 것이니 두려워하지 않을 수 없다."라고 하였다.

公至自會

양공(襄公)이 회합에서 돌아왔다.

楚殺其大夫公子追舒

초(楚)나라가 그 대부인 공자 추서(追舒)를 죽였다.

楚觀起有寵於令尹子南 未益祿而有馬數十乘 楚人患之 王將討焉 子南之子棄疾爲王御士 王每見之 必泣 棄疾曰 君三泣臣矣 敢問誰之罪也 王曰 令尹之不能 爾所知也 國將討焉 爾其居乎 問能止事我否 **對曰 父戮子居 君焉用之 洩命重刑 臣亦不爲 王遂殺子南於朝 轘觀起於四竟**

초(楚)나라 관기(觀起)가 령윤(令尹)인 자남(子南 : 追舒)에게 총애를 받아 록봉이 더해지지 않았는데도 수십 승(乘)의 말을 소유하고 있었다. 초인(楚人)이 이를 근심하자 초왕(楚王 : 康王)이 그들을 토죄하려 하였다. 그때 자남의 아들 기질(棄疾)이 초왕의 어사(御士)였는데 초왕이 그를 볼 때마다 반드시 눈물을 흘렸다. 기질이 말하기를 "임금님께서 신에게 세 번이나 눈물을 보이셨습니다. 감히 여쭙건대 누구의 죄 때문입니까?"라고 하자, 초왕이 말하기를 "령윤이 불선(不善)[392]하다는 것은 그대도 아는 바이다. 나라에서 장차 그를 토죄하려 하는데 그대는 이대로 머물러 있겠는가?"라고 하였다. 머물러 있으면서 나를 섬길 수 있겠는가 아닌가를 물은 것이다. 기질이 대답하기를 "아버지가 죽임을 당했는데도 자식이 머물러 있는다면 임금님께서 어디에 그 자식을 쓰겠습니까. 임금님의 명을 루설시키는 일은 중형에 해당하니 신은 그 또한 하지 않겠습니다."라고 하였다. 초왕은 드디어 자남을 조정에서 죽이고 관기를 사방이 트인 곳에서 환형(轘刑)[393]에 처하였다.

子南之臣謂棄疾 請徙子尸於朝 子謂子南 欲犯命取殯 **曰 君臣有禮 唯二三子** 謂其臣少忍之 **三日 棄疾請尸 王許之 旣葬 其徒曰 行乎 曰 吾與殺吾父 行將焉入 曰 然則臣王乎 曰 棄父事讎 吾弗忍也 遂縊而死**

자남(子南)의 가신이 기질(棄疾)에게 이르기를 "공자[子]의 시신을 조정에서 옮기게 해달라고 청하십시오."라 하니, 자(子)는 자남(子南)을 이른다. 왕명을 범하면서까지 빈소를 차리고자 한 것이다. 기질이 대답하기를 "군신 사이의 례가 있으니 오직 여러 대부의 처분에 달려 있다."라고 하였다 그 가신에게 조금 참으라고 이른 것이다. 3일 뒤에 기질이 시신을 내어줄 것을 청하니, 초왕(楚王)이 허낙하였다. 장례를 지내고 나자 그의 무리가 말하기를 "떠나실 것입니까?"라고 하니, 기질이 대답하기를 "내가 나의 아버지를 죽이는 일에 동조하였으니 떠난들 어디로 들어가겠는가."라고 하였다. 무리가 말하기를 "그렇다면 초왕의 신하 노릇을 하실 것입니까?"라고 하자, 기질이 대답하기를 "아버지를 버리고 원수를 섬기는 일은 내가 차마 할 수 없다."라 하고 마침내 목을 매어 죽었다.

復使薳子馮爲令尹 公子齮爲司馬 屈建爲莫敖 有寵於薳子者八人 皆無祿而多馬 他日朝 與申叔豫言 弗應而退 從之 入於人中 申叔辟薳子 **又從之 遂歸 退朝 見之 曰**

---

392) 불선(不善) : 전문은 '不能'인데, 이때의 '能'은 '善'과 같다.

393) 환형(轘刑) : 죄인의 두 팔과 두 다리를 각각 다른 방향의 수레에 매고 끌어서 찢어 죽이는 형벌. 거렬형(車裂刑)이다.

子三困我於朝 吾懼 不敢不見 吾過 子姑告我 何疾我也 言有過則告 何爲惡我 **對曰 吾不免是懼 何敢告子** 言恐與子幷罪 故不敢與子語 **曰 何故 對曰 昔觀起有寵於子南 子南得罪 觀起車裂 何故不懼 自御而歸 不能當道** 薳子惶懼 意不在御 **至 謂八人者曰 吾見申叔 夫子所謂生死而肉骨也** 已死復生 白骨更肉 **知我者 如夫子則可 不然 請止** 止 不相知 **辭八人者 而後王安之**

초왕(楚王)이 다시 위자빙(薳子馮)을 령윤(令尹)으로 삼고, 공자 기(齮)를 사마(司馬)로 삼고, 굴건(屈建)을 막오(莫敖)로 삼았다. 위자(薳子 : 薳子馮)에게 총애를 받는 8인이 모두 록봉이 없는데도 많은 말을 소유하고 있었다. 어느 날 조회에서 위자빙이 신숙예(申叔豫)에게 말을 건넸으나 대답이 없이 물러났다. 그를 따라가니 신숙예는 사람들 속으로 들어갔고 신숙(申叔)이 위자(薳子)를 피한 것이다. 또 따라가니 마침내 집으로 돌아갔다. 위자빙은 조정에서 물러 나와 그를 찾아가 만나보고 말하기를 "그대는 나를 세 번이나 조정에서 곤난하게 하였소. 나는 두려워 감히 그대를 만나보지 않을 수 없으니 내게 잘못이 있다면 그대는 짐짓 나에게 말해주시오. 무슨 까닭으로 나를 미워한단 말이오?"라고 하자, 잘못이 있으면 알려달라는 것이고, 무엇 때문에 나를 미워하느냐는 말이다. 신숙예가 대답하기를 "나는 화를 면하지 못할까 두려우니 어찌 감히 그대에게 고할 수 있겠습니까."라고 하였다. 그대와 함께 죄를 받을까 두렵기 때문에 감히 그대와 더불어 말할 수 없다는 것이다. 위자빙이 말하기를 "무엇 때문이오?"라고 하자, 신숙예가 대답하기를 "예전에 관기(觀起)가 자남(子南)에게 총애를 받았다가 자남이 죄를 얻자 관기는 수레에 찢겨 죽었습니다. 그러니 어찌 두렵지 않겠습니까."라고 하였다. 위자빙이 스스로 수레를 몰아 돌아갈 때 제대로 길에 들어서질 못하다가 위자(薳子)가 당황하고 두려워서 마음이 수레를 모는 데 있지 못했던 것이다. 집에 이르러서는 8인에게 말하기를 "내가 신숙(申叔)을 만나보았는데 그는 이른바 죽은 사람을 살릴 수 있고 백골이 된 사람에게 살을 붙일 수 있는 분이었다.[394] 이미 죽은 사람을 다시 살리고 백골이 된 사람에게 다시 살을 붙여 소생시킬 수 있다는 것이다. 나를 아는 그대들이 신숙예와 같다면[395] 좋겠지만 그렇지 않다면 서로 모르는 체[止]하기를 바란다."라고 하였다. 지(止)는 서로 모르는 관계가 되자는 것이다. 8인과 관계를 끊고 나자 초왕이 그를 편안하게 대하였다.

○十二月 鄭游眅將如晉 眅 音攀 游眅 公孫蠆子 **未出竟 遭逆妻者 奪之 以館于邑** 舍止其

394) 그는~분이었다 : 신숙예(申叔豫)의 말은 위자빙(薳子馮)을 깨우쳐 화를 면할 수 있게 해주었다는 것이다.
395) 신숙예와 같다면 : 신숙예(申叔豫)처럼 의리로써 나를 바로잡는 것을 이른다.

邑 不復行 **丁巳 其夫攻子明 殺之 以其妻行** 子明 游眅 **子展廢良而立大叔** 良 游眅子 大叔 眅弟 **曰 國卿 君之貳也 民之主也 不可以苟 請舍子明之類** 子明有罪 良又不賢 **求亡妻者 使復其所 使游氏勿怨 曰 無昭惡也**

○12월에 정(鄭)나라 유반(游眅)이 진(晉)나라로 가다가 반(眅)은 음이 반(攀)이다. 유반(游眅)은 공손채(公孫蠆)의 아들이다. 국경을 나가기 전에 아내를 맞이하여 오는 자를 만났는데, 그의 아내를 빼앗고 그 읍에서 머물렀다. 그 읍에 머물러 있으면서 다시 가지 않은 것이다. 정사일에 그 녀자의 남편이 자명(子明)을 공격하여 죽이고 그 아내를 데리고 달아났다. 자명(子明)은 유반(游眅)이다. 자전(子展)이 량(良)을 폐하고 태숙(大叔)을 그 지위에 세우면서 량(良)은 유반(游眅)의 아들이다. 태숙(大叔)은 반(眅)의 아우이다. 말하기를 "나라의 경(卿)은 임금의 다음가는 지위이며 백성을 주관하는 자이니 구차하게 행동하여서는 안 되오. 그러니 자명과 같은 짓은 하지 마시오."라고 하였다. 자명(子明)은 죄가 있고 량(良)도 어질지 못하였다. 그리고 아내를 잃었던 자를 찾아서 살던 곳으로 돌아가게 하고, 유씨(游氏 : 良)로 하여금 원망하지 말게 하며 말하기를 "자명의 악행을 더 이상 드러나게 하지 말라."고 하였다.[396)]

양공(襄公) 23년 【辛亥 B.C.550】

二十有三年 春 王二月 癸酉 朔 日有食之

23년 봄 왕2월 초하루 계유일에 일식이 있었다.

三月 己巳 杞伯匄卒

3월 기사일에 기백(杞伯) 개(匄)가 졸하였다.

396) 유씨(游氏 : 良)로~하였다 : 유씨(游氏 : 良)가 자기 아버지[游眅]를 죽인 자에 대하여 원망할수록 아버지의 악행이 더 밝게 드러날 것이기 때문에 이른 것이다.

二十三年 春 杞孝公卒 晉悼夫人喪之 **悼夫人 晉平公母 杞孝公姊妹** **平公不徹樂 非禮也 禮 爲鄰國闕** **顧炎武曰 禮尊同不降 平公爲舅當服緦 鄰國之喪 且猶徹樂 況於舅乎**

23년 봄에 기효공(杞孝公 : 匄)이 졸하자 진도공(晉悼公)의 부인(夫人)이 상복을 입었는데도 도공(悼公)의 부인(夫人)은 진평공(晉平公)의 어머니이고 기효공(杞孝公)의 자매이다. 평공(平公)은 음악을 거두지 않았으니, 례가 아니었다. 례에 이웃나라에 상사(喪事)가 있으면 음악을 연주하지 않는다. 고염무(顧炎武)가 말하기를 "례에 동족을 높이되 낮추지는 않는다고 하였으니 평공(平公)은 외삼촌을 위하여 당연히 시마복(緦麻服)을 입어야 한다. 이웃나라의 초상에도 오히려 음악을 거두거늘 하물며 외삼촌의 경우에 있어서이겠는가."라고 하였다.

夏 邾畀我來奔

여름에 주(邾)나라 비아(畀我)가 망명왔다.

畀 公作鼻 ○畀我庶其黨 書來奔 惡納也

비(畀)는 《공양전(公羊傳)》에는 비(鼻)로 되어 있다. ○비아(畀我)는 서기(庶其)[397]의 당여이다. 경문에 망명왔다고 기록한 것은 받아들인 것을 미워한 것이다.

葬杞孝公

기(杞)나라 효공(孝公)의 장례를 지냈다.

陳殺其大夫慶虎及慶寅 陳侯之弟黃 自楚歸于陳

진(陳)나라가 그 대부인 경호(慶虎)와 경인(慶寅)을 죽였다. 진후(陳侯)의 아우 황(黃)이 초(楚)나라에서 진나라로 돌아갔다.

陳侯如楚 公子黃愬二慶於楚 楚人召之 使慶樂往 **句** **殺之** **慶樂 二慶之族** **慶氏以陳叛**

397) 서기(庶其) : 주(邾)나라 대부. 양공(襄公) 21년에 그는 주(邾)나라 칠(漆) 땅과 려구(閭丘)를 가지고 로(魯)나라로 망명왔다.

夏 屈建從陳侯圍陳 陳人城 治城以距君 **板隊而殺人 役人相命 各殺其長** 慶氏忿其板墜殺築人 故役人作亂 **遂殺慶虎慶寅 楚人納公子黃**

진후(陳侯 : 哀公)가 초(楚)나라에 갔다. 공자 황(黃)이 초(楚)나라에 두 경씨(慶氏)[398]를 고소하자 초인(楚人)이 두 경씨를 부르니, 두 경씨가 경악(慶樂)을 대신 보냈다. 구두(句讀)이다. 초인이 그를 죽이자 경악(慶樂)은 두 경씨(慶氏)의 일족이다. 경씨가 진(陳)나라를 근거로 반란을 일으켰다. 여름에 초나라 굴건(屈建)이 진후를 따라가서 진나라를 포위하였다. 그때 진인(陳人)이 성을 쌓고 있었는데 성을 쌓아 임금[陳哀公]을 막은 것이다. 판자가 떨어지자 경씨가 사람을 죽였다. 이에 일하던 사람들이 서로 부추겨 각기 그들의 관장(官長)을 죽이고 경씨(慶氏)가 판자가 떨어진 것에 분노하여 축성하던 자를 죽였기 때문에 일하던 사람들이 란을 일으킨 것이다. 드디어 경호(慶虎)와 경인(慶寅)을 죽였다. 이에 초인이 공자 황을 진나라에 들여보냈다.

君子謂 慶氏不義 不可肆也 故書曰 惟命不于常

군자는 이른다. "경씨(慶氏)는 의롭지 못하니 용서할 수 없다. 그러므로 《서(書)》에 '천명은 일정하지 않다.'[399]라고 하였다."

晉欒盈復入于晉 入于曲沃 진(晉)나라 란영(欒盈)이 다시 진(晉)나라에 들어가서 곡옥(曲沃)에 들어갔다.

晉將嫁女于吳 齊侯使析歸父媵之 以藩載欒盈及其士 藩 車之有障蔽者 使若媵妾在其中 **納諸曲沃** 欒盈邑也 **欒盈夜見胥午而告之** 胥午 曲沃大夫 **對曰 不可 天之所廢 誰能興之 子必不免 吾非愛死也 知不集也 盈曰 雖然 因子而死 吾無悔矣 我實不天 子無咎焉 許諾 伏之 而觴曲沃人** 胥午匿盈而飮其衆 **樂作 午言曰 今也得欒孺子何如** 孺子 欒盈 **對曰 得主而爲之死 猶不死也 皆嘆 有泣者 爵行 又言 皆曰 得主 何貳之有 盈出徧拜之** 謝衆之思己

398) 두 경씨(慶氏) : 진(陳)나라 대부인 경호(慶虎)와 경인(慶寅)이다. 이들의 계략으로 진애공(陳哀公)의 아우 공자 황(黃)이 초(楚)나라에 볼모로 가게 되었다. 이 일은 양공(襄公) 7년 겨울에 있었다.

399) 천명은~않다 : 《서경(書經)》 〈주서(周書)〉 강고(康誥). 의(義)가 있는 곳에 천명이 있다는 말이다.

진(晉)나라가 공녀(公女)를 오(吳)나라에 시집보내려 하였는데, 제후(齊侯 : 莊公)는 석귀보(析歸父)에게 잉첩(媵妾)을 호송하게 하면서 휘장을 친 수레[藩]에 란영(欒盈)과 그 사(士)들을 태우고 번(藩)은 휘장이 있는 수레이다. 잉첩(媵妾)이 그 안에 타고 있는 것처럼 한 것이다. 진나라 곡옥(曲沃)으로[400] 들여보내게 하였다.[401] 란영(欒盈)의 읍이다. 란영이 밤에 서오(胥午)를 찾아가 반란할 뜻을 말하니, 서오(胥午)는 곡옥대부(曲沃大夫)이다. 서오가 대답하기를 "안 됩니다. 하늘이 버린 사람을 누가 일으킬 수 있겠습니까. 그대는 반드시 죽음을 면하지 못할 것입니다. 나는 목숨이 아까워서가 아니라 성공하지 못할 것을 알기 때문입니다."라고 하였다. 영(盈)이 말하기를 "그렇게 된다하더라도 내가 그대를 의지하였다가 죽는다면 나에게는 후회가 없을 것이오. 이는 내가 진실로 하늘의 도움을 받지 못해서이니 그대는 자신의 허물로 여기지 마시오."라고 하자, 서오가 허낙하였다. 그리고 란영을 숨겨두고 곡옥인(曲沃人)에게 술을 접대하였다. 서오(胥午)가 란영(欒盈)을 숨겨 놓고서 대중에게 술을 접대한 것이다. 술자리에 음악이 연주되자 오(午)가 사람들에게 말하기를 "지금 란유자(欒孺子)를 만난다면 어찌하겠소?"라고 하니, 유자(孺子)[402]는 란영(欒盈)이다. 대답하기를 "우리가 주인을 만나서 그분을 위하여 죽을 수 있다면 오히려 죽는 것이 아닙니다."라 하고, 모두 탄식을 하고 눈물을 흘리는 자도 있었다. 술잔이 더 오간 뒤에 오가 다시 말하자, 모두 말하기를 "주인을 만난다면 어찌 두마음을 품겠습니까."라고 하였다. 그러자 영이 그들 앞으로 나와서 두루 절을 하였다. 대중이 자기를 생각해 준 것에 사례한 것이다.

四月 欒盈帥曲沃之甲 因魏獻子以晝入絳 獻子 魏舒 **初 欒盈佐魏莊子於下軍** 莊子 獻子之父 **獻子私焉 故因之** 私 相親愛 **趙氏以原屛之難怨欒氏** 成八年 莊姬譖之 欒郤爲徵 **韓趙方睦** 韓起讓趙武 故和睦 **中行氏以伐秦之役怨欒氏** 十四年晉伐秦 欒黶違荀偃命 **而固與范氏和親** 范宣子佐中行偃於中軍 **知悼子少 而聽於中行氏** 悼子 荀盈 知氏中行氏同祖 故相聽從 **程鄭嬖於公** 鄭亦荀氏宗 **唯魏氏及七輿大夫與之**

4월에 란영(欒盈)이 곡옥(曲沃)의 갑사를 거느리고 위헌자(魏獻子)를 의지하여[403] 낮에

---

400) 곡옥(曲沃)으로 : 전문의 '請'은 '諸'의 오기로 보인다. 십삼경주소본(十三經注疏本)에 '諸'로 되어 있다.

401) 제후(齊侯 : 莊公)는~하였다 : 이때 란영(欒盈)은 제(齊)나라에 있었기 때문에 제후(齊侯)가 그를 진(晉)나라 곡옥(曲沃)으로 들여보내려 한 것이다. 앞서 란영은 그 어머니 란기(欒祁)의 통정 사실을 알고 걱정하였는데 란기는 그 때문에 토죄될 것이 두려워 그녀의 아버지인 범선자(范宣子)에게 란영을 참소하였다. 이에 범선자가 란영을 저읍(著邑)으로 축출하니 란영은 그 해인 양공(襄公) 21년 가을에 초(楚)나라로 망명하였다가 지난해 가을에 제나라로 망명하였던 것이다.

402) 유자(孺子) : 천자(天子)·제후(諸侯)·세경(世卿)의 후계자.

진(晉)나라의 도성인 강(絳) 땅으로 쳐들어갔다. 헌자(獻子)는 위서(魏舒)이다. 이보다 앞서 란영은 하군에서 위장자(魏莊子)를 보좌하여 장자(莊子)는 헌자(獻子)의 아버지이다. 헌자(獻子)와 서로 친하였었다[私]. 그러므로 헌자에게 의지한 것이다. 사(私)는 서로 친애함이다. 그때 조씨(趙氏)는 원(原 : 趙同)과 병(屛 : 趙括)이 화난을 당한 일로 란씨(欒氏)에게 원한을 품었고, 성공(成公) 8년에 장희(莊姬)가 원(原)과 병(屛)을 참소할 때[404] 란씨(欒氏)와 극씨(郤氏)가 이를 립증하였다. 한씨(韓氏)와 조씨는 화목하고 있었다. 한기(韓起)가 조무(趙武)에게 양보하였기[405] 때문에 서로 화목하였다. 중항씨(中行氏)는 진(秦)나라를 쳤을 때의 일로 란씨에게 원한을 품었고 14년 진(晉)나라가 진(秦)나라를 칠 때 란암(欒黶)이 순언(荀偃)의 명을 어겼었다. 원래 범씨(范氏)와 화목하였으며, 범선자(范宣子)가 중군에서 중항언(中行偃)을 보좌하였다. 지도자(知悼子)는 어렸기 때문에 중항씨의 명을 따랐고, 도자(悼子)는 순영(荀盈)이다. 지씨(知氏)와 중항씨(中行氏)는 조상이 같았기 때문에 서로 명을 듣고 따른 것이다. 정정(程鄭)은 진평공(晉平公)의 총애를 받고 있었다. 정(鄭)도 순씨(荀氏) 종족이다. 그래서 오직 위씨(魏氏)와 칠여대부(七輿大夫)[406]만이 란영을 도왔다.

樂王鮒侍坐於范宣子 或告曰 欒氏至矣 宣子懼 桓子曰 奉君以走固宮 必無害也 **桓子 樂王鮒 固宮 宮之有臺觀備守者** **且欒氏多怨 子爲政 欒氏自外 子在位 其利多矣 既有利權 又執民柄** **賞罰爲民柄** **將何懼焉 欒氏所得 其唯魏氏乎 而可强取也** **可以强劫取之** **夫克難在權 子無懈矣 公有姻喪** **夫人有杞喪** **王鮒使宣子墨縗冒絰** **晉自殽戰還 遂常墨縗 鮒使宣子詐爲夫人孝服** **二婦人輦以如公** **恐有內應 故爲婦人服而入** **奉公以如固宮**

이때 악왕부(樂王鮒)가 범선자(范宣子)를 모시고 앉아 있었다. 어떤 사람이 고하기를 "란씨(欒氏)가 쳐들어왔습니다."라고 하자 선자(宣子)가 두려워하니, 환자(桓子)가 말하기를 "임금님을 모시고 고궁(固宮)으로 가시면 반드시 해를 입지 않을 것입니다. 환자(桓子)는 악왕부(樂王鮒)이다. 고궁(固宮)은 궁에 대(臺)와 관(觀)이 있어서 방비하여 지킬 수 있는 곳이다. 또 란씨에게는 원수가 많고 그대는 정권을 쥐고 있으며, 란씨는 나라 밖에서 들어왔고 그대는 집정의 지위

---

403) 위헌자(魏獻子)를 의지하여 : 위헌자(魏獻子)의 내응(內應)에 의지한 것이다.

404) 장희(莊姬)가~때 : 조삭(趙朔)의 처인 장희(莊姬)가 원(原)과 병(屛)이 란을 일으키려 한다고 진경공(晉景公)에게 참소한 일이다.

405) 한기(韓起)가~양보하였기 : 양공(襄公) 13년에 한기(韓起)가 조무(趙武)에게 상군의 장수를 양보한 일을 말한다.

406) 칠여대부(七輿大夫) : 제후(諸侯)의 부거(副車)를 주관하던 일곱 대부. 제후가 출행할 때 7대의 수레가 따랐는데 각 수레마다 대부 한 사람씩 주관하였기 때문에 이르는 말이다.

에 있으니 유리한 점이 많습니다. 이미 유리한 점과 정권을 지니고 있고, 또 백성을 상벌할 수 있는 권력을 잡고 계시는데 상벌은 백성을 다스리는 권력이다. 무엇을 두려워하십니까. 란씨가 얻을 수 있는 사람은 오직 위씨(魏氏)뿐인데 위씨 또한 우리가 강제로 잡아올 수가 있습니다. 무력으로 겁박하여 그를 잡아올 수 있다는 것이다. 환난을 극복하는 것은 권력에 달려 있으니, 그대는 권력을 쓰는 것을 게을리하지 마십시오."라고 하였다. 이때 진평공(晉平公)에게 인척의 상사가 있었다. 부인(夫人)에게 기(杞)나라의 상사가 있었다.[407] 왕부(王鮒)는 선자에게 검은 상복을 입고 두건을 쓰고 요질(腰絰)을 띠고서 진(晉)나라는 효(殽) 땅의 싸움[408]에서 돌아온 뒤부터 드디어 검은 상복을 상용하였다. 부(鮒)가 선자(宣子)에게 거짓으로 부인(夫人)의 효복(孝服 : 喪服)을 하게 한 것이다. 두 부인(婦人)과 함께 수레를 타고 진평공에게 가서 내응하는 자가 있을까 걱정하여 부인(婦人)의 복장을 하고서 들어간 것이다. 진평공을 모시고 고궁(固宮)으로 가게 하였다.

范鞅逆魏舒 則成列旣乘 將逆欒氏矣 趨進 曰 欒氏帥賊以入 鞅之父與二三子在君所矣 使鞅逆吾子 鞅請驂乘 持帶 **驂乘必持帶 備墮墜** **遂超乘 右撫劒 左援帶 命驅之出 僕請** **請所至** **鞅曰 之公 宣子逆諸階** **逆獻子也** **執其手 賂之以曲沃**

범앙(范鞅 : 范獻子)이 위서(魏舒 : 魏獻子)를 맞이하니,[409] 위서는 군대의 대렬을 이루고 그 자신은 이미 수레에 타고 란씨(欒氏)를 맞이하려고 하였다. 범앙이 위서에게 빠른 걸음으로 나아가 말하기를 "란씨가 적도(賊徒)를 이끌고 쳐들어왔기 때문에 저 앙(鞅)의 부친[范宣子]은 여러 대부와 지금 임금님 계시는 곳에 있는데, 저 앙을 시켜 당신을 모셔오라고 하셨으니 저 앙은 당신의 참승(驂乘)[410]이 되겠습니다."라고 하였다. 그리고 위서의 허리띠를 움켜잡고 참승(驂乘)은 반드시 띠를 잡아서 수레에서 떨어지는 것을 방비한다. 드디어 수레에 뛰어 탔다. 앙은 오른손에 칼을 쥐고 왼손으로는 위서의 허리띠를 잡고서 수레를 몰아 출발하라고 명령하였다. 어자(御者)가 청하자 갈 곳을 물은 것이다. 앙이 말하기를 "임금님이 계시는 곳으로 가라."고 하였다. 고궁(固宮)에 당도하자 선자(宣子)가 계단으로 내려가 맞이하고 헌자(獻子 : 魏舒)를 맞이한 것이다. 위서의 손을 잡고서 곡옥(曲沃)을 주겠다고 하였다.

---

407) 부인(夫人)에게~있었다 : 이때 진평공(晉平公)의 어머니가 그 오라비인 기효공(杞孝公)의 상을 당하고 있던 중이었다.

408) 효(殽)~싸움 : 희공(僖公) 33년에 있었던 진(晉)나라와 진(秦)나라의 싸움이다.

409) 범앙(范鞅 : 范獻子)이~맞이하니 : 악왕부(樂王鮒)가 범앙(范鞅)으로 하여금 위서(魏舒)를 겁박하여 잡아오게 한 것이다.

410) 참승(驂乘) : 수레에 타 주인을 돕는 자.

初 斐豹隷也 著於丹書 蓋犯罪沒爲官奴 以丹書其罪 **欒氏之力臣曰督戎 國人懼之 斐豹謂宣子曰 苟焚丹書 我殺督戎 宣子喜曰 而殺之 所不請於君焚丹書者 有如日 乃出豹而閉之** 閉著門外 **督戎從之 踰隱而待之** 隱 短墻也 **督戎踰入 豹自後擊而殺之**

이보다 앞서 비표(斐豹)는 노예였는데 단서(丹書)[411]에 실려 있었다. 죄를 범해 지위와 재산을 몰수당하여 관노(官奴)가 되어 붉은 글씨로 그 죄상이 기록된 것이다. 란씨(欒氏)에게는 독융(督戎)이라는 힘센 가신이 있었는데 국인은 그를 두려워하였다. 비표가 선자(宣子)에게 말하기를 "만약 단서를 불태워 주신다면 제가 독융을 죽이겠습니다."라고 하였다. 선자가 기뻐하며 말하기를 "네가 독융을 죽였는데도 맹세코[所] 임금님께 청하여 단서를 불태우지 않는다면 저 해가 지켜볼 것이다."라고 하였다. 그리고 곧 표(豹)를 내보내고 대문을 닫게 하였다. 문밖으로 통하는 것을 폐쇄한 것이다. 독융이 비표의 뒤를 좇으니 비표는 낮은 담장[隱]을 넘어 기다렸다. 은(隱)은 낮은 담장이다. 독융이 담을 넘어오자 표가 뒤에서 공격하여 죽였다.

范氏之徒在臺後 公臺之後 **欒氏乘公門 宣子謂鞅曰 矢及君屋 死之 鞅用劒以帥卒 欒氏退 攝車從之** 鞅攝宣子戎車 **遇欒樂** 樂 盈之族 **曰 樂 免之** 謂樂免己 **死 將訟女於天 樂射之 不中 又注** 注 屬矢於弦也 **則乘槐本而覆** 樂車轢槐而覆 **或以戟鉤之 斷肘而死 欒魴傷 欒盈奔曲沃 晉人圍之**

그때 범씨(范氏)의 무리는 대(臺)의 뒤에 있었는데 공대(公臺)의 뒤이다. 란씨(欒氏)의 군대가 공문(公門)에 올라왔다. 선자(宣子)가 앙(鞅)에게 말하기를 "적의 화살이 임금님 계시는 지붕까지 날아들고 있으니 죽을힘을 다해 싸워라."고 하였다. 앙이 칼을 뽑아들고 군사를 거느리고 가니 란씨의 무리는 퇴각하였다. 앙은 부친의 병거를 대신 타고 란씨를 추격하다가 앙(鞅)이 선자(宣子)의 융거를 대신 탄 것이다. 란악(欒樂)을 만나자 악(樂)은 영(盈)의 일족이다. 말하기를 "악(樂)이여, 나를 피하라. 악(樂)에게 자기를 피하라고 한 것이다. 내가 죽는다면 나는 장차 하늘에게 너를 고발할 것이다."[412]라고 하였다. 악이 활을 쏘았으나 맞지 않으니 또 화살을 메기는데[注] 주(注)는 화살을 시위에 메기는 것이다. 악의 병거가 괴목 뿌리에 걸려 전복되었다. 악(樂)의 수레가 괴목에 걸려 엎어진 것이다. 그러자 어떤 병사가 가지창으로 란악을 걸어 당기니 팔뚝이 잘려 죽었다. 그 싸움에서 란방(欒魴)은 부상을 입었고 란영(欒盈)은 곡옥(曲沃)으로 도망

---

411) 단서(丹書) : 붉은 글씨로 쓴 문서. 죄인이나 노예의 신상 관계를 쓴 문서이다.

412) 악(樂)이여~것이다 : 내[范鞅]는 임금의 명을 수행하고 있고 너[欒樂]는 반란군의 편에 있으니, 나를 죽인다면 하늘도 너를 용서하지 않을 것이라는 말이다.

가니 진인(晉人)이 곡옥을 포위하였다.

秋 齊侯伐衛 遂伐晉 가을에 제후(齊侯)가 위(衛)나라를 치고 드디어 진(晉)나라를 쳤다.

秋 齊侯伐衛 先驅 穀榮御王孫揮 召揚爲右 先驅 先鋒軍 **申驅 成秩御莒恒 申鮮虞之傅摯爲右** 申驅 次前軍 傅摯 申鮮虞之子 **曹開御戎 晏父戎爲右** 公御右也 **貳廣 上之登御邢公 盧蒲癸爲右** 貳廣 公副車 **啓 牢成御襄罷師 狼蘧疏爲右** 左翼曰啓 **胠 商子車御侯朝桓跳爲右** 右翼曰胠 **大殿 商子游御夏之御寇 崔如爲右** 大殿 後軍 **燭庸之越駟乘** 四人共乘殿車也

가을에 제후(齊侯)가 위(衛)나라를 쳤다. 선구(先驅)는 곡영(穀榮)이 왕손휘(王孫揮)의 어자가 되었고 소양(召揚)이 거우가 되었다. 선구(先驅)는 선봉군(先鋒軍)이다. 신구(申驅)는 성질(成秩)이 거항(莒恒)의 어자가 되었고 신선우(申鮮虞)의 아들인 부지(傅摯)가 거우가 되었다. 신구(申驅)는 제2전군(前軍)이다. 부지(傅摯)는 신선우(申鮮虞)의 아들이다. 조개(曹開)가 융거의 어자가 되었고 안보융(晏父戎)이 거우가 되었다. 제장공(齊莊公)의 어우(御右 : 車右)이다. 이광(貳廣)[413]은 상지등(上之登)이 형공(邢公)의 어자가 되었고 로포계(盧蒲癸)가 거우가 되었다. 이광(貳廣)은 제장공(齊莊公)의 부거(副車)이다. 계(啓)는 뢰성(牢成)이 양피사(襄罷師)의 어자가 되었고 랑거소(狼蘧疏)가 거우가 되었다. 좌익군(左翼軍)을 계(啓)라 한다. 거(胠)는 상자거(商子車)가 후조(侯朝)의 어자가 되었고 환조(桓跳)가 거우가 되었다. 우익군(右翼軍)을 거(胠)라 한다. 대전(大殿)은 상자유(商子游)가 하지어구(夏之御寇)의 어자가 되었고 최여(崔如)가 거우가 되었는데, 대전(大殿)은 후군(後軍)이다. 촉용지월(燭庸之越)이 사승(駟乘)하였다. 네 사람이 함께 전거(殿車)[414]를 탄 것이다.

自衛將遂伐晉 晏平仲曰 君恃勇力以伐盟主 若不濟 國之福也 不德而有功 憂必及君 崔杼諫曰 不可 臣聞之 小國間大國之敗而毁焉 間晉有變盈禍 **必受其咎 君其圖之**

---

413) 이광(貳廣) : 임금의 호위 병거인 부병거(副兵車)이다. 임금이 탄 병거인 정거(正車)는 융(戎)이라 한다.
414) 전거(殿車) : 후군의 병거.

弗聽

제후(齊侯)가 위(衛)나라에서 출발하여 드디어 진(晉)나라를 치려 하자, 안평중(晏平仲)이 말하기를 "임금님께서 우리의 용력을 믿고 맹주를 치려 하시니, 만약 승리하지 못한다면 나라의 복이지만 덕이 없으면서도 공을 세운다면 우환이 반드시 임금님께 미칠 것입니다."라고 하였다. 최저(崔杼)가 간하기를 "진나라를 치는 것은 안 됩니다. 신이 듣건대 소국이 대국의 화난[敗]을 틈타서 무너뜨리려 하면 진(晉)나라에 란영(欒盈)의 화난이 있는 틈을 탄다는 것이다. 반드시 재앙을 받는다고 하였으니, 임금님께서는 이를 헤아리십시오."라고 하였다. 그러나 제후는 듣지 않았다.

陳文子見崔武子 武子 崔杼 **曰 將如君何 武子曰 吾言於君 君弗聽也 以爲盟主而利其難 羣臣若急 君於何有** 言有急不能顧君 **子姑止之 文子退 告其人曰 崔子將死乎 謂君甚 而又過之 不得其死 過君以義 猶自抑也 況以惡乎**

진문자(陳文子 : 陳須無)가 최무자(崔武子)를 만나 무자(武子)는 최저(崔杼)이다. 말하기를 "장차 임금님을 어찌하시겠소?"라고 하였다. 그러자 무자(武子)가 말하기를 "내가 임금님께 말씀드렸으나 임금님께서 듣지 않았소. 진(晉)나라를 맹주로 여기면서 그 나라의 화난을 우리의 리익으로 여기시니, 뭇 신하가 위급하게 된다면 임금님이 어디에 있겠소. 위급하면 임금을 돌아볼 수 없다는 말이다. 당신은 우선 임금님을 말리시오."라고 하였다. 문자(文子)가 물러나 그의 종자에게 말하기를 "최자(崔子 : 崔杼)는 죽게 될 것이다. 임금님에게 잘못이 심하다고 말하면서도 자신은 임금님보다 더 지나치니[415] 제명에 죽지 못할 것이다. 자신이 행한 도의가 임금님보다 지나쳐도 오히려 겸양해야[抑] 하는데 하물며 악을 행함에 있어서이겠는가."라고 하였다.

齊侯遂伐晉 取朝歌 朝歌 晉地 **爲二隊 入孟門 登大行** 孟門 晉隘道 大行 山名 **張武軍於熒庭** 熒庭 晉地 謂築壘壁 **戍郫邵** 郫邵 晉二邑名 **封少水** 少水卽沁水 封晉尸 以爲京觀 **以報平陰之役 乃還 趙勝帥東陽之師以追之 獲晏氂** 氂 音釐 趙勝 趙旃子 東陽 晉地 晏氂 齊大夫

제후(齊侯)는 드디어 진(晉)나라를 쳐서 조가(朝歌)를 취하고 조가(朝歌)는 진(晉)나라 땅이다. 군사를 두 부대로 나누어 하나는 맹문(孟門)으로 쳐들어가고, 하나는 태항(大行)을 오르게

---

415) 자신은~지나치니 : 신하가 위급하면 임금을 돌아 볼 수 없다고 한 최저(崔杼)의 말을 두고 이른 것이다.

하였다. 맹문(孟門)은 진(晉)나라의 험한 길이다. 태항(大行)은 산 이름이다. 형정(熒庭)에 무군(武軍)[416]을 쌓고 형정(熒庭)은 진(晉)나라 땅이다. 루벽(壘壁)을 쌓았음을 이른 것이다. 비(郫) 땅과 소(邵) 땅을 지키게 하며, 비(郫)와 소(邵)는 진(晉)나라의 두 읍 이름이다. 소수(少水) 가에 봉분을 쌓아 소수(少水)는 곧 필수(泌水)이다. 진군(晉軍)의 시신을 묻어 봉분을 쌓아 경관(京觀)[417]을 만든 것이다. 평음(平陰)의 싸움[418]에 대한 보복을 하고 돌아갔다. 그때 진나라 조승(趙勝)이 동양(東陽)의 군대를 거느리고 제(齊)나라 군대를 추격하여 안리(晏氂)를 사로잡았다. 리(氂)는 음이 리(釐)이다. 조승(趙勝)은 조전(趙旃)의 아들이다. 동양(東陽)은 진(晉)나라 땅이다. 안리(晏氂)는 제(齊)나라 대부이다.

八月 叔孫豹帥師救晉 次于雍榆

8월에 숙손표(叔孫豹)가 군대를 거느리고 진(晉)나라를 구원하러 가서 옹유(雍榆)에 주둔하였다.

榆 公穀作渝 ○雍榆 晉地

유(榆)는 《공양전(公羊傳)》과 《곡량전(穀梁傳)》에는 유(渝)로 되어 있다. ○옹유(雍榆)는 진(晉)나라 땅이다.

八月 叔孫豹帥師救晉 次于雍榆 禮也 **救盟主 故曰禮**

8월에 숙손표(叔孫豹)가 군대를 거느리고 진(晉)나라를 구원하러 가서 옹유(雍榆)에 주둔하였으니, 례에 맞는 일이었다. 맹주(盟主)를 구원하였기 때문에 례에 맞았다고 한 것이다.

己卯 仲孫速卒

기묘일에 중손속(仲孫速)이 졸하였다.

---

416) 무군(武軍) : 무군(武軍)에는 두 가지가 있다. 하나는 무력을 과시하기 위하여 군영에 높이 쌓은 보루이다. 다른 하나는 전공을 드러내기 위하여 적의 시신을 거두어 흙을 덮어 높이 쌓아 올린 보루를 이른다.

417) 경관(京觀) : 전공(戰功)을 드러내기 위하여 적의 시신을 거두어 흙을 덮어 만든 무덤.

418) 평음(平陰)의 싸움 : 양공(襄公) 18년에 있었던 제(齊)나라와 진(晉)나라의 싸움. 이 싸움에서 제나라가 크게 패하였다.

季武子無適子 公彌長 而愛悼子 欲立之 公彌 公鉏 悼子 紇也 **訪於申豊 曰 彌與紇 吾皆愛之 欲擇才焉而立之 申豊趍退 歸 盡室將行** 申豊 季氏屬大夫 **他日 又訪焉 對曰 其然將具敝車而行 乃止** 止 不立紇 **訪於臧紇 臧紇曰 飮我酒 吾爲子立之 季氏飮大夫酒 臧紇爲客** 爲上賓 **旣獻 臧孫命北面重席 新樽絜之** 絜 澡酒樽 **召悼子 降 逆之 大夫皆起** 臧孫下迎悼子 **及旅 而召公鉏** 獻酬禮畢 而衆相酬爲旅 **使與之齒** 使從庶子禮 列在悼子下 **季孫失色** 恐公鉏不從

계무자(季武子)는 적자가 없고 공미(公彌)가 맏이였으나 도자(悼子)를 사랑하여 후계로 세우려고 하였다. 공미(公彌)는 공서(公鉏)이고 도자(悼子)는 흘(紇)이다. 신풍(申豊)을 찾아가 묻기를 "미(彌)와 흘(紇)을 내가 다 사랑하지만 재주가 있는 아이를 골라 후계로 세우려고 한다."[419]라고 하니, 신풍이 급하게 물러나 집으로 돌아와서 집 식구들을 모두 데리고 떠나려 하였다. 신풍(申豊)은 계씨(季氏)의 속대부(屬大夫)이다. 다른 날 계무자가 또 묻자, 대답하기를 "그렇게 하시겠다면 저의 수레를 갖추어 떠나겠습니다."라고 하니 이에 그 일을 중지하였다. 중지하였다는 것은 흘(紇)을 세우지 않은 것이다. 장흘(臧紇)에게 그 일을 묻자, 장흘이 대답하기를 "나에게 술을 대접하여 준다면 내가 당신을 위하여 도자를 후계자로 세워주겠습니다."라고 하였다. 그러자 계씨(季氏)는 대부들에게 술을 대접하면서 장흘을 상객(上客)으로 삼았다. 상빈(上賓)으로 삼은 것이다. 헌수(獻酬)[420]를 마치자 장손(臧孫 : 臧紇)이 북쪽에 자리를 포개어 놓고[421] 새 술잔을 깨끗이[絜] 하여 놓도록 명하고서 결(絜)은 술잔을 깨끗하게 씻는 것이다. 도자를 불러오게 하여 계단을 내려가 맞이하니 대부들이 모두 일어났다. 장손(臧孫)이 내려가 도자(悼子)를 맞이한 것이다. 려수(旅酬)할 때가 되자 공서(公鉏)를 불러 헌수(獻酬)의 례를 마치고 대중이 서로 술을 권하는 것을 려(旅)라고 한다. 일반 빈객과 나란히 앉게 하니, 서자(庶子)의 례를 따라 서열을 도자(悼子)의 아래에 있게 한 것이다. 계손(季孫)의 낯빛이 변하였다. 공서(公鉏)가 따르지 않을까 념려한 것이다.

季氏以公鉏爲馬正 馬正 家司馬 **慍而不出 閔子馬見之 曰 子無然 禍福無門 唯人所召 爲人子者 患不孝 不患無所** 所 位也 **敬共父命 何常之有 若能孝敬 富倍季氏可也 姦**

419) 미(彌)와~한다 : 도자(悼子)를 후계자로 세우려는 핑계이다.

420) 헌수(獻酬) : 주인과 빈객이 술을 주고받는 례.

421) 자리를~놓고 : 《의례(儀禮)》 〈향음주례(鄕飮酒禮)〉에 공(公)은 3중(重)이고 대부(大夫)는 2중이라 하였으니, 여기서는 도자(悼子)를 대부로 인정한다는 의미이다.

回不軌 禍倍下民可也 公鉏然之 敬共朝夕 恪居官次 季孫喜 使飮己酒 使公鉏爲武子設燕禮 **而以具往 盡舍旃** 以饗燕之具往而與之 **故公鉏氏富 又出爲公左宰**

계씨(季氏)가 공서(公鉏)를 마정(馬正)으로 삼으니, 마정(馬正)은 가사마(家司馬)[422]이다. 공서는 성을 내고 출사하지 않았다. 민자마(閔子馬)[423]가 공서를 만나 말하기를 "그대는 그렇게 하지 마시오. 화복은 문이 없고 오직 사람이 불러들이는 것이오. 자식된 자는 자신의 불효를 걱정할 일이지 지위[所]가 없는 것을 걱정할 것은 아니오. 소(所)는 지위이다. 공경히 부친의 명을 받든다면 어찌 항상 이런 처지에 있겠소. 만약 효도하고 공경할 수 있다면 부를 계씨보다 배나 누릴 수 있지만, 간사하여 법도를 벗어난다면 화를 아래 백성보다 배나 겪게 될 수 있는 것이오."라고 하였다. 그러자 공서가 그렇다고 여기어 부친을 아침저녁으로 공경히 받들고 신중하게 벼슬자리에 림하였다. 계손(季孫)은 기뻐하고 자기를 위한 술자리를 마련하게 하여, 공서(公鉏)로 하여금 무자(武子)를 위한 연례(燕禮)를 베풀게 한 것이다. 향연에 쓸 기구를 가지고 가서 사용하고는 그것[旃][424]을 모두 남겨두었다. 향연(饗燕)에 쓸 기구를 가지고 가서 그에게 준 것이다. 그러므로 공서씨(公鉏氏)는 부유해졌고 또 출사하여 양공(襄公)의 좌재(左宰)가 되었다.

孟孫惡臧孫 季孫愛之 孟氏之御騶豐點好羯也 孟孫 孟莊子 羯 莊子之庶子 孺子秩之弟 **曰 從余言 必爲孟孫** 爲孟孫後 **再三云 羯從之 孟莊子疾 豐點謂公鉏 苟立羯 請讎臧氏** 使孟氏與公鉏共憎臧孫 **公鉏謂季孫曰 孺子秩固其所也** 固自當立 **若羯立 則季氏信有力於臧氏矣** 若專立羯 則季氏有力過於臧氏之定悼子 **弗應 己卯 孟孫卒 公鉏奉羯立于戶側** 戶側 喪主之位 **季孫至 入 哭而出 曰 秩焉在 公鉏曰 羯在此矣 季孫曰 孺子長 公鉏曰 何長之有 唯其才也** 季孫廢鉏立紇 云欲擇才 故以此答之 **且夫子之命也** 遂誣孟孫 **遂立羯 秩奔邾**

맹손(孟孫)은 장손(臧孫 : 臧紇)을 미워하고, 계손(季孫 : 季武子)은 그를 좋아하였다. 맹씨(孟氏)의 어추(御騶)[425]인 풍점(豐點)이 갈(羯)을 좋아하여 맹손(孟孫)은 맹장자(孟莊子 : 仲孫速)이다. 갈(羯)은 장자(莊子)의 서자로 유자(孺子)인 질(秩)의 아우이다. 말하기를 "나의 말을 따른다면 반

422) 가사마(家司馬) : 대부 가문의 군사 책임자.

423) 민자마(閔子馬) : 로(魯)나라의 대부. 민마보(閔馬父)라고도 한다.

424) 그것[旃] : '旃'은 '之'와 같다.

425) 어추(御騶) : 수레 모는 일과 말 기르는 일을 겸하는 직책.

드시 맹손이 될 것이다."라고 맹손씨(孟孫氏)의 후계자가 된다는 것이다. 두 번 세 번 이르니, 갈이 이 말을 따랐다. 맹장자(孟莊子)가 병이 나자, 풍점이 공서(公鉏)에게 이르기를 "만약 갈을 후계로 세워준다면 그에게 장씨(臧氏)를 원수로 삼도록 청하겠다."라고 하였다. 맹씨(孟氏)와 공서(公鉏)가 함께 장손(臧孫)을 미워하게 한다는 것이다. 공서가 계손에게 말하기를 "유자(孺子) 질(秩)이 본래 후계이지만 본래 마땅히 후계 자리에 설 사람이라는 것이다. 만약 갈을 세워주면 그것은 계씨(季氏)가 실로 장씨보다 더 공로가 있게 되는 것입니다."라고 하니, 만약 오로지 갈(羯)을 후계로 세운다면 계씨(季氏)의 공로는 장씨(臧氏)가 도자(悼子)를 후계로 정해 준 것보다 넘친다는 것이다.[426] 아무 대답도 하지 않았다. 기묘일에 맹손이 졸하니, 공서가 갈을 받들어 호측(戶側)에 서게 하였다. 호측(戶側)[427]은 상주의 자리이다. 계손이 이르러 들어가 곡하고 나와서 말하기를 "질은 어디에 있느냐?"라고 하자, 공서가 대답하기를 "갈이 여기에 있습니다."라고 하였다. 계손이 말하기를 "유자가 나이가 많다."라고 하자, 공서가 말하기를 "나이가 많다는 것이 무슨 의미가 있습니까. 오직 그 재주가 있을 뿐입니다. 계손(季孫)이 서(鉏)를 폐하고 흘(紇)을 세울 때 재주가 있는 자를 선택하고자 한다고 하였기 때문에 이렇게 대답한 것이다. 이것이 또 부자(夫子 : 孟莊子)의 명입니다."라고 하였다. 드디어 맹손(孟孫)의 명이라고 속인 것이다. 그리고는 마침내 갈을 후계로 세우니 질은 주(邾)나라로 망명하였다.

臧孫入 哭甚哀多涕 出 其御曰 孟孫之惡子也 而哀如是 季孫若死 其若之何 臧孫曰 季孫之愛我 疾疢也 孟孫之惡我 藥石也 美疢不如惡石 夫石猶生我 愈己疾也 疢之美 其毒滋多 孟孫死 吾亡無日矣

장손(臧孫)이 들어가 곡을 하는데 매우 슬퍼하고 눈물을 많이 흘리고서 나오니, 그 어자(御者)가 말하기를 "맹손(孟孫)이 당신을 미워하였는데도 이처럼 슬퍼하시니 계손(季孫)이 만약 죽는다면 그때는 어떻게 하시겠습니까?"라고 하였다. 장손이 말하기를 "계손이 나를 사랑하는 것은 나에게 질병과 같은 것이고,[428] 맹손이 나를 꺼리는 것은 나에게 약석(藥石)[429]과 같은 것이다.[430] 좋은 병[美疢][431]이라도 꺼리는 석침(石鍼)[432]보다 못한 것이다.

---

426) 만약~것이다 : 장씨(臧氏 : 臧孫)는 계씨(季氏)의 후계자가 정해지지 않은 상태에서 계씨의 서자(庶子) 중 아우인 도자(悼子)를 세워준 데 불과하지만, 계씨가 이미 정해진 맹씨(孟氏)의 후계자를 바꾸어 서자 갈(羯)을 세워준다면 갈이 계씨의 은혜를 크게 여길 것이기 때문에 계씨의 공로가 장씨보다 넘치게 된다는 것이다.

427) 호측(戶側) : 시신을 안치한 방문 옆.

428) 계손이~것이고 : 계손(季孫)이 장손(臧孫)을 사랑하여 듣기 좋은 말만 하고 잘못을 지적하지 않는 것은 장손에게 질병이 된다는 것이다.

약석은 오히려 나를 살리지만 자기의 병을 치유한다는 것이다. 아무리 좋은 병이라도 그 해독은 아주 많은 것이다. 맹손이 죽었으니 내가 망할 날도 얼마 남지 않았구나."라고 하였다.

冬 十月 乙亥 臧孫紇出奔邾

겨울 10월 을해일에 장손흘(臧孫紇)이 주(邾)나라로 망명나갔다.

書奔 罪之也

경문에 분(奔)이라고 기록한 것은 그를 죄준 것이다.

孟氏閉門 告於季孫曰 臧氏將爲亂 不使我葬 欲爲公鉏讎臧氏 **季孫不信 臧孫聞之 戒** 戒 爲備也 **冬 十月 孟氏將辟 藉除於臧氏** 辟 穿藏也 孟氏將葬 從臧氏借人以除葬道 **臧孫使正夫助之** 正夫 遂正 **除於東門 甲從己而視之** 畏孟氏 故從甲士視作者 **孟氏又告季孫 季孫怒 命攻臧氏** 見其有甲故 **乙亥 臧紇斬鹿門之關 以出奔邾** 魯南城東門

맹씨(孟氏 : 羯)가 문을 닫아걸고서 계손(季孫)에게 고하기를 "장씨(臧氏 : 臧孫紇)가 란을 일으켜 우리로 하여금 장례를 치르지 못하게 하려 합니다."라고 하니, 공서(公鉏)를 위하여 장씨(臧氏)에게 복수하고자 한 것이다. 계손은 믿지 않았으나 장손(臧孫 : 紇)은 이를 듣고 경계하였다[戒]. 계(戒)는 대비함이다. 겨울 10월에 맹씨가 묘혈(墓穴)을 뚫으려고[辟] 장씨에게 길 내는 인부를 빌리니, 벽(辟)은 묘혈[藏][433]을 뚫는 것이다. 맹씨(孟氏)가 장례를 지내려고 장씨(臧氏)에게서 인부를 빌려 장례를 지내기 위한 도로를 내려고 한 것이다. 장손은 정부(正夫)를 보내어 돕게 하고, 정부(正夫)는 수정(遂正)[434]이다. 동문(東門)에서 길을 낼 때 갑사가 자기를 따르게 하고 시찰하였다. 맹씨(孟氏)를 두려워하였기 때문에 갑사를 거느리고 일하는 자들을 시찰한 것이다. 맹씨가 또 계손에게 고하니,

429) 약석(藥石) : 약제(藥劑)와 석침(石鍼).

430) 맹손이~것이다 : 맹손(孟孫)이 자기를 미워하더라도 자신을 해치는 데까지는 이르지 않기 때문에 오히려 늘 조심스레 행동하게 하는 약석(藥石)이 된다는 것이다.

431) 좋은 병[美疢] : 고통이 없는 질병이다. 여기서는 계손(季孫)이 장손(臧孫)을 좋아하는 것을 이른다.

432) 꺼리는 석침(石鍼) : 고통이 따르는 석침(石鍼)이다. 여기서는 맹손(孟孫)이 장손(臧孫)을 꺼리는 것을 이른다.

433) 묘혈[藏] : 시신을 묻는 곳.

434) 수정(遂正) : 다섯 현(縣)을 관장하는 장관. '遂'는 '隧'와 통용한다. 양공(襄公) 7년 여름조 참조.

계손이 노하여 명을 내려 장씨를 공격하게 하였다. 그에게 갑사가 있는 것을 보았기 때문이다. 을해일에 장흘(臧紇)이 록문(鹿門)의 빗장을 자르고 주(邾)나라로 망명나갔다. 록문(鹿門)은 로(魯)나라 남성(南城)의 동문(東門)이다.

初 臧宣叔娶于鑄 生賈及爲而死 鑄 國名 **繼室以其姪 穆姜之姨子也** 姨母之子 **生紇 長於公宮 姜氏愛之 故立之** 爲宣叔嗣 **臧賈臧爲出在鑄** 還舅氏也 **臧武仲自邾使告臧賈 且致大蔡焉** 大蔡 大龜也 出蔡地故名 **曰 紇不佞 失守宗祧 敢告不吊 紇之罪 不及不祀 子以大蔡納請 其可** 請爲先人立後 其可得立 **賈曰 是家之禍也 非子之過也 賈聞命矣 再拜受龜 使爲以納請** 賈使爲爲己請 **遂自爲也** 爲自爲請 **臧孫如防 使來告曰 紇非能害也 知不足也 非敢私請 苟守先祀 無廢二勳** 二勳 文仲宣叔 **敢不辟邑** 謂辟防邑而去

이보다 앞서 장선숙(臧宣叔)[435]이 주(鑄)나라에서 아내를 맞이하였는데, 가(賈)와 위(爲)를 낳고 죽자 주(鑄)는 나라 이름이다. 아내의 질녀를 계실(繼室)로 삼으니 목강(穆姜)[436]의 이자(姨子)였다. 이모(姨母)의 딸이다. 그녀가 흘(紇)을 낳아 공궁에서 기르니, 강씨(姜氏 : 穆姜)가 그를 사랑하였다. 그러므로 그를 후사로 세운 것이다. 선숙(宣叔)의 후사로 삼은 것이다. 장가(臧賈)와 장위(臧爲)는 주(鑄)나라에 나가 있었는데 외가로 돌아간 것이다. 장무중(臧武仲 : 紇)이 주(邾)나라에서 장가(臧賈)에게 사람을 보내어 고하고 또 대채(大蔡)를 바치며 대채(大蔡)는 큰 거북인데 채(蔡) 땅에서 나기 때문에 이름한 것이다. 말하게 하기를 "나 흘이 재주가 없어서 종조(宗祧)[437]를 지킬 수 없게 되었으니, 감히 하늘이 돕지 않음을 고합니다. 흘의 죄가 제사를 지낼 수 없는 데까지는 미치지 않았으니, 당신이 로(魯)나라에 대채를 바치고 청한다면 가능할 것입니다."라고 하였다. 선인(先人)을 위하여 후사를 세워주기를 청하면 그[臧賈]가 후계자로 세워질 수 있다는 것이다. 가(賈)가 말하기를 "이는 우리 집안의 불행이지 그대의 잘못이 아니니 나가는 명을 따르겠다."라 하고, 두 번 절한 뒤에 거북을 받아 위(爲)를 시켜 바치게 하면서 자기를 후계로 세워주기를 청하게 하였는데, 가(賈)가 위(爲)를 시켜 자기를 위하여 청하게 한 것이다. 마침내 위는 스스로 후계가 되기를 청하였다. 위(爲)가 스스로 후계가 되기를 청한 것이다. 장손(臧孫)이 방(防) 땅으로 가서 사람을 보내와서 고하기를 "나 흘이 남에게 해를 끼치려는 것이

435) 장선숙(臧宣叔) : 장흘(臧紇)의 아버지.

436) 목강(穆姜) : 로선공(魯宣公)의 부인(夫人)이고, 로성공(魯成公)의 어머니이며, 로양공(魯襄公)의 할머니이다.

437) 종조(宗祧) : 조상의 사당(祠堂).

아니었으나 지혜가 부족하였습니다. 감히 사사로이 청하는 것이 아니니, 진실로 선조의 제사를 지켜 두 선조의 훈적[二勳]이 폐기되지 않게 해주신다면 이훈(二勳)은 문중(文仲)[438]과 선숙(宣叔)의 훈적이다. 제가 감히 이 읍을 떠나지 않겠습니까."라고 하였다. 방읍(防邑)을 피해 떠나겠다고 이른 것이다.

乃立臧爲 臧紇致防而奔齊 其人曰 其盟我乎 謂陳其罪惡 盟諸大夫以爲戒 **臧孫曰 無辭** 廢長立少 季孫所忌 故謂無辭罪已 **將盟臧氏 季孫召外史掌惡臣 而問盟首焉** 惡臣 諸奔亡者 盟首 載書之章首 **對曰 盟東門氏也 曰 毋或如東門遂 不聽公命 殺適立庶 盟叔孫氏也 曰 毋或如叔孫僑如 欲廢國常 蕩覆公室 季孫曰 臧孫之罪皆不及此 孟椒曰 盍以其犯門斬關** 孟椒 孟獻子之孫 **季孫用之 乃盟臧氏 曰 無或如臧孫紇 干國之紀 犯門斬關 臧孫聞之 曰 國有人焉 誰居 其孟椒乎** 居 音姬 語辭

이에 장위(臧爲)를 후계로 세우니, 장흘(臧紇)은 방(防) 땅을 나라에 바치고 제(齊)나라로 망명하였다. 그 따르는 사람이 말하기를 "우리를 두고 맹약하겠지요."라고 하자, 그 죄악[439]을 진술하여 여러 대부와 맹약하여 경계로 삼을 것임을 이른 것이다. 장손(臧孫 : 紇)이 말하기를 "맹약할 말이 없을 것이다."라고 하였다. 큰아들을 폐하고 작은아들을 세운 것은 계손(季孫)이 꺼리는 바이기 때문에[440] 자기에게 죄를 씌울 말이 없다고 이른 것이다. 장씨(臧氏)를 두고 맹약하려 할 때, 계손(季孫)이 악신(惡臣)을 관장하는 외사(外史)[441]를 불러 맹수(盟首)에 대해서 물었다. 악신(惡臣)은 여러 망명한 자이다. 맹수(盟首)는 재서(載書)의 글머리이다. 그러자 대답하기를 "동문씨(東門氏)[442]를 두고 맹약할 때는 '혹시라도 동문수(東門遂 : 襄仲)처럼 임금의 명을 따르지 않고 적자를 죽이고 서자를 세우지 말라.'고 하였고, 숙손씨(叔孫氏)[443]를 두고 맹약할 때는 '혹시라도 숙손교여(叔孫僑如)처럼 나라의 상도를 폐기하여 공실을 전복시키려 하지 말라.'고 하였습니다."라고 하였다. 그러자 계손이 말하기를 "장손의 죄는 모두 이에 미치지 못한다."고 하

---

438) 문중(文仲) : 장흘(臧紇)의 할아버지.

439) 죄악 : 형인 장가(臧賈) 대신 아우인 장위(臧爲)를 후계자로 삼는 것을 묵인한 죄이다.

440) 큰아들을~때문에 : 계손(季孫)이 큰아들인 공서(公鉏)를 제치고 작은아들인 흘(紇 : 悼子)을 후계로 삼은 일이 있기 때문에 장손의 일을 말하기 꺼린다는 것이다.

441) 외사(外史) : 관부(官府) 이외의 사실을 기록하는 관리.

442) 동문씨(東門氏) : 동문양중(東門襄仲)을 이른다. 그는 로문공(魯文公)의 적자인 악(惡)을 죽이고 문공(文公)의 서자인 선공(宣公)을 임금으로 세웠다. 문공(文公) 18년조 및 선공(宣公) 18년조 참조.

443) 숙손씨(叔孫氏) : 숙손교여(叔孫僑如)를 이른다. 그는 로성공(魯成公)과 계씨(季氏) 및 맹씨(孟氏)를 진(晉)나라에 참소하였다. 성공(成公) 16년조 참조.

였다. 맹초(孟椒)가 말하기를 "어찌 그가 성문을 침범하여 빗장을 잘랐다고 하지 않습니까?"라고 하니, 맹초(孟椒)는 맹헌자(孟獻子)의 손자이다. 계손이 그 말을 리용하여 장씨를 두고 맹약하기를 '혹시라도 장손흘(臧孫紇)처럼 나라의 기강을 범하여 성문을 침범하고 빗장을 자르지 말라.'고 하였다. 장손이 이를 듣고 말하기를 "나라에 인재가 있구나. 누구인가[誰居]? 아마 맹초일 것이다."라고 하였다. 기(居)는 음이 기(姬)이니 어조사이다.

齊侯將爲臧紇田 與之田邑 **臧孫聞之 見 齊侯與之言伐晉** 齊侯自道伐晉之功 **對曰 多則多矣 抑君似鼠 夫鼠 晝伏夜動 不穴於寢廟 畏人故也 今君聞晉之亂而後作焉 寧將事之 非鼠如何** 晉寧又將事之 **乃弗與田** 臧孫知齊侯將敗 不欲受其邑 故使之怒

제후(齊侯 : 莊公)가 장흘(臧紇)에게 전지를 주려 하자 전읍(田邑)을 주려 한 것이다. 장손(臧孫 : 紇)이 이를 듣고 제후를 알현하니, 제후가 진(晉)나라를 친 일에 관하여 말하였다. 제후(齊侯)가 진(晉)나라를 친 공을 스스로 말한 것이다. 장흘이 대답하기를 "공이 많기는 많습니다만 임금님의 행위는 쥐와 비슷합니다. 쥐라는 것은 낮에는 숨어있고 밤에는 움직이며, 침묘(寢廟)에는 굴을 파지 않으니 사람을 두려워하기 때문입니다.444) 지금 임금님께서는 진나라의 란을 들은 뒤에 군대를 일켰고, 평안해지자 섬기려 하시니 쥐가 아니면 무엇이겠습니까."라고 하니, 진(晉)나라가 평안해지자 또 섬기려 한다는 것이다. 전지를 주지 않았다. 장손(臧孫)은 앞으로 제후(齊侯)가 패하리라는 것을 알고 그 읍을 받지 않으려고 하였기 때문에 제후를 노하게 한 것이다.

仲尼曰 知之難也 有臧武仲之知 謂能辟齊禍 **而不容於魯國 抑有由也 作不順而施不恕也 夏書曰 念玆在玆 順事恕施也** 作事必順 施人必恕

중니(仲尼)는 말하였다. "지혜롭기가 어려운 것이다. 장무중(臧武仲)의 지혜로도 능히 제(齊)나라의 화를 피한 것을 이른다. 로(魯)나라에서 받아들여지지 않은 것은 까닭이 있는 것이니, 일을 함에 순리대로 하지 않고445) 일을 베풂에 남의 마음을 살피지 않았기 때문이다.446) 〈하서(夏書)〉에 이르기를 '이를 생각함에 방법이 이에 있다.'447)라고 하였으니, 일을 순리대

444) 침묘(寢廟)에는~때문입니다 : 침묘(寢廟)에는 사람이 많기 때문에 쥐가 피한다는 말이다.

445) 일을 함에~않고 : 계무자(季武子)가 큰아들인 공서(公鉏) 대신 작은아들인 도자(悼子)를 후계자로 세울 수 있도록 장무중(臧武仲)이 도모한 것을 이른다.

446) 일을 베풂에~때문이다 : 장무중(臧武仲)이 도자(悼子)에게는 은혜를 베풀었지만 공서(公鉏)의 마음에 원한을 품게 한 것을 이른다.

447) 이를~있다 : 《서경(書經)》〈우서(虞書)〉 대우모(大禹謨). 양공(襄公) 21년 전문에 장무중(臧武仲)이 계무

로 하고 베풀기를 남의 마음을 살펴서 해야 한다." 일을 할 때에는 반드시 순리대로 하고 남에게 베풀 때에는 반드시 남의 마음을 살펴야 한다는 것이다.

晉人殺欒盈

진인(晉人)이 란영(欒盈)을 죽였다.

晉人克欒盈于曲沃 盡殺欒氏之族黨 欒魴出奔宋 書曰 晉人殺欒盈 不言大夫 言自外也 自外犯君而入 非復晉大夫

진인(晉人)이 곡옥(曲玉)에서 란영(欒盈)을 쳐서 이기고 란씨(欒氏)의 일족을 모두 죽이니, 란방(欒魴)이 송(宋)나라로 망명나갔다. 경문에 진인(晉人)이 란영을 죽였다고 기록하고 대부라고 말하지 않은 것은 그가 국외에서 들어온 것을 말한 것이다. 국외에서 임금을 범하기 위하여 들어왔기 때문에 다시 진(晉)나라의 대부가 아닌 것이다.

齊侯襲莒

제후(齊侯)가 거(莒)나라를 습격하였다.

齊侯還自晉 不入 不入國 **遂襲莒 門于且于** 且于 莒邑 **傷股而退 明日 將復戰 期于壽舒** 壽舒 莒地 **杞殖華還載甲 夜入且于之隧 宿於莒郊** 還 音旋 二子 齊大夫 **明日 先遇莒子於蒲侯氏** 蒲侯氏 近莒之邑 **莒子重賂之 使無死 曰 請有盟** 欲以盟要二子 無致死戰 **華周對曰 貪貨棄命 亦君所惡也** 華周卽華還 **昏而受命 日未中而棄之 何以事君 莒子親鼓之 從而伐之 獲杞梁** 杞梁卽杞殖 **莒人行成**

제후(齊侯)가 진(晉)나라를 치고서 돌아와 국도로 들어가지 않고 국도로 들어가지 않은 것이다. 마침내 거(莒)나라를 습격하여 저우(且于)의 성문을 공격하다가 저우(且于)는 거(莒)나라 읍이다. 다리에 부상을 입고 퇴각하였다. 다음 날 다시 싸우려고 수서(壽舒)에서 만날 것을 약속하였다. 수서(壽舒)는 거(莒)나라 땅이다. 기식(杞殖)과 화선(華還)이 수레에 갑사를 싣고 밤에 저

자(季武子)에게 한 말 가운데에서 인용한 것과 같은 문장이지만 여기서는 의미를 달리하여 사용하였다.

우의 좁은 길로 들어가 거나라의 교외에서 밤을 지내고 선(還)은 음이 선(旋)이다. 두 사람은 제(齊)나라 대부이다. 다음 날 먼저 포후씨(蒲侯氏)에서 거자(莒子)를 조우(遭遇)하였다. 포후씨(蒲侯氏)는 거(莒)나라 국도 가까이 있는 읍이다. 거자가 그들에게 많은 뢰물을 주며 싸우다 죽지 말도록 하게 하면서 말하기를 "맹약하기를 청하노라."라고 하였다.[448] 제(齊)나라와 맹약을 맺어주기를 두 사람에게 요구하면서 그들이 목숨을 바쳐 싸우지 말게 한 것이다. 화주(華周)가 대답하기를 "재물을 탐하여 우리 임금님의 명을 버리는 것은 임금님[莒子]께서도 미워하실 것입니다. 화주(華周)는 곧 화선(華還)이다. 저녁에 우리 임금님에게서 싸우라는 명을 받았는데 한낮이 되기도 전에 그 명을 저버린다면 어찌 임금님을 섬기는 것이 되겠습니까."라고 하였다. 이에 거자가 친히 북을 울려 그들을 따라가 쳐서 기량(杞梁)을 잡아 죽였다. 기량(杞梁)은 곧 기식(杞殖)이다. 거인(莒人)이 제(齊)나라와 화친을 맺었다.

齊侯歸 遇杞梁之妻於郊 使吊之 辭曰 殖之有罪 何辱命焉 若免於罪 猶有先人之敝廬在 下妾不得與郊吊 婦人無外事故 下猶賤也 齊侯吊諸其室

제후(齊侯)가 돌아갈 때 기량(杞梁)의 처를 교외에서 만났다.[449] 사람을 보내어 조문하게 하니, 기량의 처가 사양하며 말하기를 "제 남편 식(殖)에게 죄가 있다면 어찌 감히 조문하라는 임금님의 명을 받을 수 있겠습니까. 만약 죄가 없다면 오히려 선인(先人 : 杞梁)의 낡은 집이 있으니 하첩(下妾)은 교외에서 조문받을 수 없습니다."라고 하였다. 부인(婦人)은 집 밖에서 일을 처리하지 않기 때문이다. 하(下)는 천함[賤]과 같다. 그러자 제후는 그 집으로 가서 조문하였다.

---

448) 싸우다~하였다 : 죽이지 않고 살려 보낼 것이니 제(齊)나라와 거(莒)나라 사이의 화평을 이루는데 협조해 줄 것을 요청한 것이다.

449) 기량(杞梁)의~만났다 : 기량(杞梁)의 처가 남편의 상구(喪柩)을 맞으려고 나온 것이다.

양공(襄公) 24년 【壬子 B.C.549】

二十有四年 春 叔孫豹如晉

24년 봄에 숙손표(叔孫豹)가 진(晉)나라에 갔다.

二十四年 春 穆叔如晉 賀克欒氏 **范宣子逆之 問焉曰 古人有言曰 死而不朽 何謂也 穆叔未對 宣子曰 昔匄之祖 自虞以上爲陶唐氏 在夏爲御龍氏** 謂劉累也 **在商爲豕韋氏** 豕韋 國名 **在周爲唐杜氏** 唐 本豕韋國 周成王滅而遷杜 爲杜伯 杜伯子隰叔奔晉 四世而及士會 **晉主夏盟爲范氏 其是之謂乎 穆叔曰 以豹所聞 此之謂世祿 非不朽也 魯有先大夫曰臧文仲 旣沒 其言立 其是之謂乎 豹聞之 大上有立德 其次有立功 其次有立言 雖久不廢 此之謂不朽 若夫保姓受氏 以守宗祊** 祊 廟門 **世不絶祀 無國無之 祿之大者 不可謂不朽**

24년 봄에 로(魯)나라 목숙(穆叔 : 叔孫豹)이 진(晉)나라에 갔다. 란씨(欒氏 : 欒盈)의 반란을 제압한 것을 축하하기 위함이었다. 범선자(范宣子 : 士匄)가 그를 맞이하여 묻기를 "옛사람의 말에 '죽어도 썩지 않는다[死而不朽].'라는 말이 있는데 무엇을 이른 것입니까?"라고 하였다. 목숙이 아직 대답하지 않았는데 선자(宣子)가 말하기를 "옛날에 나 개(匄)의 조상이 우순(虞舜) 이전에는 도당씨(陶唐氏)[450]였고, 하(夏)나라 때는 어룡씨(御龍氏)였으며, 류루(劉累)[451]를 이른다. 상(商)나라 때는 시위씨(豕韋氏)였고, 시위(豕韋)는 나라 이름이다. 주(周)나라 때는 당두씨(唐杜氏)였습니다. 당(唐)은 본래 시위(豕韋)의 나라인데 주성왕(周成王)이 당나라를 멸하고 두(杜) 땅으로 옮겨 두백(杜伯)으로 삼았다. 두백의 아들 습숙(隰叔)이 진(晉)나라로 망명하니 그 4세가 지나 사회(士會 : 范武子)에 이르렀다.[452] 진(晉)나라가 중하(中夏)의 회맹을 주재할 때는 범씨(范氏)였으니 아마도 이런 것을 이른 것일 것입니다."라고 하였다. 목숙이 말하기를 "저 표(豹)가 들은 바로는 이런 것은 세록(世祿)이라고 하니, 불후(不朽)가 아닙니다. 로(魯)나라에 선대부인 장문중(臧文

450) 도당씨(陶唐氏) : 요(堯)임금을 이른다. 요가 당후(唐侯)가 되었다가 지위가 올라 천자가 되어 도(陶) 땅에 도읍하였다. 그러므로 도당씨(陶唐氏)라고 칭한다.

451) 류루(劉累) : 도당씨(陶唐氏)의 후손. 류루(劉累)가 하후(夏后 : 孔甲)의 룡(龍)을 잘 먹여 길러서 하후가 류루에게 어룡(御龍)이라는 씨(氏)를 내려주었다고 한다. 소공(昭公) 29년조 참조.

452) 사회(士會)에 이르렀다 : 사회(士會)에 이르러 범(范) 땅을 식읍으로 받아 드디어 범씨(范氏)가 되었다.

仲)이 있었는데 그는 이미 죽었으나 그가 남긴 말은 지금까지 전해지고 있으니, 아마도 이런 것을 이른 것일 것입니다. 저 표가 듣건대 불후의 최상은 덕을 세우는 것이고[立德], 그 다음은 공을 세우는 것이고[立功], 그다음은 말을 남기는 것[立言]이라 합니다. 이 세 가지는 비록 세월이 오래되어도 없어지지 않는 것이니, 이런 것을 일러 불후라 합니다. 그러나 성(姓)을 보존하고 씨(氏)를 물려받아 종묘[宗祊]를 지켜 팽(祊)은 종묘의 문이다. 대대로 제사를 끊어지지 않게 하는 것은 그렇게 하지 않는 나라가 없으니, 이는 세록의 큰 것이지 불후라 이를 수는 없습니다."라고 하였다.

范宣子爲政 諸侯之幣重 鄭人病之 二月 鄭伯如晉 子産寓書於子西 以告宣子 子西相鄭伯如晉 **曰 子爲晉國 四鄰諸侯不聞令德 而聞重幣 僑也惑之 僑聞君子長國家者 非無賄之患 而無令名之難 夫諸侯之賄聚於公室 則諸侯貳 若吾子賴之 則晉國貳** 賴 恃用之 **諸侯貳 則晉國壞 晉國貳 則子之家壞 何沒沒也** 言何必沈溺如此 **將焉用賄 夫令名 德之輿也 德 國家之基也 有基無壞 無亦是務乎 有德則樂 樂則能久 詩云 樂旨君子 邦家之基 有令德也夫 上帝臨女 無貳爾心 有令名也夫 恕思以明德 則令名載而行之 是以遠至邇安 毋寧使人謂子 子實生我 而謂子浚我以生乎** 浚 取也 言寧使人謂子曰 子實生我 豈可使曰 取我財以生乎 **象有齒以焚其身 賄也 宣子說 乃輕幣**

범선자(范宣子)가 집정이 되어 제후들에게 요구하는 공물[幣]이 과중하니, 정인(鄭人)이 이를 괴롭게 여겼다. 2월에 정백(鄭伯 : 簡公)이 진(晉)나라에 갈 때 자산(子産)이 자서(子西)에게 서신을 주어 선자(宣子)에게 전하게 하였는데 자서(子西)가 정백(鄭伯)의 상(相)이 되어 진(晉)나라에 간 것이다. 그 서신의 내용은 다음과 같았다. "그대가 진나라를 다스리면서 사방 이웃의 제후들이 그대의 아름다운 덕은 들을 수 없고 과중한 공물의 요구만 들을 뿐이니, 저 교(僑 : 子産)는 당혹스럽습니다. 교가 듣건대 나라와 집안의 장(長)이 된 군자는 재물이 없음을 걱정하지 않고 아름다운 명성이 없음을 근심한다고[難] 하였습니다. 제후들의 재물이 진나라 공실에 모이면 제후들이 진나라에 두마음을 품을 것이고, 만약 그대가 그 재물을 자신의 것으로 믿고 사용한다면[賴] 진나라가 그대에게 두마음을 품을 것입니다. 뢰(賴)는 믿고 사용함이다. 제후들이 두마음을 품으면 진나라가 무너지고, 진나라가 그대에게 두마음을 품으면 그대의 집안이 무너질 것인데 어찌하여 재물에 골몰하십니까. 어찌 반드시 재물에 탐닉하기를 이와 같이 하느냐는 말이다. 장차 재물을 어디에 쓰시렵니까. 아름다운 명성은 덕을 싣는 수레이고, 덕은 나라와 집안의 기반입니다. 기반이 있으면 무너지지 않으니 이를 힘써야 하지 않겠습니까. 덕이 있으면 사람들이 즐거워하고, 사람들이 즐거워하면 오래 보존됩니다. 《시(詩)》에 이르기를 '화락한 군자여 나라의 기반이로다.'[453]라고 하였으니 이는 아름다운 덕이 있다는 것이고, '상제께서 너를 굽어보고 계시니 너는 두마음을 품지 말라.'[454]고 하였으니 이는 아름다운 명성이 있다는 것입니다. 남의 마음을 헤아려[恕思] 덕을 밝히면 아름다운 명성은 덕을 싣고 전해집니다. 이 때문에 멀리 있는 사람도 이르고 가까이 있는 사람은 편안해합니다. 그러니 차라리[毋寧] 사람들로 하여금 그대를 두고 그대가 실로 우리들을 살리셨다고 이르게 해야 할지언정, 그대가 우리의 재산을 취하여[浚] 살아간다고 이르게 해서야 되겠습니까. 준(浚)은 취함이다. 사람들로 하여금 범선자(范宣子)를 두고 선자(宣子)께서 실로 우리를 살렸다고 이르게 해야 하지, 어찌 그들로 하여금 선자께서 우리의 재물을 취하여 살아간다고 이르게 해야 하느냐는 말이다. 코끼리는 상아가 있어서 그 몸이 불타 죽게 되니 이는 상아가 재물이 되기 때문입니다." 선자가 이 서신을 보고 기뻐하여 공물을 경감하였다.

是行也 鄭伯朝晉 爲重幣故 且請伐陳也 鄭伯稽首 宣子辭 **爲晉侯辭** **子西相曰 以陳國之介恃大國 而陵虐於敝邑** **介 因也 大國 楚也** **寡君是以請罪焉 敢不稽首** **爲明年鄭入陳傳**

이번 행차에 정백(鄭伯)이 진(晉)나라를 조견한 것은 공물이 과중하였기 때문이고, 또 진(陳)나라를 치겠다고 청하기 위해서였다. 정백이 머리를 조아리자 선자(宣子)가 절 받기를 사양하였다. 진후(晉侯)를 위하여 대신 사양한 것이다. 이때 자서(子西)가 정백의 상(相)이었는데 말하기를 "진(陳)나라가 대국을 의지해[介] 믿고서 우리나라를 무시하고 괴롭힙니다. 개(介)는 의지함이다. 대국은 초(楚)나라이다. 과군은 이 때문에 진(陳)나라의 죄를 묻겠다고 청하는 것이니, 어찌 감히 머리를 조아리지 않을 수 있겠습니까."라고 하였다. 다음해에 정(鄭)나라가 진(陳)나라로 쳐들어가는 전(傳)의 배경이 된다.

仲孫羯帥師侵齊

중손갈(仲孫羯)이 군대를 거느리고 제(齊)나라를 침범하였다.

453) 화락한~기반이로다 : 《시경(詩經)》 〈소아(小雅)〉 남산유대(南山有臺).

454) 상제께서~말라 : 《시경(詩經)》 〈대아(大雅)〉 대명(大明).

孟孝伯侵齊 晉故也

맹효백(孟孝伯 : 仲孫羯)이 제(齊)나라를 침범하였으니, 진(晉)나라 때문이었다.[455)]

> 夏 楚子伐吳
> 여름에 초자(楚子)가 오(吳)나라를 쳤다.

夏 楚子爲舟師以伐吳 不爲軍政 不設賞罰之差 **無功而還**

여름에 초자(楚子)가 수군을 만들어 오(吳)나라를 쳤으나 군정(軍政)을 잘 행하지 않았기 때문에 상벌의 차등을 두지 않은 것이다. 아무런 전공이 없이 돌아갔다.

> 秋 七月 甲子 朔 日有食之旣
> 가을 7월 초하루 갑자일에 개기일식이 있었다.

> 齊崔杼帥師伐莒
> 제(齊)나라 최저(崔杼)가 군대를 거느리고 거(莒)나라를 쳤다.

齊侯旣伐晉而懼 將欲見楚子 楚子使薳啓彊如齊聘 且請期 請會期 **齊社蒐軍實 使客觀之** 祭社 因閱軍器 **陳文子曰 齊將有寇 吾聞之 兵不戢 必取其族** 戢 藏也 族 類也 取其族還自害也

제후(齊侯)가 진(晉)나라를 치고 나서 보복을 두려워하여 초자(楚子)를 만나려고 하니, 초자가 위계강(薳啓彊)으로 하여금 제(齊)나라에 가서 빙문하게 하고 만날 시기를 청하게 하였다. 회견할 시기를 청한 것이다. 제나라는 사(社)[456)]에 제사를 지내고 군대의 장비를 검열하

---

455) 진(晉)나라 때문이었다 : 지난해 제(齊)나라가 진(晉)나라를 쳤기 때문에 로(魯)나라가 보복하는 뜻에서 맹효백(孟孝伯)이 제나라를 침범한 것이다.

456) 사(社) : 토지신.

면서 위계강을 객인(客人)으로 참관하게 하였다. 사(社)에 제사를 지내고 이어서 군대의 기물을 검열한 것이다. 진문자(陳文子)가 말하기를 "제나라에는 외적의 침입이 있을 것이다. 내가 듣건대 병기란 거두어 두지[戢] 않으면 반드시 그 족류[族]을 취하게 된다고 하였다."라고 하였다. 집(戢)은 거두어 둠이다. 족(族)은 류(類)이다. 그 족류(族類 : 同族)를 취하게 된다는 것은 도리어 스스로를 해친다는 것이다.

秋 齊侯聞將有晉師 使陳無宇從薳啓彊如楚 辭 且乞師 辭有晉師 未得相見 **崔杼帥師送之 遂伐莒 侵介根** 介根 莒邑

가을에 제후(齊侯)는 진(晉)나라 군대가 출동하려 한다는 소식을 듣고 진무우(陳無宇)457)로 하여금 위계강(薳啓彊)을 따라 초(楚)나라로 가서 회견할 수 없는 사정을 말하고 또 출병해 주기를 청하도록 하였다. 진(晉)나라 군대가 출동하려 하므로 서로 회견할 수 없다고 말하게 한 것이다. 최저(崔杼)가 군대를 거느리고 위계강을 호송하고 드디어 거(莒)나라를 쳐서 개근(介根)을 침범하였다. 개근(介根)은 거(莒)나라 읍이다.

大水 큰물이 졌다.

八月 癸巳 朔 日有食之 8월 초하루 계사일에 일식이 있었다.

公會晉侯宋公衛侯鄭伯曹伯莒子邾子滕子薛伯杞伯小邾子于夷儀 양공(襄公)이 진후(晉侯)·송공(宋公)·위후(衛侯)·정백(鄭伯)·조백(曹伯)·거자(莒子)·주자(邾子)·등자(滕子)·설백(薛伯)·기백(杞伯)·소주자(小邾子)와 이의(夷儀)에서 회합하였다.

457) 진무우(陳無宇) : 진문자(陳文子)의 아들.

會于夷儀 將以伐齊 水 不克 値雨水 不克伐

이의(夷儀)에서 회합하였으니, 제(齊)나라를 치기 위해서였다. 그러나 물란리가 나서 치지를 못하였다. 비를 만나 치지 못한 것이다.

冬 楚子蔡侯陳侯許男伐鄭

겨울에 초자(楚子)·채후(蔡侯)·진후(陳侯)·허남(許男)이 정(鄭)나라를 쳤다.

冬 楚子伐鄭以救齊 門于東門 次于棘澤 諸侯還救鄭 晉侯使張骼輔躒致楚師 求御于鄭 鄭人知地利 故欲以自御 **鄭人卜宛射犬 吉** 射犬 鄭公孫 **子大叔戒之曰 大國之人不可與也** 不可與等 當卑下之 大叔 游吉 **對曰 無有衆寡 其上一也** 言國無大小 在上位則同 **大叔曰 不然 部婁無松柏** 部婁 小阜 松柏 大木

겨울에 초자(楚子)가 정(鄭)나라를 쳐서 제(齊)나라를 구원할 때 정나라 동문(東門)을 공격하고 극택(棘澤)에 주둔하였다. 그러자 제후들이 군대를 돌려[458] 정나라를 구원하고자 하였다. 진후(晉侯)가 장격(張骼)과 보력(輔躒)를 시켜 초나라 군대를 유인하도록 하면서 정나라에 어자(御者)를 요구하였다. 정인(鄭人)이 지형의 유리함을 알고 있었기 때문에 스스로 수레를 몰도록 하고자 한 것이다. 정인(鄭人)이 그 적임자로 완석견(宛射犬)에 대해 점쳤는데 점괘가 길(吉)하다고 나왔다. 석견(射犬)은 정(鄭)나라 공손(公孫)이다. 자태숙(子大叔)이 완석견에게 경계시키며 말하기를 "대국의 사람들과는 대등할 수 없소."라고 하자, 대등하게 행동할 수 없고 마땅히 낮추어야 한다는 것이다. 태숙(大叔)은 유길(游吉)이다. 완석견이 대답하기를 "사람이 많고 적은 것과는 상관없이 상위(上位)는 동등한 것입니다."라고 하였다. 나라의 크기와는 관계없이 상위(上位)에 있는 사람은 동등하다는 말이다. 태숙(大叔)이 말하기를 "그렇지 않소. 부루(部婁)에는 송백(松柏)이 없는 법이오."[459]라고 하였다. 부루(部婁)는 작은 언덕이고 송백(松柏)은 큰 나무이다.

二子在幄 坐射犬於外 二子 張骼輔躒 **旣食 而後食之 使御廣車而行** 廣車 兵車 **已皆乘乘車** 乘車 安車 **將及楚師 而後從之乘** 同射犬乘兵車 **皆踞轉而鼓琴** 轉 衣裝 **近 不告而馳**

---

458) 군대를 돌려 : 제(齊)나라를 치기 위하여 이의(夷儀)에 모였던 군대를 돌린 것이다.

459) 부루(部婁)에는~법이오 : 소국은 대국과 대등할 수 없다는 말이다.

之 射犬恨 故近敵不告而馳 **皆取胄於橐而胄 入壘 皆下 搏人以投 收禽挾囚** 橐 盛胄囊 二子取胄加首 下車搏人 收其禽獲 狹其囚虜 **弗待而出** 射犬不待二子 **皆超乘 抽弓而射** 二子皆超而登車 **既免 復踞轉而鼓琴曰 公孫 同乘 兄弟也 胡再不謀** 謂不告而馳 不待而出 **對曰 曩者志入而已 今則怯也** 志入 故不告而馳 怯敵 故不待而出 **皆笑曰 公孫之亟也** 言其性急

두 사람은 장막 안에 앉아 있으면서 석견(射犬)을 장막 밖에 앉게 하고 두 사람은 장격(張骼)과 보력(輔躒)이다. 두 사람이 밥을 먹고 난 뒤에 먹게 하였으며, 석견에게 광거(廣車)를 몰게 하면서 광거(廣車)는 병거이다. 자신들은 모두 승거(乘車)를 탔다. 승거(乘車)는 안락한 수레이다. 초(楚)나라 군진에 이르게 된 뒤에야 두 사람은 석견를 따라 병거에 올라 석견(射犬)과 함께 병거를 탄 것이다. 모두 전(轉)에 걸터앉아 금(琴)을 탔다. 전(轉)은 의장(衣裝)460)이다. 적진에 가까이 이르자 석견이 고하지도 않고 적진으로 달려가니 석견(射犬)이 원한이 있었음으로 적진 가까이에 와서는 고하지도 않고 수레를 달린 것이다. 두 사람은 모두 자루[橐]에서 투구를 꺼내어 썼다. 초군의 보루 안으로 들어가자 두 사람은 병거에서 내려 초나라 군사들을 쳐 던지고 생포한 자들을 잡아 겨드랑이에 꼈다. 고(橐)는 투구를 담는 자루이다. 두 사람이 투구를 꺼내어 머리에 쓰고 병거에서 내려 초(楚)나라 군사를 치고 생포한 자들을 거두어 포로를 양 겨드랑이에 낀 것이다. 석견은 기다리지 않고 병거를 몰고 빠져나가니 석견(射犬)이 두 사람을 기다리지 않은 것이다. 두 사람은 병거에 뛰어올라 활을 뽑아 쏘았다. 두 사람이 모두 뛰어올라 병거에 탄 것이다. 적진을 벗어나자 다시 전에 걸터앉아 금을 타면서 말하기를 "공손(公孫)이여, 병거에 동승하였으니 형제 간과 같거늘 어찌하여 두 번이나 우리와 상의하지 않았소?"라고 하니 우리에게 고하지도 않고 적진으로 달린 것과 기다리지도 않고 적진을 빠져나온 것을 이른 것이다. 석견이 대답하기를 "지난번에는 오로지 적진으로 들어가려는 생각뿐이었고 지금은 두려웠기 때문이오."라고 하였다. 적진으로 들어가려는 생각뿐이었으므로 고하지도 않고 병거를 달렸고, 적을 두려워하였기 때문에 기다리지 않고 병거를 몰고 나왔다는 것이다. 그러자 두 사람은 모두 웃으며 말하기를 "공손은 급하시구려."라고 하였다. 그 성격이 급하다는 말이다.

楚子自棘澤還 使薳啓疆帥師送陳無宇 吳人爲楚舟師之役故 召舒鳩人 舒鳩人叛楚 舒鳩 楚屬國 **楚子師于荒浦** 荒浦 舒鳩地 **使沈尹壽與師祁犁讓之** 二子 楚大夫 **舒鳩子敬逆二子 而告無之 且請受盟 二子復命 王欲伐之 薳子曰 不可** 令尹薳子馮 **彼告不叛 且請受盟 而又伐之 伐無罪也 姑歸息民 以待其卒** 卒 終也 **卒而不貳 吾又何求 若猶**

---

460) 의장(衣裝) : 융복(戎服)을 넣어두는 자루.

叛我 無辭 有庸 乃還 **彼無辭 我有功**

초자(楚子)가 극택(棘澤)에서 돌아가면서 위계강(薳啓彊)으로 하여금 군대를 거느리고 제(齊)나라 진무우(陳無宇)를 호송하게 하였다. 오인(吳人)이 초(楚)나라 수군이 쳐들어온 일 때문에 서구인(舒鳩人)을 불러들이자 서구인이 초나라를 배반하였다. 서구(舒鳩)는 초(楚)나라의 속국이다. 초자가 황포(荒浦)에 군대를 주둔시키고 황포(荒浦)는 서구(舒鳩)의 땅이다. 심윤(沈尹)인 수(壽)와 사기리(師祁犁)를 보내어 서구인을 꾸짖었다. 두 사람은 초(楚)나라 대부이다. 그러자 서구자(舒鳩子)가 두 사람을 공손히 맞이하여 그런 일이 없다고 고하고 또 맹약을 받아줄 것을 청하였다. 두 사람이 초나라로 돌아가 복명하자 초왕이 서구(舒鳩)를 치고자 하였다. 위자(薳子)가 말하기를 "안 됩니다. 령윤(令尹)인 위자빙(薳子馮)이다. 저들은 배반하지 않겠다고 고하였고 맹약을 받아줄 것을 청하였는데, 또 저들을 친다면 이는 죄 없는 자를 치는 것입니다. 잠시 돌아가 백성을 쉬게 하고 그 끝[卒]을 기다리십시오. 졸(卒)은 끝이다. 끝까지 두마음을 품지 않는다면 우리로서야 또 무엇을 바라겠습니까. 만약 그래도 우리를 배반한다면 저들은 할 말이 없을 것이고, 우리는 전공을 세울 일이 있을 것입니다."라고 하자 초왕이 돌아갔다. 저들은 할 말이 없고 우리는 전공이 있을 것이라는 것이다.

公至自會

양공(襄公)이 회합에서 돌아왔다.

陳鍼宜咎出奔楚

진(陳)나라 겸의구(鍼宜咎)가 초(楚)나라로 망명나갔다.

陳人復討慶氏之黨 鍼宜咎出奔楚 **宜咎 陳鍼子八世孫**

진인(陳人)이 다시 경씨(慶氏)의 당여를 토죄하니[461] 겸의구(鍼宜咎)가 초(楚)나라로 망명나갔다. 의구(宜咎)는 진(陳)나라 겸자(鍼子)의 8세손이다.

---

461) 진인(陳人)이~토죄하니 : 지난해에 진(陳)나라의 경호(慶虎)와 경인(慶寅)이 반란을 일으켰다가 죽임을 당하였는데 이제 그 당여를 토죄한 것이다.

叔孫豹如京師

숙손표(叔孫豹)가 경사(京師)에 갔다.

齊人城郟 郟 王城也 於是穀洛鬪 毁王宮 齊叛晉 欲求媚於天子 故爲王城之 **穆叔如周聘 且賀城 王嘉其有禮也 賜之大路** 爲昭四年叔孫以賜路葬張本

제인(齊人)이 겹(郟) 땅에 성을 쌓았다. 겹(郟)은 왕성(王城)이다. 이때 곡수(穀水)와 락수(洛水)가 부딪치며 흘러 왕궁을 훼손시켰다. 제(齊)나라가 진(晉)나라를 배반하고 천자에게 잘 보이고자 하였기 때문에 왕을 위하여 성을 쌓은 것이다. 목숙(穆叔 : 叔孫豹)이 주(周)나라에 가서 빙문하고 또 성 쌓은 것을 축하하였다. 왕은 그가 례의가 있음을 가상히 여겨 큰 수레[大路]를 하사하였다. 소공(昭公) 4년에 숙손(叔孫 : 穆叔)을 령왕(靈王)이 내려준 수레로 장사지내는 장본이 된다.

○晉侯嬖程鄭 使佐下軍 鄭行人公孫揮如晉聘 揮 子羽也 **程鄭問焉曰 敢問降階何由** 階猶道也 問自降下之道 **子羽不能對 歸以語然明** 然明 鬷蔑 **然明曰 是將死矣 不然 將亡 貴而知懼 懼而思降 乃得其階 下人而已 又何問焉 且夫旣登而求降階者 知人也 不在程鄭 其有亡釁乎** 言程鄭非智人 此必身有奔亡之釁 **不然 其有惑疾 將死而憂也** 爲明年程鄭卒張本

○진후(晉侯)가 정정(程鄭)을 총애하여 하군의 부장으로 삼았다. 정(鄭)나라 행인(行人)인 공손휘(公孫揮)가 진(晉)나라에 가서 빙문하니, 휘(揮)는 자우(子羽)이다. 정정이 그에게 묻기를 "감히 묻건대 스스로 낮추는 방도[階]는 어떻게 해야 하는 것입니까?"라고 하였는데 계(階)는 방도[道]와 같으니, 스스로를 낮추는 방도에 대하여 물은 것이다. 자우(子羽)가 대답하지 못하였다. 자우가 돌아와서 이를 연명(然明)에게 말하니, 연명(然明)은 종멸(鬷蔑)이다. 연명이 말하기를 "그는 곧 죽을 것이고 그렇지 않으면 곧 도망할 것입니다. 귀하게 되면 두려워할 줄 알아야 하고, 두려워하면 자신을 낮출 것을 생각하게 되어 곧 그 방도를 알아 다른 사람들에게 자신을 낮추게 되거늘 또 무슨 질문이 필요하겠습니까. 그리고 무릇 높은 지위에 올라 자신을 낮출 방도를 스스로 구하는 자는 지혜로운 사람입니다. 정정에게는 그러한 점이 없으니 아마도 도망할 징조가 있는 것입니다. 정정(程鄭)은 지혜로운 사람이 아니므로 이에 반드시 그 자신에게 도망할 징조가 있다는 말이다. 그렇지 않다면 그는 의심하는 병이 있어 곧 죽을까봐 근심해서 그러한 질문을 했을 것입니다."라고 하였다. 다음해에 정정(程鄭)이 졸하는 장본이 된다.

大饑

크게 기근이 들었다.

양공(襄公) 25년 【癸丑 B.C.548】

二十有五年 春 齊崔杼帥師伐我北鄙

25년 봄에 제(齊)나라 최저(崔杼)가 군대를 거느리고 우리나라 북쪽 변방을 쳤다.

二十五年 春 齊崔杼帥師伐我北鄙 以報孝伯之師也 公患之 使告于晉 孟公綽曰 崔子將有大志 志在弑君 孟公綽 魯大夫 **不在病我 必速歸 何患焉 其來也不寇 使民不嚴異於他日** 欲得民心 **齊師徒歸**

25년 봄에 제(齊)나라 최저(崔杼)가 군대를 거느리고 우리나라 북쪽 변방을 쳤으니, 효백(孝伯)이 군대를 이끌고 쳐들어갔던 일[462]에 대하여 보복한 것이다. 양공(襄公)이 이를 근심하여 사람을 보내어 진(晉)나라에 이 사실을 고하게 하였다. 맹공작(孟公綽)이 말하기를 "최자(崔子 : 崔杼)는 다른 큰 뜻이 있을 것입니다. 뜻이 임금을 시해하려는데 있다는 것이다. 맹공작(孟公綽)은 로(魯)나라 대부이다. 우리를 괴롭히는데 뜻이 있지 않아 반드시 빨리 돌아갈 것이니 무엇을 근심하겠습니까. 그가 쳐들어와서는 략탈을 하지 않고 백성을 부림에 혹독하지 않으니 다른 때와는 다릅니다."라고 하였다. 민심을 얻고자 한다는 것이다. 제나라 군대는 아무런 성과도 없이 돌아갔다.

462) 효백(孝伯)이~일 : 지난해 로(魯)나라 맹효백(孟孝伯)이 진(晉)나라를 위하여 제(齊)나라를 친 일이다.

夏 五月 乙亥 齊崔杼弑其君光

여름 5월 을해일에 제(齊)나라 최저(崔杼)가 그 임금 광(光)을 시해하였다.

齊棠公之妻 東郭偃之姊也 棠公 棠邑大夫 **東郭偃臣崔武子 棠公死 偃御武子以吊焉 見棠姜而美之 使偃取之 偃曰 男女辨姓 今君出自丁** 齊丁公 崔杼祖 **臣出自桓 不可** 齊桓公 偃之祖 同姜姓 故不可昏 **武子筮之 遇困☵☱** 坎下兌上 **之大過☴☱** 巽下兌上 **史皆曰 吉** 阿崔子 **示陳文子 文子曰 夫從風** 坎爲中男 變爲巽 故曰夫從風 **風隕妻 不可娶也** 夫旣從風 風能隕妻 **且其繇曰 困于石 據于蒺蔾 入于其宮 不見其妻 凶** 困六三爻辭 **困于石 往不濟也 據于蒺蔾 所恃傷也** 坎爲險爲水 兌爲澤 水之險者 石 不可以動 澤草之險者 蒺蔾 有角刺人 恃之則傷 **入于其宮 不見其妻 凶 無所歸也** 六三失位無應 則喪其妻 失其所歸也 **崔子曰 嫠也何害 先夫當之矣** 寡婦曰嫠 **遂取之**

제(齊)나라 당공(棠公)의 처는 동곽언(東郭偃)의 누이이고 당공(棠公)은 당읍대부(棠邑大夫)이다. 동곽언은 최무자(崔武子 : 崔杼)의 가신이었다. 당공이 죽자 언(偃)이 무자(武子)를 수레에 태우고 가서 조문하였는데, 무자가 당강(棠姜)[463]을 보고는 아름답게 여겨 언에게 그녀를 취하게 해달라고 하였다. 언이 말하기를 "남녀의 혼인은 성(姓)을 분별하는 것인데, 지금 그대는 정공(丁公)의 후손이고 제정공(齊丁公)[464]은 최저(崔杼)의 조상이다. 신은 환공(桓公)의 후손이니 통혼할 수 없습니다."라고 하였다. 제환공(齊桓公)은 언(偃)의 조상이니 같은 강성(姜姓)이므로 혼인할 수 없다는 것이다. 무자가 시초점을 쳐서 곤괘(困卦)☵☱가 감(坎)이 하괘이고 태(兌)가 상괘이다. 대과괘(大過卦)☴☱로 손(巽)이 하괘이고 태(兌)가 상괘이다. 변한 괘를 얻으니, 태사(大史)들은 모두 길하다고 하였다. 최자(崔子)에게 아첨한 것이다. 무자가 이 점괘를 진문자(陳文子)에게 보이자, 문자(文子)가 말하기를 "남편은 바람을 따르고 감(坎)은 중남(中男)인데 변하여 손(巽)이 되었기 때문에 남편이 바람을 따른다고 한 것이다. 바람은 처를 떨어뜨리니 처로 맞이해서는 안 됩니다. 남편이 이미 바람을 따르니 바람은 처를 떨어뜨릴 수 있다는 것이다. 또 그 주사(繇辭 : 占辭)에 '바위에 곤난을 당하고 질려(蒺蔾) 위에 앉은 것이라. 집에 들어가도 처를 보지 못하니 흉하다.'고 하였습니다. 곤괘(困卦) 륙삼(六三)의 효사(爻辭)이다. 바위에 곤난을 당한다는 것은 일을 하여도 성공하지 못한다는 뜻이고, 질려 위에 앉는다는 것은 믿는 사람에게 상해를 당한다는 뜻이고, 감(坎)은

463) 당강(棠姜) : 당공(棠公)의 처.

464) 제정공(齊丁公) : 강태공(姜太公 : 呂尙)의 아들 려급(呂伋)이다.

험함이 되고 물이 된다. 태(兌)는 못이 된다. 물에서 험한 곳은 바위이니 움직일 수 없다. 못에 나는 풀 중에서 험한 것이 질려(蒺藜)인데 가시가 있어서 사람을 찌르니, 믿으면 상해를 입는다는 것이다. 집에 들어가도 처를 보지 못하니 흉하다는 것은 돌아갈 곳이 없다는 뜻입니다."라고 하였다. 륙삼(六三)이 자리를 잃어 응함이 없으니 그 처를 잃고 그 돌아갈 곳을 잃는 것이다. 최자(崔子 : 武子)가 말하기를 "그녀는 과부[嫠]이니 무슨 해가 있겠는가. 전 남편이 이미 그 흉을 당하였다."라 하고서 과부(寡婦)를 리(嫠)라고 한다. 드디어 그녀를 취하였다.

莊公通焉 驟如崔氏 以崔子之冠賜人 侍者曰 不可 公曰 不爲崔子 其無冠乎 言雖非崔子 其可無冠乎 **崔子因是** 因是怒公 **又以其間伐晉也** 間晉難而伐之 **曰 晉必將報 欲弑公以說于晉 而不獲間 公鞭侍人賈擧而又近之 乃爲崔子間公** 伺公間隙

제장공(齊莊公)이 그녀와 통정하여 자주 최씨(崔氏)의 집에 가서 최자(崔子)의 관(冠)을 어떤 사람에게 주었다. 시자(侍者)가 말하기를 "안 됩니다."라고 하자, 장공(莊公)이 말하기를 "최자가 아니라고 하여 어찌 관을 쓸 수 없겠는가."라고 하였다. 비록 최자(崔子)가 아니라고 하더라도 어찌 관을 쓸 수 없겠느냐는 말이다.[465] 최자가 이 때문에 분노하였고, 이 때문에 장공(莊公)에게 분노한 것이다. 또 장공이 틈을 리용하여 진(晉)나라를 치니, 진(晉)나라의 환난[466]을 틈타 진나라를 친 것이다. 최자가 말하기를 "진나라가 반드시 보복할 것이다."라 하고 장공을 시해하여 진나라를 기쁘게 하려 하였으나 틈을 얻지 못하였다. 장공이 시인(侍人)인 가거(賈擧)에게 매질을 하고서 또 그를 가까이하니, 가거는 최자를 위하여 장공의 틈을 엿보았다. 장공(莊公)을 시해할 틈을 엿본 것이다.

夏 五月 莒爲且于之役故 莒子朝于齊 甲戌 饗諸北郭 崔子稱疾不視事 乙亥 公問崔子 問疾 **遂從姜氏 姜入于室 與崔子自側戶出 公拊楹而歌** 歌以命姜 **侍人賈擧止衆從者 而入 閉門** 重言侍人 別下賈擧 **甲興 公登臺而請 弗許** 請免 **請盟 弗許 請自刃於廟 弗許 皆曰 君之臣杼疾病 不能聽命 近於公宮 陪臣干掫有淫者 不知二命** 干掫 行夜 言崔子宮近公宮 故衆行夜得淫人 受崔子命討之 不知他命 **公踰墻 又射之 中股 反隊 遂弑之 賈擧州綽邴師公孫敖封具鐸父襄伊僂堙皆死** 八子皆公所嬖勇士 **祝佗父祭於高唐** 高唐有齊別廟 **至 復命 不說弁而死於崔氏** 說 音脫 爵弁 祭服 **申蒯 侍漁者** 侍漁 監取魚之官 **退 謂**

---

465) 비록~말이다 : 최자(崔子) 같은 귀한 신분이 아니라도 최자가 쓰는 좋은 관을 쓸 수 있다는 의미이다.
466) 진(晉)나라의 환난 : 양공(襄公) 23년에 진(晉)나라 란영(欒盈)이 일으킨 반란이다.

其宰曰 爾以帑免 我將死 其宰曰 免 是反子之義也 反死君之義 **與之皆死 崔氏殺鬷蔑于平陰** 鬷蔑 平陰大夫 公外嬖

여름 5월에 거(莒)나라는 저우(且于)의 싸움[467] 때문에 거자(莒子)가 제(齊)나라를 조견하였다. 갑술일에 제장공(齊莊公)이 북곽(北郭)에서 거자를 접대하는데 최자(崔子)는 병을 핑계대고 정무를 보지 않았다.[468] 을해일에 장공(莊公)이 최자를 방문하고서 문병한 것이다. 드디어 강씨(姜氏)를 찾아가니, 강씨는 방안으로 들어가서 최자와 함께 옆문으로 나갔다. 장공이 기둥을 두드리며 노래를 부르고 있었는데, 노래하여 강씨(姜氏)에게 오라고 명한 것이다. 시인(侍人)인 가거(賈擧)가 장공의 시종들을 들어오지 못하게 막고 혼자 들어가서 문을 걸어 잠갔다. 시인(侍人)이라고 거듭 말한 것은 아래의 가거(賈擧)와 구별하기 위해서이다. 매복했던 갑사들이 일어나니 장공은 대(臺) 위로 올라가서 청하였으나 허낙하지 않고, 살려주기를 청한 것이다. 맹약하기를 청하여도 허낙하지 않고, 종묘로 가서 자살하겠다고 청하여도 허낙하지 않았다. 그리고 모두 말하기를 "임금님의 신하 저(杼 : 崔子)는 병이 위독하여 임금님의 명을 들을 수 없습니다. 이곳은 공궁과 가까우므로 배신(陪臣)[469]인 저희들이 밤에 순찰하다가[干掫] 간음하기 위하여 온 자를 잡았으니, 다른 명은 알지 못합니다."라고 하였다. 간추(干掫)는 밤에 순찰함이다. 최자(崔子)의 집이 공궁에 가까우므로 무리지어 밤에 순찰하다가 간음하기 위하여 온 자를 잡았으니, 최자의 명을 받아 그를 토죄할 뿐이고 다른 명은 모른다는 말이다. 장공이 담을 넘어가려 하자 또 활을 쏘아 다리를 맞혀 도로 담 안으로 떨어지니 드디어 시해하였다. 가거(賈擧)·주작(州綽)·병사(邴師)·공손오(公孫敖)·봉구(封具)·탁보(鐸父)·양이(襄伊)·루인(僂堙) 등도 모두 죽었다. 여덟 사람은 모두 장공(莊公)이 총애하던 용사(勇士)들이다. 축타보(祝佗父)는 고당(高唐)으로 가서 제사 지내고 고당(高唐)에는 제(齊)나라의 별묘(別廟)[470]가 있다. 돌아와서 복명하고는[471] 변(弁)도 벗지[說] 않은 채 최씨의 집에서 죽었다. 탈(說)은 음이 탈(脫)이다. 변(弁)은 작변(爵弁)으로 제복(祭服)이다. 신괴(申蒯)는 시어(侍漁)였는데 시어(侍漁)는 물고기 잡는 것을 감독하는 관리이다. 퇴근하여 그 가재(家宰)에게 이르기를 "너는 나의 처자를 데리고 도망하여 죽음을 면하라. 나는 죽으러 갈 것이다."라고 하니, 그 가재가 말하기를 "죽음을 면하기 위하여 도망간다면 이는 님에

---

467) 저우(且于)의 싸움 : 양공(襄公) 23년에 제후(齊侯)가 진(晉)나라를 치고 바로 거(莒)나라의 저우(且于)를 습격하였다가 퇴각한 싸움이다.

468) 병을~않았다 : 제장공(齊莊公)이 문병 오게 하기 위해서였다.

469) 배신(陪臣) : 제후(諸侯)의 경대부(卿大夫)가 천자에 대하여 스스로 이르거나 대부의 가신(家臣)이 제후(諸侯)에 대하여 스스로 이르는 말. 여기서는 최저(崔杼)의 가신이다.

470) 별묘(別廟) : 태묘(大廟) 외의 별도로 세운 묘(廟).

471) 복명하고는 : 제장공(齊莊公)의 시신 앞에서 복명한 것이다.

대한 의리를 배반하는 것입니다."라 하고서 임금을 위하여 죽는 님에 대한 의리를 배반한다는 것이다. 신괴와 함께 죽었다. 최씨(崔氏)는 평음(平陰)에서 종멸(鬷蔑)[472]을 죽였다. 종멸(鬷蔑)은 평음대부(平陰大夫)로 장공(莊公)의 외폐(外嬖)[473]이다.

晏子立於崔氏之門外 其人曰 死乎 曰 獨吾君也乎哉 吾死也 言己與衆臣無異 **曰 行乎 曰 吾罪也乎哉 吾亡也** 自謂無罪 **曰 歸乎 曰 君死安歸 君民者 豈以陵民 社稷是主 臣君者 豈爲其口實 社稷是養** 言君不徒居民上 臣不徒求祿 **故君爲社稷死則死之 爲社稷亡則亡之 若爲己死而爲己亡 非其私暱 誰敢任之 且人有君而弑之 吾焉得死之 而焉得亡之 將庸何歸 門啓而入 枕尸股而哭** 以公尸枕己股 **興 三踊而出 人謂崔子 必殺之 崔子曰 民之望也 舍之 得民 盧蒲癸奔晉 王何奔莒** 二子 莊公黨 爲二十八年殺慶舍張本

안자(晏子)가 최씨(崔氏)의 집 대문 밖에 서 있으니[474] 그 종자가 말하기를 "따라 죽으려 하십니까?"라고 묻자, 안자가 말하기를 "나 한 사람만의 임금이냐. 내가 무엇 때문에 죽겠느냐."라고 하였다. 자신도 여러 신하와 더불어 다름이 없다는 말이다. 종자가 말하기를 "도망가시렵니까?"라고 묻자, 안자가 말하기를 "이것이 나의 죄이냐. 내가 무엇 때문에 도망을 가겠느냐." 라고 하였다. 스스로 죄가 없다고 이른 것이다. 종자가 말하기를 "이대로 돌아가시렵니까?"[475]라고 묻자, 안자가 말하기를 "임금이 죽었으니 어찌 이대로 돌아가겠느냐. 백성의 임금된 자가 어찌 백성을 릉멸해서야 되겠는가. 사직을 주관해야 한다. 임금의 신하된 자가 어찌 봉록만을 탐해서야 되겠는가. 사직을 잘 받들어야 한다. 임금은 한갓 백성의 윗자리에 있기만 해서는 안 되고, 신하는 한갓 봉록만을 구해서는 안 된다는 말이다. 그러므로 임금이 사직을 위하여 죽으면 신하도 따라 죽고, 임금이 사직을 위하여 도망하면 신하도 따라 도망하는 것이다. 만약 임금이 자기 자신을 위하여 죽고 자신을 위하여 도망한다면 그 임금이 사사로이 총애하는 사람이 아니면 누가 구태여 그 일[476]을 맡겠는가. 또 최저(崔杼)라는 사람이 그를 임금으로 세웠다가 시해하였는데 내가 무엇 때문에 따라 죽거나 따라 도망가겠느냐. 그렇다고 어찌 이대로 돌아가겠느냐."라고 하였다. 대문이 열리자 안으로 들어가서 시신을 다리에 베이고 곡하고서 장공(莊公)의 시신을 자기의 다리에 베게 한 것이다. 일어나 세 번 발을 구르고 나왔다. 어

472) 종멸(鬷蔑) : 정(鄭)나라 연명(然明 : 鬷蔑)과는 다른 사람이다.

473) 외폐(外嬖) : 궁중 밖의 총애 받는 신하. 궁중 안의 총애 받는 내시나 녀인인 내폐(內嬖)와 상대되는 말이다.

474) 안자(晏子)가~있으니 : 안자(晏子)가 변란 소식을 듣고 와서 대문을 열어주기를 기다린 것이다.

475) 이대로 돌아가시렵니까 : 조문도 하지 않고 돌아가겠느냐고 물은 것이다.

476) 그 일 : 임금과 함께 죽거나 도망하는 일이다.

떤 사람이 최자(崔子)에게 이르기를 “반드시 그를 죽여야 합니다.”라고 하자, 최자가 말하기를 “백성이 신망하는 사람이니 그냥 놓아주어야 민심을 얻을 수 있다.”라고 하였다. 로포계(盧蒲癸)는 진(晉)나라로 망명하였고, 왕하(王何)는 거(莒)나라로 망명하였다. 두 사람은 장공(莊公)의 당여이다. 28년에 경사(慶舍)를 죽이는 장본이 된다.

叔孫宣伯之在齊也 成十六年 僑如奔齊 **叔孫還納其女於靈公 嬖 生景公** 還 齊羣公子 納宣伯女於靈公 **丁丑 崔杼立而相之 慶封爲左相 盟國人於大宮** 大宮 大公廟 **曰 所不與崔慶者 晏子仰天歎曰 嬰所不唯忠於君利社稷者是與 有如上帝 乃歃 辛巳 公與大夫及莒子盟** 莒子朝齊 遇亂未去 故復與景公盟

로(魯)나라 숙손선백(叔孫宣伯 : 叔孫僑如)이 제(齊)나라에 있을 때 성공(成公) 16년에 교여(僑如)가 제(齊)나라로 망명하였다. 숙손선(叔孫還)이 선백(宣伯)의 딸을 제령공(齊靈公)에게 바쳤는데, 그녀가 령공(靈公)의 총애를 입어 경공(景公)[477]을 낳았다. 선(還)은 제(齊)나라 뭇 공자 중의 한 사람이다. 그가 령공(靈公)에게 선백(宣伯)의 딸을 바친 것이다. 정축일에 최저(崔杼)가 경공을 임금으로 세우고 자기는 재상이 되었으며, 경봉(慶封)을 좌상(左相)으로 삼고서 국인과 태궁(大宮)에서 맹약하기를 태궁(大宮)은 태공(大公)의 사당이다. “맹세코[所] 최씨(崔氏)와 경씨(慶氏)와 뜻을 함께하지 않는다면…”이라고 하니, 안자(晏子)가 하늘을 우러러 탄식하며 말하기를 “나 영(嬰)이 맹세코 임금께 충성하고 사직을 리롭게 하는 자와 뜻을 함께하지 않는다면 상제께서 이를 지켜보실 것이다.”라 하고서 삽혈하였다. 신사일에 경공과 대부가 거자(莒子)와 맹약하였다. 거자(莒子)가 제(齊)나라에 조견하러 왔다가 최저(崔杼)의 란을 만나 돌아가지 못하였기 때문에 다시 경공(景公)과 맹약한 것이다.

大史書曰 崔杼弑其君 崔子殺之 其弟嗣書 而死者二人 其弟又書 乃舍之 南史氏聞大史盡死 南史氏 齊史 在外者 **執簡以往 聞旣書矣 乃還 閭丘嬰以帷縳其妻而載之** 縳 音篆 束也 **與申鮮虞乘而出** 二子 莊公近臣 **鮮虞推而下之** 下嬰妻也 **曰 君昏不能匡 危不能救 死不能死 而知匿其暱** 謂匿其妻 **其誰納之 行及弇中 將舍** 弇中 狹道 舍 止也 **嬰曰 崔慶其追我 鮮虞曰 一與一 誰能懼我** 言道狹一人當一人 **遂舍 枕轡而寢** 恐失馬也 **食馬而食 駕而行 出弇中 謂嬰曰 速驅之 崔慶之衆不可當也 遂來奔** 道廣 衆不可當

477) 경공(景公) ; 제장공(齊莊公)의 이모제(異母弟)인 저구(杵臼)이다.

태사(大史)가 사책(史策)에 '최저(崔杼)가 그 임금을 시해하였다.'고 기록하니 최자(崔子)가 그를 죽였다. 그 아우가 뒤를 이어 기록하니 죽은 사람이 둘이 되었다. 그 아우가 또 기록하니 그제서야 죽이지 않고 두었다. 남사씨(南史氏)가 태사들이 다 죽었다는 소식을 듣고 남사씨(南史氏)는 제(齊)나라 사관(史官)으로 궁 밖에 있던 자이다. 죽간을 들고 갔다가[478] 이미 사실대로 기록되었다는 것을 듣고는 돌아갔다. 려구영(閭丘嬰)이 휘장으로 그의 처를 싸서[縛] 수레에 싣고 전(縛)은 음이 전(篆)이니 둘러쌈이다. 신선우(申鮮虞)와 함께 타고서 도망하려는데 두 사람은 장공(莊公)의 근신(近臣)이다. 선우(鮮虞)가 떠밀어 내리게 하고 영(嬰)의 처를 수레에서 내리게 한 것이다. 말하기를 "임금이 혼암한데도 바로잡지 못하였고, 임금이 위태로운데도 구원하지 못하였으며, 임금이 죽었는데도 따라 죽지 못했으면서도 자기와 친한 이를 숨길 줄만 아니 그 처를 숨긴 것을 이른다. 누가 우리를 받아주겠는가."라고 하였다. 가다가 좁은 길[弇中]에 이르러 하룻밤을 머물려[舍] 하자, 엄중(弇中)은 좁은 길이다. 사(舍)는 머묾이다. 영(嬰)이 말하기를 "최씨(崔氏)와 경씨(慶氏)가 아마도 우리를 추격할 것이다."라고 하니, 선우가 말하기를 "일대일로 대응할 것이니 누가 우리를 두렵게 하겠는가."라 하고서 길이 좁으므로 한 사람이 한 사람씩 감당할 수 있다는 말이다. 드디어 그곳에서 머물며 말고삐를 베고 잤다. 말을 잃을까 념려해서이다. 다음 날 말을 먹인 뒤에 밥을 먹고서 수레에 말을 메워 길을 떠났다. 좁은 길을 빠져나와 영에게 말하기를 "빨리 말을 몰라. 최씨와 경씨의 무리를 당할 수 없다."라 하고서 드디어 우리나라로 망명왔다. 길이 넓어 많은 무리를 당해낼 수 없다는 것이다.

崔氏側莊公于北郭 側 瘞埋之 **丁亥 葬諸士孫之里** 士孫 人姓 因名里 十三日便葬 **四翣** 諸侯六翣 **不蹕 下車七乘 不以兵甲** 下車 送葬之車 舊用九乘 又有甲兵

최씨(崔氏)가 장공(莊公)을 북곽(北郭)에 묻어두었다가[側] 측(側)은 묻는 것이다. 정해일에 사손(士孫)이라는 마을에 장사지냈는데 사손(士孫)은 사람의 성(姓)인데 그 성을 따서 마을의 이름을 삼은 것이다. 죽은 지 13일 만에 편의대로 장사지낸 것이다. 삽(翣)[479]을 네 개만 사용하고, 제후(諸侯)는 여섯 개의 삽(翣)을 사용한다. 벽제[蹕][480]도 하지 않고, 하거(下車) 일곱 채로 송장하고, 갑병으로 호송하지도 않았다. 하거(下車)는 송장(送葬)하는 수레이다. 과거에는 제후(齊侯)의 상(喪)에 수레 아홉 채를 사용하였고 또 갑병으로 호송하였다.

---

478) 죽간을~갔다가 : 최저(崔杼)가 임금을 죽였다는 사실을 기록하려고 죽간을 들고 간 것이다.

479) 삽(翣) : 발인할 때의 상여 장식.

480) 벽제[蹕] : 사람의 통행을 막고 길을 치우는 것이다. 벽제(辟除)를 이른다.

公會晉侯宋公衛侯鄭伯曹伯莒子邾子滕子薛伯杞伯小邾子于夷儀

양공(襄公)이 진후(晉侯)·송공(宋公)·위후(衛侯)·정백(鄭伯)·조백(曹伯)·거자(莒子)·주자(邾子)·등자(滕子)·설백(薛伯)·기백(杞伯)·소주자(小邾子)와 이의(夷儀)에서 회합하였다.

晉侯濟自泮 泮 水名 **會于夷儀 伐齊 以報朝歌之役 齊人以莊公說 使隰鉏請成 慶封如師** 鉏 隰朋之曾孫 **男女以班** 示晉以恐懼服罪 **賂晉侯以宗器樂器** 宗器 祭祀之器 **自六正** 六卿 **五吏三十帥** 五吏 文職 三十帥 武職 **三軍之大夫百官之正長** 羣有司 **師旅** 小將帥 **及處守者皆有賂 晉侯許之 使叔向告於諸侯 公使子服惠伯對曰 君舍有罪 以靖小國 君之惠也 寡君聞命矣** 惠伯 孟椒 **晉侯使魏舒宛沒逆衛侯** 衛獻公以十四年奔齊 **將使衛與之夷儀** 夷儀 本邢地 衛滅邢而爲衛邑 晉侯愍獻公失國 使衛分一邑與之 **崔子止其帑 以求五鹿** 崔杼欲得衛之五鹿 留衛侯妻子

진후(晉侯)가 반수(泮水)를 건너가 반(泮)은 물 이름이다. 이의(夷儀)에서 제후들과 회합하여 제(齊)나라를 쳐 조가(朝歌)의 싸움[481]에 대해 보복하려 하였다. 이에 제인(齊人)이 장공(莊公)을 시해한 일로 해명하고서[482] 습서(隰鉏)를 보내어 화친을 청하였다. 경봉(慶封)이 진(晉)나라 군중으로 가서 서(鉏)는 습붕(隰朋)의 증손이다. 남녀별로 구분하여 바치고 진(晉)나라에게 두려워하고 죄를 인정하는 모습을 보인 것이다. 진후에게는 종기(宗器)와 악기(樂器)를 뇌물로 바쳤으며 종기(宗器)는 제사 지낼 때 쓰는 그릇이다. 6정(正)으로부터 6경(卿)이다. 5리(吏)·30수(帥)· 5리(吏)는 문관직이고, 30수(帥)는 무관직이다. 3군(軍)의 대부·백관의 정장(正長)· 여러 유사(有司)이다. 사려(師旅) 소장수(小將帥)이다. 및 처수자(處守者)[483]에게까지 모두 뇌물을 주었다. 진후가 화친을 허낙하고 숙향(叔向)을 보내어 제후들에게 이를 알리자, 양공(襄公)이 자복혜백(子服惠伯)을 보내어 대답하게 하기를 "임금님께서 죄 있는 자를 용서하여 소국을 안정시키니 이는 임금님의 은혜입니다. 과군은 명을 듣겠습니다."라고 하였다. 혜백(惠伯)은 맹초(孟椒)이다. 진후가 위서(魏舒)와 완몰(宛沒)을 제나라에 보내어 위후(衛侯)를 맞이해 오게 하고, 위헌공(衛獻公)은 14년에 제(齊)나라로 망명하였다.[484] 위(衛)나라로 하여금 위후에게 이의를 주게 하려

---

481) 조가(朝歌)의 싸움 : 양공(襄公) 23년에 제장공(齊莊公)이 진(晉)나라을 쳐서 조가(朝歌)를 취한 싸움이다.

482) 제인(齊人)이~해명하고서 : 제장공(齊莊公)이 진(晉)나라를 침범하고 또 그 명을 따르지 않았으므로 이제 그를 죽여 진나라에 복종하겠다고 해명한 것이다.

483) 처수자(處守者) : 임금이 지방이나 외국에 나가 있을 때 도성의 수비를 책임지는 자.

하였는데 이의(夷儀)는 본래 형(邢)나라 땅이다. 위(衛)나라가 형나라를 멸하고 그 땅을 위나라 읍으로 삼았다. 진후(晉侯)가 위헌공(衛獻公)이 나라를 잃은 것을 가엾게 여겨 위나라로 하여금 그 한 읍을 나누어서 위헌공에게 주게 한 것이다. 최자(崔子)가 위후의 가속을 억류하고서 오록(五鹿)을 요구하였다. 최저(崔杼)가 위(衛)나라의 오록(五鹿)을 차지하고자 위후(衛侯)의 처자를 억류한 것이다.

六月 壬子 鄭公孫舍之帥師入陳

6월 임자일에 정(鄭)나라 공손사지(公孫舍之)가 군대를 거느리고 진(陳)나라로 쳐들어갔다.

初 陳侯會楚子伐鄭 當陳隧者 井堙木刊 刊 除也 **鄭人怨之 六月 鄭子展子産帥車七百乘伐陳 宵突陳城** 突 穿也 **遂入之 陳侯扶其大子偃師奔墓** 欲逃冢間 **遇司馬桓子 曰 載余 曰 將巡城 遇賈獲** 賈獲 陳大夫 **載其母妻 下之 而授公車 公曰 舍而母** 謂置汝母於車 **辭曰 不祥** 不欲男女無別 **與其妻扶其母以奔墓 亦免**

이보다 앞서[485] 진후(陳侯)가 초자(楚子)와 회합하여 정(鄭)나라를 칠 때 진(陳)나라 군대가 지나는 길[隧]마다 우물을 메우고 나무를 베어내니[刊] 천(刊)은 제거함이다. 정인(鄭人)이 원통해 하였다. 6월에 정나라 자전(子展 : 公孫舍之)과 자산(子産)이 병거 7백 승을 거느리고 진(陳)나라를 쳐서 밤에 진나라 도성을 돌파하여[突] 돌(突)은 뚫음이다. 드디어 성내로 쳐들어갔다. 진후(陳侯)가 그 태자 언사(偃師)를 붙들고 무덤으로 달아나다가 무덤 사이로 달아나고자 한 것이다. 사마(司馬)인 환자(桓子)를 만나자 "나를 수레에 태우라."고 하니, 환자는 "성을 순시하려 합니다."라고 하였다. 가획(賈獲)을 만났는데 가획(賈獲)은 진(陳)나라 대부이다. 그 어머니와 처를 수레에 태우고 있었다. 가획이 그들을 내리게 하고 진애공(陳哀公)에게 수레를 주니, 애공(哀公)이 말하기를 "네 어머니는 그대로 두라."고 하자, 너의 어머니는 수레에 그대로 두라고 이른 것이다. 가획이 사양하여 말하기를 "상서롭지 못한 일입니다."라 하고 남녀의 분별이 없음을 원치 않은 것이다. 그의 처와 함께 어머니를 부축해 무덤으로 달아나 역시 화를 면하였다.

---

484) 위헌공(衛獻公)은~망명하였다 : 위헌공(衛獻公)이 실정하여 손문자(孫文子)의 공격을 받고 제(齊)나라로 망명한 일을 말한다.

485) 이보다 앞서 : 지난해이다.

子展命師無入公宮 與子産親御諸門 御 禁止也 **陳侯使司馬桓子賂以宗器 陳侯免 擁社** 免 音問 喪服 抱社主 示服 **使其衆男女別而纍 以待於朝 子展執縶而見** 執馬韁而見陳侯 修臣禮 **再拜稽首 承飮而進獻** 承飮 奉觴 **子美入 數俘而出** 子美 子産也 但數所獲 不將以歸 **祝袚社 司徒致民 司馬致節 司空致地 乃還** 袚 除也 節 兵符 陳亂 故使官修其職 各依其舊

자전(子展)이 군대에 명하여 진(陳)나라 공궁에 들어가지 못하게 하고서 자산(子産)과 함께 친히 궁문을 지켰다[御].[486] 어(御)는 출입을 금지시킴이다. 진후(陳侯)는 사마(司馬)인 환자(桓子)를 보내어 종기(宗器)를 뇌물로 바치게 하고, 진후 자신은 상복을 입고[免] 사(社)의 신주를 가슴에 안고서 문(免)은 음이 문(問)이니 상복(喪服)이다. 사(社)의 신주를 안은 것은 항복의 뜻을 보인 것이다. 그 무리를 남녀로 구별해 결박을 지어 조정에서 기다리게 하였다. 자전은 말고삐[縶]를 손에 쥐고 나아가 진후를 만나고는 말고삐를 잡고 진후(陳侯)를 만난 것은 신하의 례를 행한 것이다. 두 번 절하고 머리를 조아리고 술잔을 받들어[承飮] 진후에게 올리고 승음(承飮)은 술잔을 받드는 것이다. 자미(子美)는 들어가 포로의 숫자를 헤아리고 나왔다. 자미(子美)는 자산(子産)이다. 단지 잡은 포로의 숫자만 세었을 뿐 데리고 돌아가려 하지 않은 것이다. 정(鄭)나라는 진(陳)나라 축사(祝史)에게 사(社)에서 재액(災厄)을 떨어내게 하고[袚],[487] 사도(司徒)에게 백성을 돌려주고, 사마(司馬)에게 병부[節]를 돌려주고, 사공(司空)에게 땅을 돌려준 뒤 돌아갔다.[488] 불(袚)은 제거함이다. 절(節)은 병부(兵符)이다. 진(陳)나라가 어지럽기 때문에 그 관리들로 하여금 직무를 행하게 하되 각기 예전의 직책에 의거하게 한 것이다.

秋 八月 己巳 諸侯同盟于重丘

가을 8월 기사일에 제후들이 중구(重丘)에서 동맹하였다.

夷儀之諸侯也 重丘 齊地

이의(夷儀)에서 회합한 제후들이다. 중구(重丘)는 제(齊)나라 땅이다.

---

486) 자전(子展)이~지켰다[御] : 진(陳)나라를 복종시키려고만 하였기 때문에 략탈을 금지시킨 것이다.

487) 정(鄭)나라는~하고[袚] : 정(鄭)나라의 침입으로 진(陳)나라의 토지신이 노할까 두려워 재액(災厄)을 떨어내는 의식을 행하게 한 것이다.

488) 정(鄭)나라는~돌아갔다 : 여기에서의 축사(祝史)·사도(司徒)·사마(司馬)·사공(司空)을 정(鄭)나라의 관리로 보아 그들이 진(陳)나라 관리에게 직무를 행하도록 하였다고 보는 설도 있다.

秋 七月 己巳 同盟于重丘 齊成故也 己巳 七月十一日 經誤 **趙文子爲政** 趙武代范匄 **令薄諸侯之幣而重其禮** 以重禮待諸侯 **穆叔見之** 魯穆叔 **謂穆叔曰 自今以往 兵其少弭矣 齊崔慶新得政 將求善於諸侯 武也知楚令尹** 屈建 **若敬行其禮 道之以文辭 以靖諸侯兵可以弭** 爲二十七年盟于宋傳

가을 7월 기사일에 중구(重丘)에서 동맹하였으니, 제(齊)나라가 화친하였기 때문이다. 기사일은 7월 11일이니 경문이 잘못되었다. 진(晉)나라 조문자(趙文子)가 집정이 되어 조무(趙武 : 趙文子)가 범개(范匄)를 대신한 것이다. 제후들이 바치는 례물은 경감해주고 그들에 대한 례는 더해주도록 명령하였다. 중한 례로 제후들을 대우한 것이다. 목숙(穆叔)이 그를 만나니 로(魯)나라 목숙(穆叔)이다. 목숙에게 말하기를 "지금 이후로는 싸움이 잠시 없을 것이오. 제나라의 최씨(崔氏)와 경씨(慶氏)가 새로 정권을 잡아 제후들과 사이좋게 지내고자 할 것이오. 나 무(武)는 초(楚)나라 령윤(令尹)을 잘 알고 있으니, 굴건(屈建)이다. 만약 우리가 공경히 례를 행하고 좋은 글로 유도하여 제후들을 안정시킨다면 병란은 그치게 될 것이오."라고 하였다. 27년에 송(宋)나라에서 맹약하는 전(傳)의 배경이 된다.

公至自會

양공(襄公)이 회합에서 돌아왔다.

衛侯入于夷儀

위후(衛侯)가 이의(夷儀)로 들어갔다.

衛剽篡 故衎入不名

위(衛)나라 표(剽 : 殤公)가 찬탈하였기 때문에 간(衎 : 獻公)이 들어갔다는 식의 이름을 쓰지 않은 것이다.[489]

衛獻公入于夷儀

489) 위(衛)나라~것이다 : 간(衎 : 衛獻公)이 임금의 자격으로 들어갔기 때문에 경문에 위후(衛侯)라 하고 이름을 쓰지 않은 것이다.

위헌공(衛獻公)이 이의(夷儀)로 들어갔다.

楚屈建帥師滅舒鳩
초(楚)나라 굴건(屈建)이 군대를 거느리고 서구(舒鳩)를 멸하였다.

楚薳子馮卒 屈建爲令尹 屈蕩爲莫敖 宣十二年 屈蕩 屈建之祖父 今此屈蕩同姓名 **舒鳩人卒叛 楚令尹子木伐之 及離城** 子木 屈建也 離城 舒鳩城 **吳人救之 子木遽以右師先** 先至舒鳩 **子彊息桓子捷子駢子盂帥左師以退** 五人與吳相遇而退 **吳人居其間七日 子彊曰 久將墊隘 隘乃禽也 不如速戰** 墊隘 慮水雨 **請以其私卒誘之 簡師 陳以待我** 簡閱精兵 駐後爲陳 **我克則進 奔則亦視之 乃可以免 不然 必爲吳禽 從之 五人以其私卒先擊吳師 吳師奔 登山以望 見楚師不繼 復逐之 傅諸其軍** 逐五子 至本軍 **簡師會之 吳師大敗 遂圍舒鳩 舒鳩潰**

초(楚)나라 위자빙(薳子馮)이 졸하자 굴건(屈建)이 령윤(令尹)이 되고 굴탕(屈蕩)이 막오(莫敖)가 되었다. 선공(宣公) 12년조에 굴탕(屈蕩)은 굴건(屈建)의 조부로 나오는데, 지금 여기에서의 굴탕과 성명이 같다. 서구인(舒鳩人)이 마침내 초나라를 배반하자 초나라 령윤 자목(子木)이 그들을 쳐서 리성(離城)에 이르렀다. 자목(子木)은 굴건(屈建)이다. 리성(離城)은 서구(舒鳩)의 성(城)이다. 오인(吳人)이 서구(舒鳩)를 구원하자 자목은 급히 우사(右師)를 이끌고 앞장서고 먼저 서구(舒鳩)에 이른 것이다. 자강(子彊)·식환(息桓)·자첩(子捷)·자변(子駢)·자우(子盂)는 좌사(左師)를 거느리고 후퇴하였다. 다섯 사람은 오(吳)나라 군대를 만나 후퇴한 것이다.[490] 오인(吳人)이 그 사이[491]를 차지하여 7일을 지내자, 자강이 말하기를 "시간을 끌게 되면 험난한 지경에 빠지게 되고 험난한 지경에 빠지게 되면 포로가 될 것이니 빨리 싸우는 것만 같지 못하오. 험난한 지경에 빠지게 된다는 것은 장맛비를 념려한 것이다. 우리가 사졸(私卒)을 이끌고 적을 유인하고, 가려 뽑은 군사[簡師]는 진을 치고서 우리를 기다리게 합시다. 정병(精兵)을 가려 뽑아 뒤에 주둔하면서 진을 치게 한 것이다. 우리가 이기면 가려 뽑은 군사도 전진하고 우리가 패주하면 상황을 보아 행동한다면 포로는 면할 수 있을 것이오. 그렇게 하지 않는다면 반드시 오(吳)나라의 포로가

490) 다섯~것이다 : 다섯 사람이 자목(子木)을 따라가다가 도중에 오(吳)나라 군대를 만나 후퇴한 것이다.
491) 그 사이 : 초(楚)나라 우사(右師)와 좌사(左師) 사이이다.

될 것이오."라고 하자, 모두 그 말을 따랐다. 다섯 사람이 그들의 사졸을 이끌고 먼저 오나라 군대를 치니 오나라 군대가 달아나 산에 올라 정세를 관망하였다. 초나라 군대가 이어지지 않는 것을 보고는 오나라는 다시 그들을 추격하여 초나라 군진까지 이르렀다. 다섯 사람을 추격하여 본진까지 이른 것이다. 그러자 초나라의 가려 뽑은 군사가 사졸과 회합하여 공격하니 오나라 군대가 크게 패하였고, 드디어 서구를 포위하니 서구의 백성이 흩어졌다.

八月 楚滅舒鳩 楚子以滅舒鳩賞子木 辭曰 先大夫蔿子之功也 以與蔿掩 **往年楚伐舒鳩 蔿子馮請退師 蔿掩 子馮之子**

8월에 초(楚)나라가 서구(舒鳩)를 멸하였다. 초자(楚子)는 서구를 멸한 공으로 자목(子木)에게 상을 내렸는데, 자목이 사양하며 말하기를 "선대부 위자(蔿子 : 蔿子馮)[492]의 공입니다."라고 하니, 위엄(蔿掩)에게 상을 주었다. 지난해 초(楚)나라가 서구(舒鳩)를 칠 때 위자빙(蔿子馮)이 군대를 물릴 것을 청하였다.[493] 위엄(蔿掩)은 자빙(子馮)의 아들이다.

冬 鄭公孫夏帥師伐陳

겨울에 정(鄭)나라 공손하(公孫夏)가 군대를 거느리고 진(陳)나라를 쳤다.

夏 公作囆

하(夏)는 《공양전(公羊傳)》에는 채(囆)로 되어 있다.

鄭子産獻捷于晉 戎服將事 晉人問陳之罪 對曰 昔虞閼父爲周陶正 以服事我先王 **閼父 舜後** **我先王賴其利器用也 與其神明之後也 庸以元女大姬配胡公** **元女 武王長女 胡公 閼父子滿** **而封諸陳 以備三恪** **周封虞夏殷後 示敬 故曰三恪** **則我周之自出 至于今是賴 桓公之亂 蔡人欲立其出** **蔡出 陳桓公子厲公** **我先君莊公奉五父而立之 蔡人殺之 我又與蔡人奉戴厲公 至于莊宣 皆我之自立** **莊宣皆厲公子** **夏氏之亂 成公播蕩 又我之自**

492) 위자(蔿子 : 蔿子馮) : '蔿'는 '薳'로도 쓴다.

493) 지난~청하였다 : 지난해 초자(楚子)가 서구(舒鳩)를 치려 할 때 위자빙(薳子馮)이 군대를 물리고 서구가 배반할 때를 기다리자고 청한 일을 말한다. 초자가 그 말에 따라 퇴군하였는데 서구인(舒鳩人)이 마침내 초(楚)나라를 배반하자 이때를 리용하여 서구를 얻었기 때문에 자목(子木)이 공을 위자빙에게 돌리니, 초자가 그 아들에게 상을 내린 것이다.

入 君所知也 成公自晉 因鄭而入 **今陳忘周之大德 蔑我大惠 棄我姻親 介恃楚衆 以馮陵我敝邑 不可億逞** 億 度也 逞 盡也 **我是以有往年之告 未獲成命** 未得伐陳命 **則有我東門之役 當陳隧者 井堙木刊 敝邑大懼不競而恥大姬** 上辱大姬之靈 **天誘其衷 啓敝邑心 陳知其罪 授手于我 用敢獻功**

정(鄭)나라 자산(子産)이 진(晉)나라에 가서 진(陳)나라에서 얻은 전리품[捷]을 바칠 때 융복(戎服)차림으로 일을 처리하였다. 진인(晉人)이 진(陳)나라의 죄에 대해 묻자, 자산이 다음과 같이 대답하였다. "옛날 우알보(虞閼父)가 주(周)나라의 도정(陶正)[494]이 되어 우리 주나라의 선왕을 섬겼습니다. 알보(閼父)는 순(舜)임금의 후손이다. 우리 선왕께서는 그가 기물의 사용을 편리하게 한 것과 신명(神明 : 舜)의 후손임을 신뢰하여 이에[庸] 원녀(元女)인 태희(大姬)를 호공(胡公)의 배필로 주시고 원녀(元女)는 무왕(武王)의 장녀이다. 호공(胡公)은 알보(閼父)의 아들 만(滿)이다. 진(陳)나라에 봉하여 삼각(三恪)을 갖추셨습니다. 주(周)나라가 우(虞)·하(夏)·은(殷)나라의 후손들을 봉하여[495] 공경하는 마음을 보였으므로 삼각(三恪)이라고 한다. 그러므로 진(陳)나라는 우리 주(周)나라로부터 나와서 지금까지 힘입고 있습니다. 진환공(陳桓公) 때의 란[496]에 채인(蔡人)이 채나라 녀자가 낳은 아들을 세우고자 하였으나 채(蔡)나라 녀자가 낳은 아들은 진환공(陳桓公)의 아들 려공(厲公)이다. 우리 선군인 장공(莊公)께서 오보(五父)[497]를 받들어 세웠습니다. 채인이 그를 죽이자 우리는 또 채인과 함께 진려공(陳厲公)을 받들어 모셨고 진장공(陳莊公)과 진선공(陳宣公)에 이르기까지 이는 모두 우리가 세워준 것입니다. 진장공(陳莊公)과 진선공(陳宣公)은 모두 진려공(陳厲公)의 아들이다. 하씨(夏氏)의 란 때 진성공(陳成公)이 망명다니다가[498] 또 우리의 도움으로 진(陳)나라로 들어가게 된 사실은 임금님께서도 아시는 바입니다. 진성공(陳成公)이 진(晉)나라에서 정(鄭)나라의 도움으로 진(陳)나라로 들어갔다. 그런데 지금 진(陳)나라는 주나라의 큰 덕을 잊고 우리의 큰 은혜를 무시하고 인척 관계인 우리를 버리고 초나라 무리를 크게 믿어 우리나라를 짓밟으려 하였으니, 저들이 제멋대로 헤아려[億] 욕심을 다 부리게[逞] 할 수 없었습니다. 억(億)은 헤아림이고, 령(逞)은 다함이다. 우리는 이 때문에 지난해에

494) 도정(陶正) : 도기(陶器) 만드는 일을 관장하는 장관.

495) 주(周)나라가~봉하여 ; 우(虞)나라의 후손은 진(陳)나라에 봉하였고, 하(夏)나라의 후손은 기(杞)나라에 봉하였고, 은(殷)나라의 후손은 송(宋)나라에 봉하였다.

496) 진환공(陳桓公) 때의 란 : 로환공(魯桓公) 5년에 진(陳)나라 공자 타(佗)가 진환공(陳桓公)의 태자 문(免)을 죽이고 대신 임금이 된 일이다.

497) 오보(五父) : 진환공(陳桓公)의 아우인 공자 타(佗)이다.

498) 하씨(夏氏)의~다니다가 : 선공(宣公) 10년에 진(陳)나라 하징서(夏徵舒)가 진령공(陳靈公)을 시해하였고, 진령공의 아들 진성공(陳成公)이 진(晉)나라로 망명한 일을 말한다.

고하였으나 진(晉)나라의 명을 듣지 못하다가, 진(陳)나라를 치라는 명을 듣지 못한 것이다. 우리 동문(東門)의 싸움[499]에서 진(陳)나라가 지나는 길마다 우물을 메우고 나무를 베어버렸습니다. 우리나라는 강하지 못하여 태희를 수치스럽게 한 점을 크게 두려워하였는데[500] 위로 태희(大姬)의 혼령을 욕되게 한 것이다. 하늘이 그 충심을 인도하고 우리나라 사람들의 마음을 열어주시어[501] 진(陳)나라가 그 죄를 알아 우리에게 손을 내밀었습니다.[502] 그리하여 감히 전리품[功]을 바칩니다."

晉人曰 何故侵小 對曰 先王之命 唯罪所在 各致其辟 且昔天子之地一圻 方千里 **列國一同** 方百里 **自是以衰** 衰 差降 **今大國多數圻矣 若無侵小 何以至焉 晉人曰 何故戎服 對曰 我先君武莊爲平桓卿士 城濮之役 文公布命曰 各復舊職** 晉文公 **命我文公戎服輔王 以授楚捷 不敢廢王命故也 士莊伯不能詰** 士莊伯 士弱也 **復於趙文子 文子曰 其辭順 犯順不祥 乃受之**

진인(晉人)이 말하기를 "무슨 까닭으로 작은 나라를 침범하였소?"라고 하니, 자산(子産)이 대답하기를 "선왕의 명에 '오직 죄가 있는 곳을 따라 주벌(誅罰 : 辟)을 행하라.'고 하였습니다. 또 옛날 천자의 땅은 1기(圻)이고, 사방 1천 리이다 렬국(列國)은 1동(同)이니 사방 1백 리이다 이로부터 점차 줄어듭니다[衰]. 쇠(衰)는 점차 줄어듦이다. 지금 대국은 대부분 여러 기(圻)의 땅을 소유하고 있으니, 만약 작은 나라를 침범하지 않았다면 어떻게 여기에 이르렀겠습니까."라고 하였다. 진인이 말하기를 "무슨 까닭으로 융복 차림을 하였소?"라고 하니, 자산이 대답하기를 "우리 선군이신 무공(武公)과 장공(莊公)은 평왕(平王)과 환왕(桓王)의 경사(卿士)였습니다. 성복(城濮)의 싸움[503]에서 진문공(晉文公)께서 명을 선포하기를 '각각 옛날의 직분을 회복하라.'고 하시고, 진문공(晉文公)이다. 우리 문공(文公)에게 융복 차림으로 왕을 보필하고 초(楚)나라에서 얻은 전리품[捷]을 바치라고 명하였습니다. 그래서 저는 감히 왕명[504]을 폐할 수 없었기 때문입니다."라고 하였다. 사장백(士莊伯)이 더 이상 자산을 힐

---

499) 동문(東門)의 싸움 : 진(陳)나라가 초(楚)나라를 따라 정(鄭)나라 동문(東門)을 친 싸움이다.

500) 우리나라는~두려워하였는데 : 정(鄭)나라가 진(陳)나라의 잘못을 바로잡지 못하여 진나라가 방자하게 행동하게 함으로써 태희(大姬)로 하여금 수치심을 느끼게 하였다는 말이다.

501) 우리나라~열어주시어 : 하늘이 정(鄭)나라 사람들에게 진(陳)나라를 공격하여 응징하도록 하는 마음을 열어주었다는 말이다.

502) 진(陳)나라가~내밀었습니다 : 진(陳)나라가 정(鄭)나라에 항복하여 화친을 구하였다는 말이다.

503) 성복(城濮)의 싸움 : 희공(僖公) 28년에 진(晉)나라와 초(楚)나라가 패권을 두고 성복(城濮)에서 벌인 싸움이다.

문할 수 없어 사장백(士莊伯)은 사약(士弱)이다. 조문자(趙文子)에게 복명하니, 문자(文子)가 말하기를 "그의 말이 순리에 맞소. 순리를 범하는 것은 상서롭지 못하오."라 하고 전리품을 받았다.

冬 十月 子展相鄭伯如晉 拜陳之功 謝晉受功 **子西復伐陳** 陳猶未服故 **陳及鄭平**

겨울 10월에 자전(子展)이 정백(鄭伯)의 상(相)이 되어 진(晉)나라에 가서 진(陳)나라에서 이룬 공을 받아준 것[505]에 대하여 배사하였다. 진(晉)나라가 공을 받아들인 것에 감사한 것이다. 초(楚)나라 자서(子西)가 다시 진(陳)나라를 치니 진(陳)나라가 여전히 복종하지 않았기 때문이다. 진(陳)나라가 정(鄭)나라와 화평하였다.

仲尼曰 志有之 志 古書 **言以足志 文以足言** 足猶成也 **不言 誰知其志 言之無文 行而不遠 晉爲伯 鄭入陳 非文辭不爲功 愼辭哉**

중니(仲尼)는 말하였다. "지(志)에 있듯이 지(志)는 고서(古書)이다. '말로 뜻을 이루고[足] 문채로 말을 이룬다.'고 하였으니 족(足)은 이룸[成]과 같다. 말하지 않으면 누가 그 뜻을 알겠으며, 말하되 문채가 없으면 행해지더라도 멀리까지 미치지 못하는 것이다. 진(晉)나라가 패자였는데도 정(鄭)나라가 진(陳)나라로 쳐들어갔으니, 자산(子産)의 문사(文辭)가 아니었다면 공이 되지 못하였을 것이다. 그러므로 말은 신중히 해야 하는 것이다."

○楚蔿掩爲司馬 子木使庀賦 庀 治也 **數甲兵 甲午 蔿掩書土田** 書土地之宜 **度山林** 量山林之材 **鳩藪澤** 水希曰藪 水鍾曰澤 鳩 聚也 禁民焚壞 以備田獵 **辨京陵** 絶高曰京 大阜曰陵 別之以爲冢墓 **表淳鹵** 淳鹵 鹹薄之地 表異 輕其賦稅 **數疆潦** 疆界有流潦者 計數減其租入 **規偃豬** 偃豬 下濕之地 規度其受水多少 **町原防** 原 山田 防 隄也 不得方正如井田 別爲小頃町 **牧隰皐** 濕皐 水厓下濕 爲芻牧之地 **井衍沃** 衍沃 平美之地 九夫爲井 **量入修賦** 量九土之所入 治其賦稅 **賦車籍馬** 籍疏其毛色歲齒 以備軍用 **賦車兵徒兵甲楯之數 旣成 以授子木 禮也**

○초(楚)나라 위엄(蔿掩)이 사마(司馬)가 되자, 령윤(令尹)인 자목(子木 : 屈建)이 그에게

504) 왕명 : 희공(僖公) 28년 성복(城濮)의 싸움이 끝난 뒤, 진문공(晉文公)이 정문공(鄭文公)에게 융복차림으로 왕을 보필하고 초(楚)나라에서 얻은 전리품을 바치라고 한 명이다. 이는 진문공의 명이었으나 당시에 진문공이 패자로서 왕을 대신하여 명하였기 때문에 왕의 명이라고 자산(子産)이 이른 것이다.

505) 진(晉)나라에~것 : 정(鄭)나라가 진(陳)나라를 친 것을 진(晉)나라가 승인하였다는 의미이다.

부세(賦稅)를 다스리고[庀] 비(庀)는 다스림이다. 갑옷과 병기의 수량을 검열하게 하였다. 갑오일에 위엄이 토전(土田)을 기록하고 그 토지(土地)의 마땅한 용도를 기록한 것이다. 산림(山林)을 헤아리고 산림(山林)의 목재를 계산한 것이다. 늪지[藪]와 연못[澤]의 자료를 모으고[鳩] 물이 드물게 있는 곳을 수(藪)라 하고, 물이 모인 곳을 택(澤)이라 한다. 구(鳩)는 모음이다. 백성이 불태워 파괴하지 못하게 하여 사냥터로 대비한 것이다. 높은 땅[京]과 큰 언덕[陵]을 구별하고 매우 높은 곳을 경(京)이라 하고, 큰 언덕을 릉(陵)이라 하는데 이를 분별하여 무덤으로 쓸 땅을 만든 것이다. 염분이 섞인 땅[淳鹵]을 표시하고, 순로(淳鹵)는 소금기를 머금어 메마른 땅이다. 표시를 달리하여 그 부세를 경감한 것이다. 물가의 토지[疆潦]를 계산하고 전지(田地)의 경계에 흐르는 물이 있는 토지는 그 침수면적을 계산하여 조세의 납입을 경감한 것이다. 저습한 땅[偃豬]을 헤아리고 언저(偃豬)는 지대가 낮아 습기가 많은 땅이니, 그곳에 수용된 물의 다소를 헤아린 것이다. 산간의 농지[原]와 둑[防]을 경지로 구획하고, 원(原)은 산의 농지이다. 방(防)은 둑이다. 이곳은 정전(井田)과 같이 사방을 반듯하게 구획할 수 없으므로 별도로 작은 경(頃)[506]으로 구획한 것이다. 습지[濕皐]를 방목지로 삼고, 습고(濕皐)는 물가의 낮고 습한 곳이니, 그곳을 방목지로 삼은 것이다. 비옥한 평야[衍沃]에는 전지를 정(井)으로 구획하여 연옥(衍沃)은 평탄하고 기름진 땅이다. 아홉 농부의 농지가 1정(井)이 된다. 수입을 헤아려 부세의 액수를 정하며, 구토(九土)[507]의 수입을 계산하여 그 부세를 정리한 것이다. 병거세를 거두어들이고 마필을 장부에 기록하며[籍] 적(籍)은 그 말의 색깔과 나이를 자세히 기록하여 군용(軍用)에 대비하는 것이다. 거병(車兵)과 도병(徒兵 : 步兵)과 갑옷과 방패의 수를 계산해 세금을 거두기로 하였다. 이 문서가 완성되자 자목에게 바쳤으니, 례에 맞는 일이었다.

十有二月 吳子遏伐楚 門于巢 卒

12월에 오자(吳子) 알(遏)이 초(楚)나라를 쳐서 소(巢) 땅의 성문을 공격하다가 졸하였다.

遏 公穀作謁 ○遏 諸樊名

알(遏)은 《공양전(公羊傳)》과 《곡량전(穀梁傳)》에는 알(謁)로 되어 있다. ○알(遏)은 제번(諸樊)의 이름이다.

---

506) 경(頃) : 토지면적 단위. 백 묘(畝)가 1경(頃)이다.

507) 구토(九土) : 위에 렬거한 산림(山林)·수택(藪澤)·경릉(京陵)·순로(淳鹵)·강로(疆潦)·언저(偃豬)·원방(原防)·습고(隰皐)·연옥(衍沃)을 말한다.

十二月 吳子諸樊伐楚 以報舟師之役 門于巢 巢牛臣曰 吳王勇而輕 若啓之 將親門 啓 開門也 **我獲射之 必殪 是君也死 疆其少安 從之 吳子門焉 牛臣隱於短墻以射之 卒**

12월에 오자(吳子) 제번(諸樊 : 遏)이 초(楚)나라를 쳐 초나라 수군이 오(吳)나라를 쳤던 싸움[508]에 대하여 보복하고자 소(巢) 땅의 성문을 공격하였다. 소 땅의 우신(牛臣)이 말하기를 "오왕(吳王)은 용감하지만 경솔하니 만약 우리가 성문을 연다면[啓] 오왕은 친히 성문 안으로 쳐들어올 것이다. 계(啓)는 성문을 엶이다. 내가 그 틈을 타서 활을 쏘면 반드시 죽일 수 있을 것이니, 이 임금이 죽으면 우리의 변경이 조금 안정될 것이다."라고 하니, 초인(楚人)이 그 말을 따랐다. 과연 오자가 성문 안으로 쳐들어가자, 우신이 낮은 담 뒤에 숨어 활을 쏘니 오자가 졸하였다.

○晉程鄭卒 子產始知然明 問爲政焉 對曰 視民如子 見不仁者誅之 如鷹鸇之逐鳥雀也 子產喜 以語子大叔 且曰 他日 吾見蔑之面而已 蔑 然明名 **今吾見其心矣 子大叔問政於子產 子產曰 政如農功 日夜思之 思其始而成其終 朝夕而行之 行無越思 如農之有畔 其過鮮矣**

○진(晉)나라 정정(程鄭)이 졸하니, 정(鄭)나라 자산(子產)은 비로소 연명(然明)의 현명함을 알아보고서[509] 그에게 정사를 물었다. 연명이 대답하기를 "백성을 자식처럼 보고, 어질지 않은 자를 보거든 주벌하기를 새매가 참새를 뒤쫓듯이 해야 할 것입니다."라고 하니, 자산은 기뻐하여 그 말을 자태숙(子大叔)에게 이야기해 주고 또 말하기를 "전에는 내가 멸(蔑)의 얼굴만을 보았을 뿐이었는데 멸(蔑)은 연명(然明)의 이름이다. 지금은 내가 그의 마음을 보았다."고 하였다. 자태숙이 자산에게 정치를 묻자, 자산이 말하기를 "정치는 농사와 같으니 밤낮으로 생각하되 시작을 잘 생각하여 끝마무리를 이루며, 아침저녁으로 시행하되 그 시행하는 바가 생각한 바를 벗어나지 않게 하기를 농지에 두둑이 있는 것처럼 한다면 잘못이 드물 것이다."라고 하였다.

---

508) 초나라 수군이~싸움 : 지난해에 있었다.

509) 진(晉)나라~알아보고서 : 지난해에 정(鄭)나라 행인(行人) 공손휘(公孫揮)가 진(晉)나라에 빙문하였는데, 진나라 정정(程鄭)이 공손휘에게 상대방을 겸손함으로 대하는 방법을 물었다. 공손휘가 대답하지 못하고 그 일을 연명(然明)에게 말해주니 연명은 정정이 지혜롭지 못하니 머지않아 죽을 것이라고 예언하였다. 이제 정정이 죽자 자산(子產)이 비로소 연명의 현명함을 알아보았다는 말이다.

양공(襄公) 26년【甲寅 B.C.547】

二十有六年 春

26년 봄이다.

會于夷儀之歲 齊人城郟 其五月 秦晉爲成 晉韓起如秦涖盟 秦伯車如晉涖盟 成而不結

제후들이 이의(夷儀)에서 회합하던 해[510]에 제인(齊人)이 겹(郟) 땅에 성을 쌓았다. 그 해 5월에 진(秦)나라와 진(晉)나라가 화친하여 진(晉)나라 한기(韓起)가 진(秦)나라에 가서 맹약에 림하였고, 진(秦)나라 백거(伯車)가 진(晉)나라에 가서 맹약에 림하였다. 이에 화친은 이루어졌으나 단단하지는 못하였다.[511]

二十六年 春 秦伯之弟鍼如晉脩成 鍼卽伯車 **叔向命召行人子員** 欲使答秦命 **行人子朱曰 朱也當御** 御 進也 言次當行 **三云 叔向不應 子朱怒 曰 班爵同** 同爲大夫 **何以黜朱於朝 撫劒從之** 從叔向也 **叔向曰 秦晉不和久矣 今日之事 幸而集 晉國賴之 不集 三軍暴骨 子員道二國之言無私 子常易之 姦以事君者 吾所能御也 拂衣從之** 叔向從子朱 **人救之 平公曰 晉其庶乎 吾臣之所爭者大 師曠曰 公室懼卑 臣不心競而力爭 不務德而爭善 私欲已侈 能無卑乎**

26년 봄에 진백(秦伯 : 景公)의 아우 겸(鍼)이 진(晉)나라에 가서 화친을 다졌다. 겸(鍼)은 곧 백거(伯車)이다. 숙향(叔向)이 명하여 행인(行人)인 자운(子員)을 부르니, 자운(子員)으로 하여금 진(秦)나라의 명에 답하게 하고자 한 것이다. 행인 자주(子朱)가 말하기를 "나 주(朱)가 나아갈[御] 차례입니다."라고 말하였다. 어(御)는 나아감이니 담당하여 행할 차례라는 말이다. 그가 세 번이나 말하였지만 숙향은 응하지 않았다. 자주가 노하여 말하기를 "나의 반작(班爵)이 자운과 같은

---

510) 제후들이~해 : 양공(襄公) 24년에 있었다. 곧바로 '이의(夷儀)의 회합[會于夷儀]'이라고 하지 않고 '이의에서 회합하던 해[會于夷儀之歲]'라고 한 것은 양공 25년 이의의 회합과 구별하기 위해서이다.

511) 제후들이~못하였다 : 이 전문은 지난해인 양공(襄公) 25년조에 기록되어 있어야 하는데 올 26년조에 있는 리유는 알 수 없다. 다만 전사(傳寫)하는 과정에서 잘못된 것이라는 설이 있다.

데 함께 대부라는 것이다. 어찌 나 주를 조정에서 배척하는 것입니까?"라 하고 칼을 만지작거리며 달려들었다. 숙향(叔向)에게 달려든 것이다. 숙향이 말하기를 "진(秦)나라와 진(晉)나라가 화해하지 못한 지 오래되었는데 오늘의 일이 다행히 잘 이루어지면 우리 진(晉)나라가 그에 힘입을 것이지만, 잘 이루어지지 못하면 우리 3군(軍)의 뼈가 나뒹굴 것이다. 자운은 두 나라의 말을 전함에 있어 사사로움이 없지만 그대는 언제나 말을 바꾸었다. 간사한 짓을 하여 임금을 섬기는 자는 내가 제어해야 할 것이다."라고 하면서 옷을 걷어붙이고 달려들었다. 숙향(叔向)이 자주(子朱)에게 달려든 것이다. 그러자 사람들이 말렸다. 진평공(晉平公)이 말하기를 "우리 진(晉)나라는 거의 잘 될 것이다. 나의 신하들이 다투는 것은 정대하다."라고 하였다. 사광(師曠)은 말하기를 "진(晉)나라 공실의 권위가 낮아질까 두렵다. 신하들이 마음으로 힘쓰지 않고 완력으로 다투며, 덕을 힘쓰지 않고 자기가 옳다고만 다투니 이는 사욕이 이미 커졌기 때문이다. 그러니 공실의 권위가 낮아지지 않을 수 있겠는가."라고 하였다.

王二月 辛卯 衛甯喜弑其君剽 왕2월 신묘일에 위(衛)나라 녕희(甯喜)가 그 임금 표(剽)를 시해하였다.

衛獻公自夷儀使與甯喜言 求復國也 **甯喜許之 大叔文子聞之** 大叔儀也 **曰 烏呼 詩所謂我躬不說 皇恤我後者 甯子可謂不恤其後矣 將可乎哉 殆必不可 君子之行 思其終也 思其復也 書曰 愼始而敬終 終以不困 詩曰 夙夜匪解 以事一人 今甯子視君不如弈棋 其何以免乎 弈者擧棋不定 不勝其耦 而況置君而弗定乎 必不免矣 九世之卿族 一擧而滅之 可哀也哉** 甯氏出自武公 及喜九世

위헌공(衛獻公)이 이의(夷儀)에서 사람을 보내어 녕희(甯喜)에게 말하니 국도로 돌아가기를 구한 것이다. 녕희가 이를 허낙하였다. 태숙문자(大叔文子)가 이 소식을 듣고서 태숙의(大叔儀)이다. 다음과 같이 말하였다. "아, 《시(詩)》에 이른바 '내 한 몸도 용납하지[說] 못하는데 어느 겨를에 내 뒷일을 걱정하겠는가.'512)라는 것이니, 녕자(甯子 : 甯喜)는 그 뒷일을 걱정하지 않았다고 이를 만하다. 그러니 장차 괜찮겠는가? 아마 반드시 그렇지 못할 것이다. 군자의 행위는 그 마침을 생각해야 하고 다시 행할 수 있기를 생각해야 한다. 《서(書)》에 이르기를

512) 내 한~걱정하겠는가 : 《시경(詩經)》〈패풍(邶風)〉 곡풍(谷風) 및 《시경》〈소아(小雅)〉 소변(小弁)에 모두 이 구절이 있다. 《시경》 원문에는 '說'은 '閱'로 되어 있으니 용납함이고, '皇'은 '遑'으로 되어 있으니 겨를이다.

'시작을 신중히 하고 마침을 공경히 한다면 마침내 곤궁해지지 않는다.'[513]라고 하였고, 《시》에 이르기를 '아침부터 밤까지 게을리하지 않고 한 사람을 섬긴다.'[514]라고 하였는데 지금 녕자는 그 임금 보기를 바둑 두는 것만큼도 여기지 않으니, 어찌 화를 면할 수 있겠는가. 바둑 두는 사람도 그 돌을 들고서 미리 결과를 생각하여 놓지 않으면 상대를 이길 수 없는데, 하물며 임금을 세우면서 미리 그 결과를 생각하지 않을 수 있겠는가. 반드시 화를 면하지 못할 것이다. 9세(世)를 이어온 경족(卿族)이 일거에 멸망하게 되었으니 참으로 슬프도다." 녕씨(甯氏)는 위무공(衛武公)에게서 나왔는데 희(喜)까지 9세이다.[515]

衛獻公使子鮮爲復 使爲己求反國 **辭 敬姒强命之** 敬姒 獻公及子鮮母 **對曰 君無信 臣懼不免 敬姒曰 雖然 以吾故也 許諾 初 獻公使與甯喜言 甯喜曰 必子鮮在 不然 必敗 故公使子鮮**

위헌공(衛獻公)이 그의 아우 자선(子鮮)을 시켜 돌아가는 일을 주선하게 하자 자신[衛獻公]을 위해 국도로 돌아갈 수 있기를 구하게 한 것이다. 자선이 사양하였다. 경사(敬姒)가 자선에게 그렇게 하라고 강제로 명하자, 경사(敬姒)는 헌공(獻公)과 자선(子鮮)의 어머니이다. 자선이 대답하기를 "임금님[衛獻公]은 신의가 없으니 제가 화를 면하지 못할까 두렵습니다."라고 하였다. 경사가 말하기를 "그렇다 하더라도 나 때문에라도 하라."고 하니 허낙하였다. 이보다 앞서 헌공(獻公)이 사람을 보내어 녕희(甯喜)에게 말을 전하게 하니, 녕희가 말하기를 "반드시 자선이 있어야 합니다. 그렇지 않으면 반드시 실패할 것입니다."라고 하였다. 그러므로 헌공이 자선을 시킨 것이다.

子鮮不獲命於敬姒 以公命與甯喜言 曰 苟反 政由甯氏 祭則寡人 甯喜告蘧伯玉 伯玉曰 瑗不得聞君之出 敢聞其入 遂行 從近關出 告右宰穀 衛大夫 **右宰穀曰 不可 獲罪於兩君** 前出獻公 今弑剽 **天下誰畜之** 畜猶容也 **悼子曰 吾受命於先人 不可以貳** 受命在二十年 **穀曰 我請使焉而觀之 遂見公於夷儀 反 曰 君淹恤在外十二年矣** 淹 久也 恤 憂患 **而無憂色 亦無寬言 猶夫人也** 其爲人猶如故 **若不已 死無日矣 悼子曰 子鮮在 右**

513) 시작을~않는다 : 이 대목은 지금의 《서경(書經)》 〈주서(周書)〉 채중지명(蔡仲之命)에는 '그 처음을 삼가되 그 끝을 생각하여야 마침내 곤궁해지지 않는다[愼厥初 惟厥終 終以不困].'라고 되어 있다.

514) 아침부터~섬긴다 : 《시경(詩經)》 〈대아(大雅)〉 증민(烝民).

515) 녕씨(甯氏)는~9세이다 : 위무공(衛武公)의 아들인 계미(季亹)가 녕(甯) 땅을 식읍으로 받아 '녕'을 씨로 삼은 뒤로 녕희(甯喜)까지 9세(世)가 된 것이다.

宰穀曰 子鮮在 何益 多而能亡 於我何爲 言多不過亡出 **悼子曰 雖然 弗可以已**

자선(子鮮)은 경사(敬姒)에게서 가지 말라는 명을 얻지 못하자, 헌공(獻公)이 명한대로 녕희(甯喜)에게 말을 전하기를 "만일 내[獻公]가 돌아간다면 정사는 녕씨(甯氏)가 맡아서 하고 제사만 과인이 맡겠노라."고 하였다. 녕희가 이 일을 거백옥(蘧伯玉)에게 고하자, 백옥(伯玉)이 말하기를 "나 원(瑗)은 임금이 망명나가신 것에 대하여 듣지 못하였는데, 감히 들어오시는 일을 들을 수 있겠습니까."[516]라 하고서 드디어 떠나기 위해 가까운 관문을 통하여 출국하였다. 녕희가 우재(右宰)인 곡(穀)에게 고하자 위(衛)나라 대부이다. 우재 곡은 말하기를 "안 됩니다. 두 임금에게 죄를 얻으면 전에는 헌공(獻公)을 축출하였다가[517] 이제는 표(剽 : 殤公)를 시해하려는 일이다. 천하에서 누가 우리를 용납하겠습니까[畜]."라고 하였다. 흌(畜)은 용납함[容]과 같다. 도자(悼子 : 甯喜)가 말하기를 "나는 선인(先人)[518]에게 임금을 복위시키라는 명을 받았으니 두마음을 품을 수 없다."라고 하니, 명을 받은 것은 20년에 있었다. 곡이 말하기를 "내가 사자로 가서 임금님의 형편을 살펴보겠습니다."라 하고서 드디어 이의(夷儀)에서 헌공을 만났다. 돌아와서 말하기를 "임금님께서 12년이나 외국에서 오랫동안[淹] 고생하셨는데도[恤] 엄(淹)은 오램이다. 휼(恤)은 우환이다. 근심하는 기색이 없고 너그러운 말도 없으니 여전히 그 사람이었습니다. 그 사람됨이 여전히 예전과 같다는 것이다. 만약 이 일을 중지하지 않는다면 우리가 죽을 날이 멀지 않을 것입니다."라고 하였다. 도자가 "자선이 있다."라고 하자, 우재 곡이 말하기를 "자선이 있다한들 무슨 리익이 되겠습니까. 자선도 잘해야 망명이나 할 수 있을 것인데 우리에게 무엇을 할 수 있겠습니까."라고 하였다. 잘해봐야 망명나가는 것에 불과하다는 말이다. 도자가 말하기를 "비록 그렇다 하더라도 이 일을 그만둘 수는 없다."라고 하였다.

孫文子在戚 孫嘉聘於齊 孫襄居守 二子 文子之子 **二月 庚寅 甯喜右宰穀伐孫氏 不克 伯國傷** 伯國 孫襄 **甯子出舍於郊** 欲奔 **伯國死 孫氏夜哭 國人召甯子 甯子復攻孫氏 克之 辛卯 殺子叔及大子角** 子叔 衛侯剽 角 剽子 **書曰 甯喜弑其君剽 言罪之在甯氏也** 剽非無罪 甯氏父子自立自弑 故兩誅之

손문자(孫文子)는 척(戚) 땅에 있었고 손가(孫嘉)는 제(齊)나라에 빙문하였으며 손양(孫

516) 나 원(瑗)은~있겠습니까 : 자기는 위헌공(衛獻公)이 망명나가고 들어오는 일에 관여하지 않겠다는 말이다.
517) 전에는~축출하였다가 : 이 일은 양공(襄公) 14년에 있었다.
518) 선인(先人) : 녕희(甯喜)의 아버지 녕식(甯殖)이다.

襄)은 도성에 있는 집을 지키고 있었다.[519] 두 사람은 문자(文子)의 아들이다. 2월 경인일에 녕희(寗喜)와 우재(右宰) 곡(穀)이 손씨(孫氏)를 쳤으나 이기지 못하고 백국(伯國)에게 부상만 입혔다. 백국(伯國)은 손양(孫襄)이다. 녕자(寗子 : 寗喜)가 교외에 나가 머물고 있었는데 망명하고자 한 것이다. 백국이 죽어 손씨들이 밤에 곡을 하니 국인이 녕자를 불렀다. 녕자가 다시 손씨를 공격하여 이기고, 신묘일에 자숙(子叔)과 태자 각(角)을 죽였다. 자숙(子叔)은 위후(衛侯) 표(剽 : 殤公)이다. 각(角)은 표의 아들이다. 경문에 녕희가 그 임금 표(剽)를 시해하였다고 기록하였으니, 이는 죄가 녕씨(寗氏 : 寗喜)에게 있음을 말한 것이다. 표(剽)에게 죄가 없는 것은 아니지만 녕씨(寗氏) 부자가 제멋대로 세웠다가 제멋대로 시해하였기 때문에 두 일에 대하여 죄를 준 것이다.

衛孫林父入于戚以叛

위(衛)나라 손림보(孫林父)가 척(戚) 땅으로 들어가 반란을 일으켰다.

此書叛之始

이것이 반란[叛]이라는 말을 경문에 기록한 시초이다.

孫林父以戚如晉 以邑屬晉 **書曰 入于戚以叛 罪孫氏也 臣之祿 君實有之 義則進 否則奉身而退 專祿以周旋 戮也 衛人侵戚東鄙** 以林父叛故 **孫氏愬于晉 晉戍茅氏** 戚東鄙 **殖綽伐茅氏 殺晉戍三百人** 殖綽 齊人 今來在衛 **孫蒯追之 弗敢擊 文子曰 厲之不如** 厲 惡鬼也 **遂從衛師 敗之圉** 圉 衛地 **雍鉏獲殖綽** 雍鉏 孫氏臣 **復愬于晉** 爲下晉討衛張本

손림보(孫林父)가 척(戚) 땅을 가지고 진(晉)나라로 갔다. 자신의 읍을 진(晉)나라에 귀속시킨 것이다. 경문에 척 땅으로 들어가 반란을 일으켰다고 기록하였으니, 이는 손씨(孫氏 : 孫林父)에게 죄를 돌린 것이다. 신하의 록읍(祿邑)은 임금이 실로 소유하는 것이니 의리에 맞으면 나아가고 그렇지 않으면 몸만 보전하여 물러나는 것이다. 록읍으로 받은 땅을 제멋대로 처리하였으니[周旋][520] 주륙을 당하는 것이 마땅하다. 위인(衛人)이 척 땅의 동쪽 변방을 침범하자 림보(林父)가 반란을 일으켰기 때문이다. 손씨가 진(晉)나라에 하소연하니 진나라가 군대를 보내어 모씨(茅氏)를 지켰다. 척(戚) 땅의 동쪽 변방이다. 식작(殖綽)이 모씨를 쳐서 진나라의

---

519) 도성에~있었다 : 전문의 '居守'를 도성을 지키고 있었다고 보는 설도 있다.

520) 처리하였으니[周旋] : 척(戚) 땅을 진(晉)나라에 귀속시킨 것을 말한다.

수비군사 3백 인을 죽였다. 식작(殖綽)은 제(齊)나라 사람으로 이때 위(衛)나라에 와 있었다. 손괴(孫蒯)[521]가 식작을 뒤쫓았으나 감히 그를 공격하지 못하였다. 문자(文子 : 孫林父)가 말하기를 "너는 악귀[厲]만도 못하구나."[522]라고 하자 려(厲)는 악귀(惡鬼)이다. 손괴가 드디어 위(衛)나라 군대를 추격하여 어(圉) 땅에서 패배시켰고 어(圉)는 위(衛)나라 땅이다. 옹서(雍鉏)는 식작을 사로잡았다. 옹서(雍鉏)는 손씨(孫氏)의 신하이다. 손림보는 이 일을 다시 진나라에 하소연하였다. 다음에 진(晉)나라가 위(衛)나라를 토죄하는 장본이 된다.

甲午 衛侯衎復歸于衛

갑오일에 위후(衛侯) 간(衎)이 위(衛)나라로 복귀(復歸)하였다.

復其位曰復歸 剽死名衎 正其失國之罪

그 지위를 회복하는 것을 복귀(復歸)[523]라고 한다. 표(剽 : 衛殤公)가 죽었는데도 간(衎 : 衛獻公)이라고 이름을 쓴 것은 그 나라를 잃은 죄를 판정한 것이다.

甲午 衛侯入 書曰 復歸 國納之也 大夫逆於竟者 執其手而與之言 道逆者 自車揖之 逆於門者 頷之而已 公至 使讓大叔文子曰 寡人淹恤在外 二三子皆使寡人朝夕聞衛國之言 吾子獨不在寡人 公聞文子答甯喜言 忿之 古人有言曰 非所怨 勿怨 寡人怨矣 所怨在親親 對曰 臣知罪矣 臣不佞 不能負羈絏以從扞牧圉 臣之罪一也 有出者 有居者 出謂衎 居謂剽 臣不能貳 通外內之言以事君 臣之罪二也 有二罪 敢忘其死 乃行 從近關出 公使止之

갑오일에 위후(衛侯 : 衎)가 도성으로 들어갔다. 경문에 복귀(復歸)라고 기록한 것은 나라에서 받아들였다는 것이다. 위후가 국경에서 맞아들인 대부에게는 그 손을 잡고 말을 나누었고, 길에서 맞이한 사람에게는 수레에서 읍을 하고, 성문에서 맞이한 사람에게는 고개만 끄덕일 뿐이었다. 헌공(獻公)이 도착하자 사람을 시켜 태숙문자(大叔文子)를 책망하여 말

521) 손괴(孫蒯) : 손림보(孫林父)의 아들.

522) 너는~못하구나 : 식작(殖綽)을 악귀에 빗대어 자신의 아들을 그보다 못하다고 꾸짖고, 나아가 아들을 진작시키려 한 말이다.

523) 복귀(復歸) ; 그 나라를 떠났던 자가 귀국하여 지위를 회복하는 것을 이른다.

하기를 "과인이 국외에서 오랫동안 고생할 때 여러 대부는 모두 과인으로 하여금 아침저녁으로 위(衛)나라의 소식을 듣도록 해주었는데, 그대만은 과인에 대한 관심이 없었다. 헌공(獻公)은 문자(文子)가 녕희(甯喜)에게 대답한 말[524]을 들었기 때문에 분노한 것이다. 옛사람의 말에 원망할 바가 아니면 원망하지 말라고 하였는데 과인은 원망스럽다."라고 하니 원망하는 것이 친속(親屬 : 親親)에 있다는 것이다.[525] 태숙문자가 대답하기를 "신은 죄를 알고 있습니다. 신이 미련하여 굴레와 고삐를 짊어지고 따라다니며 목어(牧圉 : 車駕)를 보호하지 못하였으니, 이것이 신의 죄의 첫 번째이옵니다. 또 국외로 나가신 분도 있고 국내에 계신 분도 있으므로 나가신 분은 간(衎)을 이르고 계신 분은 표(剽)를 이른다. 신이 두마음을 품고 안팎의 소식을 통고하여 임금님을 섬길 수 없었으니, 이것이 신의 죄의 두 번째입니다. 이 두 가지 죄가 있는데 감히 죽는 것을 잊었겠습니까."라 하였다. 이에 떠나 가까운 관문을 통해서 국경을 나가려고 하니, 헌공이 사람을 시켜 막았다.

○鄭伯賞入陳之功 三月 甲寅 朔 享子展 賜之先路三命之服 先八邑 以路及命服爲邑先八邑 三十二井 **賜子産次路再命之服 先六邑** 二十四井 **子産辭邑曰 自上以下 降殺以兩禮也 臣之位在四** 上卿子展 次卿子西 次良霄 次子産 **且子展之功也 臣不敢及賞禮 請辭邑 公固予之 乃受三邑** 位次當受二邑 公固與 故受三邑 **公孫揮曰 子産其將知政矣 讓不失禮**

○정백(鄭伯)이 진(陳)나라로 쳐들어갔던[526] 공에 대하여 상을 주었는데, 3월 초하루 갑인일에 자전(子展)에게 향연을 베풀어 주고 선로(先路)[527]와 3명(命)[528]의 조복(朝服)을 하사하였는데 8읍(邑)에 앞서 하였다. 로(路)와 명복(命服)을 읍보다 먼저 준 것이다.[529] 8읍은 32정(井)이다. 자산(子産)에게는 차로(次路)[530]와 재명(再命)[531]의 조복을 하사하였는데 6읍에 앞서 하

524) 문자(文子)가~말 : 올 2월조에 녕희(甯喜)가 위헌공(衛獻公)을 받아들이려 하자 문자(文子)가 녕희의 집안이 망할 것이라고 한 말이다.

525) 원망하는~것이다 : 친속(親屬)은 원망할 대상이 아닌데 지금 원망스럽다는 것이다.

526) 정백(鄭伯)이~쳐들어갔던 : 지난해의 일이다.

527) 선로(先路) : 경(卿)의 수레. 상아(象牙)로 장식하였다.

528) 3명(命) : 주대(周代) 관계(官階)의 하나. 공(公)·후(侯)·백(伯)의 경(卿)이 해당한다.

529) 로(路)와~것이다 : 물품을 하사할 때에는 가벼운 것을 먼저 주고 중한 것을 뒤에 준다. 그러므로 읍(邑)을 주기에 앞서 수레와 의복을 하사한 것이다.

530) 차로(次路) : 부관(副官)의 수레.

531) 재명(再命) : 주대(周代) 관계(官階)의 하나. 공(公)·후(侯)·백(伯)의 대부(大夫)와 자(子)·남(男)의 경(卿)이 해당한다. 2명(命)이라고도 한다.

였다. 24정(井)이다. 자산이 읍을 사양하면서 말하기를 "위로부터 아래로 내려오면서 둘씩 줄어드는 것이 례입니다. 신의 지위가 네 번째이고 상경(上卿)은 자전(子展)이고 차경(次卿)은 자서(子西)이다. 다음은 량소(良霄)이고 그다음이 자산(子産)이다. 또 이번 일은 자전의 공입니다. 신은 감히 상례(賞禮)를 받을 수 없으니 읍을 사양하기를 청합니다."라고 하였다. 정간공(鄭簡公)이 굳이 주자 3읍만을 받았다. 지위로 보면 마땅히 2읍을 받아야 하지만 정간공(鄭簡公)이 굳이 주었기 때문에 3읍을 받은 것이다. 공손휘(公孫揮)가 말하기를 "자산이 정사를 맡게 될 것이다. 사양하되 례를 잃지 않았다."라고 하였다.

夏 晉侯使荀吳來聘

여름에 진후(晉侯)가 순오(荀吳)를 보내와서 빙문하였다.

晉人爲孫氏故 召諸侯 將以討衛也 夏 中行穆子來聘 召公也

진인(晉人)이 손씨(孫氏) 때문에 제후들을 소집하였으니, 위(衛)나라를 토벌하기 위해서였다. 여름에 중항목자(中行穆子 : 荀吳)가 와서 빙문하였으니, 양공(襄公)을 부르기 위해서였다.

○楚子秦人侵吳 及雩婁 雩婁 楚地 聞吳有備而還 遂侵鄭 五月 至于城麇 城麇 鄭邑 鄭皇頡戍之 皇頡 鄭大夫 出 與楚師戰 敗 穿封戌囚皇頡 穿封戌 楚縣尹 公子圍與之爭之 公子圍 共王子 正於伯州犁 正曲直也 伯州犁曰 請問於囚 乃立囚 立皇頡於庭 伯州犁曰 所爭 君子也 其何不知 言圍戌皆非細人 易別識 上其手 曰 夫子爲王子圍 寡君之貴介弟也 介 大也 下其手 曰 此子爲穿封戌 方城外之縣尹也 誰獲子 囚曰 頡遇王子 弱焉 弱 敗也 戌怒 抽戈逐王子圍 弗及 楚人以皇頡歸

○초자(楚子 : 康王)와 진인(秦人)이 오(吳)나라를 침범하기 위하여 우루(雩婁)에 이르렀는데, 우루(雩婁)는 초(楚)나라 땅이다. 오나라가 대비하고 있다는 말을 듣고 돌아가다가 드디어 정(鄭)나라를 침범하였다. 5월에 성균(城麇)에 이르렀는데 성균(城麇)은 정(鄭)나라 읍이다. 정나라 황힐(皇頡)이 이곳을 지키다가 황힐(皇頡)은 정(鄭)나라 대부이다. 나와서 초(楚)나라 군대와 싸워 패하였다. 천봉술(穿封戌)이 황힐을 사로잡으니, 천봉술(穿封戌)은 초(楚)나라 현윤(縣尹)이다. 공자 위(圍)가 그와 공을 다투어 공자 위(圍)는 초공왕(楚共王)의 아들이다. 백주리(伯州犁)[532]에게

판정하게 하였다. 곡직(曲直)을 판정함이다. 백주리가 말하기를 "포로에게 물어보겠소."라 하고 포로를 세워놓았다. 황힐(皇頡)을 뜰에 세운 것이다. 백주리가 말하기를 "그대를 두고 다투는 분들은 군자이니, 그 어찌 알지 못하겠는가."라 하고 위(圍)와 술(戌)이 모두 비천한 사람이 아니니 그대를 잡은 것이 누구인지 쉽게 식별할 수 있다는 말이다. 손을 올려 가리키며 말하기를 "저분은 왕자 위로 과군의 귀하고 크신[介] 아우이시다."라 하고 개(介)는 큼이다. 손을 내려 가리키며 말하기를 "이 사람은 천봉술로 방성(方城)[533] 밖의 현윤(縣尹)이다. 누가 그대를 사로잡았는가?"라고 하였다.[534] 포로가 대답하기를 "나 힐(頡)은 왕자를 만나 패하였소[弱]."라고 하였다. 약(弱)은 패함이다. 술(戌)이 노하여 창을 뽑아들고 왕자 위를 뒤쫓았으나 따라잡지 못하였다. 초인(楚人)이 황힐을 데리고 돌아갔다.

印堇父與皇頡戍城麇 印堇父 鄭大夫 **楚人囚之 以獻於秦 鄭人取貨於印氏以請之 子大叔爲令正** 主作辭令之正 **以爲請 子産曰 不獲** 謂以貨請 必不得 **受楚之功 而取貨於鄭 不可謂國 秦不其然 若曰 拜君之勤鄭國 微君之惠 楚師其猶在敝邑之城下 其可** 辭如此 則可得 **弗從 遂行 秦人不予 更幣 從子産 而後獲之**

인근보(印堇父)는 황힐(皇頡)과 함께 성균(城麇)을 지키고 있었는데, 인근보(印堇父)는 정(鄭)나라 대부이다. 초인(楚人)이 그를 잡아 진(秦)나라에 바쳤다. 정인(鄭人)이 인씨(印氏)[535]에게서 재화를 취하여 진나라에 바치며 그를 보내주기를 청하려 할 때 자태숙(子大叔)이 령정(令正)이 되어 사령(辭令)[536] 짓는 일을 주관하는 책임자이다. 요청하게 되었다. 이에 자산(子産)이 말하기를 "그렇게 되지 못할 것이오. 재화를 가지고 요청하면 반드시 뜻을 이룰 수 없다고 이른 것이다. 초(楚)나라가 바친 공[포로]을 받고 정(鄭)나라에서 재화를 취한다면 나라라고 할 수 없으니, 진나라는 그렇게 하지 않을 것이오. 만약 '임금님께서 정나라에 대해 힘써주신 것에 감사드립니다. 임금님의 은혜가 없었다면 초나라 군대는 아직도 우리나라의 성 아래에 있었을 것입니다.'라고 한다면 될 수 있을 것이오."라고 하였다. 말이 이와 같아야 뜻을 이룰 수 있다는 것이다. 그러나 자태숙은 자산의 말을 따르지 않고 떠났고 진인(秦人)은 인근보를 돌려주

---

532) 백주리(伯州犁) : 진(晉)나라 종백(宗伯)의 아들. 초(楚)나라에 망명하여 태재(大宰)가 되었다.

533) 방성(方城) : 초(楚)나라 북쪽 변경의 장성(長城).

534) 손을 올려~하였다 : 백주리(伯州犁)가 손을 올리고 내려 신분의 고하를 암시함으로써 황힐(皇頡)로 하여금 거짓 증언하게 하여 왕자 위(圍)에게 아첨한 것이다.

535) 인씨(印氏) : 인근보(印堇父)의 집안이다.

536) 사령(辭令) : 외교적 언사(言辭) 및 문서.

지 않았다. 다시 폐백을 바꾸고 자산의 말대로 하고서야 인근보를 돌려받을 수 있었다.

> 公會晉人鄭良霄宋人曹人于澶淵
>
> 양공(襄公)이 진인(晉人)·정(鄭)나라 량소(良霄)·송인(宋人)·조인(曹人)과 전연(澶淵)에서 회합하였다.

六月 公會晉趙武宋向戌鄭良霄曹人于澶淵以討衛 疆戚田 取衛西鄙懿氏六十以與孫氏 取懿氏田六十井 **趙武不書 尊公也** 罪武會公侯 **向戌不書 後也** 後會期 **鄭先宋 不失所也** 如期至

6월에 양공(襄公)이 진(晉)나라 조무(趙武)·송(宋)나라 상술(向戌)·정(鄭)나라 량소(良霄)·조인(曹人)과 전연(澶淵)에서 회합하여 위(衛)나라를 토죄하고 척(戚) 땅 전지의 경계를 정하고서 위나라 서쪽 변방 의씨(懿氏)의 땅 60정(井)을 취하여 손씨(孫氏)에게 주었다. 의씨(懿氏)의 전지 60정(井)을 취한 것이다. 조무라고 경문에 기록하지 않은 것은 양공을 높이기 위함이고 무(武)가 공후(公侯)와 회합한 것을 죄준 것이다. 상술을 경문에 기록하지 않은 것은 늦게 왔기 때문이며 회합의 기한보다 늦게 온 것이다. 정나라를 송나라보다 앞에 기록한 것은 기한을 어기지 않았기 때문이다. 기한에 맞게 이른 것이다.

> 秋 宋公殺其世子痤
>
> 가을에 송공(宋公)이 그 세자(世子) 좌(痤)를 죽였다.

痤 穀作座

좌(痤)는 《곡량전(穀梁傳)》에는 좌(座)로 되어 있다.

初 宋芮司徒生女子 芮司徒 宋大夫 **赤而毛 棄諸堤下 共姬之妾取以入 名之曰棄 長而美 平公入夕** 平公 共姬子也 **共姬與之食 公見棄也而視之尤** 尤 甚也 **姬納諸御 嬖 生佐** 佐 元公 **惡而婉** 貌惡心順 **大子痤美而狠** 貌美心狠 **合左師畏而惡之 寺人惠牆伊戾爲大子內師而無寵** 惠牆 氏 伊戾 名

이보다 앞서 송(宋)나라 예사도(芮司徒)가 딸을 낳았는데 예사도(芮司徒)는 송(宋)나라 대부이다. 몸이 붉고 털이 나서 제방 밑에 버렸다. 공희(共姬)의 시첩이 거두어 들여와서 이름을 기(棄)라고 하였는데 자라면서 아름다웠다. 평공(平公)이 저녁에 들어오니 평공(平公)은 공희(共姬)의 아들이다. 공희가 그와 밥을 먹는데 평공이 기를 보고 심히[尤] 눈여겨 두었다. 우(尤)는 심함이다. 공희가 기를 평공의 시중을 들게 하였는데 기가 평공의 총애를 받아 좌(佐)를 낳았다. 좌(佐)는 원공(元公)이다. 좌는 못생겼지만 마음씨는 고왔다. 모습은 못생겼지만 마음씨는 고왔다는 것이다. 반면에 태자 좌(痤)는 잘생겼지만 마음씨는 사나웠다. 모습은 잘생겼지만 마음씨가 사나웠다는 것이다. 합좌사(合左師 : 向戌)는 태자를 두려워하고 미워하였으며 시인(寺人) 혜장이려(惠牆伊戾)는 태자의 내사(內師)가 되었지만 총애를 받지 못하였다. 혜장(惠牆)은 씨이고 이려(伊戾)는 이름이다.

秋 楚客聘於晉 過宋 大子知之 請野享之 公使往 伊戾請從之 公曰 夫不惡女乎 夫謂大子 **對曰 小人之事君子也 惡之不敢遠 好之不敢近 敬以待命 敢有貳心乎 縱有共其外 莫共其內** 共同供 言縱有擯相 恐闕內侍 **臣請往也 遣之**

가을에 초(楚)나라 사자가 진(晉)나라로 빙문갈 때 송(宋)나라에 들렀다. 송나라 태자가 그를 알고 있었기 때문에 교외에서 향연을 베풀어 주겠다고 청하니, 송평공(宋平公)이 가도록 하였다. 그때 이려(伊戾)가 태자를 따라가기를 청하였다. 평공(平公)이 말하기를 “태자[夫]가 너를 미워하지 않느냐?”라고 하니, 부(夫)는 태자를 이른다. 대답하기를 “소인이 군자를 섬길 때는 미움을 받더라도 감히 멀리하지 못하옵고, 사랑을 받더라도 감히 가까이하지 못하옵니다. 공경하며 명을 기다릴 뿐이니 감히 두마음을 가질 수 있겠습니까. 태자에게는 비록 밖으로는 받들[共] 사람은 있사오나 안으로는 받들 사람이 없사오니 공(共)은 받듦[供]과 같다. 비록 손님을 접대하고 례를 도와줄 사람은 있으나 안에서 태자를 모실 사람은 없을까 걱정이라는 말이다. 신이 따라가기를 청합니다.”라고 하니, 그를 보냈다.

至 則欿 用牲 加書 徵之 欿音坎 詐作盟處 爲大子反徵驗也 **而聘告公曰 大子將爲亂 旣與楚客盟矣 公曰 爲我子 又何求 對曰 欲速** 欲速得位 **公使視之 則信有焉 問諸夫人與左師** 夫人 佐母棄也 **則皆曰 固聞之 公囚大子 大子曰 唯佐也能免我 召而使請 曰 日中不來 吾知死矣 左師聞之 聒而與之語** 聒 讙也 欲使佐失期 **過期 乃縊而死 佐爲大子 公徐聞其無罪也 乃亨伊戾** 亨同烹

이려(伊戾)가 이르러서는 구덩이를 파서[欿] 희생을 묻고 그 위에 맹약문을 얹어놓고 징험처로 만들었다. 감(欿)은 음이 감(坎)이다. 거짓으로 맹약한 곳을 만들어 태자가 모반한다는 징험으로 삼은 것이다. 그리고 말을 달려가 송평공(宋平公)에게 고하기를 "태자께서 란을 일으키기 위하여 이미 초(楚)나라 사신과 맹약하였습니다."라고 하였다. 평공(平公)이 말하기를 "나의 태자가 되었는데 또 무엇을 구하려 하겠는가."라고 하니, 대답하기를 "빨리 임금의 자리에 오르려는 것입니다."라고 하였다. 임금의 자리에 빨리 오르고자 한다는 것이다. 평공이 사람을 시켜 알아보게 하니 정말 증거가 있었다. 부인(夫人)과 좌사(左師 : 向戌)에게 물으니 부인(夫人)은 좌(佐)의 어머니인 기(棄)이다. 모두 말하기를 "분명히 그러한 말을 들었습니다."라고 하였다. 평공이 태자를 가두니 태자가 말하기를 "오직 좌(佐)만이 나를 구해줄 수 있다."라 하고 그를 불러 평공에게 사면을 청하게 하며 말하기를 "오늘 정오까지 오지 않으면 나는 죽는 것으로 알겠다."라고 하였다. 좌사가 그 말을 듣고 시끄럽게 떠들며[聒] 좌(佐)와 더불어 말을 하여 괄(聒)은 시끄럽게 떠듦이다. 좌(佐)로 하여금 때를 놓치게 하고자 한 것이다. 때를 넘기게 하였다. 그러자 태자는 목을 매어 죽고 좌는 태자가 되었다. 평공이 뒤늦게야 태자가 죄 없음을 듣고 이려를 삶아 죽였다[亨]. 팽(亨)은 삶음[烹]과 같다.

左師見夫人之步馬者 步馬 習馬 **問之 對曰 君夫人氏也 左師曰 誰爲君夫人 余胡弗知 圉人歸 以告夫人 夫人使饋之錦與馬 先之以玉 曰 君之妾棄使某獻 左師改命曰 君夫人 而後再拜稽首受之** 左師令使者改命也

좌사(左師)가 부인(夫人)의 말을 조련시키는[步馬] 자를 보고 보마(步馬)는 말을 조련시킴이다. 누구의 말이냐고 물으니, 대답하기를 "군부인씨(君夫人氏)[537]의 것입니다."라고 하였다. 좌사가 말하기를 "누가 군부인(君夫人)이라는 것이냐? 군부인이라면 내가 어찌 모르겠느냐."[538]라고 하자 어인(圉人)이 돌아가 부인에게 고하였다. 부인이 사람을 시켜 비단과 말을 보냈는데 이보다 옥을 먼저 주며 말하기를 "임금님의 첩인 기(棄)가 아무개를 시켜 드립니다."라고 하니, 좌사가 명(命 : 號稱)을 고쳐 군부인이라고 말하게 한 뒤에 두 번 절하고 머리를 조아리며 받았다. 좌사(左師)가 사자에게 명을 고쳐 말하게 한 것이다.

537) 군부인씨(君夫人氏) : 군부인(君夫人)은 제후(諸侯)의 정처(正妻)를 이른다.

538) 누가~모르겠느냐 : 이때 기(棄)는 군부인(君夫人)이 아니었는데 말을 조련시키는 자가 사사로이 칭하므로 이를 꾸짖은 것이다.

晉人執衛寗喜

진인(晉人)이 위(衛)나라 녕희(寗喜)를 잡았다.

於是衛侯會之 會於澶淵 而不得與會 故不書 **晉人執寗喜北宮遺 使女齊以先歸** 遺 北宮括之子 **衛侯如晉 晉人執而囚之於士弱氏** 士弱 主獄大夫

이때 위후(衛侯 : 獻公)도 회합에 갔는데 전연(澶淵)의 회합[539]에 갔으나 회합에 참여하지 못하였기 때문에 기록하지 않은 것이다. 진인(晉人)이 녕희(寗喜)와 북궁유(北宮遺)를 잡아[540] 여제(女齊)를 시켜 그들을 데리고 먼저 진(晉)나라로 돌아가게 하였다. 유(遺)는 북궁괄(北宮括)의 아들이다. 이에 위후가 진나라에 가니[541] 진인이 그를 잡아 사약(士弱)의 집[氏]에 가두었다.[542] 사약(士弱)은 옥사를 주관하는 대부이다.

秋 七月 齊侯鄭伯爲衛侯故如晉 晉侯兼享之 晉侯賦嘉樂 取其宜民宜人 受祿于天 **國景子相齊侯** 景子 國弱 **賦蓼蕭** 喩晉君恩澤及諸侯 **子展相鄭伯 賦緇衣** 義取適子之館兮 言不敢違遠於晉 **叔向命晉侯拜二君 曰 寡君敢拜齊君之安我先君之宗祧也 敢拜鄭君之不貳也 國子使晏平仲私於叔向 曰 晉君宣其明德於諸侯 恤其患而補其闕 正其違而治其煩 所以爲盟主也 今爲臣執君 若之何 叔向告趙文子 文子以告晉侯 晉侯言衛侯之罪 使叔向告二君** 言以殺晉戍爲罪 不以林父故 **國子賦轡之柔矣** 逸詩 義取寬政以安諸侯 若柔轡御剛馬 **子展賦將仲子兮** 義取衆言可畏 **晉侯乃許歸衛侯**

가을 7월에 제후(齊侯)와 정백(鄭伯)이 위후(衛侯)를 돕기 위하여 진(晉)나라에 가니, 진후(晉侯)가 두 임금에게 함께 향연을 베풀었다. 진후가 가락(嘉樂)[543]을 읊으니 백성에게 마땅하며 사람들에게 마땅하여 하늘에서 복록을 받는다는 뜻을 취한 것이다. 국경자(國景子)가 제후의 상(相)이 되어 경자(景子)는 국약(國弱)이다. 료소(蓼蕭)[544]를 읊었고, 진(晉)나라 임금의 은택이 제후들에게

---

539) 전연(澶淵)의 회합 : 올 6월에 있었다.

540) 진인(晉人)이~잡아 ; 위상공(衛殤公)을 시해하고 손림보(孫林父)를 친 녕희(寗喜)와 북궁유(北宮遺)의 죄를 다스리기 위해서이다.

541) 이에~가니 : 녕희(寗喜)와 북궁유(北宮遺)를 석방시키기 위해 간 것이다.

542) 사약(士弱)의~가두었다 : 여기서 씨(氏)는 가(家)의 의미로 보아 위후(衛侯)를 사약(士弱)의 집에 가둔 것으로 해석하였다.

543) 가락(嘉樂) : 《시경(詩經)》 〈대아(大雅)〉의 편 이름.

미침을 비유한 것이다. 자전(子展)은 정백의 상이 되어 치의(緇衣)[545]를 읊었다. 그대의 관사(館舍)에 간다는 뜻을 취하였으니 이는 감히 진(晉)나라의 뜻을 어겨 멀리하지 않겠다는 말이다. 이에 숙향(叔向)이 진후에게 고하여 두 임금에게 배사하게 하고서 말하기를 "과군은 제(齊)나라 임금님께서 우리 선군의 종조(宗祧)[546]를 편안하게 해주신 것에 감히 배사하고, 정(鄭)나라 임금님께서 두마음을 갖지 않겠다고 하신 것에 대하여 감히 배사하는 것입니다."라고 하였다. 그러자 제나라 국자(國子 : 國景子)가 안평중(晏平仲)을 시켜 숙향에게 사사로이 말하게 하기를 "진나라 임금님께서는 제후들에게 밝은 덕을 펴서 그들의 환난을 구휼하고 부족한 점을 보충해주며, 어긋난 점을 바로잡고 번다함을 다스려주어 맹주가 되신 것입니다. 그런데 지금 신하를 위해 임금을 억류하고[547] 있으니 어떻게 된 것입니까?"라고 하자, 숙향이 조문자(趙文子)에게 고하니, 문자(文子)는 진후에게 고하였다. 진후가 위후의 죄를 말하며 숙향을 시켜 두 임금에게 고하게 하였다. 수자리 간 진(晉)나라 병사를 죽인 것[548]을 죄로 삼았고 림보(林父) 때문[549]이 아니라는 말이다. 그러자 국자가 비지유의(轡之柔矣)를 읊고, 일시(逸詩)이다. 관대한 정치로 제후들을 편안하게 하는 것이 마치 부드러운 고삐가 강한 말을 제어하는 것과 같다는 뜻을 취한 것이다. 자전(子展)은 장중자혜(將仲子兮)[550]를 읊었다. 여러 사람의 말이 두렵다는 뜻을 취한 것이다. 이에 진후는 위후가 돌아가는 것을 허낙하였다.

叔向曰 鄭七穆 罕氏其後亡者也 子展儉而壹 子展 子罕之子 七穆 罕氏駟氏國氏良氏游氏豊氏印氏 **鄭伯歸自晉 使子西如晉聘 辭曰 寡君來煩執事 懼不免於戾 使夏謝不敏** 夏 子西名

숙향(叔向)이 말하기를 "정목공(鄭穆公)의 후손 일곱 가문 가운데 한씨(罕氏)가 가장 뒤에 망할 것이다. 자전(子展)은 검소하고도 마음 씀이 한결같다."라고 하였다. 자전(子展)은 자한(子罕)의 아들이다. 목공(穆公)의 일곱 후손은 한씨(罕氏)·사씨(駟氏)·국씨(國氏)·량씨(良氏)·유씨(游氏)·풍

---

544) 료소(蓼蕭) : 《시경(詩經)》 〈소아(小雅)〉의 편 이름.

545) 치의(緇衣) : 《시경(詩經)》 〈정풍(鄭風)〉의 편 이름.

546) 종조(宗祧) : 종묘(宗廟).

547) 신하를~억류하고 : 손림보(孫林父)가 위(衛)나라를 배반하고 진(晉)나라로 들어가 위후(衛侯 : 獻公)가 자신을 토죄하려 한다고 하소연하자, 진후(晉侯 : 平公)가 위후를 억류한 일을 말한다. 올 2월조 참조.

548) 수자리~것 : 올봄에 위(衛)나라에 가 있던 제(齊)나라 사람인 식작(殖綽)이 진(晉)나라 군대가 지키던 모씨(茅氏)를 쳐서 진나라 수비병 3백 인을 죽인 일을 말한다.

549) 림보(林父) 때문 : 척(戚) 땅에 들어가 반란을 일으킨 위(衛)나라 손림보(孫林父)를 위인(衛人)과 식작(殖綽)이 치자 손림보가 진(晉)나라에 하소연한 일을 말한다.

550) 장중자혜(將仲子兮) : 《시경(詩經)》 〈정풍(鄭風)〉의 편 이름.

씨(豊氏)·인씨(印氏)이다. 정백(鄭伯)이 진(晉)나라에서 돌아가 자서(子西)를 시켜 진나라에 가서 빙문하게 하였다. 자서가 치사(致辭)하기를[551] "지난번에 과군이 와서 집사를 번거롭게 하여 허물을 면하지 못할까 두려워하고 있습니다. 이에 저 하(夏)를 시켜 불민함을 사죄하게 하였습니다."라고 하였다. 하(夏)는 자서(子西)의 이름이다.

君子曰 善事大國

군자는 말한다. "정(鄭)나라는 대국을 잘 섬겼도다."

○初 楚伍參與蔡大師子朝友 其子伍擧與聲子相善也 聲子 子朝之子 **伍擧娶於王子牟 王子牟爲申公而亡** 獲罪出奔 **楚人曰 伍擧實送之 伍擧奔鄭 將遂奔晉 聲子將如晉 遇之於鄭郊 班荊相與食 而言復故** 布荊坐地 共議歸楚事 **聲子曰 子行也 吾必復子**

○앞서 초(楚)나라 오참(伍參)은 채(蔡)나라 태사(大師)인 자조(子朝)와 교분이 있었고, 그의 아들 오거(伍擧)[552]는 성자(聲子)와 서로 친하게 지냈다. 성자(聲子)는 자조(子朝)의 아들이다. 오거는 초나라 왕자 모(牟)의 딸을 아내로 맞이하였는데, 왕자 모가 신공(申公 : 申邑大夫)이 되었다가 망명하였다. 죄를 얻어 망명나간 것이다. 초인(楚人)이 말하기를 "오거가 사실은 왕자 모를 내보낸 것이다."라고 하였다. 이 일로 오거는 정(鄭)나라로 망명하였다가 드디어 진(晉)나라로 망명하려 하였다. 그때 성자가 진나라에 가다가 오거를 정나라 교외에서 만나 풀[荊]을 깔고 앉아 같이 식사하면서 오거의 복귀할 일에 대하여 말하였다. 형초(荊草)를 깔고 땅에 앉아서 초(楚)나라에 복귀할 일을 함께 론의한 것이다. 성자가 말하기를 "자네는 진나라에 가 있게. 그러면 내가 반드시 자네를 복귀시키겠네."라고 하였다.

及宋向戌將平晉楚 聲子通使於晉 還如楚 令尹子木與之語 問晉故焉 且曰 晉大夫與楚孰賢 對曰 晉卿不如楚 其大夫則賢 皆卿材也 如杞梓皮革 自楚往也 雖楚有材 晉實用之 言楚亡臣多在晉

송(宋)나라 상술(向戌)이 진(晉)나라와 초(楚)나라를 화평시키려 할 때[553] 성자(聲子)는 그 일을 통고하기 위하여 진나라에 사신을 갔다가 돌아가는 길에 초나라에 갔다. 그러자

---

551) 치사(致辭)하기를 : 위헌공(衛獻公)의 석방을 허낙해 준 것에 대하여 치사한 것이다.

552) 오거(伍擧) : 오참(伍參)의 아들이고, 오자서(伍子胥)의 할아버지인 초거(椒擧)이다.

553) 송(宋)나라~때 : 이 일은 다음해인 양공(襄公) 27년에 이루어진다.

초나라 령윤(令尹)인 자목(子木)이 성자와 함께 말하면서 진나라의 사정을 묻고 또 말하기를 "진나라 대부들과 초나라 대부들 가운데 어느 쪽이 현명한가요?"라고 하니, 성자가 대답하기를 "진나라의 경은 초나라의 경만 못하지만 그 대부들은 현명하여 모두 경이 될 만한 인재들입니다. 지금 형편은 좋은 재목인 기(杞)나무나 재(梓)나무 또는 피혁 등이 초나라에서 진나라로 들어가는 것과 같으니, 비록 초나라에 인재가 있다 하더라도 진나라가 실로 그 인재를 쓰는 것입니다."라고 하였다. 초(楚)나라에서 망명한 신하가 대부분 진(晉)나라에 있다는 말이다.

子木曰 夫獨無族姻乎 夫謂晉 **對曰 雖有 而用楚材實多 歸生聞之** 歸生 聲子名 **善爲國者 賞不僭而刑不濫 賞僭 則懼及淫人 刑濫 則懼及善人 若不幸而過 寧僭無濫 與其失善 寧其利淫 無善人 則國從之 詩曰 人之云亡 邦國殄瘁 無善人之謂也 故夏書曰 與其殺不辜 寧失不經 懼失善也** 今虞書大禹謨 不經 不用常法 **商頌有之曰 不僭不濫 不敢怠皇 命于下國 封建厥福 此湯所以獲天福也 古之治民者 勸賞而畏刑** 樂行賞 憚用刑 **恤民不倦 賞以春夏 刑以秋冬 是以將賞爲之加膳 加膳則飫賜** 以其膳餘賜羣下 無不饜足 **此以知其勸賞也 將刑爲之不擧 不擧則徹樂 此以知其畏刑也 夙興夜寐 朝夕臨政 此以知其恤民也 三者 禮之大節也 有禮 無敗 今楚多淫刑 其大夫逃死於四方 而爲之謀主 以害楚國 不可救療 所謂不能也** 不能用材

그러자 자목(子木)이 말하기를 "저 나라[夫]가 유독 공족(公族)과 인척(姻戚)이 없다는 것이오?"라고 하니, 부(夫)는 진(晉)나라를 이른다. 성자(聲子)가 다음과 같이 대답하였다. "비록 있지만 초(楚)나라에서 간 인재를 등용한 경우가 실로 많습니다. 저 귀생(歸生)이 듣건대 귀생(歸生)은 성자(聲子)의 이름이다. 나라를 잘 다스리는 자는 포상이 넘치지 않고, 형벌이 람용되지 않는다고 합니다. 포상이 넘치면 음란한 사람까지 상을 받을까 념려되고, 형벌이 람용되면 착한 사람까지 형벌을 받을까 념려됩니다. 만약 불행히도 지나치게 된다면 차라리 포상을 넘치게 할지언정 형벌을 람용하지 말아야 합니다. 착한 사람을 잃는 것보다는 차라리 음란한 사람에게 리익을 주는 것이 낫습니다. 나라에 착한 사람이 없게 되면 나라도 따라서 망하게 됩니다. 《시(詩)》에 이르기를 '사람이 없어지니 나라도 다 병들게 된다.'[554]라고 하였으니, 이는 나라에 착한 사람이 없음을 이른 것입니다. 그러므로 〈하서(夏書)〉에 이르기

---

554) 사람이~된다 : 《시경(詩經)》 〈대아(大雅)〉 첨앙(瞻卬).

를 '죄 없는 사람을 죽이는 것보다는 차라리 떳떳한 법을 쓰지 않아[不經] 잘못되는 것이 낫다.'라고 하였으니, 이는 착한 사람을 잃게 되는 것을 념려한 것입니다. 지금 우서(虞書) 대우모(大禹謨) 편이다. 불경(不經)은 떳떳한 법을 쓰지 않음이다. 〈상송(商頌)〉에 말이 있기를 '포상이 넘치지 않고 형벌이 람용되지 않아 감히 게으르고 한가하게[皇][555] 지내지 않으니 하늘이 그에게 천하[下國]를 명하여 그 복을 크게 세워주셨네.'[556]라고 하였으니, 이는 탕왕이 하늘의 복을 받게 된 까닭입니다. 옛날에 백성을 다스린 자는 상 주기를 좋아하고[勸] 형벌 쓰기를 두려워하였고 상 주기를 즐거워하고 형벌 쓰기를 두려워한 것이다. 백성을 돌보기를 게을리하지 아니하여, 포상은 봄과 여름에 하였고 형벌은 가을과 겨울에 하였습니다. 이 때문에 포상할 때는 상 받는 자들을 위해 음식을 더 많이 차렸고, 음식을 더 많이 차리면 배불리 먹고도 아랫사람에게 나누어 줄 수 있었습니다. 그 음식의 남은 것을 많은 아랫사람에게 내려 줌으로써 만족하지 않음이 없게 한 것이다. 이것으로써 상 주기를 좋아하였음을 알 수 있습니다. 형벌을 행할 때는 벌 받는 자들을 위해 임금은 성찬을 들지 않았습니다. 성찬을 들지 않으면 음악도 그친 것입니다. 이것으로써 형벌 쓰기를 두려워했음을 알 수 있습니다. 그리고 아침 일찍 일어나고 밤늦게 잠자리에 들어 아침저녁으로 정치에 림했으니, 이것으로써 백성을 잘 돌보았음을 알 수 있습니다. 이 세 가지는 례의 대절(大節)입니다. 례가 있으면 정치의 실패는 없는데 지금 초나라는 형벌을 지나치게 써서 그 대부들이 죽음을 피하여 사방으로 도망하여 그 나라의 모주(謀主)[557]가 되어 초나라를 해치고 있습니다. 이 점을 바로잡을 수가 없으니 이른바 인재를 잘 등용하지 못한다는 것입니다. 인재를 잘 쓰지 못한다는 것이다.

子儀之亂 析公奔晉 在文十四年 **晉人寘諸戎車之殿 以爲謀主 繞角之役 晉將遁矣 析公曰 楚師輕窕 易震蕩也 若多鼓鈞聲 以夜軍之** 鈞 同其聲 **楚師必遁 晉人從之 楚師宵潰 晉遂侵蔡 襲沈 獲其君 敗申息之師於桑隧 獲申麗而還** 在成六年 **鄭於是不敢南面 楚失華夏 則析公之爲也**

자의(子儀)의 란에 석공(析公)이 진(晉)나라로 도망하니[558] 이 일은 문공(文公) 14년에 있었다. 진인(晉人)이 융거의 뒷자리에 태우고 모주(謀主)로 삼았습니다. 요각(繞角)의 싸움[559]에서

555) 한가하게[皇] : '皇'은 '遑'과 통용하니 한가함이다.

556) 포상이~세워주셨네 : 《시경(詩經)》 〈상송(商頌)〉 은무(殷武).

557) 모주(謀主) : 일을 주장하여 꾀하는 사람. 주모자.

558) 자의(子儀)의~도망하니 : 초(楚)나라가 자의(子儀)를 죽이니 석공(析公)은 자신도 죽게 될까 두려워 진(晉)나라로 도망한 것이다. 석공은 자의의 당여이다.

진나라가 도망하려 하자, 석공이 말하기를 '초(楚)나라 군대는 경솔하여 동요되기가 쉽다. 만약 많은 북을 치고 동시에 소리쳐[鈞聲] 밤에 공격한다면 균(鈞)은 그 소리를 동시에 내는 것이다. 초나라 군대는 반드시 도망할 것이다.'라고 하였습니다. 진인이 그의 말을 따르자 초나라 군대는 그날 밤에 흩어졌습니다. 진나라는 드디어 채(蔡)나라를 침범하고 심(沈)나라를 습격하여 그 임금을 사로잡았고, 신(申)나라와 식(息)나라의 군대를 상수(桑隧)에서 패배시키고 신리(申麗)[560]를 사로잡아 돌아갔습니다. 성공(成公) 6년에 있었다.[561] 정(鄭)나라는 이에 감히 남쪽으로 향하지 못하였고[562] 초나라가 중원[華夏]을 잃게 된 것은 바로 석공이 그렇게 한 것입니다.

雍子之父兄譖雍子 雍子事無所考 **君與大夫不善是也** 不能正其曲直 **雍子奔晉 晉人與之鄐** 鄐 音蓄 **以爲謀主 彭城之役 晉楚遇於靡角之谷** 在成十八年 **晉將遁矣 雍子發命於軍曰 歸老幼 反孤疾 二人役 歸一人 簡兵蒐乘 秣馬蓐食 師陳焚次** 焚舍 示必死 **明日將戰 行歸者** 遣應歸者 **而逸楚囚 楚師宵潰 晉降彭城而歸諸宋 以魚石歸** 在元年 **楚失東夷 子辛死之** 在五年 **則雍子之爲也**

옹자(雍子)의 부형들이 옹자를 모함했을 때 옹자(雍子)의 일은 상고할 수 없다. 임금과 대부들이 옹자를 옳게 대해주지 않았습니다. 그 옳고 그름을 바르게 따지지 않았다는 것이다. 그리하여 옹자가 진(晉)나라로 망명하니, 진인(晉人)이 그에게 휵(鄐) 땅을 주고 휵(鄐)은 음이 휵(蓄)이다. 모주(謀主)로 삼았습니다. 팽성(彭城)의 싸움에서 진나라와 초(楚)나라가 미각(靡角)의 골짜기에서 만나 성공(成公) 18년에 있었다. 진나라가 도망하려 하자, 옹자가 진군(晉軍)에게 명령을 내려 말하기를 '늙거나 어린 군졸은 돌려보내고 고아와 병든 자들도 돌려보내며 한 집에서 두 사람이 징병된 경우에는 그 가운데 한 사람은 돌려보내라. 병사를 가려 뽑고 병거를 검열하고, 말에 먹이를 먹이고 병사들에게 새벽밥을 먹이고, 군대의 진렬(陳列)을 가다듬고 주둔했던 막사들을 다 불태워라. 막사를 불태운 것은 반드시 죽을 각오를 보인 것이다. 날이 밝으면

559) 요각(繞角)의 싸움 : 성공(成公) 6년에 진(晉)나라 란서(欒書)가 정(鄭)나라를 구원할 때 요각(繞角)에서 초군(楚軍)과 만나자 초군이 돌아간 일을 말한다.

560) 신리(申麗) : 초(楚)나라 대부. 성공(成公) 8년조에는 신리(申驪)로 되어 있다.

561) 성공(成公)~있었다 : 요각(繞角)의 싸움은 성공(成公) 6년에 있었지만 신리(申麗)를 사로잡아 돌아간 일은 성공 8년에 있었다.

562) 정(鄭)나라는~못하였고 : 정(鄭)나라가 감히 초(楚)나라를 따르지 못하였다는 것이다. 초나라는 정나라의 남쪽에 있기 때문에 전문에 남면(南面)이라고 한 것이다.

싸울 것이다.'라고 하였습니다. 그리고 돌려보낼 자들을 가게하고 돌려보내야 할 자를 보낸 것이다. 초나라 포로들을 달아나게 하니 초나라 군대는 그날 밤에 흩어졌습니다. 진나라는 팽성을 함락시켜 송(宋)나라에 돌려주고 그곳에 있던 어석(魚石)[563]을 잡아 데리고 돌아갔습니다. 이 일은 원년에 있었다. 초나라가 동이(東夷)를 잃고 령윤(令尹)인 자신(子辛)이 죽게 된 것은 5년에 있었다. 바로 옹자가 그렇게 한 것입니다.

子反與子靈爭夏姬 而雍害其事 子靈 巫臣 雍 塞也 子反雍害巫臣 不使得取夏姬 **子靈奔晉** 在成二年 **晉人與之邢 以爲謀主 扞禦北狄 通吳於晉 敎吳叛楚 敎之乘車射御驅侵 使其子狐庸爲吳行人焉 吳於是伐巢取駕克棘入州來** 駕棘皆楚邑 **楚罷於奔命 至今爲患 則子靈之爲也** 在成七年

자반(子反)이 자령(子靈)과 하희(夏姬)를 두고 다투어 그 혼사를 막고[雍] 방해하니 자령(子靈)은 무신(巫臣)이다. 옹(雍)은 막음이다. 자반(子反)이 무신(巫臣)을 막고 방해하여 하희(夏姬)를 취하지 못하게 한 것이다. 자령이 진(晉)나라로 망명하였습니다. 성공(成公) 2년에 있었다. 그러자 진인(晉人)이 그에게 형(邢) 땅을 주어 모주(謀主)로 삼으니, 북적(北狄)을 막고 오(吳)나라를 진나라와 통교시키고 오나라가 초(楚)나라를 배반하도록 하였습니다. 그리고 수레 타는 법과 활 쏘는 법, 수레 모는 법과 수레를 몰아 공격하는 법을 가르치고, 자기 아들 호용(狐庸)을 오나라의 행인(行人)이 되게 하였습니다. 오나라는 이로 인하여 소(巢)나라[564]를 치고 가(駕) 땅을 취하였으며, 극(棘) 땅에서 이겨 주래(州來)에 침입하니 가(駕)와 극(棘)은 모두 초(楚)나라 읍이다. 초나라가 분명(奔命)[565]에 지쳐 지금까지 근심거리가 된 것은 바로 자령이 그렇게 한 것입니다. 성공(成公) 7년에 있었다.

若敖之亂 伯賁之子賁皇奔晉 晉人與之苗 在宣四年 苗 晉邑 **以爲謀主 鄢陵之役** 在成十六年 **楚晨壓晉軍而陳 晉將遁矣 苗賁皇曰 楚師之良在其中軍王族而已 若塞井夷竈成陳以當之 欒范易行以誘之** 欒書范燮 易行謂簡易兵備 **中行二郤必克二穆** 中行偃郤錡郤至 楚子重子辛 皆出穆王 故曰二穆 **吾乃四萃於其王族 必大敗之** 四面攻之 **晉人從之 楚師大敗 王夷師熸** 夷 傷也 火滅爲熸 **子反死之 鄭叛吳興 楚失諸侯 則苗賁皇之爲也**

---

563) 어석(魚石) : 성공(成公) 15년에 초(楚)나라로 망명한 송(宋)나라 대부이다.

564) 소(巢)나라 : 초(楚)나라와 오(吳)나라 사이에 있던 작은 나라.

565) 분명(奔命) : 임금의 명을 받고 바쁘게 돌아다니며 변방의 위급을 구원함.

약오(若敖)의 란에 백분(伯賁)의 아들 분황(賁皇)이 진(晉)나라로 망명하니, 진인(晉人)이 그에게 묘(苗) 땅을 주고 선공(宣公) 4년에 있었다. 묘(苗)는 진(晉)나라 읍이다. 모주(謀主)로 삼았습니다. 언릉(鄢陵)의 싸움에 성공(成公) 16년에 있었다. 초나라가 새벽에 진군(晉軍)을 압박하여 진을 치자 진나라가 달아나려 하니, 묘분황(苗賁皇)이 말하기를 '초나라 군대의 정예는 그 중군에 있는 왕족뿐이니, 만약 우물을 메우고 아궁이를 허물어 진을 쳐서 그들을 대적하고,[566] 란씨(欒氏)와 범씨(范氏)가 간이한 무장[易行]으로 그들을 유인한다면 란서(欒書)와 범섭(范燮)이다. 이행(易行)은 간이한 무장을 이른다. 중항씨(中行氏)와 두 극씨(郤氏)가 반드시 두 목(穆)을 이길 것입니다. 중항언(中行偃)과 극기(郤錡)와 극지(郤至)이다. 초(楚)나라 자중(子重)과 자신(子辛)이 모두 목왕(穆王)의 자손이기 때문에 두 목(穆)이라고 한 것이다. 이에 우리가 사면에서 그 왕족을 포위하여 공격하면 반드시 그들을 크게 패배시킬 것입니다.'라고 하자 사면에서 공격함이다. 진인이 이 말을 따르니, 초나라 군대가 크게 패하여 왕은 부상 당하고[夷][567] 군대의 사기는 떨어지고[熸] 이(夷)는 부상이다. 불이 꺼지는 것이 잠(熸)이다. 자반(子反)은 죽었습니다. 정(鄭)나라가 배반하고 오(吳)나라가 흥기하여 초나라가 제후를 잃게 된 것은 바로 묘분황이 그렇게 한 것입니다."

子木曰 是皆然矣 聲子曰 今又有甚於此 椒擧娶於申公子牟 椒擧 伍擧 **子牟得戾而亡 君大夫謂椒擧 女實遣之 懼而奔鄭 引領南望曰 庶幾赦余 亦弗圖也** 楚亦不以爲意 **今在晉矣 晉人將與之縣 以比叔向 彼若謀害楚國 豈不爲患 子木懼 言諸王 益其爵祿而復之 聲子使椒鳴逆之** 椒鳴 伍擧之子

자목(子木)이 말하기를 "모두 그렇다."라고 하자, 성자(聲子)가 말하기를 "이제 또 이보다 심한 것이 있습니다. 초거(椒擧)가 신공(申公) 자모(子牟)의 딸을 아내로 맞이하였는데 초거(椒擧)는 오거(伍擧)이다. 자모가 죄를 얻어 망명하니, 임금과 대부들이 초거에게 이르기를 '당신이 사실상 그를 보낸 것이다.'라고 하였습니다. 초거가 두려워 정(鄭)나라로 망명하여 목을 빼고 남쪽을 바라보며 말하기를 '아마도 나를 사면할 것이다.'라고 하였으나 역시 조처가 없었습니다. 초(楚)나라가 역시 그렇게 할 뜻이 없었던 것이다. 초거가 지금 진(晉)나라에 있는데 진인(晉人)이 앞으로 그에게 현(縣)을 주고 숙향(叔向)처럼 대우하려 하니,[568] 그가 만약 초나

566) 우물을~대적하고 : 죽기를 각오함을 이른다.

567) 왕은~당하고[夷] : 이 싸움에서 초공왕(楚共王)은 눈에 화살을 맞았다.

568) 숙향(叔向)처럼~하니 : 숙향(叔向)은 진(晉)나라의 상대부이니 진나라가 초거(椒擧)를 상대부의 지위로 대우하려 한다는 말이다.

라를 해치려고 꾀한다면 어찌 근심거리가 되지 않겠습니까."라고 하였다. 자목이 두려워하여 왕에게 말하여 그 작록을 더하여 주고 돌아오게 하였다. 그러자 성자는 초명(椒鳴)을 보내어 그를 맞이하게 하였다. 초명(椒鳴)은 오거(伍擧)의 아들이다.

八月 壬午 許男甯卒于楚

8월 임오일에 허남(許男) 녕(甯)이 초(楚)나라에서 졸하였다.

許靈公如楚 請伐鄭 十六年 鄭伯自行伐許 故恚欲報之 **曰 師不興 孤不歸矣 八月 卒于楚 楚子曰 不伐鄭 何以求諸侯**

허령공(許靈公 : 甯)이 초(楚)나라에 가서 정(鄭)나라 치기를 청하며 16년에 정백(鄭伯)이 직접 출동하여 허(許)나라를 쳤기 때문에 허령공(許靈公)이 화를 내어 보복하고자 한 것이다. 말하기를 "군대를 일으켜 주지 않는다면 나는 돌아가지 않겠습니다."라고 하였다. 8월에 허령공이 초나라에서 졸하니, 초자(楚子)가 말하기를 "정나라를 치지 않는다면 무엇으로 제후들의 마음을 구할 수 있겠는가."라고 하였다.

冬 楚子蔡侯陳侯伐鄭 葬許靈公

겨울에 초자(楚子)·채후(蔡侯)·진후(陳侯)가 정(鄭)나라를 치고 허(許)나라 령공(靈公)의 장례를 지냈다.

冬 十月 楚子伐鄭 鄭人將禦之 子産曰 晉楚將平 諸侯將和 楚王是故昧於一來 昧猶貪冒 **不如使逞而歸 乃易成也 夫小人之性 釁於勇嗇於禍以足其性而求名焉者 非國家之利也 若何從之** 釁 動也 嗇 貪也 言鄭之欲戰者 皆釁勇貪名 非爲國利 不可從也 **子展說 不禦寇 十二月 乙酉 入南里 墮其城** 南里 鄭邑 **涉于樂氏** 樂氏 津名 **門于師之梁 縣門發 獲九人焉** 鄭人發縣門以禦攻者 獲楚九人 **涉于氾而歸** 自氾城涉汝水 **而後葬許靈公**

겨울 10월에 초자(楚子)가 정(鄭)나라를 치니 정인(鄭人)이 방어하려 하자, 자산(子産)이 말하기를 "지금은 진(晉)나라와 초(楚)나라가 화평하려 하고 제후들이 화합하려고 합니다.

초왕(楚王)은 이 때문에 리익을 탐하여[昧] 한 번 온 것이니,[569] 매(昧)는 리익을 탐함[貪冒]과 같다. 내키는 대로 하고 돌아가게 하여 쉽게 화친하게 하는 것[570]만 같지 못합니다. 소인의 성품은 용력을 동원하고[釁][571] 화난을 탐하여[嗇] 자기의 본성을 만족시키고 명예를 구하려 합니다. 이는 국가의 리익이 아니니 어찌 이를 따르겠습니까."라고 하니, 흔(釁)은 동원함이다. 색(嗇)은 탐함이다. 정(鄭)나라에서 싸우고자 하는 자들은 모두 용력을 동원하고 명예를 탐하여 국가에 리익이 되지 않으니 따를 수 없다는 말이다. 자전(子展)이 기뻐하고 초군의 침입을 방어하지 않았다. 12월 을유일에 초군이 남리(南里)로 쳐들어가 그 성을 무너뜨리고 남리(南里)는 정(鄭)나라 읍이다. 악씨(樂氏)에서 물을 건너 악씨(樂氏)는 나루 이름이다. 사지량(師之梁) 성문을 공격하였다. 그때 정인이 현문(縣門)을 내리고 아홉 사람을 잡았다. 정인(鄭人)이 현문(縣門)을 내리고 공격하는 자를 방어하여 초군(楚軍) 아홉 사람을 잡은 것이다. 초군은 범성(氾城)에서 물을 건너 돌아가 범성(氾城)에서 여수(汝水)를 건넌 것이다. 그 뒤 허령공(許靈公)의 장례를 지냈다.

○衛人歸衛姬于晉 乃釋衛侯 以女說晉 **君子是以知平公之失政也**

○위인(衛人)이 위희(衛姬)를 진(晉)나라로 시집보내니 그제서야 진나라는 위후(衛侯 : 獻公)를 풀어 주었다.[572] 녀인으로 진(晉)나라를 기쁘게 한 것이다. 군자는 이 일로 진평공(晉平公)이 정치의 도리를 잃었음을 알았다.

○晉韓宣子聘于周 王使請事 問何事來聘 **對曰 晉士起將歸時事於宰旅 無他事矣** 禮 諸侯大夫入天子國稱士 時事 四時貢職 宰旅 冢宰之下士 **王聞之曰 韓氏其昌阜於晉乎 辭不失舊** 阜 大也 言不失舊禮

○진(晉)나라 한선자(韓宣子)가 주(周)나라에 빙문하니, 왕이 사람을 시켜 무슨 일인지를 물었다. 무슨 일로 빙문왔는지를 물은 것이다. 한선자가 대답하기를 "진나라 사(士)인 저 기(起)는 재려(宰旅)에게 시사(時事)를 바치려고 왔을 뿐[573] 다른 일은 없습니다."라고 하였다. 례에

---

569) 리익을~것이니 : 제후들의 마음을 사기 위하여 한 번 군대를 출동시킨 것이라는 말이다.

570) 화친하게~것 : 초(楚)나라와 진(晉)나라가 화친하도록 한다는 것이다.

571) 용력을 동원하고[釁] : 이 문구를 '勇於釁'의 도치로 보고 '틈을 만드는데 용감하다.'는 뜻으로 풀이하기도 한다.

572) 위후(衛侯 : 獻公)를~주었다 : 위후(衛侯)는 올가을에 진(晉)나라에 잡혀간 녕희(甯喜)와 북궁유(北宮遺)를 석방시키기 위해 진나라에 갔다가 잡혀있었다.

573) 재려(宰旅)에게~뿐 : 천자를 바로 지칭할 수 없었으므로 재려(宰旅)에게 시사(時事)를 바친다고 한 것이다.

제후들의 대부는 천자국에 들어가서는 사(士)라고 칭한다. 시사(時事)는 사시(四時)의 직공(職貢)이다. 재려(宰旅)는 총재(冢宰)의 하사(下士)이다. 왕이 이를 듣고 말하기를 "한씨(韓氏)가 진나라에서 번창하고 크게[阜] 될 것이다. 말이 옛 례제(禮制)를 잃지 않았도다."라고 하였다. 부(阜)는 큼이다. 옛 례제(禮制)를 잃지 않았다는 말이다.

양공(襄公) 27년【乙卯 B.C.546】

二十有七年 春 27년 봄이다.

齊人城郟之歲 在二十四年 **其夏 齊烏餘以廩丘奔晉** 烏餘 齊大夫 廩丘 齊地 **襲衛羊角 取之** 羊角 地名 **遂襲我高魚** 高魚 魯地 **有大雨 自其竇入** 雨 故水竇開 **介于其庫** 入高魚庫而介其甲 **以登其城 克而取之 又取邑于宋 於是范宣子卒 諸侯弗能治也** 不能治烏餘之罪 **及趙文子爲政 乃卒治之 文子言於晉侯曰 晉爲盟主 諸侯或相侵也 則討而使歸其地 今烏餘之邑 皆討類也** 言比類宜見討 **而貪之 是無以爲盟主也 請歸之 公曰 諾 孰可使也 對曰 胥梁帶能無用師 晉侯使往** 胥梁帶 晉大夫

제인(齊人)이 겹(郟) 땅에 성을 쌓던 해 24년에 있었다. 여름에 제(齊)나라 오여(烏餘)가 름구(廩丘)를 가지고 진(晉)나라로 망명하였다. 오여(烏餘)는 제(齊)나라 대부이다. 름구(廩丘)는 제나라 땅이다. 그리고 위(衛)나라 양각(羊角)을 습격하여 취하고서 양각(羊角)은 땅 이름이다. 드디어 우리나라 고어(高魚)를 습격하였다. 고어(高魚)는 로(魯)나라 땅이다. 그때 큰비가 내리자 그는 하수구를 통해 성안으로 들어와서 비가 내렸기 때문에 하수구를 열어놓은 것이다. 창고에 있는 갑옷을 군사들에게 입히고 고어(高魚)의 창고에 들어가 그곳의 갑옷을 입힌 것이다. 성 위로 올라가 쳐서 이겨 고어를 취하였다. 그리고는 또 송(宋)나라의 읍을 취하였다. 이때 진나라 범선자(范宣子)가 졸하여 제후들이 오여의 죄를 다스리지 못하였는데 오여(烏餘)의 죄를 다스리지 못한 것이다. 조문자(趙文子)가 집정이 되자 마침내 오여의 죄를 다스렸다. 문자(文子)가 진후(晉侯)에게 말하기를 "우리 진나라는 맹주이니 제후들이 혹 서로 침범하면 침범한 자를 토죄하여 그 땅을 돌려주게 해야 합니다. 지금 오여가 취한 읍은 모두 토죄하여 돌려주게 해야 할 따위인데 전례에 견주어 마땅히 토죄되어야 한다는 말이다. 이 땅들을 탐하게 되면 이는 맹주가 될 수 없는 것입니다. 그러니 그 땅을 돌려주기를 청합니다."라고 하였다. 진평공(晉平公)이 말하기를 "그렇게 하겠다. 그러면 누구를 사자로 보내는 것이 좋겠는가?"라고 하니, 문자가 대답하기를 "서량대(胥梁帶)라면 군대를 사용하지 않고도 일을 처리할 수 있을 것입니다."라고 하니, 진후가 그를 사자로 가게 하였다. 서량대(胥梁帶)는 진(晉)나라 대부이다.

二十七年 春 胥梁帶使諸喪邑者 齊魯宋衛 **具車徒以受地 必周** 周 密也 使之密來 **使烏餘具車徒以受封** 烏餘以地來 故詐許封之 **烏餘以其衆出 使諸侯僞效烏餘之封者** 效 致也 僞若致邑封烏餘者 **而遂執之 盡獲之** 獲其徒衆 **皆取其邑而歸諸侯 諸侯是以睦於晉**

27년 봄에 서량대(胥梁帶)가 읍을 잃은 자들에게 제(齊)·로(魯)·송(宋)·위(衛)나라이다. 병거와 보졸들을 갖추고 와서 잃었던 땅을 돌려받도록 하되 반드시 은밀히[周] 움직이게 하였다. 주(周)는 은밀함이다. 땅을 잃은 자들로 하여금 은밀히 오게 한 것이다. 그리고 오여(烏餘)에게도 병거와 보졸들을 갖추고 와서 봉읍(封邑)을 받도록 하였다.574) 오여(烏餘)가 땅을 가지고 왔기 때문에 거짓으로 그에게 봉해주겠다고 허낙한 것이다. 그러자 오여가 자신의 무리를 거느리고 나서자 서량대가 제후들을 오여에게 봉읍을 바치는[效] 자로 위장시켰다가 효(效)는 바침[致]이다. 제후들로 하여금 그들의 읍을 바쳐 오여(烏餘)에게 봉납하는 자들로 위장하게 한 것이다. 드디어 오여를 잡고 그 무리도 다 사로잡았다. 오여(烏餘)를 따라온 무리를 사로잡은 것이다. 그리고 오여가 취한 읍을 다 거두어 제후들에게 돌려주니 제후들이 이 때문에 진(晉)나라와 화목하게 되었다.

齊侯使慶封來聘

제후(齊侯)가 경봉(慶封)을 보내와서 빙문하였다.

景公卽位 通嗣君也

경공(景公)이 즉위하고서 임금의 지위를 승계하였음을 통고한 것이다.

574) 오여(烏餘)에게도~하였다 : 오여(烏餘)에게 그가 가지고 온 름구(廩丘)와 위(衛)나라에서 취한 양각(羊角)과 로(魯)나라에서 취한 고어(高魚)와 송(宋)나라에 취한 읍을 봉읍으로 인정해 주겠다고 유인한 것이다.

齊慶封來聘 其車美 孟孫 孟孝伯 **謂叔孫曰 慶季之車 不亦美乎** 季 慶封字 **叔孫曰 豹聞之 服美不稱 必以惡終 美車何爲 叔孫與慶封食 不敬 爲賦相鼠 亦不知也** 取其相鼠有皮 人而無儀 爲明年慶封來奔傳

제(齊)나라 경봉(慶封)이 와서 빙문하였는데 그 수레가 아름다웠다. 맹손(孟孫)이 맹효백(孟孝伯)이다. 숙손(叔孫)에게 말하기를 "경계(慶季)의 수레가 또한 아름답지 않소?"라고 하자, 계(季)는 경봉(慶封)의 자(字)이다. 숙손이 말하기를 "나 표(豹)가 듣건대 거복(車服)이 아름답되 그 신분에 맞지 않으면 반드시 재앙으로 마친다고 하였거늘 아름다운 수레가 무슨 소용이 있겠소."라고 하였다. 숙손이 경봉과 함께 식사를 하는데 경봉의 태도가 공경스럽지 못하여 숙손이 상서(相鼠)[575]를 읊었는데도 경봉은 그 의미를 알아차리지 못하였다. 쥐를 보면 쥐에도 가죽이 있는데 사람으로서 위의(威儀)가 없을 수 있는가라는 뜻을 취한 것이다. 다음해에 경봉(慶封)이 로(魯)나라로 망명오는 전(傳)의 배경이 된다.

夏 叔孫豹會晉趙武楚屈建蔡公孫歸生衛石惡陳孔奐鄭良霄許人曹人于宋

여름에 숙손표(叔孫豹)가 진(晉)나라 조무(趙武)·초(楚)나라 굴건(屈建)·채(蔡)나라 공손귀생(公孫歸生)·위(衛)나라 석악(石惡)·진(陳)나라 공환(孔奐)·정(鄭)나라 량소(良霄)·허인(許人)·조인(曹人)과 송(宋)나라에서 회합하였다.

奐 公作瑗 後同 ○會者十四國 齊秦不交見 邾滕爲私屬 皆不與盟 宋爲主人 與盟可知 故經唯序九國大夫 會在秋 經書夏 書始行

환(奐)은 《공양전(公羊傳)》에는 원(瑗)으로 되어 있는데 이후에도 이와 같다. ○회합한 나라가 열네 나라인데 제(齊)나라와 진(秦)나라는 교견(交見)하지 않았고,[576] 주(邾)나라와 등(滕)나라는 사속(私屬)[577]이었기 때문에 모두 맹약에 참여하지 않았다. 송(宋)나라는 주인으로서 맹약에 참여했음을 알 수 있다. 그러므로 경문에 오직 아홉 나라 대부만을 서차(序次)에 따라 기록하였다. 회합이 가을에 있었는데 경문에 여름이라고 기록한 것은 이 일이 시작되었을 때를 기록한 것이다.[578]

---

575) 상서(相鼠) : 《시경(詩經)》 〈용풍(鄘風)〉의 편 이름.

576) 제(齊)나라와~않았고 : 진(晉)나라에 속한 제(齊)나라는 초(楚)나라에 가서 조견하지 않았고, 초나라에 속한 진(秦)나라는 진(晉)나라에 가서 조견하지 않았음을 이른다.

577) 사속(私屬) : 주(周)나라 왕실의 인정을 받지 않고 강대국이 사적인 세력으로 삼은 속국이다.

578) 회합이~것이다 : 다음 전문에 5월 갑진일에 진(晉)나라 조무(趙武)가 송(宋)나라에 도착하였다고 하였으

宋向戌善於趙文子 又善於令尹子木 欲弭諸侯之兵以爲名 如晉 告趙孟 趙孟謀於諸大夫 韓宣子曰 兵 民之殘也 財用之蠹 小國之大菑也 菑同灾 **將或弭之 雖曰不可必將許之 弗許 楚將許之 以召諸侯 則我失爲盟主矣 晉人許之 如楚 楚亦許之 如齊 齊人難之 陳文子曰 晉楚許之 我焉得已 且人曰弭兵 而我弗許 則固攜吾民矣將焉用之 齊人許之 告於秦 秦亦許之 皆告於小國 爲會於宋**

송(宋)나라 상술(向戌)은 진(晉)나라 조문자(趙文子 : 趙武)와 사이가 좋고 또 초(楚)나라 령윤(令尹)인 자목(子木 : 屈建)과도 사이가 좋았으므로 제후들 사이의 싸움을 그치게 하는 것으로 자신의 명예를 삼고자 하였다. 그래서 진(晉)나라에 가서 조맹(趙孟 : 趙武)에게 이런 뜻을 고하니 조맹이 여러 대부와 이 문제를 모의하였다. 한선자(韓宣子)가 말하기를 "싸움은 백성을 잔혹하게 하고 재용을 좀먹는 벌레이니 작은 나라들로서는 큰 재앙[菑]입니다. 재(菑)는 재앙[灾]과 같다. 누군가 이를 그치게 하려 한다면 비록 가능하지 않더라도 반드시 허낙해야 합니다. 우리가 허낙하지 않았다가 초나라가 이를 허낙하고 이 문제로 제후들을 소집한다면 곧 우리는 맹주의 지위를 잃게 될 것입니다."라고 하였다. 이에 진인(晉人)이 이를 허낙하였다. 상술이 초나라에 가니 초나라도 이를 허낙하였다. 상술이 제(齊)나라에 가자 제인(齊人)은 어려워하였다. 제나라 진문자(陳文子)가 말하기를 "진나라와 초나라가 이를 허낙하였는데 우리가 어찌 이를 그만둘 수 있겠습니까. 그리고 남들은 싸움을 그치자고 하는데 우리가 이를 허낙하지 않는다면 진실로 우리 백성의 마음을 떠나게 하는 것이니, 장차 어떻게 백성을 부릴 수 있겠습니까."라고 하니 제인도 이를 허낙하였다. 상술이 진(秦)나라에 가서 고하니 진나라도 이를 허낙하였다. 그리고 다른 소국에게도 모두 통고하여 송나라에서 회합하였다.

五月 甲辰 晉趙武至於宋 丙午 鄭良霄至 六月 丁未 朔 宋人享趙文子 叔向爲介 司馬置折俎 禮也 折俎 合享卿之禮 周禮 司馬掌會同之事 **仲尼使擧是禮也 以爲多文辭** 擧 謂記錄之 仲尼使弟子特擧此禮者 以此享多文辭可爲法 **戊申 叔孫豹齊慶封陳須無衛石惡至** 須無 陳文子 **甲寅 晉荀盈從趙武至 丙辰 邾悼公至** 小國 故君自來 **壬戌 楚公子黑肱先至 成言於晉** 時令尹子木止陳 遣黑肱 先與晉成盟載之言 **丁卯 宋向戌如陳 從子木成言於楚** 成楚之要言 **戊辰 滕成公至**

니, 여름에 회합이 시작된 것이다.

5월 갑진일에 진(晉)나라 조무(趙武)가 송(宋)나라에 도착하였고, 병오일에 정(鄭)나라 량소(良霄)가 도착하였다. 6월 초하루 정미일에 송인(宋人)이 조문자(趙文子 : 趙武)에게 향연을 베풀어 줄 때 숙향(叔向)이 개빈(介賓)[579]이 되었다. 송나라 사마(司馬)가 그들을 접대할 때 절조(折俎)[580]를 하였으니, 례에 맞는 일이었다. 절조(折俎)는 경(卿)에게 향연을 베푸는 례에 합당한 것이다. 《주례(周禮)》에는 사마(司馬)가 회동의 일을 주관한다고 하였다. 중니(仲尼)가 제자들에게 이 례를 기록하도록[擧] 한 것은 이때 사용된 문사(文辭)를 아름답게[多] 여겼기 때문이다. 거(擧)는 기록함을 이른다. 중니(仲尼)가 제자들에게 특별히 이 례를 기록하게 한 것은 이 향연에서 사용된 아름다운 문사(文辭)들이 법이 될 만하다고 여겼기 때문이다. 무신일에 로(魯)나라 숙손표(叔孫豹)·제(齊)나라 경봉(慶封)과 진수무(陳須無)·위(衛)나라 석악(石惡)이 도착하였다. 수무(須無)는 진문자(陳文子)이다. 갑인일에 진(晉)나라 순영(荀盈)이 조무를 뒤따라 도착하였다. 병진일에 주도공(邾悼公)이 도착하였다. 소국이기 때문에 임금이 직접 온 것이다. 임술일에 초(楚)나라 공자 흑굉(黑肱)이 먼저 도착하여 진(晉)나라와 맹약에 기재할 말에 대해 약정(約定 : 成言)하였다. 당시에 령윤(令尹)인 자목(子木)이 진(陳)나라에 머물러 있으면서 흑굉(黑肱)을 보내어 먼저 진(晉)나라와 맹약에 기재할 말을 약정하도록 한 것이다. 정묘일에 송나라 상술이 진(陳)나라에 가서 자목을 만나 초나라가 맹약에 기재할 말에 대해 약정하였다. 초(楚)나라가 요구하는 말들을 약정한 것이다. 무진일에 등성공(滕成公)이 도착하였다.

子木謂向戌 請晉楚之從 交相見也 使諸侯從晉楚者 更相朝見 **庚午 向戌復於趙孟 趙孟曰 晉楚齊秦 匹也 晉之不能於齊 猶楚之不能於秦也** 不能服而使之 **楚君若能使秦君辱於敝邑 寡君敢不固請於齊 壬申 左師復言於子木 子木使馹謁諸王** 謁 告也 **王曰 釋齊秦 他國請相見也**

자목(子木)이 상술(向戌)에게 일러 진(晉)나라를 따르는 제후들과 초(楚)나라를 따르는 제후들이 서로 상대방의 나라를 조견하게 하도록 청하였다.[581] 진(晉)나라와 초(楚)나라를 따르는 제후들로 하여금 바꾸어 서로 조견하게 한 것이다. 경오일에 상술이 돌아와 조맹(趙孟)에게 이 문제를 복명하니, 조맹이 말하기를 "진(晉)·초(楚)·제(齊)·진(秦)은 서로 필적하는 나라들이오. 우리 진(晉)나라가 제나라를 마음대로 할 수 없는 것은 초나라가 진(秦)나라를 마음대로

579) 개빈(介賓) : 주빈(主賓)을 보좌하는 사람.

580) 절조(折俎) : 익힌 고기를 썰어 도마에 담아 올리는 것.

581) 진(晉)나라를~청하였다 : 진(晉)나라를 따르는 제후들은 초(楚)나라에 가서 조견하고, 초나라를 따르는 제후들은 진나라에 가서 조견하도록 청한 것이다.

할 수 없는 것과 같소. 복종시켜 마음대로 부릴 수 없다는 것이다.582) 초나라 임금께서 만약 진(秦)나라 임금으로 하여금 우리나라에 오는 수고를 하게 한다면 과군도 감히 제나라에게 초나라에 가도록 굳이 청하지 못하겠습니까."라고 하였다. 임신일에 좌사(左師 : 向戌)가 자목에게 이 문제를 다시 말하니, 자목이 사람을 시켜 말을 달려 초왕(楚王)에게 이 문제를 고하게[謁] 하였다. 알(謁)은 고(告)함이다. 초왕이 말하기를 "제(齊)나라와 진(秦)나라를 제외하고 다른 나라들만 서로 조견하도록 청하라."라고 하였다.

衛殺其大夫甯喜 衛侯之弟鱄出奔晉

위(衛)나라가 그 대부 녕희(甯喜)를 죽였다. 위후(衛侯)의 아우 전(鱄)이 진(晉)나라로 망명나갔다.

鱄 穀作專 ○討甯喜不以其罪 故稱國以殺 鱄書弟 罪衛侯也

전(鱄)은 《곡량전(穀梁傳)》에는 전(專)으로 되어 있다. ○녕희(甯喜)를 그 죄가 아닌 것으로 토죄하였으므로 위(衛)나라가 그를 죽였다고 한 것이다.583) 전(鱄)을 아우라고 경문에 기록한 것은 위후(衛侯)를 죄준 것이다.584)

衛甯喜專 公患之 公孫免餘請殺之 免餘 衛大夫 **公曰 微甯子 不及此 吾與之言矣** 言政由甯氏 **事未可知 祇成惡名 止也 對曰 臣殺之 君勿與知 乃與公孫無地公孫臣謀** 二公孫 衛大夫 **使攻甯氏 弗克 皆死** 無地及臣皆死 **公曰 臣也無罪 父子死余矣** 獻公出時 臣之父爲孫氏所殺

위(衛)나라 녕희(甯喜)가 국정을 전횡하자 위헌공(衛獻公)이 이를 근심하였다. 공손면여(公孫免餘)가 녕희를 죽이기를 청하자 면여(免餘)는 위(衛)나라 대부이다. 위헌공이 말하기를 "녕자(甯子 : 甯喜)가 아니었다면 내가 이 자리에 이르지 못하였을 것이다. 그래서 내가 그에게

582) 복종시켜~것이다 : 진(晉)나라는 제(齊)나라를 초(楚)나라에 조견하라고 할 수 없고, 초나라는 진(秦)나라를 진(晉)나라에 조견하라고 할 수 없다는 말이다.

583) 녕희(甯喜)를~것이다 : 녕희(甯喜)가 권력을 전횡하였기 때문에 위헌공(衛獻公)이 그를 죽였다. 그러나 녕희의 죄는 권력을 전횡한 죄보다 위상공(衛殤公)을 시해한 죄가 더 크다. 그러므로 공자(孔子)는 위(衛)나라가 그 대부 녕희를 죽였다고 기록함으로써 녕희가 위상공을 시해한 죄를 드러낸 것이다.

584) 전(鱄)을~것이다 : 아우와 우애하지 못하여 망명나가게끔 하였으므로 아우라고 기록하여 형[衛獻公]에게 죄를 돌린 것이다.

말했었다. 정사(政事)는 녕씨(甯氏)에게서 나오게 하겠다고 말한 것이다.[585] 그대가 도모하고자 하는 일은 결과를 알 수 없고 다만 악명만 얻게 될 것이니 그만두라."라고 하였다. 면여(免餘)가 대답하기를 "신이 그를 죽일 것이니 임금님께서는 관여하여 아는 체하지 마십시오."라 하고, 이에 공손무지(公孫無地) 및 공손신(公孫臣)과 함께 모의하여 두 공손(公孫)은 위(衛)나라 대부이다. 그들을 시켜 녕씨(甯氏)를 공격하게 하였으나 이기지 못하여 모두 죽었다. 무지(無地)와 신(臣)이 모두 죽은 것이다. 위헌공이 말하기를 "신(臣 : 公孫臣)은 아무 죄가 없는데 아버지와 아들이 나로 인해 죽었구나."라고 하였다. 헌공(獻公)이 망명나가 있을 때 신(臣)의 아버지가 손씨(孫氏 : 孫林父)에게 죽임을 당하였다.

夏 免餘復攻甯氏 殺甯喜及右宰穀 尸諸朝 石惡將會宋之盟 受命而出 衣其尸 枕之股而哭之 欲斂以亡 懼不免 且曰 受命矣 乃行 子鮮曰 逐我者出 謂孫林父 **納我者死** 謂甯喜 **賞罰無章 何以沮勸 君失其信 而國無刑 不亦難乎 且鱄實使之** 使喜納君 **遂出奔晉**

여름에 면여(免餘)가 다시 녕씨(甯氏)를 공격하여 녕희(甯喜)와 우재(右宰)인 곡(穀)을 죽여 그 시신을 조정에 늘어놓았다. 그때 석악(石惡)은 송(宋)나라의 회맹에 참석하려고 명을 받고 조정을 나오다가 녕희의 시신에 옷을 입히고 자신의 다리를 베게 하고 곡하였다. 시신을 렴하고 망명하고자 하였으나 화를 면하지 못할까 두려워하여 말하기를 '나는 회맹에 참석하라는 명을 받았다.'라 하고 이에 송나라로 갔다. 자선(子鮮)이 말하기를 "우리를 축출한 자는 망명나갔고, 손림보(孫林父)를 이른다. 우리를 받아들인 자는 죽임을 당하였다. 녕희(甯喜)를 이른다. 상벌이 분명하지 않으니 어떻게 악을 막고 선을 권할 수 있겠는가. 임금이 신의를 잃고 나라에 법도가 없으니 또한 나라를 다스리기 어렵지 않겠는가. 이 또한 나전(鱄 : 子鮮)이 실로 그렇게 만든 것이다."라 하고 녕희(甯喜)를 시켜 위헌공(衛獻公)을 맞아들이게 하였다는 것이다. 드디어 진(晉)나라로 망명나갔다.

公使止之 不可 及河 又使止之 止使者而盟於河 誓不還 **託於木門** 木門 晉邑 **不鄕衛國而坐 木門大夫勸之仕 不可 曰 仕而廢其事 罪也 從之 昭吾所以出也 將誰愬乎** 從之謂治其事 事治則明己出欲仕 無所自愬 **吾不可以立於人之朝矣 終身不仕 公喪之 如稅服**

585) 정사(政事)는~것이다 : 지난해 위헌공(衛獻公)이 그 아우 자선(子鮮)을 시켜 녕희(甯喜)에게 정사(政事)는 녕씨(甯氏)에게서 나오게 하고 제사만 자기가 맡겠다고 했던 말이다.

終身 **禮 日月已過 聞喪追服謂之稅 痛愍子鮮 特爲此服**

위헌공(衛獻公)이 사람을 시켜 만류하였으나 듣지 않았고 하수(河水)에 이르렀을 때 또 사람을 시켜 만류하였으나 자선(子鮮)이 사자(使者)를 머물게 하면서 하수에 맹세하였다. 돌아가지 않겠다고 맹세한 것이다. 그리고 목문(木門)에 몸을 의탁하면서 목문(木門)은 진(晉)나라 읍이다. 위(衛)나라를 향해 앉지도 않았다. 목문대부(木門大夫)가 벼슬할 것을 권하자 안 된다고 하며 말하기를 "벼슬을 하면서 맡은 일을 하지 않는 것은 죄이고, 그 일을 맡는다면[從之] 내가 망명나온 리유를 밝게 드러내는 것이니, 장차 누구에게 하소연할 수 있겠소. 종지(從之)는 그 일을 맡아 다스리는 것을 이른다. 일을 맡아 다스리게 되면 자기가 망명나온 것이 벼슬하기 위함이라는 것을 밝게 드러내는 것이니, 자신의 심정을 하소연할 곳이 없다는 것이다. 나는 다른 나라의 조정에 벼슬할 수가 없소."라 하고 종신토록 벼슬하지 않았다. 자선이 죽은 뒤 헌공(獻公)은 그의 죽음을 애통해하며 태복(稅服)을 입은 채로 생을 마쳤다[終身].[586] 례에 장삿날이 이미 지나 부고를 듣게 되면 추복(追服)[587]을 하는데, 이를 태복(稅服)이라고 한다. 자선(子鮮)의 죽음을 애통해하고 가여워했으므로 특별히 이 복을 입은 것이다.

公與免餘邑六十 辭曰 唯卿備百邑 臣六十矣 下有上祿 亂也 **此一乘之邑 非四井之邑 每邑方十里** **臣弗敢聞 且甯子唯多邑 故死 臣懼死之速及也 公固與之 受其半 以爲少師 公使爲卿 辭曰 大叔儀不貳 能贊大事 君其命之 乃使文子爲卿**

위헌공(衛獻公)이 면여(免餘)에게 60읍을 주자 사양하며 말하기를 "오직 경(卿)의 직책이라야 1백 읍을 소유할 수 있는데 신은 이미 60읍을 가지고 있습니다. 아랫사람으로서 윗사람의 록(祿)을 소유하는 것은 법도를 어지럽히는 것이니, 여기서는 1승(乘)의 읍이지 4정(井)의 읍은 아니다.[588] 1승의 매 읍은 사방 10리이다. 신은 감히 명을 따를 수 없습니다. 그리고 녕자(甯子 : 甯喜)는 많은 읍을 소유하고 있었기 때문에 죽었습니다. 신은 죽음이 빨리 미칠까 두렵습니다."라고 하였다. 그런데도 헌공(獻公)이 굳이 주자 그 절반을 받고 소사(少師)가 되었다. 이어 헌공이 그를 경으로 삼으려 하자 사양하며 말하기를 "태숙의(大叔儀)는 두마음을 품지 않고 대사(大事)를 도울 수 있으니[589] 임금님께서 그를 명하십시오."라고 하니, 이에 문자

---

586) 생을 마쳤다[終身] : 위헌공(衛獻公)은 양공(襄公) 29년 여름에 졸한다.

587) 추복(追服) : 상(喪)을 당했을 때 사정이 있어 상례를 집행하지 못하고 추후에 복상(服喪)하는 일.

588) 1승(乘)의~아니다 : 1승(乘)의 읍은 사방 10리이고, 4정(井)의 읍은 사방 2리이다.

589) 태숙의(大叔儀)는~있으니 : 지난해 위헌공(衛獻公)이 복귀하면서 망명 중이었던 자신을 돕지 않은 태숙의(大叔儀)를 책망하자, 태숙의가 자신은 두마음을 품고 임금을 섬길 수 없다고 하였기 때문이다.

(文子 : 大叔儀)를 경으로 삼았다.

秋 七月 辛巳 豹及諸侯之大夫盟于宋 가을 7월 신사일에 표(豹)가 제후들의 대부와 송(宋)나라에서 맹약하였다.

秋 七月 戊寅 左師至 向戌從陳還宋 **是夜也 趙孟及子皙盟 以齊言** 齊二國之辭 子皙 黑肱 **庚辰 子木至自陳 陳孔奐蔡公孫歸生至 曹許之大夫皆至 以藩爲軍** 以藩籬爲軍 不築壘塹 示不相忌 **晉楚各處其偏** 晉處北 楚處南 **伯夙謂趙孟** 伯夙 荀盈 **曰 楚氛甚惡 懼難** 氛 氣也 **趙孟曰 吾左還 入於宋 若我何** 晉營在宋北 急可左廻入宋東門

가을 7월 무인일에 송(宋)나라 좌사(左師)가 이르렀고, 상술(向戌)이 진(陳)나라에서 송(宋)나라로 돌아간 것이다. 이 날 밤에 진(晉)나라 조맹(趙孟)이 초(楚)나라 자석(子皙)과 맹약하고 맹약에 넣을 말을 조정하였다. 두 나라의 맹약에 넣을 말을 조정한 것이다, 자석(子皙)은 흑굉(黑肱)이다. 경진일에 초나라 자목(子木)이 진(陳)나라에서 이르렀다. 진(陳)나라 공환(孔奐)과 채(蔡)나라 공손귀생(公孫歸生)이 이르렀고 조(曹)나라와 허(許)나라의 대부들도 모두 이르러 각각 울타리를 쳐서 군영을 만들었는데, 울타리를 쳐서 군영을 만들었고 성채나 참호를 만들지 않음으로써 서로 적대시하지 않는 뜻을 보인 것이다. 진(晉)나라와 초나라는 각각 그 끝에 자리를 잡았다. 진(晉)나라는 북쪽에 자리를 잡았고 초(楚)나라는 남쪽에 자리를 잡은 것이다. 진(晉)나라 백숙(伯夙)이 조맹에게 백숙(伯夙)은 순영(荀盈)이다. 말하기를 "초나라 분위기[氛]가 매우 험악하니 어려움이 있을까 걱정입니다."라고 하니, 분(氛)은 기운(氣運)이다. 조맹이 말하기를 "우리가 왼편으로 돌아 송나라 국도로 들어간다면 우리를 어떻게 할 수 있겠소."라고 하였다. 진(晉)나라 군영이 송(宋)나라 북쪽에 있기 때문에 위급한 상황이 벌어지면 왼편으로 돌아 송나라의 동문으로 들어갈 수 있다는 것이다.

辛巳 將盟於宋西門之外 楚人衷甲 甲在衣中 **伯州犁曰 合諸侯之師 以爲不信 無乃不可乎 夫諸侯望信於楚 是以來服 若不信 是棄其所以服諸侯也 固請釋甲 子木曰 晉楚無信久矣 事利而已 苟得志焉 焉用有信 大宰退** 大宰 伯州犁 **告人曰 令尹將死矣 不及三年 求逞志而棄信 志將逞乎 志以發言 言以出信 信以立志 參以定之 信亡何以及三** 三者具而身安 三者不備 何以得及三年 爲明年子木死起本

신사일에 송(宋)나라 서문 밖에서 맹약하려 할 때 초인(楚人)이 갑옷을 속에 입고 있었다. 갑옷을 겉옷 속에 입은 것이다. 초(楚)나라 백주리(伯州犁)가 말하기를 "제후들의 군대를 모아놓고 신의를 지키지 않는다면 안 되지 않습니까. 제후들은 초나라가 신의를 지킬 것을 바라고 이 때문에 와서 복종하는 것입니다. 만약 신의를 지키지 않는다면 이는 제후들을 복종시켰던 바를 버리는 것입니다."라 하고, 갑옷 벗기를 굳이 청하였다. 자목(子木)이 말하기를 "진(晉)나라와 초나라 사이에 신의가 없어진 지가 오래되었고 리익을 일삼았을 뿐이오. 진실로 뜻을 얻을 수 있다면 되는 것이지 신의를 어디에 쓰겠소."라고 하였다. 태재(大宰)가 물러 나와 태재(大宰)는 백주리(伯州犁)이다. 어떤 사람에게 고하기를 "령윤(令尹 : 子木)은 머지않아 죽을 것이니 3년을 넘기지 못할 것이다. 뜻을 펴기를 구하면서 신의를 버렸으니 어떻게 그 뜻을 펼칠 수 있겠는가. 뜻으로 말을 드러내고 말로 신의를 표출하며 신의로 뜻을 세우니, 이 세 가지로 몸을 안정시키거늘 신의가 없는데 어떻게 3년을 넘길 수 있겠는가."라고 하였다. 세 가지가 갖추어지면 몸이 편안하지만 세 가지가 갖추어지지 않으면 어떻게 3년을 넘길 수 있겠느냐는 것이다. 다음해에 자목(子木)이 죽는 일의 발단이 된다.

趙孟患楚衷甲 以告叔向 叔向曰 何害也 匹夫一爲不信 猶不可 單斃其死 單 盡也 斃 踣也 言不信之人 無得生者 **若合諸侯之卿 以爲不信 必不捷矣 食言者不病** 病謂攻而病我也 **非子之患也 夫以信召人 而以僭濟之** 僭 不信 濟 成也 **必莫之與也 安能害我 且吾因宋以守** 句 **病 則夫能致死 與宋致死 雖倍楚可也** 夫猶彼也 謂宋也 言楚若病我 則宋必致死 力可倍楚 **子何懼焉 又不及是** 又想楚人之情 不應及是之惡 **曰弭兵以召諸侯 而稱兵以害我 吾庸多矣 非所患也** 晉獨取信 故其功多

진(晉)나라 조맹(趙孟)은 초인(楚人)이 갑옷을 속에 입은 것을 걱정하여 숙향(叔向)에게 고하니, 숙향이 말하기를 "무슨 해가 되겠습니까. 필부가 한 번 신의롭지 못한 것도 오히려 있어서는 안 되어 모두[單] 넘어져[斃] 죽게 되거늘 단(單)은 모두이고 폐(斃)는 넘어짐이다. 신의롭지 못한 사람은 살 수 있는 자가 없다는 말이다. 만약 제후들의 경(卿)을 모아놓고 신의롭지 못하다면 반드시 뜻을 이루지 못할 것입니다. 그리고 식언(食言)을 하는 자는 우리를 괴롭힐[病] 수 없으니 병(病)은 공격하여 우리를 괴롭히는 것을 이른다. 그대가 근심할 일이 아닙니다. 저 사람이 신의를 내세워 사람들을 부르고, 신의롭지 못한[僭] 것으로 뜻을 이루려[濟] 한다면 참(僭)은 신의롭지 못함이다. 제(濟)는 이룸이다. 반드시 돕는 자가 없을 것입니다. 그러니 어찌 우리를 해칠 수 있겠습니까. 또 우리가 송(宋)나라에 의지하여 지키는데 구두(句讀)이다. 초나라가 괴롭힌다면 저들[夫 : 宋나라]은 죽을힘을 다할 것입니다.[590] 우리가 송나라와 더불어 죽을힘을 다한다면 모름지기 초나라 세력의 배가 될 수 있을 것이니 부(夫)는 저들[彼]과 같으니 송(宋)나라를 이른다. 초(楚)나라가 만약 우리를 해친다면 송나라는 반드시 죽을힘을 다해 우리를 도울 것이니, 힘이 초나라보다 배가 될 수 있다는 말이다. 그대는 무엇을 두려워하십니까. 그리고 일이 그 지경까지 이르지는 않을 것입니다. 또 초인(楚人)의 정세를 생각해 보면 응당 그러한 악을 행하는 데까지는 이르지 않는다는 것이다. 싸움을 그치게 한다는 구실로 제후들을 부르고서 군대를 동원하여 우리를 해친다면 우리의 공이 많아질 것이니 걱정할 일이 아닙니다."라고 하였다. 우리 진(晉)나라만 신의를 얻게 되므로 그 공이 많아진다는 것이다.

季武子使謂叔孫以公命 曰 視邾滕 兩事晉楚 故欲比小國 旣而齊人請邾 宋人請滕 皆不與盟 私屬二國故 叔孫曰 邾滕 人之私也 我 列國也 何故視之 宋衛 吾匹也 乃盟 故不書其族 言違命也 劉敞曰 豹不氏 一事再見 左氏違命之說非也

계무자(季武子 : 季孫宿)가 사람을 보내어 숙손(叔孫 : 豹)에게 양공(襄公)의 명으로 이르기를 "맹약할 때 주(邾)나라와 등(滕)나라의 례(例)를 견주어 따르라."라고 하였다. 진(晉)나라와 초(楚)나라를 량쪽으로 섬기게 되므로 소국에 견주고자 한 것이다.[591] 얼마 뒤 제인(齊人)은 주나라를 제외시키기를 요청하고, 송인(宋人)은 등나라를 제외시키기를 요청하여 두 나라는 모두 맹약에 참여하지 않았다. 두 나라를 사적인 속국으로 하였기 때문이다. 그때 숙손이 말하기를 "주나라와 등나라는 다른 나라에 사적으로 속해 있지만 우리는 제후국의 반렬이니 무엇 때문에 그들과 견주겠는가. 송(宋)나라와 위(衛)나라도 우리와 동등한 나라이다."라 하고, 마침내 맹약에 참가하였다. 이 때문에 경문에 그의 족명(族名)을 기록하지 않았으니, 임금의 명을 어겼음을 말한 것이다. 류창(劉敞)이 말하기를 "표(豹)의 씨(氏)를 기록하지 않은 것은 한 가지 일이 두 번 나왔기[592] 때문이니, 좌씨(左氏)의 임금의 명을 어겼다는 설은 잘못이다."라고 하였다.

晉楚爭先 爭先歃血 晉人曰 晉固爲諸侯盟主 未有先晉者也 楚人曰 子言晉楚匹也 若晉常先 是楚弱也 且晉楚狎主諸侯之盟也久矣 狎 更也 豈專在晉 叔向謂趙孟曰 諸侯歸晉之德只 只 語辭 非歸其尸盟也 尸 主也 子務德 無爭先 且諸侯盟 小國固必有尸盟者 小國主辦具 楚爲晉細 不亦可乎 楚欲任晉細事 可從其請 乃先楚人 書先晉 晉有信也

590) 초나라가~것입니다 : 이 일을 주관한 것이 송(宋)나라이므로 이 회맹을 배반한 초(楚)나라에 대하여 송나라가 필사적으로 대항할 것이라는 말이다.

591) 진(晉)나라와~것이다 : 맹약에 의하면 진(晉)나라와 초(楚)나라를 량쪽으로 섬기게 되므로 부세가 과중해지기 때문에 주(邾)나라와 등(滕)나라 같은 소국의 사례를 따르고자 한 것이다.

592) 한~나왔기 : 숙손표(叔孫豹)가 올여름 송(宋)나라에서 회합하여 가을 7월에 맹약한 일을 이른다.

맹약에 이르러 진(晉)나라와 초(楚)나라가 먼저 삽혈하려고 다투었다. 먼저 삽혈하려고 다툰 것이다. 진인(晉人)이 말하기를 "진나라는 본래 제후들의 맹주였으니 진나라보다 먼저 삽혈한 나라는 있지 않았소."라고 하자, 초인(楚人)이 말하기를 "그대는 진나라와 초나라가 대등하다고 말하였소. 만약 진나라가 항상 먼저라면 이는 우리 초나라가 약하다는 것이오. 또 진나라와 초나라는 번갈아[狎] 제후들의 맹약을 주관한 지 오래되었는데 압(狎)은 번갈아 함이다. 어찌 맹주를 전담하는 일이 진나라에게만 있단 말이오."라고 하였다. 그러자 진나라 숙향(叔向)이 조맹(趙孟)에게 말하기를 "제후들은 진나라의 덕에 귀의하는 것이지[只] 지(只)는 어조사이다. 맹약의 일을 주관함[尸]에 귀의하는 것이 아닙니다. 시(尸)는 주관함이다. 그대는 덕에 힘을 쓰고 먼저 삽혈하려고 다투지는 마십시오. 또 제후들이 맹약함에 소국이 굳이 맹약을 주관하는 경우도 있습니다. 소국이 판구(辦具)[593]를 주관하는 것이다. 초나라가 진나라의 세세한 일[594]을 하게 하는 것도 또한 좋지 않겠습니까."라고 하였다. 초(楚)나라가 진(晉)나라가 해야 할 세세한 일을 맡고자 하니 그 청을 들어줄 수 있다는 것이다. 이에 초인을 먼저 삽혈하게 하였다. 경문에 진나라를 먼저 기록한 것은 진나라가 신의가 있었기 때문이다.

壬午 宋公兼享晉楚之大夫 趙孟爲客 客 一坐所尊 **子木與之言 弗能對 使叔向侍言焉 子木亦不能對也 乙酉 宋公及諸侯之大夫盟于蒙門之外** 重盟 故不書 蒙門 宋城門 **子木問於趙孟曰 范武子之德何如 對曰 夫子之家事治 言於晉國無隱情 其祝史陳信於鬼神無愧辭 子木歸以語王 王曰 尙矣哉** 尙 上也 **能歆神人 宜其光輔五君以爲盟主也** 五君謂文襄靈成景 **子木又語王曰 宜晉之伯也 有叔向以佐其卿 楚無以當之 不可與爭 晉荀盈遂如楚涖盟**

임오일에 송평공(宋平公)이 진(晉)나라와 초(楚)나라 대부에게 함께 향연을 베풀 때 진나라 조맹(趙孟)이 주빈[客]이 되었다. 객(客)은 모든 좌중이 받드는 대상이다. 초나라 자목(子木)이 그와 함께 말을 할 때 조맹이 대답을 잘하지 못하였다. 그래서 숙향(叔向)에게 말을 거들도록 하자 자목도 대답을 잘하지 못하였다. 을유일에 송평공이 제후들의 대부와 몽문(蒙門) 밖에서 맹약하였다. 거듭 맹약하였으므로 경문에 기록하지 않은 것이다. 몽문(蒙門)은 송(宋)나라 성문이다. 자목이 조맹에게 묻기를 "범무자(范武子 : 士會)의 덕은 어떠합니까?"라고 하니,[595] 대답하기를 "부자

593) 판구(辦具) : 회맹(會盟)에 필요한 물품을 준비하는 것.

594) 세세한 일 : 회맹(會盟)에 필요한 희생물 준비 등 잡다한 일을 이른다.

595) 자목이~하니 : 당시에 범무자(范武子)의 덕이 여러 나라에 널리 알려졌기 때문에 물은 것이다.

(夫子 : 范武子)의 집안은 일이 잘 다스려져서 진나라에서 말을 할 때 집안 사정을 숨기는 일이 없었습니다. 그러므로 부자 집안의 축사(祝史)는 귀신에게 진실만을 진술하고 부끄러운 말이 없었습니다."[596]라고 하였다. 자목이 초나라에 돌아가 강왕(康王)에게 그 말을 고하니, 강왕이 말하기를 "훌륭하다[尙]. 상(尙)은 훌륭함이다. 귀신과 사람을 감동시켰으니[597] 다섯 임금을 빛나도록 도와서 맹주가 되게 하였던 것은 마땅한 일이다."라고 하였다. 다섯 임금은 문공(文公)·양공(襄公)·령공(靈公)·성공(成公)·경공(景公)을 이른다. 자목이 또 강왕에게 말하기를 "진나라가 패자(伯者)가 된 것은 마땅합니다. 숙향이란 사람이 그 경(卿 : 趙孟)을 잘 보좌하고 있습니다. 우리 초나라에는 그를 당할 자가 없으니 진나라와 다툴 수 없습니다."라고 하였다. 진나라 순영(荀盈)이 드디어 초나라에 가서 맹약에 림하였다.

鄭伯享趙孟于垂隴 自宋還 過鄭 **子展伯有子西子產子大叔二子石從** 二子石 印段公孫段 **趙孟曰 七子從君 以寵武也 請皆賦 以卒君貺 武亦以觀七子之志 子展賦草蟲** 以趙孟爲君子 **趙孟曰 善哉 民之主也 抑武也 不足以當之 伯有賦鶉之賁賁 趙孟曰 牀第之言不踰閾 況在野乎 非使人之所得聞也** 第 音滓 簀也 詩刺淫亂 故云牀第之言 閾 門限 使人 趙孟自謂 **子西賦黍苗之四章** 比趙孟於召伯 **趙孟曰 寡君在 武何能焉 子產賦隰桑** 義取旣見君子 其樂如何 **趙孟曰 武請受其卒章** 卒章曰 心乎愛矣 遐不謂矣 欲子產之見規誨 **子大叔賦野有蔓草** 取其邂逅相遇 適我願兮 **趙孟曰 吾子之惠也 印段賦蟋蟀** 取其好樂無荒 良士瞿瞿 **趙孟曰 善哉 保家之主也 吾有望矣** 能懼所以保家 **公孫段賦桑扈** 義取君子有禮 能受天祜 **趙孟曰 匪交匪敖 福將焉往** 桑扈卒章 **若保是言也 欲辭福祿 得乎**

정백(鄭伯 : 簡公)이 수롱(垂隴)에서 조맹(趙孟)에게 향연을 베풀어 줄 때 조맹(趙孟)이 송(宋)나라에서 돌아가는 길에 정(鄭)나라에 들른 것이다. 자전(子展)·백유(伯有)·자서(子西)·자산(子產)·자태숙(子大叔)과 두 자석(子石)이 정백을 시종하였다. 두 자석(子石)은 인단(印段)과 공손단(公孫段)이다. 조맹이 말하기를 "일곱 분께서 임금님을 모시고 나 무(武 : 趙孟)를 영광스럽게[寵] 해주셨습니다. 모두 시를 읊어 임금님께서 내려주신 이 향연을 마치기를 청합니다. 나 무 또한 그것으로 일곱 분의 뜻을 살펴보겠습니다."라고 하였다. 자전이 초충(草蟲)[598]을 읊었

596) 부자~없었습니다 : 범무자(范武子)가 집안의 제사를 지낼 때 축사(祝史)는 그의 조상신에게 범무자의 덕을 과장하거나 거짓되게 말할 필요가 없다는 것이다.

597) 귀신과~감동시켰으니 : 흠(歆)은 향(享)이니, 범무자(范武子)의 덕이 귀신으로 하여금 그 제사를 흠향(歆饗)하게 하고 사람으로 하여금 그 덕에 감동하게 하였다는 말이다.

다. 조맹(趙孟)을 군자로 여긴 것이다. 조맹이 말하기를 "좋습니다. 군자는 백성의 주인입니다. 그러나 나 무는 그것을 감당할 수 없습니다."라고 하였다. 백유가 순지분분(鶉之賁賁)[599]을 읊었다. 조맹이 말하기를 "침상[牀第]에서 하는 말은 문지방[閾]을 넘지 않아야 하는데 하물며 이 교외에 있어서이겠습니까. 사인(使人)인 내가 들을 수 있는 것은 아닙니다."라고 하였다. 자(第)는 음이 자(滓)이니 대자리이다. 이 시는 음란함을 풍자하였기 때문에 침상의 말이라고 이른 것이다. 역(閾)은 문(門)의 한계이다. 사인(使人)은 조맹(趙孟)이 자신을 이른 것이다. 자서가 서묘(黍苗)[600] 넷째 장을 읊었다. 조맹(趙孟)을 소백(召伯)에 비유한 것이다. 조맹이 말하기를 "과군이 계시는데 나 무(武)가 무엇을 할 수 있겠습니까."라고 하였다. 자산이 습상(隰桑)[601]을 읊었다. 이미 군자를 만나보니 그 즐거움이 어떠하겠는가라는 뜻을 취한 것이다. 조맹이 말하기를 "나 무는 그 시의 마지막 장을 받아들이겠습니다."라고 하였다. 마지막 장에 마음에 사랑하니 어찌 이르지 않을 수 있겠는가라고 하였으니 자산(子産)의 가르침을 받고자 한 것이다. 자태숙이 야유만초(野有蔓草)[602]를 읊었다. 우연히 서로 만나니 나의 소원에 맞았다라는 뜻을 취한 것이다. 조맹이 말하기를 "그대의 은혜입니다."라고 하였다.[603] 인단(印段)이 실솔(蟋蟀)[604]을 읊었다. 그 좋아하고 즐거워함이 지나치지 않으니 어진 선비들이 조심한다는 뜻을 취한 것이다. 조맹이 말하기를 "훌륭합니다. 가문을 보전할 주인이니 내가 기대해 보겠습니다."라고 하였다. 조심함으로써 가문을 보전할 수 있다는 것이다. 공손단(公孫段)이 상호(桑扈)[605]를 읊자 군자는 禮가 있기 때문에 하늘의 도움을 받을 수 있다는 뜻을 취한 것이다. 조맹이 말하기를 "사람을 사귐에 오만하지 않으니[606] 복이 어디로 가겠습니까. 상호(桑扈)의

---

598) 초충(草蟲) : 《시경(詩經)》 〈소남(召南)〉의 편 이름. 군자를 만나지 못해 근심하는 마음을 표현한 내용인데, 여기서는 자전(子展)이 조맹(趙孟)을 군자에 비유하여 서로 뜻이 통할 수 있음을 읊은 것이다.

599) 순지분분(鶉之賁賁) : 《시경(詩經)》 〈용풍(鄘風)〉의 편 이름. 위인(衛人)이 그 임금의 문란함을 풍자한 시인데, 여기서 백유(伯有)가 이 시를 읊은 것은 정간공(鄭簡公)이 문란하다고 풍자한 것이다.

600) 서묘(黍苗) : 《시경(詩經)》 〈소아(小雅)〉의 편 이름. 주선왕(周宣王)의 명으로 성읍을 경영하고 행역군(行役軍)을 만든 소백(召伯)을 기린 시인데, 여기서는 자서(子西)가 조맹(趙孟)을 소백에 비유한 것이다.

601) 습상(隰桑) : 《시경(詩經)》 〈소아(小雅)〉의 편 이름. 군자를 만나는 즐거움을 표현한 내용으로, 자산(子産)이 조맹(趙孟)을 만난 기쁨을 읊은 것이다.

602) 야유만초(野有蔓草) : 《시경(詩經)》 〈정풍(鄭風)〉의 편 이름. 남녀가 우연히 만나니 소원에 맞았다는 내용으로, 자태숙(子大叔)이 조맹(趙孟)과 만난 기쁨을 읊은 것이다.

603) 조맹이~하였다 : 자태숙(子大叔)이 조맹(趙孟)과 만난 것이 기쁘다는 뜻을 읊었기 때문에 조맹도 이런 만남을 가진 것이 자태숙의 은혜라고 말한 것이다.

604) 실솔(蟋蟀) : 《시경(詩經)》 〈당풍(唐風)〉의 편 이름. 즐거워하되 절도가 있어 도에 지나치지 않음을 표현한 시이다.

605) 상호(桑扈) : 《시경(詩經)》 〈소아(小雅)〉의 편 이름.

606) 사람을~않으니 : 전문의 '비교비오(匪交匪敖)'는 《시경(詩經)》에는 '피교비오(彼交匪敖)'로 되어 있다.

마지막 장이다. 이 말을 잘 지킨다면 복록을 사양하려고 해도 그렇게 될 수 있겠습니까."라고 하였다.

卒享 文子告叔向曰 伯有將爲戮矣 詩以言志 志誣其上 而公怨之 以爲賓榮 公猶顯然 **其能久乎 幸而後亡** 幸獲出亡 **叔向曰 然 已侈** 汰侈已甚 **所謂不及五稔者 夫子之謂矣** 爲三十年鄭殺良霄傳 **文子曰 其餘皆數世之主也 子展其後亡者也 在上不忘降** 爲賦我心則降 **印氏其次也 樂而不荒 樂以安民 不淫以使之 後亡 不亦可乎**

향연을 마친 뒤에 문자(文子 : 趙孟)가 숙향(叔向)에게 말하기를 "백유(伯有)는 장차 죽음을 당할 것이다. 시(詩)로써 뜻을 말하는데, 그의 뜻은 임금을 헐뜯고 공공연히[公] 원망하는 시를 읊어 빈객을 영광스럽게 하는 것으로 여겼으니 공(公)은 드러냄[顯然]과 같다. 그 어찌 오래 살 수 있겠는가. 행운이 따라야만 죽지 않고 망명할 수 있을 것이다."라고 하였다. 행운이 있어야 망명나갈 수 있다는 것이다. 숙향이 말하기를 "그렇습니다. 너무 오만하니, 사치와 오만이 너무 심하다는 것이다. 이른바 '5년을 넘기지 못할 것이다.'라는 것은 저 사람을 두고 이르는 말일 것입니다."라고 하였다. 30년에 정(鄭)나라가 량소(良霄 : 伯有)를 죽이는 전(傳)의 배경이 된다. 문자가 말하기를 "그 나머지 사람 모두 여러 대를 이어 주인 노릇을 할 수 있지만 자전(子展)이 가장 뒤에 망할 사람이니, 윗자리에 있으면서 자신을 낮추기를 잊지 않았다. '내 마음이 가라앉는다.'[607]라는 구절을 읊었기 때문이다. 인씨(印氏)가 그다음으로 오래갈 것이니 안락을 즐기되 지나치지 않았다. 안락으로 백성을 안정시키고[608] 지나치게 백성을 부리지 않으니 남보다 뒤에 망하는 것이 또한 당연하지 않겠는가."라고 하였다.

宋左師請賞 曰 請免死之邑 欲稱功加賞 故謙言免死之邑 **公與之邑六十 以示子罕 子罕曰 凡諸侯小國 晉楚所以兵威之 畏而後上下慈和 慈和而後能安靖其國家 以事大國 所以存也 無威則驕 驕則亂生 亂生必滅 所以亡也 天生五材** 金木水火土也 **民並用之 廢一不可 誰能去兵** 兵是五材之金 **兵之設久矣 所以威不軌而昭文德也 聖人以興 亂人以廢 廢興存亡昏明之術 皆兵之由也 而子求去之 不亦誣乎 以誣道蔽諸侯 罪莫大焉 縱無大討 而又求賞 無厭之甚也 削而投之** 削賞左師之書 **左師辭邑 向氏欲攻**

---

607) 내~가라앉는다 : 《시경(詩經)》 〈소남(召南)〉 초충(草蟲)에 나오는 대목으로 '이미 군주를 만나보니 내 마음이 가라앉는다[亦既見止 亦既覯止 我心則降].'고 하여 자신을 겸양한 것이다.

608) 안락으로~안정시키고 : 안락을 백성과 함께하였으므로 백성이 편안해졌다는 것이다.

司城 司城 子罕 左師曰 我將亡 夫子存我 德莫大焉 又可攻乎

송(宋)나라 좌사(左師 : 向戌)가 상 받기를 청하여 말하기를 "죽음을 모면한 것[609]에 대한 상으로 읍을 청합니다."라고 하였다. 자기의 공을 일컬으며 상을 더 받고자 하였기 때문에 죽음을 모면한 것에 대한 읍이라고 겸손하게 말한 것이다. 송평공(宋平公)이 그에게 60읍을 주니, 좌사가 그 문서를 자한(子罕)에게 보였다. 자한이 말하기를 "무릇 제후들 가운데 소국은 진(晉)나라와 초(楚)나라가 병기로 위압하는 대상이었습니다. 그리하여 두려움을 느낀 뒤에 상하가 자애하고 화목하였으며, 자애하고 화목한 뒤에 그 국가를 안정시켜 대국을 섬겼으니 이것이 소국이 보존되는 까닭입니다. 위압이 없으면 교만해지고, 교만해지면 란이 일어나고, 란이 일어나면 반드시 멸망하게 되니 이것이 소국이 망하는 까닭입니다. 하늘이 낸 다섯 가지 재료를 금(金)·목(木)·수(水)·화(火)·토(土)이다. 백성이 모두 사용하니, 이 가운데 하나만 없어도 안 되는데 누가 병기(兵器)를 없앨 수 있겠습니까. 병기(兵器)는 곧 오재(五材) 중의 금(金)에 속한다. 병기가 설치된 지 오래되었는데, 이는 법도에 벗어나는 자를 위압하고 문덕(文德)을 밝히기 위해서였습니다. 성인(聖人)[610]은 병기로 흥성하였고 란인(亂人)은 이로써 패망하였으니, 망하고 흥함과 보존되고 없어짐 그리고 어둡고 밝게 되는 방법이 모두 병기로 말미암은 것입니다. 그런데 당신은 이를 제거하기를 구하였으니, 또한 속이는 것이 아닙니까. 속임수로 제후들을 가렸으니, 이보다 큰 죄는 없습니다. 비록 크게 토벌당하는 일은 없더라도 오히려 상을 요구하였으니, 만족하지 못함이 심한 것입니다."라 하고, 글을 깎아내어[611] 던져 버렸다. 좌사(左師)에게 상을 준다고 써진 글을 깎아낸 것이다. 이에 좌사는 읍을 사양하였다. 그러자 상씨(向氏)들이 사성(司城)을 치려 하자, 사성(司城)은 자한(子罕)이다. 좌사가 말하기를 "우리가 망하게 되었는데 부자(夫子 : 子罕)가 우리를 존속시켜 주었으니,[612] 이보다 큰 덕은 없다. 그런데 어찌 칠 수 있겠는가."라고 하였다.

君子曰 彼己之子 邦之司直 樂喜之謂乎 何以恤我 我其收之 恤 憂也 收 取也 向戌之

---

609) 죽음을~것 : 송(宋)나라 상술(向戌)이 제후들 사이의 싸움을 종식시켜 자신의 명성을 높이고자 하여 진(晉)나라와 초(楚)나라의 회맹을 주선하였다. 이 회맹이 실패했다면 상술은 죽음을 면하지 못했을 것이다. 그런데 회맹이 성공적으로 마무리되어 상술이 죽음을 면하게 되었다는 것이다.

610) 성인(聖人) : 상탕(商湯)이나 주무왕(周武王)과 같이 무력을 써서 나라를 세운 성군들을 이른다.

611) 글을 깎아내어 : 죽간(竹簡)에 쓰여진 글을 칼로 깎아낸 것이다. 이는 뒷날 종이를 찢어버리는 의미와 같다.

612) 우리가~주었으니 : 좌사(左師)가 60읍을 받으려고 하자, 읍을 받으면 화를 입을 것이라고 자한(子罕)이 의리로 책망하여 좌사의 일족이 멸문당하는 것을 막아 주었다는 말이다.

謂乎

군자는 말한다. "'저 사람이여. 나라의 사직(司直)이로다.'[613]라고 하였으니, 이는 악희(樂喜 : 子罕)를 이른 것이로다. '무엇으로 나를 걱정해[恤] 주려는가. 내가 그것을 받아들이겠노라[收].'[614]라고 하였으니, 휼(恤)은 걱정함이다. 수(收)는 받아들임이다. 이는 상술(向戌)을 이른 것이로다."

○齊崔杼生成及彊而寡 偏喪曰寡 **娶東郭姜 生明 東郭姜以孤入 曰棠无咎** 无咎 棠公之子 **與東郭偃相崔氏 崔成有疾而廢之 而立明 成請老于崔** 成欲居崔邑以終老 **崔子許之 偃與無咎弗予 曰 崔 宗邑也 必在宗主** 宗邑 宗廟所在 宗主謂崔明 **成與彊怒 將殺之 告慶封曰 夫子之身 亦子所知也 唯无咎與偃是從 父兄莫得進矣 大恐害夫子 敢以告** 夫子謂崔杼 **慶封曰 子姑退 吾圖之 告盧蒲嫳** 嫳 音瞥 嫳 慶封屬大夫 **盧蒲嫳曰 彼 君之讎也 天或者將棄彼矣 彼實家亂 子何病焉** 君謂莊公 **崔之薄 慶之厚也** 崔敗 則慶專權 **他日又告** 成彊復告 **慶封曰 苟利夫子 必去之 難 吾助女** 若有危難 我當助女

○제(齊)나라 최저(崔杼)가 성(成)과 강(彊)을 낳고 아내를 잃자[寡] 짝을 잃는 것을 과(寡)라고 한다. 동곽강(東郭姜)을 아내로 맞아[615] 명(明)을 낳았다. 동곽강은 전 남편의 아들을 데리고 들어왔는데 이름을 당무구(棠无咎)라고 하였다. 무구(无咎)는 당공(棠公)의 아들이다. 그는 동곽언(東郭偃)과 함께 최씨(崔氏)를 보좌하였다. 최성(崔成)이 병이 들자 그를 폐하고 명(明)을 후계로 세웠다. 이에 성이 최(崔) 땅으로 가서 생을 마치기를 청하니 성(成)이 최읍(崔邑)에 살면서 일생을 마치고자 한 것이다. 최자(崔子)가 이를 허낙하였다. 그러자 언(偃)과 무구(无咎)가 주지 말라고 하며 말하기를 "최 땅은 종읍(宗邑)입니다. 반드시 종주(宗主)가 그곳에 있어야 합니다."라고 하였다. 종읍(宗邑)은 종묘(宗廟)가 있는 곳이다. 종주(宗主)는 최명(崔明)을 이른다. 이에 성과 강이 노하여 이들을 죽이려고 경봉(慶封)에게 고하기를 "부자(夫子)의 신상에 관한 일은 당신도 아시는 바처럼 오직 무구와 언의 말만을 따르므로 부형(父兄 : 宗族)들이 진언

---

613) 저 사람이여~사직이로다[彼己之子 邦之司直] : 《시경(詩經)》 〈정풍(鄭風)〉 고구(羔裘). 위 대목의 '己'자는 《시경》에는 '其'로 되어 있다. 사직(司直)은 정사(正邪)와 곡직(曲直)을 판단하는 직책으로, 주로 재판관을 이르는 말이다.

614) 무엇으로~받아들이겠노라[何以恤我 我其收之] : 《시경(詩經)》 〈주송(周頌)〉 유천지명(維天之命). 위 대목은 《시경》에는 '假以溢我 我其收之'로 되어 있다.

615) 동곽강(東郭姜)을~맞아 : 최저(崔杼)가 동곽언(東郭偃)의 누이 동곽강(東郭姜 : 棠姜)을 아내로 맞은 것이다. 이 일은 양공(襄公) 25년에 있었다.

할 수 없으니, 부자에게 해가 있을까 크게 두려워 감히 고합니다."라고 하였다. 부자(夫子)는 최저(崔杼)를 이른다. 경봉이 말하기를 "자네들은 잠시 물러가 있게. 내가 생각해 보겠네."라 하고 로포별(盧蒲嫳)에게 말하자, 별(嫳)은 음이 별(瞥)이다. 별(嫳)은 경봉(慶封)의 속대부(屬大夫)이다. 로포별이 말하기를 "저 사람[彼 : 崔杼]은 임금님의 원수입니다.[616] 하늘이 아마도 저 사람을 버리려는 것 같습니다. 저들이 실로 가문에 란을 일으킨 것이니 당신께서 무슨 걱정입니까. 임금은 제장공(齊莊公)을 이른다. 최씨가 약해지는 것은 경씨(慶氏)가 강해지는 것입니다."라고 하였다. 최씨(崔氏)가 패망하면 경씨(慶氏)가 권력을 독점한다는 것이다. 다른 날에 또 고하니, 성(成)과 강(彊)이 다시 고한 것이다. 경봉이 말하기를 "진실로 부자에게 유리하다면 반드시 그들을 제거하게. 어려운 일이 있으면 내가 그대들을 돕겠네."라고 하였다. 만약 위급하고 어려운 일이 일어나면 내가 마땅히 그대들을 돕겠다는 것이다.

九月 庚辰 崔成崔彊殺東郭偃棠无咎於崔氏之朝 崔子怒而出 其衆皆逃 求人使駕不得 使圉人駕 寺人御而出 且曰 崔氏有福 止余猶可 恐禍不止其身 **遂見慶封 慶封曰 崔慶一也 是何敢然 請爲子討之 使盧蒲嫳帥甲以攻崔氏 崔氏堞其宮而守之 弗克 使國人助之 遂滅崔氏 殺成與彊 而盡俘其家 其妻縊** 妻 東郭姜 **嫳復命於崔子 且御而歸之** 嫳爲崔子御 **至 則無歸矣 乃縊 崔明夜辟諸大墓** 辟 音闢 開先冢以藏之 **辛巳 崔明來奔 慶封當國**

9월 경진일에 최성(崔成)과 최강(崔彊)이 동곽언(東郭偃)과 당무구(棠无咎)를 최씨(崔氏)의 조당(朝堂)[617]에서 죽였다. 최자(崔子)가 노하여 밖으로 나가려 하였으나 그 무리가 모두 도망하여 멍에 메울 사람을 찾았으나 구할 수 없었다. 그리하여 어인(圉人)[618]을 시켜 멍에를 메우게 하고 시인(寺人 : 宦官)에게 수레를 몰게 하여 나가면서 또 말하기를 "최씨에게 복이 있어서 화가 나에게서 그친다면 오히려 좋겠는데."라 하고 화가 그 자신에서 그치지 않을 것을 걱정한 것이다. 경봉(慶封)을 찾아가 만났다. 경봉이 말하기를 "최씨(崔氏)와 경씨(慶氏)는 한 집안인데 어찌 감히 이런 짓을 하였다는 말입니까. 당신을 위하여 저들을 토벌하겠습니다."라 하고, 로포별(盧蒲嫳)에게 갑사를 거느리고 가서 최씨 일족을 치게 하였다. 최씨 일족은 그 집 담장에 성가퀴를 쌓고 지키니 이길 수가 없었다. 그리하여 국인을 시켜

616) 저~원수입니다 : 양공(襄公) 25년에 최저(崔杼)가 제장공(齊莊公)을 시해하였기 때문이다.

617) 조당(朝堂) : 정사를 보는 집.

618) 어인(圉人) : 말을 기르는 사람.

돕게 하고서야 드디어 최씨 일족을 멸할 수 있었다. 그리고 성(成)과 강(彊)을 죽이고 그 집안사람을 다 포로로 잡으니, 최자의 처는 목을 매어 죽었다. 처는 동곽강(東郭姜)이다. 별(嬖)이 최자에게 복명하고 또 수레를 몰아 최자를 집으로 데려다주었다. 별(嬖)이 최자(崔子)를 위해 수레를 몬 것이다. 최자는 집에 도착하자 돌아갈 곳이 없으니[619] 바로 목을 매어 죽었다. 이에 최명(崔明)이 밤에 최자를 대묘(大墓)에 감추었다[辟]. 벽(辟)은 음이 벽(闢)이니 선조의 무덤을 열고 최자(崔子)의 시신을 감춘 것이다. 신사일에 최명이 우리나라로 망명왔고 경봉이 제(齊)나라의 국정을 맡았다.

○楚薳罷如晉涖盟 罷 令尹子蕩 報荀盈也 **晉侯享之 將出 賦旣醉** 義取君子萬年 以美晉侯 **叔向曰 薳氏之有後於楚國也 宜哉 承君命 不忘敏 子蕩將知政矣 敏以事君 必能養民 政其焉往**

○초(楚)나라 위피(薳罷)가 진(晉)나라에 가서 맹약에 림하니, 피(罷)는 령윤(令尹)인 자탕(子蕩)이다. 순영(荀盈)이 초(楚)나라에 갔던 것에 대한 보답이었다.[620] 진후(晉侯)가 그에게 향연을 베풀어 주었다. 향연을 마치고 나오려고 할 때 위피가 기취(旣醉)[621]를 읊자, 군자가 만년의 수를 누린다는 뜻을 취하여 진후(晉侯)를 찬미한 것이다. 숙향(叔向)이 말하기를 "위씨(薳氏)의 후손이 초나라에서 번성하는 것이 마땅하다. 임금의 명을 받들고 와서 명민하게 응대하기를 잊지 않았으니 자탕(子蕩)은 장차 정권을 맡게 될 것이다. 명민함으로 임금을 섬긴다면 반드시 백성도 잘 기를 것이니 정권이 어디로 가겠는가."라고 하였다.

冬

겨울이다.

---

619) 돌아갈~없으니 : 처가 죽고 일족이 멸망하였기 때문에 돌아갈 곳이 없다고 한 것이다. 최저(崔杼)의 처인 동곽강(東郭姜)은 본래 당공(棠公)의 처였는데 당공이 죽자 최저가 처로 삼았다. 이는 양공(襄公) 25년의 일로, 이때 최저가 점을 쳤었는데 점괘에 '집에 들어가도 처를 보지 못하니 흉하다[入于其宮 不見其妻 凶].'고 나왔고 이는 '돌아갈 곳이 없다[無所歸也].'는 뜻이라고 하였다. 따라서 위 본문의 '돌아갈 곳이 없으니[則無歸矣]'라는 말은 최저의 말로가 동곽강을 처로 맞아들일 때의 점괘대로 되었다는 것을 알려주는 내용이다.

620) 순영(荀盈)이~보답이었다 : 올해 순영(荀盈)이 초(楚)나라로 가서 맹약에 림하였으므로 이번에는 위피(薳罷)가 진(晉)나라에 가서 맹약에 림한 것이다.

621) 기취(旣醉) : 《시경(詩經)》 〈대아(大雅)〉의 편 이름.

崔氏之亂 在二十五年 **申鮮虞來奔 僕賃於野** 爲人僕賃 **以喪莊公** 爲齊莊公服喪 **冬 楚人召之 遂如楚 爲右尹**

최씨(崔氏)의 란622) 때 25년에 있었다. 신선우(申鮮虞)가 우리나라로 망명와 시골에서 머슴노릇하면서도 남의 머슴이 된 것이다. 장공(莊公)을 위하여 상복을 입었다. 제장공(齊莊公)을 위하여 상복을 입은 것이다. 겨울에 초인(楚人)이 그를 부르니 드디어 초(楚)나라로 가서 우윤(右尹)이 되었다.

十有二月 乙亥 朔 日有食之

12월 초하루 을해일에 일식이 있었다.

十一月 乙亥 朔 日有食之 辰在申 司歷過也 再失閏矣 周十一月 今九月 斗當建戌而在申 故知再失閏 若是十二月 則爲三失閏 故知經誤

11월 초하루 을해일에 일식이 있었다. 이때 두병(斗柄 : 辰)이 신방(申方)을 가리키고 있었으니, 사력(司歷)623)이 잘못 계산하여 두 번이나 윤달을 넣지 않았다. 주력(周曆) 11월은 지금의 9월이니 두병(斗柄)이 술방(戌方)을 가리키고 있어야 하는데 신방(申方)을 가리켰다. 이 때문에 윤달이 두 번 빠진 것을 안 것이다. 만약 12월이라면 윤달이 세 번 빠진 것이 되므로 경문이 잘못된 것을 알 수 있다.

양공(襄公) 28년【丙辰 B.C.545】

二十有八年 春 無冰

28년 봄에 얼음이 얼지 않았다.

---

622) 최씨(崔氏)의 란 : 최저(崔杼)가 제장공(齊莊公)을 시해한 란이다.

623) 사력(司歷) : 책력의 일을 맡던 벼슬.

二十八年 春 無冰 梓愼曰 今玆宋鄭其饑乎 梓愼 魯大夫 **歲在星紀 而淫於玄枵** 枵 音囂 歲 歲星也 星紀在丑 斗牛之次 玄枵在子 虛危之次 此年歲當在星紀 今已在玄枵 淫行失次 **以有時菑 陰不堪陽** 盛陰用事而無氷 是陰不勝陽 **蛇乘龍** 蛇 玄武之宿 虛危也 龍 歲星木也 木爲靑龍 失次出虛危下 爲蛇所乘 **龍宋鄭之星也** 歲星本位在東方 東方房心爲宋 角亢爲鄭 **宋鄭必饑 玄枵虛中也** 玄枵三宿 虛星在中 **枵 秏名也 土虛而民秏 不饑何爲** 歲入虛耗之次 無氷則地氣發洩 故曰土虛民秏

28년 봄에 얼음이 얼지 않았다. 재신(梓愼)이 말하기를 "올해에 송(宋)나라와 정(鄭)나라에 아마도 기근이 들 것이다. 재신(梓愼)은 로(魯)나라 대부이다. 세성(歲星 : 木星)이 성기(星紀)[624]에 있어야 하는데 이미 이곳을 지나 현효(玄枵)[625]에 가 있어 효(枵)는 음이 효(囂)이다. 세(歲)는 세성(歲星 : 木星)이다. 성기(星紀)는 축방(丑方)인 두수(斗宿)와 우수(牛宿)의 자리에 있고, 현효(玄枵)는 자방(子方)인 허수(虛宿)와 위수(危宿)의 자리에 있다. 이 해에는 세성이 성기 자리에 있어야 하는데 지금 성기의 자리를 지나 현효의 자리에 있으므로 지나치게 운행하여 차례를 잃은 것이다. 천시가 때를 잃은 재변이 생긴 것이다. 이는 음이 양을 감당하지 못하기 때문이다. 성음(盛陰)이 작용해야 할 때인데 얼음이 얼지 않았으니, 이는 음기가 양기를 이기지 못한 것이다. 사성(蛇星)이 룡성(龍星)을 타고 있으니 사성(蛇星)은 현무(玄武)의 성수(星宿)로 허수(虛宿)와 위수(危宿)이다. 룡성(龍星)은 세성(歲星)이니 목성(木星)이다. 목성은 청룡(靑龍)에 해당되는데 자리를 잃어[626] 허수와 위수의 아래에 출현하였으니 뱀이 룡을 탄 격이다. 룡성은 송나라와 정나라의 별자리이다. 세성(歲星)의 본래 위치는 동방에 있다. 동방에 있는 방수(房宿)와 심수(心宿)는 송(宋)나라의 별자리이고 각수(角宿)와 항수(亢宿)는 정(鄭)나라의 별자리이다. 그러므로 송나라와 정나라에는 반드시 기근이 들 것이다. 현효는 허수(虛宿)가 중앙에 있고 현효(玄枵)의 세 성수(星宿)[627] 중에 허수[虛星]가 중앙에 있다. 효(枵)는 손실의 명칭이니, 땅이 비어 백성이 손실을 입는다면 굶주리지 않고 어찌하겠는가."라고 하였다. 세성(歲星)이 허모(虛耗)의 자리에 들어갔으므로 얼음이 얼지 않았으니 이는 지기(地氣)가 빠져나간 것이다. 그러므로 땅이 비게 되어[628] 백성이 손실을

---

624) 성기(星紀) : 12성차(星次)의 하나. 12성차는 세성(歲星)이 황도(黃道)를 12년에 일주하므로 이에 따라 하늘을 12등분 한 것이다. 세성은 1년에 1차(次)를 지나가는데 12성차의 명칭은 서에서 동으로 가면서 성기(星紀)·현효(玄枵)·추자(娵訾)·항루(降婁)·대량(大梁)·실침(實枕)·순수(鶉首)·순화(鶉火)·순미(鶉尾)·수성(壽星)·대화(大火)·석목(析木)이다. 12등분 한 하늘에는 28수(宿)를 배속시키고 또 12지(支 : 땅을 12등분 한 것)와 상응시키는데, 성기(星紀)는 12지 중의 축(丑)과 상응하고 28수(宿) 중의 두수(斗宿)와 우수(牛宿)가 이에 속한다.

625) 현효(玄枵) : 12성차(星次)의 하나. 12지(支) 중의 자(子)와 상응하고, 28수(宿) 중의 녀수(女宿)·허수(虛宿)·위수(危宿)가 이에 속한다.

626) 자리를 잃어 : 목성(木星)은 성기(星紀 : 斗宿와 牛宿 사이)의 자리에 있어야 하는데 성기를 지나 현효(玄枵 : 虛宿과 危宿 사이)에 자리한 것을 말한다.

627) 현효(玄枵)의~성수(星宿) : 녀수(女宿)·허수(虛宿)·위수(危宿)이다.

입는다고 한 것이다.

夏

여름이다.

齊侯陳侯蔡侯北燕伯杞伯胡子沈子白狄朝于晉 宋之盟故也 陳蔡胡沈 楚屬 **齊侯將行 慶封曰 我不與盟 何爲於晉** 以宋盟釋齊秦 **陳文子曰 先事後賄 禮也** 事謂朝而獻功 賄謂聘而獻物 **小事大 未獲事焉 從之如志 禮也** 若未獲大國所命 當從而請事 以順其志 **雖不與盟 敢叛晉乎 重丘之盟 未可忘也 子其勸行** 重丘盟在二十五年

제후(齊侯)·진후(陳侯)·채후(蔡侯)·북연백(北燕伯)·기백(杞伯)·호자(胡子)·심자(沈子)·백적(白狄)이 진(晉)나라에 조견하였으니, 이는 송(宋)나라에서의 맹약[629] 때문이었다. 진(陳)·채(蔡)·호(胡)·심(沈)나라는 초(楚)나라의 속국(屬國)이다. 제후(齊侯)가 진(晉)나라에 가려 하자, 경봉(慶封)이 말하기를 "우리 제(齊)나라는 맹약에 참가하지 않았는데 무엇 때문에 진(晉)나라에 조견하려 하십니까."라고 하였다. 송(宋)나라에서 맹약할 때 제(齊)나라와 진(秦)나라는 참가하지 않았기 때문이다.[630] 이에 진문자(陳文子 : 陳須無)가 말하기를 "섬기는 일[事]을 먼저 하고 공물[賄]에 대해서는 뒤에 하는 것이 례이고, 사(事)는 조견하여 공(功)을 보고하는 것[631]을 이르고, 회(賄)는 빙문하여 물건을 바치는 것을 이른다. 소국이 대국을 섬김에 있어 섬길 수 있는 기회를 얻지 못했을지라도 대국의 뜻대로 따르는 것이 례입니다. 만약 대국의 명을 받지 못했을지라도 대국을 좇아 섬길 것을 청하여 대국의 뜻에 순종해야 한다는 것이다. 비록 맹약에 참가하지 않았을지라도 어찌 감히 진나라를 배반할 수 있겠습니까. 중구(重丘)의 맹약[632]을 잊어서는 안 될 것이니 당신은 임금님께 가시도록 권하십시오."라고 하였다. 중구(重丘)의 맹약은 25년에 있었다.

---

628) 땅이~되어 : 땅이 황폐해져 농작물이 결실을 맺지 못하는 것이다.

629) 송(宋)나라에서의 맹약 : 지난해 송(宋)나라에서 진(晉)나라를 따르는 제후와 초(楚)나라를 따르는 제후들이 서로 상대의 맹주국을 조견하도록 한 맹약이다.

630) 송(宋)나라에서~때문이다 : 지난해 송(宋)나라에서의 맹약에서 제후들을 진(晉)나라와 초(楚)나라에 교차 조견시킬 때 대국인 제(齊)나라와 진(秦)나라는 제외시켜 준 것이다.

631) 공(功)을~것 : 일의 성과가 있을 때 대국에 공적을 고하는 것이다.

632) 중구(重丘)의 맹약 : 제후들이 제(齊)나라와 화친하면서 한 맹약이다.

衛石惡出奔晉
위(衛)나라 석악(石惡)이 진(晉)나라로 망명나갔다.

衛人討甯氏之黨 故石惡出奔晉 衛人立其從子圃以守石氏之祀 禮也 石惡 石碏之後

위인(衛人)이 녕씨(甯氏)의 당여를 토벌하였다. 그러므로 석악(石惡)이 진(晉)나라로 망명나갔는데 위인이 그의 조카 포(圃)를 세워 석씨(石氏)의 제사를 지켜나가게 하였으니, 례에 맞는 일이었다. 석악(石惡)은 석작(石碏)의 후손이다.

邾子來朝
주자(邾子)가 와서 조견하였다.

邾悼公來朝 時事也

주도공(邾悼公)이 와서 조견하였으니, 이는 시사(時事)[633]였다.

秋 八月 大雩
가을 8월에 크게 기우제를 지냈다.

秋 八月 大雩 旱也

가을 8월에 크게 기우제를 지냈으니, 가물었기 때문이다.

○蔡侯歸自晉 入于鄭 鄭伯享之 不敬 子産曰 蔡侯其不免乎 日其過此也 往日至晉時 **君使子展廷勞於東門之外 而傲** 廷 往也 **吾曰 猶將更之 今還 受享而惰 乃其心也 君小國 事大國 而惰傲以爲己心 將得死乎 若不免 必由其子 其爲君也 淫而不父** 通大子班之妻 **僑聞之 如是者 恒有子禍** 爲三十年蔡弑君傳

633) 시사(時事) : 철마다 행하는 조빙(朝聘).

○채후(蔡侯)가 진(晉)나라에서 돌아가는 길에 정(鄭)나라에 들어가자 정백(鄭伯)이 향연을 베풀어 주었는데 채후의 태도가 공경스럽지 못하였다. 이에 자산(子産)이 다음과 같이 말하였다. "채후는 아마도 화를 면하지 못할 것이다. 일전에 그가 이곳에 지날 때 지난날 진(晉)나라에 갈 때이다. 우리 임금님께서 자전(子展)으로 하여금 동문 밖으로 가서[迋] 그를 위로하게 하셨는데 그때도 태도가 오만하였다. 왕(迋)은 감이다. 그래도 나는 오히려 앞으로 그가 태도를 고칠 것이라고 하였는데 지금 돌아가는 길에 향연을 받으면서도 태만하니, 바로 그의 본래 마음이다. 소국의 임금 노릇하면서 대국을 섬김에 태만하고 오만한 것으로 자기의 마음을 삼으니 장차 제명에 죽을 수 있겠는가. 만약 그가 화를 면하지 못한다면 그 화는 반드시 아들 때문일 것이다. 임금이 되어 음란하여 아버지답지 못하였으니, 태자 반(班)의 처와 통정한 것이다. 나 교(僑)가 듣건대 이런 사람은 항상 아들에게 화를 당하는 일이 있었다고 한다." 30년에 채(蔡)나라가 임금을 시해하는 전(傳)의 배경이 된다.

仲孫羯如晉

중손갈(仲孫羯)이 진(晉)나라에 갔다.

孟孝伯如晉 告將爲宋之盟故如楚也 蔡侯之如晉也 鄭伯使游吉如楚 及漢 楚人還之 曰 宋之盟 君實親辱 君謂鄭伯 **今吾子來 寡君謂吾子姑還 吾將使馹奔問諸晉而以告** 問鄭君應來朝否 **子大叔曰 宋之盟 君命將利小國 而亦使安定其社稷 鎭撫其民人 以禮承天之休 此君之憲令 而小國之望也 寡君是故使吉奉其皮幣 以歲之不易 聘於下執事** 言歲有饑荒之難 不得自朝 **今執事有命曰 女何與政令之有 必使而君棄而封守 跋涉山川 蒙犯霜露 以逞君心 小國將君是望 敢不唯命是聽 無乃非盟載之言 以闕君德 而執事有不利焉 小國是懼 不然 其何勞之敢憚**

로(魯)나라 맹효백(孟孝伯 : 仲孫羯)이 진(晉)나라에 가서 송(宋)나라에서의 맹약 때문에 초(楚)나라로 가려 한다고 고하였다. 채후(蔡侯)가 진나라에 가자 정백(鄭伯)도 유길(游吉)을 시켜 초나라에 가게 하였다. 유길이 한수(漢水)에 이르자 초인(楚人)이 그를 돌려보내며 말하기를 "송나라에서의 맹약 때 그대의 임금이 직접 수고롭게 왔었는데 임금은 정백(鄭伯)을 이른다. 지금 그대가 왔으니, 과군이 '그대는 우선 돌아가라. 내가 사람을 시켜 역마를 달려 진나라에 물어보고 알려주겠다.'라고 이르셨소."라고 하였다. 정(鄭)나라 임금이 응당 와서 조견을 해야 하는지 그렇지 않은지를 물어보겠다는 것이다. 자태숙(子大叔 : 游吉)이 말하기를 "송나라에서의 맹약에서 초나라 임금님께서 명하시기를 장차 소국을 리롭게 하고 또 그 사직을 안정시키며 그 백성을 어루만져 례를 지켜 하늘의 복을 받게 하라고 하셨으니, 이는 초나라 임금님의 헌령(憲令)634)이었고 소국의 바람이었습니다. 과군은 이런 까닭으로 저 길(吉)을 시켜 피폐(皮幣)635)를 받들게 하였으니, 이는 우리나라 농사의 흉년[不易] 때문에 저에게 하집사(下執事)636)를 빙문하게 한 것입니다. 올해 기근의 어려움이 있어 임금이 직접 조견할 수 없다는 말이다. 그런데 지금 집사께서는 명하기를 '그대가 어찌 정령(政令)에 참여한단 말인가. 반드시 그대의 임금으로 하여금 그대 나라의 봉강(封疆) 지키는 일을 버려두고 산을 넘고 물을 건너 서리와 이슬을 무릅쓰고 와서 우리 임금의 마음을 흡족하게 하라.'고 하십니다. 소국으로서야 오직 임금님만을 바라보고 있으니 감히 그 명을 듣지 않을 수 있겠습니까. 그러나 이는 맹세문에 실린 말도 아니어서 그렇게 한다면 그대 임금님의 덕을 손상시켜 집사에게도 불리함이 있지 않겠습니까. 소국은 이를 두려워합니다. 그렇지 않다면 어찌 과군이 빙문하는 수고를 감히 꺼리겠습니까."라고 하였다.

子大叔歸 復命 告子展曰 楚子將死矣 不修其政德 而貪昧於諸侯 以逞其願 欲久得乎 周易有之 在復䷗ 震下坤上 **之頤䷚** 震下艮上 **曰 迷復 凶** 復上六爻辭也 **其楚子之謂乎 欲復其願 而棄其本** 不修德 **復歸無所 是謂迷復** 失道已遠 又無所歸 **能無凶乎 君其往也 送葬而歸 以快楚心** 言楚子必死 **楚不幾十年 未能恤諸侯也** 幾 近也 **吾乃休吾民矣 裨竈曰 今玆周王及楚子皆將死** 裨竈 鄭大夫 **歲棄其次 而旅於明年之次 以害鳥帑 周楚惡之** 歲星棄星紀 客在玄枵 失次於北 禍衝在南 南爲朱鳥 鳥尾曰帑 鶉火鶉尾 周楚之分 故周王楚子受其咎

자태숙(子大叔)이 돌아가 복명하고 자전(子展)에게 고하기를 "초자(楚子)는 곧 죽을 것입니다. 정사와 덕행을 닦지 않고 제후들에게서 받들어지기만을 탐하는 데에 어두워637) 그의 소원을 만족시키려고 하니, 오래 살려고 한들 그럴 수 있겠습니까. 《주역(周易)》에 복괘(復卦)䷗가 진(震)이 하괘이고 곤(坤)이 상괘이다. 이괘(頤卦)䷚로 진(震)이 하괘이고 간(艮)이 상괘이다 변하

634) 헌령(憲令) : 법으로 삼으라는 명령.

635) 피폐(皮幣) : 빙문(聘問) 때 바치는 모피와 비단.

636) 하집사(下執事) : 초왕(楚王)을 직접 지칭할 수 없으므로 집사(執事)라 하였고, 하(下)자를 덧붙여 더욱 겸손을 표한 것이다.

637) 제후들에게서~어두워 : 제후들이 와서 조견해 주기를 원한다는 것이다.

는 효사(爻辭)에 '돌아감에 혼미하므로[迷復] 흉하다.'라고 하였으니, 복괘(復卦) 상륙(上六)의 효사(爻辭)이다. 이는 초자를 두고 이르는 것입니다. 그는 원하는 자리로 돌아가고자 하면서[638] 그 근본을 버렸으니 덕을 닦지 않았다는 것이다. 돌아갈 곳이 없습니다. 이를 미복(迷復)이라 이르니 길을 잃음이 너무 멀고 돌아갈 곳도 없다는 것이다. 어찌 흉한 일이 없겠습니까. 그때는 임금님을 초(楚)나라에 가시도록 하여 초자의 장례에 참여하고 돌아와 초나라 사람들의 마음을 흡족하게 하십시오. 초자(楚子)가 반드시 죽을 것이라는 말이다. 초나라는 앞으로 거의[幾] 10년 동안 제후들을 돌보지 못할 것이니[639] 기(幾)는 거의이다. 우리는 이 틈에 우리 백성을 쉬게 할 수 있을 것입니다."라고 하였다. 비조(裨竈)가 말하기를 "올해 주왕(周王)과 초자가 모두 죽을 것입니다. 비조(裨竈)는 정(鄭)나라 대부이다. 세성(歲星)이 그 자리를 버리고 다음해 있을 자리에 가 있어서 조노(鳥帑)[640]를 해쳤으니 주나라와 초나라가 해악을 입게 될 것입니다." 라고 하였다. 세성(歲星)이 성기(星紀)를 버리고 객(客)으로 현효(玄枵)자리에 있는 것이다. 이는 북방에서 자리를 잃은 것으로 그 화(禍)의 충격이 남방에 있다. 남방은 주조(朱鳥)[641] 분야인데 주조의 꼬리를 노(帑)라고 한다. 이 가운데 순화(鶉火)[642]와 순미(鶉尾)[643]는 주(周)나라와 초(楚)나라의 분야이다. 그러므로 주왕(周王)과 초자(楚子)가 그 재앙을 받게 된다는 것이다.

九月 鄭游吉如晉 告將朝于楚 以從宋之盟 子産相鄭伯以如楚 舍不爲壇 賓至郊設壇以受郊勞 今但爲草舍 **外僕言曰 昔先大夫相先君 適四國 未嘗不爲壇** 外僕 掌次舍者 **自是至今 亦皆循之 今子草舍 無乃不可乎 子産曰 大適小 則爲壇 小適大 苟舍而已 焉用壇 僑聞之 大適小有五美 宥其罪戾 赦其過失 救其菑患 賞其德刑 敎其不及 小國不困 懷服如歸 是故作壇以昭其功 宣告後人 無怠於德 小適大有五惡 說其罪戾** 自解說也 **請其不足 行其政事** 奉行政事 **共其職貢 從其時命** 從朝會之命 **不然 則重其幣帛 以賀其福而吊其凶 皆小國之禍也 焉用作壇以昭其禍 所以告子孫 無昭禍焉可也** 傳見諸侯朝楚非得已

---

638) 원하는~하면서 : 제후들에게 받들어지는 지위를 회복하기 원한다는 것이다.

639) 제후들을~것이니 : 패권(霸權)을 두고 다투지 못한다는 말이다.

640) 조노(鳥帑) : 남방 7수(宿 : 井·鬼·柳·星·張·翼·軫) 중 꼬리쪽에 있는 별, 곧 진수(軫宿)이다.

641) 주조(朱鳥) : 남방 7수(宿)의 총칭.

642) 순화(鶉火) : 12성차(星次)의 하나로 남방 7수(宿) 중에서 류수(柳宿)·성수(星宿)·장수(張宿)가 이에 속한다.

643) 순미(鶉尾) : 12성차(星次)의 하나로 남방 7수(宿) 중에서 익수(翼宿)·진수(軫宿)가 이에 속한다.

9월에 정(鄭)나라 유길(游吉)이 진(晉)나라에 가서 정백(鄭伯)이 초(楚)나라에 조견하여 송(宋)나라에서의 맹약을 따르고자 한다고 고하였다. 자산(子産)이 정백의 상(相)이 되어 초나라로 가서 막사[舍]만을 치고 단(壇)을 설치하지 않았다. 빈객이 교외에 이르면 단(壇)을 설치하여 교로(郊勞)[644]를 받아야 하는데 지금은 다만 초사(草舍)만을 설치했다는 것이다. 외복(外僕)이 말하기를 "옛날 선대부께서는 선군의 상이 되어 사방의 나라로 갈 때마다 일찍이 단을 설치하지 않은 때가 없었습니다. 외복(外僕)은 머물러 쉬는 곳을 관장하는 자이다. 그때부터 지금까지 모두 이를 따르고 있는데 지금 그대는 초사(草舍)만을 설치하였으니 안 되지 않습니까."라고 하였다. 자산이 말하기를 "대국이 소국에 갈 때는 단을 설치하지만 소국이 대국에 갈 때는 사(舍)만을 설치할 뿐이니 어찌 단을 설치하겠는가. 나 교(僑)가 듣기로는 대국이 소국에 갈 때 다섯 가지 아름다운 점이 있는데, 소국의 죄를 용서하고 소국의 과실을 사면하며 소국의 재난을 구제하고 소국의 덕형(德刑)을 포상하며[645] 소국의 부족한 점을 가르치는 것이다. 그래서 소국은 곤욕스러워하지 않고 큰 나라에 복종하기를 집으로 돌아가는 것처럼 생각하는 것이다. 이 때문에 대국은 단을 설치하여 그 공을 밝게 드러내어 후인들에게 널리 고하여 덕행을 닦는데 게으르지 않게 하는 것이다. 소국이 대국에 갈 때 다섯 가지 나쁜 점이 있는데, 대국이 지은 잘못을 설명해야 하고 스스로 풀어서 설명하는 것이다. 대국이 부족한 것이 무엇인지 청해야 하며 대국의 정사를 봉행해야 하고 대국의 정사를 받들어 행하는 것이다. 대국이 명한 직공(職貢)을 바쳐야 하며 대국의 시명(時命)을 따라야 하는 것이다. 조회에 참석하라는 명을 따르는 것이다. 그렇게 하지 않으면 바치는 폐백을 더 무겁게 하여 복된 일을 축하하고 흉사를 위로해야 하는 것이다. 이는 모두 소국의 화(禍)에 해당하는 것이니 어찌 단을 쌓아 그 화를 드러내겠는가. 자손들에게 고함[646]에는 화를 드러내지 않는 것이 좋다."라고 하였다. 전문은 제후들이 초(楚)나라를 조견하는 일은 부득이해서 하는 것임을 보인 것이다.

冬 齊慶封來奔

겨울에 제(齊)나라 경봉(慶封)이 망명왔다.

---

644) 교로(郊勞) : 빈(賓)이 빙문국(聘問國)의 교외에 당도하면 빙문국의 경(卿)이나 대부(大夫)가 교외로 나가 빈의 로고를 위로하는 것.

645) 덕형(德刑)을 포상하며 : 은덕과 형벌을 제대로 시행한 나라에는 상을 주어 권면하였다는 것이다.

646) 자손들에게 고함 : 외교적인 언사를 기록에 남겨 자손들이 알게 하는 것.

齊慶封好田而耆酒 與慶舍政 舍 慶封子 **則以其內實遷于盧蒲嫳氏 易內而飮酒** 內實寶物妻妾也 封與嫳交易其內人而飮酒 **數日 國遷朝焉** 就於盧蒲氏朝見封 **使諸亡人得賊者 以告而反之** 亡人 辟崔氏難出奔者 使捕賊贖罪而反其身 **故反盧蒲癸 癸臣子之** 子之 慶舍 **有寵 妻之** 以女妻癸 **慶舍之士謂盧蒲癸曰 男女辨姓 子不辟宗 何也** 慶氏盧蒲氏皆姜姓 **曰 宗不余辟** 言舍欲妻己 **余獨焉辟之 賦詩斷章 余取所求焉 惡識宗** 言己欲有求 不能顧禮 譬如賦詩者 取其一章而已 **癸言王何而反之 二人皆嬖** 二子皆莊公黨 求寵於慶氏 欲爲公報讎 **使執寢戈而先後之** 寢戈 親近兵杖

제(齊)나라 경봉(慶封)이 사냥을 좋아하고 술을 즐겨 경사(慶舍)에게 정사를 맡기고 사(舍)는 경봉(慶封)의 아들이다. 그 내실(內實)을 로포별(盧蒲嫳)의 집에다 옮겨 놓고서 처첩을 서로 바꾸어 가며 술을 마셨다. 내실(內實)[647]은 보물과 처첩이다. 봉(封)과 별(嫳)이 그 처첩을 서로 바꾸어 가며 술을 마신 것이다. 그러자 며칠 만에 나라가 조정을 로포별의 집으로 옮긴 것 같았다. 로포씨(盧蒲氏)의 집에 찾아가 봉(封)을 조견한 것이다. 경봉은 타국으로 망명한 사람들이 적도(賊徒)[648]를 잡았다고 고하면 죄를 용서하여 귀국하게 하였다. 망명한 사람들이란 최씨(崔氏)의 환난을 피하여 망명나간 사람이다. 적도(賊徒)를 잡은 것으로 속죄시켜 그 몸을 돌아오게 한 것이다. 그러므로 로포계(盧蒲癸)가 돌아오게 되었다.[649] 계(癸)는 경봉의 아들인 자지(子之)의 신하가 되어 자지(子之)는 경사(慶舍)이다. 총애를 받고 자지는 그를 사위로 삼았다. 딸을 계(癸)에게 시집보낸 것이다. 경사의 가신[士]이 로포계에게 말하기를 "남녀는 성(姓)을 분별하는 것인데 그대가 동종(同宗)을 피하지 않는 것은 무엇 때문입니까?"라고 하였다. 경씨(慶氏)와 로포씨(盧蒲氏)는 모두 강성(姜姓)이다. 그러자 로포계가 말하기를 "동종이 나를 피하지 않는데 사(舍)가 자기를 사위로 삼고자 한다는 말이다. 나만 어찌 피하겠는가. 시를 읊을 때는 필요한 장만을 끊어 취하니 나도 구하는 것만을 취하는 것일세. 내 어찌 동종을 따지겠는가."라고 하였다. 자기가 경씨(慶氏)에게 구할 것이 있다면 례를 돌아볼 겨를이 없으니, 비유하면 시를 읊는 사람이 필요한 한 장의 뜻만을 취할 뿐이라는 것과 같다는 말이다. 계가 망명 중인 왕하(王何)에 대해 말하여 그를 돌아오게 하였고 두 사람은 모두 경사의 총애를 받았다. 두 사람은 모두 장공(莊公)의 당여인데 경씨(慶氏)에게 총애 받기를 구한 것은 장공을 위하여 원수를 갚고자 해서이다. 경사는 그들에게 침과(寢戈)를 잡고 앞뒤에서 자기를 호위하게 하였다. 침과(寢戈)는 몸 가까이 두는 병장기이다.

---

647) 내실(內實) : 내(內)는 처첩이며 실(實)은 보물이다.

648) 적도(賊徒) : 최씨(崔氏)의 잔당이다.

649) 로포계(盧蒲癸)가~되었다 : 양공(襄公) 25년에 최저(崔杼)가 제장공(齊莊公)을 시해하자 제장공의 당여인 로포계(盧蒲癸)와 왕하(王何)가 망명나갔는데 지금 로포계가 돌아오게 된 것이다.

公膳 日雙雞 公家供大夫之常膳 **饔人竊更之以鶩 御者知之 則去其肉而以其洎饋** 鶩 鴨也 洎 肉汁 御 進食者 欲使諸大夫怨慶氏 減其膳 蓋盧蒲癸王何之謀 **子雅子尾怒** 二子皆惠公孫 **慶封告盧蒲嫳 盧蒲嫳曰 譬之如禽獸 吾寢處之矣** 言能殺而席其皮 **使析歸父告晏平仲** 欲與共謀子雅子尾 **平仲曰 嬰之衆不足用也 知無能謀也 言弗敢出** 不敢洩謀 **有盟可也 子家曰 子之言云** 子家 析歸父 **又焉用盟 告北郭子車** 子車 齊大夫 **子車曰 人各有以事君 非佐之所能也** 佐 子車名 **陳文子謂桓子** 桓子 文子之子無宇 **曰 禍將作矣 吾其何得 對曰 得慶氏之木百車於莊 文子曰 可愼守也已** 木 良材 莊 要路 言將代執國權 蓋父子爲隱語 以相諭旣知 其知所從違 戒以愼守其志

제(齊)나라 조정에서 공선(公膳)[650]의 경우 매일 닭 두 마리를 제공하였다. 공가(公家)에서 대부에게 제공하는 일상적인 식사이다. 어느 날 옹인(饔人 : 료리사)이 몰래 닭을 집오리[鶩]로 바꾸었는데 어자(御者)가 그 의도를 알고는 오리의 고기는 건져내고 국물[洎]만 올리니[651] 목(鶩)은 집오리이다. 계(洎)는 고기즙이다. 어(御)는 식사를 올리는 자이다. 여러 대부로 하여금 경씨(慶氏)를 원망하게 하고자 하여 그 음식을 줄였으니 아마도 로포계(盧蒲癸)와 왕하(王何)의 계책인 듯하다. 자아(子雅)와 자미(子尾)가 노하였다.[652] 두 사람은 모두 제혜공(齊惠公)의 손자이다. 경봉(慶封)이 그 사실을 로포별(盧蒲嫳)에게 알리니, 로포별이 말하기를 "비유하자면 자아와 자미는 금수 같은 존재이니 우리가 그들을 잠자리에 깔 수 있습니다."라고 하였다. 죽여서 그 가죽을 깔 수 있다는 말이다. 경봉이 석귀보(析歸父)를 시켜 그 일을 안평중(晏平仲)에게 고하였다. 함께 자아(子雅)와 자미(子尾)를 도모하고자 한 것이다. 그러자 평중(平仲)이 말하기를 "나 영(嬰 : 晏平仲)의 무리는 쓸 만하지 못하고 나의 지혜는 그 일을 도모할 만하지 못합니다. 그러나 이 말은 감히 입 밖으로 내지 않겠습니다. 감히 경씨(慶氏)의 계책을 루설하지 않겠다는 것이다. 맹세할 수 있습니다."라고 하였다. 자가(子家)가 말하기를 "그대의 말이 이러한데 자가(子家)는 석귀보(析歸父)이다. 또 어찌 맹세를 쓰겠소."라고 하였다. 북곽자거(北郭子車)에게 고하니, 자거(子車)는 제(齊)나라 대부이다. 자거(子車)가 말하기를 "사람들이 제각기 임금을 섬기는 방식이 있으니 나 좌(佐)가 할 수 있는 일이 아니오."라고 하였다. 좌(佐)는 자거(子車)의 이름이다. 이때 진문자(陳文子 : 陳須無)가 환자(桓子)에게 환자(桓子)는 문자(文子)의 아들인 무우(無宇)이다. 말하기를 "화난이 일어날 것이니

---

650) 공선(公膳) : 조정에서 공무를 보는 대부에게 제공하는 식사.

651) 어자(御者)가~올리니 : 옹인(饔人)이 닭보다 못한 집오리로 음식을 만들자 어자(御者)가 또 그 의도를 알고 자기도 공을 세우고자 고기를 건져내고 국물만 올린 것이다.

652) 노하였다 : 공선(公膳)의 책임자인 경봉(慶封)에게 노한 것이다.

우리가 무엇을 얻을 수 있겠느냐?"라고 하니, 대답하기를 "경씨(慶氏) 집안의 재목(材木 : 人材) 백 수레 분을 장(莊)[653]에서 얻을 것입니다."[654]라고 하였다. 그러자 문자(文子)가 말하기를 "뜻을 신중히 지켜야 할 따름이니라."라고 하였다. 목(木)은 좋은 재목이고 장(莊)은 중요한 길목이니, 장차 국권을 대신 잡는다는 말이다. 대개 진씨(陳氏) 부자가 은어(隱語)로써 이미 알고 있는 것에 대하여 서로 비유한 것이다. 따라야 할 것과 어겨야 할 바를 헤아려 그 뜻을 신중히 지킬 것을 경계한 것이다.

盧蒲癸王何卜攻慶氏 示子之兆 曰 或卜攻讎 敢獻其兆 詐問吉凶 **子之曰 克 見血** 主殺戮 **冬 十月 慶封田于萊 陳無宇從 丙辰 文子使召之 請曰 無宇之母疾病 請歸 慶季卜之 示之兆 曰 死 奉龜而泣** 無宇泣 **乃使歸 慶嗣聞之** 嗣 慶封之族 **曰 禍將作矣 謂子家 速歸** 子家 慶封字 **禍作必於嘗** 嘗 秋祭 **歸猶可及也 子家弗聽 亦無悛志 子息曰 亡矣 幸而獲在吳越** 子息 慶嗣 **陳無宇濟水而戕舟發梁** 毁舟壞梁 絶封歸路

로포계(盧蒲癸)와 왕하(王何)가 경씨(慶氏)를 치는 것에 대하여 거북점을 쳐서 자지(子之 : 慶舍)에게 귀조(龜兆)[655]를 보이며 말하기를 "어떤 사람이 원수를 치는 일에 대해 거북점을 쳤는데 감히 그 귀조를 올립니다."라고 하니 거짓으로 길흉을 물은 것이다. 자지가 말하기를 "이길 것이지만 피를 볼 것일세."라고 하였다. 우두머리를 살륙한다는 것이다. 겨울 10월에 경봉(慶封)이 래(萊) 땅에서 사냥할 때 진무우(陳無宇)가 수행하였다. 병진일에 문자(文子 : 陳須無)가 사람을 보내어 진무우를 부르니, 진무우가 경봉에게 청하기를 "저 무우(無宇)의 어머니가 병이 깊으니 돌아가기를 청합니다."라고 하였다. 경계(慶季 : 慶封)가 진무우를 위하여 거북점을 쳐서 그 귀조를 보여주니, 진무우가 말하기를 "제 어머니께서는 돌아가실 것입니다."라고 하면서 그 거북 껍질을 받들고 우는 것이었다. 무우(無宇)가 운 것이다. 이에 경봉은 그를 돌아가게 하였다. 경사(慶嗣)가 이 소식을 듣고 사(嗣)는 경봉(慶封)의 일족이다. 말하기를 "화란이 일어날 것이다."라 하고서 자가(子家)에게 "속히 돌아가야 합니다. 자가(子家)는 경봉(慶封)의 자(字)이다. 화란이 일어나면 반드시 상제(嘗祭) 때에 일어날 것이니 상(嘗)은 가을제사이다. 지금 돌아간다면 그래도 화란이 일어나기 전에 도착할 수 있을 것입니다."라고 하였다. 그러나 자가는 듣지 않고 고칠 마음도 없었다. 자식(子息)이 말하기를 "망할 것이다. 잘되어야 오(吳)나라나 월(越)나라에 도망가 있게 될 것이다."라고 하였다. 자식(子息)은 경사(慶嗣)이다.

---

653) 장(莊) : 국도의 큰 도로. 또는 6방(方)으로 통하는 큰 거리.

654) 경씨(慶氏)~것입니다 : 나무는 집을 짓는 재목이고 장(莊)은 도성의 도로이니, 경씨(慶氏)는 반드시 패망하고 우리가 인재를 얻어서 정권을 잡을 수 있다는 것이다.

655) 귀조(龜兆) : 귀갑(龜甲)을 불에 구워 터진 무늬.

진무우는 강을 건넌 뒤에 배를 부수고 다리를 허물었다[發].[656] 배를 부수고 다리를 허물어 봉(封)이 돌아가는 길을 끊은 것이다.

盧蒲姜謂癸曰 有事而不告我 必不捷矣 姜 癸妻 慶舍女 **癸告之 姜曰 夫子愎 莫之止將不出 我請止之** 夫子謂慶舍 言舍狠愎自用 若無人諫止 將不出嘗祭 **癸曰 諾 十一月 乙亥 嘗于大公之廟 慶舍涖事 盧蒲姜告之 且止之** 告以有變 止父勿出 **弗聽 曰 誰敢者 遂如公** 至公所 **麻嬰爲尸** 爲祭尸 **慶奊爲上獻** 奊 音絜 上獻 先獻者 **盧蒲癸王何執寢戈 慶氏以其甲環公宮** 廟在宮內

로포강(盧蒲姜)이 계(癸 : 盧蒲癸)에게 말하기를 "계획하는 일이 있으면서 나에게는 알려주지 않으니 반드시 성공하지 못할 것입니다."라고 하니 강(姜)은 계(癸)의 처이며 경사(慶舍)의 딸이다. 계가 그 계획을 알려주었다. 강(姜)이 말하기를 "부자(夫子)는 성질이 괴팍하여 가지 말라고 말리는 이가 없으면[657] 가지 않을 것이니 내가 가시지 말라고 청하겠습니다."라고 하니 부자(夫子)는 경사(慶舍)를 이른다. 사(舍)의 성격이 괴팍하고 제멋대로여서 만약 상제(嘗祭)에 참석하지 말라고 간하는 이가 없으면 상제에 가지 않을 것이라는 말이다. 계가 허낙하였다. 11월 을해일에 태공(大公 : 姜大公)의 사당에서 상제(嘗祭)를 지낼 때 경사(慶舍)가 그 제사를 주재하기로 되어 있었다. 로포강이 경사에게 변란의 조짐이 있다고 고하면서 가지 말라고 하니, 변란이 있다고 고함으로써 아버지를 제지하여 나가지 않도록 한 것이다. 경사는 듣지 않고서 "누가 감히 그런 짓을 할 수 있겠느냐."라고 하면서 드디어 공소(公所)로 가서 공소(公所 : 宗廟)에 이른 것이다. 마영(麻嬰)을 시(尸)로 삼고 제시(祭尸)[658]를 삼은 것이다. 경혈(慶奊)을 상헌(上獻 : 初獻官)으로 삼았다. 혈(奊)은 음이 혈(絜)이다. 상헌(上獻)은 먼저 술을 올리는 자이다. 로포계와 왕하(王何)는 침과(寢戈)를 잡고 시위(侍衛)하고 경씨(慶氏 : 慶舍)는 그의 갑사들로써 공궁을 에워쌌다. 사당이 공궁 안에 있었던 것이다.

陳氏鮑氏之圉人爲優 爲俳優戲 **慶氏之馬善驚 士皆釋甲束馬** 束 絆之也 **而飮酒 且觀優至於魚里** 魚里 里名 優在魚里 士往觀之 **欒高陳鮑之徒介慶氏之甲** 欒 子雅 高 子尾 陳 陳須無

656) 허물었다[發] : 발(發)은 폐(廢)와 통용하니 허묾이다.

657) 가지~없으면 : '상제(嘗祭)에 참석하지 말라고 말리는 이가 없으면'의 뜻으로, 실제로는 상제에 참석하라고 권한다는 의미이다.

658) 제시(祭尸) : 제사에서 신을 대신하여 제사를 받는 사람.

鮑 鮑國 慶氏士釋甲觀優 故四族因被其甲 子尾抽桷 擊扉三 桷 椽也 扉 門闔 蓋以擊扉爲期 盧蒲癸自後刺子之 王何以戈擊之 解其左肩 猶援廟桷 動於甍 甍 屋棟 以俎壺投殺人 而後死 遂殺慶繩麻嬰 慶繩卽慶奊 公懼 鮑國曰 羣臣爲君故也 言欲尊公室 陳須無以公歸稅服而如內宮 稅祭服

진씨(陳氏)와 포씨(鮑氏)의 어인(圉人)들이 광대놀이를 하니 광대놀이를 한 것이다. 경씨(慶氏)의 말들이 잘 놀라므로 갑사들은 모두 갑옷을 벗고 말을 묶어[束] 놓고서 속(束)은 묶는 것이다. 술을 마시고 광대놀이를 구경하기 위해 어리(魚里)까지 갔다. 어리(魚里)는 마을 이름이다. 광대놀이 하는 이들이 어리에 있었기 때문에 갑사들이 가서 그들을 구경한 것이다. 그러자 란씨(欒氏)·고씨(高氏)·진씨·포씨의 무리가 경씨의 갑사들이 벗어놓은 갑옷을 입었다. 란(欒)은 자아(子雅)이고 고(高)는 자미(子尾)이며, 진(陳)은 진수무(陳須無)이고 포(鮑)는 포국(鮑國)이다. 경씨(慶氏)의 갑사들이 갑옷을 벗어놓고 광대놀이를 구경하였기 때문에 네 씨족들이 그 기회를 틈타 그 갑옷을 입은 것이다. 자미(子尾)가 서까래[桷]를 뽑아 문짝[扉]을 세 번 치니 각(桷)은 서까래이고 비(扉)는 문짝이다. 문짝을 치는 것을 거사의 시기로 삼은 것이다. 로포계(盧蒲癸)가 뒤에서 자지(子之 : 慶舍)를 찌르고 왕하(王何)가 창으로 쳐서 왼쪽 어깨를 잘랐다. 그래도 경사는 종묘의 서까래를 잡아당겨 천장의 용마루[甍]를 흔들었으며 맹(甍)은 지붕에 있는 용마루이다. 제사에 쓸 도마와 병을 던져 여러 사람을 죽인 뒤에야 죽었다. 그들은 드디어 경승(慶繩)과 마영(麻嬰)도 죽였다. 경승(慶繩)은 경혈(慶奊)이다. 제경공(齊景公)이 두려워하니 포국(鮑國)이 말하기를 "뭇 신하가 화란을 일으킨 것은 임금님을 위해서입니다." 라고 하였다. 공실을 높이고자 한다는 말이다. 진수무(陳須無)는 제경공을 모시고 조정으로 돌아가 제복(祭服)을 벗고 내궁(內宮)으로 갔다. 제복(祭服)을 벗은 것이다.

慶封歸 遇告亂者 丁亥 伐西門 弗克 還伐北門 克之 入伐內宮 弗克 反 陳于嶽 嶽里名 請戰 弗許 遂來奔 獻車於季武子 美澤可以鑑 展莊叔見之 莊叔 魯大夫 曰 車甚澤 人必瘁 宜其亡也 叔孫穆子食慶封 慶封氾祭 氾祭 遠散所祭 不恭 穆子不說 使工爲之誦茅鴟 逸詩 刺不敬 亦不知 旣而齊人來讓 讓魯受封 奔吳 吳句餘予之朱方 句餘 吳子夷末 朱方 吳邑 聚其族焉而居之 富於其舊 子服惠伯謂叔孫曰 天殆富淫人 慶封又富矣 穆子曰 善人富謂之賞 淫人富謂之殃 天其殃之也 其將聚而殲旃 爲昭四年殺慶封傳

경봉(慶封)이 돌아가다가 란을 고하는 자를 만났다. 경봉은 정해일에 서문을 쳐서 이기지 못하자 성을 돌아 북문을 쳐서 이기고, 도성 안으로 들어가 내궁(內宮)을 쳤으나 이기지 못하였다. 그러자 군대를 돌려 악(嶽) 땅에 진을 치고 악(嶽)은 마을 이름이다. 싸움을 청하였으나 받아들여지지 않자 마침내 우리나라로 망명왔다. 그리고 계무자(季武子)에게 그의 수레를 바쳤는데 아름답고 광택이 나서 거울처럼 비추어 볼 수 있었다. 전장숙(展莊叔)이 그 수레를 보고서 장숙(莊叔)은 로(魯)나라 대부이다. 말하기를 "수레가 지나치게 광택이 나니 사람들이 반드시 고달팠을 것이다. 그가 도망다니는 것은 당연하다."고 하였다. 숙손목자(叔孫穆子)가 경봉에게 음식을 대접하는데 경봉이 범제(氾祭)하니, 범제(氾祭)는 제(祭 : 고수레)하는 음식을 멀리 흩는 것이니 공경스럽지 못한 것이다.[659] 목자(穆子)가 좋지 않게 여겨 악공을 시켜 그를 위해 모치(茅鴟)를 랑송하게 하였으나 일시(逸詩)이다. 공경스럽지 못한 것을 풍자한 것이다. 또한 알아차리지 못하였다. 얼마 있다가 제인(齊人)이 와서 책망하니, 로(魯)나라에서 봉(封)을 받아들인 것을 책망한 것이다. 경봉이 오(吳)나라로 망명하였다. 오나라 구여(句餘)가 그에게 주방(朱方)을 주어 구여(句餘)는 오자(吳子)인 이말(夷末)이다. 주방(朱方)은 오(吳)나라 읍이다. 그 족인을 모아 그곳에서 살게 하니, 예전보다 더 부유하였다. 자복혜백(子服惠伯)이 숙손(叔孫)에게 말하기를 "하늘은 아마도 사악한 사람을 부유하게 하나 봅니다. 경봉이 더욱 부유해졌습니다."라고 하였다. 목자가 말하기를 "선한 사람의 부(富)를 상(賞)이라 이르고 사악한 사람의 부를 재앙이라고 이릅니다. 하늘은 그에게 재앙을 내릴 것입니다. 그래서 족인을 한곳에 모아 그들[旃][660]을 다 없애려는 모양입니다."라고 하였다. 소공(昭公) 4년에 경봉(慶封)을 죽이는 전(傳)의 배경이 된다.

崔氏之亂 喪羣公子 故鉏在魯 叔孫還在燕 賈在句瀆之丘 在二十一年 **及慶氏亡 皆召之 具其器用而反其邑焉 與晏子邶殿其鄙六十** 邶殿 齊別都 與以邊鄙六十邑 **弗受 子尾曰 富 人之所欲也 何獨弗欲 對曰 慶氏之邑足欲 故亡 吾邑不足欲也 益之以邶殿 乃足欲 足欲 亡無日矣 在外不得宰吾一邑** 若出亡在外 一邑尙不得主之 **不受邶殿 非惡富也 恐失富也 且夫富 如布帛之有幅焉 爲之制度 使無遷也** 幅 布帛廣也 **夫民生厚而用利 於是乎正德以幅之 使無黜嫚** 黜猶放也 **謂之幅利** 德爲利幅 **利過則爲敗 吾不敢貪多 所謂幅也 與北郭佐邑六十 受之 與子雅邑 辭多受少 與子尾邑 受而稍致之** 致還

659) 범제(氾祭)는~것이다 : 《론어(論語)》〈향당(鄕黨)〉 주자집주(朱子集注)에는 예전에 음식을 먹는 례에 대하여 '음식을 먹기 전에 조금 덜어내어 그릇 사이의 땅에 놓고 제(祭 : 고수레)한 뒤 음식을 먹었다. 이는 음식을 처음 만든 사람에게 제하여 그 근본을 잊지 않으려는 뜻이다[古人飮食 每種各出少許 置之豆間之地 以祭先代始爲飮食之人 不亡本也].'라고 하였다. 그런데 경봉(慶封)은 제하는 음식을 멀리 흩트렸으니 공경스럽지 못하다는 것이다.

660) 그들[旃] : '旃'은 '之'와 같다.

公 公以爲忠 故有寵 釋盧蒲嫳于北竟 釋 放也

최씨(崔氏)의 란[661] 때 제(齊)나라는 뭇 공자를 잃었다.[662] 그러므로 서(鉏)는 로(魯)나라에 있었고, 숙손환(叔孫還)은 연(燕)나라에 있었고, 가(賈)는 구두(句瀆)의 언덕에 있었다. 21년에 있었다. 경씨(慶氏)가 패망하자 제나라는 그들을 모두 불러들여 그 기용(器用)을 갖추어 주고 그 봉읍을 돌려주었다. 안자(晏子)에게 패전(邶殿)의 변방 60읍을 주니 패전(邶殿)은 제(齊)나라 별도(別都)이다. 변방 60읍을 준 것이다. 받지 않았다. 자미(子尾)가 말하기를 "부(富)는 사람마다 바라는 바인데 어찌 그대만 바라지 않습니까?"라고 하니, 안자가 대답하기를 "경씨의 읍이 그의 욕망을 충족시켰기 때문에 도망가게 된 것입니다. 나의 읍은 욕망에 충족하지 못한데 패전의 읍을 더하면 욕망이 충족됩니다. 욕망이 충족되면 도망갈 날이 머지않을 것입니다. 외국에 있으면 나의 한 읍이라도 주재할 수가 없을 것입니다. 만약 도망나가 외국에 있으면 한 읍도 오히려 주재할 수 없다는 것이다. 패전을 받지 않는 것은 부를 싫어해서가 아니라 부를 잃을까 두려워서입니다. 또 부라는 것은 포백(布帛)에 일정한 폭(幅)이 있는 것과 같으니, 그 제도를 만든 것은 함부로 바꿀 수 없게 하기 위함입니다. 폭(幅)은 포백(布帛)의 너비이다. 백성은 생활이 넉넉하고 기용이 편리하기를 바랍니다. 이에 정덕(正德)으로 폭을 삼아 방종하거나[黜] 태만함이 없게 해야 하는 것이니, 출(黜)은 방종함[放]과 같다. 이를 일러 폭리(幅利)라고 합니다. 덕은 리익을 제한하는 폭(幅)이 된다. 리익이 지나치면 패망하게 되니, 내가 감히 많은 것을 탐하지 않는 것이 이른바 폭입니다."라고 하였다. 북곽좌(北郭佐)에게 60읍을 주니 받았고 자아(子雅)에게 읍을 주니 많은 읍은 사양하고 적은 읍만 받았다. 자미에게 읍을 주니 받았다가 이내 돌려주었다[致]. 제경공(齊景公)에게 돌려준 것이다. 그러자 제경공(齊景公)은 충성스럽다고 여겨 총애하였고, 로포별(盧蒲嫳)을 북쪽 변경으로 추방하였다[釋]. 석(釋)은 추방함이다.

求崔杼之尸 將戮之 不得 叔孫穆子曰 必得之 武王有亂臣十人 本或無臣字 崔杼其有乎 不十人 不足以葬 葬必須十人 人多終敗露 旣 崔氏之臣曰 與我其拱璧 崔氏大璧 吾獻其柩 於是得之 十二月 乙亥 朔 齊人遷莊公 殯于大寢 更殯於路寢 十二月 戊戌 朔 乙亥誤 以其棺尸崔杼於市 國人猶知之 皆曰 崔子也

최저(崔杼)의 시신을 찾아 륙시(戮屍)[663]하려고 하였으나 찾지 못하였다. 숙손목자(叔孫

661) 최씨(崔氏)의 란 : 양공(襄公) 25년에 최저(崔杼)가 제장공(齊莊公)을 시해한 란이다.

662) 제(齊)나라는~잃었다 : 제(齊)나라 뭇 공자들이 망명나간 것을 말한다.

穆子)가 말하기를 "반드시 찾을 수 있을 것이다. 무왕(武王)에게는 나라를 잘 다스릴 수 있는 신하가 10인이 있었으나 다른 판본에는 신(臣)자가 없는 것도 있다. 최저에게는 그러한 신하가 있었겠는가. 10인이 되지 못하면 장사를 제대로 치를 수 없다."고 하였다. 장사에는 반드시 10인이 필요하므로 사람이 많아서 마침내 비밀이 드러나게 된다는 것이다.[664] 얼마 뒤에 최씨(崔氏)의 가신이 말하기를 "나에게 공벽(拱璧)[665]을 준다면 최씨(崔氏)의 큰 옥이다. 그 널을 바치겠습니다."라고 하였다. 이렇게 하여 그 시신을 찾을 수 있었다. 12월 초하루 을해일에 제인(齊人)이 제장공(齊莊公)을 천장(遷葬)하기 위하여 대침(大寢)에 빈소를 차리고 다시 로침(路寢)에 빈소를 차린 것이다. 12월 초하루는 무술일이니 을해일은 잘못이다. 장공을 모셨던 관에 최저의 시신을 넣어[666] 저자에 내어놓았다. 국인이 그래도 알아보고 모두 "최자(崔子)이다."라고 하였다.

十有一月 公如楚 11월에 양공(襄公)이 초(楚)나라에 갔다.

諸夏始旅見於楚 蓋傷之也

제하(諸夏)가 처음으로 초(楚)나라에 려견(旅見)[667]하였으니 안타까이 여긴 것이다.[668]

爲宋之盟故 公及宋公陳侯鄭伯許男如楚 公過鄭 鄭伯不在 已在楚 **伯有廷勞於黃崖 不敬 穆叔曰 伯有無戾於鄭 鄭必有大咎 敬 民之主也 而棄之 何以承守** 無以承先守家 **鄭人不討 必受其辜 濟澤之阿 行潦之蘋藻 寘諸宗室 季蘭尸之 敬也** 季蘭 服蘭之少女 尸 主也 **敬可棄乎**

---

663) 륙시(戮屍) : 시신을 전시하여 욕되게 함.

664) 장사에는~것이다 : 장사(葬事)에는 반드시 10인이 필요한 데 최저(崔杼)에게는 비밀을 지킬 만한 충성스러운 신하 10인이 없었을 것이라는 말이다.

665) 공벽(拱璧) : 두 손으로 감쌀 수 있는 벽옥(璧玉). 또는 아름드리 벽옥. 큰 벽옥을 이르는 말로 최저(崔杼)의 관에 부장한 물건이다.

666) 장공을~넣어 : 최저(崔杼)가 장공(莊公)을 시해한 뒤 례를 차리지 않고 거친 관을 써서 허술하게 장사를 지냈기 때문에 그 관에 최저의 시신을 넣어 그 죄를 드러낸 것이다.

667) 려견(旅見) : 여러 사람이 함께 조견하는 것.

668) 제하(諸夏)가~것이다 : 중국의 나라들이 남방 초(楚)나라에 조견한 것을 기록하여 왕업(王業)이 쇠한 것을 애석해한 것이다.

송(宋)나라에서의 맹약 때문에 양공(襄公)이 송공(宋公)·진후(陳侯)·정백(鄭伯)·허남(許男)과 함께 초(楚)나라에 갔다. 양공이 정(鄭)나라를 지날 때 정백은 국내에 없었다. 이미 초(楚)나라에 있었던 것이다. 이에 백유(伯有 : 良宵)가 황수(黃水) 가로 가서 양공을 위로하였는데 태도가 공경스럽지 못하였다. 목숙(穆叔)이 말하기를 "백유가 정나라에서 죄[戾]를 받지 않는다면 정나라는 반드시 큰 재앙이 있을 것이다. 공경은 백성을 다스리는 근본인데 이것을 버렸으니 어떻게 선조를 받들고 집안을 지키겠는가. 선조를 받들고 집안을 지킬 수 없다는 것이다. 정인(鄭人)이 그를 토죄하지 않는다면 반드시 정인이 그 화를 받을 것이다. 여울과 늪의 가장자리와 길가에 고인 물웅덩이에 난 물풀을 뜯어다가 종묘에 올리기를 계란(季蘭)이 주재하여도[尸][669] 공경으로써 하니 계란(季蘭)은 란초(蘭草)를 찬 소녀이다. 시(尸)는 주재함이다. 공경을 버려서야 되겠는가."라고 하였다.

十有二月 甲寅 天王崩 12월 갑인일에 천왕이 붕하였다.

靈王也

령왕(靈王)이다.

癸巳 天王崩 未來赴 亦未書 禮也 王人來告喪 問崩日 以甲寅告 故書之 實十一月癸巳崩 以十二月甲寅告 **以徵過也** 無事緩告 譏其怠慢

계사일에 천왕이 붕하였는데 부고가 오지 않아 계사일에 붕한 사실을 경문에 기록하지 않았으니, 례에 맞는 일이었다. 왕인(王人)[670]이 와서 상을 고하였다. 붕한 날을 물으니 갑인일이라고 고하였다. 그러므로 경문에 갑인일로 기록함으로써 실제는 11월 계사일에 붕하였는데 12월 갑인일이라고 부고한 것이다. 잘못 고한 과실을 징계하였다. 리유없이 늦게 부고하였기 때문에 그 태만함을 나무란 것이다.

669) 계란(季蘭)이 주재하여도[尸] : 이 대목은 《시경(詩經)》〈소남(召南)〉 채빈(采蘋)의 '이에 물풀을 뜯기를… 누가 주재하는가. 공경스러운 계녀(季女)이지[于以采蘋…誰其尸之 有齊季女].'라는 대목과 통한다. 곧 위에서의 계란(季蘭)은 《시경》에서의 계녀이니, 소녀가 소박한 제사음식을 주재하더라도[만들더라도] 공경함이 있으면 신이 흠향한다는 의미이다.

670) 왕인(王人) : 주(周)왕실의 관원.

乙未 楚子昭 卒

을미일에 초자(楚子) 소(昭)가 졸하였다.

十二月 無乙未 日誤

12월에는 을미일이 없으니 날이 잘못된 것이다.

及漢 公如楚至漢 **楚康王卒 公欲反 叔仲昭伯曰 我楚國之爲 豈爲一人 行也** 昭伯 叔仲帶 **子服惠伯曰 君子有遠慮 小人從邇 飢寒之不恤 誰遑其後 不如姑歸也 叔孫穆子曰 叔仲子專之矣** 言足專任 **子服子 始學者也** 言未識遠 **榮成伯曰 遠圖者 忠也** 成伯 榮駕鵝 **公遂行 宋向戌曰 我一人之爲 非爲楚也 飢寒之不恤 誰能恤楚 姑歸而息民 待其立君而爲之備 宋公遂反 楚屈建卒 趙文子喪之如同盟 禮也**

한수(漢水)에 이르렀을 때 양공(襄公)이 초(楚)나라로 가다가 한수(漢水)에 이른 것이다. 초강왕(楚康王 : 昭)이 졸하였다. 양공(襄公)이 돌아가고자 하니, 숙중소백(叔仲昭伯)이 말하기를 "우리는 초(楚)나라를 위해서[671] 온 것이지 어찌 초왕 한 사람을 위해서 온 것이겠습니까. 계속 가십시오."라고 하였다. 소백(昭伯)은 숙중대(叔仲帶)이다. 그러자 자복혜백(子服惠伯)이 말하기를 "군자는 먼 앞일을 헤아리는 생각이 있지만 소인(小人)[672]은 가까운 리익을 따릅니다. 지금 우리 백성[小人]의 배고픔과 추위도 구휼하지 못하는데 어느 겨를에 뒷날을 걱정하겠습니까. 그러니 우선 돌아가는 것만 같지 못합니다."라고 하였다. 숙손목자(叔孫穆子)가 말하기를 "숙중자(叔仲子 : 叔仲昭伯)는 국사를 전담할 만하고 전담할 만하다는 말이다. 자복자(子服子 : 子服惠伯)는 초학자일 뿐입니다."라고 하였다. 식견이 원대하지 못하다는 말이다. 영성백(榮成伯)이 말하기를 "먼 앞일을 도모하는 자가 충신입니다."라고 하니, 성백(成伯)은 영가아(榮駕鵝)이다. 양공이 드디어 초나라로 갔다. 송(宋)나라 상술(向戌)이 말하기를 "우리는 초왕 한 사람을 위해서 온 것이지 초나라를 위해서 온 것은 아닙니다. 우리 백성의 배고픔과 추위도 구휼하지 못하는데 어찌 초나라를 걱정하겠습니까. 그러니 우선 돌아가서 백성을 쉬게 하면서 초나라가 새 임금을 세우기를 기다려 대비책을 마련하십시오."라고 하였다. 이에 송평공(宋平公)은 돌아갔다. 초(楚)나라 굴건(屈建 : 子木)이 졸하자 진(晉)나라 조문자(趙文子 : 趙武)가 동맹국의 례(例)에 따라 조상(吊喪)하였으니, 례에 맞는 일이었다.[673]

671) 초(楚)나라를 위해서 : 초(楚)나라와의 관계를 잘 유지하기 위해서라는 뜻이다.

672) 소인(小人) : 여기서의 소인(小人)은 백성을 말한다.

양공(襄公) 29년 【丁巳 B.C.544】

二十有九年 春 王正月 公在楚

29년 봄 왕정월에 양공(襄公)이 초(楚)나라에 있었다.

二十九年 春 王正月 公在楚 釋不朝正于廟也 釋 解也 **楚人使公親襚** 諸侯遣使賵襚 **公患之 穆叔曰 祓殯而襚 則布幣也** 先使巫祓除凶邪而行襚禮 與朝而布幣無異 **乃使巫以桃茢先祓殯** 桃 鬼所惡 茢 苕帚 以除不祥 君臨臣喪有此禮 **楚人弗禁 旣而悔之**

29년 봄 왕정월에 양공(襄公)이 초(楚)나라에 있었다고 하였으니, 양공이 로(魯)나라의 종묘에 조정(朝正)[674]하지 못한 것을 해명하기[釋] 위해서였다. 석(釋)은 해명함이다. 초인(楚人)이 양공으로 하여금 친히 초왕(楚王)의 수례(襚禮)를 행하게 하니[675] 제후들은 사신을 보내어 수의(襚衣)를 부의한다. 양공이 이를 근심하였다. 이에 목숙(穆叔 : 叔孫豹)이 "빈소의 사기(邪氣)를 떨어내고 수례를 행하시면 이는 산 자에게 폐백을 드리는 것과 같습니다."라고 하였다. 먼저 무당을 시켜 흉사(凶邪)를 떨어내게 하고서 수례(襚禮)를 행하는 것은 조견하여 폐백을 드리는 것과 차이가 없다는 것이다. 그래서 무당을 시켜 복숭아나무가지[桃]와 갈대순으로 만든 빗자루[茢]로 먼저 빈소의 사기를 떨어내니, 복숭아나무가지[桃]는 귀신이 싫어하는 것이다. 렬(茢)은 갈대순으로 만든 빗자루이니, 그것으로 상서롭지 못한 것을 제거하는 것이다. 임금이 신하의 상(喪)에 림할 때 이러한 례식(禮式)이 있다. 초인이 이를 금하지 않았다가 일이 끝난 뒤에야 후회하였다.[676]

○二月 癸卯 齊人葬莊公於北郭 兵死不入兆域 故葬北郭

673) 초(楚)나라~일이었다 : 지난해 송(宋)나라에서 맹약할 때, 초군(楚軍)이 갑옷을 겉옷 속에 입은 일로 조문자(趙文子)와 굴건(屈建) 사이에 틈이 생겼지만 조문자는 동맹국의 례(例)에 따라 조상(吊喪)하였기 때문에 례에 맞는 일이라고 한 것이다.

674) 조정(朝正) : 천자나 제후(諸侯)가 정월에 종묘에 제사하는 일.

675) 친히~하니 : 두예(杜預)는 제후들이 사신을 보내어 수의(襚衣)를 부의(賻儀)하는 것을 일반적인 수례(襚禮)로 보았다. 그러므로 양공(襄公)이 친수(親襚)하였다는 것은 친히 수의를 부의한 것이다. 그러나 전문의 친수를 양공이 직접 초자(楚子)의 수의를 입힌 것으로 보는 설도 있다.

676) 초인(楚人)이~후회하였다 : 빈소의 사기(邪氣)를 떨어내는 례식은 임금이 신하의 상에 림할 때 행하는 것이다. 그러므로 초(楚)나라에서 양공(襄公)이 이 례식을 행한 것은 초나라가 로(魯)나라의 신하 위치에 있다는 의미가 되므로 초인(楚人)이 이 례식을 제지하지 않은 것을 후회한 것이다.

○2월 계묘일에 제인(齊人)이 제장공(齊莊公)을 북곽(北郭)에 장사지냈다. 병란(兵亂)677)으로 죽었을 경우 조역(兆域 : 墓域)에 들어갈 수 없으므로 북곽(北郭)에 장사지낸 것이다.678)

夏 五月 公至自楚

여름 5월에 양공(襄公)이 초(楚)나라에서 돌아왔다.

夏 四月 葬楚康王 公及陳侯鄭伯許男送葬 至于西門之外 諸侯之大夫皆至于墓 楚郟敖卽位 郟敖 康王子熊麇 **王子圍爲令尹 鄭行人子羽曰 是謂不宜 必代之昌 松栢之下 其草不殖** 言楚君弱 令尹强 物不兩盛 爲昭元年圍弑郟敖起本

여름 4월에 초강왕(楚康王)의 장례를 지냈다. 양공(襄公)이 진후(陳侯)·정백(鄭伯)·허남(許南)과 함께 송장(送葬)679)하여 서문 밖까지 갔고, 제후들의 대부는 모두 묘지까지 갔다. 초나라 겹오(郟敖)가 즉위하였고, 겹오(郟敖)는 강왕(康王)의 아들인 웅균(熊麇)이다. 왕자 위(圍)680)가 령윤(令尹)이 되었다. 이에 정(鄭)나라 행인(行人)인 자우(子羽)가 말하기를 "이런 경우를 일러 일의 형세가 마땅하지 않다고 하는 것이니, 반드시 왕자 위가 대신 창성할 것이다. 소나무와 잣나무 밑에서는 풀이 번식하지 못하는 법이다."라고 하였다. 초(楚)나라 임금의 세력은 약하고 령윤(令尹)의 세력은 강하니, 물성(物性)은 두 가지가 동시에 번성할 수 없다는 말이다. 소공(昭公) 원년에 위(圍)가 겹오(郟敖)를 시해하는 발단이 된다.

公還 及方城 季武子取卞 卞 魯邑 **使公冶問** 問公起居 公冶 季氏屬大夫 **璽書追而與之 曰 聞守卞者將叛 臣帥徒以討之 旣得之矣 敢告 公冶致使而退 及舍 而後聞取卞** 發書乃聞 **公曰 欲之而言叛 祇見疏也** 言欲得卞 而誣言叛 祇見疏我 **公謂公冶曰 吾可以入乎 對曰 君實有國 誰敢違君 公與公冶冕服** 賞以卿服 **固辭 強之而後受 公欲無入 榮成**

677) 병란(兵亂) : 여기서는 양공(襄公) 25년에 최저(崔杼)가 제장공(齊莊公)을 시해한 란을 말한다.

678) 병란(兵亂)으로~것이다 : 일설에는 북곽(北郭)은 제(齊)나라 선공(先公)들의 묘역이니, 북곽에 장사지낸 것은 최저(崔杼)가 제장공(齊莊公)을 죽여 다른 지역에 소홀히 묻은 것을 이제 제대로 대우하여 선역(先域)으로 천장(遷葬)한 것으로 보기도 한다.

679) 송장(送葬) : 령구(靈柩)를 장지로 떠나보냄.

680) 왕자 위(圍) : 초강왕(楚康王)의 아우이니, 뒷날 초령왕(楚靈王)이 된다.

伯賦式微 乃歸 義取寄寓之微陋 勸公歸 **五月 公至自楚**

양공(襄公)이 돌아오는 길에 방성(方城)[681]에 이르렀을 때 계무자(季武子)가 변(卞) 땅을 취하고서 변(卞)은 로(魯)나라 읍이다. 공야(公冶)를 보내어 양공을 문안하게 하였다. 양공(襄公)의 안부를 물은 것이다. 공야(公冶)는 계씨(季氏)의 속대부(屬大夫)이다. 계무자는 서신을 봉인하여 사람을 시켜 뒤쫓아 가서 공야에게 주어 양공에게 올리게 하였는데, 그 서신에 "변 땅을 지키는 자가 반란을 일으키려 한다는 소식을 듣고 신이 무리를 거느리고 가서 그를 토벌하여 이미 변 땅을 얻었습니다. 이에 감히 고합니다."라고 하였다. 공야는 사신의 일을 마치고 물러 나와 숙소에 이른 뒤에야 계무자가 변 땅을 취하였다는 소식을 들었다. 봉인한 서신을 뜯은 뒤에야 변(卞) 땅을 취한 소식을 들은 것이다. 양공이 말하기를 "변 땅을 탐하였으면서 반란이라고 말하니 다만 나를 소원하게 여기고 있음을 보인 것뿐이다."라고 하였다. 변(卞) 땅을 얻고자 하였으면서 반란이 일어났다는 말로 속이니, 다만 나를 소원하게 여기고 있음을 보인 것이라는 말이다. 양공이 공야에게 말하기를 "내가 도성으로 들어갈 수 있겠는가?"라고 하니, 대답하기를 "임금님께서 사실상 나라를 소유하고 계시니 누가 감히 임금님을 거역하겠습니까."라고 하였다. 양공이 공야에게 면복(冕服)을 주니[682] 상으로 경(卿)의 복장(服裝)을 준 것이다. 굳이 사양하다가 강권한 뒤에야 받았다. 양공이 도성으로 들어가지 않으려 하자 영성백(榮成伯)이 식미(式微)[683]를 읊으니, 그제야 도성으로 돌아왔다. 다른 나라에 얹혀서 있는 것이 구차하다는 뜻을 취하여 양공(襄公)에게 도성으로 돌아가기를 권한 것이다. 5월에 양공이 초(楚)나라에서 돌아왔다.

公冶致其邑於季氏 而終不入焉 不入季孫家 **曰 欺其君 何必使余 季孫見之 則言季氏如他日 不見 則終不言季氏** 就家見之 則言其政事如前日 不見則否 **及疾 聚其臣** 大夫家臣 **曰 我死 必無以冕服斂 非德賞也** 言公畏季氏而賞其使 非以我有德 **且無使季氏葬我**

공야(公冶)는 자기의 식읍을 계씨(季氏)에게 돌려주고 끝내 계씨의 집에 들어가지 않으면서 계손(季孫)의 집으로 들어가지 않은 것이다. 말하기를 "임금님을 속이는 일에 하필이면 나를 부렸단 말인가."라고 하였다. 그 뒤 계손(季孫)이 찾아가 만나면 계씨에게 말하는 것이 지난날과 같았고, 찾아가 만나지 않으면 끝내 계씨에 관한 일은 말하지 않았다. 계씨(季氏)가 공야(公冶)의 집으로 찾아가 만나게 되면 전날과 같이 정사에 대하여 이야기하고, 찾아가 만나지 않으면 정사에

---

681) 방성(方城) : 초(楚)나라 북쪽 변경의 장성(長城).

682) 양공이~주니 : 양공(襄公)이 계씨(季氏)를 두려워하여 준 것이다.

683) 식미(式微) : 《시경(詩經)》 〈패풍(邶風)〉의 편 이름.

대해 이야기하지 않은 것이다. 공야가 병이 나자 그의 가신들을 모아놓고 대부의 가신이다. 말하기를 "내가 죽으면 임금님께서 주신 면복(冕服)으로 렴(斂)하지 말라. 그것은 덕으로 받은 상이 아니다. 양공(襄公)이 계씨(季氏)를 두려워하여 그 사자(使者)인 나에게 상을 준 것이지, 내가 덕이 있어 준 것이 아니라는 말이다. 그리고 계씨로 하여금 나를 송장(送葬)하게 하지도 말라."고 하였다.

○葬靈王 不書 魯不會 **鄭上卿有事** 鄭簡公在楚 上卿有居守之事 **子展使印段往 伯有曰 弱不可 子展曰 與其莫往 弱不猶愈乎 詩云 王事靡盬 不遑啓處** 盬 不堅固也 **東西南北誰敢寧處 堅事晉楚 以蕃王室也 王事無曠 何常之有 遂使印段如周**

○주령왕(周靈王)의 장례를 지낼 때 경문에 기록하지 않은 것은 로(魯)나라가 장례에 참석하지 않았기 때문이다. 정(鄭)나라 상경(上卿)인 자전(子展)은 일이 있었으므로 정간공(鄭簡公)이 초(楚)나라에 있었기 때문에 상경(上卿)에게 거수(居守)[684]의 일이 있었던 것이다. 자전은 인단(印段)을 보내어 가게 하였다. 그러자 백유(伯有)가 말하기를 "그는 미약(微弱)[685]하니 보내서는 안 됩니다."라고 하였다. 자전이 말하기를 "아무도 보내지 않는 것보다 미약한 사람이라도 보내는 것이 오히려 낫지 않겠는가. 《시(詩)》에 '왕사(王事)를 견고하게 하지 않을[盬] 수 없으므로 편안히 거처할 겨를이 없네.'[686]라고 하였다. 고(盬)는 견고하지 못함이다. 그러니 동서남북에 누가 감히 편안히 거처할 수 있겠는가.[687] 진(晉)나라와 초(楚)나라를 굳게 섬기는 것도 왕실을 보호하는 것이니, 왕사에 빈틈이 없게 하면 그만이지 무슨 일정한 법이 있겠는가."라 하고 드디어 인단을 주(周)나라에 가게 하였다.

庚午 衛侯衎卒

경오일에 위후(衛侯) 간(衎)이 졸하였다.

---

684) 거수(居守) : 임금이 출정이나 외교의 일로 나라를 비웠을 때 임금을 대리하여 도성을 지키는 일.

685) 미약(微弱) : 관직이 낮고 나이가 어리다는 것이다.

686) 왕사(王事)를~없네 : 《시경(詩經)》 〈소아(小雅)〉 사모(四牡).

687) 동서남북에~있겠는가 : 자신이 거수(居守)하는 것도 왕사를 수행하는 일이고 편안히 있고자 함이 아니라는 말이다.

閽弑吳子餘祭

문지기가 오자(吳子) 여제(餘祭)를 시해하였다.

閽不稱名姓 書弑而不曰其君 賤閽也

문지기의 이름과 성(姓)을 칭하지 않고 경문에 시해한 사실을 기록하면서 그 임금이라고 말하지 않은 것은 문지기를 천시한 것이다.

吳人伐越 獲俘焉 以爲閽 使守舟 吳子餘祭觀舟 閽以弑之

오인(吳人)이 월(越)나라를 쳐서 포로를 잡아 문지기로 삼고, 그로 하여금 배를 지키게 하였다. 오자(吳子) 여제(餘祭)가 배를 살펴보고 있었는데 문지기가 오자를 시해하였다.

○鄭子展卒 子皮卽位 子皮代父爲上卿 **於是鄭饑而未及麥 民病 子皮以子展之命 餼國人粟 戶一鍾** 在喪 故以父命 六斛四斗曰鍾 **是以得鄭國之民 故罕氏常掌國政 以爲上卿 宋司城子罕聞之 曰 鄰於善 民之望也** 鄰近善人 民亦望君爲善 **宋亦饑 請於平公 出公粟以貸 使大夫皆貸 司城氏貸而不書 爲大夫之無者貸 宋無飢人 叔向聞之 曰 鄭之罕宋之樂 其後亡者也 二者其皆得國乎 民之歸也 施而不德 樂氏加焉 其以宋升降乎**

○정(鄭)나라 자전(子展)이 졸하자 자피(子皮 : 罕虎)가 그 자리에 올랐다. 자피(子皮)가 아버지[子展]의 뒤를 이어 상경(上卿)이 된 것이다. 이때 정나라에 기근이 들고 보리는 아직 익지 않아 백성이 고통스러워하였다. 자피는 자전의 명이라고 하며 국인에게 집집마다 곡식 1종(鍾)을 나누어주었다. 상중(喪中)에 있었으므로 아버지 명이라고 한 것이다. 6곡(斛) 4두(斗)를 종(鍾)이라 한다. 이 때문에 정나라 백성의 마음을 얻었으므로 한씨(罕氏)가 항상 국정을 맡아 상경(上卿)이 되었다. 송(宋)나라 사성자한(司城子罕)이 그 소문을 듣고 말하기를 "이웃나라가 선을 함에 백성이 우리나라도 선을 베풀기를 바랄 것이다."라고 하였다. 이웃나라가 선인을 가까이 함에 우리 백성 또한 자기 임금이 선을 베풀기를 기대한다는 것이다. 송나라에도 기근이 들자 사성자한이 송평공(宋平公)에게 청하여 공실의 곡식을 내어 백성에게 대여하게 하고, 대부들로 하여금 모두 곡식을 대여하게 하였다. 사성씨(司城氏)는 곡식을 대여하고도 명단을 기록하지 않고 대부들 가운데 곡식이 없는 자를 위하여 대신 백성에게 곡식을 대여하니, 송나라에서는 굶주리는 사람이 없게 되었다. 진(晉)나라 숙향(叔向)이 그 소문을 듣고 말하기를 "정나라 한씨(罕氏)와 송나라 악씨(樂氏 : 司城氏)는 가장 뒤에 망할 것이고 두 집안은 모두 국정을 맡을

것이니, 이는 민심이 그들에게로 돌아갔기 때문이다. 은혜를 베풀고도 덕으로 생각하지 않았으니[688] 악씨가 더 낫다고 할 수 있다. 아마도 송나라와 성쇠를 같이 할 것이다."라고 하였다.

仲孫羯會晉荀盈齊高止宋華定衛世叔儀鄭公孫段曹人莒人滕人薛人小邾人城杞

중손갈(仲孫羯)이 진(晉)나라 순영(荀盈)·제(齊)나라 고지(高止)·송(宋)나라 화정(華定)·위(衛)나라 세숙의(世叔儀)·정(鄭)나라 공손단(公孫段)·조인(曹人)·거인(莒人)·등인(滕人)·설인(薛人)·소주인(小邾人)과 회합하여 기(杞)나라에 성을 쌓았다.

儀 公作齊 莒人下 公穀有邾人

의(儀)는 《공양전(公羊傳)》에는 제(齊)로 되어 있다. 거인(莒人) 다음에 《공양전》과 《곡량전(穀梁傳)》에는 주인(邾人)이 있다.

晉平公杞出也 故治杞 治 理其地 **六月 知悼子合諸侯之大夫以城杞 孟孝伯會之 鄭子大叔與伯石往** 伯石卽公孫段 **子大叔見大叔文子 與之語 文子曰 甚乎 其城杞也 子大叔曰 若之何哉 晉國不恤周宗之闕 而夏肄是屛** 周宗 諸姬 夏肄 杞也 肄 餘也 屛 城也 **其棄諸姬 亦可知也已 諸姬是棄 其誰歸之 吉也聞之** 吉 子大叔名 **棄同卽異 是謂離德 詩曰 協比其鄰 昏姻孔云 晉不鄰矣 其誰云之** 云 旋也 旋猶歸之也

진평공(晉平公)은 기(杞)나라 녀자의 소생이다. 그러므로 기나라를 다스렸다[治].[689] 치(治)는 그 땅을 다스린 것이다. 6월에 지도자(知悼子 : 荀盈)가 제후들의 대부를 소집하여 기나라에 성을 쌓을 때 로(魯)나라에서는 맹효백(孟孝伯 : 仲孫羯)이 참여하였고 정(鄭)나라에서는 자태숙(子大叔)과 백석(伯石)이 갔었다. 백석(伯石)은 곧 공손단(公孫段)이다. 자태숙이 위(衛)나라 태숙문자(大叔文子)를 만나 그와 이야기하였는데 문자(文子)가 말하기를 "심하도다. 기나라

688) 은혜를~않았으니 : 곡식을 대여하고도 명단을 기록하지 않고, 대부들 가운데 곡식이 없는 자를 위하여 그들 이름으로 대신 백성에게 곡식을 대여한 것을 말한다.

689) 기나라를 다스렸다[治] : 기(杞)나라를 위해 토지를 구획하고 성곽을 수축한 것이다.

에 성을 쌓음이여."라고 하자, 자태숙이 말하기를 "그러나 어찌하겠소. 진(晉)나라가 주종(周宗)의 부족함을 돌보지 않고 하이(夏肄)에 성[屛]을 쌓고 있으니, 주종(周宗)은 여러 희성(姬姓)의 나라이고 하이(夏肄)는 기(杞)나라이다. 이(肄)는 나머지이고690) 병(屛)은 성(城)이다. 이는 여러 희성(姬姓)을 버리는 것임을 또한 알 수 있는 것이오. 여러 희성을 버린다면 그 누가 진나라에 귀부하겠소. 나 길(吉)이 들으니 길(吉)은 자태숙(子大叔)의 이름이다. 동성(同姓)을 버리고 이성(異姓)에게 나아가는 것을 리덕(離德)691)이라고 이르오. 《시(詩)》에 이르기를 '그 이웃과 화합하고 친밀하게 지내면 혼인한 나라들도 모두 귀부하네[云].'692)라고 하였소. 그런데 진나라는 동성의 나라를 친밀하게 대하지 않았으니 그 누가 귀부하겠소."라고 하였다. 운(云)은 선(旋)의 뜻이고, 선(旋)은 귀부(歸附)함과 같다.

齊高子容與宋司徒見知伯 女齊相禮 子容 高止 高厚之子 司徒 華定 華椒之孫 知伯 荀盈也 **賓出 司馬侯言於知伯曰 二子皆將不免** 司馬侯卽女齊 **子容專 司徒侈 皆亡家之主也 知伯曰 何如 對曰 專則速及 侈將以其力斃 專則人實斃之 將及矣** 爲此秋高止出奔燕 昭二十年 華定出奔陳傳

제(齊)나라 고자용(高子容)과 송(宋)나라 사도(司徒)가 진(晉)나라 지백(知伯)을 만나볼 때 여제(女齊)가 지백의 례를 도왔다. 자용(子容)은 고지(高止)로 고후(高厚)의 아들이다. 사도(司徒)는 화정(華定)으로 화초(華椒)의 손자이다. 지백(知伯)은 순영(荀盈)이다. 빈객들이 나가자 사마후(司馬侯)가 지백에게 말하기를 "두 사람은 모두 화를 면하지 못할 것입니다. 사마후(司馬侯)는 곧 여제(女齊)이다. 자용(子容)은 제멋대로이고 사도는 사치스러우니 모두 가문을 망칠 주역들입니다."라고 하였다. 지백이 말하기를 "어떠하겠느냐?"693)라고 하자, 대답하기를 "제멋대로이면 화에 미치는 것이 빠르고, 사치스러우면 장차 그 때문에 넘어질 것입니다. 제멋대로이면 남들이 실로 그를 넘어뜨릴 것이니 장차 화에 미칠 것입니다."라고 하였다. 올가을에 고지(高止)가 연(燕)나라로 망명나가고, 소공(昭公) 20년에 화정(華定)이 진(陳)나라로 망명나가는 전(傳)의 배경이 된다.

---

690) 이(肄)는 나머지이고 : 이(肄)는 벤 나무에서 다시 움튼[餘] 것으로, 여기서는 기(杞)나라가 이미 멸망한 하(夏)나라의 후예로 다시 세워진 나라임을 뜻한다.

691) 리덕(離德) : 덕에서 떠남.

692) 이웃과~귀부하네[云] : 《시경(詩經)》〈소아(小雅)〉 정월(正月). 이웃의 가까운 동성의 나라와 화목하게 지내면 혼인한 이성의 나라도 모두 귀부한다는 말이다.

693) 어떠하겠느냐 : 화가 어떻게 미치겠느냐고 물은 것이다.

晉侯使士鞅來聘
진후(晉侯)가 사앙(士鞅)을 보내와서 빙문하였다.

范獻子來聘 拜城杞也 謝魯爲杞城 **公享之 展莊叔執幣 射者三耦** 二人爲耦 **公臣不足取於家臣 家臣 展瑕展玉父爲一耦 公臣 公巫召伯仲顔莊叔爲一耦 鄫鼓父黨叔爲一耦** 言公室卑微 不能備三耦

범헌자(范獻子 : 士鞅)가 우리나라에 와서 빙문하였으니, 이는 기(杞)나라에 성을 쌓은 일에 대하여 배사한 것이다. 로(魯)나라가 기(杞)나라를 위하여 성을 쌓아 준 일에 대해 사례한 것이다. 양공(襄公)이 그에게 향연을 베풀 때 전장숙(展莊叔)은 폐백을 받들었다. 그리고 활 쏘는 사람을 세 우(耦)로 편성하였는데 두 사람이 우(耦)가 된다. 양공의 신하로는 부족하여 대부의 가신들 중에서 뽑았다. 가신으로는 전하(展瑕)와 전옥보(展玉父)가 한 우가 되고, 양공의 신하로는 공무소백(公巫召伯)과 중안장숙(仲顔莊叔)이 한 우가 되고, 증고보(鄫鼓父)와 당숙(黨叔)이 한 우가 되었다. 공실이 쇠미하였으므로 세 우(耦)를 갖출 수 없었다는 말이다.

晉侯使司馬女叔侯 卽司馬侯 **來治杞田** 使魯歸前侵杞田 **弗盡歸也 晉悼夫人慍曰 齊也取貨 先君若有知也 不尙取之** 不尙叔侯之取貨 **公告叔侯 叔侯曰 虞虢焦滑霍揚韓魏皆姬姓也** 八國皆晉所滅 **晉是以大 若非侵小 將何所取 武獻以下** 武公獻公 **兼國多矣 誰得治之 杞 夏餘也 而卽東夷** 卽 就也 **魯 周公之後也 而睦於晉 以杞封魯猶可 而何有焉** 言晉何有於杞 欲盡歸其田乎 **魯之於晉也 職貢不乏 玩好時至 公卿大夫相繼於朝 史不絶書 府無虛月 如是可矣 何必瘠魯以肥杞 且先君而有知也 毋寧夫人 而焉用老臣** 言先君毋寧怪夫人 無用責我

진후(晉侯)가 사마(司馬)인 여숙후(女叔侯 : 女齊)를 곧 사마후(司馬侯)이다. 보내와서 기(杞)나라 전지를 다스리게 하였는데 로(魯)나라로 하여금 앞서 침탈한 기(杞)나라 전지를 되돌려주게 한 것이다. 로(魯)나라가 다 돌려주지는 않았다. 진도공(晉悼公)의 부인(夫人)[694]이 성을 내며 말하기를 "제(齊 : 女齊)가 로나라에서 뇌물을 받았으니, 선군께서 만약 이 사실을 아신다면 뇌물 받은 것을 좋게 여기지 않을 것이다."라고 하였다. 숙후(叔侯 : 女叔侯)가 뇌물 받은 것을 좋게 여기지 않는다는 것이다. 진평공(晉平公)이 숙후(叔侯)에게 고하니, 숙후가 말하기를 "우(虞)·괵

694) 진도공(晉悼公)의 부인(夫人) : 진평공(晉平公)의 어머니로 기(杞)나라 공녀(公女)이다.

(虢)·초(焦)·활(滑)·곽(霍)·양(揚)·한(韓)·위(魏)나라는 모두 희성(姬姓)으로 여덟 나라는 모두 진(晉)나라에게 멸망되었다. 우리 진나라가 이로써 크게 되었습니다. 만약 작은 나라를 침범하지 않았다면 어디에서 땅을 취할 수 있었겠습니까. 무헌(武獻) 이래로 진(晉)나라 무공(武公)과 헌공(獻公)이다. 우리가 겸병한 나라가 많았으나 누가 우리를 징치(懲治)한 일이 있었습니까. 기나라는 하(夏)나라의 후예로 동이(東夷)를 가까이하였고[卽] 즉(卽)은 가까이함이다. 로(魯)나라는 주공(周公)의 후예로 우리 진나라와 화목하게 지내고 있으니, 기나라를 로나라에 봉해 주어도 오히려 좋을 것인데 어찌 기나라에 마음을 두십니까. 진(晉)나라가 어찌 기(杞)나라를 위해 마음을 써서 로(魯)나라로 하여금 기나라에서 취한 전지를 다 돌려주게 하려 하느냐는 말이다. 로나라는 우리 진나라에 대하여 공물을 빠뜨린 일이 없었고, 진기한 완물(玩物)을 때마다 보내왔으며, 공경대부들도 연이어 조견하여 사관이 그 사실을 사서(史書)에 기록함에 끊임이 없고, 부고(府庫)에 공물을 빠뜨린 달이 없었습니다. 이처럼 잘하고 있는데 하필이면 로나라를 여위게 하고 기나라를 살찌우게 하시려는 것입니까. 선군께서 이를 아신다면 오히려 부인을 괴이하게 여길지언정 어찌 로신(老臣)을 책망하시겠습니까."라고 하였다. 선군께서 오히려 부인(夫人)을 괴이하게 여기고 나를 책망하지 않을 것이라는 말이다.

杞子來盟

기자(杞子)가 와서 맹약하였다.

杞文公來盟 魯歸其田 故來盟 書曰子 賤之也 用夷禮故

기문공(杞文公)이 와서 맹약하였으니, 로(魯)나라가 그 전지를 돌려주었기 때문에 와서 맹약한 것이다. 경문에 자(子)라고 기록한 것은 그를 천하게 여겼기 때문이다.695) 이(夷)의 례법을 사용하였기 때문이다.

吳子使札來聘

오자(吳子)가 찰(札)을 보내와서 빙문하였다.

---

695) 경문에~때문이다 : 기(杞)나라는 백작(伯爵)인데 자작(子爵)이라고 하여 폄하한 것이다.

不稱公子 其禮未同上國 此吳聘之始

공자라고 칭하지 않은 것은 그 례가 상국(上國)[696]과 같지 않아서이다. 이는 오(吳)나라가 빙문한 시초이다.

吳公子札來聘 見叔孫穆子 說之 謂穆子曰 子其不得死乎 好善而不能擇人 吾聞君子務在擇人 吾子爲魯宗卿 而任其大政 宗卿 宗姓之卿 **不愼擧 何以堪之 禍必及子** 爲昭四年豎牛作亂起本

오(吳)나라 공자 찰(札 : 季札)이 와서 빙문하였는데, 숙손목자(叔孫穆子)를 만나보고 그를 좋아하여 목자(穆子)에게 말하기를 "그대는 아마 제명에 죽지 못할 것이오. 선을 좋아하면서도 사람을 잘 가려 쓰지 못하기 때문이오. 내가 듣건대 군자가 힘쓸 바는 사람을 가려 쓰는 데 있다고 하였는데, 그대는 로(魯)나라의 종경(宗卿)이 되어 대정(大政)[697]을 담당하고 있으면서 종경(宗卿)은 종성(宗姓)[698]의 경(卿)이다. 사람을 들어 쓰는 것을 신중히 하지 않으니 어찌 그 직임을 감당할 수 있겠소. 화가 반드시 그대에게 미칠 것이오."라고 하였다. 소공(昭公) 4년에 수우(豎牛)[699]가 란을 일으키는 발단이 된다.

請觀於周樂 使工爲之歌周南召南 曰 美哉 始基之矣 猶未也 然勤而不怨矣 爲之歌邶鄘衛 曰 美哉 淵乎 憂而不困者也 吾聞衛康叔武公之德如是 是其衛風乎 康叔 周公弟 武公 康叔九世孫 二君德化深遠 雖遭宣公懿公之亂 亡民不至困 **爲之歌王 曰 美哉 思而不懼 其周之東乎** 宗周隕滅 故憂思 猶有先王遺風 故不懼 **爲之歌鄭 曰 美哉 其細已甚 民弗堪也 是其先亡乎** 美其音 譏其煩 **爲之歌齊 曰 美哉 泱泱乎 大風也哉** 泱泱 弘大之聲 **表東海者 其大公乎 國未可量也 爲之歌豳 曰 美哉 蕩乎 樂而不淫 其周公之東乎** 周公遭管蔡之變 東征三年 **爲之歌秦 曰 此之謂夏聲 夫能夏則大 大之至也 其周之舊乎** 襄公佐平王東遷 受其故地 故曰周之舊 **爲之歌魏 曰 美哉 渢渢乎 大而婉 險而易行 以德輔此 則明主也** 渢渢 中庸之聲 險當爲儉 字之誤 **爲之歌唐 曰 思深哉 其有陶唐氏之遺民乎 不然 何憂**

---

696) 상국(上國) : 중하(中夏 : 中國)의 나라들이다.

697) 대정(大政) : 국정(國政).

698) 종성(宗姓) : 공실의 성(姓).

699) 수우(豎牛) : 숙손목자(叔孫穆子)가 망명 중에 만난 녀자와의 사이에 둔 아들. 숙손목자는 로(魯)나라의 현인이었지만 소공(昭公) 4년에 수우(豎牛)에게 죽임을 당한다.

之遠也 非令德之後 誰能若是 爲之歌陳 曰 國無主 其能久乎 淫蕩無忌 故曰無主 **自鄶以下 無譏焉**

계찰(季札)이 주(周)나라의 악(樂)을 보여주기를 청하였다.[700] 그래서 악공을 시켜 그를 위하여 주남(周南)과 소남(召南)을 노래하게 하자, 계찰이 말하기를 "아름답습니다. 비로소 나라의 기초가 닦여졌습니다만 아직은 미흡합니다. 그러나 백성이 수고로워도 원망하는 뜻이 없습니다."[701]라고 하였다. 그를 위하여 패풍(邶風)·용풍(鄘風)·위풍(衛風)을 노래하게 하자, 말하기를 "아름답고도 심원합니다. 근심하면서도 괴로워하지 않습니다. 내가 듣건대 위(衛)나라 강숙(康叔)과 무공(武公)의 덕이 이와 같았다고 하니, 이는 위풍(衛風)일 것입니다."라고 하였다. 강숙(康叔)은 주공(周公)의 아우이고 무공(武公)은 강숙의 9세손이다. 두 임금의 덕화가 심원하였으므로 비록 선공(宣公)과 의공(懿公)의 란[702]을 만났지만 나라를 잃은 백성이 곤경에 이르지는 않았다.[703] 그를 위하여 왕풍(王風)을 노래하게 하자, 말하기를 "아름답습니다. 근심스럽게 생각하면서도 두려워하지 않으니 주나라가 동천(東遷)한 뒤의 노래일 것입니다."라고 하였다. 종주국(宗主國)인 주(周)나라가 멸망하였으므로 근심스럽게 생각하면서도 오히려 선왕의 유풍이 있기 때문에 두려워하지 않았다는 것이다. 그를 위하여 정풍(鄭風)을 노래하게 하자, 말하기를 "아름답습니다. 그런데 그 번잡함이 너무 심하여 백성이 감당하기 힘들 것이니, 이 나라는 다른 나라보다 먼저 망할 것입니다."라고 하였다. 그 음악을 아름답게 여기나 그 번잡함을 비평한 것이다. 그를 위하여 제풍(齊風)을 노래하게 하자, 말하기를 "아름답습니다. 앙앙(泱泱)함이여. 대국의 풍모가 느껴집니다. 앙앙(泱泱)은 넓고 큰 소리이다. 동해 지역의 표상이니 태공(大公)이 세운 나라의 노래일 것입니다. 그 국력이 한량이 없을 것입니다."라고 하였다. 그를 위하여 빈풍(豳風)을 노래하게 하자, 말하기를 "아름답습니다. 광대함이여. 즐거워하면서도 지나치지 않으니, 이는 아마 주공(周公)이 동정(東征)하고 지은 노래일 것입니다."라고 하였다. 주공(周公)이 그의 형제인 관숙(管叔)과 채숙(蔡叔)의 변란을 만나 동쪽으로 3년 동안 정벌을 하였다. 그를 위하여 진풍(秦

---

700) 주(周)나라의~청하였다 : 주성왕(周成王)이 주공(周公)의 공을 높여 로(魯)나라로 하여금 주(周)나라 천자의 례악(禮樂)을 사용하도록 허낙하였다. 이 때문에 계찰이 로나라에 주나라의 악(樂)을 보여주기를 청한 것이다.

701) 그러나~없습니다 : 주문왕(周文王) 때 백성은 여전히 상주(商紂)에게 사역을 당하여 수고로움을 면하지 못하였다. 그런데 문왕이 백성을 잘 위무하였으므로 백성이 원망하지 않았다는 말이다.

702) 선공(宣公)과~란 : 위선공(衛宣公)이 그 아들 급(伋)의 녀인을 자기의 아내로 취한 일과, 위의공(衛懿公) 때 적인(狄人)의 침입을 받아 나라가 망한 일을 이른다.

703) 나라를~않았다 : 나라를 잃었다는 것은 위(衛)나라가 의공(懿公) 때 적인(狄人)의 침입으로 나라가 멸망했음을 이른 것이고, 곤경에 이르지는 않았다는 것은 그 뒤 대공(戴公)과 문공(文公) 때 다시 나라를 일으킨 것을 말한다.

風)을 노래하게 하자, 말하기를 "이것을 일러 하성(夏聲)[704]이라고 하는 것입니다. 하성에 능하게 되면 강대하게 됩니다. 그러니 이 나라는 지극히 강대하게 될 것이니, 주나라의 옛 땅을 차지하고 있는 나라의 노래일 것입니다."라고 하였다. 진양공(秦襄公)이 주평왕(周平王)의 동천(東遷)을 도왔으므로 주(周)나라의 옛 땅을 받았다. 이 때문에 주나라의 옛 땅이라 말한 것이다. 그를 위하여 위풍(魏風)을 노래하게 하자, 말하기를 "아름답습니다. 범범(渢渢)함이여. 곡조가 크면서도 완곡하며 검약(儉約)하면서도 행하기가 쉬우니, 덕으로 여기에 보태준다면 밝은 임금의 나라가 될 것입니다."라고 하였다. 범범(渢渢)은 중용(中庸)의 소리이다. 검(險)은 검(儉)이 되어야 하니 글자의 잘못이다. 그를 위하여 당풍(唐風)을 노래하게 하자, 말하기를 "생각이 깊으니 아마 도당씨(陶唐氏 : 堯) 유민의 노래일 것입니다. 그렇지 않다면 어찌 그 근심이 이렇듯 심원하겠으며, 아름다운 덕을 가졌던 분의 후예들이 아니라면 누가 이런 노래를 부를 수 있겠습니까."라고 하였다. 그를 위하여 진풍(陳風)을 노래하게 하자, 말하기를 "나라에 주인이 없는 느낌이니 어찌 오래 갈 수 있겠습니까."라고 하였다. 음탕하여 거리낌이 없으므로 주인이 없다고 말한 것이다. 회풍(鄶風) 이하[705]로부터는 비평하지 않았다.

爲之歌小雅 曰 美哉 思而不貳 思文武之德 而不有貳心 怨而不言 怨時政而不言 其周德之衰乎 猶有先王之遺民焉 爲之歌大雅 曰 廣哉 熙熙乎 熙熙 和樂聲 曲而有直體 論其聲 其文王之德乎 爲之歌頌 曰 至矣哉 直而不倨 曲而不屈 邇而不偪 遠而不攜 遷而不淫 復而不厭 哀而不愁 樂而不荒 用而不匱 廣而不宣 施而不費 取而不貪 處而不底 底 滯也 行而不流 五聲和 八風平 節有度 守有序 盛德之所同也 頌有殷魯 故曰盛德之所同

계찰(季札)을 위하여 소아(小雅)를 노래하게 하자, 말하기를 "아름답습니다. 생각함에 두 마음을 품지 않고 문왕(文王)과 무왕(武王)의 덕을 생각하여 두마음을 품지 않음이다. 원망하면서도 말하지 않으니, 시정(時政)에 대해 원망하면서도 말하지 않음이다. 주(周)나라 덕이 쇠한 때의 노래일 것입니다. 그러나 아직도 선왕의 유민으로서의 기풍(氣風)이 남아있습니다."라고 하였다. 그를 위하여 대아(大雅)를 노래하게 하자, 말하기를 "넓고도 희희(熙熙)합니다. 희희(熙熙)는 화락한 소리이다. 완곡하면서도 본체는 곧으니, 그 소리를 론평한 것이다. 문왕(文王)의 덕을 노래한

704) 하성(夏聲) : 서방 지역의 음악. 서방 지역을 하(夏)라고 하는데 주(周)나라가 흥기한 서융(西戎) 지역을 이른다. 뒤에 진(秦)나라가 이곳에서 번성하면서 주나라의 유풍을 계승하였기 때문에 계찰(季札)이 진풍(秦風)을 듣고 하성(夏聲)이라고 한 것이다.

705) 회풍(鄶風) 이하 : 회풍(鄶風)과 조풍(曹風)이다.

것 같습니다."라고 하였다. 그를 위하여 송(頌)을 노래하게 하자, 말하기를 "지극합니다. 곧으면서도 거만하지 않고 굽히면서도 비굴하지 않으며, 친근히 하면서도 너무 가깝지는 않고 멀리하면서도 사이가 벌어지지 않으며, 변화가 있으면서도 지나치지 않고 반복되면서도 싫어지지 않으며, 슬프면서도 근심스럽지 않고 즐거우면서도 황음(荒淫)하지 않으며, 사용하면서도 부족함이 없고 넓으면서도 드러내지 않으며, 베풀면서도 허비하지 않고 취하면서도 탐하지 않으며, 머물면서도 정체되지[底] 않고 저(底)는 정체(停滯)됨이다. 행하면서도 잘못 흐르지 않으며, 5성(聲)[706]이 조화롭고 8풍(風)[707]이 고르며, 박자에 절도가 있고 순서를 지킴에 차례가 있으니 성대한 덕이 동일합니다."라고 하였다. 송(頌)에는 은송(殷頌 : 商頌)과 로송(魯頌)이 있기 때문에[708] 성대한 덕이 동일하다고 말한 것이다.

見舞象箾南籥者 箾 音朔 象箾 文舞所執 南籥 武舞所執 皆文王之樂 **曰 美哉 猶有憾** 猶未洽於天下 **見舞大武者** 武王樂 **曰 美哉 周之盛也 其若此乎 見舞韶濩者** 殷湯樂 **曰 聖人之弘也 而猶有慙德 聖人之難也** 慙德謂放桀 **見舞大夏者** 禹之樂 **曰 美哉 勤而不德 非禹 其誰能修之** 勤勞水土 不自矜德 **見舞韶箾者** 箾 音簫 舜樂 **曰 德至矣哉 大矣 如天之無不幬也** 幬 覆也 **如地之無不載也 雖甚盛德 其蔑以加於此矣 觀止矣 若有他樂 吾不敢請已** 魯用四代之樂 故及韶箾而知其終

계찰(季札)이 상소무(象箾舞)와 남약무(南籥舞)를 보고서 소(箾)는 음이 소(朔)이다. 상소(象箾)는 문무(文舞)에서 잡는 것이고 남약(南籥)은 무무(武舞)에서 잡는 것이니,[709] 모두 문왕(文王)의 악(樂)이다. 말하기를 "아름답습니다. 그러나 아직도 유감이 있는 듯합니다."라고 하였다. 아직도 천하에 뜻을 흡족하게 펴지 못하였다는 것이다. 대무무(大武舞)를 보고는 무왕(武王)의 악(樂)이다. 말하기를 "아름답습니다. 주(周)나라가 융성할 때 이와 같았을 것입니다."라고 하였다. 소호무(韶濩舞)를 보고는 은(殷)나라 탕(湯)의 악(樂)이다. 말하기를 "성인의 위대함이 나타납니다. 그러나 아직도 부끄러워하는 덕이 있으니, 성인이 되는 것이 어렵다는 것을 알겠습니다."라고 하였다. 부끄러워하는 덕이란 걸(桀)을 몰아낸 것을 이른다.[710] 대하무(大夏舞)를 보고는 우(禹)의 악(樂)이다 말하기를 "아름답습니다. 부지런하면서도 덕으로 여기지 않았으니, 우(禹)가 아니면 누가 이런 덕

---

706) 5성(聲) : 궁(宮)·상(商)·각(角)·치(徵)·우(羽).

707) 8풍(風) : 8방(方)의 풍기(風氣).

708) 송(頌)에는~때문에 : 송(頌)에는 주송(周頌) 외에 은송(殷頌)과 로송(魯頌)이 있다는 말이다.

709) 상소(象箾)는~것이니 : 상소(象箾)는 무무(武舞)이고 남약(南籥)은 문무(文舞)로 보는 설도 있다.

710) 부끄러워하는~이른다 : 은(殷)나라 탕(湯)이 신하로서 그 임금 걸(桀)을 몰아낸 것에 대한 부끄러움이다.

을 닦을 수 있었겠습니까."라고 하였다. 물과 흙을 다스리는 일에 부지런하고도 그 덕을 스스로 자랑하지 않았다는 것이다. 소소무(韶箾舞)를 보고는 소(箾)는 음이 소(簫)이니 순(舜)의 악(樂)이다. 말하기를 "덕이 지극하고도 커서, 하늘이 덮지[幬] 않는 것이 없는 것과 같고 주(幬)는 덮음이다. 땅이 싣지 않는 것이 없는 것과 같습니다. 비록 아무리 성대한 덕이라도 이보다 더할 수 없을 것이니 보기를 그쳐야 될 것 같습니다. 만약 다른 악(樂)이 있더라도 나는 감히 더 이상 보기를 청하지 않겠습니다."[711]라고 하였다. 로(魯)나라에서는 4대(代)[712]의 악(樂)을 사용하였기 때문에 소소무(韶箾舞)에 이르러 악이 마친 것을 알았다는 것이다.

其出聘也 通嗣君也 吳子餘祭嗣立 時餘祭已死而札到魯未聞喪 故遂聘于齊 說晏平仲 謂之曰 子速納邑與政 無邑無政 乃免於難 齊國之政 將有所歸 未獲所歸 難未歇也 故晏子因陳桓子以納政與邑 是以免於欒高之難 難在昭十年

계찰(季札)이 빙문하러 나온 것은 새 임금의 승계를 통고하기 위해서였다. 오자(吳子)인 여제(餘祭)가 승계하여 임금이 되었다. 이때 여제는 이미 죽었으나 찰(札)이 로(魯)나라에 도착하여 상(喪)을 듣지 못한 것이다. 그러므로 드디어 제(齊)나라를 빙문하였는데, 안평중(晏平仲)을 좋아하여 그에게 말하기를 "그대는 속히 봉읍과 정권을 반납하십시오. 봉읍이 없고 정권이 없어야 화난을 면할 수 있습니다. 제나라의 정권이 앞으로 돌아갈 곳이 있을 것인데,[713] 돌아갈 곳을 찾지 못하면 화난이 그치지 않을 것입니다."라고 하였다. 이 때문에 안자(晏子)는 진환자(陳桓子)를 통해 정권과 봉읍을 반납하였다. 그러므로 안자는 란씨(欒氏)와 고씨(高氏)가 일으킨 화난을 면할 수 있었다. 화난은 소공(昭公) 10년에 있다.

聘於鄭 見子產 如舊相識 與之縞帶 子產獻紵衣焉 吳地貴縞 鄭地貴紵 故各獻所貴 謂子產曰 鄭之執政侈 難將至矣 政必及子 子爲政 愼之以禮 不然 鄭國將敗

계찰(季札)이 정(鄭)나라를 빙문하여 자산(子產)을 만나보고는 서로 오래전부터 아는 사이처럼 여겨 그에게 흰 명주띠를 주니 자산은 그에게 모시옷을 주었다. 오(吳)나라 땅에서는 명주가 귀하고 정(鄭)나라 땅에서는 모시가 귀하였기 때문에 각기 소중하게 여기는 것을 선물로 준 것이다. 계찰이 자산에게 말하기를 "정나라의 집정(執政)[714]이 사치합니다. 장차 화난이 일어나 정권이

---

711) 만약~않겠습니다 : 지금 보고 있는 것이 너무 훌륭하여 다른 것을 볼 필요가 없음을 이른다.

712) 4대(代) : 우(虞)·하(夏)·은(殷)·주(周)이다.

713) 제나라의~것인데 : 제(齊)나라 정권이 앞으로 진씨(陳氏)에게 돌아갈 것임을 이른 것이다.

714) 정나라의 집정(執政) : 백유(伯有)를 이른다.

반드시 당신에게 올 것입니다. 당신이 집정이 되면 례에 따라 신중하게 일을 처리하십시오. 그렇지 않으면 정나라는 앞으로 망하게 될 것입니다."라고 하였다.

適衛 說蘧瑗史狗 史朝之子文子 **史鰌** 史魚 **公子荊公叔發公子朝 曰 衛多君子 未有患也 自衛如晉 將宿於戚 聞鐘聲焉 曰 異哉 吾聞之也 辯而不德 必加於戮** 辯猶爭也 **夫子獲罪於君以在此** 夫子謂孫文子 **懼猶不足 而又何樂 夫子之在此也 猶燕之巢于幕上 君又在殯 而可以樂乎** 獻公未葬 **遂去之 文子聞之 終身不聽琴瑟**

계찰(季札)이 위(衛)나라에 가서 거원(蘧瑗)·사구(史狗)·사조(史朝)의 아들 문자(文子)이다. 사추(史鰌)·사어(史魚)이다. 공자 형(荊)·공숙발(公叔發)·공자 조(朝)를 좋아하여 말하기를 "위나라에는 군자가 많으니 환난이 없을 것이다."라고 하였다. 계찰이 위나라에서 진(晉)나라로 가면서 척(戚) 땅[715]에서 묵으려 할 때 종소리를 듣고서 말하기를 "기이하다. 내가 듣건대 임금과 다투면서[辯][716] 덕을 행하지 않으면 반드시 주륙을 당한다고 하였다. 변(辯)은 다툼[爭]과 같다. 부자(夫子)는 임금에게 죄를 얻어 이곳에 와 있으면서 부자(夫子)는 손문자(孫文子 : 孫林父)를 이른다. 두려워하여도 오히려 부족하거늘 또 어찌 음악을 즐긴다는 말인가. 부자가 이곳에 있는 것은 제비가 장막 위에 둥지를 튼 것과 같고[717] 임금의 시신이 빈소에 있는데 어떻게 음악을 즐길 수 있다는 말인가."라 하고는 헌공(獻公)의 장례를 아직 지내지 않은 것이다. 마침내 그곳을 떠났다. 문자(文子 : 孫文子)가 이 말을 듣고서 평생토록 금슬(琴瑟)을 듣지 않았다.

適晉 說趙文子韓宣子魏獻子 曰 晉國其萃於三族乎 說叔向 將行 謂叔向曰 吾子勉之 君侈而多良 大夫皆富 政將在家 吾子好直 必思自免於難

계찰(季札)이 진(晉)나라에 가서 조문자(趙文子)·한선자(韓宣子)·위헌자(魏獻子)를 좋아하여 말하기를 "진나라의 정권이 이 세 씨족에게 모일 것이다."라고 하였다. 그는 숙향(叔向)을 좋아하여 떠날 때 숙향에게 말하기를 "그대는 힘쓰십시오. 임금은 사치하면서 자신이

---

715) 척(戚) 땅 : 손문자(孫文子 : 孫林父)의 록읍(祿邑)이다.

716) 임금과 다투면서[辯] : 손림보(孫林父)가 위헌공(衛獻公)과 다툰 일을 말한다. 양공(襄公) 14년에 손림보는 위헌공을 폐하고 상공(殤公)을 세웠다. 그 뒤 상공이 즉위한 지 12년 되던 해인 양공 26년에 헌공(獻公)이 녕희(甯喜)와 자신의 복위를 도모하여 손림보를 공격하였다. 이에 손림보가 패하여 척(戚) 땅을 가지고 진(晉)나라로 망명하였다.

717) 제비가~같고 : 매우 위태롭다는 말이다.

현량(賢良)하다고 자랑하며 대부는 모두 부유하니 정권이 앞으로 사가(私家)로 돌아갈 것입니다. 그대는 직언하기를 좋아하니 반드시 스스로 화난을 면할 것을 생각하십시오."718) 라고 하였다.

秋 九月 葬衛獻公 가을 9월에 위(衛)나라 헌공(獻公)의 장례를 지냈다.

齊高止出奔北燕 제(齊)나라 고지(高止)가 북연(北燕)으로 망명나갔다.

北燕始見經

북연(北燕)이 처음으로 경문에 보인다.

秋 九月 齊公孫蠆公孫竈放其大夫高止於北燕 蠆 子尾 竈 子雅 乙未 出 書曰 出奔 罪高止也 高止好以事自爲功 且專 故難及之

가을 9월에 제(齊)나라 공손채(公孫蠆)와 공손조(公孫竈)가 그 대부 고지(高止)를 북연(北燕)으로 추방하니 채(蠆)는 자미(子尾)이고 조(竈)는 자아(子雅)이다. 을미일에 나라를 떠났다. 경문에 망명나갔다고 기록한 것은 고지에게 죄를 준 것이다. 고지는 일을 만들어 자신의 공으로 삼기를 좋아하였고 또 국정을 마음대로 하였기 때문에 화난이 그에게 미친 것이다.

冬 仲孫羯如晉 겨울에 중손갈(仲孫羯)이 진(晉)나라에 갔다.

冬 孟孝伯如晉 報范叔也 范叔 士鞅

718) 그대는~생각하십시오 : 항상 말조심하라는 것이다.

겨울에 맹효백(孟孝伯 : 仲孫羯)이 진(晉)나라에 갔으니, 범숙(范叔)의 빙문[719]에 대한 보답이었다. 범숙(范叔)은 사앙(士鞅)이다.

○爲高氏之難故 高竪以盧叛 竪 高止子 **十月 庚寅 閭丘嬰帥師圍盧 高竪曰 苟使高氏有後 請致邑 齊人立敬仲之曾孫酀 良敬仲也** 酀 音宴 良 賢也 **十一月 乙卯 高竪致盧而出奔晉 晉人城綿而寘旃**

○제(齊)나라 고씨(高氏 : 高止)가 화난을 입은 일로 고수(高竪)가 로(盧) 땅을 근거로 반란을 일으키니 수(竪)는 고지(高止)의 아들이다. 10월 경인일에 려구영(閭丘嬰)이 군대를 거느리고 로 땅을 포위하였다. 고수가 말하기를 "만일 고씨(高氏)에게 후사가 있도록 해준다면 이 읍을 바치겠다."[720]라고 하였다. 이에 제인(齊人)이 경중(敬仲)[721]의 증손자 연(酀)을 후사로 세웠으니, 이는 경중을 어질게[良] 여긴 것이다. 연(酀)은 음이 연(宴)이다. 량(良)은 어짊이다. 11월 을묘일에 고수가 로 땅을 바치고 진(晉)나라로 망명나가니, 진인(晉人)이 면(綿) 땅에 성을 쌓아 그곳[旃[722]]에 거주하게 하였다.

○鄭伯有使公孫黑如楚 黑 子晳 **辭曰 楚鄭方惡 而使余往 是殺余也 伯有曰 世行也** 言女世爲行人 **子晳曰 可則往 難則已 何世之有 伯有將強使之 子晳怒 將伐伯有氏 大夫和之 十二月 己巳 鄭大夫盟於伯有氏 裨諶曰 是盟也 其與幾何** 裨諶 鄭大夫 **詩曰 君子屢盟 亂是用長 今是長亂之道也 禍未歇也 必三年而後能紓 然明曰 政將焉往 裨諶曰 善之代不善 天命也 其焉辟子產 擧不踰等 則位班也** 子產位次應知國政 **擇善而擧 則世隆也** 世所隆尙 **天又除之 奪伯有魄 子西卽世 將焉辟之 天禍鄭久矣 其必使子產息之 乃猶可以戾** 戾 定也 **不然 將亡矣**

○정(鄭)나라 백유(伯有)가 공손흑(公孫黑)을 시켜 초(楚)나라에 가게 하니, 흑(黑)은 자석(子晳)이다. 사양하며 말하기를 "초나라와 정나라는 지금 관계가 좋지 않은데 나를 초나라에 가라고 하니 이는 나를 죽이는 것입니다."라고 하였다. 백유가 말하기를 "그대의 집안은

---

719) 범숙(范叔)의 빙문 : 올여름에 있었다.

720) 읍을 바치겠다 : 임금에게 읍을 되돌려 바치겠다는 것이다.

721) 경중(敬仲) : 제(齊)나라의 경(卿)인 고혜(高傒)이다. 포숙아(鮑叔牙)와 함께 제환공(齊桓公)을 옹립하였다.

722) 그곳[旃] : '旃'은 '之'와 같다.

대대로 행인(行人)[723]을 하였소."라고 하였다. 그대의 집안은 대대로 행인(行人)을 지냈다는 말이다. 자석(子晳)이 말하기를 "갈 만하면 가고 가기 어려우면 그만두는 것이지 대대로 행인 노릇한 것이 무슨 상관입니까."라고 하였으나 백유가 억지로 보내려고 하였다. 이에 자석이 노하여 백유씨(伯有氏)를 치려 하니 대부들이 두 사람을 화해시키고, 12월 기사일에 정나라 대부들이 백유씨의 집에서 맹약하였다. 비심(裨諶)이 말하기를 "이 맹약이 얼마나 가겠소.[724] 비심(裨諶)은 정(鄭)나라 대부이다. 《시(詩)》에 이르기를 '군자가 자주 맹약하니, 란이 이로써 길어지네.'[725]라고 하였는데, 지금 이것은 란이 길어지게 하는 길이지 화를 그치게 하는 것이 아니오. 반드시 3년 뒤에나 풀릴 것이오."라고 하였다. 연명(然明)이 말하기를 "정권이 장차 누구에게로 가겠소?"라고 하니, 비심이 말하기를 "선한 자가 불선한 자를 대신하는 것이 천명이니, 어찌 자산(子産)을 피해 가겠소. 등용할 때 등급을 크게 뛰어넘지 않는다면 자산이 집정이 될 지위상 차례요. 자산(子産)의 지위상 차례가 응당 국정을 맡아야 한다는 것이다. 선한 자를 택하여 등용하면 세상 사람들이 존경할 것이고 세상 사람들이 높이고 숭상하는 바이다. 하늘도 또한 그를 위해 길을 열어주려고 백유의 넋을 빼앗고 있으니,[726] 자서(子西)가 죽게 되면 정권이 장차 어찌 그를 피할 수 있겠소. 하늘이 정나라에 화를 내린 지 오래되었으니, 아마도 반드시 자산으로 하여금 화를 그치게 할 것이오. 그가 집권하면 오히려 정나라가 안정되겠지만[戾 려(戾)는 안정됨이다. 그렇지 않으면 망할 것이오."라고 하였다.

양공(襄公) 30년 【戊午 B.C.543】

三十年 春 王正月 楚子使薳罷來聘

30년 봄 왕정월에 초자(楚子)가 위피(薳罷)를 보내와서 빙문하였다.

---

723) 행인(行人) : 외국에 가는 사신. 또는 빈객을 접대하던 벼슬.

724) 얼마나 가겠소 : 전문의 '其與幾何'는 '其幾何與[歟]'의 도치이다.

725) 군자가~길어지네 : 《시경(詩經)》 〈소아(小雅)〉 교언(巧言).

726) 백유의~있으니 ; 리치에 합당하게 일을 처리하지 못하고 있다는 말이다.

罷 公作頗 後同

피(罷)는 《공양전(公羊傳)》에는 파(頗)로 되어 있다. 이후에도 이와 같다.

三十年 春 王正月 楚子使薳罷來聘 通嗣君也 郟敖卽位 **穆叔問 王子之爲政何如** 王子圍 **對曰 吾儕小人 食而聽事 猶懼不給命而不免於戾 焉與知政 固問焉 不告 穆叔告大夫曰 楚令尹將有大事 子蕩將與焉 助之 匿其情矣**

30년 봄 왕정월에 초자(楚子)가 위피(薳罷)를 보내와서 빙문하였으니, 새 임금의 승계를 통고하기 위해서였다. 겹오(郟敖)가 즉위한 것이다. 목숙(穆叔)이 묻기를 "초(楚)나라 왕자가 정사를 행하는 것이 어떠하오?"라고 하니, 왕자 위(圍)[727]이다 위피가 대답하기를 "저희 같은 소인들은 밥이나 축내면서 시키는 일을 할 뿐입니다. 그러면서도 오히려 명령을 리행하지[給] 못하여 죄를 면하지 못할까 두려워하고 있으니 어찌 정사를 알 수 있겠습니까."라고 하였다. 그래도 목숙이 굳이 물었지만 위피는 고하지 않았다. 목숙이 대부들에게 고하기를 "초나라 령윤(令尹 : 圍)이 장차 큰일을 일으킬 것이오. 자탕(子蕩 : 薳罷)도 그 일에 참여하여 도우려하기 때문에 그 실정을 숨기는 것이오."라고 하였다.

○二月 癸未 晉悼夫人食輿人之城杞者 輿 衆也 **絳縣人或年長矣 無子而往 與於食 有與疑年** 將有所與 疑其年 **使之年** 使言其年 **曰 臣 小人也 不知紀年 臣生之歲 正月甲子朔 四百有四十五甲子矣 其季於今 三之一也** 所稱正月謂夏正 季 末也 指最後甲子而言 三分六甲之一 得甲子甲戌 盡癸未 **吏走問諸朝 師曠曰 魯叔仲惠伯會郤成子于承匡之歲也** 文十一年 **是歲也 狄伐魯 叔孫莊叔於是乎敗狄于鹹 獲長狄僑如及虺也豹也 而皆以名其子 七十三年矣** 自乙巳歲 至今年戊午 七十四年 而計其全數 尙未滿七十三年 **史趙曰 亥有二首六身 下二如身 是其日數也 士文伯曰 然則二萬六千六百有六旬也** 史趙 晉大史 文伯 士弱子 二首亥字上二畫 六身亥字下三畫 三畫而謂之六者 古文 亥下三曲 皆如布筭之六 下二如身謂下亥上二畫 竪置身傍 則計爲二者一 爲六者三 成二萬六千六百六旬 絳老旣爲隱語 師曠史趙因作隱語

○2월 계미일에 진도공(晉悼公)의 부인(夫人)이 기(杞)나라에 성을 쌓았던[728] 여러 사람

---

727) 왕자 위(圍) : 선왕인 초강왕(楚康王)의 아우이며 겹오(郟敖)의 숙부이다. 조카 겹오 밑에서 령윤(令尹)이 되어 초(楚)나라의 모든 권력을 독점하다가 소공(昭公) 원년에 끝내 겹오를 죽이고 스스로 왕위에 오르니 곧 초령왕(楚靈王)이다.

728) 기(杞)나라에~쌓았던 : 이 일은 지난해에 있었다.

[輿]에게 음식을 접대하였다. 여(輿)는 무리이다. 그때 강현(絳縣) 사람 가운데 어떤 이가 나이가 많은데도 자식이 없어서 부역하러 갔다가 접대에 참여하였다. 음식을 나누어 줄 때 어떤 사람이 그 나이를 의심하여 음식을 나누어줄 때 어떤 사람이 그의 나이를 의심한 것이다. 나이를 말하게 하니, 그 로인의 나이를 말하게 한 것이다. 대답하기를 “신은 소인이어서 나이를 알지 못합니다. 다만 신이 태어나던 해의 정월 초하루가 갑자일이었고, 지금까지 4백 45번의 갑자일이 지났는데 마지막[季] 갑자일은 오늘까지 3분의 1[20일]이 지났습니다.”라고 하였다. 이른바 정월은 하정(夏正 : 夏나라 正月)을 이른다. 계(季)는 마지막이니 최후의 갑자일을 가리켜 말한 것이다. 6갑(甲)의 3분의 1은 갑자일로부터 갑술일을 지나 계미일까지이다.729) 관리가 조정으로 달려가 물으니, 사광(師曠)이 말하기를 “그 해는 로(魯)나라 숙중혜백(叔仲惠伯)이 우리 진(晉)나라 극성자(郤成子 : 郤缺)와 승광(承匡)에서 회합하였던 해이다. 로문공(魯文公) 11년이다. 이 해에 적(狄)이 로나라를 쳤는데 숙손장숙(叔孫莊叔)이 이때 적을 함(鹹) 땅에서 패배시키고 장적교여(長狄僑如)와 훼(虺)와 표(豹)를 사로잡아서 그들의 이름으로써 자기의 아들들의 이름을 지었는데 73년이 되었다.”라고 하였다. 을사년부터 지금 무오년에 이르기까지는 74년인데, 전수(全數)를 헤아려도 아직 만 73년이 되지 않는다. 사조(史趙)가 말하기를 “해(亥)자는 이가 머리이고[二首] 륙이 몸이니[六身] 위의 이를 아래로 내려서 몸과 나란히 놓으면[下二如身] 그것이 그가 살아온 날이다.”라고 하였다. 사문백(士文伯)이 말하기를 “그렇다면 2만 6천 6백 60일이다.”라고 하였다. 사조(史趙)는 진(晉)나라 태사(大史)이고 문백(文伯)은 사약(士弱)의 아들이다. 이수(二首)는 해(亥)자의 위 2획(畫)이고 륙신(六身)은 해자의 아래 3획이니, 3획인데 륙(六)이라고 한 것은 고문(古文)에 해자 아래의 3곡(三曲 : 굽은 3획)은 산가지[筭]의 륙을 세 개 펼치듯이 배렬한 것과 같기 때문이다.730) 하이여신(下二如身)은 해자의 위 2획을 아래로 내려서 글자의 몸체 옆에 세우는 것을 이르니, 헤아리면 2가 하나이고 6이 셋이어서 2만 6천 6백 60이 된다. 강현(絳縣)의 로인이 은어(隱語)를 썼으므로 사광(師曠)과 사조도 그에 따라 은어로 말한 것이다.

趙孟問其縣大夫 則其屬也 屬趙武 **召之 而謝過焉 曰 武不才 任君之大事 以晉國之多虞 不能由吾子** 由 用也 **使吾子辱在泥塗久矣 武之罪也 敢謝不才 遂仕之 使助爲政 辭以老 與之田 使爲君復陶** 復陶 主衣服之官 **以爲絳縣師** 縣師 掌地域 辨其夫家人民 **而廢其輿尉** 以役孤老故 **於是魯使者在晉 歸以語諸大夫 季武子曰 晉未可媮也** 媮 薄也

729) 6갑(甲)의~계미일까지이다 : 20일이 되었음을 뜻한다. 6갑(甲)은 60일이니 갑자일에서 시작하면 계유일까지는 10일, 계미일까지는 20일로 6갑의 3분의 1이 된다.

730) 고문(古文)에~때문이다 : 산가지[筭] 셈법에 의하면 1[Ⅰ], 2[Ⅱ], 3[Ⅲ], 4[ⅡⅡ], 5[ⅡⅢ], 6[T], 7[TT], 8[TTT], 9[TTTT], 10[ㅡ]으로 표시하는데, 해(亥)자 아래의 굽은 3획은 산가지[筭]의 륙[T]을 세 개 펼치듯이 배렬한 것과 같다는 말이다.

有趙孟以爲大夫 有伯瑕以爲佐 伯瑕 士文伯 **有史趙師曠而咨度焉 有叔向女齊以師保其君 其朝多君子 其庸可媮乎 勉事之而後可**

조맹(趙孟)이 그가 사는 현(縣)의 대부에 대하여 물으니 바로 자기 소속이었다. 조무(趙武: 趙孟)에게 속한 것이다. 조맹이 그 로인을 불러다가 그에게 사과하면서 말하기를 "나 무(武)가 재주가 없으면서도 임금님을 돕는 큰일을 맡았고 또 우리 진(晉)나라에 우환이 많아 그대를 등용하지[由] 못하였소. 유(由)는 등용함이다. 그래서 그대로 하여금 욕되게도 오랫동안 진흙 속에 버려져 있게 하였으니 나 무의 죄요. 감히 재주 없음을 사죄드리오."라고 하였다. 드디어 벼슬을 내려서 정사를 돕게 하였는데 늙었다고 사양하였다. 그러자 그에게 전지를 주고 임금의 복도(復陶)가 되게 하고 복도(復陶)는 의복을 주관하는 관리이다. 또한 강(絳) 땅의 현사(縣師)로 삼았다. 현사(縣師)는 한 지역을 맡아 그 부가(夫家: 民家)와 인민의 수효를 분변한다. 그리고 그곳의 여위(輿尉)731)를 파면시켰다. 자식 없는 로인을 부역시켰기 때문이다. 이때 로(魯)나라의 사신이 진나라에 가 있었는데 돌아와서 이 일을 여러 대부에게 말하였다. 계무자(季武子)가 말하기를 "진나라는 가볍게 여길[媮] 수 없다. 유(媮)는 가볍게 여김이다. 조맹 같은 사람이 있어 대부가 되고, 백하(伯瑕) 같은 이가 있어 보좌관이 되며, 백하(伯瑕)는 사문백(士文伯)이다. 사조(史趙)와 사광(師曠) 같은 이가 있어 임금을 자문[咨度]하며, 숙향(叔向)과 여제(女齊) 같은 이가 있어 그 임금의 사보(師保)732)가 되었다. 그 조정에 군자가 많으니 어찌 가볍게 볼 수 있겠는가. 힘써 진나라를 섬긴 뒤에야 문제가 없을 것이다."라고 하였다.

夏 四月

여름 4월이다.

子産相鄭伯以如晉 叔向問鄭國之政焉 對曰 吾得見與否 在此歲也 言禍難方興 生死未可必 **駟良方爭 未知所成** 駟氏 子晳 良氏 伯有 **若有所成 吾得見 乃可知也 叔向曰 不旣和矣乎 對曰 伯有侈而愎 子晳好在人上 莫能相下也 雖其和也 猶相積惡也 惡至無日矣 夏 四月 己亥 鄭伯及其大夫盟** 駟良爭故 **君子 是以知鄭難之不已也**

731) 여위(輿尉): 인부(人夫)의 로역(勞役)을 관장하던 관리.

732) 사보(師保): 임금을 보필하고 그 자제를 교도(教導)하던 관리.

자산(子産)이 정백(鄭伯 : 簡公)의 상(相)이 되어 진(晉)나라에 갔다. 숙향(叔向)이 정(鄭)나라의 정치에 대하여 묻자, 자산이 대답하기를 "제가 어떻게 될지 알 수 있는 것은 올해 안에 있을 것입니다. 화난이 바야흐로 일어나서 생사를 아직 기필할 수 없다는 말이다. 사씨(駟氏)와 량씨(良氏)가 바야흐로 정권을 다투고 있는데 결과[成]를 아직 알 수 없고 사씨(駟氏)는 자석(子晳)이고 량씨(良氏)는 백유(伯有)이다. 만일 결과가 있게 된다면 내가 볼 수 있을 것이니 이에 그 정권의 귀추를 알 수 있을 것입니다."라고 하였다. 숙향이 말하기를 "그들은 이미 화해하지 않았습니까?"라고 하니, 자산이 대답하기를 "백유(伯有)는 사치스러우면서도 괴팍하고 자석(子晳)은 남의 윗자리에 있기를 좋아하여 서로 낮추려 하지 않습니다. 지금 비록 화해를 하였어도 오히려 서로 악을 쌓고 있으니, 악이 극에 이르게 될 날이 얼마 남지 않았습니다."[733]라고 하였다. 여름 4월 기해일에 정백이 그 대부들과 맹약하였다. 사씨(駟氏)와 량씨(良氏)가 다투었기 때문이다. 군자는 이 때문에 정나라에 화난이 그치지 않을 것을 알았다.

蔡世子般弑其君固

채(蔡)나라 세자 반(般)이 그 임금 고(固)를 시해하였다.

蔡景侯爲大子般娶于楚 通焉 大子弑景侯

채경후(蔡景侯 : 固)가 태자 반(般)을 위하여 초(楚)나라에서 그 아내를 맞이하였는데, 자신이 그 녀인과 통정하자 태자가 경후(景侯)를 시해하였다.[734]

五月 甲午 宋災 宋伯姬卒

5월 갑오일에 송(宋)나라에 화재가 나서 송나라 백희(伯姬)가 졸하였다.

伯姬上 公穀無宋字

백희(伯姬) 앞에 《공양전(公羊傳)》과 《곡량전(穀梁傳)》에는 송(宋)자가 없다.

---

733) 악이~않았습니다 : 올가을에 량소(良霄 : 伯有)가 망명하는 전(傳)의 배경이 된다.

734) 태자가~시해하였다 : 양공(襄公) 28년 전문에 채후(蔡侯)의 오만한 태도를 보고 자식에게 화를 당할 것이라고 한 자산(子産)의 말이 들어맞은 것이다.

或呌于宋大廟 曰 譆譆出出 譆譆 熱也 出出 戒伯姬 **鳥鳴于亳社 如曰 譆譆 甲午 宋大災 宋伯姬卒 待姆也** 姆 女師 待姆下堂 爲火所焚死

어떤 사람이 송(宋)나라 태묘에서 '희희출출(譆譆出出)'이라고 부르짖었고, 희희(譆譆)는 뜨거움이고 출출(出出)은 백희(伯姬)를 경계시킨 것이다.[735] 새가 박사(亳社 : 殷社)에서 울었는데 '희희(譆譆)'라고 하는 듯하였다. 갑오일에 송나라에 큰 화재가 나서 송백희(宋伯姬)[736]가 졸하였으니, 모(姆)[737]를 기다렸기 때문이다. 모(姆)는 녀사(女師)이다. 모가 오기를 기다려 당(堂)에서 내려가려다가 불에 타 죽은 것이다.

君子謂 宋共姬 女而不婦 女待人 婦義事也 義 從宜也

군자는 이른다. "송공희(宋共姬 : 宋伯姬)는 처녀로 행동을 하고 부인으로서의 행동을 하지 않았다. 처녀라면 녀사(女師)를 기다려야 하지만 시집간 부인(婦人)은 일을 편의에 따라야[義] 한다." 의(義)는 편의에 따름이다.

天王殺其弟佞夫 王子瑕奔晉

천왕이 그 아우 녕부(佞夫)를 죽이니 왕자 하(瑕)가 진(晉)나라로 망명하였다.

佞 公作年

녕(佞)은 《공양전(公羊傳)》에는 년(年)으로 되어 있다.

初 王儋季卒 儋季 周靈王弟 **其子括將見王 而歎** 括除服 見王 **單公子愆期爲靈王御士 過諸廷 聞其歎而言曰 嗚呼 必有此夫** 欲有此朝廷之權 蓋儋括自言如此 **入以告王** 愆期以括言告 **且曰 必殺之 不慼而願大 視躁而足高 心在他矣 不殺 必害 王曰 童子何知 及靈王崩 儋括欲立王子佞夫** 佞夫 靈王子 景王弟 **佞夫弗知 戊子 儋括圍蔿 逐成愆** 成愆卽愆期 爲蔿邑大夫 **成愆奔平畤** 平畤 周邑 **五月 癸巳 尹言多劉毅單蔑甘過鞏成殺佞夫 五子**

735) 희희(譆譆)는~것이다 : 불이 나서 뜨거울 것이니 빨리 궁에서 빠져나가라는 것이다.

736) 송백희(宋伯姬) : 로(魯)나라 공녀로 송공공(宋共公)의 부인(夫人)이다.

737) 모(姆) : 《의례(儀禮)》 〈사혼례(士昏禮)〉 정현주(鄭玄注)에 모(姆)는 부인(婦人)으로 나이 50세가 되어서도 자식이 없고, 출가하고는 개가(改嫁)하지 않아서 부도(婦道)를 남에게 가르칠 수 있는 사람이라 하였다.

周大夫 括瑕廖奔晉 瑕廖皆儋括之黨 書曰 天王殺其弟佞夫 罪在王也

이보다 앞서 왕실의 담계(儋季)가 졸하니 담계(儋季)는 주령왕(周靈王)의 아우이다. 그의 아들 괄(括)이 령왕(靈王)을 알현하려 할 때 탄식하였다. 괄(括)이 복상(服喪)을 마치고 왕(王)을 알현한 것이다. 그때 선(單)나라 공자 건기(愆期)가 령왕의 어사(御士)였는데 조정을 지나가다가 괄이 탄식하며 '아. 반드시 이 조정을 소유할 것이다.'라고 하는 소리를 듣고 이 조정의 권력을 소유하고자 한다는 것이니, 담괄(儋括)이 스스로 이와 같이 말한 것이다. 조정에 들어가 그 말을 령왕에게 고하였다. 건기(愆期)가 괄(括)이 한 말을 고한 것이다. 또 말하기를 "반드시 그를 죽여야 합니다. 그는 슬퍼하지도 않고 원하는 것만 크며, 시선은 조급하고 발걸음은 높으니 마음이 다른 데에 있을 것입니다. 그를 죽이지 않으면 반드시 왕실에 해를 끼칠 것입니다."라고 하자, 령왕이 말하기를 "어린 네가 무엇을 알겠느냐."라고 하였다. 령왕이 붕하자 담괄이 왕자 녕부(佞夫)를 왕위에 세우고자 하였는데 녕부(佞夫)는 령왕(靈王)의 아들이며 경왕(景王)의 아우이다. 녕부는 그 내막을 알지 못하였다. 무자일에 담괄이 위(蔿) 땅을 포위하고 성건(成愆)을 몰아내니 성건(成愆)은 곧 건기(愆期)이니 위읍대부(蔿邑大夫)이다. 성건이 평치(平畤)로 도망하였다. 평치(平畤)는 주(周)나라 읍이다. 5월 계사일에 윤언다(尹言多)·류의(劉毅)·선멸(單蔑)·감과(甘過)·공성(鞏成)이 녕부를 죽이니 다섯 사람은 주(周)나라 대부이다. 괄(括)·하(瑕)·료(廖)가 진(晉)나라로 망명하였다. 하(瑕)와 료(廖)는 모두 담괄(儋括)의 당여이다. 경문에 천왕[738]이 그 아우 녕부(佞夫)를 죽였다고 기록하였으니, 죄가 왕에게 있었기 때문이다.[739]

○六月 鄭子産如陳涖盟 陳服鄭故 歸 復命 告大夫曰 陳 亡國也 不可與也 聚禾粟 繕城郭 恃此二者 而不撫其民 其君弱植 志弱於植立 公子侈 大子卑 大夫敖 政多門 以介於大國 能無亡乎 不過十年矣 爲昭八年楚滅陳傳

○6월에 정(鄭)나라 자산(子産)이 진(陳)나라에 가서 맹약에 림하였다. 진(陳)나라가 정(鄭)나라에 복종하였기 때문이다. 돌아와 복명하고 대부들에게 고하기를 "진나라는 망할 나라이니 함께 할 수 없습니다. 군량을 비축하고 성곽을 수축한 이 두 가지만을 믿고 백성을 돌보지 않고 있습니다. 그 임금은 일을 수립하기에는 의지가 나약하고 의지가 일을 수립하기에 약하다는 것이다. 공자는 사치스럽고 태자는 권위가 낮고 대부는 오만하며 정령(政令)이 나오는 문이

738) 천왕 : 주경왕(周景王). 주령왕(周靈王)의 아들이다.

739) 죄가~때문이다 : 주경왕(周景王)이 다섯 대부를 시켜 내막을 모르는 녕부(佞夫)를 죽이게 하였기 때문에 죄가 왕에게 있다고 한 것이다.

많습니다. 그러면서 대국 사이에 끼어 있으니 망하지 않을 수 있겠습니까. 10년을 넘기지 못할 것입니다."라고 하였다. 소공(召公) 8년에 초(楚)나라가 진(陳)나라를 멸하는 전(傳)의 배경이 된다.

秋 七月 叔弓如宋 葬宋共姬 가을 7월에 숙궁(叔弓)이 송(宋)나라에 가서 송나라 공희(共姬)의 장례를 지냈다.

共姬上 穀無宋字 ○共姬從夫謚也 叔弓 叔老之子

공희(共姬) 앞에 《곡량전(穀梁傳)》에는 송(宋)자가 없다. ○공희는 남편[宋共公]의 시호를 따른 것이다. 숙궁(叔弓)은 숙로(叔老)의 아들이다.

秋 七月 叔弓如宋 葬共姬也 **傷伯姬 故使卿共葬**

가을 7월에 숙궁(叔弓)이 송(宋)나라에 갔으니, 공희(共姬 : 伯姬)의 장례에 참석하기 위해서였다. 백희(伯姬)의 죽음을 슬퍼하였기 때문에 경(卿)을 보내 장례에 참석하게 한 것이다.

鄭良霄出奔許 自許入于鄭 鄭人殺良霄 정(鄭)나라 량소(良霄)가 허(許)나라로 망명나갔다가 허나라에서 정나라에 들어가니 정인(鄭人)이 량소를 죽였다.

鄭伯有耆酒 爲窟室 **窟室 地室** **而夜飮酒 擊鐘焉 朝至 未已 朝者曰 公焉在** **家臣謂伯有爲公** **其人曰 吾公在壑谷** **壑谷 窟室** **皆自朝布路而罷** **布路 分散** **旣而朝** **伯有朝鄭君** **則又將使子晳如楚 歸而飮酒 庚子 子晳以駟氏之甲伐而焚之 伯有奔雍梁** **雍梁 鄭地** **醒而後知之 遂奔許 大夫聚謀 子皮曰 仲虺之志云 亂者取之 亡者侮之 推亡固存 國之利也 罕駟豊同生** **罕 子皮 駟 子晳 豊 公孫段 三家本同母兄弟** **伯有汰侈 故不免**

정(鄭)나라 백유(伯有 : 良霄)는 술을 즐겨 굴실(窟室)을 만들어 놓고 굴실(窟室)은 지하방이다. 밤이면 술을 마시고 종을 치며 아침이 되도록 그치지 않았다. 조회하러 온 자[家臣]들이 "공께서는 어디에 계시는가?"라고 물으면 가신(家臣)이 백유(伯有)를 공(公)이라고 일컬은 것이다. 그 시종이 말하기를 “우리 공께서는 학곡(壑谷)에 계십니다.”라고 하니 학곡(壑谷)은 굴실(窟室)이다. 모두 조회하는 곳에서 흩어져[布路] 조회를 파하였다. 포로(布路)는 흩어짐이다. 얼마 뒤 백유가 조견하면서 백유(伯有)가 정(鄭)나라 임금을 조견한 것이다. 또 자석(子皙 : 公孫黑)을 초(楚)나라로 보내기로 하고 집에 돌아와서 술을 마셨다. 경자일에 자석이 사씨(駟氏)의 갑병을 거느리고 백유를 쳐서 그 집을 불살라버리니 백유가 옹량(雍梁)으로 달아났다가 옹량(雍梁)은 정(鄭)나라 땅이다. 술에서 깨어난 뒤에 그 사실을 알고 드디어 허(許)나라로 망명하였다. 대부들이 모여 이를 상의하니,[740] 자피(子皮)가 말하기를 “중훼지지(仲虺之志)[741]에 어지러운 나라는 쳐서 취하고 망하려는 나라는 패망시키며, 망하려는 자를 밀어내고 보존할 만한 자를 공고하게 하는 것이 나라의 리익이라고 하였소.”라고 하였다. 한(罕)·사(駟)·풍(豊)은 형제들이고 한(罕)은 자피(子皮)이고 사(駟)는 자석(子皙)이고 풍(豊)은 공손단(公孫段)이니, 3가(家)는 본래 동모형제이다. 백유는 교만하고 사치스러웠기 때문에 화를 면하지 못한 것이다.[742]

人謂子產 就直助彊 時謂子皙直 三家彊 **子產曰 豈爲我徒** 言不以駟良爲黨 **國之禍難 誰知所敝** 誰能預知其所終敝 **或主彊直 難乃不生** 言能彊能直 則可弭難 今三家未能 **姑成吾所** 欲以無所附著爲所 **辛丑 子產斂伯有氏之死者而殯之 不及謀而遂行** 不預國謀 **印段從之 子皮止之 衆曰 人不我順 何止焉 子皮曰 夫子禮於死者 況生者乎 遂自止之 壬寅 子產入 癸卯 子石入** 子石 印段 **皆受盟于子皙氏 乙巳 鄭伯及其大夫盟于大宮 盟國人于師之梁之外**

어떤 사람이 자산(子產)에게 이르기를 “곧은 자를 가까이하고 강한 자를 도우소서.”라고 하니, 당시에 자석(子皙)이 곧고 3가(家)가 강하다고 일컬어졌다. 자산이 말하기를 “저들이 어찌 나의 무리가 될 수 있겠는가. 사씨(駟氏)와 량씨(良氏)를 자기의 당여로 여기지 않는다는 말이다. 나라의 화난을 어느 사람이 끝나게[敝] 할 것인지 누가 알겠는가. 화난을 종식시키는 것을 누가 미리 알 수 있겠느냐는 것이다. 혹 국정을 주재하는 이가 강하고 곧았다면 화난이 일어나지 않았을 것이니 강하고 곧았다면 화난을 그치게 할 수 있는데 지금 3가(家)는 그렇지 못하다는 말이다. 우선 내 소신대로 하겠다.”라고 하였다. 누구에게도 붙지 않는 것으로 소신을 삼겠다는 것이다. 신축일에 자산이 백유씨

---

740) 이를 상의하니 : 자석(子皙)과 백유(伯有)의 일을 처리할 방법을 상의한 것이다.

741) 중훼지지(仲虺之志) : 《서경(書經)》 〈상서(商書)〉 중훼지고(仲虺之誥)를 이른다. 중훼(仲虺)는 탕(湯)임금의 좌상(左相)이다.

742) 한(罕)·사(駟)·풍(豊)은~것이다 : 한(罕)·사(駟)·풍(豊)은 형제들로서 서로 단합하였고, 백유(伯有)는 혼자인데다가 사치스러웠기 때문에 패망한 것이다.

(伯有氏)의 죽은 일족을 거두어 빈장(殯葬)하고는 모의에 참여하지 않고 드디어 떠나니 나랏일의 모의에 참여하지 않은 것이다. 인단(印段)이 그를 따랐다. 자피(子皮)가 자산이 떠나는 것을 만류하게 하니, 무리가 말하기를 "저 사람은 우리를 따르지 않는데 어찌 만류하십니까?"라고 하자, 자피가 말하기를 "부자(夫子 : 子産)는 죽은 자에게도 례를 행하는데 하물며 산 자에 있어서이겠는가."라 하고 급기야는 자신이 직접 가서 만류하였다. 임인일에 자산이 들어오고 계묘일에 자석(子石)이 들어와서 자석(子石)은 인단(印段)이다. 모두 자석씨(子晳氏)의 집에서 맹약을 받아들였다. 을사일에 정백(鄭伯)이 그 대부들과 태궁(大宮)[743]에서 맹약하고 국인과 사지량(師之梁)[744] 밖에서 맹약하였다.

伯有聞鄭人之盟己也 怒 聞子皮之甲不與攻己也 喜 曰 子皮與我矣 癸丑 晨 自墓門之瀆入 瀆 音豆 墓門 鄭城門 **因馬師頡介于襄庫 以伐舊北門** 馬師頡 子羽孫 **駟帶率國人以伐之** 駟帶 子西子 子晳之宗主 **皆召子産 子産曰 兄弟而及此 吾從天所與** 子晳伯有皆子産兄弟恩等 故無所偏助 **伯有死於羊肆** 羊肆 市列 **子産襚之 枕之股而哭之 斂而殯諸伯有之臣在市側者 旣而葬諸斗城** 斗城 鄭地名 **子駟氏欲攻子産 子皮怒之 曰 禮 國之幹也 殺有禮 禍莫大焉 乃止** 斂葬伯有爲有禮

백유(伯有)는 정인(鄭人)이 자기를 두고 맹약하였다는 소식을 듣고 노하였다가, 자피(子皮)의 갑사가 자기를 치는데 참여하지 않았다는 소식을 듣고 기뻐하며 말하기를 "자피가 나를 돕는구나."라고 하였다. 백유는 계축일 새벽에 묘문(墓門)의 수챗구멍[瀆]으로 들어가 두(瀆)는 음이 두(豆)이다. 묘문(墓門)은 정(鄭)나라 성문이다. 마사힐(馬師頡)의 도움으로 양고(襄庫)[745]에서 군사들에게 갑옷을 입히고 옛 북문을 쳤다. 마사힐(馬師頡)은 자우(子羽)의 손자이다. 이에 사대(駟帶)가 국인을 거느리고 백유를 쳤다. 사대(駟帶)는 자서(子西)의 아들이고 자석(子晳)의 종주(宗主)[746]이다. 사씨(駟氏)와 백씨(伯氏)가 모두 자산(子産)을 부르니, 자산이 말하기를 "형제 사이에 이 지경에 이르렀으니 나는 하늘이 돕는 자를 따르겠다."라고 하였다. 자석(子晳)과 백유(伯有)는 모두 자산(子産)의 형제[747]로서의 베풀 은의가 같기 때문에 어느 한 편을 도울 수 없다는

---

743) 태궁(大宮) : 정(鄭)나라 시조묘(始祖廟)이다.

744) 사지량(師之梁) : 정(鄭)나라 성문(城門).

745) 양고(襄庫) : 정양공(鄭襄公)이 지은 무기고이다.

746) 종주(宗主) : 종가(宗家)를 계승한 사람. 곧 종자(宗子)이다.

747) 자석(子晳)과~형제 : 백유(伯有)와 사대(駟帶)는 모두 정목공(鄭穆公)의 증손으로 형제 항렬이고, 자산(子産)·자석(子晳)·백석(伯石)은 모두 정목공의 손자로 형제 항렬이다. 백유는 자석의 조카 항렬인데

것이다. 백유가 양사(羊肆)에서 죽으니 양사(羊肆)는 양고기를 파는 시장의 가게[市列]이다. 자산은 그에게 수의를 입히고 자신의 다리를 베게 하고 곡을 하고는 렴하여 시장 곁에 있는 백유의 가신 집에 빈장하였다가, 얼마 뒤에 두성(斗城)에 장사지냈다. 두성(斗城)은 정(鄭)나라 땅 이름이다. 자사씨(子駟氏)가 자산을 치려 하자 자피가 노하며 말하기를 "례는 나라의 근간이다. 례가 있는 이를 죽인다면 이보다 큰 화는 없을 것이다."라고 하니, 그만두었다. 백유(伯有)를 렴하여 장사지낸 것이 례가 있다는 것이다.

於是游吉如晉還 聞難不入 復命于介 八月 甲子 奔晉 駟帶追之 及酸棗 與子上盟 用兩珪質于河 **子上 駟帶 酸棗 鄭地** **使公孫肸入盟大夫 己巳 復歸 書曰鄭人殺良霄 不稱大夫 言自外入也** **位已絶故 書以討賊之辭**

이때 유길(游吉)이 진(晉)나라에 갔다 돌아가다가 환난의 소식을 듣고 나라에 들어가지 않고, 부사(副使 : 介)에게 대신 복명하게 하고 8월 갑자일에 진(晉)나라로 망명하려 하였다. 이에 사대(駟帶)가 그를 뒤쫓아 산조(酸棗)에서 따라잡자, 유길이 자상(子上)과 맹약하고 두 개의 규(珪)를 하수에 던져 맹세[質]하였다. 자상(子上)은 사대(駟帶)이다. 산조(酸棗)는 정(鄭)나라 땅이다. 또 공손힐(公孫肸)을 시켜 도성에 들어가 대부들과 맹약하게 하고, 유길 자신은 기사일에 도성으로 돌아갔다. 경문에 정인(鄭人)이 량소(良霄)를 죽였다고 기록하고 대부라고 칭하지 않은 것은 국외로부터 들어간 것을 말한 것이다. 량소(良霄 : 伯有)의 관위(官位)가 이미 끊어졌기 때문에 경문에 적도(賊徒)를 토죄하였다는 내용으로 기록한 것이다.[748]

於子蟜之卒也 將葬 公孫揮與裨竈晨會事焉 **會葬事** **過伯有氏 其門上生莠 子羽曰 其莠猶在乎** **以莠喩伯有** **於是歲在降婁 降婁中而旦** **降婁 奎婁也 周七月 今五月 降婁中而天明** **裨竈指之曰 猶可以終歲** **指降婁也 歲星十二年而一終** **歲不及此次也已** **歲星不再及此降婁** **及其亡也 歲在娵訾之口** **娵訾 營室東壁** **其明年乃及降婁**

자교(子蟜 : 公孫蠆)가 졸하여[749] 장례 지내려 하였을 때 공손휘(公孫揮)와 비조(裨竈)가 새벽에 일을 론의하기 위하여 모였다. 장례 지낼 일로 모인 것이다. 이때 백유씨(伯有氏)의 집을

전문주에서 형제라고 한 것은 백유의 아버지와 자석이 형제 항렬이라는 것이다.

748) 경문에~것이다 : 경문에 정인(鄭人)이 량소(良霄)를 죽였다고 기록한 것은 적도(賊徒)를 토죄하였다는 의미이다.

749) 자교(子蟜 : 公孫蠆)가 졸하여 : 양공(襄公) 19년의 일이다.

지나는데 그 문 위에 강아지풀[莠]이 나 있었다. 자우(子羽 : 揮)가 말하기를 "저 강아지풀이 아직도 남아있구나."[750]라고 하였다. 강아지풀로 백유(伯有)를 비유한 것이다. 이때 세성(歲星)이 항루(降婁)[751]에 있었는데 항루가 하늘 가운데에 위치하여 아침이 밝아왔다. 항루(降婁)는 규수(奎宿)와 루수(婁宿)의 자리이다. 주(周)나라 7월은 지금의 5월이니 항루가 하늘 가운데에 위치하면 날이 밝는다. 비조가 그것을 가리키며 말하기를 "백유(伯有)가 오히려 이 세성의 주기를 마칠 수 있겠지만 항루(降婁)를 가리킨 것이다. 세성(歲星)은 12년에 1주기를 마친다. 세성은 다시 이 자리에 미치지 못할 것이다."[752]라고 하였다. 세성(歲星)이 다시 이 항루(降婁)에 미치지 못한다는 것이다. 그가 죽을 때에 미쳐 세성이 추자(娵訾)[753]의 입에 있었고[754] 추자(娵訾)는 영실(營室)[755]과 동벽(東壁)[756]이다. 그다음해에 항루에 미쳤다.

僕展從伯有 與之皆死 僕展 鄭大夫 伯有黨 **羽頡出奔晉 爲任大夫** 羽頡 馬師頡 任 晉縣 **雞澤之會** 在三年 **鄭樂成奔楚 遂適晉 羽頡因之 與之比而事趙文子 言伐鄭之說焉 以宋之盟故 不可** 宋盟約弭兵故 **子皮以公孫鉏爲馬師** 鉏 子罕子

복전(僕展)은 백유(伯有)를 따라 그와 함께 죽었고 복전(僕展)은 정(鄭)나라 대부로 백유(伯有)의 당여이다. 우힐(羽頡)은 진(晉)나라로 망명나가 임(任) 땅의 대부가 되었다. 우힐(羽頡)은 마사힐(馬師頡)이다. 임(任)은 진(晉)나라 현(縣)이다. 계택(雞澤)의 회합 때 3년에 있었다. 정(鄭)나라 악성(樂成)이 초(楚)나라로 망명하였다가 드디어 진나라로 갔는데, 우힐이 그를 의지하여 그와 편당이 되어 조문자(趙文子)를 섬기면서 정나라를 치자는 의견을 말하였다. 그러자 조문자는 송(宋)나라에서의 맹약 때문에 할 수 없다고 하였다. 송(宋)나라에서 싸움을 그치자는 맹약[757]을 하였기 때문이다. 자피(子皮)가 공손서(公孫鉏)를 마사(馬師)[758]로 삼았다. 서(鉏)는 자한(子罕)의

---

750) 저~남아있구나 : 강아지풀[莠]은 백유(伯有)의 악함을 비유한다. 아직 남아있다는 것은 백유가 악행을 하면서도 아직 망하지 않고 있다는 말이다.

751) 항루(降婁) : 12성차의 하나로 28수(宿) 가운데 규수(奎宿)와 루수(婁宿)의 자리에 해당한다.

752) 백유(伯有)가~것이다. : 비조(裨竈)가 이 말을 한 때가 양공(襄公) 19년으로 세성(歲星)이 항루(降婁)에 있었다. 이때부터 세성이 다시 항루에 오기 전에 백유(伯有)가 죽는다는 말이다. 즉 세성의 1주기는 12년이니 백유가 12년 안에 죽게 된다는 것이다. 실제 양공 30년에 백유가 죽었으니, 비조가 이 말을 한 지 11년 만의 일이어서 예언이 맞은 것이다.

753) 추자(娵訾) : 12성차의 하나로 28수(宿) 가운데 실수(室宿)와 벽수(壁宿) 자리에 해당한다.

754) 추자(娵訾)의~있었고 : 동벽(東壁) 자리에 있었다는 말이다.

755) 영실(營室) : 28수(宿)의 하나. 곧 실수(室宿)이다.

756) 동벽(東壁) : 28수(宿)의 하나. 곧 벽수(壁宿)이다.

757) 송(宋)나라에서~맹약 : 양공(襄公) 27년에 있었다.

아들이다.

○楚公子圍殺大司馬薳掩而取其室 申無宇曰 王子必不免 善人 國之主也 王子相楚國 將善是封殖 而虐之 是禍國也 且司馬 令尹之偏 偏 佐也 **而王之四體也 絶民之主 去身之偏 艾王之體 以禍其國 無不祥大焉 何以得免** 爲昭十三年楚弑靈王傳

○초(楚)나라 공자 위(圍)가 대사마(大司馬)인 위엄(薳掩)을 죽이고 그 가산을 차지하였다. 신무우(申無宇)가 말하기를 "왕자[圍]는 반드시 화를 면하지 못할 것이다. 선인(善人)은 나라의 근간이다. 왕자는 초나라의 재상으로서 마땅히[將] 선인을 북돋아 주어야 옳거늘 오히려 그를 학대하였으니, 이는 나라에 화를 끼친 것이다. 또 사마(司馬)는 령윤(令尹)의 보좌[偏]이고 편(偏)은 보좌이다. 왕의 사체(四體)[759]이다. 백성의 근간을 끊고 자신의 보좌를 제거하며 왕의 수족을 베어내어 나라에 화를 끼쳤으니, 이보다 더 큰 상서롭지 못한 것은 없다. 어찌 화를 면할 수 있겠는가."라고 하였다. 소공(昭公) 13년에 초(楚)나라가 령왕(靈王 : 圍)을 시해하는 전(傳)의 배경이 된다.

冬 十月 葬蔡景公

겨울 10월에 채(蔡)나라 경공(景公)의 장례를 지냈다.

晉人齊人宋人衛人鄭人曹人莒人邾人滕人薛人杞人小邾人會于澶淵 宋災故

진인(晉人)·제인(齊人)·송인(宋人)·위인(衛人)·정인(鄭人)·조인(曹人)·거인(莒人)·주인(邾人)·등인(滕人)·설인·(薛人)·기인(杞人)·소주인(小邾人)이 전연(澶淵)에서 회합하였으니, 송(宋)나라의 화재 때문이었다.

爲宋災故 諸侯之大夫會 以謀歸宋財 冬 十月 叔孫豹會晉趙武齊公孫蠆宋向戌衛

---

758) 마사(馬師) : 말을 관장하는 벼슬.

759) 사체(四體) : 두 손과 두 발. 곧 임금의 손발처럼 보필하는 신하를 이른다.

北宮佗 佗 北宮括之子 **鄭罕虎** 罕虎 子皮 **及小邾之大夫 會于澶淵 旣而無歸於宋 故不書其人**

송(宋)나라의 화재 때문에 제후들의 대부가 회합하여 송나라에 재물을 보내줄 것을 모의하였다. 겨울 10월에 숙손표(叔孫豹)가 진(晉)나라 조무(趙武)·제(齊)나라 공손채(公孫蠆)·송(宋)나라 상술(向戌)·위(衛)나라 북궁타(北宮佗)·타(佗)는 북궁괄(北宮括)의 아들이다. 정(鄭)나라 한호(罕虎) 한호(罕虎)는 자피(子皮)이다. 및 소주(小邾)의 대부와 회합하여 전연(澶淵)에서 론의하였으나 회합하고 나자 송나라에 보내준 것이 없었다. 그러므로 경문에 회합에 참여한 사람들의 이름을 기록하지 않은 것이다.

君子曰 信其不可不愼乎 澶淵之會 卿不書 不信也夫 諸侯之上卿 會而不信 寵名皆棄 不信之不可也如是 寵謂族也 **詩曰 文王陟降 在帝左右 信之謂也** 惟信故合天德 **又曰 淑愼爾止 無載爾僞** 逸詩 **不信之謂也 書曰 某人某人會于澶淵 宋災故 尤之也 不書魯大夫 諱之也** 劉敞曰 左氏說非也 蔡弑其君而不謀 宋災而謀之 書宋災故 譏之也

군자는 말한다. "약속은 신중히 하지 않으면 안 된다. 전연(澶淵)의 회합에 참가한 경(卿)들의 이름을 경문에 기록하지 않은 것은 약속을 지키지 않았기 때문이다. 제후들의 상경(上卿)으로 회합하고서 약속을 지키지 않아 존귀한 종족[寵]의 이름을 모두 버린 셈이니, 약속을 지키지 않으면 안 되는 것이 이와 같다. 총(寵)은 종족을 이름이다. 《시(詩)》에 이르기를 '문왕(文王)의 신령이 오르내리면서 상제의 좌우에 계신다.'[760]라고 하였으니, 이는 약속을 지킴을 이른 것이다. 오직 약속을 지켰기 때문에 하늘의 덕에 부합하였다는 것이다. 또 이르기를 '너는 행동거지를 맑고 신중히 하고 너는 거짓을 행하지[載] 말라.'고 하였으니, 일시(逸詩)이다. 이는 약속을 지키지 않음을 이른 것이다. 경문에 아무개 아무개가 전연에서 회합하였으니 송(宋)나라의 화재 때문이었다고 한 것은 약속을 지키지 않은 그들을 허물한 것이고, 로(魯)나라 대부를 기록하지 않은 것은 숨긴 것이다." 류창(劉敞)이 말하기를 "좌씨(左氏)의 설은 잘못이다. 채(蔡)나라가 그 임금을 시해하였는데도 제후들이 이 일은 모의하지 않고 송(宋)나라의 화재를 두고 모의하였으니, 경문에 송(宋)나라의 화재 때문이라고 기록하여 이 일을 비난한 것이다."라고 하였다.

○鄭子皮授子産政 辭曰 國小而偪 偪近大國 **族大寵多 不可爲也 子皮曰 虎帥以聽**

---

760) 문왕(文王)의~계신다 : 《시경(詩經)》〈대아(大雅)〉 문왕(文王). 문왕이 상제의 좌우에 있다는 것은 그가 하늘을 섬기고 백성을 다스림에 약속을 지킨 것이 하늘의 덕에 부합한다는 것을 이른 것이다.

誰敢犯子 子善相之 國無小 小能事大 國乃寬 子産爲政 有事伯石 賂與之邑 有事欲使之 **子大叔曰 國皆其國也 奚獨賂焉** 言共憂國事 何爲獨賂之 **子産曰 無欲實難 皆得其欲 以從其事 而要其成 非我有成 其在人乎** 言成猶在我 非在他 **何愛於邑 邑將焉往 子大叔曰 若四國何** 恐爲四鄰所笑 **子産曰 非相違也 而相從也 四國何尤焉 鄭書有之** 鄭國史書 **曰 安定國家 必大焉先** 先和大族 **姑先安大 以待其所歸** 要其成也 **旣 伯石懼而歸邑 卒與之 伯有旣死 使大史命伯石爲卿 辭 大史退 則請命焉** 請大史更命己 **復命之 又辭 如是三 乃受策入拜 子産是以惡其爲人也 使次己位** 畏其作亂

○정(鄭)나라 자피(子皮)가 자산(子產)에게 정권을 넘겨주자, 자산이 사양하며 말하기를 "나라는 작고 대국에 가까이 있으며 대국에 가까이 있음이다. 공족은 강대하고 총신은 많으니 나로서는 나라를 다스릴 수 없습니다."라고 하였다. 자피가 말하기를 "나 호(虎)가 그들을 거느리고 그대의 명을 따른다면 누가 감히 그대의 명을 어기겠소. 그대는 나라를 잘 보좌하시오. 그리고 나라가 작다는 것이 문제될 게 없소. 작은 나라가 큰 나라를 잘 섬긴다면 나라가 편안해질 것이오."라고 하였다. 자산이 정사를 행할 때 백석(伯石 : 公孫段)에게 시킬 일이 있어서 그에게 읍을 주었다. 일이 있어 그를 부리고자 한 것이다. 자태숙(子大叔)이 말하기를 "나라는 모든 사람의 나라인데 어찌 그에게만 읍을 주십니까?"라고 하였다. 모든 대부들이 나라 일을 걱정하는데 무엇 때문에 그에게만 주느냐는 말이다. 자산이 말하기를 "사람이 욕심이 없기란 실로 어렵습니다. 모두 그가 욕구하는 것을 얻기 위해 그 일에 종사하여 그것이 성취되기를 구하니, 그렇게 하여 성취된 것[成]은 내가 소유하지 어찌 다른 사람에게 있겠습니까. 성취의 결과는 오히려 나에게 있지 다른 사람에게 있는 것이 아니라는 말이다. 그러니 어찌 읍을 아끼겠습니까. 그리고 그 읍이 장차 어디로 가겠습니까."라고 하였다. 자태숙이 말하기를 "주위 나라들의 평판은 어떻게 할 것입니까?"라고 하니, 사방 이웃나라들의 웃음거리가 될까 두려워한 것이다. 자산이 말하기를 "이는 신료들을 서로 다투게 하려는 것이 아니라 서로 순종케 하려는 것이니, 주위 나라들이 무엇을 허물하겠습니까. 정서(鄭書)에 정(鄭)나라의 사서(史書)이다. 국가를 안정시키려면 반드시 대족(大族)과 먼저 화합하라는 말이 있습니다. 먼저 대족(大族)들과 화합하라는 것이다. 그러니 먼저 대족을 안정시키고 그 결과를 기다려야 할 것입니다."라고 하였다. 그 일의 성취를 바란다는 것이다. 오래지 않아 백석이 두려워하여 읍을 반납하였지만 자산은 끝내 그에게 읍을 주었다. 백유(伯有)가 죽자 태사(大史)를 시켜 백석을 경(卿)으로 임명하였는데 그가 사양하였다. 태사가 물러날 때 다시 자기를 경으로 임명해 주기를 요청하여 태사(大史)에게 다시 자신을 임명해 주기를 요청한 것이다. 다시 임명하였으나 또 사양하였다. 이렇게 하기를

세 번이나 하고 나서야 책명(策命)을 받아들이고 조정에 들어가 배사하였다. 자산이 이 때문에 그 사람됨을 미워하였으나[761] 그를 자기 자리의 다음에 앉혔다. 그가 란을 일으킬까 두려워한 것이다.

子產使都鄙有章 國都邊鄙車服 尊卑各有分部 **上下有服** 公卿大夫 服不相踰 **田有封洫 廬井有伍** 五家相保 **大人之忠儉者** 謂卿大夫 **從而與之 泰侈者 因而斃之 豐卷將祭 請田焉 弗許** 田 獵也 **曰 唯君用鮮** 鮮 野獸 **衆給而已** 衆臣祭 以芻豢爲足 **子張怒** 子張 豐卷 **退而徵役** 召兵 欲攻子產 **子產奔晉 子皮止之 而逐豐卷 豐卷奔晉 子產請其田里** 請於公不沒入 **三年而復之 反其田里及其入焉** 田里所收入 **從政一年 輿人誦之曰 取我衣冠而褚之** 褚 衣囊也 **取我田疇而伍之 孰殺子產 吾其與之 及三年 又誦之曰 我有子弟 子產誨之 我有田疇 子產殖之 子產而死 誰其嗣之**

자산(子產)이 국도와 지방에 법도가 있게 하고 국도와 지방의 거복(車服)이 신분의 높고 낮음에 따라 각기 구분이 있게 한 것이다. 상하 간 복제(服制)에 차등을 두었으며, 공(公)과 경(卿)과 대부(大夫)들이 의복의 제도를 서로 넘지 못하게 함이다. 전지에 경계를 구분하는 도랑을 만들고 려정(廬井)[762]을 다섯 집 단위로 조직하였으며, 다섯 가구가 서로 보호하게 한 것이다. 대인(大人)으로 충성스럽고 검소한 자에게는 경대부(卿大夫)를 이른다. 그 정도에 따라 상을 주고 교만하고 사치한 자에게는 그 정도에 따라 처벌하였다. 풍권(豐卷)이 제사를 지내기 위해 사냥하기[田]를 요청하자, 자산이 허낙하지 않으며 전(田)은 사냥함이다. 말하기를 "오직 임금만이 사냥한 고기[鮮]를 쓰고 선(鮮)은 야생의 짐승이다. 여러 신하는 기른 고기[給]를 쓸 뿐이다."라고 하였다. 여러 신하는 제사 지낼 때 추환(芻豢)[763]을 쓰는 것으로 충분하다는 것이다. 자장(子張)이 노하여 자장(子張)은 풍권(豐卷)이다. 물러나 병사들을 징집하려 하니 병사들을 소집하여 자산(子產)을 공격하고자 한 것이다. 자산이 진(晉)나라로 망명하려 하였다. 자피(子皮)가 만류하고 풍권을 축출하니 풍권이 진나라로 망명하였다. 자산이 풍권의 전리(田里)[764]를 자신이 관리하겠다고 청하고 정간공(鄭簡公)에게 풍권(豐卷)의 재산을 나라에서 몰수하지 말기를 청한 것이다. 3년이 지나서 그를 불러들여 그의 전리와 그동안의 수입을 그에게 돌려주었다. 전리(田里)에서 거두어들인 것이다. 자산이 정사에 종사

---

761) 이~미워하였으나 : 백석(伯石)이 허식(虛飾)으로 세 차례나 사양하였기 때문이다.

762) 려정(廬井) : 다섯 가구를 한 단위로 하는 기초 행정조직.

763) 추환(芻豢) : 집에서 사료를 먹여 키운 짐승[牛羊犬豕 등].

764) 전리(田里) : 전지와 주택.

한 지 1년 만에 대중이 노래하기를 "우리의 의관을 취하여 자루[褚]에 넣어 입지 못하게 하고, 저(褚)는 옷자루이다. 우리의 전지를 취하여 5가(家)로 조직했네. 누가 자산을 죽인다면 나도 그를 도우리라."[765]라고 하였다. 3년 만에 또 노래하기를 "우리의 자제를 자산이 가르치고, 우리의 전지를 자산이 증식시켰네. 자산이 죽으면 누가 그 자리를 잇겠는가."라고 하였다.

양공(襄公) 31년【己未 B.C.542】

三十有一年 春 王正月

31년 봄 왕정월이다.

三十一年 春 王正月 穆叔至自會 澶淵會還 **見孟孝伯 語之曰 趙孟將死矣 其語偸 不似民主 且年未盈五十 而諄諄焉如八九十者 弗能久矣 若趙孟死 爲政者其韓子乎** 韓子 韓起 **吾子盍與季孫言之 可以樹善君子也** 樹立交道之善 **晉君將失政矣 若不樹焉 使早備魯** 使韓子早爲魯備 **旣而政在大夫 韓子懦弱 大夫多貪 求欲無厭 齊楚未足與也 魯其懼哉 孝伯曰 人生幾何 誰能無偸 朝不及夕 將安用樹 穆叔出而告人曰 孟孫將死矣 吾語諸趙孟之偸也 而又甚焉 又與季孫語晉故 季孫不從 及趙文子卒 晉公室卑 政在侈家 韓宣子爲政 不能圖諸侯 魯不堪晉求 讒慝弘多 是以有平丘之會** 平丘會在昭十三年

31년 봄 왕정월에 목숙(穆叔)이 회합에서 돌아와 전연(澶淵)의 회합[766]에서 돌아온 것이다. 맹효백(孟孝伯)을 만나보고 말하기를 "진(晉)나라 조맹(趙孟)이 머지않아 죽을 것입니다. 그의 말이 구차하여 백성의 주인[767]같지 않았으며, 또한 나이가 아직 50세가 되지 않았는데 언행

765) 우리의 의관을~도우리라 : 자산(子産)이 사치한 옷을 입지 못하게 하고 지나친 토지 겸병을 금지한 것에 대하여 원망한 것이다.

766) 전연(澶淵)의 회합 : 송(宋)나라의 화재 피해를 원조해 주고자 한 지난해의 회합.

이 굼떠[諄諄焉] 마치 80·90세 된 로인 같으니 오래 살지 못할 것입니다. 만약 조맹이 죽으면 정권을 잡을 자는 한자(韓子)일 것인데 한자(韓子)는 한기(韓起)이다 그대는 어찌 계손(季孫)과 더불어 그것에 대해 말하지 않는 것입니까. 진나라의 군자[韓子]와 우호를 잘 닦아 두어야 합니다. 좋은 관계를 수립해야 한다는 것이다. 진나라 임금은 장차 정권을 잃을 것인데 만약 그와 우호를 맺어 그로 하여금 로(魯)나라를 위해 미리 대비하게 하지 않았다가 한자(韓子)로 하여금 일찌감치 로(魯)나라를 위한 대비를 하게 한다는 것이다. 얼마 뒤에 진나라 정권이 대부들에게 있게 되면 한자(韓子)의 세력은 나약해지고 대부들은 탐욕이 많아서 요구하는 바가 끝이 없게 될 것입니다. 그런데 제(齊)나라와 초(楚)나라는 우호를 맺을 만한 나라가 못되니 로나라는 두려움에 빠질 것입니다."라고 하였다. 효백(孝伯)이 말하기를 "사람이 살면 얼마나 살겠소. 그러니 누구인들 구차하지 않을 수 있겠소. 아침에 저녁 일을 알 수 없는 것인데 장차 우호를 맺는다 하여 무슨 소용이 있겠소."라고 하였다. 목숙이 나와서 사람들에게 고하기를 "맹손(孟孫 : 孟孝伯)은 머지않아 죽을 것이다. 내가 조맹의 구차함을 말하였는데 그는 더 심하다."라고 하였다. 또 계손에게 진나라의 일을 말하였는데 계손이 따르지 않았다. 조문자(趙文子 : 趙孟)가 졸하자[768] 진나라 공실이 쇠약하여 정권이 사치스런 대부가에게 넘어갔다. 한선자(韓宣子 : 韓起)가 집정이 되었으나 제후들을 제어할 수 없었다. 이에 로나라는 진나라의 요구를 감당할 수 없었으며, 제후들 사이에 참소와 사특함도 많아지게 되었다. 이 때문에 평구(平丘)의 회합이 있게 되었다. 평구(平丘)의 회합은 소공(昭公) 13년에 있게 된다.

夏

여름이다.

齊子尾害閭丘嬰 欲殺之 以嬰爲己害 **使帥師以伐陽州** 陽州 魯地 **我問師故 夏 五月 子尾殺閭丘嬰 以說于我師 工僂灑渻竈孔虺賈寅出奔莒** 四者 嬰黨 **出羣公子** 爲昭十年復羣公子起本

제(齊)나라 자미(子尾)는 려구영(閭丘嬰)[769]을 해롭게 여겨 그를 죽이고자 영(嬰)을 자미(子

767) 백성의 주인 : 여기서는 집정(執政)을 이른다.

768) 조문자(趙文子 : 趙孟)가 졸하자 : 소공(昭公) 원년의 일이다.

769) 려구영(閭丘嬰) : 제장공(齊莊公)의 근신(近臣). 양공(襄公) 25년에 최저(崔杼)가 제장공을 시해한 란으로

尾) 자신에게 해가 될 것으로 여긴 것이다. 려구영에게 군대를 거느리고 양주(陽州)를 치게 하였다. 양주(陽州)는 로(魯)나라 땅이다. 우리나라가 제나라에게 군대를 일으킨 까닭을 묻자, 여름 5월에 자미가 려구영을 죽이고 우리 군대에 해명하였다.770) 이에 공루쇄(工僂灑)·생조(渻竈)·공훼(孔虺)·가인(賈寅)이 거(莒)나라로 망명나가고 네 사람은 영(嬰)의 당여이다. 뭇 공자가 축출되었다. 소공(昭公) 10년에 뭇 공자가 돌아가는 발단이 된다.771)

六月 辛巳 公薨于楚宮

6월 신사일에 양공(襄公)이 초궁(楚宮)에서 훙하였다.

書楚宮非正也

경문에 초궁(楚宮)이라고 기록한 것은 올바르지 못함을 나타낸 것이다.

公作楚宮 適楚 好其宮 歸而作之 **穆叔曰 大誓云 民之所欲 天必從之 君欲楚也夫 故作其宮 若不復適楚 必死是宮也 六月 辛巳 公薨于楚宮 叔仲帶竊其拱璧 以與御人納諸其懷而從取之 由是得罪** 得罪謂魯人薄之 子孫不得志於魯

양공(襄公)이 초궁(楚宮)을 지었다. 초(楚)나라에 갔을 때 그곳의 궁궐을 좋아하여 로(魯)나라에 돌아와 초궁(楚宮)을 지은 것이다. 목숙(穆叔)이 말하기를 "태서(大誓)772)에 이르기를 '사람이 원하는 바를 하늘이 반드시 따라준다.'라고 하였는데, 임금님께서는 초(楚)나라처럼 되려고 하는구나. 그러므로 초궁을 지었으니, 만약 다시 초나라에 가지 못한다면 반드시 이 궁에서 죽게 될 것이다."라고 하였다. 6월 신사일에 양공이 초궁에서 훙하였다. 숙중대(叔仲帶)가 양공의 공벽(拱璧)을 훔쳐 어인(御人)에게 주어 그의 품에 넣어 간직하게 하고는 뒤따라가 이를 취하니, 이로 말미암아 죄를 얻게 되었다. 죄를 얻게 되었다는 것은 로인(魯人)이 그를 천박하게 여겨 그 자손들이 로(魯)나라에서 뜻을 펴지 못하게 되었음을 이른다.

인해 로(魯)나라로 망명하였다가 제(齊)나라로 돌아갔다.

770) 자미가~해명하였다 : 로(魯)나라를 친 것은 려구영(閭丘嬰)이 한 일이라고 말한 것이다.

771) 소공(昭公)~된다 : 소공(昭公) 10년에 제(齊)나라 진무우(陳無宇 : 陳桓子)가 란씨(欒氏)와 고씨(高氏)의 란을 평정한 뒤, 올해의 이 사건[閭丘嬰을 죽인 일]으로 축출되었던 자산(子山)·자상(子商)·자주(子周)에게 옛 땅과 재산을 모두 돌려주며 돌아오게 한다.

772) 태서(大誓) : 《서경(書經)》 〈주서(周書)〉의 편 이름. 태서(泰誓)라고도 쓴다.

秋 九月 癸巳 子野卒

가을 9월 계사일에 자야(子野)가 졸하였다.

未成君故書名

임금이 되지 못하였기 때문에 경문에 이름을 기록한 것이다.

立胡女敬歸之子子野 胡 國名 歸 姓 敬歸 襄公妾 **次于季氏 秋 九月 癸巳 卒 毁也** 過哀毁瘠 以致滅性 **立敬歸之娣齊歸之子公子裯** 齊 謚 裯 昭公名 **穆叔不欲曰 大子死 有母弟則立之 無則立長** 立庶子則以年 **年鈞擇賢 義鈞則卜 古之道也** 義鈞謂賢等 **非適嗣 何必娣之子** 言子野非適嗣 **且是人也 居喪而不哀 在慼而有嘉容 是謂不度 不度之人 鮮不爲患 若果立之 必爲季氏憂 武子不聽 卒立之 比及葬 三易衰 衰衽如故衰** 衽 綴於衣以掩裳旁者 言其嬉戱無度 **於是昭公十九年矣 猶有童心 君子是以知其不能終也**

계무자(季武子)가 호녀(胡女)인 경귀(敬歸)의 아들 자야(子野)를 임금으로 세우려고 호(胡)는 나라 이름이고 귀(歸)는 성(姓)이다. 경귀(敬歸)는 양공(襄公)의 첩이다. 계씨(季氏)의 집에 머물게 하였다. 가을 9월 계사일에 자야가 죽으니, 몸이 상해서이다. 지나친 슬픔으로 몸이 상하여 목숨을 잃는 데에 이른 것이다. 이에 경귀의 녀동생인 제귀(齊歸)의 아들 공자 주(裯)를 임금으로 세우려 하자, 제(齊)는 시호이고 주(裯)는 소공(昭公)의 이름이다. 목숙(穆叔)이 찬성하지 않으며 말하기를 "태자가 죽었을 때 동모제가 있으면 그를 세우지만 없으면 년장자를 세웁니다. 서자(庶子)를 세울 때에는 나이 순서대로 한다. 나이가 같으면 현명한 이를 택하고 의(義)가 같으면 점을 쳐서 정하는 것이 옛날의 법도입니다. 의(義)가 같다는 것은 현명함이 같음을 이른다. 자야가 적사(適嗣)[773]가 아닌데 어찌 반드시 녀동생의 아들을 세우려 하십니까. 자야(子野)가 적사(適嗣)가 아님을 말한 것이다. 또한 이 사람은 아버지의 상중에 있으면서 슬퍼하지도 않았고 슬퍼해야 할 상중에도 즐거운 얼굴빛을 하였으니, 이를 일러 례법을 따르지 않는다는 것입니다. 례법을 따르지 않는 사람은 환난을 짓지 않는 경우가 드무니, 만약 마침내 그를 세운다면 반드시 계씨 집안의 우환이 될 것입니다."라고 하였다. 그러나 무자(武子)가 들어주지 않고 끝내 그를 임금으로 세웠다. 공자 주는 장사지낼 때까지 세 차례나 최복(衰服)을 갈아입었어도 최복의 임(衽)이 오래된 것처럼 해져 있었다. 임(衽)은 윗옷에 이어 붙여 상방(裳旁)[774]을 가리는 것이다. 장난이

773) 적사(適嗣) : 정실부인의 소생으로 대를 이을 아들.

774) 상방(裳旁) : 꿰매지 않은 상복 치마의 옆 트인 부분.

한도가 없었다는 말이다. 이때 소공(昭公)의 나이 19세였으나 아직도 어린아이의 마음이 있었으니, 군자는 이로써 임금 노릇을 제대로 마치지 못할 것[775]을 알았다.

己亥 仲孫羯卒

기해일에 중손갈(仲孫羯)이 졸하였다.

己亥 孟孝伯卒

기해일에 맹효백(孟孝伯 : 仲孫羯)이 졸하였다.

冬 十月 滕子來會葬

겨울 10월에 등자(滕子)가 와서 장례에 참여하였다.

諸侯來會葬始此

제후(諸侯)가 와서 장례에 참여하는 것이 이로부터 시작되었다.[776]

冬 十月 滕成公來會葬 惰而多涕 子服惠伯曰 滕君將死矣 怠於其位 而哀已甚 兆於死所矣 有死兆 **能無從乎** 爲昭三年滕子卒傳

겨울 10월에 등성공(滕成公)이 와서 장례에 참여할 때 몸가짐이 공경스럽지 못하고 눈물을 많이 흘렸다. 자복혜백(子服惠伯)이 말하기를 "등(滕)나라 임금은 머지않아 죽을 것이다. 조상(弔喪)하는 자리에서 몸가짐이 공경스럽지 못하고 슬퍼함이 너무 심하니, 남의 장지[死所]에서 자신이 죽을 조짐을 보인 것이다. 죽을 조짐이 있다는 것이다. 그 조짐대로 되지 않겠는가."라고 하였다. 소공(昭公) 3년에 등자(滕子)가 졸하는 전(傳)의 배경이 된다.

---

775) 임금~것 : 소공(昭公) 25년에 소공이 계평자(季平子)를 제거하려고 하였으나 실패하고 오히려 제(齊)나라로 피신하게 된다.

776) 제후(諸侯)가~시작되었다 : 로(魯)나라 임금의 장례에 제후(諸侯)가 참여한 시초이다.

癸酉 葬我君襄公 계유일에 우리 임금 양공(襄公)의 장례를 지냈다.

癸酉 葬襄公 公薨之月 子産相鄭伯以如晉 晉侯以我喪故 未之見也 子産使盡壞其館之垣 而納車馬焉 士文伯讓之 曰 敝邑以政刑之不修 寇盜充斥 無若諸侯之屬辱在寡君者何 是以令吏人完客所館 高其閈閎 閎 門也 **厚其牆垣 以無憂客使 今吾子壞之 雖從者能戒 其若異客何 以敝邑之爲盟主 繕完葺牆 以待賓客 若皆毁之 其何以共命 寡君使匄請命** 請問毁垣之命 匄 文伯名

계유일에 양공(襄公)의 장례를 지냈다. 양공이 훙하던 달에 자산(子産)이 정백(鄭伯)의 상(相)이 되어 진(晉)나라에 갔는데, 진후(晉侯)는 우리나라의 상(喪)을 리유로 정백을 만나주지 않았다. 그러자 자산이 사람을 시켜 객관의 담장을 다 허물고 거마를 안으로 들여놓게 하자, 진(晉)나라 사문백(士文伯)이 책망하며 다음과 같이 말하였다. "우리나라는 정치와 형벌이 잘 닦이지 않아 도적들이 매우 많아, 제후들의 속관(屬官 : 卿大夫)으로서 수고로이 과군을 찾아와 존문하는[在][777] 분들을 위해 어쩔 수가 없었습니다. 이 때문에 관리를 시켜 객관을 완비하고 그곳의 대문[閎]을 높였으며 굉(閎)은 문이다. 담장을 두터이 하여 외국의 사신에게 도적의 근심을 없게 하였는데, 지금 그대가 그 담장을 허물었습니다. 비록 그대의 종자들은 경계를 잘한다고 하지만 다른 나라의 사신들은 어찌해야 한단 말입니까. 우리나라가 맹주가 되어 지붕과 담장을 완전하게 고쳐 빈객을 맞이하는데, 만약 모두 허물어 버리면 어떻게 명[778]을 받들 수 있겠습니까. 그래서 과군이 나 개(匄)를 시켜 왜 담장을 허물라고 명하였는지 묻기를 청하게 하였습니다." 담장을 허물라고 명한 리유를 묻기를 청한 것이다. 개(匄)는 문백(文伯)의 이름이다.

對曰 以敝邑褊小 介於大國 誅求無時 誅 責也 **是以不敢寧居 悉索敝賦 以來會時事 逢執事之不閒 而未得見 又不獲聞命 未知見時 不敢輸幣 亦不敢暴露 其輸之 則君之府實也 非薦陳之 不敢輸也 其暴露之 則恐燥濕之不時而朽蠹 以重敝邑之罪 僑聞文公之爲盟主也 宮室卑庳 無觀臺榭** 無觀望之臺榭 **以崇大諸侯之館 館如公寢 庫**

777) 존문하는[在] : '在'는 안부를 묻거나 위문한다는 의미이다.

778) 명 : 외국 사신의 안전을 지키라는 임금의 명이다.

庭繕修 司空以時平易道路 易 治也 **圬人以時塓館宮室** 圬人 塗者 塓 音覓 塗也 **諸侯賓至甸設庭燎 僕人巡宮 車馬有所 賓從有代** 代客役 **巾車脂轄** 巾車 主車之官 **隷人牧圉 各瞻其事** 視客所爲 以共其事 **百官之屬 各展其物** 展 陳也 **公不留賓 而亦無廢事 憂樂同之 事則巡之** 有廢闕則巡而察之 **敎其不知 而恤其不足 賓至如歸 無寧菑患** 言見遇如此 寧復有菑患 **不畏寇盜 而亦不患燥濕**

이에 자산(子産)이 다음과 같이 대답하였다. "우리나라는 협소하고 대국의 사이에 끼여 수시로 공물을 요구받고[誅] 있습니다. 주(誅)는 요구함이다. 그러므로 감히 편안히 있지 못하고 우리나라의 부세를 다 거두어 시사(時事)에 맞추어 조회왔는데 집사의 한가롭지 못한 때를 만나 아직 뵙지 못하였습니다. 또 명을 듣지도 못하여 언제쯤 뵙게 될는지 알 수 없으니, 감히 폐백을 진(晉)나라 부고(府庫)로 옮길 수도 없었고 또 밖에다 쌓아 둘 수도 없었습니다. 만약 옮기게 되면 귀국 임금님 부고안의 재물이 되겠지만 이는 천진(遷陳)하는 례[779]가 아니어서 감히 옮길 수도 없습니다. 그렇다고 밖에 쌓아 두면 무시로 메마르거나 습기가 차 썩거나 좀먹게 되어 우리나라의 죄를 가중시킬까 두려웠습니다. 나 교(僑)가 듣건대 진 문공(晉文公)께서 맹주가 되었을 때는 궁실은 낮고 관망할 만한 루대나 정자는 없었지만 관망할 만한 루대나 정자가 없었다는 것이다. 제후들을 위한 객관을 높게 짓되 그 객관이 평소 공께서 지내던 로침(路寢)과 같았으며, 창고와 마구간을 수선하고 사공(司空)은 때에 맞춰 도로를 평탄하게 닦았으며[易], 이(易)는 닦음이다. 후인(圬人)은 때에 맞춰 객관의 궁실에 흙손질하였습니다[塓]. 후인(圬人)은 흙손질하는 자이다. 멱(塓)은 음이 멱(覓)이니 흙손질함이다. 제후들의 빈객이 이르면 전인(甸人 : 甸)[780]은 마당에 화톳불을 밝혔으며, 복인(僕人)은 궁실을 순찰하여 거마(車馬)를 둘 곳이 있게 하였으며, 빈객의 종자들을 대신하는 사람을 두어 빈객의 종자들이 할 일을 대신한 것이다. 건거(巾車)들은 수레의 굴대에 기름칠을 하였고 건거(巾車)는 수레를 담당하는 관리이다. 예인(隷人)[781]과 목어(牧圉)[782]는 각기 그들이 맡은 일을 처리하였으며, 빈객이 해야 할 바를 살펴 그 일을 받드는 것이다. 백관의 관속들은 각기 그 폐백을 진설하였습니다[展]. 전(展)은 진설함이다. 그리고 진문공께서는 빈객을 오래 머물지 않게 하시고 또 일을 폐하는 경우도 없으셨고 근심과 즐거움을 함께하셨습니다. 일이 있으면 순찰하시고 빠뜨린 일이 있으

779) 천진(遷陳)하는 례 : 천(遷)은 진헌(進獻)이고 진(陳)은 진설(陳設)이니, 빙문하는 자가 폐백을 올려 조정의 뜰에 진설하는 것이다.

780) 전인(甸人 : 甸) : 땔감을 관리하는 사람.

781) 예인(隷人) : 객관의 잡일을 돕는 사람.

782) 목어(牧圉) : 객관의 말과 수레를 돌보는 사람.

면 돌아보고 살폈다는 것이다. 알지 못하는 일을 가르쳐주시며 그 부족한 것을 돌보아 주었습니다. 그래서 빈객이 진나라에 와서는 자기 집에 돌아온 듯이 여겼으니 어찌 어려움이 있었겠습니까. 이와 같은 대접을 받았으니 어찌 다시 어려움이 있었겠느냐는 말이다. 도적을 두려워하지도 않았고 폐백이 메마르거나 습기가 찰 걱정도 하지 않았던 것입니다.

今銅鞮之宮數里 銅鞮 晉離宮 **而諸侯舍於隷人** 所館如隷人之舍 **門不容車 而不可踰越** 有墻垣之限 **盜賊公行 而夭癘不戒** 癘猶災也 言水潦無時 **賓見無時 命不可知 若又勿壞 是無所藏幣以重罪也 敢請執事 將何所命之 雖君之有魯喪 亦敝邑之憂也 若獲薦幣修垣而行 君之惠也 敢憚勤勞 文伯復命 趙文子曰 信** 信如其言 **我實不德 而以隷人之垣以贏諸侯** 贏 受也 **是吾罪也 使士文伯謝不敏焉**

지금 동제(銅鞮)의 궁궐은 몇 리(里)나 되지만 동제(銅鞮)는 진(晉)나라 리궁(離宮)이다. 제후들은 예인(隷人)의 거처와 같은 곳에 머무니 객관(客館)이 예인(隷人)의 집과 같다는 것이다. 대문으로는 수레를 들이지 못하고 물건을 담장으로 넘길 수도 없습니다. 담장으로 막혀있다는 것이다. 도적들은 공공연하게 다니고 재해[癘]에 아무런 방비도 되어 있지 않습니다. 려(癘)는 재해[災]와 같으니, 수재가 수시로 생겨난다는 말이다. 그런데 빈객은 임금을 뵐 기약이 없고 접견의 명이 언제 나올지 알지도 못하니, 만약 담장을 허물지 않았다면 이에 폐백을 보관할 방도가 없어 우리의 죄가 가중되었을 것입니다. 감히 집사에게 묻사오니, 장차 무엇을 명하시려는 것입니까? 비록 임금님께서 로(魯)나라의 국상 때문이라고 하지만 이 또한 우리나라의 근심이기도 합니다. 만약 폐백을 바치고 나서 담장을 수선하고 돌아갈 수 있다면 이는 임금님의 은혜일 것이니, 어찌 감히 수고로움을 꺼리겠습니까." 사문백(士文伯)이 복명하니, 조문자(趙文子)가 말하기를 "그의 말이 사실이다. 진실로 그의 말과 같다는 것이다. 내가 실로 덕이 없어 예인(隷人)의 담장 안으로 제후들을 받아들였으니[贏] 영(贏)은 받음이다. 이는 나의 죄이다."라 하고 사문백을 시켜 불민함을 사과하게 하였다.

晉侯見鄭伯 有加禮 厚其宴好而歸之 乃築諸侯之館 叔向曰 辭之不可以已也如是夫 子産有辭 諸侯賴之 若之何其釋辭也 詩曰 辭之輯矣 民之協矣 辭之繹矣 民之莫矣 莫猶定也 **其知之矣** 謂詩人知辭之有益 **鄭子皮使印段如楚 以適晉告 禮也** 得事大國之禮

진후(晉侯)가 정백(鄭伯)을 만나보고 례를 더하여 주었으며,[783] 연회와 선물[好]을 후하게 베풀어 돌아가게 하고 제후들의 객관을 수축하였다. 숙향(叔向)이 말하기를 "말을 그만둘 수 없음이 이와 같도다. 자산(子産)이 한 말에 제후들이 힘입었으니, 어떻게 말을 하지 않을 수 있겠는가. 《시(詩)》에 '말을 온화하게 하면 백성이 화합할 것이고, 말을 기쁘게 하면 백성이 안정되리라[莫].'784)고 하였으니, 막(莫)은 안정됨[定]과 같다. 그[詩人]는 이 뜻을 알고 있도다."라고 하였다. 시인(詩人)이 말의 유익함을 알고 있다고 이른 것이다. 정(鄭)나라 자피(子皮)가 인단(印段)을 초(楚)나라로 보내어 정백이 진(晉)나라에 간 사실을 고하였으니, 례에 맞는 일이었다. 대국을 섬기는 례에 맞았다는 것이다.

十有一月 莒人弑其君密州

11월에 거인(莒人)이 그 임금 밀주(密州)를 시해하였다.

莒犁比公生去疾及展輿 既立展輿 立爲世子 **又廢之 犁比公虐 國人患之 十一月 展輿因國人以攻莒子 弑之 乃立 去疾奔齊 齊出也** 母 齊女也 **展輿吳出也** 爲明年奔吳傳 **書曰 莒人弑其君買朱鉏** 買朱鉏 密州之字 **言罪之在也** 程子曰 莒子虐 國人弑之而立展輿 展輿非親弑 故書國人 家鉉翁曰 左氏云罪之在也 置其子之大惡 歸過於其父 春秋必不然

거리비공(莒犁比公 : 密州)이 거질(去疾)과 전여(展輿)를 낳았는데, 전여를 세웠다가 세워서 세자로 삼은 것이다. 또 폐위하였다. 리비공(犁比公)이 포학하여 국인이 근심하였다. 11월에 전여가 국인에 의지하여 거자(莒子 : 犁比公)를 공격하여 시해하고 임금이 되었다. 이에 거질은 제(齊)나라로 망명하니 그는 제나라 녀자의 소생이었기 때문이다. 어머니가 제(齊)나라 녀자이다. 전여는 오(吳)나라 녀자의 소생이었다. 다음해에 오(吳)나라로 망명하는 전(傳)의 배경이 된다. 경문에 거인(莒人)이 그 임금 매주서(買朱鉏)를 시해하였다고 기록한 것은 매주서(買朱鉏)는 밀주(密州)의 자(字)이다. 죄가 그[莒子]에게 있음을 말한 것이다. 정자(程子)가 말하기를 "거자(莒子)가 포학하여 국인이 그를 시해하여 전여(展輿)를 임금으로 세웠고 전여가 직접 시해한 것은 아니다. 그러므로 경문에 국인(國人 : 莒人)이라고 기록한 것이다."라고 하였다. 가현옹(家鉉翁)이 말하기를 "좌씨(左氏)가 이르기를 죄가 그[密州]에게 있다고 한 것은 그 아들의 큰 악은 버려두고 그 아버지에게 허물을 돌린 것인데 《춘추(春秋)》의 본뜻은 반드시 그런 것은 아니다."라고 하였다.

---

783) 례를~주었으며 : 정해진 례식(禮式)보다 한 등급 올려 대우한 것이다.

784) 말을 온화하게~안정되리라[莫] : 《시경(詩經)》〈대아(大雅)〉 판(板).

○吳子使屈狐庸聘于晉 屈狐庸 巫臣子 **通路也 趙文子問焉 曰 延州來季子 其果立乎** 延陵州來皆季札邑 **巢隕諸樊 閽戕戴吳** 戴吳 餘祭 **天似啓之 何如 對曰 不立 是二王之命也 非啓季子也 若天所啓 其在今嗣君乎** 嗣君謂夷末 **甚德而度 德不失民 度不失事 民親而事有序 其天所啓也 有吳國者 必此君之子孫實終之 季子 守節者也 雖有國 不立**

○오자(吳子)가 굴호용(屈狐庸)[785]을 보내어 진(晉)나라를 빙문하게 하였으니 굴호용(屈狐庸)은 무신(巫臣)의 아들이다. 두 나라 사이의 관계를 트기 위해서였다.[786] 진나라 조문자(趙文子)가 굴호용에게 묻기를 "연주래(延州來)의 계자(季子)가 과연 임금이 되겠습니까? 연주래(延州來)는 연릉(延陵)과 주래(州來)이니 모두 계찰(季札)의 읍이다. 소인(巢人)이 제번(諸樊)을 죽이고[787] 월(越)나라의 문지기가 대오(戴吳)를 죽이니[788] 대오(戴吳)는 여제(餘祭)이다. 하늘이 그[季札]의 앞길을 열어준 것 같은데 어찌 되겠습니까?"라고 하였다. 굴호용이 대답하기를 "임금이 되지 못할 것입니다. 이는 두 왕[789]의 운명이지 하늘이 계자의 앞길을 열어주기 위한 것이 아닙니다. 만약 하늘이 길을 열어준 분이라면 지금의 사군(嗣君)일 것입니다. 사군(嗣君)은 이말(夷末)[790]을 이른다. 지금의 임금은 매우 덕이 있으며 법도가 있습니다. 덕이 있어 백성의 마음을 잃지 않았고, 법도가 있어 일에 실패가 없습니다. 백성이 친애하고 일에 질서가 있어서 하늘이 이분을 위해 길을 열어준 것입니다. 앞으로 오(吳)나라를 소유할 자는 반드시 현재 임금의 자손들로서 그들이 오나라와 끝까지 할 것입니다. 계자는 절조를 지키는 사람이니 비록 나라를 소유할 기회가 있다 하더라도 임금이 되려하지 않을 것입니다."라고 하였다.

○十二月 北宮文子相衛襄公以如楚 文子 北宮佗 襄公 獻公子 **宋之盟故也 過鄭 印段迋**

785) 굴호용(屈狐庸) : 초(楚)나라 굴무신(屈巫臣 : 申公巫臣)의 아들. 성공(成公) 7년에 오(吳)나라로 가서 행인(行人)이 되었다.

786) 두~위해서였다 : 양공(襄公) 29년에 계찰(季札)이 진(晉)나라에 빙문한 뒤 두 나라 사이의 관계를 더욱 밀접하게하기 위해서였다.

787) 소인(巢人)이~죽이고 : 양공(襄公) 25년에 오자(吳子) 제번(諸樊)이 소(巢)나라를 공격하다가 죽었다.

788) 월(越)나라의~죽이니 : 양공(襄公) 29년에 오자(吳子) 여제(餘祭 : 諸樊의 아우)가 월(越)나라를 쳐서 잡은 포로를 혼인(閽人 : 문지기)으로 삼아 배를 지키게 하였는데, 여제가 배를 순시하는 중에 그 혼인이 여제를 죽였다.

789) 두 왕 : 제번(諸樊)과 대오(戴吳)이다.

790) 이말(夷末) : 여제(餘祭)의 아우이며 계찰(季札)의 형. 이매(夷昧)라고도 한다.

勞于棐林 如聘禮而以勞辭 用郊勞之辭 **文子入聘** 報印段 **子羽爲行人 馮簡子與子大叔逆客 事畢而出 言於衛侯曰 鄭有禮 其數世之福也 其無大國之討乎 詩云 誰能執熱逝不以濯 禮之於政 如熱之有濯也 濯以救熱 何患之有** 以上 文子辭

○12월에 북궁문자(北宮文子)가 위양공(衛襄公)의 상(相)이 되어 초(楚)나라에 갔으니, 문자(文子)는 북궁타(北宮佗)이다. 위양공(衛襄公)은 위헌공(衛獻公)의 아들이다. 송(宋)나라에서의 맹약[791]때문이었다. 정(鄭)나라를 지날 때 인단(印段)이 비림(棐林)까지 가서 그들을 위로하기를 빙문오는 사자를 맞이하는 례와 같이하여 위로의 언사를 하였다. 교로(郊勞)[792]의 언사(言辭)를 사용한 것이다. 그러자 문자(文子)가 정나라의 도성으로 들어가 빙문하니, 인단(印段)이 와서 위로한 례에 보답하기 위한 것이다. 정나라의 자우(子羽)가 행인이 되었고 풍간자(馮簡子)와 자태숙(子大叔)이 빈객을 영접하였다. 문자는 일을 마치고 나와서 위후(衛侯)에게 말하기를 "정나라는 례가 있으니 앞으로 몇 대 동안 복을 누릴 것이고, 대국의 토벌을 받는 일이 없을 것입니다. 《시(詩)》에 이르기를 '누가 능히 뜨거운 물건을 잡았다가 찬물로 씻어내지 않으리오.'[793]라 하였는데, 례는 정치에 있어서 열기를 씻어내는 것과 같은 것이니 찬물로 씻어서 열기를 제거한다면 무슨 걱정이 있겠습니까."라고 하였다. 이 위로는 문자(文子)의 말이다.

子產之從政也 擇能而使之 馮簡子能斷大事 子大叔美秀而文 公孫揮能知四國之爲 而辨於其大夫之族姓班位貴賤能否 而又善爲辭令 裨諶能謀 謀於野則獲 得所謀也 **謀於邑則否** 此才性之敝 **鄭國將有諸侯之事 子產乃問四國之爲於子羽 且使多爲辭令 與裨諶乘以適野 使謀可否 而告馮簡子 使斷之 事成 乃授子大叔使行之 以應對賓客 是以鮮有敗事 北宮文子所謂有禮也**

자산(子產)이 정사에 종사할 때 재능을 가려 일을 시켰다. 풍간자(馮簡子)는 큰일을 잘 결단하였고, 자태숙(子大叔)은 용모가 아름답고 재주가 뛰어나서 문채(文采)가 있었으며, 공손휘(公孫揮 : 子羽)는 사방 여러 나라의 사정을 잘 알아 그 나라 대부들의 족성(族姓)과 반위(班位)와 귀천(貴賤)과 능력의 여부를 잘 분변하였으며 또 사령(辭令)[794]을 잘 지었다.

---

791) 송(宋)나라에서의 맹약 : 양공(襄公) 27년에 진(晉)나라를 따르는 제후들은 초(楚)나라를 조견하고 초(楚)나라를 따르는 제후들은 진나라를 조견하기로 한 맹약이다.

792) 교로(郊勞) : 외국의 사신이 빙문올 때 교외에 나가 맞이하는 례이다.

793) 누가~않으리오 : 《시경(詩經)》〈대아(大雅)〉 상유(桑柔).

794) 사령(辭令) : 외교적 언사(言辭) 및 문서.

비심(裨諶)은 일을 잘 도모하는데 야외에서 도모할 땐 좋은 의견을 내지만 좋은 계책을 얻는 것이다. 도읍에서 도모할 땐 그렇지 못하였다.795) 이것은 재능과 성향의 결점이다. 정(鄭)나라에서 제후들에 관한 일이 있으면 자산은 자우(子羽)에게 사방 여러 나라의 사정을 문의하고 또 그에게 대부분의 사령을 짓게 하였으며, 비심과 함께 수레를 타고 야외로 나가 그 일의 가부를 론의하였다. 그 뒤에 풍간자에게 알려 그 일을 결단하게 하고, 일에 대한 방침이 결정되면 자태숙에게 주어서 실행하게 하여 외국의 빈객을 응대하였다. 이 때문에 정나라는 외교에 있어 실패하는 일이 드물었으니, 이것이 북궁문자(北宮文子)가 이른바 정나라는 례가 있다는 것이다.

鄭人游于鄕校 鄕之學校 **以論執政 然明謂子産曰 毁鄕校 如何 子産曰 何爲 夫人朝夕退而游焉 以議執政之善否 其所善者 吾則行之 其所惡者 吾則改之 是吾師也 若之何毁之 我聞忠善以損怨** 爲忠善 則怨謗息 **不聞作威以防怨 豈不遽止 然猶防川 大決所犯 傷人必多 吾不克救也 不如小決使道** 道 通也 **不如吾聞而藥之也 然明曰 蔑也今而後知吾子之信可事也 小人實不才 若果行此 其鄭國實賴之 豈唯二三臣**

정인(鄭人)이 향교에서 교유하면서 지방의 학교이다. 집정에 대하여 론평하니, 연명(然明)이 자산에게 말하기를 "향교를 허무는 것이 어떻겠습니까?"라고 하였다. 자산이 말하기를 "무엇 때문에 허물어야 하는가. 사람들이 아침부터 저녁까지 일이 없으면 물러 나와[退] 이곳에서 교유하면서 집정의 선악을 의론하는데, 그들이 선하다고 하는 것을 내가 행하고 그들이 악하다고 하는 것을 내가 고친다면 이는 나의 스승이니 무엇 때문에 허물겠는가. 나는 선을 충심으로 행하여 원한을 줄였다는 것은 들었지만 선을 충심으로 행하면 원망과 비방이 그친다는 것이다. 위세를 부려 원한을 막았다는 것은 듣지 못하였네. 위세로 저들의 의론을 어찌 대번에 막지 못하겠는가. 그러나 이는 물길을 막는 것과 같아서 크게 터져 물이 침범하면 상하는 사람이 반드시 많아질 것이니, 그러면 나는 그들을 구해 낼 수가 없을 것이다. 그러니 조금씩 물길을 터서 소통시키는[道] 것만 같지 못하고 도(道)는 소통함이다. 내가 저들의 말을 듣고서 그것을 약으로 삼는 것만 같지 못하다."라고 하였다. 연명이 말하기를 "나 멸(蔑)은 이제야 그대를 진실로 섬길 만하다는 것을 알았습니다. 저 같은 소인은 실로 재주가 부족합니다. 만약 과연 이처럼 행한다면 정(鄭)나라는 실로 그대를 신뢰하게 될 것이니,

795) 비심(裨諶)은~못하였다 : 비심(裨諶)의 성격이 고요한 것을 좋아하고 시끄러운 분위기를 싫어하였기 때문에 조용하면 좋은 계획을 내지만 시끄러우면 좋은 계획을 내지 못하였다는 것이다.

어찌 몇 사람의 신하뿐이겠습니까."라고 하였다.

仲尼聞是語也 曰 以是觀之 人謂子產不仁 吾不信也

중니(仲尼)가 이 말을 듣고 말하였다. "이로 볼 때 사람들이 자산(子產)을 두고 불인(不仁)하다고 해도 나는 믿지 않는다."

子皮欲使尹何爲邑 爲邑大夫 **子產曰 少 未知可否** 尹何年少 **子皮曰 愿 吾愛之 不吾叛也 使夫往而學焉 夫亦愈知治矣** 夫謂尹何 **子產曰 不可 人之愛人 求利之也 今吾子愛人則以政 猶未能操刀而使割也 其傷實多 子之愛人 傷之而已 其誰敢求愛於子 子於鄭國 棟也 棟折榱崩 僑將厭焉 敢不盡言** 榱 椽也 厭 覆壓也 **子有美錦 不使人學製焉 大官大邑 身之所庇也 而使學者製焉 其爲美錦 不亦多乎** 言官邑之重 多於美錦 **僑聞學而後入政 未聞以政學者也 若果行此 必有所害 譬如田獵 射御貫 則能獲禽** 貫 習也 **若未嘗登車射御 則敗績厭覆是懼 何暇思獲**

자피(子皮)가 윤하(尹何)로 하여금 읍을 다스리게 하려 하자, 읍대부(邑大夫)로 삼으려 한 것이다. 자산(子產)이 말하기를 "나이가 젊어서 잘할 수 있을지 모르겠습니다."라고 하였다. 윤하(尹何)의 나이가 젊다는 것이다. 자피가 말하기를 "그[夫]는 신중하여 내가 사랑하니, 나의 기대에 어긋나지 않을 것이오. 그를 읍대부(邑大夫)로 보내어 정사를 배우게 하면 그는 또한 다스리는 법을 더욱 잘 알게 될 것이오."라고 하니, 부(夫)는 윤하(尹何)를 이른다. 자산이 말하기를 "옳지 않습니다. 사람이 남을 사랑하는 것은 그에게 리익을 주려는 것인데, 지금 그대가 어떤 사람을 사랑하여 정사를 맡기려 하십니다. 이는 마치 칼을 제대로 잡을 줄도 모르는데 희생을 잡게 하는 것과 같아서 그가 다치는 것이 실로 많을 것입니다. 그대가 사람을 사랑하는 것이 그를 다치게 할 뿐이니 누가 감히 그대에게 사랑받기를 구하려 하겠습니까. 그대는 정(鄭)나라의 대들보입니다. 대들보가 부러져 서까래[榱]가 허물어지면 나 교(僑)도 눌려버릴[厭] 터인데 감히 말을 다하지 않겠습니까. 최(榱)는 서까래이다. 압(厭)은 뒤덮여 눌림이다. 그대에게 아름다운 비단이 있다면 사람으로 하여금 그것으로 옷 짓는 법을 배우게 하지는 않을 것입니다. 큰 벼슬이나 큰 읍은 당신 자신을 보호해 주는 것인데 배우는 사람을 시켜 다스리게 하려 하시니, 아름다운 비단을 위함이 벼슬이나 읍보다 더 많은 것이 아닙니까. 벼슬이나 읍의 소중함이 아름다운 비단보다 많다는 말이다. 나 교는 배우고 나서 정사에 참여하였다는 말은 들어보았어도 정사를 하면서 배운다는 말은 듣지 못하였습니다. 만약 끝내 이 일을 행하신다면 반드시 해로운 일이 있을 것입니다. 사냥하는 일에 비유한다면 활쏘기와 수레를 모는 일에 익숙하면[貫] 짐승을 잘 잡을 수 있지만 관(貫)은 익숙함이다. 만약 일찍이 수레에 올라 활을 쏘거나 수레를 몰아보지 못한 사람이라면 일이 잘못되어 수레가 엎어져 그 밑에 깔릴 것만을 두려워할 것이니, 어느 겨를에 짐승잡기를 생각하겠습니까."라고 하였다.

子皮曰 善哉 虎不敏 吾聞君子務知大者遠者 小人務知小者近者 我 小人也 衣服附在吾身 我知而愼之 大官大邑 所以庇身也 我遠而慢之 微子之言 吾不知也 他日我曰 子爲鄭國 我爲吾家 以庇焉 其可也 今而後知不足 自知不足謀其家 **自今請雖吾家聽子而行 子產曰 人心之不同 如其面焉 吾豈敢謂子面如吾面乎 抑心所謂危 亦以告也** 言心旣不同 豈敢治子家事 但有危則以告子 **子皮以爲忠 故委政焉 子產是以能爲鄭國**

자피(子皮)가 말하기를 "훌륭한 말씀이오. 나, 호(虎)가 어리석었소. 내가 듣건대 군자는 큰일과 먼 앞날의 일을 알기를 힘쓰고, 소인은 작은 일과 눈앞의 일을 알기를 힘쓴다고 하였으니 나는 소인이오. 의복은 내 몸에 붙어 있으니 내가 알아서 이를 신중히 다루었지만 큰 벼슬과 큰 읍은 내 자신을 지켜주는 것인데도 나는 먼일로 여겨 이를 함부로 처리하였소. 그대의 말이 아니었다면 나는 알지 못했을 것이오. 지난날 나는 '그대가 정(鄭)나라를 다스리시오. 나는 우리 집안을 다스려 몸이나 보호하는 것이 좋겠소.'라고 하였는데 지금에야 그마저도 내가 부족하다는 것을 알았소. 그 집안을 도모하기에도 부족하다고 스스로 알았다는 것이다. 이제부터는 비록 내 집안일이라도 그대의 명을 듣고 리행하겠소."라고 하였다. 자산이 말하기를 "사람의 마음이 서로 같지 않음은 마치 그 얼굴이 다른 것과 같습니다. 그런데 제가 어찌 감히 그대의 얼굴을 제 얼굴과 같다고 하겠습니까. 그렇지만 마음에 위험하다고 여겨지면 고하겠습니다."라고 하였다. 마음은 본래 같지 않은 것이어서 어찌 감히 그대의 집안일을 다스리겠는가마는 다만 위험한 점이 있으면 그대에게 고해주겠다는 말이다. 이에 자피는 자산을 충성스럽다고 여겨 정사를 맡기니, 자산은 이로써 정나라를 잘 다스릴 수 있게 되었다.

衛侯在楚 北宮文子見令尹圍之威儀 言於衛侯曰 令尹似君矣 將有他志 雖獲其志不能終也 詩云 靡不有初 鮮克有終 終之實難 令尹其將不免 公曰 子何以知之 對曰 詩云 敬愼威儀 惟民之則 令尹無威儀 民無則焉 民所不則 以在民上 不可以終

위후(衛侯)가 초(楚)나라에 있을 때 위(衛)나라 북궁문자(北宮文子)가 초(楚)나라 령윤(令尹)인 위(圍)의 위의를 보고 위후에게 말하기를 "령윤이 마치 임금과 같으니 아마 다른 뜻이 있는 듯합니다. 비록 그 뜻을 이룬다 해도 그 끝을 잘 맺지 못할 것입니다.《시(詩)》에 이르기를 '시작이 있지 않는 자가 없으나 끝을 잘 맺는 자는 드물도다.'[796]라고 하였습니다. 끝을 잘 맺기가 실로 어려우니 령윤은 장차 화를 면하지 못할 것입니다."라고 하였다. 위양공(衛襄公)이 말하기를 "그대는 어떻게 그것을 알 수 있는가?"라고 하자, 북궁문자가 대답하기를 "《시》에 이르기를 '위의를 공경하고 삼가야 백성이 본보기로 삼도다.'[797]라고 하였는데, 령윤은 위의가 없어서 백성이 그에게 본받을 것이 없습니다. 백성이 본받을 것이 없는데 백성의 윗자리에 있으니 그 끝을 잘 맺을 수 없을 것입니다."라고 하였다.

公曰 善哉 何謂威儀 對曰 有威而可畏謂之威 有儀而可象謂之儀 君有君之威儀 其臣畏而愛之 則而象之 故能有其國家 令聞長世 臣有臣之威儀 其下畏而愛之 故能守其官職 保族宜家 順是以下皆如是 是以上下能相固也 衛詩曰 威儀棣棣 不可選也 言君臣上下父子兄弟內外大小 皆有威儀也 周詩曰 朋友攸攝 攝以威儀 言朋友之道 必相教訓以威儀也 周書數文王之德 曰 大國畏其力 小國懷其德 言畏而愛之也 詩云 不識不知 順帝之則 言則而象之也 紂囚文王七年 諸侯皆從之囚 紂於是乎懼而歸之 可謂愛之 文王伐崇 再駕而降爲臣 蠻夷帥服 可謂畏之 文王之功 天下誦而歌舞之 可謂則之 文王之行 至今爲法 可謂象之 有威儀也 故君子在位可畏 施舍可愛 進退可度 周旋可則 容止可觀 作事可法 德行可象 聲氣可樂 動作有文 言語有章 以臨其下 謂之有威儀也

위양공(衛襄公)이 말하기를 "훌륭하도다. 무엇을 일러 위의(威儀)라고 하는가?"라고 하니, 북궁문자(北宮文子)가 다음과 같이 대답하였다. "위엄이 있어 두려워할 만한 것을 위(威)라 하고, 례의가 있어서 본받을 만한 것을 의(儀)라 합니다. 임금이 임금으로서의 위의가 있으면 그 신하들이 두려워하면서도 사랑하고 법칙으로 삼아 본받습니다. 그러므로 그 국가를 잘 소유하여 아름다운 명성이 후세에 길이 전합니다. 신하가 신하로서의 위의가 있으면 그 아랫사람들이 두려워하면서도 사랑합니다. 그러므로 그 관직을 잘 지켜 종족을 보호하고 집안을 화목하게 합니다. 이를 따라 그 밑에서도 다 이와 같이 하게 되니 이로써 상하의 사이가 서로 굳건해질 수 있는 것입니다. 위(衛)나라 시(詩)에 이르기를 '위의가 의젓하니 다 셀 수가 없도다.'[798]라고 하였으니, 이는 군신(君臣)·상하(上下)·부자(父子)·형

796) 시작이~드물도다:《시경(詩經)》〈대아(大雅)〉 탕(蕩).

797) 위의를~삼도다:《시경(詩經)》〈대아(大雅)〉 억(抑).

제(兄弟)·내외(內外)·대소(大小)가 다 위의가 있음을 말한 것입니다. 주(周)나라 시에 이르기를 '벗들이 돕는 것은 위의로써 돕는 것이로다.'[799]라고 하였으니, 이는 벗 사이의 도리는 반드시 위의로써 서로 교훈해야 한다는 것을 말한 것입니다. 주서(周書)[800]에 문왕(文王)의 덕을 렬거하면서 말하기를 '대국은 문왕의 힘을 두려워하고 소국은 문왕의 덕을 그리워하였다.'라고 하였으니, 이는 두려워하면서 사랑하는 것을 말한 것입니다. 《시(詩)》에 이르기를 '아는 체하지 않고 지혜로운 체하지 않아 상제의 법칙을 따랐네.'[801]라고 하였으니, 이는 문왕이 하늘의 법칙을 본보기로 삼았음을 말한 것입니다. 주(紂)가 문왕을 가둔 지 7년이 되던 해에 제후들이 모두 문왕을 따라 갇히고자 하자 주가 이에 두려워하여 문왕을 돌려보냈으니, 이는 제후들이 문왕을 사랑했다고 이를 만한 것입니다. 문왕이 숭(崇)나라를 칠 때 두 차례 병거를 출동시키자 항복하여 신하가 되었고, 만이(蠻夷)가 서로 인솔하여 와서 복종하였으니 문왕을 두려워하였다고 이를 만합니다. 문왕의 공을 천하 사람들이 칭송하여 노래하며 춤추니 이는 문왕을 법칙으로 삼았다고 할 수 있고, 문왕의 행적을 오늘에 이르도록 법으로 삼고 있으니 문왕을 본받았다고 이를 수 있습니다. 이는 문왕이 위의가 있었기 때문입니다. 그러므로 군자는 지위에 있는 것이 두려워할 만하고, 시혜[施舍]하는 것이 사랑할 만하며, 나아가고 물러남이 법도가 될 만하고, 주선(周旋)[802]함이 법칙이 될 만하며, 용모와 거동이 볼 만하고, 일을 처리함이 법이 될 만하며, 덕행이 본보기가 될 만하고, 말소리는 즐겁게 할 만하며, 동작에 문채[文]가 있고, 언어에 품격[章]이 있는 것입니다. 이러한 것으로 그 아랫사람들에게 림하였기에 위의가 있다고 이르는 것입니다."

---

798) 위의가~없도다 : 《시경(詩經)》〈패풍(邶風)〉 백주(柏舟). 여기서의 선(選)은 선택하다의 뜻으로 보아 위의가 한 가지라도 선(善)하지 않은 것이 없어서 취하고 버릴 것을 골라낼 수 없다는 설도 있다.

799) 벗들이~것이로다 : 《시경(詩經)》〈대아(大雅)〉 기취(旣醉).

800) 주서(周書) : 일서(逸書)이다.

801) 아는~따랐네 : 《시경(詩經)》〈대아(大雅)〉 황의(皇矣).

802) 주선(周旋) : 좌우로 돎. 또는 행례(行禮) 때 읍양진퇴(揖讓進退)하는 동작이다.

魯襄公

국명 B.C.	魯	周	蔡	曹	衛	滕	晉	吳	鄭	燕	齊	秦	楚	宋	杞	陳	薛	邾	莒	許	越
572	襄公1	簡王14	景侯20	成公6	獻公5	成公3	悼公1	壽夢14	成公13	武公2	靈公10	景公5	共王19	平公4	桓公65	成公27		宣公2	犂比公5	靈公20	
571	2	靈王1	21	7	6	4	2	15	14	3	11	6	20	5	66	28		3	6	21	
570	3	2	22	8	7	5	3	16	僖公1	4	12	7	21	6	67	29		4	7	22	
569	4	3	23	9	8	6	4	17	2	5	13	8	22	7	68	30		5	8	23	
568	5	4	24	10	9	7	5	18	3	6	14	9	23	8	69	哀公1		6	9	24	
567	6	5	25	11	10	8	6	19	4	7	15	10	24	9	70	2		7	10	25	
566	7	6	26	12	11	9	7	20	5	8	16	11	25	10	孝公1	3		8	11	26	
565	8	7	27	13	12	10	8	21	簡公1	9	17	12	26	11	2	4		9	12	27	
564	9	8	28	14	13	11	9	22	2	10	18	13	27	12	3	5		10	13	28	
563	10	9	29	15	14	12	10	23	3	11	19	14	28	13	4	6		11	14	29	
562	11	10	30	16	15	13	11	24	4	12	20	15	29	14	5	7		12	15	30	
561	12	11	31	17	16	14	12	25	5	13	21	16	30	15	6	8		13	16	31	
560	13	12	32	18	17	15	13	諸樊1	6	14	22	17	31	16	7	9		14	17	32	
559	14	13	33	19	18	16	14	2	7	15	23	18	康王1	17	8	10		15	18	33	
558	15	14	34	20	殤公1	17	15	3	8	16	24	19	2	18	9	11		16	19	34	
557	16	15	35	21	2	18	平公1	4	9	17	25	20	3	19	10	12		17	20	35	
556	17	16	36	22	3	19	2	5	10	18	26	21	4	20	11	13		18	21	36	
555	18	17	37	23	4	20	3	6	11	19	27	22	5	21	12	14		悼公1	22	37	
554	19	18	38	武公1	5	21	4	7	12	文公1	28	23	6	22	13	15		2	23	38	
553	20	19	39	2	6	22	5	8	13	2	莊公1	24	7	23	14	16		3	24	39	

국명 B.C.	魯	周	蔡	曹	衛	滕	晉	吳	鄭	燕	齊	秦	楚	宋	杞	陳	薛	邾	莒	許	越
552	21	20	40	3	7	23	6	9	14	3	2	25	8	24	15	17		4	25	40	
551	22	21	41	4	8	24	7	10	15	4	3	26	9	25	16	18		5	26	41	
550	23	22	42	5	9	25	8	11	16	5	4	27	10	26	17	19		6	27	42	
549	24	23	43	6	10	26	9	12	17	6	5	28	11	27	文公 1	20		7	28	43	
548	25	24	44	7	11	27	10	13	18	懿公 1	6	29	12	28	2	21		8	29	44	
547	26	25	45	8	12	28	11	餘祭 1	19	2	景公 1	30	13	29	3	22		9	30	45	
546	27	26	46	9	獻公 31	29	12	2	20	3	2	31	14	30	4	23		10	31	悼公 1	
545	28	27	47	10	32	30	13	3	21	4	3	32	15	31	5	24		11	32	2	
544	29	景王 1	48	11	33	31	14	4	22	惠公 1	4	33	郟敖 1	32	6	25		12	33	3	
543	30	2	49	12	襄公 1	32	15	夷末 1	23	2	5	34	2	33	7	26		13	34	4	
542	31	3	靈侯 1	13	2	33	16	2	24	3	6	35	3	34	8	27		14	35	5	

| 역자소개 |

김경태金庚泰

사단법인 유도회 한문연수원 7기 수료. 한양대학교 대학원 교육학박사. 유도회 한문연수원 교수 력임. 《궁와집(窮窩集)》을 번역하였고, 〈궁와(窮窩) 박규문(朴奎文)의 개혁사상과 실학정신〉 등의 론저가 있다.

박찬규朴燦圭

사단법인 유도회 한문연수원 6기 수료. 단국대학교 대학원 문학박사. 단국대학교 동양학연구원 사전편찬원 력임. 《금석문으로 백제를 읽다》·《목간으로 백제를 읽다》 등의 공저가 있다.

윤종배尹鍾培

사단법인 유도회 한문연수원 3기 수료. 성균관대학교 대학원 한문학박사. 유도회 한문연수원 교수력임.